한국·한민족의
韓國　韓民族
역사

이태수
(李泰洙) 지음

신세림 출판사

한국韓國 · 한민족韓民族의 역사

이태수
(李泰洙) 지음

머 리 말

한국 사람들은 자신들을 한민족(韓民族)이라 일컫고 있다. 또 배달민족이라 일
컫고 있고, 그리고 단일민족이라 자랑하고 있다. 처음 나는 배달(倍達)이란 무슨
뜻인지에 대해서 의문을 가지게 되었으나 풀지 못하고 그것은 결국 한민족(韓民
族)이라 하는 것으로 옮겨가게 되었다. 그리고 현재 한민족(韓民族)의 범주는 역사
시대의 초기로 거슬러 올라가서 우리나라의 역사가 시작되는 고조선족(古朝鮮族)
을 낳은 민족 즉 황제(黃帝)부족부터 한민족(韓民族)이 되어야 한다는 것을 알게
되었다.

조선(朝鮮)의 제1왕조의 시조는 단군(壇君)이다. 그의 아버지는 환웅(桓雄)이고,
환웅의 아버지는 환인(桓因)이다. 환인이 그의 서자(庶子) 환웅을 동쪽에 있는 태
백산으로 보냄으로써 환웅은 동래(東來)하였다. 그 후에 은(殷)왕조의 후손인 기자
(箕子)도 동래하여 조선의 제2왕조를 건설하였고, 위만(衛滿)도 중원에서 동래하
여 조선의 제3왕조를 건설하였다. 부여(扶餘)인들도 망명하여 동래해서 고구려(高
句麗)와 백제(百濟)를 건국했다. 중국의 가장 서방에 위치해 있던 진(秦)나라 사람
들은 진왕조가 멸망할 때 서쪽으로 가지 않고 먼 동쪽의 한반도로 망명 동래하여
그 동남쪽 끝에서 진(辰)나라와 나중에 신라(新羅)를 건국했다. 또 중국의 신(新)왕
조가 멸망할 때 그곳 한민족(韓民族)들이 동래하여 가야(伽倻)를 건국했다. 그렇게
되면 고조선을 비롯한 삼한사국(三韓四國)의 백성이나 그 수장들은 모두 중국의
북부지방에서 동래하였고 또 만주(滿洲)에서 남하했다고 할 수 있다. 그렇다면 한
반도의 한민족(韓民族)은 분명히 중국의 중원에서 요서, 요동, 만주지방으로 동진
해 와서 분포하였고 그 일부가 한반도로 남하하여 분포하였다는 사실을 알 수 있
다. 그렇게 되면 중국의 화북지방은 한국 · 한민족(韓國 · 韓民族)의 발상지라 할
수 있고 그곳은 처음부터 한민족(韓民族)만이 분포되어 있었고 지금도 그들의 분

포지일 것이라는 사실을 알 수 있다. 그렇다면 지금의 중국 한민족(漢民族)들과는 어떤 관계에 있는 것일까?

그런데 중국의 고전이나 기타 문헌 등에서 한민족(漢民族)에 대해서는 많은 기록들을 볼 수 있지만, 한민족(韓民族)에 대해서는 기록이 거의 전무한 상태라는 것을 알게 되었다. 중국의 사서들에서 한민족(漢民族)들은 황제(黃帝)이후 오제(五帝)와 삼대(三代)를 다 그들의 선조로 하여 빈 틈 없이 한민족(漢民族)의 역사체계를 세워놓고 있다. 그러나 한민족(韓民族)에 대해서는 어찌된 일인지 그러한 역사체계가 없고, 다만 몇 학자들이 고아시아족(古Asia族), 몽골족(Mongol族), 알타이족(Altai族), 퉁구스족(Tungus族), 예맥족(濊貊族) 등의 후예로 거론하고 있을 뿐 한민족(韓民族)에 대한 민족사나 또는 한국의 고대역사에 대해서 정연한 역사체계를 세우지 못하고 있는 것이 현실이다. 우선 고대 중원의 한민족(韓民族)과 한국의 한민족(韓民族)의 관계도 정립하지 못하고 있다. 따라서 북방민족인 황제(黃帝)왕조≪오제(五帝)≫와 그 후예인 고조선왕조가 한국의 역사인가 중국의 역사인가를 분별 못하고 있는 것이다. 원(元)왕조가 중국의 역사인가 몽고의 역사인가를 분별할 줄 모르듯이. 여기서 나는 이번에 한민족(韓民族)의 역사, 즉 중국 중원과 한반도와 일본열도를 걸친 대 한국의 역사체계를 세워야겠다는 결심을 하게 되었다.

어느 때인가 나는 사기(史記)의 기록에서 은(殷)왕조의 시조와 주(周)왕조의 시조사이에 미묘한 연대(年代)의 차이를 발견하고 깜짝 놀랐다. 그리고 그 미스테리는 지금까지 풀리지 않고 있다. 그것인즉 은왕조의 시조 설(契)과 주왕조의 시조로 되어 있는 후직(后稷)은 서로 형제간으로 되어 있다. 그런데 설의 14대손인 탕(湯)이 은왕조를 창건하였는데, 그로부터 644년 후에 후직의 15대손인 서백(西伯) 문왕(文王)이 그 은왕조를 멸하고 주왕조를 창건한다. 형제로 출발하여 그 14대손과 15대손의 1대(代) 차이로 644년이란 연수(年數)의 차이가 나는데 이러한 모순은 사기의 삼대세표제일(三代世表第一)의 은속(殷屬)과 주속(周屬)에 명확하게 나열되어 있다. 그런데 대부분의 후세 기록들도 그 사실을 당연한 것처럼 받아들이고 있다. 그러나 나는 이러한 모순을 기록한 것은 저자 사마천(司馬遷)의 일종의 속임수일 가능성을 생각하게 되었다.

그 결과 나는 우선 은족(殷族)과 주족(周族)은 전혀 다른 종족이었다는 것을 알게 되었다. 아마 늦어도 구석기시대 중기 이후부터는 전자는 지구의 북쪽 한랭한 지방에서, 그리고 후자는 아시아의 남쪽 열대지방에서, 각각 오랜 동안 서로 다르게 진화해 온 민족들임을 알 수 있게 된 것이다. 그리고 동북아시아의 역사시대에 들어서서는 중국대륙을 전자는 북에서 남으로, 후자는 남에서 북으로 팽창해 나가서, 결국 양자강에서 서로 마주치게 된 이래 지금까지 교차적으로 남정북벌(南征北伐)의 역사를 만들어 온 사실을 알게 되었다고 말할 수 있다. 한민족(漢民族)들은 이러한 두 민족을 동일 민족으로 역사를 꾸며 놓았다. 그래서 나는 그 부분의 중국역사는 완전한 위사(僞史)임을 알게 된 것이다.

결론부터 말해서 은(殷)민족은 황제(黃帝)부족의 후예로 인류학적으로는 북방민족이요, 곰(熊)토템족이요, 오행(五行)상으로는 토덕(土德)을 이어받은 금덕(金德) 왕조로, 백제(白帝)요, 백색(白色)을 숭배하는 민족이다. 한편 주(周)민족은 남방민족이요, 용(龍)토템족이요, 오행상으로는 화덕(火德)왕조로, 적제(赤帝)이고 적색(赤色)을 숭배하는 민족이다. 따라서 전자는 고조선민족과 더불어 한민족(韓民族)이요, 후자는 한민족(韓民族)으로부터 황제(黃帝)를 빼앗아 자신들의 조상으로 꾸민 한민족(漢民族)이다. 이렇게 전혀 다른 두 민족을 같은 한민족(漢民族)으로 만들어 역사체계를 세우게 된 것은 아마도 한(漢)왕조 때이고, 그 책임은 사기(史記)에 있다고 할 수 있다. 그로 인해 후대의 사가들은 한민족(韓民族)과 한민족(漢民族)을 전혀 구분할 줄 모르게 되어버린 듯하다. 사기가 은·주(殷·周)의 시조들에 대한 그러한 기록의 모순을 노출시켜 놓았다는 것은 사마천이 한(漢)왕조의 의향대로 중국의 역사를 기록하면서도 후세사람들이 살펴서 진실을 알아차릴 수 있도록 그러한 모순점을 일부러 노출시켜 놓은 것이 아닌가하는 생각이 든다.

나는 현재 한국에서 흔히 얻어 볼 수 있는 중국의 고전이나 사서이외에 더 많은 것은 섭렵할 수가 없었고, 또한 일본학자들의 주장을 알기 위해 여러 관련된 문헌을 참고하려 했지만 그들의 너무나 아전인수격으로 왜곡된 주장에 식상해서 몇 사람의 것만을 참고하는데 그쳤다. 그리고 인명·지명·사물명 등의 명칭은 중국의 것은 한자를 그대로 한국어로 표기하고, 일본의 것은 가나(假名)가 과거에 한반도어(語)의 한 가닥이었던 점을 고려하여, 한국어와 일본어 중에서 발음하기 쉬운 쪽을 택하였다.

나는 동북아시아 국가들의 문화사적 측면보다는 그 국민들이 어떤 민족이고 그 땅에 어떤 상태로 분포하고 어떻게 재분포하였는가 하는 것에 중점을 두었다고 할 수 있다. 특히 한민족(韓民族)의 발상과 이동 및 분포와 재분포에 관해서 깊이 추적해 보려 노력하였다. 그로 인해 신비에 쌓인 한민족(韓民族)의 범주와 그들의 과거는 물론 근황까지, 그리고 동북아시아에서 수천 년에 걸친 한민족(漢民族)과의 투쟁사까지 알 수 있게 되었다고 할 수 있다. 이러한 시도는 장차 새로운 한민족학(韓民族學)을 창설하고, 또 한민족(韓民族)통합국가를 만드는데 그 학문적 이론적 토대를 마련해야한다는 신념에서 이루어진 것이라 할 수 있다.

나의 미숙한 표현력으로 이 새로운 주장을 제대로 표현하지 못한 것 같고, 읽는 분들이 쉽게 받아드릴 수 있을까 하는 의구심이 들어 많이 망설여지기도 했지만 현재까지는 다른 학자들에 의해서 이러한 한민족(韓民族)의 실체와 역사가 규명된 일이 없는 것 같아 어쩌면 한민족(韓民族)의 참 역사 그리고 대 한국의 역사가 영원히 빛을 볼 수 없을지도 모른다는 생각에서 부끄러운 마음을 떨치고 이 책을 펴내게 되었다고 말할 수 있다. 아울러 이 책을 펴내주신 도서출판 신세림의 이혜숙 사장님 그리고 편집하신 분들에게 충심으로 감사를 드리는 바이다.

2013년 9월 일
회산(淮散) 이 태 수(李 泰 洙)

차 례

차 례

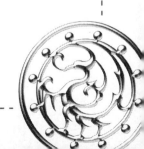

차 례

차 례

✿✿✿✿✿✿✿✿✿ 제 1 편 ✿✿✿✿✿✿✿✿✿

선사시대(先史時代)

1. 인류의 진화와 민족의 형성

⑴ **다아윈은 인간의 유래에서 인류의 조상은 원숭이 종류** 가운데 협비원류(狹鼻猿類)에서 찾을 수 있고 인류가 처음 태어난 곳은 아프리카일 것이라고 주장하였다. 이것이 인류의 아프리카 단일 기원설(單一基源說)의 시작이라 하겠다.

인류의 진화과정을 편의상 다음과 같이 구분하고 있다. ⑴ 원인[(猿人), 피테쿠스(Pithecus)에서 발달한 오스트랄로피테쿠스 아프리카누스(Australopithecus Africanus)로부터 호모 하비리스(Homo Habilis)까지], ⑵ 원인[(原人), 피테칸트로푸스(Pithecanthropus) 또는 호모 에렉투스(Homo Erectus)], ⑶ 구인[(舊人), 네안데르탈인류(Neanderthal人類)], ⑷ 신인[(新人), 호모 사피엔스(Homo Sapiens)]의 4단계로 나누고 있다.[1]

여기서 원인(猿人)은 약 200만 년 전쯤에 아프리카대륙에서만 번창했던 것으로 추정하고 있다. 약 100만 년 또는 약간 그 이전부터 나타나기 시작한 원인(原人)시대에 비로소 인류가 아프리카대륙을 벗어나 유라시아대륙으로 진출하기 시작한 것으로 추정하고 있다. 그 후에 지금으로부터 약 20만 년 전부터 구인(舊人)이 출현하게 되고, 약 4만 년 전쯤에 다시 신인(新人)이 돌연히 출현하게 되는데 그들의

---

1) Camille Arambourg(카미에 아람부-르) 著, 寺田和夫 譯 「人類の誕生」 (白水社) 第二編. 및 尾本惠市 著 「日本人の起源」 (裳華房) 第二章.

시작은 아마도 10만 년 또는 그 더 이전으로 추정되지만 이 시기에 와서 유라시아 여러 지역에 광범위하게 분포하게 된 것으로 추정하고 있다.

이 신인[(新人), 호모 사피엔스(Homo Sapiens)]이 바로 현대인의 가장 가까운 조상이 된다고 하겠다. 그들이 후기 구석기시대를 구성하고 그 시대를 살아온 것으로 볼 수 있다. 또 이때부터 인간들은 그들의 생활에 약간은 다듬어진 석기(石器)를 비롯한 여러 가지 도구를 사용하게 되고, 항해를 하고, 그림(壁畵)을 그리는 등의 매우 발달된 선사문화시대를 열게 된다.

(2) 신인(新人)을 다음의 3대 인종(人種)으로 분류하고 있다. 즉 백색계(白色系)의 코카소이드(Caucasoid), 흑색계(黑色系)의 니그로이드(Negroid), 그리고 황색계(黃色系)의 몽골로이드(Mongoloid)가 그것이다.[2]

신인(新人)의 기원에 대해서는 아프리카 단일 기원설(單一起源說)과 다지역 진화설(多地域進化說)의 논쟁이 아직까지 계속되고 있으나 아프리카 단일 기원설 쪽으로 점차 기우는 듯하다. 그래서 이들 신인(新人)들도 아프리카대륙에서 발생하여 그곳에 계속 살다가 니그로이드는 그곳에 남고 다른 두 인종은 유라시아대륙으로 나오게 되는데, 그들의 선두 그룹이 아프리카대륙에서 니그로이드와 헤어지기 시작한 것은 대략 10만 년 전 또는 그 다소 이전쯤으로 추정하고, 또 코카소이드와 몽골로이드가 같이 아프리카대륙을 벗어나서 아시아의 서단(西端)에 위치한 고대 오리엔트지방에서 그들 주력들이 다시 유럽대륙 쪽과 아시아대륙 쪽으로 갈라져서 헤어지기 시작한 것은 대략 7만 5000년 전쯤으로 추정하고 있다.

코카소이드는 카프카즈산맥을 중심으로 하는 코카서스지방(Caucasus地方)에 오랫동안 머물면서 그곳에서 많은 진화과정을 거친 후에 유럽일원으로 진출, 분포하게된 것으로 보고 있다. 그러나 다지역 진화설을 주장하는 쪽에서는 코카소이드가 코카서스지방에서 발생하여 그곳에서 오랫동안 진화한 후에 유럽대륙으로 팽창 확산하여 간 것으로 보고 있다.

---

2) 尾本惠市 著「日本人の起源」(裳華房), 第二章, 3.

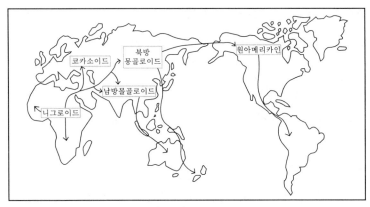

〈그림 1〉 신인(新人)의 이동 및 분포상황

몽골로이드는 아마도 몽고(蒙古)지방에서 처음 황색계인종이 발생하게된 것으로 보고 몽골인종이라 일컫게 된데서 유래된 명칭이라 볼 수 있다. 그러나 아프리카 단일 기원설을 믿는다면 그들은 오리엔트지방에서 코카소이드와 헤어진 후에 아시아 쪽으로 이동해 간 것으로 보게 되는데, 그들이 어떤 경로를 통해서 전체아시아로 확산되어 갔을 것인가에 대해서는 여러 가지 설이 있다.

(3) **몽골로이드가 아시아 전지역으로 확산되어간 경로**나 방법을 몇 가지로 나누어 추정해 보기로 한다.

① 몽골로이드가 알타이산맥을 중심으로 하는 서몽고지방, 또는 그곳을 지나 동진(東進)하여 바이칼호주변의 어딘가에서 오랫동안 머물고 그곳 풍토에 맞게 진화한 후에 다시 전체 동북아시아나 서남아시아 등지로 동시에 확산되어 분포하게된 것으로 본다. 이 때 동북아시아에 분포된 집단이 후에 북방몽골로이드가 되고 그 일부가 아메리카 대륙으로 진출하여 인디언 등이 되고 또 일부가 동부오세아니아로 진출하여 오스트랄로이드가 되었다. 그리고 동남아시아에 분포된 집단이 남방몽골로이드가 되고 그 일부가 서부오세아니아 지역으로 진출하였다. 그래서 그 전체 지역의 전체인종을 통 털어서 대몽골로이드라 지칭하게 된다.

② 몽골로이드가 우랄산맥과 알타이산맥 사이의 서시베리아 대초원지대의 어딘

가에 오랫동안 머물면서 그곳에서 진화한 후에 두 집단으로 나뉘어서 한 집단은 동북아시아로 진출하여 분포하게 되고 그 일부가 아메리카대륙까지 진출하고, 소수 일부가 동오세아니아까지 진출하였다. 다른 한 집단은 인도를 포함한 동남아시아로 진출, 분포하고 일부가 오세아니아 지역까지 확산 분포하게 된다. 이들이 동북아시아에서 온 집단과 합쳐서 오스트랄로이드가 된 것으로 본다. 동북아시아로 간 집단을 북방(北方)몽골로이드, 동남아시아로 간 집단을 남방(南方)몽골로이드라 일컫게 된다.

③ 코카소이드와 헤어진 몽골로이드는 그곳 오리엔트지역에서 곧 두파로 나뉘어 한 집단은 우랄산맥에서 알타이산맥에 이르는 서시베리아 대초원지대 어딘가에 머물면서 진화하여 북방몽골로이드가 되어 동북아시아 일원에 분포하게 되고, 다른 한 집단은 인도 쪽으로 진출하여 그들이 서남 및 동남아시아 일원에 분포하여 남방몽골로이드가 되고 후에 오세아니아지역에까지 확산되어 간 것으로 추정되고 있다.

(4) 그들이 후에 각각 중국(中國)대륙으로 진출하게 되는데 북방몽골로이드는 몽고지방에서 중국북부의 화북지방(華北地方)으로 진출하고 남방몽골로이드는 동남아시아에서 중국 남부의 화남지방(華南地方)으로 진출하여 대략 중국의 양자강(揚子江=長江)을 사이에 두고 그 북쪽에는 북방몽골로이드가, 그리고 그 남쪽에는 남방몽골로이드가 각각 분포하면서 남과 북의 몽골로이드가 서로 대치하게 된다. 북방몽골로이드와 남방몽골로이드는 유전자(遺傳子) 레벨에서도 순수한 동일 인종이 아님이 판명되고 있다.

<표 1> 세계 대인종집단의 분기상황

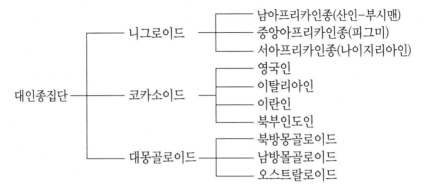

<표 2> 대몽골로이드의 분기상황

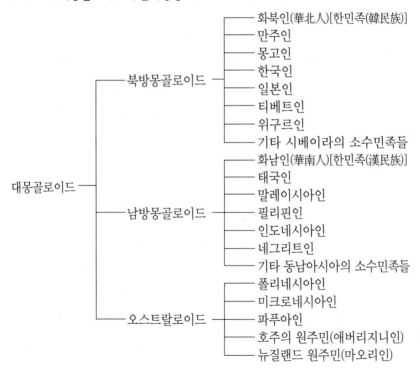

(5) 모든 인종들이 여러 종족으로 분화(分化)해서 최근에 민족(民族) 집단으로 발전되어온 과정을 알기 위해 DNA의 유전자거리(遺傳子距離)에 의해서 만들어진 근린결합법(近隣結合法)[3]이라는 방법으로 동일 인종집단을 조사 분류한 바에 의하면 몽골로이드는, 동북아시아 몽골로이드에는 5개 집단 즉 몽고인, 한국인, 일본인, 티베트인, 북중국인(北中國人)이 속해있고, 동남아시아 몽골로이드에는 6개 집단 즉 타이인(泰國人), 필리핀인, 인도네시아인, 남중국인(南中國人) 및 동남아시아 여러 섬에 소수민족으로 남아있는 2개 집단〈아에타족과 마마누아족〉이 그것에 속하고 아메리카대륙에 3개 집단, 오세아니아에 4개 집단 등 모두 18개의 집단으로 이루어져 있는 것으로 조사가 되고 있다.

몽골로이드가 가장 넓은 지역에서 가장 많은 집단들로 분화(分化)되었는데 이들 집단들이 결국 민족(民族)을 형성하게된 것이다. 여기서 민족에 대한 정의를 명확하게 하기 위해서 그 뜻을 옮겨보면 다음과 같이 되어 있다. "같은 지역에 살았고 같은 말을 하고 생활양식이 같고 심리적 습관, 풍속, 문화, 역사를 같이하는 인간 집단"이라 규정하고 있다. 같은 지역에 살았다는 것은 과거 조상들이 같이 살았던 곳을 말하는 것이라 보면, 같은 말을 한다는 것은 민족형성의 가장 상위의 조건이 된다고 하겠다.

(6) 동북아시아에 분포된 몽골로이드는 통상 북방몽골로이드 또는 북방계(北方系)라 하고, 동남아시아에 분포된 몽골로이드를 통상 남방몽골로이드 또는 남방계(南方系)라 일컫고 있으며, 중국에서는 대체로 양자강을 경계로 북방몽골로이드 또는 북방계를 화북인(華北人) 또는 북방인(北方人)이라 하고, 남방몽골로이드 또는 남방계를 화남인(華南人) 또는 남방인(南方人)이라 일컬어오고 있다. 그래서 북방몽골로이드는 언어학적으로 우랄-알타이어족(Ural-Altai語族)에 속하고 남방몽골로이드는 인도지나어족(印度支那語族)에 속하고 있다. 그들은 민족형성기에도 서로 전혀 다른 환경에서 서로 이민족으로 형성되어 왔다. 그러다가 북쪽의 추

---

3) 尾本惠市 著「日本人の起源」(裳華房) 3章 3, p114.

운 지방에서 성장한 북방계는 남쪽으로 팽창하면서 중국의 양자강 이북의 화북지방에 분포하게되고 또 남쪽의 더운 지방에서 성장한 남방계는 점차 북상하여 화남지방에 분포하게된 것으로 볼 수 있다.

초기에는 그들이 양자강을 사이에 두고 서로 대치한 형국이었지만 대체로 신석기시대로 들어서면서 교류가 빈번해 지게 되고, 신석기시대 후기부터이거나 혹은 전설의 시대 또는 역사시대 초기부터는 그들 이민족 간에 전쟁이 일어나게 되고, 남정북벌(南征北伐)이라는 대전란이 여러 차례 되풀이된다.

이러한 과정에서 양 민족 간에 광범위하게 혼혈이 이루어지게 되어 오늘에 이르러서는 그들 사이의 민족적 구분이 점차 희미해지게 되었다고 볼 수 있다.

(7) 나는 여기서 잠정적으로 북방몽골로이드에 속하는 민족으로 중국의 화북인을 포함하여 동북아시아로 진입한 북방계 민족을 한민족(韓民族)이라 일컫기로 하고, 남방몽골로이드에 속하는 민족으로 중국의 화남인을 포함하여 중원으로 진입한 남방계 민족을 한민족(漢民族)이라 일컫기로 한다.

동일 민족의 으뜸조건이 되는 말(言語), 즉 언어학적으로 한민족(韓民族)은 우랄-알타이어족이 되고 그 중에서도 주로 알타이어족(Altai語族)에 속하고 있다. 그리고 한민족(漢民族)은 인도지나어족(印度支那語族)이 된다. 옛날에는 한민족(韓民族)과 한민족(漢民族)은 서로 다른 민족이었기 때문에 서로 다른 언어를 사용해 왔다. 지금부터는 동북아시아의 한민족(韓民族)에 주안점을 두고 그 역사를 살펴보고자 한다. 신인(新人)의 단일 기원설에 의한 한민족(韓民族)의 발생지는 역시 아프리카대륙이고 그 조상들은 그곳에서 꾸준히 동진을 계속하여 우랄산맥의 동남쪽이나 알타이산맥의 서북지방에서 바이칼호 부근에 이르는 어느 한 곳에서 오랜 세월에 걸쳐 진화한 후 늦어도 구석기시대 후기 이전까지 다시 동진을 계속하여 전체 동북아시아로, 또 그 일부가 시베리아를 지나 아메리카대륙까지 진출해 간 것으로 추정하는 쪽이 점차 신빙성을 더 얻고 있다.

따라서 한민족(韓民族)의 동진은 이러한 구석기시대와 신석기시대를 거치고 역사시대에 들어 와서도 계속 되였으리라는 추정이 가능한 것이다. 이러한 현상을 서세동점(西勢東漸)이라 일컫고 있으며 한반도(韓半島)의 역사에서도 서세동점이 계속되어 고조선(古朝鮮)왕조들은 물론이요 삼한(三韓), 사국(四國) 시대까지 이어져 온 것으로 볼 수 있다.

2. 동북아시아의 신석기문화

(1) 선사시대의 북방몽골로이드 즉 한민족(韓民族)의 생활상태나 문화는 어떠했을까를 잠시 살펴보기로 한다.

서세동점의 현상이 신인의 초기부터 있어왔을 것이라는 추정이 가능하다. 구석기인들이 가지고온 것으로 보는 고인돌 등의 거석문화(巨石文化)가 우리나라에도 들어와서 전국에 확산된 것 등은 구석기인들이 동진해 와서 한반도에 그러한 문화를 남긴 것으로 추정할 수 있기 때문에 그 이전부터 신인들이 꾸준히 서방문화를 가지고 온 것으로 볼 수 있다.

또한 약 2만 년 전의 구석기시대 말경에서 약 1만 년 전에 시작된 신석기시대에 이르는 기간에 동북아시아 여러 지역에 새로 나타나서 동진과 남진을 계속하여 그 전지역에 새로이 분포되어 신석기시대를 맞게 된 사람들이 있다. 이들을 신(新)몽골로이드라 하고 그 이전의 구석기인들을 원(原)몽골로이드라 칭하고 있다.

신석기시대에 들어서 한민족(韓民族)이 이룬 문명을 분석해 보면 다음과 같은 것들이 있다고 하겠다.

① 석기(石器)를 연마하여 사용하기 시작하였다.

② 초기 농경기술을 발전시키고 필요한 여러 가지 도구들을 개발했다.

③ 토기(土器)를 만들어 사용하게 된다.

④ 가축을 기르는 기술이 대단히 발달한다.

⑤ 주거용 건축기술이 매우 발달한다.

⑥ 금속정련법(金屬精鍊法)을 발명하여 초기의 금석병용시대(金石倂用時代)를 개척했다.

⑦ 샤머니즘의 종교적 제도를 확립했다.

⑧ 씨족(氏族)사회에서 부족(部族)사회로 나아가고 또 민족으로 발전하게 될 사상과 사회적 기반을 갖추게 된다.

(2) 신석기시대 후기에는 중국의 화북지방에서 채도문화(彩陶文化)를 갖는 신석기인들이 살았다는 사실을 알게 된다.

서기 1921년 스웨덴의 고고학자 안데르손에 의해서 중국 하남성 면지현 앙소촌 (河南省澠池縣仰韶村)의 유적발굴 시 그 심층부에서 신석기시대의 유물인 채색도기(彩色陶器)가 여러 가지 석기 유물과 더불어 대량으로 발굴되었다. 이 도기(陶器)는 불에 굽은 것으로 그 표면이 흑색과 적색의 두 가지 색으로 그림이 그려져 있는 것들이었다 한다. 그래서 이 도기를 채문도기(彩紋陶器)라 하고 특히 중국의 경우에는 보통 채도(彩陶)라 이름하고 있다. 그때부터 중국에서는 유적발굴이 활발해지게 되고 표면 그림 모양이 더 다양하고 흑색, 홍색, 자색(紫色) 등으로 그려지거나 또는 황색 바탕을 이룬 것들도 발굴되었다 한다. 처음 이 채도가 하남성의 앙소지방(仰韶地方)에서 발굴되었다하여 이것을 앙소문화(仰韶文化)라 일컫게 되었다.[4] 서기 1930년에 중국의 산동성 역성현 용산진 성자애(山東省歷城縣龍山鎭城子崖) 유적지에서 앙소기(仰韶期)의 채도와는 전혀 다른 선사유물인 흑색도기(黑色陶器)를 발굴하였다. 그것을 흑도(黑陶)라고도 말하는데 이 흑도는 채도 보다 더 높은 기술이 요구된 것들이기 때문에 채도문화가 더욱 발달하여 흑도문화를 이

---

4) 안데르손은 서기1914년~서기1925년의 12년 간 중국의 河南省과 甘肅省 등지의 遺蹟을 조사 발굴하였는데 그 중에서 채색도기를 발견하여 중국이 신석기시대에 중앙아시아나 서남아시아와 문화교류가 있었음을 밝히고 고대오리엔트문화가 동쪽으로 전파되어 왔다고 주장하였다. 그러한 사실은 그의 저서 「중국 太古의 문화」(서기1923년), 「黃土의 후손들」(서기1934년) 등에 기록으로 남겼다.

록하게된 것이라는 점을 알게 되었다. 이것이 처음 용산지방(龍山地方)에서 발굴되었다하여 용산문화(龍山文化)라 일컫고 있다.

중국에서 채도가 만들어지기 시작한 것은 약 B.C. 4000년경으로 추정되고 흑도가 나타나기 시작한 것은 대략 B.C. 2500년경부터로 보고 있다. 많은 경우 채도유적의 상층부에 흑도가 있어 겹쳐져 있다는 것을 알게 되었다. 그 사실은 그곳 정착 농경민들에 의해서 앙소문화가 발달했고 같은 정착 농경민들에 의해서, 또한 용산 문화도 이룩하게 된 것이란 추정을 할 수 있다. 또 섬서성(陝西省) 반파(半坡)유적의 앙소문화층에서 발굴된 인골(人骨)은 신장이 크고 모든 것이 현대의 화북인과 일치한다는 것이다. [5] 이것 역시 앙소문화인들과 용산문화인들 그리고 현대 화북인들이 동일 종족으로 그 시대부터 현재에 이르기까지 그들은 같은 중국의 화북지역에서 처음에 분포되었던 그대로 정착생활을 해오고 있다는 것을 증명하는 것이다. 따라서 화북인을 비롯한 동북아시아에 처음에 분포되었던 북방몽골로이드 곧 한민족(韓民族)은 같은 지역에서 원몽골로이드가 신몽골로이드로 진화되어 후기 구석기시대를 보내고 신석기시대를 맞는 등의 시대를 지나면서 스스로 신석기문화와 농경기술을 개척해 나가고 때로는 서방 문화를 받아들여 동화시키면서 그에 수반되는 여러 생활문화를 축적해나간 것이라 볼 수 있다.

3. 전설의 시대(傳說時代)

(1) 선사시대에서 역사시대로 넘어오는 사이의 일정 기간을 전설시대(傳說時代)로 설정하였다. 이 시대의 인간들은 선사시대의 인간들보다는 문명인에 한 걸음 가깝지만 그러나 그 문명의 역사를 알 수 없고, 고증이 확실한 역사시대와는 구

---

5) 蔡義順 監修「大世界史」3, (도서출판 마당) 1, p34~p37

별하기 위해서 전설시대라는 역사체계상의 한 시대를 두었다. 세계의 역사에서도 그런 기간이 나라마다 다 있었다고 보기 때문에 역사시대로 들어서기 전에 먼저 여러 전설들이나 기록들에서 간단하게라도 동북아시아의 전설의 시대를 알아보려 하는 것이다.

동북아시아에서 가장 오래되고 체계를 잘 갖춘 역사서(歷史書)는 사기(史記)이다. 사기는 중국의 한왕조(漢王朝) 무제(武帝)시대인 B.C. 91년경에 사마천(司馬遷)에 의해서 편찬된 것으로 처음에는 태사공서(太史公書)라 명명되었으나 이후에 사기(史記)라는 이름으로 바뀌었다 한다. 사기는 중국 역사의 시작으로 간주하는 황제(黃帝)로부터 한(漢)왕조의 무제에 이르는 약 2670여 년 간의 중국의 역사를 기록한 사상(史上) 최대의 역사서라 할 수 있다. 사기는 당시의 과학이라 할 수 있는 오행사상(五行思想)에 입각하여 기록해 놓았기 때문에 현재의 과학적 견지에서 볼 때는 모순되게 보이는 부분이 있을 수도 있겠으나 오행(五行)법칙에 충실하게 따라서 분석해 보면 중국의 여러 왕조(王朝)의 성격이나 인종계통, 민족의 차이 등을 충분히 분별할 수 있게 해놓았다고 할 수 있다.

처음 사기에는 중국의 역사는 황제(黃帝)로부터 시작된다고 하였었다. 그러나 당(唐)왕조시대에 와서 사마정(司馬貞)이 사기색은(史記索隱)을 엮고 주석을 붙이면서 황제(黃帝) 앞에 삼황본기(三皇本紀)를 보충해 넣었는데 오늘날 이것이 일반적으로 통용되고 있다.[6]

(2) 한민족(韓民族)이 스스로 문화를 발전시켜온 중국의 화북지방은 사기와 같은 그러한 기록들에 의해서 역사시대가 열렸지만 동북아시아나 특히 한반도의 역사시대는 그 시작을 놓고 아직도 의견의 일치를 보지 못하고 있는 것이 사실이다. 문제는 고조선(古朝鮮)의 실재(實在) 여부에 있다고 하겠다. 고조선왕조(古朝

---

6) 史記는 司馬遷이 著作한 이래 시일이 지나면서 亡失이 생기게 되었다. 후에 이를 보충하기도 하고 또 註釋書가 나오기도 하였는데 제일 먼저 나온 것이 南朝의 劉宋시대 徐廣이 撰한 史記音義 12卷과 裴駰이 撰한 史記集解 80卷이라 한다. 唐王朝의 玄宗 때에 와서 司馬貞이 撰한 史記索隱 30卷과 張守節이 撰한 史記正義 130卷이 나오게 되었는데 이때 司馬貞이 史記索隱에 三皇本紀를 새로 보충해 넣었다 한다. 오늘날의 史記는 대체로 索隱과 正義를 기본으로 한 것이라 할 수 있다.

鮮王朝)는 단군조선(壇君朝鮮), 기자조선(箕子朝鮮), 위만조선(衛滿朝鮮)으로 이루어진 것으로 되어 있는데 우선 기록상 조선(朝鮮)이란 이름이 나오는 가장 오래된 기록은 산해경(山海經)이라 하겠다. 산해경서록에 의하면 산해경이란 책은 중국의 오제(五帝)로 되어 있는 요·순(堯·舜)시대에 나왔다고 하였는데 그 책에 조선(朝鮮)이란 나라 이름이 나온다.

한국의 고조선에 대한 기록은 서기 1285년경 중(僧) 일연(一然)이 저술한 삼국유사(三國遺事)의 고조선(古朝鮮)편에 나오는 것이 가장 오래된 기록이라 할 수 있다. 그 외에 제왕운기(帝王韻紀)를 비롯한 여러 기록 등에서도 고조선이나 단군[(壇君) 또는 (檀君)], 기자(箕子) 등의 기록을 볼 수 있다. 고조선왕조나 단군에 대한 이러한 기록들은 대부분 중원의 동북지방이나 한반도에서도 그 거주민들이 중국과 같은 시기에 역사시대로 들어선 것을 말해주고 있다고 하겠다. 따라서 고조선족(古朝鮮族)을 비롯한 중국 외곽의 한민족(韓民族)들도 중국의 황제(黃帝)와 같은 시대에 역사시대로 들어서게 된 것을 알 수 있다.

한편 같은 언어를 사용하는 집단이면 그들은 한 곳에서 오랫동안 같이 생활해온 한 종족이라는 것은 누구도 부인할 수 없을 것이다. 그리고 언어계통의 명칭이 그들이 생활해온 지방이나 환경 등과도 전혀 무관하지는 않을 것이다. 따라서 우랄-알타이어족은 우랄산맥이나 알타이산맥과 깊은 관계가 있을 것이란 주장이 가능하고, 중국의 황제족(黃帝族)과 고조선족을 비롯한 당시의 중국 외곽의 모든 부족들은 같은 한민족(韓民族)이기 때문에 동북아시아로의 진출도 동시에 하고 역사시대도 같이 열게 된 것이라 할 수 있다.[7]

---

7) 中國의 華北地方은 그 서쪽이나 북쪽 그리고 동쪽 외곽이 韓民族으로 둘러 쌓여있는데 그 韓民族들이 모두 Altai語族이란 사실에서도 화북지방을 포함하는 그들이 모두 한 민족이라는 것을 알 수 있다. 예를 들어 보면, 金允經의 韓國文字 及 語學史(東國文化社)에 의하면 中國 서쪽으로는 Altai語 계통인 위글, 키르기스, 우즈베크 등 터키계통의 말을 사용하는 민족이고 북쪽으로는 역시 알타이어인 蒙古語를 구사하는 민족이고 동쪽으로는 퉁구스, 만주, 한국, 일본 등 모두 알타이어계통의 말을 구사하는 민족들이 분포되어 있는 것을 알 수 있다. 이러한 사실을 보아도 中國 華北地方을 포함한 동북아시아 韓民族은 다 같은 민족이고 동시에 동북아시아로 진입하여 분포된 것으로 볼 수 있기 때문에 그 중에 韓民族으로 歷史의 考證이 확실한 중국 黃帝王朝와 동시에 역사시대로 들어선 것이라 할 수 있다.

(3) 동북아시아에서 황제족(黃帝族)이 비로소 역사시대로 들어서게 되었다고 보고 신석기시대 말기에서부터 기록에 의해서 고증이 된 역사시대로 들어서기까지의 사이에는 오랜 기간의 전설시대(傳說時代)가 있게된다. 전설시대란 글 이전에 먼저 발달한 말로써 조상들의 삶이 전해져 내려온 시대를 말한다. 이러한 전설시대를 완전한 역사시대로 취급할 수는 없다. 그렇다고 하여 마냥 선사시대로 방치해 두는 것도 문제가 된다고 하겠다. 이러한 연유로 선사시대와 역사시대 사이에 전설의 시대(傳說時代)를 두기로 하는 것이다. 여기에는 신석기시대 말기의 상황과 역사시대 초기의 불충분한 기록들에 의한 미진한 상황들이 포함되어야 할 것이다.

우선 한반도와 관련된 대부분의 역사는 일부 몽고 지방을 포함한 화북지방에서 한민족(韓民族)의 동방으로의 이동으로부터 시작된 것으로 보기 때문에 우선 그 화북지방의 상황을 먼저 살펴보기로 한다.

중국에서 전설시대에 살아왔던 것으로 볼 수 있는 사람들로서 중국 초기의 신화에 등장하는 인물은 대단히 많다. 그들 중에는 역사시대로 와서 역사의 대열에 든 경우도 있고, 그렇지 못한 이름들도 있다. 오늘날의 사기의 가장 앞에 등장하는 복희(伏羲), 여와(女媧), 신농(神農)은 처음에 역사인물로는 신빙성이 없다하여 사기의 기록에서 제외되었던 것을 후대에 와서 다시 사기에 포함시키는 일도 일어났다. 그러나 이들은 완전한 인간으로 볼 수는 없기 때문에 결국 전설의 시대에 있었던 인물로 볼 수밖에는 없는 일이다. 중국의 전설시대는 사기(史記)의 전설시대에 해당하는 삼황본기의 기록을 전삼황시대(前三皇時代)와 후삼황시대(後三皇時代)의 두 시대로 나누어 살펴보기로 한다.

1) 전삼황(前三皇)시대

(1) 사기(史記)의 삼황본기(三皇本紀)에 의하면 천지개벽과 동시에 천황(天皇),

지황(地皇), 인황(人皇)의 삼황(三皇)≪이것을 전삼황(前三皇)이라 일컫고 이 시대를 전삼황시대라 하기로 한다≫이 나라를 다스려 왔다. 천황으로부터 지황과 인황을 거쳐 그 후손인 수인씨(燧人氏)에 이르기까지 45만 9500년 동안 그들이 나라를 다스려왔다고 한다. 또 일설에 의하면 천황으로부터 그 후예인 무회씨(無懷氏)에 이르기까지는 300여 만년이 흘렀다고 한다.

(2) 전삼황(前三皇)은 후기구석기시대 혹은 그 이전부터라도 황하(黃河)유역에서 가장 먼저 정착하여 살아온 신북방몽골로이드이거나, 혹은 황하유역에서 전기구석기시대를 지나온 원몽골로이드로서 어떤 계기에 후세에 다소라도 문명의 자취를 남길 수 있어서 전설의 시대로 진입할 수 있었던 한민족(韓民族)의 조상에 해당하는 선사시대의 원주민을 말하는 것이라 볼 수 있다.

2) 후삼황(後三皇)시대≪제1차 북벌(北伐)시대≫

(1) 후삼황(後三皇)의 으뜸은 태호복희씨(太昊伏羲氏)이다≪이 복희씨(伏羲氏)와 여와(女媧), 신농씨(神農氏)를 후삼황(後三皇)이라 일컫기로 한다≫그는 그의 어머니가 뇌택(雷澤)에 가서 거인의 발자국을 따라 갔다가 감응이 되어 태어났다. 그는 머리는 사람이고 몸은 뱀(蛇)으로 된 사신인수(蛇身人首)이다. 그는 천하를 다스리는데 용(龍)을 상징으로 하고 관명(官名)에 용(龍)자를 붙였으며 군(軍)과 관(官)을 용사(龍師)라 일컬었다. 그는 백성들에게 수렵과 어업을 가르치고 불(火)로 음식을 요리하는 법을 가르쳤다한다. 그는 오행의 목덕왕(木德王)이다.[8]

복희씨(伏羲氏)는 뇌택과 뱀 및 용 등과 깊은 관계가 있음을 알 수 있다. 따라서 그는 용토템민족(龍Totem民族)임을 알 수 있다. 뱀이나 용은 남방에만 서식한다. 그래서 그는 남방몽골로이드 곧 한민족(漢民族)이라는 사실을 알 수 있다. 이 복희

---

8) 五行說에 입각한 木, 火, 土, 金, 水의 相生運行에서 그가 後三皇의 시초이기 때문에 단순히 木德王이라 한 것이다.

씨 전설은 중국의 남방이나 동남아시아에 있었던 전설을 빌어 와서 중국의 화북지방에 있었던 일처럼 기록으로 남겼을 가능성이 크다. 그러나 일단은 기록을 인정해서 그것을 토대로 그 행적의 분석에서 한민족(漢民族)인 복희씨 집단이 남방의 어딘가에서 출발하여 당시 전삼황이라 불리는 북방계의 한민족(韓民族)이 분포하여 있던 중국의 화북지방에 용사라 불리는 군대를 이끌고 와서 제1차 북벌(北伐)에 성공하고, 그곳 한민족(韓民族)을 그들의 지배하에 두게 된 것이라는 추정이 가능한 것으로 보기로 한다. 따라서 이때가 한민족(漢民族)의 제1차 북벌이 되고, 동북아시아 민족이동과 재분포(再分布)의 제1차 전환기(轉換期)가 된다.

(2) **복희씨 다음을 이은 것은 여와씨(女媧氏)이다.** 그는 여성이고 생김새는 복희씨와 같은 사신인수다. 여성이기 때문에 복희씨의 아내 또는 누이동생이라고도 하며 역시 목덕왕이라 한다. 그녀는 복희씨와 더불어 같이 중국으로 들어온 같은 한민족(漢民族)이다.

1. 복희여와도	2. 나-가신(naga-神)	3. 인두사신(人頭蛇身)
(伏羲女媧圖)	(인도박물관소장	(카투만두박물관소장
(신강지역에서출토)	－ 캘커터소재)	－ 네팔소재)

〈그림 2〉 후삼황시대(전설의 시대)의 남방민족

만약에 그들이 중국으로 들어 온 시기가 중국의 채도문화가 일어나기 시작한 때와 같다면 그들이 그 채도문화를 중국으로 들여온 장본인이라 볼 수도 있다. 중국 신강성(新疆省) 토로번(吐魯番)에서 출토된 복희여와도(伏羲女媧圖)≪그림 2의1≫와 인도 캘커타에 있는 인도박물관에 소장되어 있는 나가신(Naga神)이라 일컫는 그림≪그림 2의2≫, 또 네팔의 카트만두박물관의 인두사신(人頭蛇身)이 서로 교합 ≪∞형으로≫하는 그림≪그림 2의3≫들이 서로 흡사한 것을 볼 때 복희여와족은 네팔에 가까운 인도 동북부에 분포되어 있던 나가족(Naga族)과 가장 깊은 관련성이 있는 것처럼 보인다. 특히 나가(Naga)는 뱀신(蛇神)을 뜻하는 고대 인도의 말로 그곳에 전해오는 전설에 의하면 나가족은 수백년 묵은 코부라 뱀을 시조로 하여 인두사신을 조상으로 하는 민족이었다 한다. 그것은 그들이 뱀 또는 용토템민족임을 말하는 것이다. 이러한 유물들에 의해서 복희여와족이 현존하는 나가족의 조상의 일파로서 남방민족이라 할 수 있을 것이다.

(3) 복희씨와 여와씨 다음으로 제위(帝位)에 오른 것은 염제신농씨(炎帝神農氏)이다. 신농씨(神農氏)는 신룡(神龍)에 감응이 되어 태어났고 몸은 사람이요 머리는 소의 머리로 된 인신우수(人身牛首)이며 화덕왕(火德王)이다. 백성들에게 농사짓는 법을 가르치고 약초를 재배하는 방법을 가르쳤다. 그는 역시 용토템민족이요, 남방계인 한민족(漢民族)이다. 그가 소의 머리로 되어있다는 것은 농경기술에 쟁기를 만들어 소를 처음으로 이용하기 시작한 것을 뜻하는 것이며, 따라서 소를 숭배하는 것을 의미하는 것으로도 볼 수 있다. 신농씨를 화덕왕이라 하고 염제(炎帝)라 하는 것은 더운 남방과 관계가 있는 것으로 그가 남방계 한민족(漢民族)임을 나타내는 것이다. 이러한 신농씨집단은 역시 남방의 인도지역에서 소를 이용한 농경기술을 가지고 복희씨집단의 북벌에 뒤이어 황하유역으로 이동해 온 것으로 보인다. 이 신농씨집단이 당시 인도지역에서 처음으로 발달하기 시작한 농경사회에 꼭 필요했던 도자기(陶磁器)의 채도(彩陶)문화를 갖고 중국으로 진입했을 가능성이 높다고 할 수 있다.

농경기술의 전파경로를 추정해 보면 신농씨족(神農氏族)이 어디에서 왔는가 하는 것을 대략 추정할 수 있을 것으로 본다. 인도의 동부지방에서 기원된 벼가 앙소문화와 더불어 중국으로 들어온 것은 농경족(農耕族)을 상징하는 이름을 가진 신농씨가 그것을 가지고 온 것이란 추정이 가능하다. 따라서 그는 당시 인도 동부에 분포되어 있던 문화 민족인 나가족과 밀접한 관계가 있었던 종족이거나 혹은 같은 계열의 종족으로 볼 수가 있다. 한반도에 수도(水稻) 문화가 들어온 것은 화북지방에서 발해(渤海) 연안을 통하여 서해 연안을 따라 남부까지 전파된 것으로 본다.

후삼황족들은 일시에 같이 중국으로 들어온 것이 아니고 처음 복희 여와족이 군대를 이끌고 들어온 후에 신농씨족이 농경문화를 가지고 들어왔을 가능성이 더 클 것으로 보인다. 사기에서는 전삼황시대와 후삼황시대를 합해서 삼황본기에서 전설의 인물들로 기록하고 있어 역사시대와 구분을 해놓고 있다. 이 시대를 포함해서 전설시대는 신석기 말기에서 역사시대 초기에 이르는 대략 1500년~2500년 정도의 기간이 거기에 해당될 것으로 본다.

제 2 편

동북아시아 한민족(韓民族)의 형성

1. 중국·한민족(中國·韓民族)의 성립

1) 황제(黃帝)의 출생과 성장에 관한 기록

(1) 황제(黃帝)의 출생에 관해서 많은 고문헌의 기록들을 간추려 보면 황제(黃帝)의 출생과 그의 민족성을 알 수가 있다.

① 황제(黃帝)는 유웅국(有熊國)의 군주(君主)인 소전(小典)의 아들로 태어났다. 유웅국은 곰(熊)이 많이 살고 있는 나라라는 뜻인데 곰은 대부분 추운 북방에서만 살기 때문에 황제(黃帝)는 북방에서 살아온 북방민족 즉 북방몽골로이드인 한민족(韓民族)임을 알 수 있다.

② 그는 어머니가 북극성과 북두칠성에 대전(大電)이 둘러진 것을 보고 태어났다고 한다. 여기서 북극성과 북두칠성은 북방에서만 볼 수 있기 때문에 그가 태어난 곳이 북방이라는 것을 알 수 있고, 이것으로 더 정확히 그가 북방민족인 한민족(韓民族)임을 알 수 있다.

③ 그의 어머니 부보(附寶)가 북극성과 북두칠성에 대전이 둘러져서 빛이 들판을 비추는 것을 보고 감응이 되어 배태한지 25개월만에 수구(壽丘)에서 황제(黃帝)를 낳았다고 했다. 여기에 기록된 수구(壽丘)는 중국 화북지방 동쪽의 산동성(山東省) 곡부(曲阜)근처에 위치해 있어 그곳은 탁록(涿鹿)이나 우북평(右北平) 등과 더

불어 본래 한민족(韓民族)이 분포되어 있던 곳이다. 이로써 그가 한민족(韓民族)인 황제(黃帝)부족≪황제(黃帝)가 출생하기 이전의 그들 부족(部族)을 말하는 것이다.≫의 후손임을 알 수 있게 된다.

④ 또 한 기록에는 황제(黃帝)는 동북 지방의 장백산(長白山) 밑에서 수도했다고 하고 있다. 그가 만주(滿洲)에 있는 장백산≪백두산(白頭山)≫에서 수도하였다고 하였으니 그가 북방민족인 한민족(韓民族)임이 틀림없다 할 것이다. 남방민족이 장백산까지 와서 수도할 리가 없기 때문이다.

⑤ 황제(黃帝)의 장자(長子)인 소호김천씨(少昊金天氏)도 그 수구(壽丘)에서 출생하였다고 하는데 그렇다면 황제(黃帝)는 그의 장자가 출산될 무렵에는 그곳 수구에서 살고 있었다고 볼 수 있고, 또 소호능(少昊陵)이 그곳에 있어 오제(五帝)의 도읍이 그 부근일 가능성이 높다.

⑥ 오행상으로 황제(黃帝)는 토덕왕(土德王)이고 북방 민족에 속한 것으로 되어 있다. 모든 고전들이 그가 북방민족이라고 기록하고 있다. 황제(黃帝)는 세계의 중앙이고 황토의 대륙인 중국 대륙에 자리 잡았기 때문에 황제(黃帝)가 되고 토덕왕이 된 것이다. 황제(黃帝)의 토덕(土德)을 이어받은 은(殷)왕조는 금덕(金德)이고 그것을 이어받은 진(秦)왕조는 수덕(水德)으로 이들은 모두 북방 민족인 한민족(韓民族)이라야 한다. 남방민족은 모두 화덕왕(火德王)이고 염제신농씨(炎帝神農氏)를 비롯 주(周)왕조, 한(漢)왕조, 송(宋)왕조 등이 거기에 속한다.

(2) 앞의 여러 기록에서 성장후의 황제(黃帝)의 행적을 보면 대략 다음과 같다.

① 황제(黃帝)는 이름이 헌원(軒轅)이고 호(號)는 유웅(有熊)이다. 헌원(軒轅)의 언덕에 살았기 때문에 이름을 헌원씨(軒轅氏)라 했다. 유웅(有熊)이라고 한 것은 그가 북방에서 온 민족임을 알 수 있게 한다.

② 황제(黃帝)가 염제신농씨의 민족과 판천(阪泉)의 들에서 세 번 싸워 승리함으로써 뜻을 펴게 되었다. 이러한 것은 황제(黃帝)가 남정(南征)에 성공한 것을 기록

한 것이라 볼 수 있다. 따라서 이것이 한민족(韓民族)의 제1차 남정(南征)이 된다.

③ 그러나 염제의 민족인 치우(蚩尤)가 반란을 일으키자 황제(黃帝)는 탁록(涿鹿)의 들에서 다시 그들과 싸워 치우를 죽이고 천자(天子)가 되었다. 탁록산(涿鹿山)[1] 밑에 도읍을 정했다. 황제(黃帝)는 중국에서 한민족(韓民族)왕조의 시조가 되는 것이다.

(3) 황제(黃帝)에게는 25명의 서자(庶子)가 있었다. 그 중에서 14명이 땅을 받고 성(姓)을 얻어 나가서 각각 나라를 세워 다스리고 나머지는 서인(庶人)으로 남았다. 또 황제(黃帝)의 정비(正妃)인 누조(嫘祖)에게서 적자(嫡子) 2명을 낳아 그 중 장자는 현효(玄囂)로 곧 청양(靑陽)이다. 청양은 하늘에서 내려와서 강수(江水)에 살고, 차자(次子)는 창의(昌意)로 하늘에서 내려와서 약수(若水)에 살았다. 청양(靑陽)과 창의(昌意)는 천강(天降)사상을 처음으로 낳게 한 주인공이 된다.

황제(黃帝)는 나라 이름을 유웅국(有熊國)이라 하고 그의 이름도 유웅(有熊)이라 했으니 곰과는 깊은 인연이 있음을 알 수 있다. 황제(黃帝)부족≪황제(黃帝) 출생 이전의 선대(先代)부족≫이 처음에는 곰이 많이 사는 추운 지방의 유웅국에 살면서 황제(黃帝)를 낳아 그가 후에 남정에 성공하고 황제왕조(黃帝王朝)를 창건한 것이라고 볼 수 있다. 이것은 황제(黃帝)부족이 곰(熊)토템민족임을 말해주고 있는 것이다. 따라서 그들이 곧 북방민족인 한민족(韓民族)임이 분명하다.

2) 황제(黃帝)부족의 탄생과 이동

황제(黃帝)의 출생에 관한 기록들을 분석해 보았다. 그러한 기록들을 토대로 지금부터 황제(黃帝)가 탄생하기 이전의 그들 부족≪황제(黃帝)부족≫에 대하여 발상에서부터 중국으로의 이동과 동북아시아 전역에 분포하여간 과정을 추적해 보기로 한다.

---

1) 河北省 涿鹿縣 동쪽, 지금의 北京부근에 해당한다.

(1) **황제(黃帝)부족**은 곰이 많이 살고 있고, 그 곰들과 같이 생활할 수 있었던 곳, 그리고 북극성과 북두칠성이 머리 위에서 빛나는 곳에서 탄생되었다고 할 수 있다. 그곳에서 또 황제(黃帝)의 두 아들이 하늘에서 내려왔다(降居)고 하였으니 아마도 북방의 상당히 높은 곳에서 내려온 것이라 보지 않을 수 없다. 그러한 조건에 합당한 곳으로는 우랄산맥이나 알타이산맥의 산록(山麓), 또는 중앙시베리아 고원지대 정도로 볼 수 있다. 황제(黃帝)부족은 그런 한 곳에서 탄생하거나 오랜 진화과정을 거쳐 원몽골로이드에서 신몽골로이드로 그리고 북방몽골로이드로 변신하여 남하하기 시작한 것으로 볼 수 있다.

구체적으로 다음의 몇 곳을 그들의 탄생지역 또는 오랜 동안에 진화해온 지역으로 추정해 볼 수 있다.

① 우랄산맥의 동남쪽 산록이나 카자흐스탄 북부를 포함하는 서시베리아의 분지, 이곳은 북방유라시아 삼림지대에 속해있어[2] 과실 등의 식량이 풍부했을 것으로 본다.

② 알타이산맥의 서북쪽 산록, 그곳도 북방유라시아 삼림지대에 속해있어 과일이 풍부하고 수렵에도 적합한 곳이라 할 수 있다.

③ 몽고고원에서 바이칼호 서북쪽의 중앙시베리아에 이르는 고원지대, 이곳 역시 주식량의 일종인 수림의 과실이 풍부하였던 곳이다.

④ 바이칼호 연안 일대, 이곳도 역시 북방유라시아 삼림지대로 수림의 과실이 풍부한 곳이지만 바이칼호에서의 어로활동에 의한 식량조달이 가능해서 보다 좋은 조건을 갖춘 것이라 할 수 있다.

대체적으로 위의 4곳이 한민족(韓民族)의 진화지역이나 탄생지역으로 추정되는 곳이지만 다음의 곳도 그 가능성을 완전 배제할 수는 없다.

⑤ 알타이산맥의 서남부에서 발하슈호에 이르는 실크로드 북로 근처.

⑥ 천산산맥 서북쪽에서 아랄해(海) 북단의 키르기스초원에 이르는 중북부 중앙

---

2) 江上波夫 著,「騎馬民族國歌」(中公文庫) p20

아시아지역, 혹은 투르크메니스탄까지에 이르는 서남부 중앙아시아지방도 추정가
능한 곳이다.

⑦ 카스피해 동쪽 연안에서 우랄강 동쪽 연안에 이르는 어느 지역 등도 생각해
볼 수 있다.

(2) 황제(黃帝)부족이 중국 중원으로 들어오게 된 이동경로를 몇 가지 추정해
보기로 한다.

① 그들이 우랄산맥의 동남쪽 산록이나 알타이산맥의 서북쪽 산록에서 탄생되
었거나 오랫동안 진화하여 그곳에서 출발했을 경우인데, 황제(黃帝)부족의 추장
이 대집단을 이끌고 동방으로 수렵을 나가 먹이가 될 짐승들을 쫓아서 또는 과실
이 많은 수림을 찾아서 서서히 동방으로 이동을 시작한 것으로 생각할 수 있다. 당
시의 수렵은 곧 침공이나 전쟁을 뜻하는 것으로도 볼 수 있기 때문에 그것이 동정
(東征)의 시작으로 볼 수도 있다. 후에 그들의 주력(主力)부족은 동방으로 서서히
이동을 해서 몽고고원을 지나 방향을 바꾸어 중원 쪽으로 남하하게 되었을 것으로
본다.

② 그들이 몽고고원이나 중앙시베리아고원 또는 바이칼호 연안에서 출발하는
경우인데, 알타이산맥 동북부로 일단 남하해서 그곳에 머물면서 알타이어족으로
변신한 다음 몽고고원을 통과하여 중원으로 남하하는 코스를 택했을 가능성이 높
다. 만약에 바이칼호 동안일 경우에는 그곳에서 직접 남하하여 중원으로 진입하는
과정이 될 것이다.

③ 그들이 카스피해 동부연안이나 서부중앙아시아에서 중국으로 이동했을 경우
인데, 발하슈호 북안(北岸)을 지나 동진을 계속해서 알타이산맥의 서남부 산록에
도달하게 되고 그곳에서 알타이어족으로 분화한 다음 몽고고원으로 이동하여 그
곳에서 남하한 것으로 추정된다.

(3) 황제(黃帝)부족의 대이동은 먼 거리였기때문에 모든 수송에 말(馬)을 이용
해왔을 것이다. 그로인해 그들은 훗날 기마민족(騎馬民族)이 되었다.

3) 중원(中原)에 정착한 황제(黃帝)부족

(1) **황제(黃帝)부족이 몽고(蒙古)고원에서 중국(中國)으로 남하**한 후의 상황을 분석해 보기로 한다. 그들이 중국 북부의 음산산맥(陰山山脈)에 도착한 것이 늦어도 대략 B.C. 3000년경 이전에서 빠르면 B.C. 4000년경으로 추정이 되고 있다. 그 후에도 조금씩 남하하여 최종적으로 탁록산(涿鹿山) 너머 또는 더 남하하여 산동지방에 자리를 잡게 되었을 것이다. 중국 화북지방에 자리를 잡게 된 우랄-알타이 어족이요 한민족(韓民族)인 황제(黃帝)부족은 곰의 나라라는 뜻의 유웅국(有熊國)으로 불리면서 수렵민에서 농경민으로 변신하여 정착생활을 하게 된다.

후에 그 곰의 부족에서는 지도자 헌원(軒轅)이 태어나서 후삼황족을 정벌하고 중국의 화북지방에 처음으로 통일 왕조(王朝)를 창건하여 그 초대 황제(皇帝)인 황제(黃帝)가 된다. 이것이 한민족(韓民族)의 제1차 남정(南征)이 되고, 후삼황족에 이어 동북아시아 민족이동과 재분포의 제2차 전환기(轉換期)가 된다.

황제(黃帝)부족의 주력집단이 중국으로 남하하기 시작할 때, 일부 집단들이 그 대열에서 이탈하여 잔류하거나 더 동진을 계속해서 몽고, 만주, 연해주(沿海州), 한반도(韓半島), 중부 및 동부시베리아 등 전체 동북아시아로 흩어져 정착하게 되고, 그 일부는 다시 일본(日本)열도로 진출하고 다른 일부는 아메리카대륙으로 진출하게 된다.

(2) **황제(黃帝)부족이 화북지방에 유웅국(有熊國)을 세워** 수렵민에서 농경민으로 변신하여 정착하고 후에 헌원(軒轅)이 나서 남정에 성공하여 처음으로 한민족(韓民族) 왕조인 황제(黃帝)왕조를 창건하여 비로소 역사시대를 열게 된 것이다. 북방민족인 한민족(韓民族)이 처음으로 동북아시아에 분포되고 황제(黃帝)의 남정이 성공하였기 때문에 이것이 한민족(韓民族)의 제1차 남정이고 동북아시아 민족이동과 재분포의 제2차 전환기의 제1기가 된다. 이 제1기는 한민족(韓民族)이 처음으로 동북아시아로 대거 이동해 와서 중국의 화북지방은 물론 전체 동북아시아에

광범위하게 분포가 된 시기를 말하는 것이다. 따라서 황제(黃帝)는 분명한 북방족이요 동방족이며 한민족(韓民族)이다. 그리고 동북아시아 모든 북방민족의 조상이다. 다만 한민족(漢民族)들의 잘못된 기록들을 믿고 사람들이 황제(黃帝)도 한민족(漢民族)이라 간주해버리는 것 같다. 후에 황제(黃帝)의 후손들이 중국의 지배권을 남방족인 한민족(漢民族)들에게 빼앗기고 많은 사람들이 동족이 살고 있는 중국의 동쪽으로 망명이나 피난을 가지 않을 수 없게 된다.

(3) 황제(黃帝)가 곰(熊)종류와 범(虎)종류의 동물들에게 전쟁하는 법을 가르쳐서 그들로 하여금 염제족(炎帝族)과 싸우게 하여 전쟁에 승리하게 되는데 이 사실은 단군(壇君)의 아버지인 환웅(桓雄)이 태백산에 내려와서 곰과 범을 만나게 되는 이야기와 맥을 같이하는 것으로 매우 깊은 연관성을 갖는다는 사실을 알 수 있게 하는 대목이다. 그것은 곧 황제(黃帝)와 환웅(桓雄)이 같은 계통의 사람들이라는 사실을 말하고 있는 것이라 볼 수 있다.

(4) 황제(黃帝)시대부터 천자사상(天子思想)이 생기게 된다. 즉 황제(皇帝)는 하늘에서 내려온 하늘의 아들 곧 천자(天子)라는 것이다. 그리고 황제(黃帝)의 장자인 소호(少昊) 청양(靑陽)은 하늘에서 내려와 강수에 살고 차자 창의(昌意)는 하늘에서 내려와 약수에 살았다고 했다. 그로 말미암아 동북아시아에서 고대의 한민족(韓民族)들이 건설한 왕국의 시조들이 그 영향을 받아 모두 하늘에서 내려온 것처럼 인습적인 신화로 꾸며지게 된다.

(5) 여러 사서들은 치우(蚩尤)에 대해서 각각 서로 다른 기록들을 하고있어 여기서 잠시 치우에 관해서 살펴보기로 한다.

① 사기에 의하면 황제(黃帝)가 염제족을 정벌할 때 치우가 최후까지 반항한 것으로 되어있다. 헌원이 판천의 들에서 염제와 세 번 싸운 후에 그 뜻을 펴게 되었다. 그런데 치우가 반란을 일으켜 탁록의 들에서 다시 싸워 그를 잡아서 죽였다고 기록하고 있어 치우가 염제와 같은 한민족(漢民族)임을 나타내고 있다.

② 환단고기(桓檀古記)에서는 치우에 대하여 환국(桓國)의 제14세 환웅인 자오

지환웅(慈烏支桓雄)이 치우천왕(天王)인 것처럼 기록하고 있다. 여기서는 치우가 마치 한민족(韓民族)인 것처럼 기록하고 있다.

③ 중국의 여러 신화에 나오는 치우는 염제의 후손으로 되어있거나 그와 동일 민족으로 되어있는 것이 대부분이다. 그것은 그가 남방족인 한민족(漢民族)으로 취급되고 있음을 알 수 있게 하는 것이다. 나는 중국측 기록이 옳을 것이란 생각을 가지고 있다.

4) 황제(黃帝)부족과 문화의 천이(遷移)

중국의 앙소문화는 후삼황족보다는 황제(黃帝)부족과 더 직접적인 관련이 있다. 시대적으로 볼 때 황제(黃帝)족이 그 문화를 중국의 화북지방으로 가지고 와서 발전시키고 전파시킨 것으로 보인다. 중국 채도문화 유적의 최초 발견자 안데르손은 중국에 앙소문화가 시작된 것을 B.C. 3000년경으로 추정하였다. 그러나 그 후에 B.C. 4000년경으로 추정되는 유적 유물들이 속속 발견되어 결국 중국에 채도문화가 발달한 시기는 B.C. 4000년경에서부터 흑도 문화가 시작되는 B.C. 2500년경까지로 보게 되었다.

중국의 채도와 가장 흡사한 유적이 투르크메니스탄의 나마즈카테페(Namazga-tepe)에서 발굴되고 있는데 그 유적의 발생연대는 대략 B.C. 5000~B.C. 4000년경으로 추정이 된다고 한다. 중앙아시아에서 채도유적이 발굴되는 투르크메니스탄은 투르크족(Turk族)이 분포되어 있었던 곳이다. 따라서 그곳의 채도문화를 발전시킨 사람들은 투르크족이라는 것이 정설이다. 중국의 채도문화가 중앙아시아의 것과 관계가 깊고 또 중앙아시아의 그것이 고대오리엔트의 것과 흡사하여 서로 한 계통의 문화로 평가되고 있다. 중국의 채도문화는 연대가 앞선 중앙아시아의 채도문화가 들어와서 이루어진 것으로 보고 서부중앙아시아에서 초기 신석기시대를 보낸 어떤 민족이 그 문화를 가지고 동쪽으로 이동하여왔다면 그 민족은 동진한 것이 된다. 그렇다면 그 시기에 중국으로 동진해온 민족은 북방계 한민족(韓民族)인 황제(黃帝)부족밖에 없기 때문에 그들이 투르크멘의 채도문화를 가지고 중국으로 들어왔다고 볼 수밖에 없다. 또 그것으로 황제(黃帝)의 부족이 투르크족이라는 사실을 알게 된다. 투르크족은 투란족에 속하는데 본래 우랄-알타이어족을 투란족(Turan族)이라 말하기도 하고 그것에는 퉁구스, 몽고, 사모에드, 피노우그리아, 투르크의 오족(五族)이 있다고 한다. 중국에는 B.C. 4000년경에 앙소문화가 시작되었으며 투르크족이 중국대륙으로 이동을 개시한 것을 B.C. 4000년이라 한다면 앙소문화는 투르크족이 가지고온 것이라 할 수 있고 B.C. 4000년경에 육로로 중국에 들어온 사람들은 황제(黃帝)부족밖에 없기 때문에 황제(黃帝)부족이 즉 투르크족이 되는 것이다.

〈그림 1〉 투란 5족

2. 동북아시아 한민족(韓民族)의 분포(分布)

한민족(韓民族)인 황제(黃帝)부족의 대집단이 중국을 비롯한 동북아시아로 이동하여 주력집단은 중국의 화북지방으로 갔지만 그것으로부터 이탈하였거나 혹은 뒤 처진 소집단들이 몽고고원에서 남하하지 않고 중국이외의 동북아시아 전역으로 이동 분산되어 분포하게 된다. 이들은 이동과 수렵생활에서 말(馬)을 이용했기 때문에 기마민족이 된 것이다. 이때를 동북아시아 민족 대이동과 분포의 제2차 전환기의 제1기라 하였는데 그 과정을 살펴보기로 한다.

1) 만주(滿洲)와 한반도(韓半島) 지역

몽고고원에서 중국으로 남하하는 황제(黃帝)부족의 주력집단에서 이탈하였거나 뒤따라오던 곰(熊)부족의 소집단이 그대로 직진하여 대흥안령산맥(大興安嶺山脈)을 넘어 만주 일원에 분포하게 된다.

그리고 그 일부가 한반도로 남하하여 분포하게 된다. 이때 만주와 한반도에 분포하여 정착하게된 이들 곰부족이 훗날 하늘에서 내려온 환웅과 결합하게되는 웅녀족(熊女族)이다.

웅녀족이란 환웅보다 먼저 와서 이때 이곳에 처음으로 정착생활을 하게 된 한민족(韓民族)인 곰족(熊族)을 말한다. 나중에 환웅이 나와서 웅녀와 결합하여 단군을 낳게 되고 그 단군이 고조선을 건국하게 되는데 그때부터 만주와 한반도는 하나의 같은 국가영역이 되고 그곳에 분포되었던 곰족은 고조선국가의 백성이 된 것이다.

2) 몽고(蒙古) 지역

우랄-알타이어족인 황제(黃帝)부족이 몽고고원에서 남쪽의 화북지방으로 남하해 갈 때 일부 소집단들이 그들로부터 이탈하여 몽고고원에 그대로 남아 그곳에 분포하게 된다. 그들은 점차 행동범위를 넓혀서 결국 알타이산맥 주위와 그곳으로부터 대흥안령산맥에 이르는 광활한 초원지대에 분포하여 수렵생활을 하게 된 것인데 그것이 그곳에서의 한민족(韓民族) 분포의 시초라 할 수 있다. 혹은 황제(黃帝)부족의 주력부대를 뒤따라오던 후발집단들이 그곳에 머물게 되었을 가능성도 있다. 마치 고조선의 웅녀족처럼 그들이 곧 현 몽고족(蒙古族)의 시작이 된다.

3) 시베리아 지역

본래 우랄산맥 동남부나 서시베리아 초원지대로부터 바이칼호에 이르는 지역은 물론이요 중앙시베리아 고원지대까지가 한민족(韓民族)의 발상이나 진화와 깊은 관계가 있는 것으로 추정되는 곳이다. 한민족(韓民族)에게는 어머니의 품과 같은 시베리아, 여기서 진화해온 한민족(韓民族)의 주력부족이 지금으로부터 약 6000여 년 전에 동진을 개시하였거나 남하하여 후에 동북아시아 여러 곳으로 확산되어 처음으로 한민족(韓民族)이 동북아시아 일원에 분포하게된 것으로 추정되는 그러한 모태의 곳이 시베리아이다. 후대로 내려오면서 한민족(韓民族)의 분포지역이 시베리아 동북부 쪽으로도 팽창이 되어 전체 시베리아에는 대부분의 지역에 한민족(韓民族)들이 분산 분포하여 많은 부족사회를 이루면서 점차 정착하게된 것이다.

4) 일본열도(日本列島)

황제(黃帝)부족의 주력부대에서 이탈하여 그대로 동진을 계속한 집단이 한반도로 남하하는 동족인 웅녀(熊女)집단과 헤어지고 흑룡강(黑龍江)이나 송화강(松花江) 부근에 자리를 잡은 다른 동족집단과도 헤어져서 타타르해협을 건너 사하린이나 일본의 북해도로 가게 된다. 그들은 계속해서 일본의 동북지방으로 남하해서 분산되어 분포하게 되었는데 이들이 원일본족의 시초라 할 수 있다. 일부는 관동지방까지 서서히 남하해서 정착하였을 것이다. 따라서 일본의 동북지방이나 관동지방에서 후기조몬문화(繩紋文化)를 이룬 민족은 실은 이때 일본으로 이동해간 황제(黃帝)부족이요, 알타이어족이요, 곰족인 한민족(韓民族)이다. 그리고 그들의 일부 후손들이 아이누족(Ainu族)이란 이름으로 지금까지 북해도지방에 분포되어 원시 그대로의 순수한 명맥을 유지해온 것으로 보인다.

5) 신강위구르(新疆 Uighur) 지역

한민족(韓民族)의 주력집단인 황제(黃帝)부족이 화북지방으로 이동을 시작할 무렵 그들의 한 소집단이 천산산맥 서남방의 키르기스탄, 타지키스탄 등의 서투르키스탄쪽으로 남하하고 다른 한 소집단은 천산 북로를 따라 동방으로 이동하여 동투르키스탄쪽으로 남하해서 각각 그 지역에 분포하면서 결국 파밀고원까지 포함하여 처산산맥을 에워싼 동서투르키스탄 전역에 확산 분포하게 된다.

혹은 다음과 같이 추정할 수도 있다. 초기에 황제(黃帝)부족에서 이탈한 집단이 서투르키스탄쪽의 천산산맥의 산록을 통해 남하하고 몽고고원까지 황제(黃帝)부족을 따라갔던 다른 소집단이 중국 쪽으로 남하하지 않고 알타이산맥의 남쪽으로 이동해서 동투르키스탄으로 남하하여 서투르키스탄으로 남하한 집단과 파밀고원에서 합류하게 되고 그들은 천산산맥 전체를 에워싼 지역에 위구르국가를 건설하였다고 보는 것이다.

6) 티베트(Tibet) 지역

신강위구르에서와 거의 비슷한 시기에 한민족(韓民族)의 한 집단이 그들의 발상지에서 출발하여 티베트 지역에 도달하게된 것이라 보는데, 그들의 이동경로도 두 가지로 추정할 수 있다. 첫째는 신강위구르로 이동해왔던 한민족(韓民族)의 한 소집단이 티베트로 이동하여 수렵생활을 하면서 점차 티베트 전역으로 확산 분포되었고 둘째는 몽고지방에 분포되었던 한민족(韓民族)의 한 집단이 중국의 청해성, 서강성을 지나서 이동, 남하하여 분포되었을 것으로 보는 것이다.

7) 카자흐(Kazakh) 지역

카자흐지구는 북부카자흐와 남부카자흐로 나뉘어져 있는데 북부카자흐는 지금의 카자흐스탄공화국으로 되어있고 남부카자흐는 지금의 키르기스탄, 타지키스탄, 우즈베키스탄 등의 국가들이 포함되어있다. 북부카자흐의 북부지방은 우랄산맥의 동남부에서 알타이산맥의 서북부에 이르는 사이의 서부시베리아 대초원지대를 형성하고 있다.

이 초원지대의 어느 한 지역이 우랄-알타이어족이 발생했거나 진화해온 것으로 추정되는 여러 지역 중에서 가장 유력한 한 곳으로 꼽히고 있는 곳이다. 따라서 세계 도처에 분포되어있는 모든 우랄-알타이어족, 또는 북방몽골로이드가 처음 이곳에서부터 출발하여 확산되어갔을 가능성이 크다고 할 수 있다. 그곳에 있던 동족집단들이 대부분 동서남북으로 진출해갈 때 그곳에 남아서 지금까지 원향(原鄉)을 지키고 있는 북방몽골로이드집단이 카자흐족(族)이라 할 수 있다. 이들이 점차 남부카자흐로 진출하여 분포하게 되고 이어서 중앙아시아 전역으로 확산되어 분포되었을 것이다.

8) 삼묘족(三苗族)

황제(黃帝)부족의 한 소집단이 중국 서부의 삼위산(三危山) 부근으로 이동하여 삼묘족(三苗族), 또는 묘족(苗族)이 되었을 가능성이 있다.[3] 여러 가지 기록들을 종합해 볼 때 그들은 북방몽골로이드 즉 한민족(韓民族)일 가능성이 더 높은 것으로 보인다. 지금부터 예를 들어 그 가능성을 살펴보기로 한다.

① 한민족(漢民族)인 요(堯)·순(舜)·우(禹)시대에 이들이 모두 삼묘족을 토벌하고 있다. 사기(史記)의 오제본기(五帝本紀)에 의하면 삼묘족이 강회(江淮)유역과 형주(荊州)지방에서 자주 반란을 일으켜 그들을 삼위산으로 쫓아내어 서융족(西戎族)으로 만들었다고 기록하는 등 당시 한민족(漢民族)의 적대관계에 있던 한민족(韓民族)이 아니고서는 서로 그렇게 끈질기게 싸울 민족이 없었다고 봐야할 것이다.[4]

② 산해경(山海經) 대황북경(大荒北經)에는 서북해 밖의 흑수(黑水) 북쪽에 묘민(苗民)이 있다. 전욱(顓頊)은 환두(驩頭)를 낳고 환두는 묘민을 낳았다고 하였다. 흑수는 흑룡강을 말하는 것이기 때문에 묘민이 북방민족임을 말하고 전욱은 황제(黃帝)의 손자이므로 그것은 곧 묘족이 한민족(韓民族)임을 말하고 있는 것이다.[5]

③ 산해경 해외남경(海外南經) 해설서의 고유주(高誘注)에는 회남자(淮南子) 지형훈에 삼묘(三苗)는 황제(黃帝)의 장자인 소호씨(少昊氏)의 묘예(苗裔)로 되어있다 한다.[6]

④ 삼국유사 고조선편에 의하면 환인(桓因)이 서자 환웅(桓雄)을 인간세상으로 내려 보내려고 삼위산(三危山)과 태백산(太白山)을 내려다보니 모두 인간을 이롭

---

3) 書經의 夏書 禹貢에 의하면 三危山은 甘肅省敦煌縣 남쪽의 山으로 "삼위산에 사람이 살 수 있게 되니 三苗도 크게 다스려졌다(三危旣宅三苗丕叙)"고 기록하고 있다.

4) 史記의 五帝本紀第一 帝堯조, 帝舜조. 夏本紀第二 帝禹조.

5) 朴一峰 編譯 ; 山海經 p382, p594.

6) 앞의 5)의 책과 같음. p382 [解說]편

게 할만한 곳이라 했는데 그가 삼위산을 내려다 본 것은 그곳에 그들과 같은 종족
이 살고 있었기 때문이라 할 수 있으며 따라서 삼위에 살고 있던 삼묘족은 한민족
(韓民族)임을 말하는 것이 된다.

3. 동북아시아 이외 지역의 북방몽골로이드의 분포

1) 터어키(Turkey) 지역

북방몽골로이드가 처음 터어키지역에 언제 어떻게 분포되었는지에 대한 정설은
없는 것 같다. 결국 그들이 정확하게 어떤 지역에서 발상했는가 또는 진화해 왔는
가에 따라 그곳에 분포되어 간 시대나 상황이 달라지게 되었을 것으로 보고 그러
한 몇 가지의 경우를 추적해 보기로 한다.

①북방몽골로이드가 알타이산맥 부근이거나 또는 바이칼호 부근에서 발상했거
나 진화해온 경우인데 그 한 집단이 황제(黃帝)부족이 중국으로 진입할 무렵이거
나 그 훨씬 이전에 투르크메니스탄지방으로 이동해서 서남부중앙아시아 일원에
분포하게된 것으로 추정해온 바 있다. 그들이 그곳에서 다시 투르크족이 되어 나
마즈카테페의 채도문화를 포함하는 신석기문화를 발전시킨 것으로 볼 수 있다. 그
리고 후에 그들의 일부가 아나톨리아지방으로 진출해서 그들이 터어키민족의 시
조가 된 것이라 본다.

②혹은 우랄-알타이어족의 발생지나 진화지가 카스피해 동안(東岸)일 경우 그
들이 처음 투란족으로서 그 일부가 북부유럽으로 이동해 가서 후에 우랄어계(Ural
語系)의 피노-우그리아족이나 사모예드족이 되고 그곳에 남은 부족이 투르크족이
되어 그곳에서 신석기시대의 도기문화(陶器文化)를 발전시켜온 것으로 본다. 후에

그들의 주력집단인 황제(黃帝)부족이 알타이산맥쪽으로 이동해가고 그곳에 잔류해있던 투르크족의 일부가 서아시아로 진출 터어키민족이 된 것이라 보는 것이다.

③ 투란족이 카스피해 동안으로 이동해와서 투르크족이 되어 신석기시대 후기에 알타이산맥 주위로 이동해서 정착해 있다가 후에 주력부대인 황제(黃帝)부족이 중국쪽으로 이동해간 다음 잔류해 있던 투르크족이 알타이어계의 터어키어족을 형성하고 있다가 그 일부가 아나톨리아지방으로 진출하여 터어키족이 된 것으로 추정해 볼 수 있다. 그들이 한때 중·동부유럽을 지배했을 것으로 보는 견해도 있다.

④ 화북지방에서 한민족(韓民族)인 황제(黃帝)왕조 즉 오제왕조(五帝王朝)의 말기에 왕조가 붕괴되면서 한민족(漢民族)에게 쫓겨서 황제(黃帝)의 차자(次子)인 창의의 후손들의 일부가 아나톨리아지방으로 진출해서 터어키족이 되고 또 그 일부가 더 나아가서 중·동부유럽까지 진출했을 가능성이 있다.

2) 피노-우그리아족(Finno-Ugria族)과 사모예드족(Samoyed族)

① 우랄-알타이어족의 다른 한 집단은 핀란드, 에스토니아 등지로 진출해서 피노-우그리아어계(Finno-Ugria語系)의 핀족(Fin族)을 형성하고 다른 소집단들이 헝가리지역으로 진출해서 피노-우그리아어계의 우그리아족을 형성하게 된다. 이들은 모두 우랄-알타이어족 중에서 우랄어족에 속하고 있다.[7] 아마도 그들은 알타이산맥보다는 우랄산맥과 더 많은 연관을 갖는 것으로 생각할 수 있다.

② 우랄-알타이어족의 다른 한 집단은 북쪽으로 이동 우랄산맥 동쪽의 중부시베리아에서 북극해로 흐르는 예니세이강 부근에서부터 우랄산맥 서쪽의 중부러시아에서 북극해로 흐르는 드비나강까지에 이르는 북극해 연안의 툰두라(Tundra)지대와 유라시아 삼림지대의 광범위한 지역에 분포해서 사모예드어족을 형성한다.

---

7) 金允經 著 「韓國文字 及 語學史」 (東國文化史), 第一篇 第二章.

현재 그들은 러시아연방내의 타이미르, 네네츠, 야말로네네츠 등의 자치지구와 코미자치공화국 일원에 분포되어있다.

③ 우랄-알타이어족의 일부 집단이 카스피해 북부의 볼가강중류 유역에 자리를 잡고 그들이 터어키어계의 타타르(Tatar)어족을 형성한 것으로 보인다. 지금은 러시아연방내의 타타르스탄공화국을 비롯한 바스키르, 추바시, 몰드바 등의 자치공화국과 기타 러시아연방내의 여러 지역에 분포되어있는 것을 볼 수 있다.

그러나 그들이 우랄-알타이어족 중에서도 알타이어족이고 또 터어키어계임을 감안한다면 그들은 알타이산맥 부근에 분포되어있던 터어키어계의 한민족(韓民族)이 그쪽으로 진출했을 가능성이 더 높다고 하겠다. 중국에서는 그들을 달단족(韃靼族)이라 일컬어왔다.

3) 아메리카대륙과 오세아니아 지역

① 황제(黃帝)부족의 또 다른 몇 개의 집단은 동부시베리아로 진출하여 베링해협을 건너서 알래스카반도로 이동하여 에스키모족이 되고 그중의 일부는 다시 북아메리카대륙으로 진출하여 여러 곳에 분포되면서 아메리카 인디언이 되었다. 그들의 일부는 다시 남아메리카대륙으로 진출하여 후에 인카문명을 건설한 인디오족이 된다.

② 서부 오세아니아 지역에는 본래 동북아시아에서 황제(黃帝)부족의 일부가 남하하여 분포되어 있었을 것으로 보는데, 다시 아메리카대륙으로 진출한 황제(黃帝)부족의 일부가 남아메리카대륙에서 남태평양의 폴리네시아, 서태평양의 미크로네시아, 그리고 멜라네시아 등과 또 동부 오스트렐리아와 뉴질랜드 등의 동부 오세아니아로 확산하여 동복아시아쪽에서 남하하여 분포되어 있던 북방몽골로리드와 합류하여 그곳의 원주민이 되었을 가능성이 있는 것이다.

4. 한민족(韓民族)의 재분포(再分布)

여기서는 황제(黃帝)부족이 중국의 화북지방 북방에 도착한 다음 유웅국이라는 나라를 세워 정착하고 농경생활을 해오다 헌원(軒轅)이 탄생하여 중국의 남방족을 물리치고 제1차 남정에 성공한 후 중국의 초대 황제(皇帝)인 황제(黃帝)가 되고 난 이후의 그들 민족이 동북아시아로 다시 팽창해 나가서 재분포되는 과정을 살펴보기로 한다. 한민족(韓民族)이 동북아시아에 재분포되는 이때가 동북아시아 민족이 동과 재분포의 제2차 전환기≪한민족(韓民族)으로서는 이동과 분포의 제1차 전환기≫의 제2기가 된다. 제1기는 황제(黃帝)부족이 동북아시아에 처음으로 분포되는 때이고 제2기는 중국 황제(黃帝)의 자제들이 많은 동족집단을 이끌고 다시 동북아시아 전역에 진출해 나가서 제1기 때 분포된 동족의 백성들을 다스리기 위해 왕조국가(王朝國家)들을 건설해서 정착하는 때를 말하는 것이다. 조선(朝鮮)의 제1왕조인 단군조선(檀君朝鮮)왕조도 이때 성립하게 된다.

1) 제1차 중국·한민족(中國·韓民族)왕조≪황제왕조(黃帝王朝)≫

중국에서 최초로 왕조국가를 건설한 사람은 황제(黃帝) 헌원(軒轅)이고 그 왕조의 최초의 황제는 역시 황제(黃帝) 헌원이다. 여기서는 중국의 화북지방에 건립한 황제(黃帝)의 적자(嫡子)계통의 왕조에 관해서 살펴보기로 한다. 사기에는 황제(黃帝)왕조를 오제(五帝)라 하여 오제본기(五帝本紀)에 기록하고 있다. 여기서는 오제(五帝)라는 명칭 자체는 그대로 인정하면서 그 잘못된 부분의 내용을 바로잡아 북방민족인 한민족(韓民族)의 황제(黃帝)왕조 또는 오제(五帝)왕조의 정통성을 찾아보기로 한다.

황제(黃帝)에게는 정비(正妃)인 누조(嫘祖)에게서 낳은 적자(嫡子)는 2인이고 그

외 서자(庶子)가 25인 있었다. 적자 2명중 장자인 소호김천씨(少昊金天氏) 즉 청양(靑陽) 현효(玄囂)는 천자의 아들로 내려와 강수(江水)에 자리를 잡고 차자인 창의(昌意)는 천자의 아들로 내려와 약수(若水)에 자리를 잡는다. 그리고 이 두 적자와 그 자손들이 중국 중원의 황하유역과 회수(淮水)유역에서 황제(黃帝)가 창건한 황제(黃帝)왕조≪오제(五帝)왕조≫의 황제(皇帝)의 제위(帝位)를 서로 선양(禪讓)해 가면서 중원을 다스리는 왕조를 이어갔다.

(1) 중국의 황제(黃帝)왕조≪오제(五帝)왕조≫의 초대 황제(皇帝)는 황제(黃帝) 헌원(軒轅)이다.

황제(黃帝)는 염제와 판천의 들에서 세 번 싸우고 또 치우와 탁록의 들에서 싸워서 그를 죽임으로써 모든 제후가 그를 받들어, 헌원(軒轅)이 신농씨를 대신해서 천자(天子)가 되었다. 그가 곧 황제(黃帝)왕조≪신 오제(五帝)왕조≫의 초대 황제(皇帝)이다. 왕조의 원년은 서량지(徐亮之)의 「중국사전사화(中國史前史話)」의 셈을 채택하여 기원전 2764년으로 본다.[8]

사기를 비롯한 대부분의 중국 사서들은 황제(黃帝)를 위시한 오제(五帝)를 왕조로 인정하지 않는 것으로 되어있다. 그래서 나라의 이름이 없고 다만 다섯 황제의 시대라 해서 오제(五帝)라는 이름이 붙여져 있다. 그런데 황제(黃帝) 다음의 4제(帝)들이 다 황제(黃帝)의 후손들로 되어 있다고 하면서도 왕조국가로 기록하지 않고 있는 것이다. 그러면서 하(夏)왕조의 시조도 황제(黃帝)의 후손으로 되어 있으면서 그것은 또 오제에서 분리해서 하(夏)라는 왕조국가로 독립시켜 놓았다. 어째서 중국역사의 시작을 이렇게 모순되게 구성하여 기록한 것일까? 사실은 오제 중에 요(堯)와 순(舜), 그리고 하(夏)의 시조 우(禹)는 황제(黃帝)의 후손이 아닌데도 그 후손인 것처럼 역사를 왜곡하여 기록하다 보니 모순이 생긴 것이다. 물론 거기에는 그만한 사연이 있는데 그것은 차차 밝혀지게 될 것이다. 여기서는 우선 새 오제(五帝)를 구성하여 왕조로 인정히고 그것을 황제(黃帝)왕조≪또는 오제(五帝)완

---

8) 徐亮之 著 「中國史前史話」 (華正書局) 下編三 中國彩陶與華夏文化 註八.

조≫로 하여 황제(黃帝)를 그 초대 황제(皇帝)로 정립한다.

(2) 중국 황제(黃帝)왕조의 제2대 황제(皇帝)는 소호김천씨(少昊金天氏)이다.

소호김천씨(少昊金天氏)는 황제(黃帝)의 장자로 후에 황제(黃帝)왕조의 제2대 황제(皇帝)가 된다. 그리고 중국의 한민족(韓民族)왕조인 은왕조(殷王朝)를 창건한 탕왕(湯王)의 시조 설(契)의 증조부가 된다. 그런데도 사기의 오제본기에서는 은(殷)왕조가 황제(黃帝)의 정통 후예라는 것을 숨기기 위해서 은왕조의 더 상위(上位)시조인 소호김천씨를 오제에서 빼어버렸다. 그러나 사기의 역서(曆書)를 비롯한 여러 문헌에는 그가 황제(皇帝)로 재위한 것을 다 기록하고 있다.

제왕세기(帝王世紀)에서는 소호(少昊)가 궁쌍의 고을에서 제위에 등극하여 곡부(曲阜)에 도읍을 정했다. 황제(黃帝)의 토(土)를 이어 받은 금(金)이기 때문에 금천(金天)이라 하고 따라서 백제(白帝)이다, 고 기록하고, 죽서기년(竹書紀年)에서는 소호가 제위에 오르고 봉황의 상서로움이 있었다고 기록하고 있으니 소호씨가 황제로 등극했음을 분명히 하고 있다. 그래서 그를 황제(黃帝)왕조의 제2대 황제로 정립한다.

소호김천씨는 자(字)가 청양(靑陽)이요 이름이 현효(玄囂)이다. 따라서 일명 청양현효(靑陽玄囂)이다. 그는 황제(黃帝)의 장남으로 태어나서 헌원(軒轅)의 언덕에서 강수(江水)로 내려와 처음 제후국(諸侯國)을 세웠는데 후에 황제(黃帝)가 죽으니 제위를 물려받아 황제(黃帝)왕조의 제2대 황제가 되었다. 그는 오행상 황제(黃帝)의 토를 이어받은 금덕왕(金德王)이 된다. 따라서 백제(白帝)이고 백색을 신봉하게 된다. 호(號)도 금(金)을 나타내는 김천씨(金天氏)로 되었다. 훗날 그의 후손들이 오행상의 금(金)과 백색을 이어받아 백의민족(白衣民族)이 되었다.

(3) 중국 황제(黃帝)왕조의 제3대 황제(皇帝)는 제전욱(帝顓頊) 고양씨(高陽氏)이다.

제전욱(帝顓頊)은 황제(黃帝)의 차자인 창의의 아들이요 황제(黃帝)의 손자이다. 이름이 고양(高陽)이고 백부(伯父)되는 제2대 황제인 소호김천씨가 죽으니 고양이 제위를 물려받아 황제(黃帝)왕조의 제3대 황제(皇帝)가 된다. 사기의 오제본기에서는 소호김천씨를 오제에서 제외하다보니 고양을 앞당겨서 제2대 황제로 기록하고 있는데 그것은 큰 잘못이다. 그래서 여기서 제전욱을 소호김천씨 다음의 오제의 제3대 황제로 정립하는 것이다. 그는 목덕왕(木德王)이고 재위는 78년이다.

(4) 중국 황제(黃帝)왕조의 제4대 황제(皇帝)는 제곡(帝嚳) 고신씨(高辛氏)이다.

제곡(帝嚳)은 이름이 고신(高辛)으로 황제(黃帝)의 장자인 소호김천씨의 손자요 황제(黃帝)의 증손자이다. 그의 아버지는 교극(蟜極)인데 천자로 등극하지 못했다. 고신씨(高辛氏)는 제전욱(帝顓頊) 고양씨(高陽氏)의 당질(堂姪)이다. 당숙(堂叔)되는 제3대 황제인 제전욱 고양씨가 죽으니 뒤를 이어 제위에 올라 황제(黃帝)왕조의 제4대 황제(皇帝)가 된다.

사기의 오제본기에서는 제곡을 오제의 세째 황제로 기록하고 있는데 소호김천씨를 오제의 대열에서 제외하다보니 그렇게 된 것을 바로잡아 여기서 제곡 고신씨를 오제의 제4대 황제로 정립한다. 박(亳)에 도읍을 정하였고 목덕왕(木德王)으로 재위는 75년이다.

(5) 중국 황제(黃帝)왕조의 제5대 황제(皇帝)는 제지(帝摯)이다.

사기를 비롯한 사서들에는 오제의 제4대 황제에 요(堯)를 그리고 제5대 황제에 순(舜)을 넣고 있다. 그러나 그것은 잘못이다. 오제(五帝)는 황제(黃帝)왕조를 말하는 것으로 북방민족인 황제(黃帝)가 세운 북방민족의 왕조이다. 그렇지만 요(堯)는 남방민족이다. 남방족이 북방족의 왕조에 끼어 들 수는 없는 일이다. 그래서 여기서 황제(黃帝)왕조의 정통을 찾아서 제지(帝摯)를 그 제5대 황제로 정립한다. 지금부터 제지(帝摯)를 황제(黃帝)왕조의 제5대 황제로 정립하는 이유와 당위성을 밝혀보기로 한다.

① 사기의 오제본기에서는 제곡이 세상을 떠나자 지(摯)가 제위에 올랐다. 그러나 불선(不善)하여 세상을 떠나고(崩) 동생인 요(堯)가 제위에 올랐다, 고 기록하고

있다. 그렇다면 일단 제위에 올랐으니 오제 중의 한분이 되어야 한다. 오제에서 제외시킬 이유가 없다.

② 죽서기년(竹書紀年)에는 제자지(帝子摯)가 황제가 된지 9년 만에 폐(廢)하고 요가 다음 황제가 된것으로 기록하고 있다.

③ 제왕세기(帝王世紀)에는 제지(帝摯)가 형제들 중에서 가장 연장자로서 제위를 물려받았으나 재위 9년에 정치가 연약하여 제후들이 그를 내쫓고 그 동생 요(堯)가 제위에 올라 황제가 되었다고 기록하고 있다.

<표 1> 황제왕조(黃帝王朝)[오제왕조(五帝王朝)]

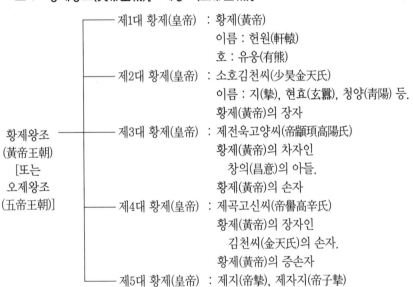

황제왕조
(黃帝王朝)
[또는
오제왕조
(五帝王朝)]

— 제1대 황제(皇帝) : 황제(黃帝)
　　　　　　　　　이름 : 헌원(軒轅)
　　　　　　　　　호 : 유웅(有熊)

— 제2대 황제(皇帝) : 소호김천씨(少昊金天氏)
　　　　　　　　　이름 : 지(摯), 현효(玄囂), 청양(靑陽) 등.
　　　　　　　　　황제(黃帝)의 장자

— 제3대 황제(皇帝) : 제전욱고양씨(帝顓頊高陽氏)
　　　　　　　　　황제(黃帝)의 차자인
　　　　　　　　　　창의(昌意)의 아들.
　　　　　　　　　황제(黃帝)의 손자

— 제4대 황제(皇帝) : 제곡고신씨(帝嚳高辛氏)
　　　　　　　　　황제(黃帝)의 장자인
　　　　　　　　　　김천씨(金天氏)의 손자.
　　　　　　　　　황제(黃帝)의 증손자

— 제5대 황제(皇帝) : 제지(帝摯), 제자지(帝子摯)
　　　　　　　　　제곡고신씨의 아들.
　　　　　　　　　황제(黃帝)의 고손자

④ 회남자(淮南子) 본경훈(本經訓)과 병략훈(兵略訓)들에는 요(堯)가 제위에 오르기 전에 큰 전쟁을 하여 이김으로써 황제기 되었다고 기록하고 있다. 이런 기록들은 제요가 전쟁을 일으켜서 승리하여 제지(帝摯)를 폐위시켜 죽이고 그가 제위

를 찬탈하여 황제가 되었다는 사실을 기록한 것이라 할 수 있다.

이런 기록들에서 제지(帝摯)≪제자지(帝子摯)≫는 분명히 제곡 고신씨 다음으로 황제(黃帝)왕조의 제5대 황제로 등극하여 9년이나 재위하였으나 남방민족인 요에 의해서 살해되었거나 폐위되고 그로써 황제(黃帝)왕조≪오제(五帝)왕조≫도 끝이 났음을 알 수 있다. 그 이외의 모든 기록들도 제지가 오제의 황제로서 9년이나 재위한 것을 기록하고 있으니 제지는 오제가 되던지 육제(六帝)가 되던지 간에 어차피 그 반열에 들어야 한다.

2) 조선(朝鮮)의 제1왕조≪단군조선왕조(壇君朝鮮王朝)≫의 성립

황제(黃帝)에게는 서자(庶子)가 25명이 있었는데 그중에서 14명이 중국 이외의 동북아시아 지역에 땅을 분배받고 성(姓)을 하사 받아 나가서 각각 왕조들을 건립하였었는데 여기서는 우선 그 중에서 조선(朝鮮)의 제1왕조인 단군조선(壇君朝鮮)왕조≪조선(朝鮮)의 황제(黃帝)왕조라고도 한다≫를 건립한 상황부터 살펴보기로 한다.

처음에 황제(黃帝)부족이 동북아시아로 이동해올 때 화북지방으로 진입한 주력 집단을 이탈하여 동북아시아 각지로 나가서 소집단으로 흩어져 여러 곳에 각각 정착하게 된≪제1기 때≫ 곰족(熊族)이 있었다. 황제(黃帝)의 14명의 서자들은 그들을 다스리려 나가서 그 곰족들을 백성으로 하는 왕조국가를 건설하게 된다. 그 서자들이 나갈 때에는 국가를 건설하고 왕조를 유지하는데 필요한 충분히 많은 인원을 데리고 나간 사실을 기록에서 알 수 있다. 그들이 나가서 재분포되는 시기는 한민족(韓民族)으로서는 민족 이동과 재분포의 제1차 전환기의 제2기가 되고 동북아시아 전체로는 후삼황족의 제1차에 이어서 제2차 전환기의 제2기가 된다.

황제(黃帝)의 서자 14명중의 한사람이 한반도의 곰족을 다스리러 나오게 되는데 그가 곧 환웅(桓雄)이라는 이름의 서자이다. 서자 환웅은 3000명의 집단을 거느리

고 태백산에 강림하
여 한반도 북부지역
≪요하(遼河) 또는
난하(灤河)부근≫에
선주하고 있던 곰족
의 여자 웅녀(熊女)
와 결합하여 단군(壇
君)을 낳고 그 단군
이 조선(朝鮮)이라는
국가를 건설하게 된

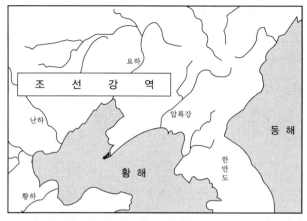

〈그림 2〉 조선강역도

다.[9] 이것이 곧 조선왕조(朝鮮王朝)로서 제1왕조인 단군조선(壇君朝鮮)왕조이다.
오늘날에는 그 조선왕조를 고조선(古朝鮮)이라 일컫고 있다.

　중국사서에 황제(黃帝)의 서자 14명이 동북아시아 각지로 나가서 땅을 분배받고
성을 하사 받아 천자의 아들로 강림하여 나라를 세웠다고 하는 기록과 삼국유사에
환인(桓因)이 그의 서자를 내려 보내 조선이란 나라를 세우게 한 기록은 결국 같은
사실이라고 하는 것을 누구나 쉽게 알 수 있다. 그렇게 되면 황제(黃帝)의 14명의
서자중의 한사람이 환웅(桓雄)이고 그가 한반도 북부나 만주지방 또는 난하(灤河)
부근에 내려와서 조선(朝鮮)이라는 나라를 세운 것이 되고 또 그 환웅의 아버지인
환인(桓因)이 곧 황제(黃帝) 헌원(軒轅)이라는 것을 알 수가 있다.

　그러면 지금부터 중국사서에서 황제(黃帝) 헌원(軒轅)과 한국사서에서 환인(桓
因)과의 관계 즉 그 두 사람이 동일 인물이라는 것과 환인의 아들 환웅(桓雄)이 황
제(黃帝)의 서자 25명 중의 한 사람이라는 사실이 증명될 수 있는 몇 가지 사례들
을 모아 현재로서는 불가능한 고고학적 검증을 대신해서 이론적인 검증을 확실히
해 두기로 한다.

---

9) 三國遺事 紀異第一 古朝鮮(王儉朝鮮)조

(1) 중국에서 황제(黃帝)의 서자(庶子) 14명이 각각 동북아시아로 나가서 봉토(封土)를 분배받고 성(姓)을 하사 받아 나라를 세웠다는 중국측 기록과 환인(桓因)이 그의 서자 웅(雄)을 한반도 북부로 내려 보내 나라를 세우게 했다는 한국측 기록이 서로 맥락이 같다.

(2) 같은 서자(庶子)라는 점이 그런 관계를 증명하고 있다. 황제(黃帝)의 서자 14명중의 한사람의 이름이 환웅(桓雄)이고 그가 한반도로 나왔다고 생각하면 양측 기록은 일치한다. 그런데 혹자는 이 시기의 서자(庶子)란 적장자(嫡長子)를 제외한 모든 차자(次子)를 뜻하는 차중자(次衆子)를 일컫는 것이라 해석하는 것 같다. 그러나 사기를 기록한 사마천을 비롯한 중국의 사가들이나 한국의 사가들이 다 그들이 집필할 당시부터 이미 적자와 서자를 구분하는 제도가 있었고 그러한 적서(嫡庶)의 관계를 잘 알고 기록하였기 때문에 차중자(次衆子)를 서자(庶子)로 기록하지 않은 것은 분명하다고 할 수 있다.

(3) 중국에서 황제(黃帝)왕조의 제위(帝位)를 이어가게 된 황제(黃帝)의 적자들 즉 소호(少昊)와 창의(昌意)는 한반도에서 황제(黃帝)의 서자계통의 왕조인 고조선(古朝鮮)을 건립하게 되는 환웅(桓雄)과는 형제간이지만 적서의 관계로 서로 배(腹)가 다른 이모형제(異母兄弟) 즉 이복형제(異腹兄弟)간이 된다. 환웅이 서지이기 때문이다. 따라서 한반도의 한민족(韓民族)은 중국의 한민족(韓民族)과는 서로 배(腹)가 다른 민족으로 부르게 되었다. 즉 배다른(腹異)민족이 되고 그것이 배달민족(腹異民族)으로 되고 그 받침의 ㄷ·ㄹ이 끝바꿈하면서 배달민족(腹異民族)이 되고 한자(漢字)를 빌어 쓰게 되면서 배달민족(倍達民族)이 되었다. 그러니까 단군(壇君)왕조의 후손은 중국의 한민족(韓民族)과는 배(腹)가 다르다하여 스스로를 배달민족≪배달민족≫이라 일컫게된 것이다.

이 배달민족(倍達民族)의 뜻에 대하여 여기서 좀더 자세히 그 진위(眞僞)여부를 살펴보기로 한다.

① 한국의 많은 학자들은 배달(倍達)은 박달(朴達)에서 오고 그 박달은 밝달(明

陽地)≪음달(陰地), 양달(陽地) 등에서 달(達)은 땅(地)을 말함임을 알 수 있다≫또는 붉달(赤陽地)에서 왔으며 밝달이나 붉달은 밝은 곳을 의미하는 것으로 광명(光明)이나 태양(太陽)을 숭배하고 또 하늘을 숭배하는 사상에서 온 말이라 하고 있다. 따라서 배달민족이란 태양이나 하늘을 숭배하는 민족임을 말하는 것이라 해석하는 것 같다.

② 태양이나 광명 또는 하늘을 숭배하는 민족을 배달민족이라 하고 또 그러한 것을 자랑으로 내세웠다하면 세계 어떤 민족이 배달민족이 아닌 민족이 있겠는가? 이 세상에서 어느 누가 광명이나 태양 그리고 하늘을 숭배하지 않는 개인이나 민족이 있을 수 있겠는가. 우선 가까운 중국의 한민족(漢民族)을 보더라도 그들도 천자(天子)사상을 갖고 있었다. 즉 황제는 하늘의 아들이라 할 정도로 하늘을 숭배하고 개인이나 사회 집단들이 하늘에 제사를 올리는 일을 게을리 하지 않았다. 그들이 하늘을 그렇게 숭배한 것은 그곳에 태양의 광명이 있기 때문이 아니겠는가. 그러한 대국을 앞에 두고 우리민족이 태양과 하늘을 더 숭배하는 배달민족이다 하고 내세울 수가 있었겠는가.

③ 중국이외에도 세계에서 태양과 하늘은 모든 고대문명에 공통된 숭배의 대상이었다. 그리고 어떤 민족도 그 조상들이 그렇게도 광명이나 태양 하늘을 숭배해 왔지만 후대로 내려오면서 아무도 그들 민족을 태양민족 광명민족 또는 배달민족이라 내세우거나 일컬어오지 않았다. 이러한 상황에서 하필 우리민족만이 광명이나 태양 하늘을 숭배하는 배달민족이라 착각할 정도로 우리 조상들이 어리석지는 않았을 것이다.

④ 양주동(梁柱東)씨의 고가연구(古歌研究)에 의하면 "ㄷ·ㄹ의 호전(互轉)의 법칙은 모든 ㄹ 미용언(尾用言)에 통일적으로 적용된다 곧 다ㄹ, 니ㄹ, 흐ㄹ(異, 云, 流) 등의 기본형도 그 실(其實)은 닫, 닏, 흗, 에 불외(不外)한 것이다. ‥닫(別), ‥닫(異) 등이 해당된다."[10]고 하였다. 따라서 배닫(腹異, 腹別)이 배다ㄹ(腹異, 腹別)

10) 梁柱東 著「古歌研究」(一潮閣) 釋注四 p369

로 되고 이것이 ㄷ 벗어난 끝바꿈에 의해서 배달(腹異, 腹別)이 된 것임을 알 수 있다. 그것은 즉 배달민족은 곧 배닫민족(腹異民族, 腹別民族)에서 배다른민족(腹異民族, 腹別民族)으로 되고 그것이 다시 배달민족(腹異民族, 腹別民族)으로 되었다는 것을 말하는 것이다.

⑤ 후대로 오면서 배가 다름에 따른 적서(嫡庶)의 복잡한 제도가 생기에 되었다. 고려시대까지는 적서에 대한 차별의식이 없었기 때문에 떳떳하게 배달(腹異)민족을 내세워 자랑으로 삼았으나 이씨조선시대에 들어서 그 의식이 바뀌어 서자에 대해서 경멸하는 생각을 갖게됨으로써 배달이란 뜻 자체가 망각 또는 매장되어버렸다. 따라서 고려시대까지는 일반 백성들이 배달의 뜻을 잘 알고 있었을 것으로 추정되지만 이조시대에 와서는 배달사상이 소멸되면서 한민족(韓民族)의 상고시대 역사마저 매장 또는 왜곡되어버린 것 같다.

(4) 삼국유사에는 단군왕검(壇君王儉)이라 되어있어 단군(壇君)이 단(檀)자가 아닌 단(壇)자로 기록되어 있다. 그런데 단(壇)자의 뜻을 옥편에서 보면 제사단(祭祀壇) 또는 봉토단(封土壇)으로 되어있다. 그것은 단(壇)이 봉토(封土)를 뜻하는 것임을 알 수 있다. 따라서 단군(壇君)은 조선이란 봉토의 임금(君長)을 말하는 것이다. 당시에 그만한 봉토를 정해줄 수 있는 권력자는 황제(黃帝)밖에는 없었다. 그리고 그 봉토를 받아 나온 사람은 당연히 그의 서자인 환웅(桓雄)이라야 한다. 즉 황제(黃帝)의 서자인 환웅이 황제(黃帝)로부터 조선이란 봉토를 받아서 나오고 후에 그의 아들 단군(壇君)이 임금(君長=王)이 되어 독립국가를 만든 것이다. 그것은 곧 단군(壇君)이 황제(黃帝)의 후손임을 말하는 것이다.

(5) 헌원(軒轅)과 환인(桓因)의 이름이 매우 흡사하다. 황제(黃帝)의 이름이 현재 우리가 발음하는 대로하면 「헌원」≪중국어로는 「슈안 위엔(xuān yuán)」≫이요 삼국유사에서는 웅(雄)의 아버지의 이름이 「환인」≪중국어로는 「후안 인(huán yīn)」≫이다. 이들의 발음이 매우 닮았다. 처음 알타이 말이 나중에 한문자를 빌어서 표기하다보니 한민족(漢民族)들은 헌원(軒轅)으로 한민족(韓民族)은 환

인(桓因)으로 표기하게된 것이라 추정이 된다.

이들의 발음이 변천되어온 과정을 추정하여 예를 들어 보면「헌원(軒轅) → 슈안 위엔(xuān yuán) → 슈후안 위엔(xhuān yuán) → 후안 위엔(huán yuán) → 후안 윈(huán yūn) → 후안 인(huán yīn) → 환인(桓因)」으로 변천하여 온 것이라 볼 수 있다.

(6) 헌원(軒轅)이 있던 곳의 위치와 환인(桓因)이 있던 곳의 위치가 같은 곳으로 추정될 수 있다는 점이다. 중국측 기록에 헌원은 그가 살고 있던 헌원의 언덕(軒轅之丘)에서 붙여진 이름이고 한국측 기록에서 환인이 삼위태백을 내려다보았다고 하였으니 그들은 중국 북쪽의 상당히 높은 지점에 있었을 것으로 추정할 수가 있는데, 그들이 별도의 왕조였다고 보면 서로 가까운 곳에 황제(黃帝)왕조와 환인(桓因)왕조가 양립하여 있었다고 보아야 하므로 환인이 헌원왕조의 지역을 지나서 환웅을 삼위산으로 보내려 하였다는 것은 불합리한 이론이 된다. 만약에 그들이 이민족인 경우는 그것은 불가능한 일이고 동족인 경우에도 매우 합리적이지 못하다. 따라서 헌원(軒轅)과 환인(桓因)은 같은 장소에 있었을 같은 인물일 가능성이 더 합리적이라 할 수 있다.

(7) 황제(黃帝)의 적자 두 아들과 환인의 아들이 같이 하늘에서 내려온 것처럼 된 일이다. 즉 이때부터 천강(天降)사상이 생겨서 그들의 모든 후손들에게 같이 전수되어 내려왔다는 점이다.

중국의 역대 왕조에서 그 시조나 황제가 하늘에서 내려온 것으로 기록된 인물은 황제(黃帝)의 아들들밖에 없다. 따라서 동북아시아에서 하늘에서 내려온 것으로 된 모든 왕조의 시조나 제왕은 황제(黃帝)의 아들들 즉 소호와 창의, 그리고 그의 서자 14인의 후손들 밖에는 없다. 따라서 조선의 봉토를 받아 나온 환웅도 황제(黃帝)의 아들일 수밖에 없다. 이렇게 해서도 헌원(軒轅)과 환인(桓因)은 동일 인물로 추정할 수 있다.

(8) 시대가 일치한다. 삼국유사에서는 단군왕검이 즉위한 해가 요(堯)임금과 같

은 때[위서(魏書)] 또는 요의 즉위 50년[고기(古記)]이라 하였다. 사실은 요임금이 황제(黃帝)의 후손이 아니지만 후손이란 기록이 맞는다 보고, 제요는 황제(黃帝)의 장자 장손으로 내려온 고손자이고 단군왕검은 환인 즉 황제(黃帝)의 손자이다. 2 대차이가 되지만 소호와 환웅이 형제간인데 소호가 장자요 환웅은 서자로 말자(末子)에 가깝다면 형제간에도 20년~30년 이상의 연령차이가 날 수 있다. 그렇게 해서 내려온 단군은 고신씨의 아들로 되어있는 제요와 동시대 사람이 될 수 있다.

더욱이 단군의 즉위년이 제요의 즉위년과 같은 해라 할 때는 단군과 제요는 틀림없는 동시대 사람으로 되고 따라서 헌원(軒轅)과 환인(桓因)은 동시대 동일인물로 볼 수 있는 것이다.

(9) 환웅(桓雄)이 웅녀(熊女)와 결합한 사실이다. 환웅은 그의 무리 3000명을 이끌고 태백산으로 내려왔다고 했다. 당시의 상황을 고려할 때 황제(黃帝)의 아들이 아니고서는 동북아시아에서 이만한 집단을 거느릴 사람은 없다고 봐야할 것이다. 이들은 한민족(韓民族)의 제1차 민족 대이동의 제2기 때에 이동해온 것을 의미하는 것이고 웅녀족(熊女族)은 제1기 때에 동북아시아 각지로 흩어져서 정착 분포되어 있던 선주(先住) 곰족이다. 이들은 동족이기 때문에 서로 결합이 쉽게 이루어진 것이라 볼 수 있다. 이러한 사실은 환웅이 황제(黃帝)의 아들일 때만 가능하다.

(10) 삼국사기 열전(列傳) 김유신(金庾信)편에 의하면 김유신은 가야 수로왕이 그의 12대조이고, 신라 사람들은 스스로를 소호김천씨의 후예라서 성을 김씨라 하였고, 김유신의 비석에 역시 그는 헌원의 후예이고 소호의 종손(胤)이라 되어 있은 즉 가야의 시조 수로왕과 신라는 동성이 된다고 하였다. 이것은 가야(加耶)의 김수로왕(金首露王)과 신라(新羅)의 김(金)씨의 시조인 김알지(金閼智)가 다 같이 소호김천씨의 후손이고 황제(黃帝)의 후예라는 것을 말하고 있는 것이다.

김유신이 배달민족인 단군의 후예라 하지 않고 소호의 윤(胤)≪종손(宗孫)계통의 후손≫이라 한 것은 그가 황제(黃帝)의 적장자인 소호김천씨의 후예임을 강조한 것이라 볼 수 있다. 따라서 가야나 신라의 김씨는 처음부터 한반도에 분포해 있던 단군의 후예인 배달민족이 아니고 처음 중국에 살고 있다가 후에 가야나 신라로 나오게 된 중국의 한민족(韓民族)인 황제(黃帝)의 적자계통의 후예, 그 중에서도 장자인 소호김천씨의 종손계통의 후손으로서 그 왕족이나 귀족출신으로 볼 수 있다. 그들은 중국에서 나와서 한국의 한민족(韓民族)이 되었는데 그것은 결국 한국 한민족(韓民族)의 시조와 중국 한민족(韓民族)의 시조는 같이 황제(黃帝) 헌원 ≪또는 환인≫이고, 그들은 같은 그 후손으로 같은 민족이기 때문이다.

(11) **환웅은 요서(遼西)나 또는 한반도 북쪽으로 나올 때** 나라를 건설할 수 있는 만반의 준비를 갖추어 가지고 나온 것으로 되어있다. 세상을 다스릴 무리 3000명을 이끌고 내려왔기 때문이다. 그러나 환웅은 웅녀를 사람으로 만들고 그 웅녀와 결합하여 단군을 낳고 그 단군이 국가를 건설하는 등의 복잡한 과정을 거친다. 환웅은 왜 직접 나라를 건설하지 아니 하였을까? 그 이유는 다음과 같이 설명될 수 있다. 즉 환웅이 나와서 환국(桓國) 또는 조선(朝鮮)이라 하였을 나라를 건설했지만 그것은 중국 황제(黃帝)왕조의 하나의 제후(諸侯)국에 지나지 않았다. 환웅이 황제(黃帝)의 아들이기 때문이다. 아버지의 나라 밑에서 독립국가로 생각할 필요도 없었을 것이다. 그러나 왕검(王儉)의 대(代)에 중국에서 남방족인 요(堯)집단의 북벌에 의해서 황제(黃帝)왕조가 멸망하게 된다. 그로 인해 중원에 남방족인 한민족(漢民族)왕조가 들어서게 되자 그때 환국(桓國) 또는 조선은 적국인 한민족(漢民族)왕조 밑에서 제후국으로 있을 수가 없어 불가피하게 환국 또는 조선이란 제후국에서 벗어나 단군(壇君)이 완전 독립을 해서 조선국(朝鮮國)으로 선포한 것이다.

한편 단군 왕검(王儉)시대에 와서 남방족인 요(堯)집단이 복벌을 시작했을 때 그들에 대항해서 전쟁을 하던 황제(黃帝)왕조의 일원으로 왕검부대도 전투에 참가하였다가 황제(黃帝)왕조가 패배하여 멸망하자 왕검이 후퇴하여 조선국의 독립을 선포하고 수도를 요서지방에서 한반도의 평양(平壤)으로 옮겼을 가능성이 크다. 그로인해 단군의 즉위년이 북벌에 성공한 요의 즉위년과 같게 된 것이다.

(12) **지금까지의 여러 사실들을 분석**해 본 결과 환인(桓因)이 곧 황제(黃帝)라

는 사실이 입증된 것으로 본다. 그렇게 되면 고조선민족의 시조인 단군왕검(壇君王儉)은 황제(黃帝)의 후손이 되고 따라서 한국 민족의 원 시조는 황제(黃帝)이며 한반도의 한국 한민족(韓民族)은 황제(黃帝)의 후손이 된다.

3) 기타 동북아시아에 건립된 황제(黃帝)왕조의 제후국(諸侯國)들

황제(黃帝)의 서자 14명중의 한 사람인 환웅은 3000명의 집단을 이끌고 고조선으로 오고 나머지 서자 13명과 그들이 이끄는 수 천 명씩의 한민족(韓民族)집단들은 모두 동북아시아 각지로 나가서 영토와 성을 받아 그곳에 정착해 있는 선주 한민족(韓民族)을 백성으로 하여 나라를 세운 것이다. 지금부터 이들 동북아시아 황제(黃帝)왕조의 제후국들이 재분포하는 과정과 그때의 상황들을 살펴보기로 한다.

(1) **만주(滿洲) 지역** ; 황제(黃帝)의 서자 14명중의 한 사람이 수 천 명의 동족집단을 거느리고 환웅의 고조선과 이웃하는 지역 즉 흑룡강 중하류 부근이나 혹은 연해주 근처에 나라를 세워 곰족을 다스렸을 것으로 추정할 수 있다. 그러나 고조선국의 후기부터 만주에서는 한민족(韓民族)인 곰족들이 분파하여 많은 소부족국가들이 생기기 시작한 것 같다. 특히 만주의 동북부지역에는 퉁구스족(Tunguse 族)이 애초부터 고조선족과 이웃하여 있었거나 고조선족으로부터 일찍 분리되어 있다가 이 시기에 와서 그들도 여러 소부족국가로 분리된 것으로 보인다.

(2) **몽고(蒙古) 지역** ; 황제(黃帝)의 서자 14명중의 한 사람 또는 몇 사람이 황제(黃帝)로부터 성을 받고 몽고지방을 봉토로 분배받아 환웅처럼 수 천 명의 집단을 이끌고 나가서 그곳에 이미 정착해있는 곰족들을 백성으로 해서 나라를 세워 다스린 것으로 볼 수 있다. 즉 환웅이 만주와 한반도로 와서 고조선을 건국한 것처럼 그 곳에도 환웅의 형제들이 내려가서 세운 나라들이 몽고이다. 언어학적으로 과거에 알타이어에서 몽고어(蒙古語)가 동몽고어, 서몽고어, 북몽고어로 분류되어 있

었던 것으로 봐서[11] 그 곳에는 한민족(韓民族)의 각기 다른 나라들이 몇 개 형성되어 있었을 가능성이 높다.

(3) 중앙아시아와 서부시베리아 지역 ; 또 다른 황제(黃帝)의 서자 14명중의 몇 사람은 역시 수 천 명씩의 집단을 이끌고 카스피해 동북부와 서시베리아 등지로 나가서 그곳에 분포되어있는 알타이어족인 한민족(韓民族)을 백성으로하는 국가를 건설했을 것이다.

또 다른 서자 한 두 사람은 한민족(韓民族)인 투르크족이 분포되어있는 서남 중앙아시아지역 즉 카스피해 동안이나 그 동남부지역에 나가서 그곳의 곰족인 투르크족을 다스렸을 가능성이 있다. 그들은 후에 일부가 아나톨리아지방으로 진출하여 터키민족이 된 것으로 보인다.

(4) 위구르와 티베트 지역 ; 황제(黃帝)의 서자 14명중의 한 두 사람은 역시 수천 명씩의 집단을 이끌고 신강위구르와 티베트로 가서 그곳에 분포하고 있던 곰족을 다스리기 위하여 나라를 세웠을 것으로 본다.

(5) 동부시베리아와 아메리카대륙 방면 ; 이 방면에도 몇 사람의 황제(黃帝)의 서자가 수 천 명씩의 동족 집단을 이끌고 동부시베리아와 또 베링해협을 건너 알래스카로 진출하여 남북아메리카대륙으로 확산되어가서 그곳에 역시 제1기 때 가서 이미 분포되어 있던 한민족(韓民族)을 다스리는 나라들을 세웠을 것으로 본다. 장차 그들의 후예들이 아메리카대륙의 마야문명이나 잉카문명을 건설했을 것이다.

(6) 오세아니아 방면 ; 아메리카대륙으로 진출했던 황제(黃帝)의 서자가 이끈 집단들 중에서 일부 소집단들이 서태평양의 여러 도서와 호주, 뉴질랜드 등을 포함하는 전체 오세아니아로 확산되어 나가서 그곳에 제1기 때 가서 분포되어있는 한민족(韓民族)의 선주민을 다스리는 나라들을 세웠다고 추정된다. 뉴질랜드의 원

---

11) 金允經 著. 「韓國文字 及 語學史」 第一篇 第二章 第一節

주민들은 그들의 시조는 큰 새가 떨어트린 알속에서 나왔다고 믿고있다 한다.[12] 그 것은 황제(黃帝)의 후예들이 세운 동북아시아 여러 나라들의 시조의 난생설화(卵 生說話)와 꼭 닮고 있어 이들이 서로 같은 조상의 후예들이라는 것을 입증하고 있 다.

(7) 연해주(沿海州)와 일본열도(日本列島) 방면 ; 황제(黃帝)의 서자 한사람 또 는 몇 사람은 시베리아 연해주방면으로 진출해서 그곳에 분포되어있는 곰족이요 한민족(韓民族) 원주민을 다스리게 된다. 후에 이들은 각각 분파하여 퉁구스족, 숙 신족, 옥저족 등이 되었을 것이다. 한편 그곳에 머무르지 않고 이동을 계속한 일부 집단이 일본으로 진출했을 것으로 볼 수 있다. 그들은 일본의 동북지방이나 또는 관동지방까지 내려가서 제1기 때 건너가서 정착해 있는 곰족을 다스리기 위해 나 라를 세웠을 터인데 일본의 동북지방에서 조몬(繩紋)문화가 발달한 것은 이때 황 제(黃帝)민족이요 곰족인 한민족(韓民族)이 가서 조몬문화를 이룩한 것으로 볼 수 밖에 없을 것이다. 앞으로 일본의 동북지방에 고대 조몬인(繩紋人)집단의 취락(聚 落)이 발견되면 그들의 첫 지배자는 환웅의 형제이거나 그 후손이 될 것이다.

지금까지의 사실(史實)들을 종합해 보면 중국의 화북지방을 포함하는 모든 동북 아시아에 분포되어있는 북방몽골로이드 또는 알타이어족의 시조는 황제(黃帝)부 족이라 할 수 있고 그들이 창건한 모든 왕조들의 원 시조는 황제(黃帝)라 할 수 있 다. 즉 동북아시아의 모든 한민족(韓民族)의 시조는 황제(黃帝)이다.

---

12) 金廷鶴 著「韓國古代史硏究」(범우사) I .의 6, p73.

제 3 편

중국 · 한민족(中國 · 漢民族)의 형성

1. 요(堯) · 순(舜) · 우(禹) 시대

사기(史記)의 오제본기(五帝本紀)에서는 오제(五帝)중에 제요(帝堯)를 넷 째 황제로, 또 제순(帝舜)을 다섯 째 황제로 기록하고 있다. 여기서는 먼저 그러한 기록부터 간략하게 살피고, 그들이 한민족(韓民族)과는 이민족(異民族)인 남방계 한민족(漢民族)으로서 오제 중의 황제가 될 수 없고, 북벌에 성공하여 중원을 지배하게 된 것인데 그 과정을 살펴보기로 한다.

1) 제요(帝堯)와 제순(帝舜)에 대한 기록

사기의 오제본기에는 제곡(帝嚳)이 진봉씨의 딸을 취하여 방훈(放勳)을 낳고 추자씨의 딸을 취하여 지(摯)를 낳았다. 제곡이 죽고 지가 제위를 이었으나 좋지 못하여 죽고 그 동생 방훈이 제위에 오르니 그가 제요(帝堯)이다라고 하였으니 제요는 소호김천씨의 증손자가 되고 황제(黃帝)의 고손자가 된다. 서경(書經)의 우서(虞書)[1] 주(註)에는 요(堯)임금의 나라 이름이 당(唐)이라 되어있고, 사략언해(史略諺解)에서는 요(堯)가 처음 당(唐)이라는 나라 제후였다가 천자가 되었고 도읍이

---

[1] 書經 虞書 堯典에는 "虞는 본래 帝舜의 氏名으로 舜때의 史官이 기록한 때문에 [虞書]라 불린다"고 하고 있다.

도(陶)라서 호를 도당(陶唐)이라 한다고 하였다. 죽서기년에서는 그의 어머니 경도(慶都)가 붉은 용과 감응하여 잉태한지 14개월 만에 단능(丹陵)에서 요를 낳았다고 하여 용과의 관계를 강조하고 있어 그가 남방 족임을 암시하고 있음을 알 수 있다. 그리고 사서들은 그를 오제의 넷 째 황제로 기록하고 있다. 그는 순(舜)으로 하여금 치수(治水)를 하게 하여 성공시키고 그에게 제위를 양위한다. 후세에 요임금으로 일컬어지고 유가(儒家)들의 추앙을 받아 서경의 우서 요전(堯典)에 그의 언행이 기록되어 있다. 그는 화덕왕(火德王)으로 재위 90여 년이나 후기 20여 년은 순이 섭정을 하였다.

사기에는 제순(帝舜)이 제전욱(帝顓頊)의 6대손이요 창의(昌意)의 7대손이 되고 황제(黃帝)의 적자로 내려오는 8대손이 되는 것으로 기록하고 있다.[2] 제요(帝堯)를 받들고 치수사업에 성공하여 제위를 물려받아 오제의 다섯째 황제가 된 그는 순(舜)임금이라 일컬어지고 요임금과 더불어 후세 유가들의 추앙을 받아 서경의 우서 순전(舜典)에 그의 언행이 기록되어 있다. 그는 토덕왕(土德王)으로 재위는 39년이다. 또 사기에 순은 기주(冀州)사람으로 역산에서 농사일을 하고 뇌택에서 어로를 하고 황하 가에서 도자기를 굽고 수구(壽丘)에서 집기를 만들고 부하(負夏)에서 장사도 하였다고 하고, 순은 남쪽을 순시 중에 창오의 들녁에서 죽어서 강남의 구의산에 장사지냈는데 그것이 곧 영능(零陵)이다. 라고 하여 그를 요와 더불어 남방인으로 기록하고 있다. 그러나 맹자(孟子)는 순은 제풍(諸馮)에서 나서 부하로 옮겼고 명조(鳴條)에서 죽었다. 그는 동방인이다. 라고 했다. 어떤 것이 맞는 말인지 정확히는 알 수 없으나 아마도 맹자의 말이 맞지 않을까 한다. 그렇게 되면 순은 한민족(韓民族)일 가능성이 있다.

---

2) 史記 五帝本紀第一 虞舜者篇 帝舜

2) 남방 민족의 제2차 북벌(北伐)

요(堯)와 순(舜)은 사기의 기록대로라면 그들은 당연히 황제(黃帝)의 후손이 되고 또한 한민족(韓民族)이 되는 것이다. 그러나 그들은 결코 한민족(韓民族)이 아니고 따라서 황제(黃帝)의 후손도 아니다. 중국의 모든 문헌이나 사서들은 그들이 남방계 한민족(漢民族)이라는 것을 말해 주고 있다. 지금부터 그들이 한민족(韓民族)이 아니요 황제(黃帝)의 후손도 아니며 황제(黃帝)왕조의 황제들도 아닌 이유를 열거하고 또 그들은 틀림없는 남방민족인 한민족(漢民族)으로서 중국에서 황제가 되었는데, 어떻게 해서 한민족(韓民族) 오제를 물리치고 왕권을 장악했는지를 살펴보기로 한다.

(1) **요(堯)와 순(舜)은 그 다음시대의 우(禹)와 더불어** 남방에서 먼저 발달한 수도(水稻) 농경기술[3]을 가지고 와서 화북지방에서 농사를 보급시키려하니 필요한 것이 관개사업(灌漑事業)이었다. 그래서 황하(黃河)의 치수사업에 전력을 기울여 수도농경을 위한 수리(水利)시설을 한 것이라 볼 수 있다. 그것은 곧 그들이 남방의 인도지방에서 화북지방으로 이동해 온 세력들임을 알 수 있게 하는 것이다.

(2) **오행(五行)상 제요(帝堯)는 화덕왕(火德王)으로 되어있다.** 화(火)는 염(炎)과 더불어 불꽃처럼 더운 남방을 뜻하고 남방계 제왕들만 화덕왕이라고 기록하고 있으므로 그들이 남방민족임을 알 수 있다.

(3) **주(周)왕조는 한민족(漢民族)이 건설한 나라이다.** 그 주(周)왕조시대에 만들어진 서경(書經)등에 유독 제요와 제순을 중국 최초의 황제들로 삼고, 그들만을 성군으로 받들고 그들만을 우서(虞書)에 기록하고 있다. 그것은 그들만이 한민족(漢民族)이기 때문이다. 서경에서 제요를 치켜세우고 있는 대표적인 것을 보면 "그는 지극한 공훈을 세운 분으로 백성을 밝게 다스리니 백성들이 마침 화목하게

---

3) 水稻作 벼의 종류는 크게 2종류로 나누어지는데 그 기원지로 인디카(Indica, 長粒型)는 인도에서 기원이 되어 동남아시아 등지에서 재배되고 있고, 자포니카(japonca, 短粒型)는 처음 인도에서 기원된 것이 중국북부로 傳播되어 그곳에서 개량종으로 발달하여 주로 북부지방에서 재배되고 있다.

변했다"[4]고 기록하고 있다. 이것을 중심으로 서경의 몇 곳에 숨은 뜻을 분석해 보기로 한다.

첫째 서경의 해설자들은 요가 큰 공훈을 세워 방훈(放勳)이란 이름을 갖게 되었다고 하는데 어떤 공훈을 세운 것일까? 제왕으로서 가장 큰 공훈은 난세를 평정하고 나라를 세워 제왕이 되었거나 또는 전쟁이 일어났을 때 적을 물리쳐서 나라를 구하는 일 일 것이다. 그러나 그는 기록상으로는 난세가 아닌 평화시에 평범하게 제위에 오른 것으로 되어 있다. 그럼에도 백성을 구한 것처럼 공을 세웠다고 하고 있으니 그것은 곧 한민족(漢民族)인 요(堯)가 한민족(韓民族) 오제의 왕권을 무너뜨리고 처음으로 한민족(漢民族)왕조를 창건했음을 의미하는 것이 아닐까? 민족국가(民族國家)시대에 한민족(漢民族)으로서는 그것보다 더 큰 공훈이 어디에 있겠는가.

둘째 백성들이 마침 화목하게 변했다고 했는데 제요가 제곡(帝嚳)으로부터 순탄하게 제위를 물려받은 것으로 되어있고 앞의 황제인 제곡시대에 나라나 백성이 화목하지 못했다는 기록은 없다. 그런데도 이때에 비로소 평화롭게 되었다고 했으니 사실은 그 이전에는 평화롭지 못했다는 뜻이 아니겠는가. 그렇다면 한민족(韓民族) 오제의 마지막 황제인 제지(帝摯)가 불선(不善)하여 쫓겨나고 요가 제위에 오른 것을 연관해서 생각해보면 큰 전쟁이 있은 후에 비로소 백성들이 화목하게된 것이란 해석이 가능하다. 그렇다면 큰 전쟁이란 남방족인 요집단이 북방족인 오제의 마지막 황제인 제지를 공격해서 격퇴시키고 왕권을 장악한 후에 비로소 백성을 복종시켰다는 해석이 가능한 것이다.

(4) 회남자(淮南子) 본경훈(本經訓)에는 요(堯)가 예(羿)를 시켜서 큰 전쟁을 한 것을 기록하고 있다. 요는 한민족(韓民族) 원주 민족들과 전쟁을 해서 그들을 굴복시키고 왕권을 획득한 것이다.

회남자 병략훈(兵略訓)에는 황제(黃帝)는 탁록의 들에서 싸우고 요는 단수(丹水)

---

4) 李相玉 譯解 「書經」 (韓國協同出版公社) 虞書 堯典.

의 물가에서 싸우고 순은 묘족을 정벌하고 계(啓)는 유호(有扈)를 공격했다고 기록하고 있고 또 요가 단수위에서 불의(不義)를 멸하다, 라고 기록하고 있어 황제(黃帝)나 하나라의 계가 큰 전쟁을 해서 이기고 제위에 오른 것처럼 요도 불의를 멸한다는 구실을 내세워 큰 전쟁을 일으켜 한민족(韓民族)인 오제의 마지막 황제인 제지를 멸망시키고 스스로 황제가 되어 한민족(漢民族)왕조를 건설했던 것이다.

(5) **금본죽서(今本竹書), 제왕세기(帝王世紀) 등에 의하면** 요의 어머니 경도(慶都)가 산수를 구경할 때 돌연 음풍(陰風)이 일어나더니 적룡(赤龍)이 와서 교합(交合)한지라 잉태하여 14개월만에 요를 낳았다고 기록하여 요가 붉은 용의 아들이라 하고 있으니 그는 남방에만 있는 용의 민족이기 때문에 북방민족인 제곡의 아들이 될 수 없고 따라서 평화적으로 제위를 물려받은 것이 아니기 때문에 오제왕조를 무너뜨리고 제위를 찬탈한 것일 수밖에 없다. 따라서 그는 틀림없는 용토템민족이고 남방민족인 한민족(漢民族)임에 틀림이 없다고 하겠다.

(6) **황제(黃帝)왕조의 제5대 황제인 제지(帝摯)와 제요와의 관계**를 생각해 보면 오제의 제4대 황제인 제곡이 죽고 평화적으로 뒤를 이어 제위에 오른 것은 그의 아들 제지이다. 사기에서도 제곡이 죽고 지가 제위에 올라 황제가 되었으나 선(善)하지 못하여 죽고 동생인 방훈이 섰다고 하고 있고 죽서기년에서도 제곡의 아들 지가 제위에 올랐으나 9년만에 폐위시켰다고 기록하고, 제왕세기에서도 지가 재위 9년만에 요에 의해서 쫓겨난 사실을 기록하고 있어 이런 것들을 종합하면 제지는 제곡고신씨의 뒤를 이어 제위에 올랐으나 남방에서 요 집단이 공격해 와서 한민족(韓民族)의 황제(黃帝)왕조를 붕괴시키고 제지를 폐위시켜 죽게 함으로써 제요가 제위에 올라 한민족(漢民族)왕조를 탄생시키고 뒤이어 하(夏)왕조를 설립하게 했다고 하는 이론이 성립된다.

(7) **요(堯)임금이 제위를 물려줄 사람이 필요**해서 허유(許由)를 양성(陽城)으로 찾아가 제위를 맡아달라고 하였던 바 허유가 거절하니 또 사람을 보내어 그러면 구주(九州)를 맡아달라고 하니 허유는 더러운 말을 들었다하여 기산(箕山)으로 옮

기고 영수(潁水)에서 귀를 씻었다. 친구 소보(巢父)가 소에게 물을 먹이려 왔다가 귀 씻은 더러운 물을 소에게 먹일 수 없다 하여 위쪽으로 가서 물을 먹였다. 이 이야기는 허유·소보도 한민족(韓民族)으로서 한민족(漢民族)인 요임금과 싸우다 산으로 들어가서 항거한 사실을 상징적으로 꾸민 전설적인 이야기로 보인다.

(8) 제요의 도읍이 도(陶)이고 호가 도당(陶唐)이라고 하였는데 도자기와 깊은 관계가 있는 것처럼 보인다. 그의 재위의 시기가 B.C. 25세기경으로 그때가 중국에는 흑도(黑陶)문화가 발달하기 시작한 시기이기 때문에 남방민족인 요 집단이, 메콩강 상류의 반창(Banchiang)지방에서 번창했던 흑도문화를 가지고 중국의 화북지방으로 북상하여 북벌을 개시해서 오제왕조를 멸망시키고 한민족(漢民族)국가를 건설하면서 그 문화를 보급하기 시작했다고 본다면 시기적으로도 일치하고 모든 조건이 일치된다.

(9) 요와 순 그리고 우(禹)와의 관계가 정상이 아니다. 우선 요는 오제의 제4대 황제이고 순은 오제의 제5대 황제로 되어 있으며 그를 이은 우(禹)는 하(夏)왕조를 만든 것으로 되어 있다. 그런데 요와 우는 다 같이 황제(黃帝)의 4세손으로 되어 있어 서로 3종(從)간으로 동시대 사람이라 볼 수 있다. 그러나 순은 황제(黃帝)의 8세손으로 되어 있어 요와 우의 4세손 즉 고손자 뻘이 되는 사람이다. 그런데 요는 제위를 4세손으로 고손자뻘인 순에게 물려주고 순은 또 제위를 4대조인 고조부뻘되는 우에게 물려주었다. 그리고 요와 순은 모두 100여 세를 산 것으로 되어 있다. 이것은 연대상으로 봐서 도저히 불가능한 일이라 할 수 밖에 없다. 그런데 요가 순에게 제위를 선위한 것은 혹 가능할런지 모르지만 100세까지 산 순이 그 제위를 다시 4대조인 우에게 선위했다함은 도저히 불가능한 일로 봐야할 것이다. 따라서 요·순·우는 황제(黃帝)의 후손이 될 수 없으며 오제의 황제들도 될 수 없다.

(10) 사기의 오제본기에 의하면 순(舜)은 역산에서 농사일을 하고 뇌택에서 고기를 잡고 수구에서 가구집기를 만들고 황하의 강가에서 도기를 만들었다고 하고

있다. 그 시대는 마침 중국에서 흑도문화가 시작된 시기와 일치하는 것으로 보아서 순도 역시 남방인으로서 요와 더불어 남방에서 융성했던 흑도문화를 가지고 중국으로 북상하여 북벌에 성공해서 한민족(韓民族) 오제왕조를 무너뜨리고 한민족(漢民族)왕조를 건설한 것으로 보인다. 흑도문화는 남방에서 왔기 때문에 중국에서 그 문화의 개척자인 순은 남방에서 온 종족이라 볼 수 있는 것이다.

(11) 사기의 오제본기에는 제홍씨(帝鴻氏)의 아들 혼돈(混沌), 소호의 아들 궁기(窮奇), 전욱씨의 아들 도올(檮杌), 진운(縉雲)씨의 아들 도철(饕餮) 등을 흉족(凶族)으로 규정하고 순이 빈객을 사문(四門)으로 초대한 가운데 이 흉악한 4족을 4문 밖으로 내쫓아 멀리 귀양보냈다고 하였는데 여기의 제홍씨는 제곡을 말하는 것이다.[5] 그렇다면 그들은 모두 황제(黃帝)의 자손으로서 황제(黃帝)왕조의 황제들의 자식들이고 진운씨는 황제(黃帝)의 가장 가까운 신하이다. 그리고 이들은 모두 한민족(韓民族)이다. 그런데 순은 이 한민족(韓民族)의 자손들을 모두 악한 흉족으로 취급하여 사문 밖으로 내쫓아 멀리 귀양보냈다. 이 일은 요가 하려다 하지 못한 것을 순이 감행하였다고 기록하고 있다. 이러한 일은 요나 순이 이민족인 한민족(漢民族)이 아니고서는 할 수 없었을 것이며 당시 중국에서는 한민족(韓民族)의 오제 왕조시대인데 한민족(漢民族)집단이 아니고는, 그리고 그들이 북벌에 성공하지 않고서는 그렇게 할 수 있는 집단이나 사람은 없었다고 봐야할 것이다.

(12) 사기에서는 공공(共工)을 유능으로 귀양보내서 북적(北狄)으로 만들고 환두(讙兜)는 숭산으로 내쫓아서 남만(南蠻)으로 만들고 삼묘는 삼위산으로 보내서 서융(西戎)으로 만들고 곤(鯀)은 우산에 가두어 동이(東夷)로 만들어서 모두 죄를 주니 천하가 다 복종했다고 기록하고 있다. 그런데 공공, 환두, 삼묘, 곤 등을 추방하였다는 말인데 이들은 모두 한민족(韓民族)이다. 이 거물급들을 처벌할 수

---

5) 史記國字解(早稻田大學) 五帝本紀第一 帝舜篇. 또 그의 註(字解)에서는 混沌은 驩兜, 窮奇는 共工, 檮杌은 鯀, 饕餮은 三苗의 시조를 말하는 것이라 기록하고 있다.
한편 山海經의 大荒東經의 註(語義)에서는 帝鴻을 黃帝로 보고 있고, 大荒北經에서는 驩兜를 驩頭라고도 쓰는데 그를 顓頊의 아들로 기록하고 있다.

있는 사람은 왕권을 가진 자이거나 전쟁에서 승리한 자라야만 가능하다. 따라서 이들을 흉악한 4족(族)으로 몰아서 처형하거나 추방한 순은 남방민족으로 요와 더불어 분명한 한민족(漢民族)이 아닐 수 없다.

(13) 동북아시아에서 오제 중에 고양이나 고신의 후예들이 건설한 국가나 왕조는 많은데 요와 순의 후예들이 동북아시아에서 건설한 국가나 왕조는 하나도 없다. 그러나 아마도 동남아시아에서는 고양이나 고신의 후예들이 세운 국가나 왕조는 하나도 없고 반면 요와 순의 후예들이 세운 국가나 왕조는 있을 것으로 본다. 그것은 고양과 고신은 북방민족인 한민족(韓民族)이요 요와 순은 남방민족인 한민족(漢民族)이기 때문이다.

(14) 한비자(韓非子) 충효편에 의하면 순은 그의 아버지 고수(瞽叟)를 내쫓았고 동생인 상(象)을 죽였다. 그러하니 어질다할 수 없고, 순이 요의 두 딸을 처로 삼아 천하를 취하였으니 의롭다할 수 없다고 하였다. 즉 순은 눈이 먼 고수의 전처 자식이었다. 그의 어머니가 죽고 고수가 후처를 얻어 상을 낳았는데 봉사인 아버지 고수와 동생 상이 순을 죽이려 여러 번 시도하다 실패하고 결국 순이 황제가 되었는데 표면상으로는 자신을 죽이려한 데 대해 그들에게 복수하는 것으로 보이지만 실은 순이 아버지 고수라는 사람과 동생 상이라는 사람들과는 이민족이기 때문에 그들 사이의 전쟁에서 순이 승리하는 경우를 묘사한 것이라 볼 수 있다. 왜냐하면 이와 같은 불인(不仁) 불의의 순을 한민족(漢民族) 사가(史家)들이 효자요 성군으로 치켜세우는 이유는 결국 그가 한민족(韓民族)왕조를 무너뜨리고 북벌에 성공하여 한민족(漢民族) 천하를 만든 때문이라고 밖에 생각할 도리가 없기 때문이다.

(15) 순과 곤(鯀)이 싸운 사실을 보면, 순이 순찰하여 국경에 이르니 우의 아버지 곤이 노하여 순을 겁살하려 했다. 밤중에 곤측이 쇄도하는지라 순의 복병이 일제히 일어나니 곤이 우산(羽山)으로 달아났으나 못에 떨어져서 물에 잠겨버렸다고 하고 있는데, 이것은 우선 순은 용족(龍族)이요 곤은 곰족이다. 따라서 곰족인 한민족(韓民族)과 용족인 한민족(漢民族)이 싸운 것으로 볼 수 있다.

지금까지 살펴 본 여러 가지 상황으로 보아 요와 순은 황제(黃帝)의 후손이 아니요 또한 황제(黃帝)왕조의 오제(五帝)에 드는 황제들도 아니다. 따라서 그들은 한민족(韓民族)이 아니다. 그들은 남방계 용족이요 따라서 한민족(漢民族)이다. 요와 순은 남방에서 발달한 수도농경기술과 흑도문화를 가지고 있는 남방 한민족(漢民族)의 대부족들을 이끌고 중국으로 이동해 와서 황제(黃帝)왕조를 붕괴시키고 북벌에 성공하여 한민족(漢民族)왕조를 창건한 것이다. 그리고 요에서 순으로 이어가면서 중국을 통치하다가 후에 동족인 우(禹)에게 승계시켜 하(夏)왕조를 탄생시킨 것으로 봐야할 것이다. 한민족(漢民族)으로서는 이번이 제2차 북벌이 되고 이것이 동북아시아에서 제3차 민족 대이동과 재분포의 대전환기가 되었다. 그 중에서 요·순 시대와 우의 전반기까지를 포함하는 기간을 제3차 전환기의 제1기로하고 하(夏)시대를 제2기로 하여 분리하기로 한다.

3) 순(舜)이 북방계 한민족(韓民族)일 가능성

많은 기록들은 순이 남방민족임을 말하고 있다. 그러나 순이 북방의 한민족(韓民族)일 가능성도 여러 기록들에서 보이고 있다. 따라서 순이 한민족(韓民族)일 가능성을 완전 배제할 수는 없는 일로 보고 여기서 몇 가지 그런 경우를 살펴보기로 한다.

(1) **순이 묘족을 정벌한 사실**인데 앞에서는 그 삼묘를 한민족(韓民族)이라 보았을 경우만을 말해왔다. 순이 삼묘를 계속 공격하여 삼위산으로 추방하게 되는데 이때 그 삼묘가 한민족(韓民族)이기 때문에 순은 한민족(漢民族)일 수밖에 없었다. 그러나 이 관계는 그 반대로 생각할 수도 있다. 즉 삼묘가 남방계 한민족(漢民族)이고 순이 북방계 한민족(韓民族)으로서 순은 요를 공격해서 물리쳤는데 요편에 섰던 삼묘가 다시 반격해올 우려가 있어 순이 삼묘를 다시 타도하여 한민족(漢民族)을 완전히 물리치고 한민족(韓民族)왕권을 회복하였는데 이때 다시 우집단이

남쪽으로부터 공격해와서 순의 한민족(韓民族)왕권을 쓰러뜨리고 한민족(漢民族)
의 하왕조를 설립했을 가능성이 있다고 보는 것이다.

(2) **맹자(孟子)의 이루장구하(離婁章句下)에는 순(舜)에 대해서** 제풍(諸馮)에
서 태어나 부하(負夏)에서 살고 명조(鳴條)에서 죽으니 동이인(東夷人)이고 문왕
(文王)은 기주(岐周)에서 태어나 필영(畢郢)에서 죽으니 서역인(西域人)이라고 하
였다[6]고 하여 이것으로 보면 순은 동방족인 한민족(韓民族)이 틀림이 없다. 더욱
이 주(周)나라 문왕이 서역인이 틀림이 없기 때문에 순도 동방인이 틀림이 없다고
봐야할 것이다.

(3) **맹자의 만장장구(萬章章句)에** 순의 아버지 고수와 이복 아우인 상이 순을
죽이려고 우물을 파게하고는 순이 우물 속에 들어있는데 그대로 흙으로 묻어버렸
다. 순이 죽은 줄 알고 아우 상이 순의 집으로 재물을 거두로 가면서 두 형수는 나
의 잠자리를 돌보게 하리라고 하였다.[7] 이것은 두 형수를 자신이 데리고 살겠다는
말인데 이러한 생각이나 행위는 동북아시아 한민족(韓民族)들에게는 대체적으로
관례화 되어있었던 일이고 한민족(漢民族)들에게는 별로 없었던 풍습이다. 이러한
점으로 미루어 순의 가문은 한민족(韓民族)일 가능성이 높다고 할 수 있다.

(4) **중국의 사학자 서량지(徐亮之)의 기록에** 순이 남쪽을 정벌하다 명조에서
죽으니[8]라고 한 것이 있다. 여기서 남정(南征)이란 문구가 들어있는데 그것이 사
실이라면 그가 한민족(韓民族)이기 때문에 남정을 한 것으로밖에 생각할 수 없다.
그가 남방민족인 한민족(漢民族)이었다면 남정을 할 리가 없기 때문이다.

(5) **순은 토덕왕(土德王)으로 되어있다.** 그것은 황제(黃帝)가 토덕왕이므로 그
가 황제(黃帝)를 이어 받았기 때문에 토덕왕이 되었다고 할 수 있다. 그 황제(黃帝)
가 한민족(韓民族)의 시조이기 때문에 그를 이어받는다고 하는 사실은 순도 한민

---

6) 「孟子」 第四篇 離婁章句 第二章 離婁章句 下.

7) 「孟子」 第五篇 第一章 萬章章句 上.

8) 徐亮之 著 「中國史前史話」 下編 四, 註 八

족(韓民族)이기 때문이라는 이론은 설득력이 있는 일이라 할 수 있을 것이다.

2. 제2차 이민족(異民族)왕조≪하왕조(夏王朝)≫시대

1) 기록에 나타난 하(夏)왕조 역사의 개요

⑴ 사서들의 기록상에는 하(夏)왕조의 시조 우(禹)는 오제의 두 번째 황제로 되어 있는 고양씨의 손자요 황제(黃帝)의 고손자(玄孫)이다. 일명 하후씨(夏后氏)이다. 그의 아버지 곤은 요시대에 순과 더불어 치수에 공이 컸고 이때 우(禹)도 아버지를 따라 황하의 치수사업에 큰 몫을 했다. 그러나 곤이 9년 동안이나 치수사업을 했으나 진척이 없자 순임금은 그를 우산으로 귀양 보내 처형했다. 그리고 치수사업은 그의 아들 우에게 맡겼다. 우는 13년 동안 노력하여 치수사업을 성공적으로 완성한다.제순이 죽은 다음 많은 사양 끝에 우가 제위를 선양받는다. 그리고 제위에 오른 우에 의해서 하(夏)왕조가 탄생된다. 그는 수덕왕(水德王)이다. 치수사업 때 강수에는 대구(大龜)가 많았던 것으로 기록되어있다. 이 대구가 은(殷)왕조의 갑골문자(甲骨文字)를 낳게 한 것으로 보인다.

제우(帝禹)가 죽으니 10년간 정사를 맡겼던 익(益)에게 천하를 넘겨주었다. 우의 3년 상을 치르고 익은 다시 우의 아들 계(啓)에게 제위를 선양하니 계가 제위를 계승한다. 계의 아들 태강(太康)이 덕(德)을 잃고 정치를 소홀히 하다가 동방의 군주인 예(羿)에게 쫓겨나서 죽고 동생 중강(中康)이 제위에 올랐다가 또 죽고 그 아들 상(相)이 제위에 올랐다. 그러나 그는 동이(東夷)의 공격을 받아 피난 가서 죽는다. 사략언해에서는 이때의 상황을 하(夏)의 왕통이 40년간 단절되었다고 기록하고 있다.[9] 상의 유복자 소강(小康)이 후에 동이를 물리치고 국가를 회복하여 제위에 올랐다. 이것을 소강의 중흥이라고 한다.

(2) 소강(小康)이후부터 하(夏)나라에서는 처음으로 완전한 세습(世襲)왕조가 시작된다. 그러나 소강에 이르기까지 크고 많은 전쟁을 치른 것을 볼 수 있다. 하왕조는 초기에 벌써 최소한 두 번은 멸망한다. 그것이 모두 동방인이나 동이에 의한 것이라면 그 동이를 한민족(韓民族)으로 보고 그런 사건들은 결국 이민족 간의 전쟁으로 봐야할 것이다. 그렇다면 황제(黃帝)왕조를 무너뜨리고 차지한 남방족들의 왕권에 대항해서 한민족(韓民族)들의 거센 반항과 도전이 있었고 그래서 제소강(帝小康)의 중흥이 있기까지의 사이에는 어느 기간 전국시대가 계속되었을 것으로 추정할 수 있다.

하왕조의 마지막 황제인 걸왕(桀王) 이계(履癸)에 이르러 백성이 도탄에 빠지니 제후인 곤오씨(昆吾氏)가 난을 일으켰다. 성탕(成湯)이 이윤(伊尹)등의 도움을 얻어 이 난을 평정하고 이어 폭정의 근원인 하의 말제(末帝) 걸왕을 축출하고 은(殷)왕조를 창건한다. 걸왕은 왕도인 하구(夏丘)에서 본래 그들의 본고향인 남이(南夷)의 땅 명조로 도망가서 남소(南巢)에서 죽는다. 이렇게 해서 기록상 제우 이래 17대 458년간을 이어온 하왕조는 마감을 하고 이어서 한민족(韓民族)인 황제(黃帝)의 후예 은(殷)민족이 한민족(漢民族)을 물리치고 부조의 땅 중원을 수복하여 은(殷)왕조를 창건하게 된다.

2) 한민족(漢民族) 하(夏)왕조의 형성

하(夏)왕조를 건설한 우(禹)집단은 다음에 열거하는 이유들에서 황제(黃帝)의 후손인 한민족(韓民族)이 아니고 남방에서 중국으로 들어온 남방계 한민족(漢民族)집단임이 틀림없는 사실이라 할 수 있다. 따라서 이때 즉 하왕조의 성립부터 한민

---

9) 「書經」夏書의 五子之歌篇 및 史略諺解 夏后氏篇 相條의 本註

족(漢民族)의 제2차 북벌과 제3차 동북아시아 민족이동과 재분포의 제2기가 시작된다.

(1) 하(夏)라는 나라 이름부터 남방족임을 나타내고 있다. 국명에 하(夏)라는 글자를 사용했다는 것은 그들이 더운 상하(常夏)의 지방에서 왔다는 것을 상징하는 것으로 볼 수 있다. 따라서 그들은 남방에서 온 한민족(漢民族)으로 추정할 수 있다.

(2) 사략언해의 주(註)에는 "요와 우는 황제(黃帝)의 5세손으로 되어있고 순은 황제의 9세손으로 되어있는데 요는 어찌하여 그의 두 딸을 오종질(五從姪)인 순에게 시집보냄으로써 같은 집안이란 분별도 하지 못하였을고 또 요로부터 어찌하여 거꾸로 순이 먼저 제위를 물려받고 우가 나중에 받았는가, 대체 역사≪사마천의 사기≫는 2제≪요와 순≫, 3왕≪우, 성탕, 문왕≫, 진(秦), 한(漢)의 시조를 모두 황제(黃帝)라 하는데 그것은 다 억지로 뜯어 맞춘 것밖에 되지 않는다. 그렇기 때문에 그런 것들이 거꾸로 되고 왜곡되어있는 것이다"[10]라 하고 있다. 여기서 요와 순 그리고 우가 황제(黃帝)의 후손이 아님이 분명하게 드러나고 있다. 뿐만 아니라 후세의 주(周)와 한(漢)의 시조도 역시 황제(黃帝)가 아니라는 것을 이 기록은 말하고 있다. 그리고 이러한 역사의 왜곡은 사마천의 사기에서 비롯된 것으로 보고 있다는 사실도 알 수 있다.

(3) 기록들에 의하면 우(禹)가 치수사업을 한 곳은 황하가 범람해서가 아니고 양자강 남쪽의 강남에 있는 강들이 범람해서 그곳의 치수사업을 했다는 것이다. 그렇다면 하왕조는 분명히 화남지방에 있어야 한다. 치수사업을 한 기록에 구강(九江)이나 강수(江水)와 한수(漢水)가 자주 나오는 것을 보면 우가 치수사업을 한 곳이 양자강 주위라 할 수 있고 그리 되면 하왕조는 분명히 강남에 있어야 한다. 따라서 하왕조는 남방계의 한민족(漢民族)들이 화남지방에서 건설했던 왕조이어야 한다. 혹은 그곳에 실제가 아닌 전설상으로만 있었던 왕조일 가능성이 높다.

---

10) 「史略諺解」夏后氏편의 註.

(4) 사서들은 우(禹)가 순(舜)의 사업을 이어받아 모든 치수사업을 완성함으로써 대 홍수를 다스리게 된 것이라 기록하고 있다. 그런데 당시의 치수사업의 가장 큰 목적은 남방에서 들어온 수도농경을 위한 수리시설을 하는 것이었을 것이다. 그러한 수리시설이나 관개사업은 메소포타미아의 유프라테스강 유역이나, 인더스강 유역에서는 이미 발달되어 있었기 때문에 우집단이 그 발달된 경험을 가지고 중국으로 들어와서 양자강의 치수사업을 완성시켰을 가능성이 매우 크다고 볼 수 있다. 그러한 점으로 우집단은 고대오리엔트의 수메르인이거나 아니면 인도의 드라비다족일 가능성이 농후하다고 할 수 있다. 여하튼 우집단이 남방계 민족인 것만은 부정할 수 없는 일로 볼 수 있다.

(5) **사기의 하본기에 의하면** "우(禹)가 강남에서 제후와 회합하여 그 공(功)을 회계(會計)할 때 죽어서 그곳에 장사지냈다. 그래서 그곳을 회계(會稽=會計)라 한다."[11]고 하였다 이것은 역시 우의 근거지가 강남이고 동족들이 그곳에 분포되어 있었기 때문에 우가 말년에 그곳에서 회합하고 그곳에 묻힌 것이 아니겠는가. 즉 우의 활동무대는 처음부터 강남지방이었다. 혹 그곳에는 요·순 시대에 별도의 하(夏)라는 작은 나라가 있었는데 그것을 사서들이 요·순·우로 순서를 정해서 화북지방을 지배한 왕조인 것처럼 꾸며서 기록해 놓았을 가능성도 배제할 수 없다.

(6) **사기에 의하면 하(夏)왕조가 설립된 직후**에 외부의 공격으로 황제가 몇 사람씩이나 죽고 나라가 몇 번 멸망하게된다. 하왕조는 동방민족의 공격으로 두 번 이상을 멸망하였는데 동방족의 공격을 여러 번 받았다는 것은 그들이 동방족인 황제(黃帝)왕조를 멸망시키고 하왕조를 건설하였기 때문에 동방족이 다시 그들의 왕권을 회복하기 위해 하왕조를 공격한 것이라 볼 수 있다. 당시에 황제(黃帝)왕조를 무너뜨릴 수 있었던 세력은 남방민족밖에 없었을 것임으로 우집단은 남방족인 한민족(漢民族)으로 보지 않을 수 없다.

(7) **중국에서는 하(夏)에서 비로소 세습왕조(世襲王朝)가 시작**된 것으로 되어

---

11) 「史記」 夏本紀 말미의 太史公日부분.

있다. 또 오제들은 물론이요 하왕조의 모든 황제들도 모두 황제(黃帝)의 후손들로 되어 있다. 그렇다면 오제와 하왕조를 합해서 하나의 왕조로 하여야하고 또 황제(黃帝)로부터 세습왕조가 시작되어서 그 시조는 황제(黃帝)가 되어야 하는데 오제와 하왕조를 구분하여 놓았다. 그 이유는 오제들의 일부와 하의 황제들 모두는 황제(黃帝)의 후손이 아니기 때문이다. 그래서 이름도 오제라 하여 세습왕조라 하지 못하고 또 오제와 하를 합해서 하나의 왕조로 일컫지 못했던 것이다.

(8) 우집단이 새로운 문자혁명을 하여 그때까지 중국에서 쓰이던 조적문자(鳥跡文字)나 결승문자(結繩文字) 등이 폐지되고 초기의 회화문자(繪畵文字)나 부호문자(符號文字), 나아가서는 과두문자(蝌蚪文字) 등이 사용된 것으로 보인다. 당시 인도의 드라비다족이나 고대오리엔트의 우바이드족들은 이미 회화문자 등을 사용하고 있었던 점을 감안한다면 요·순·우 집단이 그러한 문자문화를 중국으로 가지고 와서 문자혁명을 하였을 가능성이 있는 것이다.

(9) 사략언해에는 우가 용(龍)을 다룬 이야기가 나온다. 즉 우가 치수사업을 할 때 황룡이 배를 치고 올라왔다. 배안의 사람들이 모두 겁이나 있는데 우는…그 용을 마치 도마뱀 다루듯 하니…그 용이 고개를 떨구고 물러갔다고 하였다. 이러한 이야기는 남방의 용토템민족만이 할 수 있는 일이다. 북방민족은 용을 모른다. 그것은 곧 우가 남방민족이며 치수사업을 한 곳도 용이 살 수 있는 강이라야 하기 때문에 화남지방의 남쪽에 있는 강을 말하는 것이라 할 수 있다.

(10) 산해경에 하후계(夏候啓)와 용에 관한 기록이 보인다. 대악(大樂)의 들에서 하의 왕 계(啓)가 두 마리의 용을 타고 3층 구름 속으로 올랐다.[12]고 하였는데 그들이 용토템민족이 아니면 이러한 이야기는 생기지 않을 것이기 때문에 계가 남방민족이고 따라서 그의 아버지 우는 물론 남방민족이라야 한다. 그리고 이 기록이 산해경의 해외서경(海外西經)에 있는 것으로 봐서 우와 계는 중국의 서남쪽 서남아시아에서 왔을 가능성이 가장 높다.

---

12) 山海經第七 海外西經 (500).

(11) 산해경에 역시 계와 용이 관계되는 기록이 보인다. 서남해 밖, 적수의 남쪽 유사≪모래가 흐르는 강≫의 서쪽에 사람이 있다. 두 마리의 푸른 뱀을 귀고리로 하고 두 마리의 용에 타고 있는데 이름이 하후개이다, 라 되어있다. 특히 서남해 밖이라 하고 용을 타고 있다고 하였으니 하후계는 서방에서 온 용토템민족이 틀림이 없다고 할 수 있다. 그들은 인더스강 하류 지역이나 메소포타미아의 남부에서 용이나 뱀과 같이 살다온 민족임을 알 수 있게 한다.

(12) 사기에는 하왕조 제 14대 제공갑(帝孔甲) 때, 용과 관계되는 기록이 있다. 제공갑 때 하늘에서 암 수 두 마리의 용이 내려왔는데 암컷이 죽어서 하후(夏候)공갑(孔甲)에게 바쳐서 먹도록 했다고 하였는데 이것으로 우의 후손인 공갑이 용토템족이라는 것을 알 수 있고, 그의 시조인 우가 남방이나 서남방에서 온 한민족(漢民族)이라는 사실을 알 수 있다.

(13) 사기는 연소공세가(燕召公世家)에서 다음과 같이 기록하고 있다. 우(禹)가 천하를 익(益)에게 주었더니 우의 아들 계(啓)가 그의 도당들을 데리고 익을 공격하여 천하를 탈취하였다. 사람들은 우가 겉으로는 익에게 천하를 준 것처럼 하고 그 실은 아들로 하여금 천하를 스스로 탈취하게 하였다.[13]고 하고 있다. 이것으로 볼 때 익과 계 사이에 평화적으로 제위가 선양된 것이 아니고 큰 전쟁을 하여 계집단이 승리함으로써 하왕조가 계속된 것으로 봐서 익은 한민족(韓民族)이요 우와 계집단은 한민족(漢民族)이라 할 수 있다. 이때 계가 승리를 하고 한민족(韓民族)인 동이족이 패했기 때문에 그 후에 계속해서 동방족인 유호씨를 비롯한 예(羿)등의 동이족들의 반격을 받게 되었다고 봐야할 것이다.

(14) 후삼황족과 요·순·우 등이 중국으로 들어오기 전에 그들의 선조들이 남방이나 서방의 어느 지역에서 신남방몽골로이드로서 같이 진화해 온 동족이었을 가능성이 있고, 특히 하후족(夏候族)의 우가 수도 농경을 위한 치수사업에 가장 적극적이고, 공이 컸던 점으로 봐서 그는 중국에 처음으로 농경문화를 가지고 왔

---

13) 史記 燕召公世家第四 燕噲王조.

던 후삼황족의 신농씨와 남방에서 가장 가까웠던 부족이었을 가능성이 있다. 그래서 후삼황족이 제1파(第一波)로 중국으로 들어와서 북벌에 성공하고 다음으로 요·순 집단이 제2파로 들어와서 역시 북벌에 성공하고 그 다음으로 우·계 집단이 제3파로 들어와서 요·순의 왕권을 다시 회복하였다고 볼 수도 있다.

(15) 우집단이 남방이나 서남방에서 중국으로 들어왔다면 그 코스는, 첫째 요·순 집단이 중국으로 들어온 코스로 보이는 메콩강 상류부근에서 중국으로 북상하는 방법이거나, 둘째 후삼황족이 밟은 것으로 추정되는 인도에서 직접중국으로 들어오는 코스이거나, 셋째 천산남로나 북로쪽의 서역을 통해서 들어오는 코스 등으로 생각해 볼 수 있다.

3. 만주(滿洲)와 한반도(韓半島)에서 조선(朝鮮)의 제1왕조 ≪단군조선(壇君朝鮮)왕조≫의 상황

중국의 요·순·우 시대와 하시대의 제2차 북벌과 제3차 전환기의 시대를 통해서 동북아시아 지역에서는 어떤 상황에서 이 전환기를 맞이했으며 만주와 한반도에서는 어떤 변화가 있었는지를 살펴보기로 한다.

(1) 환웅(桓雄)이 그의 아버지 환인(桓因)으로부터 건국요원 3000명의 무리를 받아 거느리고 나라를 세우기 위해 태백산으로 내려왔는데 어찌하여 곧바로 나라를 세우지 않고 웅녀(熊女)가 등장하는 등의 복잡한 과정을 거쳐서 결국 환웅은 나라를 세우지 못하고 그의 아들 단군(壇君)이 비로소 조선(朝鮮)이라는 왕국을 건설[14]하는 것으로 되었을까 하는 의문이 생긴다. 그래서 그 과정을 다음과 같은 경우들로 추정해 볼 수 있다.

---

14) 三國遺事 紀異第一 古朝鮮(王儉朝鮮)

① 환웅(桓雄)시대까지는 그 봉토가 중원에 위치한 그의 아버지 환인(桓因)왕조 ≪황제(黃帝)왕조≫에 가까이 위치한 하나의 제후국에 지나지 않았기 때문에 독립된 국가로는 보지 않았을 것이다. 혹은 그 제후령(諸侯領)을 환국(桓國)이라 하였을 가능성이 있다. 그 후에 한민족(漢民族)인 요·순·우 집단이 북벌을 개시하여 한민족(韓民族)인 환인(桓因)왕조와 전쟁을 하게 되었는데 그때 환웅제후국(桓雄諸侯國)≪또는 환국(桓國)≫도 전투에 참가하였을 것은 물론이며 그 전쟁에서 한민족(韓民族)이 패배하여 중국의 환인왕조의 말제인 제지(帝摯)가 요(堯)부대의 공격으로 전사하였거나 피납되면서 환인왕조는 붕괴되었다. 이때 환웅≪환국의 마지막 환웅≫도 퇴각하다가 전사하고 환국도 멸망한 것으로 추정이 된다. 그렇게 되니 그 환웅의 아들 단군(壇君)은 서둘러 조선(朝鮮)이라는 국호로 독립국을 선포하고 자신이 조선국(朝鮮國)의 초대 왕≪황제≫이 된다. 한민족(漢民族) 북벌군이 계속해서 북으로 진격을 해오니 처음 독립을 선포할 때 중국 북동부의 북평(北平)이나 난하(灤河) 서쪽 부근에 위치하고 있던 조선국은 요서지방으로 퇴각해서 자리를 잡게 되었다가 또 다시 요동으로 후퇴해서 자리를 잡게 되고, 또 초대 단군이거나 혹은 몇 세(世) 째의 단군이 마지막으로 한반도의 평양(平壤)에 국도(國都)를 정하면서 어느 정도 안정을 갖게 된 것으로 추정할 수 있다. 평양이라는 이름도 화북지방 북평부근의 처음 조선국의 수도였던 지명을 천이해서 한반도 국도의 이름으로 하였을 것으로 본다.

② 환웅≪혹은 환국의 마지막 환웅≫은 중국의 환인제후국에서 태어나 그곳에서 자랐고 처음으로 동북지방으로 나와서 웅녀족을 다스리게 되면서 그 부족의 추장이었던 웅녀와 혼인을 하여 단군을 낳게 된 것으로 추정된다. 웅녀족은 모권사회로서 단군도 여성이었을 가능성이 있다.

③ 후세에 와서 중국의 한민족(漢民族)들이 황제(黃帝)를 자신들의 조상인 것처럼 자처하고 나오자 조선국(朝鮮國)에서는 그들과의 구별을 명확하게 하고 대등한 지위임을 선명하게 하기 위해서 헌원(軒轅)을 환인(桓因)으로 호칭을 바꾸고 한민

족(韓民族)왕조인 단군을 시조로 하는 조선(朝鮮)왕조를 내세워 황제(黃帝)왕조를 그들의 조상으로 자처하는 한민족(漢民族)과는 모든 것을 단절하고 국경에서 대치한 것으로 본다.

환웅《혹은 환국의 마지막 환웅》은 아들 단군에게 제후국인 그의 환국을 물려주고 난 후, 중원의 황제(黃帝)왕조《환인(桓因)왕조》를 받들고 봉사하기 위해서이거나 혹은 북벌군을 방어하기 위해 중원으로 돌아가서 그곳에서 생을 마쳤을 가능성이 있다. 중원에 한민족(漢民族)왕조가 설립되자 조선국에서는 단군을 내세워 단군조선(壇君朝鮮)이 한민족(韓民族)인 환인왕조를 계승한 왕조임을 선포하였을 것으로 본다.

④ 처음 환웅왕국《환국(桓國)》이 중원의 황제(黃帝)왕조《환인(桓因)왕조》의 영토내의 일부에 작은 제후국으로 있었는데 한민족(漢民族)들의 북벌전쟁이 일어나서 황제(黃帝)왕조가 멸망하게 되자 환웅이 피난민들을 규합하여 항전을 하다가 퇴각해서 난하 근처로 나와서 다시 황제국(黃帝國)의 계통을 이은 조선국(朝鮮國)을 건설하였을 것으로 본다. 그런데 그때 환웅은 전사하였거나 이미 죽고 아들 단군이 이어받아 다시 국도를 평양으로 옮기고 독립을 선포하였을 것으로 본다. 그러나 북벌군은 거리관계로 한반도 평양까지는 추격을 하지 못했을 것이다.

⑤ 이때 붕괴된 중국 황제(黃帝)왕조의 왕족이나 귀족은 물론이요 일반 백성들도 한민족(漢民族)들의 북벌군에 대항해서 항전하다 밀리면서 최종적으로 동족이 살고 있는 만주나 한반도로 오지 않을 수 없게 되었을 것이다. 그 숫자가 컸기 때문에 그들에게 압도당한 동방의 단군족들이 자신들의 지위가 위축되는 것을 싫어하여 그곳이 그들의 터전임을 강조하기 위해서 배달민족을 외치게 되었을 가능성이 있다.

(2) 삼국유사 고조선편에 단군(壇君)이 평양성(平壤城)에 도읍하고 비로소 조선(朝鮮)이라 일컬었으며 또 도읍을 백악산(白岳山) 아사달(阿斯達)로 옮기었는데 그곳을 궁홀산(弓忽山) 또는 금며달(今旀達)이라 한다고 하였는데 이것으로 단군

이 도읍을 옮긴 것은 명확한데 언제 옮겼는지 어떤 이유로 옮겼는지는 전혀 알 수 없다.

　나는 단군이 도읍을 옮긴 시기를 한민족(漢民族)인 요·순·우의 북벌의 시기와 관련해서 생각해볼 수 있을 것으로 본다. 도읍을 옮긴 곳이 백악산 아사달이라 하였는데 그곳이 평양보다 남쪽이라 보는 것이다. 그것은 우연한 일이 아니고 중국에서 한민족(漢民族)의 북벌세력이 북상해올 때 단군의 군대가 그것에 대항해서 북쪽으로 나가서 싸우다 패했거나, 그들의 침공을 미리 피해서 평양보다 남쪽으로 천도했을 가능성이 크다. 그러니까 요·순의 북벌 시기에는 단군이 한반도의 평양으로 이동해왔고, 이번에 하왕조의 북벌로 평양보다 더 남쪽으로 이동하게 된 것이다.

　이러한 사실들을 종합해 볼 때 남방계 한민족(漢民族)들의 제2차 북벌에 의해 중국에서 황제(黃帝)왕조가 멸망한 후 그 후손들은 많은 사람들이 동쪽으로 쫓기어 만주, 연해주, 한반도, 일본열도 등지로 가서 그곳에서 한민족(韓民族)의 선주민들과 합류하게 된다. 한반도로 이동해온 중국 황제(黃帝)왕조의 유민들은 조선의 제1왕조인 단군의 백성들과 합류하게 되는데 이 경우도 대대적인 이동의 시기는 두 번 있었을 것이다. 그 첫 번째가 이 전환기의 제1기에 해당하는 요·순에 의해서 황제(黃帝)왕조가 멸망할 때이고 두 번째가 제2기에 해당하는 하(夏)왕조의 계(啓)로부터 소강(小康)에 이르는 사이에 황제(黃帝)왕조 유민들의 항전에 대해서 한민족(漢民族)들이 대대적인 반격과 추격전쟁을 감행하던 어느 시기일 것이다. 따라서 이 시기에 단군왕조도 두 번에 걸쳐서 국도를 옮기게 되는데 그 첫 번째가 중국의 북평지방이나 난하부근에서 한반도의 평양성으로 천도한 때이고 두 번째가 평양성에서 백악산 아사달로 천도할 때인 것으로 볼 수 있다.

제 4 편

제2차 한민족(韓民族)왕조
≪은왕조(殷王朝)≫시대

1. 백제(白帝)의 후손

1) 중원(中原)에서 한민족(韓民族) 부흥의 징후

⑴ B.C. 4000년경부터 동북아시아에 북방몽골로이드인 한민족(韓民族)이 분포하기 시작하고 B.C. 2800년경에는 중국의 한민족(韓民族)국가인 유웅국(有熊國)에서 장차 통일된 중국의 초대 황제인 황제(黃帝)가 될 헌원(軒轅)이 태어나서 드디어 황제(黃帝)왕조를 창건하여 360년 가까이 그 오제(五帝)가 지속된 후에 말제인 제지(帝摯)시대에 이르러 남방몽골로이드인 한민족(漢民族) 요(堯)집단의 북벌로 인해 오제시대가 막을 내렸다. 그 후에 요·순·우 시대와 하(夏)왕조시대를 통하여 오랫동안 한민족(漢民族)이 중원을 지배하여 오다 이제 한민족(韓民族)이 다시 일어나서 남정을 시작하여 성공을 거두게 된다.

한민족(韓民族)이요, 황제(黃帝)의 후예이고 소호의 후손인 천을성탕(天乙成湯)이 이민족인 하왕조의 말제 걸왕(桀王)을 물리치고 황제(黃帝)왕조의 국권을 회복함으로써 근 620여 년간의 한민족(漢民族) 천하를 마감시키고 은(殷)왕조를 창건하기에 이른 것이다. 지금부터 중국의 은(殷)왕조에 대해서 그들의 실체를 확인하고 또 그들이 황제(黃帝)의 후예이고 소호의 후손인 한민족(韓民族)이라는 사실을 확인해 보기로 한다.

(2) 사기(史記)와 기타 문헌들의 기록에 나타나 있는 은(殷)왕조의 시조에 대해서 먼저 살펴보기로 한다.

은(殷)왕조의 시조는 설(契)이다. 그의 어머니는 오제(五帝)≪신오제(新五帝)≫의 네 번째 황제인 제곡(帝嚳) 고신씨(高辛氏)의 차비(次妃)로 되어있다. 따라서 설(契)은 고신씨(高辛氏)의 아들이요, 소호김천씨(少昊金天氏)의 증손자요, 황제(黃帝)의 고손자이다. 설(契)의 어머니 간적(簡狄)이 현조(玄鳥)라는 새의 알(卵)을 먹고 설을 낳았다. 설이 성장해서는 제순(帝舜) 시대에 우(禹)를 도와서 치수에 많은 공을 세워 순으로부터 상(商)나라의 제후로 봉해진다. 이러한 사실들을 기록하고 있는 문헌들을 몇 가지 살펴서 그가 북방 한민족(韓民族)임을 확인해 보기로 한다.

① 시경(詩經)의 기록에는 하늘이 현조(玄鳥)에게 명하여 내려가서 상(商)나라≪은(殷)나라≫시조 설(契)을 낳아 상나라를 만들게 했다(生商)고 하고 또 현왕(玄王)인 설(契)이 위엄으로 굳세게 다스리니[1] 라고 하였다. 이 시경이 처음으로 현조(玄鳥)를 기록함으로써 후세의 사가들이 본을 따서 사서에 현조를 기록하게 된다.

② 사기(史記)의 은본기(殷本紀)에서는 은(殷)나라의 시조 설(契)의 어머니 간적(簡狄)은 제곡(帝嚳)의 차비(次妃)로, 목욕하러 가서 현조(玄鳥)가 떨어뜨린 알을 먹었더니 잉태가 되어 설을 낳았다. 설이 성장하여서는 우를 도와 치수에 공을 세워 사도(司徒)가 되고 상(商)나라에 제후로 봉해졌다고 기록[2]하고 있다. 여기의 현조(玄鳥)도 아마 시경의 것을 본 받았을 것으로 보이는데 시경에는 설을 현왕(玄王)≪북방의 왕(王)을 말함≫이라 하고 있으나 알(卵)이야기는 여기서 비로소 처음 나온다. 그리고 사기나 시경의 주석자들은 현조(玄鳥)를 제비(燕)라 해석하고 있는데 그것은 틀린 해석이다. 현조(玄鳥)는 북방의 검은 새를 말하는 것이다.

③ 사기의 삼대세표(三代世表)에서 "시경(詩經)에서는 설(契)이 아비 없이 태어

---

1) 詩經의 頌편 商頌 玄鳥조 및 長發조. 여기서 「生商」이라 한 것은 玄鳥로 인해서 출생한 契이 처음 諸侯가 되어 商나라를 건설하였기 때문이며 후에 그의 후손인 成湯이 殷왕조를 창건하게 됨으로써 商과 殷을 같은 나라로 보게 된다.

2) 史記 殷本紀第三 초두.

났다고 하고 또 한편 여러 전기(傳記)에서는 아비가 있고 황제(黃帝)의 자손이라 하고 있다. …그러나 어찌 아비 없이 자식이 태어나겠는가, 그 기록들은 설이 하늘의 정기를 받아 태어난 것을 뜻하는 것인데…시전에 이르기를 설의 어머니가 현구(玄丘)의 물에서 목욕을 하는데 제비(燕)가 알을 떨어뜨리기에 그것을 주워 입에 넣어 삼켰더니 설을 낳게 된 것이라 한다"[3]고 기록하고 있다. 여기서는 우선 현조(玄鳥)가 제비(燕)로 바뀌었다. 이 사기의 기록은 매우 애매하고 전기(傳記)들의 것이 더 신빙성이 있는 것으로 볼 수 있다. 설이 아비 없이 태어났다고 하는 것은 시경을 기록한 한민족(漢民族)들이 고의적으로 한민족(韓民族)인 설이 황제(黃帝)의 후손이라는 것을 감추기 위해서 기록했거나, 후세의 한민족(漢民族) 주석자들이 고의적으로 설을 비하시키기 위해서 시경을 그러한 이야기로 해석해서 기록했을 가능성이 있다. 특히 현조(玄鳥)를 대봉(大鳳)도 아닌 참새 종류인 제비로 해석하고 설을 그것의 아들이라고 해놓은 것은 설을 미천한 인간으로 만들기 위해 고의적으로 왜곡해석한 것이라 볼 수 있다. 또 설의 어머니가 현구(玄丘)의 물에서 목욕을 했다는 현구라는 현(玄)의 언덕은 오행상 북방을 가리키는 것으로 현구는 북쪽에 있는 그들의 본향을 말하는 것으로 볼 수 있다.

④ 죽서기년(竹書紀年)에서는 고신씨(高辛氏)의 황후 간적(簡狄)이 현조(玄鳥)가 오는 춘분일에 황제를 따라 하늘에 제사를 올리려 들로 나가서 동생과 같이 현구의 물에서 목욕을 하고 있을 때 마침 현조가 알을 떨어뜨리는데 오색이 찬란했다. 간적이 주워서 먹었더니 잉태가 되어 드디어 가슴을 열고 설을 낳았다. 성장해서는 요의 사도가 되고,…상(商)나라에 제후로 봉해졌다. 그 13세손이 주계(主癸)인데 주계의 비(妃) 부도(扶都)가 달을 관통하는 백색(白色)기운을 보고 성탕(成湯)을 낳았다[4]고 기록하고 있다. 여기서도 현구(玄丘)가 나오는데 북방의 산이나 언덕을 말함이다. 현(玄)이란 분명히 북방을 가리키는 것이기 때문에 현조(玄鳥)는 분명히

---

3) 史記 十表의 三代世表第一에서 張夫子와 褚先生간의 대화 내용이다.
4) 竹書紀年卷上 殷商 成湯편.

북쪽의 새 또는 북방에서 온 검은 새를 말하는 것이다. 현조는 절대로 제비가 될 수 없다. 제비는 남방에서 온 새이기 때문이다. 달을 관통하는 백색기운을 보고 성탕을 낳았다는 것은 그들이 백제(白帝)요 금덕(金德)왕인 소호김천씨의 후손이라는 사실과 그로 인해 백색을 숭배하는 민족이 되었다는 사실을 말하는 것이다.

⑤ 여씨춘추(呂氏春秋)에서는 제비가 알 두개를 남겨두고 북쪽으로 날아가서 돌아오지 않았다고 기록하고 있다. 여기서는 제비가 북쪽으로 날아가서 돌아오지 않았다고 한 것이 주목된다. 제비는 남방 철새이기 때문에 남쪽으로 돌아가야 하는데 북쪽으로 갔다고 하는 것은 그것이 제비가 아니고 북방 철새인 현조 즉 까마귀나 갈가마귀라야만 한다.

⑥ 회남자 지형훈(墜形訓)의 주서(注書)에는 하늘이 현조로 하여금 내리어 간적에게 알을 머금게 하여 설을 낳으니 이가 곧 현왕(玄王)이요 은(殷)의 시조이니라 하였다. 특히 현왕(玄王)이라 하였는데 이것도 그것은 현방(玄方)의 왕(王)을 가리키는 것으로 곧 은(殷)왕조의 시조 설은 북방민족인 한민족(韓民族)의 왕이라는 사실을 기록하고 있다.

⑦ 사략언해(史略諺解)에서는 설은 제곡의 아들이다. 그의 어머니 간적은 유융씨의 딸로서 현조가 알을 떨어뜨려 그것을 먹고 설을 낳았다. 설은 요·순 시대에 사도가 되고 상(商)에 봉해진다 하고 그 주(注)에서는 상(商)을 섬서주명(陝西州名)이라 하고 있는데 그렇다면 성탕(成湯)이 도읍을 박(亳)으로 정한 것은 그들이 중국의 서쪽의 섬서성(陝西省)에서 동쪽으로 많이 이동해 왔다는 이야기가 된다.

(3) 지금까지 은(殷)왕조의 시조인 설(契)의 탄생에 대해서 살펴보았다. 크게 문제가 되는 것은 현조(玄鳥)이다. 시경의 주석자들이나 사기와 기타 사서의 기록자들은 대부분 현조를 제비로 해석한다. 제비는 참새 종류로 기러기나 고니 또는 봉황 등과는 그 품격을 달리하는 것이다. 그럼에도 불구하고 은(殷)왕조의 시조 설과 같은 위인의 탄생을 제비의 알에 비유하는 것은 그 품위를 비하시키기 위해 한민족(漢民族) 역사기록자들이 고의적으로 곡필을 한 것이라 보지 않을 수 없다. 현

조(玄鳥)라 하면 검은 새(黑鳥)를 말하는 것이다. 제비는 배가 흰빛으로 되어있어 현조라 할 수 없다. 까마귀처럼 온몸이 새까매야 한다. 제비보다는 까마귀라고 하는 편이 더 합리적이다.

오행상으로 현조(玄鳥)의 현(玄)자는 북방(北方=玄方)을 나타내는 것으로 북쪽의 새 또는 북방에만 있는 새를 나타내는 것이다. 따라서 그 알로 인해서 출생한 사람은 북방민족인 한민족(韓民族)임을 뜻하는 것이다. 사기의 삼대세표(三代世表)에서 현구(玄丘)는 역시 북방에 있는 언덕을 말하는 것으로 제곡이 제사를 모시려 간 곳이 현구(玄丘)라면 제곡은 북쪽으로 갔을 것이고 따라서 북방에만 있는 새의 알을 먹었다고 하는 것은 그들이 북방민족임을 시사하는 것이다. 또 현왕(玄王)이라한 것도 분명히 북방민족인 한민족(韓民族)의 왕을 지칭하는 것이다. 이 알이나 알로 인해서 태어난 난생설화(卵生說話)는 훗날 동북아시아 한민족(韓民族)왕조의 시조 탄생의 신화가 되었다. 현조가 태양(太陽) 속에 있다는 전설상의 까마귀(金鳥)를 말하는 것일 수도 있다. 그래서 은(殷)왕조의 시조는 알 같은 햇빛(太陽)을 받아 태어난 인물이라는 전설로 되어 북방민족들에게 전해져 내려왔을 가능성이 매우 높다. 그리고 그것이 또한 동북아시아 여러 한민족(韓民族)왕조의 시조의 그런 형태의 난생설화로 발전하게 되었을 가능성이 있다.

2) 은(殷)왕조의 창건과 역사의 개요

(1) 설(契)의 14세손(世孫)인 천을성탕(天乙成湯)시대에 이르러 선조인 제곡(帝嚳)의 도읍지였던 박(亳)에 자리를 잡은 성탕(成湯)은 곧 하(夏)왕조를 정벌하기 시작한다. 그리고 그 남정에 성공하여 은(殷)왕조를 창건하게 되는데 이것이 황제(黃帝)의 제1차에 이은 한민족(韓民族)의 제2차 남정이 된다. 그리고 동북아시아 민족 이동 및 재분포의 제4차 전환기가 된다. 그 과정을 살펴보기로 한다.

① 사기의 은본기(殷本紀)에는 성탕(成湯)이 은(殷)왕조를 창건하는 과정을 다음

과 같이 기록하고 있다.[5] "성탕은 선왕(先王)의 도읍지인 박(亳)에 옮겨와서 살았는데 하왕조의 말제인 걸왕(桀王)이 백성에게 잔악한 학정을 일삼고 주색에 음탕하기가 이를데 없어 마침 제후인 곤오씨(昆吾氏)가 난을 일으켰다. 성탕이 군사와 제후들을 거느리고 곤오씨를 평정하고…드디어 걸왕까지 정벌하였다.…걸(桀)이 유융(有娀)의 언덕에서 전쟁에 패하여 명조(鳴條)로 달아났다. …성탕은 곧 천자의 제위에 올라 천하를 평정하였다.…"고 하여 이것으로 황제(黃帝)의 장자인 소호김천씨의 후예요 제곡 고신씨의 아들 설의 후손인 성탕(成湯)이 백제(白帝)의 후손인 한민족(韓民族)으로서 다시 중원을 도모하여 하왕조를 멸망시킴으로써 남정에 성공하고 은(殷)왕조를 창건하는 과정을 대략 알 수 있게 된다.

② 죽서기년(竹書紀年)에서는 하(夏)왕조의 제계(帝癸)시대에 들어서 시작된 성탕의 남정(南征)과정을 다음과 같이 기록하고 있다.[6] "제계(帝癸) 30년에 상(商)나라 군대가 곤오를 정복하기 시작하고 31년에 상나라가 하나라의 도읍에서 곤오와 싸워 이기고 명조에서 크게 싸워 하나라의 군사가 패하여 걸왕이 삼종(三朡)국으로 도망하니 상나라가 삼종국을 정벌하고 걸왕을 초문에서 잡아 남소(南巢)로 추방했다"고 기록하고 있다.

③ 사기 율서(律書)에는 성탕은 남소를 정벌해서 하왕조의 소란한 천하를 진정시켰다고 기록하고 있어 하왕조의 말기에 세상이 매우 소란하여 그로 인해 남정이 시작되었음을 알 수 있다.

④ 제왕세기(帝王世紀)에서는 "…탕이 먼저 위(韋), 고(顧), 곤오(昆吾)를 멸망시킨 후에 명조의 들에서 걸과 싸워 이겨 걸이 남소의 산으로 도망갔다"[7]고 하여 남정의 한 과정을 기록하고 있는데 여기서 명조는 들이고 남소는 산이라는 사실도 알 수 있다.

---

5) 史記 殷本紀第三 成湯편.
6) 竹書紀年 卷上 十九 帝癸 一名桀조.
7) 帝王世紀 卷二 殷 成湯條

(2) 이러한 기록들에서 하왕조가 멸망하고 은(殷)왕조가 창건되는 과정을 종합해서 정리해보면 하(夏)왕조의 말제 걸(桀=帝癸)의 학정과 방탕으로 인해 백성들이 도탄에 빠지자 곤오씨가 반란을 일으켜 여러 제후국을 침범하기 시작했다. 이때 성탕(成湯)은 이윤(伊尹)과 더불어 군사와 제후들을 거느리고 반란을 평정한 다음 그 학정의 근원인 걸왕까지 정벌하였다. 그때 걸왕은 유융의 언덕에서 시작된 전쟁에서 패하고 명조의 결전에서 패하여 남소의 산으로 도망가서 죽고 그로서 하왕조가 완전히 멸망하게 된다. 그리고 성탕이 천자의 제위에 오르니 은(殷)왕조가 탄생되어 처음 박(亳)에 도읍을 정하게 된다. 이러한 상황은 성탕이 남정이라는 대전쟁을 치르는 과정을 말해주는 것들이라 할 수 있다.

따라서 이 전쟁은 분명히 황제(黃帝)의 후예요 오제(五帝)의 후손인 중국의 한민족(韓民族)들이 한민족(漢民族)들에게 빼앗겼던 땅과 왕권을 찾기 위해 하나라가 다소 어지러워진 틈을 이용하여 이민족인 한민족(漢民族)을 정벌한 대전쟁으로 보아야 할 것이다. 또 하왕조가 멸망한 후에 그 사직(社稷)을 상(商)나라의 땅으로 옮기려는 것을 성탕이 오지 못하게 한 일이 있는데 그것은 그들이 이민족이기 때문이라는 것을 알 수 있다. 즉 한민족(漢民族)의 사직을 한민족(韓民族)의 땅으로 가져오지 못하게 한 대신 역사로 남기기 위해 책을 만들고 사직은 완전히 파한 것이다. 같은 민족이었으면 그렇게 사직을 없애는 일은 하지 못할 것이다.

(3) 성탕(成湯)이 죽고 그 아들 외병(外丙)이 제위에 오른 후부터는 다음의 제위를 그의 형제들에게 물려주었다. 대개 형제가 끝나면 그 다음에 아들 대(代)로 내려가서 제위를 물려주는 관행이 계속되어 나중에는 제위의 쟁탈전이 생기게 되고 그로 인해 국력이 극도로 쇠진해진다. 이러한 관행은 처음에는 태자(太子)제도가 있었을런지 모르지만 곧 유명무실해져서 없어졌다는 것을 말하는 것이다. 이런 관행은 한민족(韓民族)왕조에서만 있었고 한민족(漢民族)에서는 그런 것이 없고 처음부터 오직 아들에게만 제위를 물려주는 태자제도가 있었다. 그렇게 왕조들의 제도가 달랐다는 것은 그들이 이민족임을 말해주는 것이 된다.

은(殷)왕조는 제반경(帝盤庚)과 제무정(帝武丁)시대 때 다시 나라가 매우 부흥하였으나 얼마 아니 가서 쇠퇴해진다. 그들은 도읍을 너무 많이 옮기었는데 제무을(帝武乙) 때 마지막으로 하북성(河北省) 은허(殷墟)로 옮겨간다. 은(殷)왕조의 모든 제명(帝名)은 오행의 천간(天干)의 글자를 사용하였다. 그것은 하늘의 아들임을 뜻하고 또 10진법을 사용하고 있었다는 것을 알 수 있다. 은(殷)왕조는 금덕왕(金德王)이다. 나라의 정색은 백색이다. 따라서 은(殷)왕조는 백제(白帝)이다.

(4) 은(殷)왕조의 마지막 황제인 주왕(紂王) 신(辛)에 이르러 그가 정사는 돌보지 않고 달기(妲己)라는 여자에 혹하여 녹대(鹿臺)에서 방탕함이 극에 달한 것으로 되어있다. 또 그것을 말리고 간(諫)하는 신하들은 모두 처벌하는데 왕자인 비간(比干)을 죽이고 왕족인 기자(箕子)를 투옥하고 서형(庶兄)인 미자(微子)를 물리치고 제후들을 학대하기에 이른 것으로 되어있다. 정치가 그러니 은왕조는 급속히 멸망의 길로 들어선 것으로 보지 않을 수 없다. 이러한 시기에 서쪽의 먼 곳에서 호시탐탐 노리고 있던 주(周)나라 무왕(武王)이 멀리 대군을 이끌고 와서 은왕조를 공격하니 성탕이래 31세(世) 644년[8]의 한민족(韓民族) 은(殷)왕조가 멸망하고 이민족인 주(周)왕조가 시작된다.

3) 은(殷)왕조의 역사 기록 분석 및 발생에 대한 재검토

(1) 은(殷)왕조시대에도 문자가 있었기 때문에 왕조 스스로 자신들의 역사나 생활문화에 대해서 많은 기록들을 남겼을 것이라 생각되지만 지금 전해 내려오는 것이 거의 없다. 사기에 실려 있는 당시에 있었다는 기록물들의 이름만 해도 그 수가 많다. 그러나 모두 일실(逸失)되었다 한다. 그것을 만든 은(殷)왕조가 스스로 그것을 폐기했거나 없애버렸다고 볼 수는 없기 때문에 그것은 은왕조를 멸망시킨 한

---

8) 史略諺解 卷之一 殷편 말미. 그러나 이것에 대해서 史記는 "從湯至紂二十九世"라 했고 竹書紀年에서는 "湯滅夏以至于紂二十九王用歲四百九十六年"이라 했고 帝王世紀에서는 "居位者實三十王自湯得位至紂凡六百二十九年"이라 했다.

민족(漢民族)들이 창건한 주(周)왕조의 초기에 그들이 모두 없애버린 것으로 볼 수밖에는 없다. 그것은 이민족인 한민족(漢民族)이 은왕조를 정복하고 주(周)왕조를 창건한 후에 한민족(韓民族)의 반격이나 후일의 보복이 두려워 사실을 은폐하기 위해서이거나 또는 한민족(韓民族)과 한민족(漢民族)을 구분할 수 없도록 하기 위해서 은(殷)민족의 문화를 철저히 말살시킨 것이라고 밖에 볼 수 없다. 한 예를 들어보면 은(殷)왕조 시대에 그렇게 많았던 갑골문자(甲骨文字)가 거의 전해 내려오지 않고 땅속 깊숙이 묻혀 있다가 3천여 년이 지난 근년에 와서야 나타난 것을 봐도 알 수 있다.

(2) 은(殷)왕조는 금덕왕(金德王)이라 하였다. 그것은 그들이 황제(黃帝)의 장자인 소호김천씨의 후손으로 그 금덕 오행을 이어받은 한민족(韓民族)이기 때문이다. 오행에 따르면 그들은 다 같이 금덕이기 때문에 백제(白帝)이고 국가의 정색은 백색이며 또 서방이다. 서방이란 황제(黃帝)가 위치했던 곳보다 서쪽에 위치한 때문이라 할 수 있다. 그것으로도 황제(黃帝)는 동방에 위치해 있었다는 것을 알 수 있다.

(3) 은(殷)왕조의 시조 설(契)은 난생설화(卵生說話)를 가지고 있다. 동북아시아에서 한민족(韓民族)들에게 난생설화가 생긴 연원은 설(契)에서 시작되었다. 그래서 난생설화를 갖는 민족은 다 설과 같은 한민족(韓民族)으로 그 후예임을 알 수 있다. 중국에서 알(卵)과 관계를 갖고 태어난 왕조의 시조는 은왕조의 시조 설(契)과 진(秦)왕조의 시조 대업(大業) 두 사람뿐이다. 후세에 와서 동북아시아의 왕조나 왕국의 시조로서 태어날 때 알과 관계가 있는 즉 난생설화를 갖는 사람은 모두 은(殷)황실의 후손이거나 진(秦)황실의 후손으로 보면 틀림이 없다. 또 그들의 후손은 오행에 의해서 모두 백색을 나라의 정색으로 하였고 따라서 모두 백의민족(白衣民族)이 되었다. 이러한 기록들은 은왕조가 소호김천씨의 후손이요 따라서 황제(黃帝)의 후손이며 알타이어족이요 곰족이요 한민족(韓民族)이라는 사실을 말하고 있는 것이다. 이러한 한민족(韓民族)이 요·순·우와 그 뒤를 이은 하왕조에

게 빼앗겼던 중원을 성탕(成湯)이 하왕조의 걸왕을 쳐서 회복하게된 것인데 이때 창건된 은왕조는 한민족(韓民族)으로서는 중원에서 황제(黃帝)왕조에 이어 두 번째의 왕조가 된다. 한민족(韓民族)의 세 번째 왕조는 물론 다음에 등장하게 되는 진(秦)왕조이다.

(4) 사기의 은(殷)본기에 의하면 상(商)은 시조 설에서 성탕에 이르기까지 도읍을 8번 옮기고 성탕이 비로소 선왕이 살던 박(亳)으로 도읍을 옮겨와서 살기 시작하고 그때부터 정벌을 시작했다고 하였다. 그것은 곧 그때부터 한민족(韓民族)의 남정이 시작되었음을 말하는 것이다. 처음 섬서성(陝西省)의 상(商)이란 땅에 제후로 봉해졌던 설(契)에서부터 탕(湯)에 이르기까지 14세(世)를 내려오는 동안에 8번 도읍을 옮겼다고 하는데 어디어디로 옮겼었는지는 다 알 수 없으나 중국 서쪽의 섬서성에서 마지막으로 선조인 제곡 고신씨의 도읍지였던 하남성(河南省) 박(亳)으로 옮긴 것으로 되어있으니 어떻든 서쪽에서 동쪽으로 옮겨온 것이다. 그런데 설은 제곡의 아들이기 때문에 본래는 아버지의 도읍인 박(亳)이나 또는 증조부인 소호김천씨의 도읍지였던 산동성의 궁상(窮桑)이나 조현(曹縣)에 살고 있었을 터이나 순(舜)에 의해서 상(商)땅에 봉해지면서 그쪽으로 가게된 것인데 왜 처음부터 박(亳)땅에 봉해지지 않고 중국의 서쪽 끝까지 가게 되었는지는 알 수가 없다. 그리고 왜 도읍을 그렇게 많이 옮겨야 했는지도 알 수가 없다.

(5) 은(殷)왕조는 모든 황제들의 이름에 천간자(天干字)를 사용하였다. 그것은 두 가지의 의미를 갖는 것으로 볼 수 있다.

① 그것은 황제(黃帝)시대에 있었던 천자사상 즉 제왕은 천상(天上)에 있는 것과 같다는 사상이 이때 다시 강조된 것으로 보인다. 그것은 황제(黃帝)왕조를 이어받는다는 뜻도 포함된 것으로 해석할 수 있다.

② 하왕조시대까지 사용하던 역(易)의 8괘(卦)에 의해서 8진법을 사용해 오던 것을 은왕조에 와서 10간(干)으로 된 천간(天干)을 사용한 것이기 때문에 10진법을 사용하기 시작한 것을 의미하는 것으로 볼 수 있다.

2. 은왕조(殷王朝)시대의 문화

1) 청동기(靑銅器) 문화

(1) **성탕(成湯)이 은(殷)왕조를 창건한 것이 B.C. 1766년경이다.** 그리고 은왕조
는 그로부터 644년 간 존속되었다. 또 중국에서 흑도(黑陶)문화의 뒤를 이은 청동
기(靑銅器)문화가 번창하기 시작한 것은 B.C. 1600년경으로 보고 있다. 따라서 이
청동기문화를 창작하고 발전시킨 것은 은왕조라 할 수 있다. 중국에서는 많은 경
우 채도(彩陶) 유물이 흑도문화 유적지의 심층부에서 발견되고 있다고 한다. 그것
은 곧 채도문화시대에 살던 사람들이 같은 장소에 살면서 흑도문화를 발전시켜왔
다는 것을 뜻하는 것이 될 것이다. 다만 좀 다른 점이 있다면 그것은 채도의 유적
은 앙소(仰韶)지방을 비롯하여 화북지방의 서부지역에 다소 편중되어 있고 흑도유
적은 용산(龍山)지방을 비롯하여 화북지방의 동부지역에 다소 편중해서 발견되고
있다는 점이다.

(2) **그러나 청동기문화는 다르다.** 중국의 청동기유적은 대개의 경우 채도나 흑
도유적과 겹치지 않고 은허(殷墟)나 그 이전의 은(殷)왕조와 관계가 있는 곳에서만
대량으로 발견되고 있다고 한다. 그렇다면 청동기문화에 대해서는 최소한 다음과
같은 경우들을 생각해 볼 수 있다.

① 중국의 채도문화나 흑도문화처럼 남방이나 서방에서 전파된 것이 아니고 중
국내에서 독립적으로 발생하고 발전되었을 가능성이 있다.

② 채도문화와 흑도문화처럼 연속적인 과정으로 기술의 향상에 의해서만 이루
어진 문화라고 할 수는 없다.

③ 연대적으로 은왕조가 창건된 오랜 후에 청동기문화의 시대가 시작되었기 때
문에 은(殷)민족이 외부에서 청동기문화를 가지고 중국으로 이동하여 와서 하왕조

를 정벌하고 은왕조를 창건하여 청동기문화를 발전시키고 전파시킨 민족이라 할
수는 없다.

④ 은민족은 분명히 북방계이고 또 동이족(東夷族)이라고도 일컬었던 한민족(韓
民族)이기 때문에 그들이 남방이나 서방에서 청동기문화를 가지고 중국으로 들어
올 수는 없다.

⑤ 청동기유적이 흑도유적과는 별로, 겹치지 않는 점으로 보아 요·순·우와 그
뒤를 이은 하민족과 은민족은 취락(聚落)이나 부락(部落) 등을 함께 이루어 공동생
활을 하지 않았다는 것을 알 수 있다. 즉 그들은 동족이 아니고 서로 이민족이기
때문에 지역을 달리하여 읍락(邑落)이나 취락을 이루어 살아왔음을 알 수 있다.

(3) **중국의 청동기유물**이 태국 북동부의 반치앙지방을 비롯한 서아시아의 금속
문화의 그것과 닮은 데가 있다고 하여 그것들과 기원을 같이 보는 견해도 있고 특
히 남시베리아의 카라수크지방에서 나온 유물이 은허(殷墟)의 것과 같은 종류의
것이라 하여 중국의 청동기문화도 외부에서 전파되어 중국으로 들어온 것으로 보
는 견해도 있다. 그러나 문화의 이동은 꼭 민족의 이동을 수반하는 것이 아니기 때
문에 따라서 청동기문화가 은(殷)왕조 중기로 접어드는 시기에 발전했다고 하는
것은 처음 그 연원이 어디였든 간에 은민족 자신들이 개발하고 발전시켜온 것으로
봐야하나 혹 그렇지 않다 해도 남시베리아의 컬처 루트(Culture route)를 통해서
중국으로 들어온 청동기문화를 북방민족인 은(殷)민족이 받아들여 발전시켜 왔을
가능성이 더 높다고 봐야할 것이다.

2) 은(殷)왕조의 독특한 문화

채도문화나 흑도문화는 서방이나 남방에서 중국으로 들어왔을 가능성이 있겠으
나 청동기문화는 오히려 중국에서 동남아시아로 수출되었을 가능성이 더 크다고
보이기 때문에 고대오리엔트나 인도 등지의 당시의 문화와 중국에서 은(殷)민족이

발전시킨 당시의 문화를 몇 가지 비교하여 봄으로써 은민족이 중국에서 구축한 독특한 한민족(韓民族)문화를 확실히 알게 되는 계기로 삼고자 한다.

(1) 은(殷)왕조가 창건된 것이 B.C. 1766년경이니까 성탕이 태어난 것이 늦어도 B.C. 1800년경 이전으로 봐야할 것이다. 그러나 중국에서 청동기유물의 가장 오래된 것이 B.C. 1600년경의 것으로 알려져 있다. 따라서 은인(殷人)들은 늦어도 청동기문화가 들어오기 약 200여년 전부터 중국에 있으면서 은왕조를 창건해 있었다는 것을 알 수 있다.

(2) 현재까지 발굴된 유적들을 보면 당시의 중국의 것과 동시대의 고대오리엔트나 인도 등을 포함한 서방의 것과는 서로 닮은 것보다는 닮지 않은 것이 더 많다고 할 수 있다. 그 중에서 성벽을 보면 판이하게 다르다. 중국 은대(殷代)의 성벽은 모두 토루(土壘)로 만들어져 있고,[9] 반면 고대 오리엔트나 인도의 것은 흙벽돌을 만들어 햇볕에 말리거나 불에 구운 것을 역청(瀝靑)등을 사이에 넣고 쌓아올려 만든 것이다.[10] 만약 은인(殷人)과 더불어 고대 오리엔트의 문화가 중국으

〈그림 1〉 은(殷)시대 토루(土壘)의 판축(版築)

〈그림 2〉 우르의 벽돌 건축의 유적

9) 蔡義順 監修 「大世界史」 (도서출판 마당) 3. 古代中國 p66~p67.

10) 앞의 9)의 책과 같음, 1 先史時代 · 古代오리엔트 p92~p93.

로 들어왔다면 중국에서도 이 시대에 벌써 벽돌이 사용되어야 했을 터인데 토루로 만든 것은 너무나 그 성격이 다르다.

(3) **중국에서 청동기문화가 시작된 것으로 추정되는 B.C. 1600년경**이 은(殷) 왕조에서는 제10대(代) 중정(仲丁)의 시대인데, 이 중정의 도읍지인 정주(鄭州)에서 발굴된 토루로 된 성(城)안에서는 제도(製陶)공장, 제골(製骨)공장, 제동(製銅)공장 등이 발견되어 중국의 청동기문화가 이때 이곳에서 시작되어 그것이 중국 일원은 물론이요 동남아시아나 중앙아시아로까지 전파되어간 것임을 실증하고 있다고 하겠다. 제중정(帝仲丁)은 청동기문화가 중국에서 최초로 시작된 것으로 나타난 B.C. 1600년경에 재위한 황제로 그의 재위연대와 발굴된 유물의 제작연대가 기록상의 시대와 모두 일치하는 것이 가장 주목된다.

(4) **현재까지의 발굴된 자료들에 의하면** 은(殷)시대의 주거문화, 건축문화, 도시의 형성모양, 궁전의 판축(版築), 묘제(墓制) 등이 그 시대의 고대오리엔트나 인도 등의 것과는 전혀 이질적이다. 중국 하남성 안양현(安陽縣) 소둔(小屯)은 은왕조의 제19대 제반경(帝盤庚)에서 말제인 주왕(紂王) 제신(帝辛)에 이르기까지의 도읍지인 은허(殷墟)로 알려져 있는데 그곳의 궁전 터와 그 일대에서 많은 유적, 유물들이 발굴되었다고 한다.

은허의 궁전 유지(遺址)에서는 수천 개에 달하는 대소의 분묘들에서 쏟아져 나온 수만 편의 갑골문자(甲骨文字)와 순장된 것으로 보이는 수많은 인골(人骨)들과 부장품들이 발굴되었는데 그 중에서 특히 주목을 끄는 것은 동제의 세발솥(三足鼎)을 비롯한 제기(祭器)들이다.[11] 이런 것들이 고대오리엔트나 인도 등의 동시대의 유물에서는 찾아볼 수 없는 이질적이고 독특한 것이라 할 수 있다. 물론 여기에서 나온 갑골문자와 고대오리엔트의 점토판(粘土板)에 새겨진 문자가 전혀 닮지 않은 것도 주목할 일이다.

---

11) 앞의 9)의 책과 같음, 3. 殷墟의 옛 자취 p58~p59.

3) 갑골문자(甲骨文字)

(1) 은허(殷墟)의 발굴에서 쏟아져 나온 갑골문자(甲骨文字)와 고대오리엔트의 메소포타미아에서 대량으로 발굴된 점토판문자(粘土板文字)는 전혀 이질적이다. 중국의 은시대 유적에서는 고대오리엔트의 점토판(粘土板)과 같은 글자를 새긴 흙 가공품 같은 것은 하나도 찾아볼 수 없으며 메소포타미아의 유적에서는 중국의 것과 같은 갑골문자나 또 글자를 새긴 구갑(龜甲)이나 우골(牛骨) 등은 찾아볼 수가 없다는 것이다.

특히 은허에서 나온 갑골문자(甲骨文字)는 주로 점괘(占卦)에 관한 글이 쓰여 있다 하여 그것을 은허복사(殷墟卜辭) 또는 갑골복사(甲骨卜辭)라 하는데 그 은허복사속에 은왕조의 제왕계보(帝王系譜)가 기록되어 있는데 그것이 그로부터 1천 수백여 년이 지난 중국의 한(漢)왕조 무제(武帝)때인 B.C. 91년경에 완성된 사마천(司馬遷)이 편찬한 사기(史記)의 삼대세표제일(三代世表第一)에 기록된 은왕조의 왕명계도(王名系圖)와 거의 일치한다는 점이다.[12]

이것은 은왕조에 대한 사기의 기록이 이 부분에 대해서는 얼마나 정확한가를 입증하는 것이 되고 또 이것으로 전설 속에 묻혔던 은왕조의 실체가 완전히 드러나게 되었을 뿐 아니라 은인(殷人)이 남방족이나 고대오리엔트인들이 식민(植民)하여온 민족이라는 설들이 은민족에 관한 한 역사 속의 일시적인 해프닝으로 사라져야할 것이다.

(2) 은(殷)왕조 시대의 갑골문자(甲骨文字)와 고대오리엔트의 수메르어(Sumer 語)나 악카드어(Akkad語)에 사용된 설형문자(楔形文字)는 전혀 다르다. 설형문자는 쐐기처럼 생긴 획(劃)을 서로 엮어서 만든 일종의 기호문자(記號文字)라 할 수 있다. 갑골문자는 사물의 형상을 본을 따서 만들어진 상형문자(象形文字)이고 표의문자(表意文字)에 속한다. 그러나 수메르어나, 악카드어는 표음문자(表音文字)

---

12) 앞의 9)의 책과 같음. 3, 甲骨文字의 연구 p52, 및 殷王朝의 계보 p62~p63.

〈그림 3〉 갑골문자(甲骨文字)

〈수메르어〉 〈악카드어〉

〈그림 4〉 설형문자(楔形文字)

에 가깝다. 이와 같은 현상은 중국의 은왕조 시대와 고대오리엔트의 두 문화가 전혀 관련성이 없는 지역에서 각각 발생하여 발전해 왔음을 입증하는 것이라 볼 수 있다.

(3) 갑골문자(甲骨文字)에 사용된 재료들에 대해서 생각해 보기로 한다. 갑골(甲骨)이라 하면 거북의 등뼈인 구갑(龜甲)과 소의 뼈 즉 우골(牛骨)을 말함인데 소는 농사에 필수적인 동물이기 때문에 당시의 농경사회에서 많은 소를 가지고 있었을 것으로 우골을 구하기란 그리 어려운 일이 아니었을 것이다. 또 기록들에서 은인(殷人)들의 분포지나 은왕조의 도읍지에 가까운 황하하류부근에는 크고 구갑의 질이 좋은 거북이 많았던 것을 알 수 있다. 은인들은 그 큰 거북 등뼈(龜甲)에 많은 기록들을 남겼다. 또 소의 어깨뼈 등에도 많은 기록을 남겼다.

은인들은 세계 어디에서도 볼 수 없는 갑골문자를 만들어서 사용하여 왔고 또 그것에 사용한 문자는 당시의 세계 어디에서도 없었던 독특한 문자이다. 이러한 이유에서 은민족은 서역이나 동남아시아에서 이동해온 민족이 아니고 본래 동북아시아에 선사시대 말기부터 분포되어 있었던 한민족(韓民族)임은 의심의 여지가 전혀 없는 것이다.

3. 은(殷)문화의 천이(遷移)

1) 한반도(韓半島)로의 천이

한 부족이나 민족이 이동해서 새로운 지역으로 식민(植民)하게 되면 지명을 가지고 가는 습관이 있다. 그것을 지명천이(地名遷移)라 했다. 그런데 천이(遷移)되는 것은 지명 뿐 아니고 일상생활의 양식이나 습관에서부터 언어, 신앙, 사상 등 모든 문명이 같이 천이되는 것은 당연한 이치라 하겠다. 그것을 문명천이(文明遷移)라 할 수 있다. 그러나 그 중에서도 역시 가장 오래도록 남아있는 것은 천이된 지명이라 할 수 있을 것이다.

(1) 현재 한반도에는 중국의 옛 지명들이 천이되어 갖게 된 것으로 보이는 지명들이 많은 것을 볼 수 있다. 그 수를 조사해서 예를 들려면 한이 없을 것이다. 또 황제(黃帝)부족들이 건국한 유웅국(有熊國)이란 이름에서 천이된 것으로 보이는 웅(熊)자가 붙여진 많은 지명들이 있는데 그것은 분명히 곰(熊)토템족들이 살았던 곳이나 지금도 살고 있는 곳을 가리키는 것이다. 곰토템족은 북방민족이요 한민족(韓民族)이다. 한반도에는 처음 곰토템족이 살고 있는 곳에 황제(黃帝)왕조≪오제(五帝)왕조≫가 멸망할 때에 그곳 중국의 곰족 유민들이 다시 이동해 와서 재분포하면서 원 곰족들과 혼거하게 되고 또 은(殷)왕조가 멸망할 때 또다시 그곳 유민들이 이동해 와서 재분포하면서 중국·한민족(韓民族)이 한국·한민족(韓民族)이 되었는데 이러한 현상은 이후에도 동북아시아에서 역사의 전환기가 있을 때마다 이루어져오게 된다. 이번의 은왕조가 멸망하는 전환기에 한반도로 온 기자(箕子)집단을 비롯한 은왕조의 유민들에 의해서도 그들의 문화가 한반도로 천이 되었을 것은 아무도 부인하지 못할 것이다.

(2) 다소 후대의 일이 되겠지만 한반도의 신라인(新羅人)에 의해서 이루어진

그 찬란한 청동기문화는 아무리 보아도 은(殷)왕조 시대의 청동기문화의 하나의 가지가 아닌가 생각된다. 진(秦)민족의 대집단이 신라땅으로 오기 이전에 신라 땅에 살던 사람들은 은왕조가 멸망할 때 한반도로 나온 기자(箕子)집단 중의 소집단들이 더 남하하여 그곳으로 왔거나 혹은 그 후에 중국에서 주(周)왕조의 식민정책과 이민족에 대한 학대를 견디지 못하여 나중에 신라의 지역으로 나온 은민족의 후예일 가능성이 큰 것이다. 즉 그들이 은왕조시대에 중국에서 청동기문화를 고도로 발달시키고 또한 그것을 가지고 동이의 땅이라 불리던 한반도로 나와서 신라의 땅에서 청동기문화의 꽃을 피게 한 장본인들일 것이라고 나는 생각해 왔다. 그렇게 보면 은왕조가 멸망할 때 그 유민들이 한반도로 대이동을 하게 되고 따라서 은왕조의 청동기문화를 한반도로 천이시킨 장본인은 그들 은민족임이 틀림없는 사실이라는 것은 충분히 인식할 수가 있다. 그리고 왕조가 멸망한 이후의 중국 은민족은 당시의 한반도를 동족이 살고 있는 땅이라는 관념을 넘어서 고국처럼 고향처럼 생각하고 있었으리라는 것도 쉽게 짐작이 가는 일이다.

2) 기타 동북아시아 지역으로의 천이

(1) **황제(黃帝)부족의 일파가 서부중앙아시아로 가서 투르크족이 되고** 그들이 나중에 한민족(漢民族)에 의해서 강족(羌族)이나 융족(戎族)이라 일컬어지게 되었는데 은(殷)왕조 시대에는 그들이 은민족과 동족이기 때문에 많은 상호의 왕래나 교류가 있었을 것으로 추정된다. 그러면서 그들이 은왕조의 청동기문화를 서남방이나 서방으로 전파시키는 중계 역할을 했을 것으로 추정할 수 있다. 또 그들의 일파가 나중에 돌궐족(突厥族)이 되어 중국의 북쪽지역으로 돌아와서 재분포하게 된 것이란 추정도 가능하다.

(2) **중국의 먼 북쪽에는 정령족(丁零族)과 고령족(高令族)**이 있었는데 그들이 은왕조 시대부터 있었는지 또는 그 이전부터 있었는지는 분명하지 않다. 그들이

은왕조 시대부터 있었다면 그들은 은민족의 일파로서 나중에 헤로도토스가 말하는 긴메리족(Cimmer族)이나 스키타이족(Skythy族)[13]이 되었을 가능성도 있고 또 그들의 일부가 후에 흉노족(匈奴族)이 되었을 가능성이 있다. 그리고 그들이 은왕조의 청동기문화를 가지고 북유럽으로 이동하여 그곳에 그 문화를 전파시켰을 가능성이 있다. 또한 그들의 일부가 흉노족으로 있다가 후에 유럽인들이 말하는 소위 훈족(Hun族)이 되어 청동기문화를 유럽으로 전파했을 가능성이 있다.

(3) 요·순·우 시대에 중국 서부에 있는 삼위산(三危山) 근처에 있었던 삼묘족(三苗族)이 요·순·우에 쫓기어 남쪽으로 내려가게 된다. 그러나 그들은 은왕조 시대에는 같은 한민족(韓民族)이기 때문에 은왕조와는 서로 다투는 일이 없이 상호 내왕이나 교류가 많았을 것으로 추정이 된다. 하왕조 시대까지의 기록들에는 삼묘족(三苗族)은 요·순·우의 왕권에 의해서 토벌되는 일, 쫓기는 일, 추방되는 일, 또는 싸우는 일 등만 볼 수 있다. 그러나 은왕조 시대에 와서는 그들이 은왕조와 싸우거나 쫓기는 등의 기록은 일절 찾아볼 수 없다. 산해경 해외남경에는 삼묘족이 제요에게 쫓겨서 동남아시아 지방으로까지 내려가게 된 것으로 되어 있다. 그렇다면 그들은 은왕조가 왕권을 회복한 후에는 서로 동족이기 때문에 남방에 있으면서도 은민족과 교류를 해서 은왕조의 청동기문화를 그곳에 전파하는 역할을 했을 가능성이 있다고 하겠다.

(4) 중국의 황제족(黃帝族)이나 은(殷)민족이 그들의 왕조가 패망할 때 그 유민들이 한반도 북부나 연해주를 통해서 일본의 북부지방으로 건너가서 지금도 주로 북해도를 중심으로 북부지역에 많이 분포되어있는 아이누족의 조상이 되고 또 그들의 일부가 일본 본토로 남하하였거나 그렇지 않으면 한반도로 남하한 유민의 일부가 한반도의 남단에서 현해탄(玄海灘)을 건너서 일본 본토에 상륙해서 원일본인(原日本人)이 되었다고 추정이 되고 있다. 그렇다면 그때 일본열도로 건너간 그들 은왕조의 유민들이 은민족의 청동기문화를 가지고 거서 그곳에 전파시켰을 가능

---

13) ヘロドトス 著 松平千秋 譯 「歷史」(岩南文庫) (中) 卷四(メルポメネの卷) p1~p114.

성이 있다고 볼 수 있다.

3) 중국에서의 은(殷)민족 문화의 소멸

(1) 한민족(漢民族)인 주(周)나라가 북벌에 성공하여 은(殷)왕조를 멸망시키고 중국의 화북지방을 지배하게 되면서 은왕조가 이룩한 모든 문화를 하나도 남김없이 철저히 파괴하여 소멸시켜 버렸다. 그렇게 하여 그 자취를 완전히 없애버림으로써 후세에 은왕조 자체가 실제로 있었는지 조차 알 수 없게 되어버린 것이다.

한민족(漢民族)인 주(周)민족은 은왕조 창건 훨씬 이후에 중국으로 들어온 민족으로 한민족(韓民族)과는 전혀 다른 이민족이지만 그들이 중국을 지배하게 되면서 자신들이 중국 황제(黃帝)의 정통을 이어온 후예라는 것을 위장(僞裝)하기 위해 진짜 황제(黃帝)의 후예인 은인(殷人)들을 이주(移住)시켜서 몰살하거나 대부분 중원 밖으로 추방하고 또한 장차 자신들의 거짓이나 위장이 밝혀지게 될 증거가 될 수 있는 은왕조의 문화를 철저히 조직적으로 파괴해서 소멸시켰을 것으로 추정이 되고 있다. 그리고 나서는 역사를 조작하여 왜곡시키고 그 왜곡시킨 역사의 기록이나 문서만을 세상에 남겨놓은 것이라 보면 과히 틀림이 없을 것으로 생각된다. 지금까지 남아있는 어떤 기록이나 고문헌들 중에 주민족들이 기록한 것들만이 남아 있고 그 이전의 기록이 거의 없는 것이 그런 것을 증명한다. 또 근년에 그렇게 많이 발굴되고 있는 갑골문자에 관한 정보나 기록이 그들의 문헌이나 모든 문건에는 단 한자도 들어있지 않았다는 사실이나, 사기에 제목만 기록된 것으로 은왕조 시대에 그렇게 많이 만들어진 문서들이 하나도 남김없이 모두가 일실되었다는 사실이 그런 것을 증명하는 것이라 할 수 있다.

(2) 은(殷)민족이 이룩한 청동기문화는 중국의 화북지방에서는 일찍 주(周)민족에 의해 파괴되어 소멸되어버렸지만 다른 동북아시아 여러 곳에서는 그것과 맥을 같이하는 유적들이 많이 발견되고 있다 한다. 만주 요녕성(遼寧省)의 십이대영

자(十二臺營子)의 유적과 심양(瀋陽)의 정가와자(鄭家窪子)유적 등을 비롯하여 한반도와 일본 등지에서는 수없이 발견되고 있다 한다.

은민족의 대표적인 문화유물인 갑골문자를 보면 그렇게 많은 것들이 어찌하여 단 한 조각도 지상에는 남아있지 아니하였을까 의심스럽지 않을 수 없다. 그러한 갑골은 아마도 주민족이 장기간에 걸쳐 조직적으로 파괴해서 땅속 깊이 묻어버렸지만 썩지 않고 지금 여러 곳에서 발굴되어 은왕조의 찬란했던 문화를 우리들에게 이야기하고 있다.

(3) 사기의 주본기(周本紀)에 의하면 고공단보(古公亶父)의 장자는 태백(太伯)이요 차자는 우중(虞仲)이요 셋째는 계력(季歷)이다. 고공단보의 아들 3형제 중에 첫째와 둘째가 강남땅에 가서 살고 셋째는 중국 서쪽 끝에 있는 기산(岐山)에 살았다.

이 셋째 아들 계력의 아들 창(昌)이 주(周)나라 문왕(文王)이다. 그리고 문왕의 아들 무왕(武王)이 대군을 이끌고 맹진(盟津)나루에서 황하를 건너 목야(牧野)에서 은왕조의 대군을 격파하고 천하를 장악하게 되는데 그때 필시 남쪽에 가서 살고 있던 고공의 장자와 차자의 후손들도 그 천하의 대전쟁에 참가하였다고 봐야할 것이다. 주나라 군대는 서쪽과 남쪽에서 은군(殷軍)을 포위하여 공격을 해 왔기 때문에 은왕조의 기자(箕子)를 위시한 백이(伯夷), 숙제(叔齊)의 군대와 은왕조의 유민들이 필사의 저항을 하면서 동북지방으로 후퇴해서 결국 한반도까지 오게 되고 다른 많은 유민들은 다시 동북아시아 각지로 흩어져 가게 되었을 것으로 추정할 수 있다. 그때 은왕조의 유민들은 자신들이 창조하고 발전시켜온 청동기문화를 가지고 동북아시아 각지로 이동해가서 정착해 살면서 그 문화를 전파시킨 것이라 볼 수 있다.

제 5 편

제3차 이민족(異民族)왕조
≪주왕조(周王朝)≫시대

1. 이민족(異民族) 주(周)부족의 출현

1) 기록상의 역사의 개요

⑴ **역사가들은 은(殷)왕조를 포함한 그 이전의 왕조들에 대하여 기록한 역사를 대부분 믿지 않았었다.** 그러나 청(淸)나라 말기부터 시작된 은허(殷墟)의 발굴에서 쏟아져 나온 수만 편(片)의 갑골문자(甲骨文字)를 해독함으로써 은(殷)왕조의 실체를 확인하게 되었고 그로써 은왕조까지의 역사에 대한 사기(史記)를 비롯한 고문헌의 단편적인 기록들도 대체로 사실로 인정하게 되었다고 할 수 있다.

지금까지 앞 단원들에서 그러한 고문헌이나 고기록들을 분석한 결과에 대해서 말해온 셈인데 그 분석의 결과에 의하면 중국에서 역사시대를 연 황제(黃帝)부족은 분명히 북방민족이요, 곰토템민족이었고 그것을 한민족(韓民族)이라 일컬어 왔다. 그 오제(五帝)시대에는 중원을 비롯한 동북아시아에서 한민족(韓民族)이 번창해 오다가 요에서 순, 우를 거쳐 하왕조까지는 남방민족이요, 용토템민족인 그들 한민족(漢民族)에게 중원의 지배권을 빼앗기게 되었었다. 그러나 한민족(韓民族)인 은(殷)왕조가 중원의 지배권을 다시 회복하여 중국의 천하를 통치해 오다 서방에 나타난 이민족 주(周)나라의 문왕(文王) 창(昌)과 그의 아들 무왕(武王) 발(發)에 의해서 은왕조가 정복당함으로써 다시 또 한민족(韓民族)이 중원의 지배권을 상실

함은 물론이요 그때까지 한민족(韓民族)이 중원에 쌓아온 모든 문화도 정복자에 의해서 완벽하게 파괴되어 소멸되어버린다.

(2) 사기의 주본기(周本紀)를 비롯한 여러 문헌의 기록에 나타난 주(周)왕조의 역사에 대해서 그 개요를 간략하게 살펴보기로 한다.

주(周)나라의 시조는 후직(后稷) 기(棄)로 되어있다. 그의 어머니 강원(姜原)은 제곡 고신씨의 원비(元妃)로 되어있다. 그녀가 하루는 들에 나가 신인(神人)의 발자국을 밟고 따라간 후에 잉태가 되어 12개월만에 후직을 낳았다. 그래서 천하다 하여 아이를 길에 내다 버린 일이 있어 이름을 기(棄)라 했다한다. 따라서 후직 기는 고신씨의 아들이요, 소호김천씨의 증손자요, 황제(黃帝)의 고손자가 된다. 그리고 은왕조의 시조 설(契)과는 이모(異母) 형제간이 된다. 기는 성장하여서는 우를 도와 치수에 힘쓰고 제순시대에 나라의 농사를 관장하는 일을 맡아 성공하여 제순으로부터 후직(后稷)이란 벼슬을 받고 태(邰)의 땅에 제후로 봉해진다.

후직(后稷)의 14 세손인 주나라 문왕(文王)은 중원의 서쪽 감숙성(甘肅省)의 위수(渭水)상류지역을 정벌하여 그곳 제후들의 수장이 되었기 때문에 서백(西伯)이라 하였다. 그가 죽고 아들 무왕(武王)이 은(殷)왕조를 멸하고 주(周)왕조를 창건하게 된다. 주왕조는 오행상 화덕왕(火德王)으로 되어있다. 이것으로 그들은 남방의 염하(炎夏)의 지방에서 온 민족임을 알 수 있다. 따라서 그들은 적제(赤帝)이고 한민족(漢民族)이다.

주(周)왕조는 중국 중원을 획득한 다음 민심을 얻고 또 그들이 정복한 한민족(韓民族)을 효율적으로 다스리기 위해 먼저 그들의 왕족이나 공신들은 물론이요, 전(前) 왕조들의 후손들까지도 제후(諸侯)로 봉해서 수많은 도시국가들을 건설했는데 그것을 봉건국가(封建國家)라 하였다. 그리고 그들이 은왕조의 토지를 접수하도록 하여 제후로 있으면서 은민족의 저항이나 반란을 감시하거나 타도하게 했다. 그렇게 하여 주(周)왕조는 그 왕조의 창건과 동시에 도시국가(都市國家)인 봉건국가(封建國家)제도를 시행하게 된다.

(3) 사기의 주(周)본기에 의하면 "무왕(武王)은 은(殷)왕조를 멸망시킨 2년 후에 기자(箕子)에게 은왕조가 멸망하게 된 소이를 물었다. 기자가 국가 존망의 의(義)를 말해주자 무왕이 매우 부끄럽게 생각하다 곧 중병에 걸려서 이내 죽었다.…)"[1] 고 했다. 무왕이 기자의 말에 부끄러움을 느끼고 병이 든 것으로 되어 있다. 정복자인 무왕이 병이 들어 죽음에 이를 정도로 대응한 기자의 행동은 어떤 것이었을까?

무왕이 죽은 후에 어린 성왕(成王)을 대신하여 섭정을 하던 주공(周公)은 은왕조의 광복운동을 진압하면서 주(周)왕조에 대항하여 봉기한 세력들을 완전 소탕하고 은왕조의 유민들을 모두 낙읍(洛邑)≪지금의 낙양(洛陽)≫으로 강제로 옮기게 하여 성주(成周)라는 도시를 만들게 한다. 그것에 대해서 주(周)나라의 수도 호경(鎬京)을 종주(宗周)라 하였다. 성왕에 이르러 주왕조는 비로소 산동(山東)지방까지의 동정(東征)을 완료하고 통일된 주왕조의 기반을 굳건히 하는데 힘을 기울이게 된다.

(4) 주(周)왕조는 봉건국가(封建國家)≪도시국가(都市國家)≫의 건국 후에도 계속 도읍을 서주(西周)의 호경≪종주≫에 두고 있다가 제12대 유왕(幽王) 때 견융(犬戎)의 침공으로 유왕이 죽고 그 아들 평왕(平王)이 B.C. 771년에 동천(東遷)하여 수도를 성주(成周)로 옮긴다. 이때부터를 동주(東周)라 한다. 또 이때부터 춘추(春秋)시대로 되고 B.C. 403년부터 전국(戰國)시대로 된다. B.C. 256년 진(秦)나라가 주왕조를 쳐서 멸망시킨다. 그로써 37대 867년을 이은 한민족(漢民族) 주(周)왕조는 마감이 되고 한민족(韓民族) 진(秦)나라가 중원에 강력한 통일국가를 세워서 진왕조(秦王朝)를 창건하므로써 실로 근 900년 동안이나 이민족에게 빼앗겼던 중원을 한민족(韓民族)인 진(秦)민족이 다시 되찾게 되고 따라서 한민족(韓民族)이 다시 그들 선조의 땅 중국 중원을 지배하게 된다.

---

1) 史記 周本紀第四 武王條

2) 주(周)부족의 동방 침략

(1) 은(殷)민족과는 이민족인 주(周)부족이 중국을 침략하는 과정을 먼저 간단히 살펴보면, 지금으로부터 약 3130여 년 전≪B.C. 1130여 년 이전≫ 중국 중원의 서쪽에 위치한 주(周)나라의 서백(西伯)이 된 문왕(文王)은 태공망(太公望)으로 하여금 군대를 훈련시켜서 중국 서쪽 변방의 수렵민 부족들을 전부 자신들에게 병속시키고 나아가서 낙서(洛西)의 땅을 대부분 정벌해서 자신들에게 귀속시킨 다음 요충지 기국(飢國)까지 병합시켜 은(殷)왕조 정벌의 기회만을 노려보게 된다. 죽서기년에 서백 문왕이 동정해 가는 과정이 어느 정도 자세히 기록되어 있다.

문왕 이전의 그의 조부 고공단보(古公亶父) 때부터 주(周)부족의 동방침략이 시작되어 그의 부친인 계력(季歷)으로 내려오면서 이어진 동방침공을 이어받은 문왕의 동정은 은(殷)왕조 제신(帝辛) 17년부터 시작되어 제신 36년까지 계속되다 이후에는 그의 아들 무왕이 이어받는다.

(2) 서백(西伯)이란 중국 서부의 모든 토지와 제후(諸侯)들을 지배하는 지배자라는 뜻이다. 문왕이 언제부터 서백이 되었다는 기록은 없고 일부 기록에는 그의 조부인 고공단보로부터 서백을 이어받은 것으로 되어 있다. 따라서 그가 은왕조로부터 서백(西伯)이란 봉작을 받아서 된 것이 아니고 그 이전에 이미 서백이 되어 있었다는 것을 알 수 있다. 그것은 그들이 스스로 중국의 서부를 침공해서 정벌하여 지배하게 된 것을 말한다. 그렇다면 주(周)부족은 본래 서역으로부터 동진하여 와서 중국 서부를 공략하여 지배하기 시작하면서 스스로 서백이 된 것이라 보지 않을 수 없다. 따라서 그들은 분명히 서역인이라 할 수 있다.

(3) 서백(西伯)의 아들 무왕(武王)은 태공망의 도움으로 자신들에게 귀속된 중국 서부의 모든 제후들과 그 군대를 이끌고 은왕조의 정벌에 나섰다. 용의 기(旗)를 앞세우고 황하의 맹진나루를 건너 은왕조의 수도 서남쪽의 목야(牧野)라는 들판에서 융차(戎車), 호분(虎賁), 갑사(甲士) 등 약 5만 명의 군대로 은왕조의 방위

군 70만 명을 격파하고 은왕조의 마지막 황제인 주왕(紂王)을 불타는 등록대(登鹿臺)에서 투신케 함으로써 31대 644년을 이어온 은왕조를 멸망시키고 그 뒤를 그들 주(周)민족의 왕조가 잇게 된다. 은주(殷周)전쟁은 이렇게 싱겁게 끝이 났다.

그러니까 5만 명도 안 되는 주나라 군대가 70만 명의 은왕조의 대군을 격파한 것으로 되어있다. 이 70만명 중에는 동북아시아 한민족(韓民族)국가들의 지원군도 포함되어있었을 것이고 따라서 한반도에서 단군이 파견했거나 또는 자신이 직접 지휘하여 참전했을 지원군도 포함되었을 것으로 생각된다. 보통의 전쟁 상식으로는 공격군이 방어군 보다는 수적으로나 무기 장비 기타 전술적인 면에서 월등해야 승리할 수 있는 것으로 알려져 있는데 반대되는 상황으로 기록되었으니 주나라 군대는 필시 신무기를 가지고 있었다고 봐야할 것으로 생각된다.

(4) 주(周)나라 병사들의 갑옷이나 투구는 필시 철(鐵)로 만든 것으로 당시의 중국에서는 없었던 신무기라 생각되는데, 주(周)민족은 고도로 발달한 철무기로 무장되어 있었던 것으로 볼 수밖에 없고, 그것으로 당시에 청동기무기밖에 가지고 있지 않았던 은군(殷軍)을 공격한 것으로 볼 수 있는데 철무기는 청동기무기와는 비교가 되지 않는 우수한 무기일 것이기 때문에 은나라의 대군이 무너졌다고 볼 수밖에 없다.

주군(周軍)이 그렇게 우수한 철무기를 가지고 있었다고 하면 그들이 본래부터 중국 서부에 분포되어 있었던 부족이라 보기는 어렵고 당시에 철기문화가 세계에서 가장 고도로 발달한 고대오리엔트에서 그 철기문화를 가지고 중국 서부로 진출해온 부족이었다는 것을 알 수 있게 된다.

(5) 고대오리엔트의 핫티(Hatti)왕국의 무덤에서 B.C. 2300년경에서 B.C. 2100년경의 것으로, 오늘날의 것에 비해 손색이 없는 철제단검이 발굴되었다고 한다.[2] 그러한 제철기술을 가지고 온 부족으로 보이는 주나라 무왕의 군대가 사용한 무기와 호분, 융차, 갑옷이나 투구 등이 철제무기가 아니었다면 불과 주나라 5만의 공

---

2) 趙義高 監修 「大世界史」 1 (도서출판 마당) 6, 諸民族의 交流 p217~p230.

격군으로 70만의 은왕조의 대 방위군을 격파 할 수가 없었을 것이며, 그 철제무기는 고대오리엔트가 아니고서는 얻을 수가 없었기 때문에 주(周)부족이 고대오리엔트에 살던 민족으로 철무기를 갖고 그때 중국 서부에 침입해 들어온 부족집단이라 볼 수가 있다. 때문에 주부족은 당시에 메소포타미아에서 온 민족일 가능성이 높고 그 중에서도 수메르인일 가능성이 가장 높은 것이라 할 수 있다.

(6) 은(殷)왕조를 멸망시킨 주(周)나라 무왕은 광범위한 중원의 영토와 은나라 유민들을 효율적으로 다스리기 위해 우선 은왕조 말제인 주왕(紂王)의 태자 무경녹부(武庚綠父)를 그 수도에 그대로 왕으로 봉해놓고 실제로는 그의 동생인 관숙(管叔)과 채숙(蔡叔)에게 통치를 맡기고 서쪽으로 돌아가 호경(鎬京)에 도읍을 정한다. 무왕이 죽고 성왕(成王)이 제위에 오르니 은민족이 광복운동을 일으킨다. 이때 무왕의 아우인 주공(周公)과 소공(김公)이 그것을 진압하고 나아가 산동지방까지 정복하여 이때 중원의 전체 황하유역을 완전 장악하게 된다. 이것이 한민족(漢民族)의 제3차 북벌이고 동북아시아 민족 이동과 재분포의 제5차 전환기가 된다.

3) 주(周)왕조의 식민(植民) 정책

주(周)민족이 중원을 정복한 후에 일어난 몇 가지 사건들 즉 무왕의 의문에 쌓인 죽음과 은(殷)민족의 광복운동에 대한 주(周)왕실의 무자비한 대응 등을 분석해보고 그들이 한민족(韓民族)인 은민족과는 이민족이요 한민족(漢民族)임을 다시 한 번 더 확인해보기로 한다.

(1) 무왕(武王)의 죽음 ; 용을 부족의 상징으로 하는 주(周)부족은 중원의 가장 서쪽 가장자리에 위치한 감숙성(甘肅省)에서부터 동정(東征)을 시작하여 은(殷)왕조를 멸망시키고 중국 산동(山東)지방의 황해 연안까지의 동방 대원정이 마무리되자 이번에는 중원의 한민족(韓民族)을 통치하는 일이 큰 걱정거리로 대두하게 된다. 은나라는 주나라에 비해서 영토도 훨씬 넓고 백성의 수도 월등히 많았으며 문

화도 매우 우수했다. 이러한 대민족을 군사적으로 승리하여 왕조는 쓰러뜨렸지만 소수의 주민족으로 그러한 대 은민족을 통치한다는 것은 대단히 어렵고 힘든 일이 아닐 수 없었다.

사기의 주본기에 의하면 무왕이 은왕조를 멸망시키고 빈(豳)의 언덕에 올라 은 왕조의 수도 상읍(商邑)을 내려다보고 동정을 살핀 다음 수도인 기주(岐周)로 돌아 가서 밤잠을 이루지 못하였다고 기록하고 있다.[3] 무왕은 은나라 백성들이 어떤 반 격을 해올지 겁이 나서 밤잠을 이루지 못한 것이 사실이었을 것이다. 무왕은 은왕 조를 멸망시킨 것을 후회할 정도로 은나라 백성들을 통치할 일을 걱정하다가 곧 병이 들어 죽게 된다.

(2) 은(殷)민족의 광복운동 ; 주(周)민족의 침략전쟁인 동정이 시작되기 이전까 지는 주나라에 가까운 중국 서부에 자리 잡고 있었던 것으로 보이는 백이(伯夷), 숙제(叔齊)의 고죽국(孤竹國)을 비롯한 많은 한민족(韓民族) 제후국이나 은나라 여 러 읍락의 백성들이 주민족의 동방으로의 침공에 대항해서 용감하게 싸웠지만 결 국 주군(周軍)의 세력에 밀려서 동방으로 이동하고 목야에서 벌어진 은주(殷周)전 쟁의 마지막 결전에서 은군(殷軍)이 패배한 후에도 그들 한민족(韓民族)들은 계속 동방으로 퇴각하면서 죽을 때까지 주군에 저항해서 싸운 사실은 여러 가지 기록들 에서 충분히 알 수 있다. 또 은왕조 주왕의 태자 무경(武庚)은 주나라 무왕이 죽은 다음 광복전쟁을 일으켰으나 실패했다. 또 산동지방에 있었던 회이(淮夷)와 엄(奄) 등 여러 나라에서도 은왕조의 광복운동이 일어났다. 결국 그것이 주왕조로 하여 금 다시 산동지방까지의 정복전쟁에 나서게 한 동기가 되기는 하였지만 여하튼 비 록 조직적이지는 못하고 산발적이지만 은왕조의 광복전쟁이나 광복운동은 이렇게 중국전역에서 그리고 후세에 이르기까지 끊임없이 일어나고 있었다. 은나라 사람 들은 좀체로 주나라에 순종하지 않고 계속하여 자기 조국의 광복을 꾀하였다한다. 그들의 광복 운동은 주나라 말엽 춘추시대에 이르기까지 은나라의 후손이 제후로

---

3) 史記 周本紀第四 武王條.

있었던 송(宋)나라를 중심으로 하여 계속된 것이다. 즉 주왕조가 거의 멸망해 가는 춘추시대 말까지 계속되고 있었다는 것을 알 수 있다.

(3) 주(周)민족의 가혹한 식민(植民)정책 ; 서경 주서(周書)에 다사(多士)와 다방(多方)이 있는데 다사(多士)란 은(殷)왕조의 관리들을 일컬음이요 다방(多方)이란 은왕조의 여러 제후들을 일컫고 있는 말이다. 그런데 주서의 이 다사와 다방의 내용은 무왕의 아들 성왕이 제위에 오른 후에 회이와 엄 등의 나라들이 은왕조의 광복운동≪기록들은 이것을 반란이라 함≫을 일으키자 주공과 소공이 그것을 진압하고 중국의 동방을 모두 정벌한 후 그곳의 다사와 다방에게 다시는 광복운동이나 주왕조에 저항하는 행동을 하지 못하도록 협박하는 글을 지어 공포하고 있는 것들이다. 다사와 다방에 대해서 간단히 살펴보기로 한다.

① 다사(多士)에 대해서 서경의 해설자는 "성왕은 낙읍을 이룩한 뒤 여러 번 은나라 백성들을 그곳으로 옮겨와 살게 하였다. 이 글은 다시 은나라 백성들을 낙읍으로 옮겨오려고 먼저 그들의 지도계급인 은나라 관리들을 주공이 달랜 일을 기록한 것이다. 은나라 백성들을 낙읍으로 옮긴다는 것은 그들의 주거를 분산시켜 주나라에 대한 저항 세력을 없애는 데 큰 목적이 있었다."[4]고 하였으나 실제로 그 본문은 은왕조의 관리들을 달래는 글이 아니라 시종 협박하는 내용으로 이루어져 있음을 볼 수 있다. 그 본문 몇 구절을 예로 들어보면 다음과 같은 것들이다. "왕이 말하였다. 많은 은나라 관리들이여! 옛날 짐이 엄(奄)나라를 정벌하고 올 때 너희 사방 여러 나라 백성들의 목숨을 많이 살려준 일이 있다. 내 지금 너희가 받을 천벌을 밝히고자 너희들을 멀고 먼 곳으로 옮기려 한다. 신하된 도리를 다하여 우리 종실을 잘 섬기고 순종해야 한다. 은나라 관리들에게 고한다. 지금 나는 너희들을 죽이지는 안으려 하고 있으며 그렇게 명하려한다"고 하고 있다. 여기서 "너희들을 죽이지는 않겠지만…" 하는 이것은 말을 듣지 않으면 죽인다는 뜻이 아니고 무엇이겠는가, 이런 것에서 주민족의 은민족에 대한 가혹한 식민정책을 충분히 엿볼

---

4) 金學主 譯 「書經」 (韓國出版社) 第四篇 周書의 多士篇.

수 있다.

② 다방(多方)에 대해서 역시 서경의 해설자는 "성왕이 직접 정사를 맡은 뒤 회이와 엄나라가 다시 모반하여 이들을 징벌하였다. 성왕이 주공으로 하여금 동쪽의 은나라 유민이 많이 사는 나라들을 향하여 훈계한 글이다."라 하였고 또 다른 해설자는 "은(殷)의 유민들은 좀체로 주(周)에 순종치 않고 모반을 거듭하였다. 그리하여 주공은 왕을 대신하여 은에서 주나라가 세워질 수밖에 없었던 시대적 상황을 전국의 제후를 향해 이른 것이다."[5]라 하고 있으나 이것도 그 본문 내용은 협박으로 이루어져 있음을 볼 수 있다. 본문 몇 구절을 보면 "…너희 사방 제후들에게 고한다. 특히 은나라 제후들이 다스리는 백성들이여! 내가 너희들의 목숨을 크게 살려준 것을 모르지는 않을 것이다.…화합하여 공경해 주지 않는다면 그때는 나를 원망하지 말라."고 하였는데 여기서 "…나를 원망하지 말라…"는 이것이 기막힌 협박이 아니고 무엇이겠는가, 이와 같은 주민족의 은민족에 대한 가혹한 식민통치는 주왕조의 명이 다하는 춘추시대 말까지 계속되었다고 하는 것을 알 수 있다.

4) 불가피한 봉건국가(封建國家) 제도

(1) 주(周)왕조는 은(殷)왕조를 멸망시키고 중원을 장악한 후에 은나라 백성들을 앞에서 여러 기록들을 예로 들어본 바와 같이 강제 동원하여 도시를 건설한 다음 그곳으로 강제 이주시켜서 분산정책을 쓰고 철저히 감시를 하면서 아마도 무자비하게 살육도 했을 것이며 또 끊임없이 협박을 하지만 은왕조의 백성들과 관리들 그리고 여러 제후들은 은왕조의 광복운동을 꾸준히 계속해 왔다고 보아야할 것이다.

주(周)왕조에 대한 은민족의 저항운동은 중국 내부에서뿐만 아니라 중원의 외곽지역에서도 이어졌고 또 그 외곽지역의 한민족(韓民族)들이 모두 주민족을 노려보

---

5) 李相玉 譯解 「書經」(韓國協同出版公社) 周書 十八 多方.

고 있었을 것이며 또한 반격의 기회를 엿보고 있었을 것이다. 그러한 상황에서 정복자인 주민족도 저항하는 한민족(韓民族)들에게 결국은 회유책을 쓰는 수밖에 달리 도리가 없었을 것이다. 그것이 황제(黃帝)와 은(殷)왕조의 후손들에게 그대로 그들이 살아온 곳을 다스리도록 하는 이른바 봉건제도(封建制度)의 시행이라는 것이다. 그러면서 한민족(韓民族)의 봉건국가(封建國家) 사이에 주민족의 왕족이나 공신들의 봉토를 끼워 넣어서 점차 은나라의 백성들의 토지를 접수토록 하는 한편 저항세력을 타도하거나 감시를 하게 만들었다. 이렇게 해서 중국에서도 비로소 고대오리엔트의 메소포타미아에서 수메르인들이 그 옛날부터 개발하여 건설해왔던 도시국가(都市國家)제도와 같은 봉건국가(封建國家)제도가 처음으로 건설되어 시행된 것이라 할 수 있다.

(2) 주(周)왕조는 저항하는 은(殷)민족을 회유하기 위해서 일부 봉건국가를 갖도록 하기는 했지만 그러나 그들을 감시하는 일과 그들의 땅을 접수해 가는 일을 게을리 하지는 않았다고 할 수 있다. 그 예를 몇 가지 들어보면 다음과 같은 것들에서 알 수 있다.

① 주(周)왕실에서는 주공(周公)의 아들 백금(伯禽)에게 노(魯)나라의 토지를 부여하고 또 은왕조의 신하들을 그에게 부여하는 교서를 내리고 그가 현지에 부임할 때는 왕의 수례에 용의 기를 달고《그들이 용토템민족이기 때문이다》옥(玉)과 궁(弓)을 들고 진주하였다 한다.[6]

② 일주서(逸周書) 작락편(作雒篇)에는 "주나라 무왕은 은왕조를 쳐부순 후 주왕(紂王)의 아들 무경(武庚)을 은나라 유민들이 사는 땅에 봉하여 은왕조의 제사를 받들게 하였다. 그리고 다시 그 땅을 3분하여 무왕의 아우인 관숙(管叔), 채숙(蔡

---

6) 蔡義順 監修 「大世界史」 3 (도서출판 마당) 제2장 p84. 여기에 다음과 같은 기록을 예로 들 수 있다 "이렇게 하여 동방이나 북방으로 파견된 제후는 그 지방의 토착민과 심하게 다투지 않으면 안 되었다. 그리하여 그 지방의 구 세력을 타도하고 그 근거지를 빼앗고 혹은…황무지를 개간하기도 하고, 토루(土壘)를 둘러친 도읍을 건설하기도 하여 나라 만들기에 고심하였던 것이다. 즉 주나라 초기의 봉건이란 실은 이와 같은 식민 도시국가의 건설 작업 바로 그것이었다".

叔), 곽숙(霍叔)을 봉하여 은나라 신하들을 감독케 하였다.”[7]고 하고 있다.

③ 제왕세기(帝王世紀)에는 “은나라 도읍의 동쪽은 위(衛)라 부르고 관숙이 감독하였으며, 서쪽을 용(鄘)이라 부르고 채숙이 감독하였고 북쪽을 패(邶)라 하여 곽숙이 감독하였는데 이들을 은나라 백성을 감독하는 세 사람이라 하여 삼감(三監)이라 한다”[8]고 하였다.

이상의 예에서 보는 바와 같이 주부족은 은주전쟁에 승리한 후에 각 고을마다 무력의 위엄을 갖추어 입성하였고 은민족의 토지를 접수하고 그들을 감시하는 기관을 설치하여 철저히 감시하였다는 것을 알 수 있다.

(3) 주부족은 그들의 인원수가 은민족에 비해 월등히 적었기 때문에 은나라 전역에 대해서 감시기구를 둘 수가 없었을 것이며 전체를 다 점령할 수도 없었을 것이다. 따라서 요지만을 점령하고 요지에만 그러한 방식으로 감시기구나 통제기구를 설치하고 그 이외의 곳은 그들의 공신들을 배치하거나 그것도 부족할 경우 패전한 은민족에게도 봉토를 부여하는 등의 사정이 되어 결국 불가피하게 도시국가제도와 같은 봉건제도(封建制度)가 형성될 수밖에 없었다고 할 수 있다.

5) 은(殷)민족에 대한 강제이주(强制移住) 정책

⑴ **주(周)민족은 저항하는 은(殷)민족의 조직을 허물고** 감시와 통제를 용이하게 하기 위하여 은왕조의 백성들을 강제 동원하여 건설한 낙읍(洛邑)으로 그들을 강제 이주시켜서 식민도시 성주(成周)를 건설했다. 주왕조가 성주를 비롯한 여러 곳에서 자행한 강제이주 정책이 얼마나 억압적이고 위협적인 것인가는 은나라 백성들의 처리에 관하여 소공(召公)이 성왕에게 올린 글을 기록한 서경 주서의 소고(召誥)에 잘 나타나 있다. 그 한 구절만 인용해보면 “…왕은 낮은 백성들이 법을

---

7) 金學主 譯 「詩經國風」 (韓國出版社), 三 邶風 p225.

8) 帝王世紀 卷五 周 成王條.

어기는 일을 많이 했다고 하여 다 죽여버리지는 마소서…"라 하였다. 이것은 주무왕의 동생 소공 석(奭)이 은나라 백성을 동원하여 낙양에 성주를 건설하고 은민족을 그곳으로 강제이주 시키는 일을 지휘 감독을 할 때 주왕조의 성왕에게 올리는 글의 한 구절이다. 그들이 은민족을 얼마나 많이 죽여버렸으면 이러한 글을 올렸겠는가. 이것으로 주민족은 그때의 패전국 은나라 백성을 포로와 노예로 몰아내어 강제동원, 강제노역, 강제이주, 살육 등을 자행하는 만행을 저질렀음을 충분히 짐작할 수 있다.

그런데 그러한 강제이주정책이 중국에는 역사적으로 그때까지는 없었던 일이다. 당시의 세계사에서 그 이전부터 고대오리엔트에서는 전통적으로 그러한 강제이주정책이 있어왔다는 사실을 많은 기록들이 전하고 있다. 당시에 고대오리엔트에서는 전쟁에 승리한 후에 전승국은 패전국 시민들을 분산해서 강제이주 시키고 때로는 한 도시 전체를 새 지역으로 분산 강제이주 시키는 일도 흔히 있었던 것으로 알려져 있다. 예를 들면 특히 B.C. 13세기 말이나 B.C. 12세기 초에 주부족의 고공단보(古公亶父)가 중국 서부의 간수≪감숙성(甘肅省)≫에 나타나기 훨씬 이전인 B.C. 14세기경부터 시작된 앗시리아제국(帝國)시대의 저 악명 높은 강제이주정책을 들 수 있다. 주부족이 은주전쟁에서 승리하면서 은민족을 강제이주 시키고 그들과 같이 혼거해서 민족감정을 없애려 한 상황이 고대오리엔트의 그것과 너무나 잘 닮고 있다. 이것으로 보면 주부족은 필시 과거에 고대오리엔트 민족이었거나 그렇지 않다해도 어떻든 그곳과 깊은 연관이 있음을 부인할 수 없게 한다.

또한 주부족은 은민족의 크고 작은 집단들을 분산시키면서 그 토지를 접수하고 그것에 순응하지 않거나 위험한 집단은 학살하거나 추방시켰을 것으로 생각할 수 있는데 이러한 수법도 강제이주와 더불어 고대오리엔트 방식이 모방되었을 가능성이 있다. 그것으로 많은 은나라 유민들이 학살되거나 변방으로 추방되었을 가능성이 크다고 할 수 있을 것이다. 그리고 그런 것을 일시 모면하였다 해도 또 언제 그렇게 당할지 모를 위험 앞에서 그것을 피하기 위해 은나라 유민들은 집단을 이루어 미리 피난이나 망명을 떠났을 것이다. 또 그보다 앞서 강제동원과 노역, 강제이주 등을 피하기 위해서도 은나라 유민들이 역시 집단으로 도망을 하거나 살던 곳을 탈출하여 먼 곳으로 이동해 갔을 것 등은 충분히 짐작할 수 있는 일이다. 그런 집단들 중의 대집단의 하나가 기자(箕子)집단이고 또 그에 따른 여러 소집단들이 있었을 가능성이 있고, 그들은 대부분 고국을 빠져나와 조선(朝鮮)으로 이동해 온 것으로 볼 수 있다.

(2) 은(殷)민족이 서쪽에서 공격해온 주(周)민족을 피해서 도망을 하려면 자연히 동쪽으로 밖에 갈 곳이 없을 것이며 그렇지 않다 해도 은나라 유민들이 고향을 떠나 집단으로 망명의 길에 올랐을 때 갈 곳이란 동족인 한민족(韓民族)이 살고 있는 만주와 한반도를 포함한 동북아시아 밖에 없다. 형식이야 다소 변하여 갔더라도 이러한 중국 한민족(韓民族)의 중국 탈출상황은 주왕조가 멸망할 때까지 계속되었을 것으로 생각할 수 있다. 어떻든 주민족의 그러한 수법이 고대오리엔트의 그것들과 너무나 닮은 점에 더욱 놀라지 않을 수 없다. 만약에 주민족이 진정으로 한민족(韓民族)인 은민족과 조상이 같고 형제의 민족이고 또 은민족과 더불어 처음부터 중국 내에 분포되어 있었던 민족이라면 어찌 은왕조 때까지는 생각지도 못했던 그런 식민통치 방식을 개발해 낼 수 있었겠는가 하는 점을 생각할 때 주민족은 결코 은민족과 같은 한민족(韓民族)이라 할 수는 없는 일이라 할것이다. 그렇다면 주부족은 과연 고대오리엔트 그 한 곳에 밖에 없었던 그러한 식민통치방식을 가지고 고대오리엔트에서 중국으로 이동해온 민족이 틀림없는 것일까?

(3) 한 가지 더 생각해볼 것은 은주(殷周)전쟁 때 은나라를 돕기 위하여 동북아시아 여러 한민족(韓民族) 국가들이 군대를 파병하였을 가능성이다. 조선국(朝鮮國)에서도 은군(殷軍)을 돕기 위해 원군을 파견하였을 가능성이 매우 높다. 동족으로서 이민족의 침략에 공동 대처한다는 명분으로 파병의 가능성이 훨씬 높다고 볼 수 있다. 만일 은주전쟁 때 조선군(朝鮮軍)의 파병이 사실이라면 은조(殷朝)연합군 혹은 동북아시아 한민족(韓民族)연합군의 패배와 그로 인한 은왕조의 멸망과

더불어 당시 동북아시아에서는 사상 최대의 혼란이 일어났을 것은 자명한 일이라 할 것이다. 파병되었다가 본국으로 철수하는 군대들, 퇴각하는 은군들, 가족을 이끌고 피난하는 은나라 유민들, 중원을 탈출하는 은왕조의 망명집단들 등등이 한데 뒤섞여 줄을 이어 동북아시아 각처로 흩어져 가서 동족이 이루고 있는 취락 등에 정착하여 같이 살아가게 되었을 것으로 생각할 수 있다. 혹은 목야(牧野)의 결전에서 패배한 연합군이 일단 산동지방으로 집결했다가 서서히 동북지방으로 이동해 갔을 가능성도 있다. 그때 무왕이 목야의 전투에서 이기고도 산동지방까지 공략하지 못한 이유가 거기에 있었을 가능성이 있다. 여하튼 이때가 동북아시아에서 민족의 이동과 재분포의 제5차 전환기가 되는데 한민족(韓民族)으로서는 그때까지의 역사상 최대의 민족이동과 재분포가 이루어진 시기였다고 할 수 있다.

2. 한민족(韓民族)의 저항

1) 기자(箕子)의 동래설(東來說)

(1) 사기(史記)의 송미자세가(宋微子世家)에는 주나라 무왕이 은의 왕족인 기자(箕子)를 조선(朝鮮)에 왕으로 봉한 것으로 되어 있다. 그 기록에 의하면 무왕은 기자를 곧 조선의 왕으로 봉했는데 그를 신하로 하지 않았다. 그러나 그 후에 기자가 주왕조의 조정에 들렀다가 은왕조의 옛 도읍지를 지나게 되어 맥수(麥秀)라는 시를 지어 노래로 읊었다[9]고 기록하고 있다. 그러나 결론부터 말하면 그 기록에서 무왕이 기자를 조선에 봉했다.…기자가 입조했다고 하는 문구는 전혀 사실이 아닌 거짓말이다.

---

9) 史記 宋微子世家第八 箕子條.

(2) **지금부터 무왕이 기자를 조선의 왕으로 봉했다는 것과** 기자가 주왕조의
조정에 나아갔다는 기록이 허위라는 사실을 몇 가지 기록 검토의 결과와 그 부당
한 이유 등을 들어 입증하여 보기로 한다. 여기서 봉(封)한 것과 입조(入朝)한 것
은 결국 같은 행위의 범주로 취급될 수 있을 것으로 본다.

① 중국의 서쪽에서만 있었던 주민족이 동쪽으로 산동지방을 정복한 것도 무왕
이 죽은 후의 성왕 때의 일인데 하물며 무왕 때 벌써 산동지방을 지나 발해(渤海)
건너 조선이란 대륙이 있었다는 것을 알았을 가능성은 거의 없다. 혹 알았다 해도
무왕의 영향력이 그곳까지 미쳤을 리가 없는데 그런 곳에 왕으로 봉한다는 것이
무슨 의미가 있는가, 아무런 의미를 갖지 못하는 기록은 허위인 것이다.

② 무왕 때의 주나라는 동북쪽으로는 연(燕)지방도 이직 정벌하지 않았는데 그
연을 지나서 요서와 요동을 지나서 정벌하지도 않은 조선의 왕으로 봉한다는 것은
넌센스이며 따라서 그 기록은 거짓말이다.

③ 설령 조선이 주왕조의 속국으로 있었다 해도 기자는 무왕이 부끄러움을 느껴
서 병이 들 정도로 그를 충고한 것으로 되어 있는데 그러한 사람을 주왕실에서 속
국 영토에 봉해줄 리가 없다.

④ 기자는 주민족이 이민족이라는 사실을 잘 알고 그리고 그 이민족에 의해서
동족이 학대받고 있는 사실도 잘 알고 있었을 터인데 그런 그가 그러한 봉함을 받
을 리도 없고. 입조할 리도 없다.

⑤ 서경 상서(商書)에 의하면 기자가 왕자요 주왕(紂王)의 서형인 미자(微子)에
게 다음과 같이 말하고 있다. 상(商)나라≪은(殷)나라≫가 멸망으로 빠지면 나는
누구의 신하도 되지 않을 것이다고 하였는데 그런 기자가 무왕의 봉함을 받을 리
가 없다.

⑥ 상서대전(尙書大傳) 은전(殷傳)에는 무왕이 은나라와의 전쟁에서 승리하고…
기자는…조선으로 도주하였다 무왕이 듣고 그를 조선에 봉했다고 하였는데 무왕
이 기자를 조선에 봉하기 전에 기자는 벌써 조선으로 도주하여 와서 있었는데 무

왕 혼자서 기자를 조선에 봉했다고 하는 것은 그야말로 넌센스로서 아무런 뜻이 없으며 한민족(漢民族) 사가들의 농간이라 하지 않을 수가 없다.

⑦ 한서(漢書) 지리지(地理志)에는 은왕조가 쇠망하게 되니 기자가 조선으로 달아났다고 하였는데 여기서는 가자가 은주전쟁이 있기도 전에 이미 중국에서 달아나서 조선으로 갔다고 볼 수도 있겠는데 그렇게 되면 봉작관계는 무의미한 것이 된다.

⑧ 삼국지(三國志) 동이전(東夷傳)에는 옛날 기자가 이미 조선으로 가서 살았다고 하였다. 여기서도 먼저 은주전쟁이 끝나기도 전에 이미 기자가 조선으로 가 있었음을 말하고 있는데 어찌 왕으로 봉하겠는가.

⑨ 후한서(後漢書) 동이열전(東夷列傳)에는 옛날 기자가 은왕조의 운이 쇠퇴해지니 조선으로 피해갔다고 하고 있어 주나라의 공격을 피해서 조선으로 간 것을 말하고 있는데 어찌 왕으로 봉할 수 있겠는가.

⑩ 회남자 도응훈(道應訓)에는 주왕(紂王)이 죽자 기자가 조선으로 망명했다고 하여 여기서는 망명 또는 도망한 것으로 기록하고 있다. 망명한 시기가 주왕이 죽은 때이니 무왕이 갇힌 기자를 석방시킬 여유도 없이 망명을 간 것이다. 따라서 무왕이 기자에 대하여 석방이니 봉함이니 하는 따위는 있을 수 없다는 말이 되어 상당히 진실에 가까운 기록이라 생각된다.

⑪ 제왕운기(帝王韻紀)에서는 기자가 주나라 원년 기묘년 봄에 도망해 와서 스스로 나라를 세웠다고 기록하고 있다. 그런데 여기 상서소(尙書疏)에 의하면 무왕이 기자를 석방한 것이 아니고 오히려 가둔 것으로 되어있고 그로 인해 기자가 조선으로 도주한 것으로 되어 있어 이 기록이 가장 진실에 가까운 것으로 볼 수가 있을 것이다.

지금까지의 기록 검토에서 일관되게 볼 수 있는 것은 기자가 조선으로 오게 되는 상황을 기록한 문구들이다. 기자가 다급한 상황에서 달아나서 조선으로 온데 대한 모든 형용사가 다 동원되었다. 이러한 것들은 제쳐두고 사기 송세가의 기록처럼 어찌 기자가 한가로이 무왕의 봉함을 받고 조선으로 왔다고 하겠는가. 또 무왕으로 인해서 생긴 위험하고 위급한 상황을 모면하기 위해서 목숨을 걸고 달아나서 먼 조선까지 온 사람에게 그 위험을 제공한 장본인이 뒤에 앉아서 봉작을 하였다는 것은 너무나 넌센스이다. 또 그런 상황에서 봉작을 주었다 해도 받을 수 있겠는가? 따라서 사기의 "…무왕이 기자를 조선에 봉했다."고 하는 기록은 거짓말이며 고의적인 역사의 날조요, 한민족(漢民族) 사가들의 농간이라고 밖에 볼 수가 없다.

(3) 지금까지 기자동래설(箕子東來說)에 대해서 여러 문헌의 기록들을 살펴본 셈이다. 그로써 알 수 있는 것은 어떻든 기자가 동래(東來)한 것은 사실이지만 그러나 기자는 주나라 무왕이 봉해서 조선에 온 것이 아니라는 사실이다. 기자가 조선으로 온 다음 봉한 것도 있을 수 없는 일이고 기자가 다시 주왕실에 간 일도 없었을 것이라는 사실이다. 따라서 기자의 봉작설은 한민족(漢民族)들이 역사를 왜곡하였거나 날조해서 꾸며낸 것으로 밖에는 볼 수 없다는 점이다. 그렇다면 기자가 동래한 것은 사실인 만큼 왜 그리고 어떻게 해서 조선으로 오게 된 것일까 하는 것을 진실되게 정리하는 것이 문제로 남게 된다. 그것에 대해서는 다음과 같이 몇 가지의 경우로 요약해 볼 수 있다.

① 은주(殷周)전쟁의 마지막 결전장 목야(牧野)에는 공격해 오는 주군(周軍)을 방어하기 위하여 은군(殷軍)과 동북아시아 한민족(韓民族) 국가들로부터 지원 나온 군단들로 이루어진 한민족(韓民族)연합군 70만 명이 집결했다. 그러나 그들은 신무기를 가진 소수의 주군에게 격파 당하고 패전하게 된다. 이때 기자는 패잔병을 수습하여 새로이 기자군단(箕子軍團)을 조직하고 단군(壇君)이 파견했던 지원군과 연합하여 추격하는 주군에 저항하면서 후퇴를 거듭하다 끝내 조선으로 이동해서 군을 재정비하고 후일에 반격을 도모하기 위해 우선 조선에 정착하게된 것으로 보인다. 이때 조선에서는 단군왕조가 주군의 추격에 대비하기 위해서 도읍을 남쪽으로 옮겼을 가능성이 있다. 그것이 삼국유사 고조선편에서 또 도읍을 백악산

아사달로 옮기었다. 라는 기록으로 나타났을 가능성이 있다.

② 정복자인 주민족의 억압과 학대를 피하기 위하여 스스로 은(殷)왕조의 망명집단이나 피난민들을 이끌고 동족이 살고 있는 조선으로 이동해 온 것으로 보는 것이다.

③ 은주전쟁의 전승국인 주나라가 소수민족으로 은나라의 거대민족을 통치하기 위해서는 은민족의 인구수를 줄여야 하는데 그 방법의 하나로 은나라 유민들을 변방으로 집단이주 또는 추방하는 일이다. 이때 기자는 추방된 유민들을 이끌고 동족이 살고 있는 조선으로 오게 되었다.

등을 고려해 볼 수 있다. 이렇게 해서 조선에 오게 된 기자집단은 같은 한민족(韓民族)으로서 단군왕조의 통치자들보다 문화적으로 앞서있었고, 또 기자가 인(仁)과 덕(德)을 갖춘 현인이라는 것은 당시의 한민족(韓民族)사회에서는 다 알고 있는 터라 같은 민족일 때, 어진 사람에게 제위를 선양했던 오제(五帝)시대의 풍습을 따라 아무런 마찰이나 잡음 없이 단군에서 기자에게 조선의 왕위가 선양되었다. 그리하여 은왕조의 망명정부도 되는 기자조선이라는 조선의 제2왕조가 탄생하게 된다. 같은 한민족(韓民族)이 분포되어 있는 지역에서는 이와 같은 왕위계승의 풍습이 그 이후에도 오래도록 계속되어 왔다. 다만 한 가지 이때 단군족의 일부에서는 기자가 배달민족이 아니라는 점을 내세워 단군으로부터의 왕위의 승계를 반대했을 가능성이 있다. 어떻든 이렇게 하여 기자가 조선에 온 것이 대략 B.C. 1120년경으로 추정되고 있다.

2) 저항세력의 동방으로의 이동

은(殷)왕조 600여 년의 사직이 무너지면서 은민족뿐 아니라 동북아시아 한민족(韓民族)의 주민족에 대한 저항운동은 주왕조가 계속되는 동안 끊이지 않고 있어 왔다고 하는 사실은 앞에서도 여러 번 지적해 왔다. 여기서는 기자의 동래와 더불어 동방으로 이동해 온 한민족(韓民族) 저항세력에 대해서 좀 살펴보도록 한다.

(1) 천관우(千寬宇)씨는 「고조선사 · 삼한사연구(古朝鮮史 · 三韓史硏究)의 기자고(箕子攷)에서 다음과 같이 주장하고 있다.

"기자족(箕子族)은 아마도 신흥세력 주(周)의 압력으로 말미암아 그 주력이 동방으로 이동을 개시한 듯하다. 그들은 오랜 동안에 걸쳐 요서 · 요동을 동진하여 마침내 평양(平壤)지역에 도달하는데 문헌상의 '창려(昌黎)의 험독(險瀆)'[대능하(大凌河) 유역의 현 조양(朝陽) · 의(義)지역], '광녕(廣寧)의 험독(險瀆)'[요하구(遼河口)의 반산(盤山)지역?], '집주(集州)의 험독(險瀆)'[심양(瀋陽)지역], '낙랑(樂浪)의 험독(險瀆)'[평양(平壤)지역], 등은 모두 그 이동 과정에 있어 일정기간의 근거지였던 것으로 보인다.…김상기(金庠基)선생의 견해에 의하면 동이(東夷)의 일지(一支)인 한 · 예 · 맥이 기주(岐周)[서안(西安)이서(以西)]~섬서성(陝西省) 한성(韓城)~하북성(河北省) 고안(固安)~남만주(南滿洲), 및 한반도~의 경로를 밟아 이동, 이것이 후조선(後朝鮮)[기자조선(箕子朝鮮)]의 모체가 되었다고 하는 것으로 하북(河北)방면에서의 이동은 '주실(周室)의 동천(東遷)[B.C. 770년]과 동시기(同時期)'였으리라고 한다,"[10]고 하였다.

여기서 보면 기자족이 처음 대능하(大凌河)유역에서 요하(遼河), 심양(瀋陽) 등을 거쳐 평양까지 동진해 오는 과정과 동이의 한 갈래가 서안(西安)의 서쪽, 즉 감숙성에서부터 섬서성과 하북성을 거쳐 만주와 한반도로 이동해 오는 과정이 잘 나타나고 있고 특히 그 이동시기가 주민족의 동천의 시기와 같다고 하니 그들의 이동상황을 정확히 파악한 것은 사실인데 그들이 왜 동쪽으로 이동해야만 했는지가 궁금하다.

여기서 말하는 기자족과 동이의 일족이란 결국 같은 한민족(韓民族)을 말하는 것이다. 그렇다면 그 한민족(韓民族)들이 주민족의 동정과 비슷한 시기에 동진을 한 것은 결국 서쪽에서 동정해오는 주민족의 침략에 저항해서 전쟁을 수행하면서

---

10) 千寬宇 著「古朝鮮史 · 三韓史硏究」第一篇 (箕子攷) 8, 要約 p88.

동쪽으로 밀려서 중국에서 만주와 한반도까지 퇴각해 온 것을 말하는 것이다. 위에서 말한 험독(險瀆)이라는 것도 퇴각하는 저항군이 일정기간 주둔하면서 생겨나게 된 명칭이라 할 수 있다. 중국의 서쪽 밖에서 공격해온 한민족(漢民族)인 주민족과 수십 년에 걸쳐서 치러진 은주전쟁에서 한민족(韓民族)인 은민족이 세력이 부족해서 패배하거나 밀려서 결국 동쪽으로 이동하지 않을 수 없게 되고 마지막에는 한반도로 밖에 갈 곳이 없었을 것이라는 사실을 충분히 알 수 있게 된다.

(2) 박지원(朴趾源)씨는 「열하일기(熱河日記)」에서 다음과 같이 주장하고 있다.

① 도강록(渡江錄) 六月二十八日자에는 기자의 동래와 관련된 상황에 관한 다음과 같은 기록이 있다. "광녕현(廣寧縣)에는 옛날 기자묘(箕子廟)가 있어 은나라 갓을 쓴 그의 소상(塑像)이 있었다. 광녕현 사람들은 혹 그곳을 평양(平壤)이라 일컫는다. 금사(金史)와 문헌통고(文獻通考)에는 광녕과 함평(咸平)은 모두 기자의 봉지였다고 하니 이로 미루어 보면 영평(永平)과 광녕 사이가 하나의 평양이었다. 요사(遼史)에 발해의 현덕부(顯德府)는 본래 조선 땅으로 기자를 봉한 평양성(平壤城)이라 하니 이는 지금의 요양현(遼陽縣)이다. 이로 미루어 요양현도 하나의 평양이었다. 이로써 생각건대, 기씨(箕氏)는 처음 영평 광녕 사이에 있다가 차츰 동쪽으로 옮겨가면서 머무는 곳을 모두 평양이라 일컬었는데 지금 우리의 대동강 위에 있는 평양도 그 하나일 것이다. 그리고 패수(浿水)라고 하는 것도 이와 같을 것이다.…"[11]라 기록하고 있다. 기자가 중국의 광녕현에 있을 때 그곳을 평양이라 했고 또 동쪽의 요양현으로 옮겨옴에 따라 그곳이 또 평양이 되고 결국 대동강까지 와서 다시 그곳이 평양성이 되었다는 것이다. 기자가 일시에 동쪽으로 오지 않고 몇 곳에 머물렀다가 끝내 동쪽으로 오게 된 사연은 결국 은나라 유민들을 이끌고 뒤쫓아 침략해 오는 주부족과 싸우면서 이동해 왔기 때문이라는 이유 이외에는 달리 생각할 여지가 없다. 기자는 목야의 결전에서 패전에도 죽지 않고 패잔부대와 유

---

11) 朴趾源 著, 李家源 譯 「熱河日記」 上 (良友堂), 渡江錄六月二十八日條

민들을 이끌고 주나라 침략 군대에 저항하면서 후퇴해서 중간중간에 일정기간 수년 혹은 수십 년씩 성을 쌓고 침략군을 저지하면서 머물다가 마지막으로 한반도 평양에 도착하여 성을 쌓고 침략군을 방어하여 그로써 주부족의 그 이상의 동방침략을 저지한 후에 조선을 재건하여 기자조선을 탄생시킨 것이라 보는 것이다.

② 이제묘기(夷齊廟記)에 보면 당시에 한민족(韓民族)의 저항세력이 중국의 서쪽에서 동쪽으로 이동해 가는 상황을 잘 이해할 수 있을 것 같아서 여기에 소개해 보기로 한다. "난하 기슭의 작은 언덕을 수양산(首陽山)이라 하고 그 산 북쪽에 작은 성이 있어 고죽성(孤竹城)이라 한다. 중국에는 수양산(首陽山)이 다섯 곳이 있으니 하동(河東)의 화산(華山)의 북쪽 하곡(河曲)의 어름에 산이 있어 수양(首陽)이라 하였고, 혹은 농서(隴西)에도 있다 하며, 혹은 낙양(洛陽) 동쪽에도 있다 하고 또 언사(偃師) 서북쪽에도 이제묘(夷齊廟)가 있다하며, 또는 요양(遼陽)에도 수양산이 있다 하여 모든 전기(傳記)에 나타나 있다. 우리나라 해주(海州)에도 역시 수양산이 있어 백이(伯夷)·숙제(叔齊)의 제사를 모신다. 나는 기자(箕子)가 동쪽으로 조선에 온 것은 주(周)나라 안에 살기 싫어서요 백이 또한 차마 주(周)나라의 곡식을 먹을 수 없어 그가 기자를 따라 와서 기자는 평양에 도읍하고 백이·숙제는 해주에서 살지 않았을까 생각한다.…"[12]고 하고 있다. 대체로 올바른 판단이라 생각된다.

백이·숙제가 들어갔다는 수양산(首陽山)이 중국의 가장 서쪽에 위치한 감숙성의 농서에서부터 산서(山西), 하동(河東), 하북, 요양 등을 거쳐 우리나라 해주로 옮겨져 있는 것은 한민족(韓民族)인 백이·숙제 집단이 기자와 함께 주나라 무왕의 침략전쟁에 저항하면서 동쪽으로 밀려 와서 결국 동족이 분포되어 있는 한반도로 이동해 온 것임을 증명하는 것이라 할 수 있다. 수양산이란 지명이 중국의 서쪽에서 동쪽으로 그리고 한반도까지 천이되어 온 것이 그러한 사실들을 입증하고 있다.

---

12) 앞의 11)의 책과 같음, 夷齊廟記 p252.

당시에 한민족(韓民族)들이 동쪽으로만 이동하게 된 것은 침략자 주민족이 중국의 서쪽으로부터 공격을 해왔기 때문이며 한반도에 와서 머물게 된 것은 중국내에서 은민족과 나아가 한민족(韓民族)의 주민족에 대한 거족적 거국적 저항이 와해되면서 중국 내의 한민족(韓民族)들이 동쪽으로 대이동을 하여 동북아시아에 재분포되는 과정에서 이루어진 것이라 할 수 있다.

3) 조선(朝鮮)의 제2왕조≪기자조선왕조(箕子朝鮮王朝)≫의 성립

(1) 중국 한민족(韓民族) 저항세력의 대 집단이 이때 조선의 강역으로 이동해와서 단군조선(壇君朝鮮)왕조를 이어받아 기자를 왕으로 추대하여 조선(朝鮮)의 제2왕조를 건립한다. 그것은 한반도에서 은(殷)왕조의 망명(亡命)왕조를 성립시킨 것으로도 볼 수 있다. 당시 중국의 은민족 중에서도 기자 집단을 비롯해서 주민족에 대한 저항의식이 강했던 많은 한민족(韓民族)집단들이 1차적으로 동북아시아 여러 지역으로 이동하게 되었을 것인데.

① 그 중에서도 기자 집단과 백이·숙제 집단이 만주와 한반도로 옮겨와서 은왕조와 형제국인 단군왕조와 합쳐서 은왕조도 이어받고 단군왕조도 이어받아 조선 땅에 새로운 왕조를 건설하게 된다. 이때 가장 덕이 있는 기자가 새 국가의 왕으로 옹립되고 조선국의 국호와 모든 제도를 그대로 이어받아서 조선왕조의 제2왕조인 기자조선(箕子朝鮮)왕조를 탄생시킨 것이다. 따라서 기자조선은 중국에서 볼 때는 망명(亡命)왕조로서 재건된 은(殷)왕조가 될 것이고 조선에서 볼 때는 동족의 어진 이를 새 왕으로 모시고 조선왕조의 왕통을 그대로 이어가면서 새로 재건한 조선국(朝鮮國)이 될 것이다.

② 기자집단은 조선으로 나와서 조선의 단군왕조의 백성들과 또 중국에서 같이 나온 은왕조의 백성들로부터 일제히 추대를 받아 조선국의 왕위를 선양받고 조선의 제2왕조인 기자조선왕조를 설립한 것인데 그것은 곧 중국 은왕조의 망명정권

을 조선 땅에 설립한 것이 되는 것이다. 그것은 언제인가는 다시 중국으로 쳐들어
가서 주왕조를 물리치고 중국에서 은왕조의 국권과 왕권을 회복해야 한다는 의지
와 굳은 결의를 가지고 있음을 나타내는 것이겠지만 시일이 지나고 세월이 흐르면
서 울분도 소멸되고 그 의지도 사그라져버렸을 것이다. 그러면서 다음에 위만조선
(衛滿朝鮮)이 성립될 때까지 900여 년 간 기자조선은 계속된다.

(2) 단군조선왕조는 처음 북평(北平)지방이나 난하(灤河)부근에서 설립되었지
만 곧 한민족(漢民族)의 제2차 북벌세력에 밀려서 요서로 또 요동으로 오면서 진
을 치고 저항하다가 한반도의 평양(平壤)으로 옮겨와서 독립국으로 선포하였었다.
그런데 기자군단 또한 이번의 한민족(漢民族) 제3차 북벌군과의 전투에서 밀려서
요서로 요동으로 진지를 이동하면서 저항하다가 결국 평양에 와서 성을 쌓고 진을
치게 되니 단군이 그에게 조선의 왕위를 선양하고 아사달(阿斯達)로 옮겨 갔다가
장당경(藏唐京)으로 들어갔을 것[13]으로 추정된다. 그로써 조선의 제1왕조는 소멸
되고 제2왕조≪기자조선(箕子朝鮮)왕조≫의 시대가 시작된 것이다. 그리고 이때
평양(平壤)이란 지명도 기자가 중국에서 지명천이하여 가지고 와서 그때부터 한반
도에서 수도(首都)의 이름으로 정해졌을 가능성도 배제할 수 없다.

① 그때 한반도에는 본래 분포되어 있던 단군족(壇君族)에 못지않을 많은 수의
중국 은나라 유민들이 밀려오게 되었는데 그 중에서 가장 규모가 크고 가장 많은
왕족이나 귀족들을 거느린 것이 기자집단이었을 것이다. 그리고 기자는 황제(黃
帝)의 직계 적자 계통이요, 단군족에게는 맏형에 해당하는 가계요 또 기자가 현인
이란 사실을 누구나 다 알고 있었기 때문에 만주와 한반도의 단군족들도 같이 기
자를 추대해서 기자조선(箕子朝鮮)왕조가 탄생된 것으로 볼 수 있다.

② 단군족과 은민족은 같은 한민족(韓民族)으로 오랫동안 먼 거리에 떨어져서
생활해왔으므로 어느 정도 달라진 점들은 있었을 것이지만 그러나 그간에도 빈번
한 교류가 있었기 때문에 같은 언어를 구사하고 거의 같은 문화를 공유하였을 것

---

13) 一然 著 李丙燾 譯 「三國遺事」(良友堂) 卷一 紀異第一 古朝鮮(王儉朝鮮)篇.

으로 생각되며, 양 국민들 사이에는 하등의 불편함이나 이질화 현상이 없었기 때문에 만주와 한반도의 단군족은 망명 온 모든 은민족의 유민집단들을 환대해서 맞이했을 것이다.

③ 그러나 단군족의 일부에서는 기자가 배달민족이 아니라는 이유를 들어 그에게 왕위를 선양하는 것을 반대했을 가능성이 있다. 그러나 그것은 소수의견이었기 때문이거나 큰 문제거리가 되지 못했기 때문에 기자가 만주와 한반도에서 조선의 제2왕조인 기자조선(箕子朝鮮)왕조를 건설한 것은 틀림없는 사실이라 할 수 있다.

3. 역사 기록의 왜곡(歪曲)

1) 역사 기록의 모순

(1) 주(周)왕조의 시조(始祖) ; 주왕조의 시조는 후직(后稷) 기(棄)로 되어있고 기의 어머니는 오제(五帝)의 제4대 황제인 고신씨(高辛氏)의 원비(元妃)로 되어있다. 따라서 후직 기는 소호김천씨(少昊金天氏)의 증손자요 황제(黃帝)의 고손자(玄孫)가 되고 은(殷)왕조의 시조 설(契)과는 이모(異母) 형제가 된다.

사기는 후직(后稷) 기(棄)에 대해서 다음과 같이 기록하고 있다. "…문왕의 선조는 후직이다. 아비 없이 태어났다. 어머니는 강원(姜嫄)인데 밖에 나가서 신인(神人)의 발자국을 밟고 따라 갔다가 잉태하여 후직을 낳았다. 아비 없이 낳아 천(賤)하다 하여 길에 버렸다.…"[14] 아비 없이 태어난 것은 은왕조의 시조 설(契)과 같다. 그러나 설은 난생신화로 탄생하였지만 기는 신인에 감응이 되어 탄생했다는 점이 서로 다르다. 그리고 태어난 아이를 버린데서 기(棄)라는 이름이 생겼다한다.

---

14) 史記 三代世表第一 后稷條.

기(棄)와 설(契)은 다 같이 제곡고신씨(帝嚳高辛氏)의 아들이요 또 같은 시대에 태어난 형제간이다. 그리고 같은 시기에 제요와 제순에게 봉사하여 제순으로부터 설은 사도(司徒)의 벼슬을, 기는 후직(后稷)의 벼슬을 받았다. 그리고 설은 상(商)에 봉해지고 기는 태(邰)에 봉해진다.

(2) 설(契)과 기(棄)의 후손들의 연대(年代) ; 사기 등의 기록에 의하면 설(契)의 13세손인 성탕(成湯)은 하(夏)왕조의 뒤를 이어 은(殷)왕조를 창건했다. 이때가 B.C. 1766년경이다. 그런데 기(棄)의 14세손인 문왕(文王)은 그로부터 600여 년이 지난 후에 중국 서부에 나타나서 스스로 서백(西伯)이 되고 그의 아들 무왕(武王)이 B.C. 1122년경에 은왕조를 멸망시키고 주(周)왕조를 창건한다.

설과 기는 형제간으로 동시대에 출생해서 동시대에 활동하며 살았다 그런데 설의 13세손인 성탕과 기의 14세손인 문왕도 또한 비슷한 시대에 살아야 할 터인데 성탕이 죽고 나서 무려 630여 년이 지난 후에 문왕이 세상에 나타난다. 즉 형제가 동시대에 출발해서 비슷한 시기에 자식들을 낳았을 것이고 그렇게 해서 후손으로 내려갔을 터인데 13세손과 14세손의 1대(代)의 차이가 무려 630여 년이나 되었다는 것은 어딘가 크게 잘못된 것이라 보지 않을 수 없다. 또 황제(黃帝)로부터 은왕조의 말제인 주왕까지는 제위(帝位)로 46대가 되는데 그 주왕과 동시대의 사람인 주나라 문왕은 제위로 19대 밖에는 안 된다. 이것을 어떻게 동시대 사람이라 할 수 있겠는가?

사기의 삼대세표(三代世表)에 의하면 설과 기는 오제(五帝)의 제곡(帝嚳)시대에 비슷하게 태어나서 하왕조로 내려오면서 그들의 자손들이 모두 같은 시대에 비슷하게 한 사람씩 출생한다. 그리하여 하왕조의 제8대 황제인 제괴(帝槐)시대에 은왕조의 시조 설의 제13세손인 성탕과 주나라 시조 후직 기의 제14세손인 문왕이 비슷한 시기에 출생한 것으로 되어있다. 따라서 은왕조를 세운 성탕과 주왕조를 세운 문왕은 같은 시대 사람이라야 한다. 그러나 문왕은 성탕이 죽은 630여 년, 은왕조의 연수로는 644년 후에 중국의 서부에 나타나서 은왕조를 무력으로 쳐부수고 주왕조를 창건한다. 〈표 1〉을 보면 그것들의 모순을 곧 알 수 있다.

<표 1> 은·주(殷·周)세계(世系)의 비교

왕조	제왕세계	은(殷)왕조의 선대(先代)	주(周)왕조의 선대(先代)
	황제(黃帝) 호, 유웅(有熊)	황제(黃帝)는 현효(玄囂)를 낳다	황제(黃帝)는 현효(玄囂)를 낳다
오제 (五帝)	제전욱(帝顓頊) 고양(高陽) 황제(黃帝)의 손자	현효는 교극(蟜極)을 낳고 교극은 고신(高辛)을 낳다	현효는 교극(蟜極)을 낳고 교극은 고신(高辛)을 낳다
	제곡(帝嚳) 고신(高辛) 황제(黃帝)의 증손자	고신이 설(契)을 낳다	고신이 후직(后稷)을 낳다. 후직이 주(周)의 시조이다
	제요(帝堯) 제곡의 아들	설이 은(殷)의 시조이다	후직이 불줄(不窋)을 낳다
	제순(帝舜) 제전욱의 6세손	설이 소명(昭明)을 낳다	불줄이 국(鞠)을 낳다
하(夏) 왕조	제우(帝禹) 제전욱의 손자	소명이 상토(相土)를 낳다	국이 공유(公劉)를 낳다
	제계(帝啓)	상토가 창약(昌若)을 낳다	공유가 경절(慶節)을 낳다
	제태강(帝太康)	창약이 조어(曹圉)를 낳다. 조어가 명(冥)을 낳다	경절이 황복(皇僕)을 낳다. 황복이 차불(差弗)을 낳다
	제중강(帝仲康)	명이 진(振)을 낳다	차불이 훼유(毀逾)를 낳다. 훼유가 공비(公非)를 낳다
	제상(帝相)	진이 미(微)를 낳고 미가 보정(報丁)을 낳다	공비가 고어(高圉)를 낳고 고어가 아어(亞圉)를 낳다
	제소강(帝少康)	보정이 보을(報乙)을 낳고 보을이 보병(報丙)을 낳다	아어가 공조류(公祖類)를 낳다
	제여(帝子)	보병이 주임(主壬)을 낳고 주임이 주계(主癸)를 낳다	공조류가 태왕단보(太王亶父)〈고공단보(古公亶父)〉를 낳다
	제괴(帝槐)	주계가 천을(天乙)을 낳고 그가 곧 은(殷)의 성탕(成湯)이다	단보가 계력(季歷)을 낳고 계력이 문왕창(文王昌)을 낳다
	제망(帝芒)		문왕창이 무왕발(武王發)을 낳다
	제설(帝泄)		

2) 역사의 날조(捏造)

(1) 성탕(成湯)이 죽고 그로부터 6백 30~40여 년이 지난 뒤에 성탕과 같은 시기에 태어나서 같은 시기에 자란 주나라 문왕(文王)이 중국의 서부 황하 상류의 위수(渭水) 부근에 나타나서 중국 서부를 지배하는 서백(西伯)이 되어 곧 은왕조를 멸망시키고 주왕조의 통일천하를 만든다. 〈표 2〉에서도 볼 수 있듯이 어찌하여 같은 시대에 출생해서 같이 자란 두 사람 중의 한 사람이 다른 한 사람이 죽고 난 600여 년 만에. 왕조의 연수로는 644년 후에 다시 나타난단 말인가!

〈표 2〉 기록의 모순을 나타내는 도표

하(夏)왕조	은(殷)왕조	주(周)왕조
8 제괴(帝槐)	주계(主癸)가 천을성탕(天乙 戎湯)을 낳다	고공단보(古公亶父)가 계력(季歷)을 낳다 계력이 문왕(文王) 창(昌)을 낳다
9 제망(帝芒)	〈사기의 삼대세표 (三代世表)에 기록된 연대〉	문왕 창이 무왕(武王) 발(發)을 낳다
10 제설(帝泄) 11 제불강(帝不降)		
17 제이계(帝履癸) 걸(桀)	성탕(成湯)이 은(殷)왕조를 창건하다	
1 성탕(成湯) – 2 외병(外丙) – 3 중임(中壬) – 4 태갑(太甲) – 5 옥정(沃丁)		
22 무정(武丁) ------ 27 무을(武乙) --- 28 태정(太丁) --- 29 제을(帝乙) --- 30 주왕(紂王) 신(辛)	〈실제로 중국 서부에-- 나타난 연대〉 →	고공단보(古公亶父) -------- 계력(季歷) ------------ 문왕(文王) 창(昌) ---------- 무왕(武王) 발(發) ----------
무왕(武王) 발(發)이 주(周)왕조를 창건하다 1 무왕(武王) -----2 성왕(成王) -----3 강왕(康王) ------------- -- ----10 여왕(厲王) ------11 선왕(宣王) --------13 유왕(幽王) ------ ---- 동주(東周)의 춘추시대(春秋時代) ------------------------------ ---- 전국시대(戰國時代) --		

그래서 주나라 문왕(文王)은 후직(后稷) 기(棄)의 제14세손이 될 수 없으며 결코 그의 후손이 아니다. 또 문왕이 서백이 될 때도 은왕조로부터 봉작을 받기 전에 이미 서백이 되어 있었으며 문왕의 아버지 계력(季歷)도 서백이 되어 있었고 그의 조부 고공단보 때부터 벌써 스스로 서백이 되어 있었던 것이다. 그것은 그들 주부족 집단이 은왕조 몰래 중국을 침공해서 서부의 감숙성으로 진입해서 그 일대를 정벌하여 스스로 그곳의 지배자인 서백이 된 것을 말한다. 그렇다면 주부족은 위치상으로 봐서 분명히 중국 서쪽 밖의 서역에서 중국의 서부로 침입하여 들어온 세력임이 틀림없는 사실로 봐야할 것이다. 이러한 사실은 주왕조의 시조로 기록되어 있는 후직 기는 황제(黃帝)의 후손이요 은왕조의 시조 설과 형제간이고 따라서 한민족(韓民族)이지만 서백 문왕은 그러한 한민족(韓民族)이 아닌 중국으로부터 먼 서역에서 온 이민족임을 말해주고 있다.

　이것은 주민족이나 또는 그 후예인 한민족(漢民族)이 역사를 기록하면서 그들의 시조가 서역의 이민족인 한민족(漢民族)이라는 사실을 은폐하기 위해서 그들의 시조를 한민족(韓民族)으로 날조해서 만들어 끼워 넣었기 때문에 이러한 기록의 모순이 생긴 것이라 보는 수밖에 없다. 그렇게 함으로써 자신들이 중국의 원주민족의 일원으로서의 황제(黃帝)와 오제(五帝)를 이어받았다는 정통성을 주장할 수 있고 이민족에 대한 한민족(韓民族)의 저항을 약화시키거나 한족(漢族)왕조를 유지하는 수단으로 삼기 위하여 역사를 날조한 것이라 볼 수 있다. 즉 서역에서 온 이민족인 주나라 문왕의 몇 대 앞의 조상을 한민족(韓民族)인 후직 기의 가계(家系)에 끼워 넣어 후직의 몇 세손이라 하고 역사를 뜯어 맞춘 것으로 밖에 볼 수 없는 것이다. 그리고 그렇게 함으로써 결국 한민족(韓民族)인 황제(黃帝)도 한민족(漢民族)으로 만들고 후직, 기도 한민족(漢民族)으로 만들어 버렸다. 그렇다면 한민족(漢民族)의 누구를 후직의 가계에 끼워 넣어 접목을 시킨 것일까? 나는 기록들의 검토에서 그것은 아마도 문왕의 조부인 고공단보(古公亶父)가 될 것이라는 결론을 내리게 되었다.

(2) **사마천의 사기는 문왕의 조부인 고공단보(古公亶父)를 후직의 제12세손으**로 끼워 넣어 이민족을 한민족(韓民族)의 가계(家系)에 접목시키는 기록의 날조를 함으로써 역사를 고의로 왜곡시켰다. 즉 한민족(韓民族) 후직 기의 11세손인 공숙 조류(公叔祖類)의 아들로 주부족이요 한민족(漢民族) 문왕 창의 조부인 고공단보를 끼워 넣은 것이다. 그렇게 하다 보니 기록상 동시대 사람이어야 할 성탕과 문왕이 644년이란 연대의 차이를 두고 세상에 나타나게 되는 모순을 가져오게 하였다.

그렇지만 사실은 고공단보가 중국에 나타난 것은 하왕조의 제여(帝子)시대가 아닌 은왕조의 제무정(帝武丁)시대로 보는 것이 옳을 것이라 생각한다. 그렇게 되어야 은의 성탕과 주의 문왕 등의 연대도 기록처럼 은왕조의 존립 연수인 644년의 차이가 나는 모순이 생기지 않고 은의 주왕(紂王)과 주의 무왕(武王)의 연대가 동시대로 맞아떨어지게 되고, 또 시대적으로 불합리한 점이 모두 해소된다.

(3) **주민족은 용토템족이요, 화덕왕이고 따라서 적제(赤帝)이다.** 용은 남방에서만 살고 화덕왕이나 적제는 오행상 남방민족을 가리키는 말이기 때문에 주민족은 남방민족이다. 은민족이 북방에만 사는 곰토템민족이요 금덕왕이요 백제(白帝)이기 때문에 북방민족으로서 북방에서만 살다 중원으로 진출한 것에 비해 주민족은 남방에서만 살다 중국으로 진입한 민족이다.

그러한 한민족(漢民族)의 추장인 고공단보를 한민족(韓民族)인 황제(黃帝)왕조의 오제의 한분인 제곡고신씨(帝嚳高辛氏)의 아들이요 은왕조의 시조 설(契)과는 형제인 후직 기의 제12세손으로 버젓이 끼워 넣어서 맞추어 놓은 사기(史記)에 의해서 이 시대의 중국의 역사, 나아가서는 동북아시아의 역사가 날조되고 왜곡되어 버린 것이다. 그로 인해서 동북아시아 한민족(韓民族)은 그들의 조상인 황제(黃帝)를 한민족(漢民族)에게 빼앗기고 역사마저 빼앗겨 버렸던 것이다.

(4) **남방의 이민족인 고공단보(古公亶父)를 추장으로 하여** 이 시기에 갑자기 중국 서부의 감숙성(甘肅省 · 간쑤성)에 나타나서 동정을 시작하고 그의 아들 공계(公季)≪서백이 된 후의 계력, 또는 왕계(王季)≫와 손자 문왕이 그를 이어 정벌을

계속해서 문왕의 아들 무왕이 드디어 은왕조를 멸망시키고 중원을 지배하게 된 용토템족이요 적제(赤帝)요 인도지나어족인 주(周)민족은 과연 어디서 탄생하여 어떻게 해서 중국 서부까지 오게 되었을까? 나는 여러 문헌을 검토한 결과 그들이 고대오리엔트에서 온 수메르부족(Sumer部族)일 가능성이 가장 크다는 결론을 얻게 되었다. 그리고 수메르부족의 추장인 고공단보가 중국 서부에 도착한 것은 하왕조의 제괴 때가 아닌 은왕조 제무정(帝武丁) 때≪혹 제무을(帝武乙) 때일 가능성도 있다.≫일 것이라는 결론도 얻게 되었다. 그렇다면 그들은 고대오리엔트(古代 Orient)의 메소포타미아(Mesopotamia)에서 병력을 이끌고 중국까지 정벌하러 왔다고 보기보다는 어떤 계기에 외부 침입자에게 쫓기어 중국까지 오게 되었고 중국에 와서 정복자로 변신했을 가능성이 가장 크다고 할 수 있다.

4. 수메르(Sumer)부족의 동방으로의 이동

1) 수메르민족(Sumer民族)의 수난

(1) 멀리 아시아의 서쪽 끝에 위치한 메소포타미아(Mesopotamia)의 남부에서는 B.C. 3000~B.C. 2700년경, 그러니까 중국에서는 유웅국(有熊國)에서 마침 헌원(軒轅)이란 위인이 탄생하여 중국 중원을 정복 통일하고 황제(黃帝)왕조를 창건했을 무렵, 수메르부족(Sumer部族)들이 여러 도시국가(都市國家)를 건설하여 문명을 쌓아가고 있었다. 그 북부메소포타미아에서는 셈어족(Sem語族)들이 또한 그와 같은 도시국가를 건설하여 살고 있었다.

그러다 B.C. 1500년경 북방으로부터 카프카즈산맥을 넘어 침입해온 강력한 유목민이 있었는데 그들이 바로 인도유럽어족이다. 그로 인해 수메르인(Sumer人)들을 포함하는 메소포타미아의 모든 셈어족들은 이 침입자에 의해서 모두 정복된다. 이 정복자들은 난폭하여 모든 그곳의 피정복자들을 학살, 추방, 분산, 강제이주. 강제노역 등으로 학대하기 시작했다. 이러한 식민정책으로 말미암아 천여 년 간 남부메소포타미아에서 세계 최초, 최고의 문화를 건설해온 수메르인들은 그들이 창제한 설형문자(楔形文字)와 더불어 역사의 표면에서 완전히 자취를 감추고 말았다.

그 후 얼마 안 되어 중국에서도 갑자기 서부에 나타난 이민족인 주(周)민족의 중국 침공과 정벌, 그리고 그들의 피정복자에 대한 학살, 강제이주, 강제노역, 분산, 추방 등의 난폭한 식민정책으로 말미암아 은(殷)민족은 자신들이 건설한 동북아시아 최고의 문명과 또 자신들이 창제한 갑골문자(甲骨文字)와 더불어 역시 역사의 표면에서 자취를 감추고 말았다. 자세히 보면 메소포타미아의 수메르민족 소멸사건과, 중국의 은(殷)왕조 소멸 사건은 매우 닮았다. 차이가 있다면 은왕조의 소멸 사건보다 수메르민족의 소멸사견이 100여 년 이상 앞서고, 수메르민족은 침략자의 박해를 피해 유랑민이 되어 멀리 낯선 중국까지 흘러 들어와서 중국 서부에 비로소 자리를 잡게 된 것과, 은민족은 그리 멀지 않은 만주와 한반도에 동족이 분포되어 있고 형제의 왕조가 있어 침략자의 학대를 피해 그곳으로 와서 망명정부를 세웠다는 점이 서로 다른 것으로 보인다.

(2) **북유럽의 난폭한 이민족에게 정복당한 수메르민족**은 천여 년을 살아온 부조의 땅을 버리고 아마도 동쪽으로 피난하여 자그로스산맥을 넘고 동진을 계속해서 남부 혹은 중부 중앙아시아를 지나고 천산(天山)산맥을 넘어서 종국에는 중국 서부에 도달하게 되었다고 보는 것이다. 그들이 중국으로 올 때까지는 피난이나 망명집단이었으나 중국에 도착한 후에는 정복자로 변신하여 아마도 메소포타미아에서 가지고 온 인도유럽인들이 들여와서 사용했던 발달된 철무기를 사용해서 한민족(韓民族)인 은왕조를 정벌하여 멸망시키고 또한 그곳에서 배우고 익혀온 대로 잔악한 식민정책을 자행함으로써 중국에서의 기자(箕子)집단을 포함한 동북아시

아 한민족(韓民族)의 동방으로의 민족 대이동과 재분포라는 일대 전환기를 가져오게 한 것이라 볼 수 있다.

수메르부족은 중국 서부에 도착해서 그곳에 정착하게 되면서 피난민에서 유랑민으로 떠돌던 신세에서 벗어나 주(周)민족으로 변신하였다. 그래서 그들이 중국의 서부에서 새로운 한민족(漢民族)을 형성하여 중국을 지배해 오다 또 다음의 한(漢)왕조의 시조가 된 것이다. 따라서 주족(周族)은 요(堯)나 우(禹)와는 출자가 약간 다른 한민족(漢民族)이 될 것이다.

2) 수메르인(Sumer人)들의 동방으로의 이동 경로와 최종 정착지

(1) **수메르부족 집단이 메소포타미아를 출발**하여 동방의 중국 서부까지 이동해온 몇 가지 예상되는 이동경로를 추적해 보기로 한다.

① 강력한 북방민족에게 쫓긴 수메르인 부족집단은 티그리스강을 건너서 자그로스산맥을 넘고 이란고원을 가로질러 동방으로 서서히 이동하여 힌두쿠시산맥을 지나서 세계의 지붕 파밀고원에 올라서게 된다. 그곳에서부터는 곤륜산맥(崑崙山脈)의 산록을 따라 동쪽으로 내려가면 곧 황하 상류지역인 감숙성(甘肅省)≪중국어로 간쑤성≫에 이르게 된다. 수메르민족은 중국으로 들어와서 최초에 이 간쑤성(甘肅省)에 자리를 잡았던 것이다. 그로인해 그곳이 수메르어로 "수메르의 땅"이라는 의미를 갖는 "간수(甘肅)"가 되었다. 즉 간(甘)은 수메르어로 토지라는 의미이고 쑤(肅)는 수의 된소리이고 그 수는 곧 수메르의 머리 글자이기 때문에 간쑤(甘肅)는 "수메르의 토지"로서 곧 "수메르인들의 땅"이라는 뜻을 갖는다. 중국인들은 명칭의 머리글자만 따서 기록하는 경향이 많은데 그 관행이 여기서부터 왔을 가능성도 있다. 어떻든 그렇게 해서 중국 서부에 간쑤(甘肅)라는 지명이 생겼는데 그들은 그 이후에 그곳에서 조금씩 동쪽으로 이동해서 위수(渭水) 상류인 기산(岐山)에 다시 자리를 잡고 수(周·수메르)나라를 세웠던 것이다.

② 실크로드의 천산남로(天山南路)를 이용했을 가능성이 있다. 서역에서 이 길로 중국에 들어서면 가장 먼저 도달되는 곳이 역시 감숙성≪간쑤성≫이고 다음으로 기산(岐山)부근이라 할 수 있다. 고공단보족이 기산에 자리를 잡았다가 다시 풍읍(豐邑)으로 옮기고 또 호경(鎬京)으로 옮겼는데 그것은 처음 감숙≪간수≫에 자리를 잡고 힘을 길러 유랑민에서 정복자로 변신한 그들이 정벌을 하면서 동쪽으로 옮겨간 말하자면 동정의 일환이라 볼 수가 있을 것이다.

③ 천산중로(天山中路)를 통해서 중국으로 들어왔을 가능성도 있다. 수메르족이 자그로스산맥을 넘고 남부중앙아시아를 통과해 천산산맥을 넘는 길인데 이 길도 역시 돈황(敦煌) 부근에서는 서역에서 오는 다른 길들과 만나게 되겠지만 어떻든 천산산맥을 넘고 동진을 계속하면 중원의 첫머리에 있는 감숙성≪간수≫으로 들어서게 되는 것이다.

④ 역시 자그로스산맥을 넘고 이란 북부지방을 통과하여 카스피해 동안을 따라 어느 정도 북상하여 카자흐스탄 등의 지역을 거쳐 천산북로(天山北路)를 따라 중국으로 진입하는 길이다. 지금의 신강위구르의 수도로 되어있는 우루무치 북부지역 아마도 알타이산맥과 천산산맥 사이의 분지를 통과하여 동남쪽으로 직행하면 역시 가장 먼저 나타나는 곳이 간수≪감숙성≫가 될 것이다. 이것은 특히 현재의 양관(陽關)을 통과하는 지역으로 그 가능성이 한층 높은 것일 수가 있다.

(2) 이렇게 해서 은왕조 제무정(帝武丁) 때 중국 서부의 감숙성(甘肅省, 간쑤성, 간수)에는 수메르부족을 중심으로 한 셈어족 집단들이 처음으로 나타나서 정착하게 되는데 그때의 그들 추장이 고공단보이다. 그들이 간수(감숙)에 집결을 완료하고 다시 또 동쪽으로 더 진출해서 기산 밑의 주원(周原)에 나라를 세웠을 때는 대단히 큰 집단이 된 것인데 이때가 대략 B.C. 1300년대의 말로 볼 수 있을 것이다. 그들은 그곳에 정착한 후에 곧 모든 풍습을 중국식으로 고치고 따랐다고 기록하고 있다. 곧 융적(戎狄)의 풍습을 버리고 중국의 풍습을 따라 오관(五官)과 유사(有司)를 설치하여 주(周ㆍ수)라는 이름으로 나라를 세워 변방제후국으로 행세하

며 인도지나어족을 형성해서 새로운 한민족(漢民族)으로 변신하여 주위의 나라들을 정벌하기 시작한 것으로 추정할 수 있다.

고공단보의 의지를 이어받은 그 다음 대의 왕계(王季)도 곧 주위의 여러 제후들을 정벌하여 동정의 행보를 강력하게 실행하였고 그 다음 대의 문왕은 이미 중국 서부 대부분의 지역을 정벌하여 모든 제후들을 주(周)나라에 복속시키고 자신이 스스로 서부의 수장인 서백(西伯)이 되어 동쪽의 은왕조를 정벌하기 위한 모든 준비를 갖추어 놓았기 때문에 다음 대의 무왕은 즉시 은도(殷都)로 공격해 들어갈 수가 있었던 것이다.

(3) 메소포타미아의 수메르부족이 중국으로 이동해 와서 서부의 감숙성에 집결을 완료하고 정착한 다음 기산 밑에 나라를 세워 주(周)민족으로 변신하고 또 동정(東征)을 계속해서 은(殷)왕조를 멸하고 주(周)왕조를 창건하면서 이루어진 다음 몇 가지 사실들은 수메르부족의 동진설(東進說)을 더욱 뒷받침해 줄 것으로 믿어진다.

① 사략언해에 주(周)는 고공단보가 살던 땅을 말함이다 라 했다. 간쑤(甘肅)는 "간수"로 "수메르의 땅"이라는 의미이고, 나라의 이름인 "주(周)"와 "수"의 발음이 비슷하여 "주"(周)라는 이름이 "수메르"의 첫 음(音) "수"의 소리를 한자(漢字)로 표기한 글자일 가능성이 큰 것이다. 즉 한자를 써서 "수"라는 소리를 표기하다보니 "周(주)"라는 글자가 쓰여진 것으로 볼 수 있다. 따라서 주(周)는 수메르의 두(頭)문자 "수"가 지명천이되어 생긴 이름이라 할 수 있다.

② 중국에서 은(殷)왕조까지는 천자(天子)를 제(帝)라 호칭하였는데 주(周)왕조 시대에 들어와서는 천자의 호칭이 왕(王)으로 바뀌었다. 유럽에서는 로마시대 이전까지는 모두 황제(皇帝)가 아닌 왕(King=王)이었다. 수메르부족도 도시국가들의 지배자를 왕이라 했고 또 제3왕조에 이르기까지의 모든 왕조의 지배자들을 왕으로만 호칭했다. 수메르부족들은 습관대로 왕이란 호칭을 중국으로 문명천이하여 와서 사용했기 때문에 은왕조시대까지 사용하던 제(帝)를 폐지하고 주(周)왕조시

대에 와서 비로서 왕(王)의 호칭을 사용한 것이라 할 수 있다.

③ 사기의 주본기에는 창(昌)이 성서롭게 태어났다고 하고 사기국자해의 주에 "성인이 될 길조이다. 주작(朱雀)이 단서(丹書)를 입에 물고 창(昌)의 산실(産室)에 머물고 있었던 일을 말하는 것으로 그 단서에는 경(敬) 의(義) 인(仁)의 삼도(三道)로써 세상에 임하면 그 천자의 자리가 만세에 이어질 것이라고 기록되어 있었다고 전한다."[15]고 하였다. 여기서 주작은 남방에만 있는 붉은 공작새를 말하는 것으로 오행상 남방민족 즉 적제(赤帝)를 상징하는 새이다. 그리고 단서(丹書)의 붉은 쪽지도 역시 적제를 가리킨다. 따라서 주(周)민족은 여기서도 백제(白帝)의 은(殷)민족과는 달리 남방에서 온 민족임을 밝히고 있는 것인데 그 중에서 특히 경, 의, 인의 도를 행할 수 있을 정도로 문명이나 지식수준이 발달한 민족으로서는 아무리해도 당시의 동남아시아나 인도, 이란 등지의 민족들보다는 메소포타미아의 수메르민족을 꼽지 않을 수가 없을 것이다. 따라서 이것 역시 주(周)민족이 수메르민족이라 추정하는 유력한 이유의 하나가 되는 것이다.

3) 주(周)부족의 북벌(北伐) 준비

(1) 고공(古公)에게는 장자 태백(太伯)과 차자 중옹(仲雍)≪또는 우중(虞仲)≫ 그리고 배가 다른 아들 계력(季歷)이 있었는데 이 계력이 장차 서백 문왕(文王)이 될 창(昌)을 낳는다. 고공은 창으로 하여금 장차 동쪽의 은왕조를 정벌하게 하기 위해서 계력을 그의 후계자로 삼으니 그때부터 사실상의 북벌준비를 시작한 셈이 된다. 그리고 장자 태백과 차자 중옹을 강남 땅으로 보내 오(吳)나라를 세우게 하였는데 그것은 그곳 주족(周族)들을 다스리기 위한 것이라 볼 수도 있는데, 또한 그 나라들로 하여금 장차 은왕조를 치는데 남쪽에서 동조할 세력을 구축하기 위한

---

15) 湖村 桂五十郎 講述 「史記國字解第一卷」(早稻田大學出版部) 周本紀第四 古公亶父條 [字解], p 一二三~p一二四.

계략의 일환일 가능성도 있었다고 보인다.

(2) **사략언해에 의하면 양자강의 지류인 한수(漢水)의 남쪽**에서 이때부터 주(周)나라의 문왕에 귀의(歸依)한 제후의 나라가 40이나 되고 문왕은 중국천하의 3분의 2를 가지게 되었다고 한다.

그렇게 보면 처음 중국으로 들어온 수메르부족의 숫자도 상상외로 많았을 가능성이 있고 고공단보를 수장으로하는 집단만 중국 서부의 감숙≪간수≫으로 가고 그보다 훨씬 많은 인원이 중국 남부의 한수 남쪽으로 가서 광범위한 지역에 분포하였을 가능성이 있다. 그렇게 되어 고공단보로서는 태백과 중옹을 그곳 남쪽으로 보내어 나라를 세워 동족들을 다스리게 한 것은 당연히 취할 식민정책이라 할 수 있을 것이다.

(3) **시경에 나오는 시(詩)들은 주(周)나라시대에** 중국의 각지에서 부르던 여러 가지 노래들이 수록된 것으로 중국 문학의 비조라 할 수 있다. 이러한 시경에 나오는 주남(周南)과 소남(召南)은 남쪽의 나라를 뜻하며 주남(周南)은 주왕조가 직할통치하던 땅을 가리킨다. 따라서 그것은 주민족이 중국으로 들어온 이후 강남 땅은 그들이 최초로 분포한 곳이라는 것을 말하는 것이며 이때부터 화남지방은 메소포타미아에서 와서 주(周)민족이 된 수메르족이 주축이 된 한민족(漢民族)의 분포지요 그들의 근원지가 된 곳이라는 것을 알 수 있다.

주남과 소남에 나오는 시(詩)들은 주로 중국의 남쪽 강남지방에서 당시 유행하던 노래들이라 한다. 당시에 그곳에 그만한 시문학이 있었다는 것은 그곳에 발달된 문화민족이 살고 있었다는 말이 되고 그 문화민족은 주민족이 아니고서는 생각할 수가 없는 일이다. 이러한 사실들은 곧 수메르부족의 여러 집단들이 그리고 어쩌면 고공집단까지도 간쑤로 들어오기 이전에 중국의 강남지방으로 먼저 이동해 와서 분포되어 그곳을 직할 식민지로 만들어서 가지고 온 문화를 심고 그곳에서 얼마동안의 문화생활을 영위해 왔다는 사실을 뜻하는 것이 될 수도 있을 것이다. 그리고 고공집단은 그런 연후에 강북의 서쪽인 간쑤로 이동해서 자리를 잡고 다시 나라를 세웠을 가능성이 있는 것이다.

(4) 주(周)부족이 당시의 대은(大殷)왕조를 정벌하기 위해서는 중국 서부의 유리한 지형을 이용하고 또 대병력의 수송을 용이하게 할 황하의 수류를 이용하는 것이 유리할 것이라는 이점을 알게 된 주부족들은 은허(殷墟)를 공격하는데 중국의 서부를 주공격로로 하고 서부와 남부에서 포위작전을 구사하기 위해 추장인 고공단보가 주력부대를 이끌고 중국 서부의 감숙성에 자리를 잡고 많은 준비를 한 후에 기산 쪽으로 이동했을 가능성이 있다. 고공단보가 기산에 도착하여 곧 주위의 정벌을 시작한 것이며, 계력과 문왕으로 내려오면서 중국 서부 전체를 정벌하고 은허를 공격하기 이전에 벌써 중국 땅의 3분의 2를 소유하게 되었다고 하는점, 또 무왕이 몇 번에 걸쳐서 은허의 문전인 황하의 맹진(盟津)나루까지 공격의 예행연습을 한 점 등을 감안하면 주(周)부족이 은(殷)왕조를 정벌하려는 계획 즉 북벌준비가 얼마나 일찍부터 얼마나 오랫동안 그리고 얼마나 치밀하게 이루어지고 있었는가 하는 사실을 알 수 있게 된다.

5. 한민족(韓民族)과 주(周)민족《한민족(漢民族)》의 언어학(言語學)적 측면의 구분

지금부터는 이민족인 주민족에 대해서 지금까지와는 다른 부문에서 접근하여 그들이 한민족(韓民族)과는 완연히 다른 이민족이요 수메르부족이요 중국으로 이동해 와서 주(周)민족이 된 한민족(漢民族)이라는 사실을 입증해 보기로 한다.

1) 중국에서의 언어(言語)의 변천 과정

(1) 중국에서의 문자(文字)의 발달과정

① 주(周)라는 이름으로 중국 서부에 출현한 용을 토템으로 하는 남방민족이요 셈어족인 수메르부족은 문화적으로 당시의 세계에서 아무도 추종할 수 없는 가장 높은 수준의 문자를 가지고 있었는데 그것이 설형문자(楔形文字)이다. 그들이 그 설형문자를 중국으로 가지고 들어와서 당시에 은(殷)민족이 사용하고 있던 중국 고유의 문자와 결합하여 새로운 문자가 조성되는 문자혁명이 있었던 것으로 보인다.

처음 중국에서 사용된 문자는 황제(黃帝)시대에 만들어진 것으로 되어 있는 조적(鳥跡)이나 결승문자(結繩文字)였을 것으로 추정된다. 그것이 하(夏)왕조시대에 와서 부호문자(符號文字)나 초기의 회화문자(繪畵文字) 정도까지 발달하였을 가능성이 있다. 은왕조 초기에 와서 다시 문자혁명이 있었을 것으로 추정이 되고 그때 조전(鳥篆)이나 과두문자(蝌蚪文字) 정도가 사용되었는데 그것이 발전해서 갑골문자(甲骨文字)가 된 것으로 추정할 수 있다. 여기까지가 은왕조 시대에 이르기까지 문자가 발달해온 대략적인 과정이라 할 수 있을 것이다.

② 여기에 다시 변화가 생기게 된다. 주(周)왕조시대에 수메르인들이 가지고 온 설형문자(楔形文字)가 은(殷)왕조시대에 사용되던 문자들과 결합하여 새로운 형태의 상형문자(象形文字)로 발전하게 된 것으로 보이는 것이다. 중국에서 이때 생긴 상형문자는 춘추시대에는 대전(大篆)으로 발전하고 진(秦)왕조시대에는 소전(小篆)으로 발전하였으며 한(漢)왕조에 와서 예서(隷書)로 되고 당(唐)왕조에 와서 완성된 해서(楷書)에 이르기까지 계속 문자혁명이 이어져온 것을 볼 수 있다. 대체로 왕조가 바뀔 때마다 문자혁명이 있었다는 것은 아마도 같은 민족에 의해서 왕조가 바뀐 것이 아니고 이민족의 왕조로 바뀐 탓이라 할 수 있을 것이다.

(2) 설형문자(楔形文字)와 상형문자(象形文字) ; 수메르부족이 고안하여 오래

도록 셈어족들이 사용했던 설형문자(楔形文字)는 그 획(劃)의 모양이 쐐기를 닮았다하여 설형(楔形)문자라는 이름을 붙이게 되었다 한다.[16] 그것들이 시대와 지역에 따라 그림2 및 그림4와 같이 조금씩 변해간 것을 볼 수 있다.

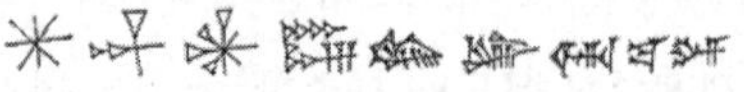

〈수메르의 설형문자〉 　　　　　　〈우가리트의 설형문자〉
〈그림 1〉 설형문자

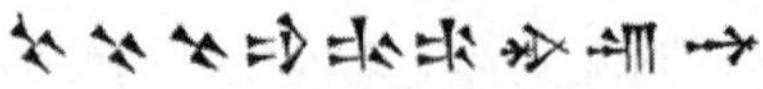

〈그림 2〉 변천된 설형문자

〈다리우스왕의 비문〉 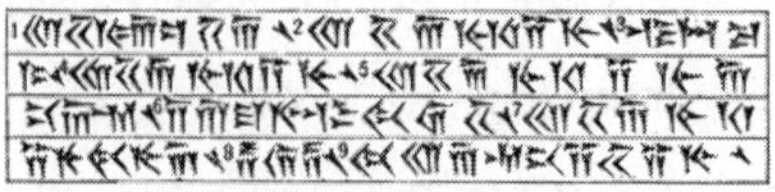　　　　　　〈크세륵세스왕의 비문〉
〈그림 3〉 페르시아시대의 설형문자

한편 중국에서 은왕조시대 초기까지 사용된 것으로 보이는 과두(蝌蚪)문자는 그 올챙이머리 모양이 없어지고 은민족 고유의 갑골문자(甲骨文字)로 발전하였는데 주왕조시대에 들어서 그 획의 모양이 약간씩 변하고 거기에 설형문자의 획에서 따온 쐐기 모양으로 된 획이 결합하게 되고 차차 끝 부분이 좀 뻗치는 모양으로 변해가게 된다. 예서(隸書)시대에 와서는 뻗치는 모양이 더욱 뚜렷해져서 쐐기 모양은 거의 없어지고 꼬리부분이 가늘고 길어지면서 약간 뻗쳐진 모양의 획이 글자에 많이 섞이게 된다. 그림 4와 같은 획〈한자의 획들〉들이 생기게 된 것이다.

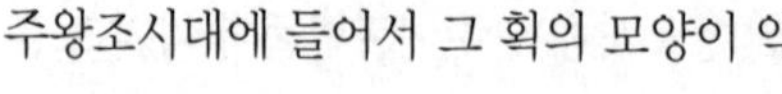

〈설형문자의 획들〉 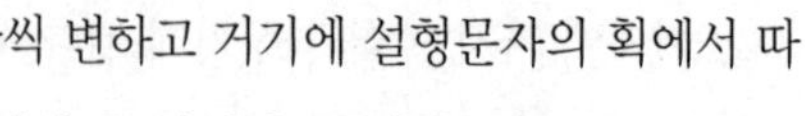　　　　　　〈한자의 획들〉
〈그림 4〉 설형문자획의 한자(漢字)획으로의 변천

---

16) Jean Bottéro 著 松本健 監修 「バビロニア」第2章 p052.

이것은 수메르인들이 가지고 온 설형문자와 은왕조에서 사용하던 갑골문자를 포함한 그들 고유의 문자≪그것을 알타이문자라 하기로 한다≫가 결합해서 그렇게 변한 것으로 볼 수 있다. 그렇게 해서 주왕조의 상형문자(象形文字)가 형성되고 이후에 전서체(篆書體)로 또 예서를 거쳐 해서체로 변천해오게 된 것으로 본다.

(3) 표의문자(表意文字)와 표음문자(表音文字) ; 본래의 수메르어는 표의문자(表意文字)였다고 한다. 따라서 한 단어는 항상 고정되어 형태가 변하지 않는 것으로 되어 있다. 그래서 고립어(孤立語)이다.

중국의 한자(漢字)는 역시 표의문자이고 고립어로서 수메르문자와 말의 구성이나 사용방법 등이 매우 닮았다. 아마도 은족(殷族)이 사용하던 알타이어의 표음문자(表音文字)가 이때 주족(周族)이 와서 문자혁명을 하면서 수메르문자식의 표의문자로 바뀌었을 가능성이 있다. 따라서 여기에서도 주족이 메소포타미아에서 온 수메르족이라는 추정이 가능하다. 또 본래 고대 오리엔트의 문장들은 횡서(橫書)≪방행(旁行)≫였는데 이것이 중국에 들어와서 중국식을 따라 종서(縱書)로 바뀐 것으로 추정된다.[17]

(4) 인도지나어(印度支那語)의 형성 ; 중국 문자의 발달과정을 보면 은왕조까지와는 다르게 주왕조 시대에 와서 갑자기 설형문자의 획과 닮은 것들이 한자에 섞인 새로운 상형문자로 변한 것을 볼 수 있고, 이러한 변화과정에서 어사(語詞)≪또는 단어(單語)≫의 형성이나 어문의 구성상에서도 인도유럽어 계통과 유사한 인도지나어(印度支那語)가 형성된 것으로 보인다. 그 결과 주왕조로부터 시작되어 한(漢)왕조 초기에 완성된 것으로 보이는 예서가 탄생하게 되고 교착어(膠着語)로 된 알타이어와는 판이한 고립어로 되고 또 어문구성에서는 알타이어 계통의 구성방법과는 판이하게 다른 유럽어 계통에 속하는 어문구성법을 갖는 인도지나어가 탄생하게 된 것이라 보인다. 따라서 은왕조 까지 사용하던 갑골문자를 포함하는 알타이문자에 비해 예서 또는 해서 등은 문자의 모양이나 어사뿐 아니라 모든 어

---

17) 趙義尙 監修 「大世界史」 1 (도서출판 마당) 9章, p462~p489.

문계통에 있어서 완전히 다른 계통의 구성방법을 가져온 것이라 할 수 있다. 따라서 이것으로서도 인도지나어족인 주민족 즉 한민족(漢民族)과 알타이어족인 은민족 즉 한민족(韓民族)은 민족적으로 확연히 구분이 되어 서로 이민족임을 알 수 있게 된다. 또 그것으로 은왕조와 주왕조의 왕조 교체는 이민족이요 수메르족인 주민족이 은주전쟁을 일으켜 은왕조를 멸망시키고 북벌에 성공하여 이루어진 왕조 교체임이 분명해지는 것이라 하겠다.

2) 알타이어족(Altai語族)과 인도지나어족(印度支那語族)

여기서 한민족(韓民族)과 한민족(漢民族)의 두 민족의 언어의 차이와 알타이어(Altai語)에 대해서 좀 더 검토해 보기로 한다. 문자뿐 아니라 말 (音聲言語)에 있어서도 은왕조 때까지와 주왕조 이후의 것이 많이 달랐을 것으로 볼 수 있는데 그것에 대해서도 가급적 추적해 보도록 한다.

(1) **우랄-알타이어족(Ural-Altai語族)** ; 세계의 언어를 구조와 어법 등에 의해서 계통적으로 분류하면 대체로 8개 계통으로 나누어진다고 한다. 같은 계통의 언어를 구사하는 종족은 조상이 같다고 보아 어족(語族)이라 한다. 세계 8개 어족 중에 우랄-알타이어족(Ural-Altai語族)이 있고 또 인도지나어족(印度支那語族)이 별도로 있다. 우랄-알타이어족 중에서 알타이 말(Altaic)에는, 터키 말(Turkish, Tataric), 몽고어(蒙古語), 퉁구쓰 말(Tunguse) 등이 있고 이들 중에서 퉁구쓰 말에는 만주어(滿洲語), 한국어(韓國語), 일본어(日本語) 등이 포함되어 있다.[18]

(2) **인도지나어족(印度支那語族)** ; 인도지나어족(印度支那語族)에는 크게 나누어 서부인도지나어와 동부인도지나어가 있고, 동부 인도지나어에는 타이 말, 지나어(支那語) 등이 있는데 본래 이 지나어에는 북방어(北方語)와 남방어(南方語)가 있어 북방어에는 북경(北京) 관화(官話)라 하는 것이 하나 있고 남방어에는 여러

---

18) 金允經 著「韓國文字 及 語學史(東國文化社) 第一篇 第一章 p二~p一三.

언어들이 속해 있는 것을 볼 수 있다. 예를 들면 상해어(上海語), 복주어(福州語), 광주어(廣州語), 등 총 여덟 가지가 있다.[19] 중국 남방어에는 사용되는 언어≪방언(方言)≫가 8개가 있는데 비해 북방어에는 북경의 관청에서 사용한다는 관화(官話)라 하는 것 한 가지뿐이다. 그 이유에 대해서 북방어는 인도지나어 계통이 아닌 다른 언어가 사용되고 있었다는 것을 알 수 있게 한다.

(3) **알타이 언어와 인도지나 언어의 비교** ; 언어의 발성법이나 어사, 음절 그리고 어문구성법에서도 한민족(韓民族)의 알타이어 계통과 인도유럽어 계통에 매우 흡사한 한민족(漢民族)의 인도지나어 계통의 것은 역시 판이한 차이가 나는 것을 알 수 있다. 전자는 후음발성(喉音發聲)인데 비해 후자는 비모음발성(鼻母音發聲)이다. 전자는 교착어(膠着語)≪부착어(附着語)≫인데 비해 후자는 단음절(單音節)로 된 고립어(孤立語)로서 품사(品詞)를 구분할 수 없는 단어(單語)≪하나의 문자로 이루어짐≫로 이루어진다. 전자는 주어(主語)+목적어(目的語)+술어(述語)의 순서이지만 후자는 주어+술어+목적어의 순서이다. 전자는 모든 알타이어족이 사용하던 알타이말과 알타이문자로 되어 있었을 것이고 후자는 인도지나말과 한자로 되어있다. 전자는 피정복자의 문화로 정복자에 의해서 중국에서는 말살되었지만 후자는 정복자의 문화로 현재까지 사용되고 있다. 따라서 알타이어는 한민족(韓民族)의 것이요, 인도지나어는 한민족(漢民族)의 것이다.

알타이문자란 설형문자와 결합해서 대전(大篆)으로 변형되기 이전의 문자를 말하는 것으로 한다. 이러한 문자가 존재해 있었다는 사실은 아무도 부인하지 못할 것이다. 알타이어족이 있었는데 어찌 그들이 사용한 말이나 문자가 없었겠는가, 오직 그것들이 이민족에 의해서 말살된 후에 우리들이 찾지 못하고 있을 뿐이다.

(4) **언어의 계통상으로 분류한 어족(語族)의 분포관계**를 보면 중국의 남방을 포함한 동남아시아는 모두 인도지나어족에 속하고 중국의 북동지방은 모두 알타이어족에 속한다. 그런데 중국의 화북지방은 북경의 관청에서 사용하는 말이라는

---

19) 위의 18)의 책과 같음, p一三~p一四.

관화라는 것을 제외하고는 언어의 계통이 매우 애매하다. 만약에 중국 북방에도 처음부터 한민족(漢民族)이 분포되어 있었다면 남방처럼 여러 지방 언어들이 있어야 한다. 그러나 그렇지 않다고 하는 것은 중국 화북지방에는 처음에는 지나어족인 한민족(漢民族)이 아닌 다른 어족(語族)이 분포되어 있으면서 지나어(支那語)가 아닌 다른 언어를 사용하고 있었는데 그곳을 한민족(漢民族)이 정복을 해서 관청을 설치하고 그곳에서 지나어 계통을 사용해 왔다고 해석하는 외에 달리 생각할 수 없다. 그렇다면 그곳에는 한민족(漢民族)이 들러오기 이전에는 한민족(韓民族)만이 분포되어 있었다고 보지 않을 수 없다.

3) 알타이문자(Altai文字)와 한자(漢字)

(1) **향찰(鄕札)** ; 한반도에서 사용하였던 향찰(鄕札)≪향서(鄕書)라고도 한다≫은 신라(新羅)의 이두(吏讀)나 백제(百濟)의 가나(假名)처럼 한자(漢字)를 빌어서 쓴 것이 아니고 순수한 한글고전(古篆)인 알타이문자를 일컫는 것으로 이두나 가나 이전에 한반도에서 사용하던 것으로서 신라민족이 가장 오래도록 사용해온 것으로 보인다.

한글학자 김윤경(金允經)씨는 다음과 같이 주장하고 있다. "신라 신덕왕 때의 사람 균여대사(均如大師)의 전(傳)에 향찰(鄕札)이 범어(梵語)의 글자를 늘어놓은 것과 같다고 한 것은 신라에 고유 문자가 있음을 무엇보다도 힘있게 증거 세워 줍니다. 이 향찰(鄕札)의 형상(形狀)이 범서(梵書)와는 같은 글이 아님을 반증하는 것이며 또 동시에 한자(漢字)도 아님을 증거 세웁니다. 이 같은 신라 고유의 문자, 향찰(鄕札)을 보면 신라에 고유의 문자가 있었다는 결론을 더욱 확실하게 하는 것이라고 볼만한 것입니다. 향찰은 한자를 빌어서 쓴 것이 아니지마는 이두(吏讀)는 한자를 빌어서 그 음(音) 혹은 새김으로 방언을 적게 된 것이므로 아주 딴 종류라고 생각합니다."[20]라 하여, 향찰 또는 향서(鄉書)는 분명히 우리나라에 이두가 들어오기 전, 즉 한자문화가 들어오기 이전에 우리나라에서 사용하여 오던 문자 또는 한민족(韓民族)이 사용하던 고유의 문자라는 것을 알 수 있다. 그것을 우리는 알타이문자라 일컫고 있고 한글을 창제할 때 많은 참고를 하였다는 한글 고전(古篆)인 것이라 분명히 말할 수 있다.

(2) **동북아시아에서의 군주(君主)나 최고 통치자의 칭호** ; 한(汗)≪칸(汗)≫, 가한(可汗)≪카간(可汗)≫, 간(干). 또는 한(韓) 등의 어원(語源)은 아무리 봐도 같은 알타이말인데 그것을 한자로 표기하다보니 서로 다른 글자가 된 것으로 보이고 그에 따라 결국 뜻도 많이 변화된 것으로 보인다. 그렇게 보면 한자가 들어오기 이전에는 그것들을 표기하는 문자 즉 알타이 문자가 있었을 것임은 의심의 여지가 없는 일이다. 그런것을 좀 살펴보기로 한다.

한(汗-Khan)이나 가한(可汗-Khaghan)은 본래 달단(韃靼), 몽고, 그리고 그 이외의 터어키계의 유목국가에서 군주≪임금, 왕 또는 최고 통치자≫의 칭호로 사용되어 왔다. 그리고 간(干-Khan)도 역시 동북아시아 여러 지역에서 국가의 군장(君長)≪임금, 왕, 또는 최고 통치자≫의 칭호로 사용되어온 것을 볼 수 있다. 한반도에서 왕에게 간(干)을 붙인 예를 들어 보면 신라의 초대 왕인 박혁거세에게는 거서간(居西干)이란 칭호가 주어졌다. 삼국사기에 의하면 거서간(居西干)이란 진한(辰韓) 사람들의 말인데 왕이라는 뜻이다 고 하였다. 진한(辰韓)사람들은 중국의 진(秦)왕조의 백성들이 한반도로 망명해와서 살게 된 사람들이다. 그런 사람들이 왕을 거서간으로 불렀다면 거서간은 중국의 한민족(韓民族)들이 사용하던 말임을 알 수 있다. 또 신라 제19대 눌지왕(訥祗王)에서 제22대 지증왕(智證王)까지를 마립간(麻立干)이라 하였다. 간(干)은 역시 왕을 지칭하는 것으로 마립간이 왕궐(王橛)이란 뜻이 되는 것이라 하였다. 삼국유사의 가락국기(駕洛國記)에는 구간(九干)

---

20) 金允經 著「韓國文字 及 語學史(東國文化社) 第二篇 第一章 第一節.

이 있었는데 그들이 백성을 다스리는 추장들이라 하고 있다.[21] 그러나 신라 법흥왕
(法興王)에 이르러 칭호가 간(干)에서 왕(王)으로 바뀐다.

(3) 왕(王)이란 칭호의 시작 ; 중국에서는 은왕조 시대까지는 임금의 호칭에 왕
(王)을 사용하지 않고 제(帝)를 사용하여 왔다. 그러다 주왕조 시대에 들어서 비로
소 왕이란 칭호를 사용하게 된다. 그렇게 보면 왕(王)이란 호칭은 분명히 주민족들
이 가지고 온 호칭이라는 것을 알 수 있다. 주왕조를 지나서부터는 황제(皇帝)라는
칭호를 사용하게 되고 또 황제(皇帝)의 나라와 왕(王)의 나라가 구분이 되지만 그
러나 어떻든 처음에는 한민족(韓民族)들이 임금을 간(干), 한(汗)등으로 호칭하다
가 주민족의 무력적 또는 문화적 영향을 받은 후부터는 왕으로 호칭이 바뀌게 된
것은 사실인 것 같다. 어떻든 동북아시아에서 왕이란 호칭이나 그 개념이 처음 주
부족에 의해서 시작된 것만은 사실이고 그것은 분명히 그들이 메소포타미아에서
가지고 온 것이라 추정할 수 있다. 고대오리엔트에서는 그 오래 전부터 왕이란 호
칭만을 사용하여 왔고 또 현재까지는 수메르민족들이 세계에서 가장 먼저 왕이란
칭호를 개발했고 또한 사용하기 시작한 것으로 판명이 되어 있다. 이것으로서도
우리는 주부족이 곧 수메르부족이라는 사실을 인식할 수 있는 일이라 생각된다.

(4) 알타이문자의 소멸 ; 지금까지의 설명에서 한글고전(古篆) 또는 향찰(鄕札)
이라고도 일컬어 온 알타이 문자가 있었다는 사실은 부인하지 못할 것이다. 따라
서 어느 시기까지는 알타이문자로 기록된 문헌이나 기록물들이 많았을 것으로 추
정되지만 정복자 주민족에 의해서 은왕조 문화의 말살정책의 성공으로 중국 한민
족(韓民族)의 모든 문화가 파괴되고 그때 알타이문자도 같이 소멸되어 간 것으로
봐야할 것이다. 그 결과로 은시대의 문헌이나 기록물들은 거의 없으며 전부가 한
자로 된 주왕조 이후의 것만이 남아있는 것을 보더라도 주민족의 은민족 문화의
말살정책이 얼마나 혹독했는지를 알 수 있다. 동북아시아 전역에서도 알타이문자
는 완전히 사라지고 이두나 가나 등의 한자의 것만 남아있는 것도 한민족(漢民族)

---

21) 三國遺事卷第二. 紀異第二. 駕洛國記 編.

들의 한민족(韓民族)에 대한 무력적, 문화적 침략에 의한 한민족(韓民族)문화 말살 정책에 기인한 것이라 생각하지 않을 수 없다.

6. 곰족(熊族)인 한민족(韓民族)과 용족(龍族)인 한민족(漢民族)

1) 곰토템족(熊Totem族)

(1) **곰토템족은 북방민족이다** ; 한민족(韓民族)은 우랄−알타이어족이다. 어족 (語族)의 명칭은 누가 붙였건 아무래도 그들의 과거의 분포지와 무관하지 않을 것 으로 볼 수 있다. 그리고 우랄산맥이나 알타이산맥은 북방의 추운 지방에 있기 때 문에 그곳에는 뱀이나 용은 서식할 수가 없고 곰(熊)이 있다. 북방을 상징하는 동 물은 맹수로서는 곰이다. 곰이 많이 서식하고 있는 그러한 한대지방(寒帶地方)에 오랜 동안 생활해 왔을 한민족(韓民族)의 조상인 황제(黃帝)의 선조부족은 곰과 같 이 살아 왔을 것이고 처음부터 곰과는 깊은 인연을 맺어왔기 때문에 그들은 곰토 템족이 된 것이라 할 수 있다. 그렇게 해서 우랄−알타이어족은 곰토템족이 되고 따라서 한민족(韓民族)은 곰족(熊族)이다.

황제(黃帝)부족이 중국으로 남하해 와서도 그들의 나라 이름을 곰이 있는 나라 라 하여 유웅국(有熊國)이라 일컬었다. 그리고 황제(黃帝) 헌원(軒轅)이 태어날 때 에도 지구의 북쪽에서만 볼 수 있는 곰의 별자리를 보고 태어났다고 했다. 때문에 여기서 우랄−알타이어족인 한민족(韓民族)이 곰토템민족 즉 곰족이라는 사실은 재언할 필요가 없을 것이다.

(2) **곰족(熊族)의 상징** ; 곰족의 공통된 풍습의 하나로 고대의 곰토템족들이 장

식용으로 몸에 차고 다니던 곡옥(曲玉)이라 하는 것이 있다. 그것은 현재까지 우랄-알타이어족이 분포되었던 곳에서는 어디서나 발굴되는 유물의 일종인데 옛날에 인간들이 처음 그것을 몸에 지니거나 사용하기 시작한 목적은 노리개 감이나 장식용으로 한 것은 아니고 처음 북쪽지방의 분포민족인 한민족(韓民族)들이 북쪽지방에서 가장 강하고 자신들의 토테미즘의 동물인 곰의 발톱을 호신용 무기로 사용하기 위해 몸에 지나고 다닌 것에서 유래된 것으로 보이는 것이다.

많은 기록에서 보면 사슴뿔을 호신용 무기로 사용하였다고 하니 곰의 발톱은 더 우수한 호신용 무기로 사용할 수 있었을 것이다. 따라서 곰족들은 어느 정도 쉽게 구할 수 있고 성능이 뛰어난 곰의 날카로운 발톱을 호신용 무기로 패도(佩刀)처럼 사용하였을 것으로 보인다. 그러다 청동기시대와 철기시대로 들어서면서 좋은 패도 등이 생김에 따라 곰의 발톱은 무속적인 신앙의 징표로 바뀌고 또 시대의 변천에 따라 차고 다니는 노리개나 장신구로 바뀐 것으로 보인다. 그리고 신분이 높은 사람들은 옥(玉)으로 만든 것을, 신분이 낮은 사람은 도자기 등으로 만든 것을 몸에 차고 다니는 풍습이 생겼을 것으로 추정이 된다.

2) 용토템족(龍Totem族)

용(龍)이나 뱀(蛇)은 지구의 적도에 가까운 열대지방을 중심으로 서식하면서 온대지방 혹은 난대지방까지도 진출해 있지만 북쪽으로 갈수록 왜소해진 동물이다. 그 중에서도 용은 뱀보다 훨씬 크고 강력한 신통력을 가진 신령스런 동물로 주로 열대나 아열대지방의 바다나 큰 강 또는 그 하구등에 서식하고 있다고 생각해 왔다. 따라서 이런 용을 토템으로 하는 민족은 주로 열대나 아열대지방의 해변이나 큰 강(江)가, 또는 큰 강과 바다가 만나는 하구부근에 분포되어 용이나 큰 뱀과 늘 접촉하면서 함께 살아온 부족들이라 할 수 있다.

아시아에서 이러한 조건에 알맞은 지역을 찾아보면 몇 곳이 있지만 특히 메소포타미아의 남부, 유프라테스강과 티그리스강 하구를 꼽을 수 있다. 그리고 그곳에서 중국 은왕조 중기 이후에 해당하는 시기에 가장 문명이 발달된 곳은 메소포타미아 남부지방이라 할 수 있다.

중국의 주민족은 오행상 적제(赤帝)로서 남방민족이요 문왕(文王)이 용과 관련되어 태어났고 용의 기치를 사용하는 등 용토템족임이 틀림이 없다. 또 고도의 문명을 축적하고 있었다는 점을 감안하면 그들은 메소포타미아에서 용과 같이 살다 중국으로 오게 된 수메르민족일 가능성이 다른 대안에 비길 수 없이 가장 크다는 것이다.

따라서 이러한 사실은 메소포타미아의 수메르부족이 중국으로 이동해 와서 주부족으로 변신한 사실을 입증하는 것이라 할 수 있고, 따라서 한민족(漢民族)이 용족인 연유가 여기에 있었던 사실도 알 수 있게 된다.

3) 고전과학(古典科學)의 견지에서 구분되는 한민족(韓民族)과 한민족(漢民族)

(1) 고전과학(古典科學)의 체계 ; 나는 여기서 고전과학(古典科學)이란 용어를 사용하고자 한다. 그리고 동북아시아의 역사를 이 고전과학적 견지에서 조명해 보고자 하는 것이다. 그렇게 하자면 이 생소한 용어인 고전과학(古典科學)의 체계를 세워야 할 것으로 생각되며 그래서 먼저 그 정의부터 해석해 보기로 한다.[22]

시대적으로 인간의 사상계는 크게 2부문으로 나뉘어져 왔음을 알 수 있다. 즉 물리학적 과학(物理學的 科學)과 추상학적 과학(抽象學的 科學)이 그것이다. 전자는 실존(實存)적인 것, 형이하학(形而下學)적인 것, 그리고 귀납적 추리(歸納的 推理)에 의해서 형성된 것이고, 후자는 추상(抽象)적인 것, 형이상학(形而上學)적인 것, 그리고 연역적 추리(演繹的 推理)에 의해서 형성된 것이다.

---

22) 이태수 지음 「미래의 韓民族 연방국가」(세종출판사) '머리말'에서 발췌 정리한 것임.

오늘의 모든 학문체계는 현대과학인 물리학(物理學)의 기초 위에서 이루어져 있다. 즉 현대에 사는 우리들의 물질관, 인생관, 세계관, 우주관 등은 모두 물리학적 원리에 기초를 두고 있고, 그 원리를 바탕으로 현대과학이 성립되고 그 이론을 응용해서 우리들은 현대의 물질문명을 구축하고 또 그러한 사상계에서 생활하고 있는 것이다. 이러한 과학체계를 물리학적 과학 또는 현대과학이라 분류하기로 한다.

그렇다면 이러한 물리학적 과학의 사상계를 형성하기 이전의 긴 역사를 살아온 인간들은 어떤 사상계에서 행동하고 생활해 온 것일까? 그것을 나는 여기서 추상적이고 연역적인 추리에 의해서 만들어진 한 거대한 과학이 있었고 그 과학의 원리에 의해서 고대인의 물질관, 인생관, 세계관, 우주관 등의 사상계가 형성되고 그 이론을 응용해서 그들은 그들의 생활환경과 고대문명을 구축해 온 것이라 보는 것이다. 그래서 그 거대한 과학을 추상학적 과학, 또는 고전과학(古典科學)이라 분류하기로 한 것이다.

고전과학(古典科學)도 많은 학문과 원리들을 갖추고 있지만 그 중에서도 동북아시아에 있어서 양대 기둥이라 할 수 있었던 것은 역괘(易卦-周易)≪8원소설(元素說)로 본다≫와 오행(五行-陰陽五行說)≪5원소설(元素說)로 본다≫이 될 것이다. 적어도 동양의 고전과학에서 이 양대 학문은 근세에 이르기까지 오랫동안 실로 인류의 전체 사상계와 모든 생활과 문명을 지배해 왔다고 할 수 있다. 따라서 이러한 고전과학을 이용해서 앞으로는 동북아시아의 역사 특히 한반도의 역사의 진실을 규명해 나가는 것이 가장 현명한 일이 될 것이다.

(2) **현대의 우리들이 현대과학 사상 속에서 생활**하고 있는 것과 같이 고대 사람들은 고전과학인 오행사상(五行思想) 속에서 생활해 온 것이 사실이고 정신 또한 그 속에서 배양되어 온 것이 사실이다. 따라서 그때의 인간들의 습관이나 생활상, 집단이나 사회의 풍습, 민족의 성격의 차이 같은 것들이 모두 오행사상의 틀 안에서 표현되고 기록되어 있는 것이 사실이라 할 수 있다.

「한민족(韓民族)임을 뜻하거나 나타내거나 혹은 상징하는 오행(五行)사상의 표현이나 암시 등을 살펴보면」

① 한민족(韓民族)은 나라를 창설한 시조나 왕조의 창건자, 민족적으로 위대한 인물의 탄생 때의 태몽, 또는 중대한 일이 있을 경우에는 주로 곰과 관계되거나 인연을 갖는 기록들이 많은데 그것은 그들이 곰토템족 즉 북방에만 살았던 곰족인 북방민족임을 나타내는 것이다.

② 북쪽 하늘과 그곳에 있는 별들과 관계되거나 인연을 갖는 것은 역시 그들이 북방민족이라는 것을 나타내는 것이다.

③ 백색(白色)을 선호하여 백의민족이 되거나 백색 기(旗)를 사용하는 등은 백제(白帝)임을 뜻하는 것으로 은왕조, 진(秦)왕조, 단군조선왕조. 기자조선왕조, 위만조선왕조를 비롯한 한반도의 삼한(三韓) 사국(四國)과 기타 동북아시아 대부분의 한민족(韓民族) 국가가 여기에 속한다.

④ 금덕왕(金德王)이란 칭호가 기록에 많이 나오는데 이것도 금(金)이 백색과 백제(白帝)를 뜻하는 것으로 한민족(韓民族) 전체에 해당하는 것이다. 그리고 이들 전체가 황제(黃帝)의 자손이란 뜻도 되는데 그것은 황제(黃帝)가 토덕왕(土德王)이기 때문인데 오행상 토(土)는 황색을 뜻하고 금(金)이 토(土)에서 생겨났기 때문인 것이다.

⑤ 금(金)은 황금(黃金)을 말하며 색깔이 황색으로서 토(土)를 뜻하는 것이므로 금(金)이라는 글자나 또는 황금, 황색 등과 관계가 있는 사람이나 부족, 민족 등은 한민족(韓民族)을 나타내는데 특히 황제(黃帝)의 후손이나 소호(少昊)의 후손임을 가리키는 경우가 많은데 그 중에서도 특히 금덕(金德)인 소호의 후손임을 강조하는 경우가 더 많다고 하겠다.

「한민족(漢民族)임을 뜻하거나 나타내거나 혹은 상징하는 오행사상의 표현이나 암시 등을 살펴보면」

① 한민족(漢民族)은 남방에만 서식하는 용이나 뱀과 인연을 갖거나 관계되는

사건이나 전설, 또는 기록 등이 많은데 그것은 그들이 용토템족 즉 남방에만 살아온 용족 또는 뱀족인 남방민족임을 말하는 것이다.

② 적색(赤色)을 선호하는 것은 화(火)·하(夏)·염(炎)에서 온 것인데 적제(赤帝)임을 뜻하는 것으로 후삼황족, 요와 순, 하왕조, 주왕조, 한(漢)완조 등을 비롯하여 모든 남방민족인 한민족(漢民族)이 여기에 속한다.

③ 주작(朱雀)이나 적조(赤鳥) 등과 관계되는 것은 그들이 적방(赤方)민족 즉 남방민족임을 나타내는 것이다.

④ 화덕왕(火德王)이라 하는 것은 적제(赤帝)임을 뜻하고 또 화(火)는 뜨겁고 적색(赤色)을 정색(正色)으로 한다. 따라서 더운 지방에서 살던 모든 남방민족 즉 한민족(漢民族)을 가리키는 것이 된다.

⑤ 염(炎)도 화(火)와 같이 더운 여름이나 뜨거운 불을 상징하기 때문에 염제(炎帝)도 역시 남방민족인 한민족(漢民族)을 가리키는 호칭이다.

지금까지의 오행사상에서 표출되는 이러한 것들이 구분이 되면 한민족(韓民族)과 한민족(漢民族)은 어떤 경우든 잘 구별이 될 것이며 따라서 단군조선왕조와 기자조선왕조, 위만조선왕조 그리고 황제(黃帝)왕조와 은왕조, 진(秦)왕조가 같은 민족으로 한민족(韓民族)이라는 사실을 충분히 인식할 수가 있을 것으로 생각된다. 만약 그렇게 역사를 인식하지 않는다면 우리의 조선왕조로부터 삼한(三韓)까지의 고대역사는 물론 전체 한민족(韓民族)의 고대역사는 영원히 의문에 싸여 밝혀지지 않을 것이며 따라서 우리나라의 역사는 반 토막밖에 찾을 수 없게 될 것이다.

여기서 고전과학 사상에 입각한 한 가지 문제만 더 분석해 보기로 한다. 백제(白帝)와 적제(赤帝)는 서로 상극이다. 적(赤)은 화(火)로 백(白)인 금(金)을 극(剋)한다. 다라서 백제(白帝)인 은(殷)민족과 적제(赤帝)인 주(周)민족은 서로 상극이기 때문에 도저히 같은 민족일 수는 없다. 그렇다면 화극금(火克金)이기 때문에 중국에서 금(金)인 은(殷)왕조가 먼저 있었고 화(火)인 주(周)왕조가 후에 어디선가 중국으로 들어와서 은왕조를 극해서 멸망시킨 것으로 된다. 상극은 공존할 수가 없기 때문이다.

7. 중원(中原) 외곽의 동북아시아 상황

1) 만주와 한반도의 상황

(1) **주(周)부족의 침략으로 인하여** 중원의 주인이 한민족(韓民族)에서 한민족 (漢民族)으로 바뀌었다. 한민족(韓民族)과 한민족(漢民族) 간에 지금까지 남정, 북 벌이 여러 번 교차되었는데 이번에 주민족의 침략으로 은왕조가 멸망하고 주왕조 가 설립된 것이 한민족(漢民族)의 제3차 북벌이요 동북아시아 민족이동과 재분포 의 제5차 전환기가 된 것이다.

이번의 한민족(漢民族) 제3차 북벌은 자세히 보면 주(周)나라의 고공단보로부터 문왕에 이르는 기간은 제1단계로 준비기간 또는 세력 확장기간이라 할 수 있고, 다음으로 무왕이 목야에서 은(殷)왕조의 대군을 격파하고 은왕조를 멸망케 한 것 이 제2단계로 주(周)왕조의 건립기간이라 할 수 있다. 그리고 다음에 주왕조의 성 왕 때 주공 등이 다시 동정군을 편성하여 산동지방까지 진격해서 전투에 승리하여 그곳을 점령함으로써 중원을 완전히 장악하게 된 것이 제3단계로 주왕조시대라 할 수 있을 것이다. 주왕조가 중원을 완전 통일하기까지는 이렇게 많은 시간이 걸 린 것이다. 이렇게 중원의 주인이 바뀌는 동안 만주와 한반도에서는 어떤 상황이 었을까 하는 것이 궁금하다.

(2) **이 시기의 만주와 한반도**에서는 중원에서 기자(箕子)가 나와서 단군(檀君) 으로부터 조선왕조의 왕위를 선양받아 조선의 제2왕조인 기자조선왕조가 탄생하 게 된다. 이렇게 조선의 제1왕조의 왕권이 제2왕조로 바뀐 연유는 물론 중원에서

한민족(漢民族)의 제3차 북벌로 인한 대전환기를 맞이하게 되었기 때문이다. 주왕조가 북벌에 성공하는 단계에서부터 만주와 한반도에 일어난 변화를 간단히 정리해 보기로 한다.

① 주왕조 성립의 제2단계에 해당하는 시기에 5만 명의 주군(周軍)이 70만 명의 은군(殷軍)을 목야(牧野)에서 격파하게 된다. 그때 대부분의 은군의 장병들은 퇴각을 해서 동쪽이나 동북쪽으로 후퇴한 것으로 봐야할 것이다. 그런데 곧 이어 제3단계로 주왕조는 성왕 때 다시 산동지방의 정벌에 나섰으니 이때 많은 은나라 젊은이들이 결국 그들의 후퇴 종착지인 만주와 한반도로 이동해온 것으로 봐야할 것이다.

② 은왕조 방어군의 붕괴와 수도의 함락, 적군의 입성과 진주, 점령군의 약탈과 살상 등의 만행이 패전국 은나라를 폐허로 만들어 버렸을 터이니 이때 많은 은민족들이 피난이나 망명 등 후퇴하는 은군을 뒤따라서 만주나 한반도로 이동해 갔을 것은 자명한 일이다. 특히 왕족이나 귀족 계급은 거의 대부분이 중원을 빠져나왔을 것인데, 이들 중에 기자도 포함되어 있었을 것은 당연한 일이라 할 것이다.

③ 주군의 은왕조 영토 점령 후에도 은왕조의 유민들은 기회가 있을 때마다 중원을 탈출했을 것으로 생각되며, 특히 유민들을 강제동원하고 강제노역으로 성주(成周)라는 식민도시를 건설할 때 또 성주로 강제이주를 시켰을 때 혹은 주거를 분산시키거나 추방했을 때, 많은 은의 유민들이 그 핍박을 견디지 못하고 만주와 한반도로 이동해 갔을 것도 자명한 일이다.

④ 그러한 와중에 기자집단은 언제 중원을 빠져나갔을까. 나의 생각으로는 아마도 ②의 경우일 것이라 생각되는데 이때 기자는 패전한 은군≪기자군단≫을 이끌고 중간 중간에서 항전하면서 한반도까지 퇴각하였거나 그렇지 않다면 그 직전에 가자는 왕도를 떠나 산동지방에서 항전투쟁을 하고 있다가 후에 주나라 주공의 군대가 그곳을 점령할 때 백이와 숙제 그리고 회이(淮夷)들과 함께 한반도로 이동했을 가능성도 있다.

⑤ 은왕조의 말황인 주왕의 태자 무경녹부(武庚綠父)가 은허에서 광복운동을 일으키자 주공과 소공이 다시 동방 정벌을 시작하여 회수 유역과 산동지방을 정벌했을 때 그 지역의 모든 은나라의 유민들이 다시 쫓기어서 동북쪽으로 이동하여 종착지 만주와 연해주 또는 그곳을 거쳐 한반도로 이동해 왔을 것이다. 혹은 일부 집단들은 배를 타고 발해의 바다를 건너 한반도로 직접 이동했을 것으로도 추정이 가능하다.

⑥ 그 이후에도 계속되는 주왕조의 혹독한 식민정책 민족말살정책, 문화의 말살정책, 등에 직면하게 된 은민족은 역시 은주전쟁 초기에 피난을 떠난 사람들의 뒤를 밟아 만주와 한반도로 망명해 오지 아니할 수가 없었을 것이다. 그것은 어쩌면 춘추시대까지 계속되었을 가능성이 있다.

(3) 앞에서는 기자동래설(箕子東來說)을 주왕조와 관련되는 측면에서만 보았는데 여기서는 기자동래설과 관련해서 당시의 만주와 한반도의 상황을 좀 살펴보기로 한다. 기자가 조선으로 나와서 기자조선을 설립하는 과정이나 그 왕조의 마지막 준왕(準王)에 이르기까지의 역대 역사에 대해서 상세히 알 도리는 없는 일이지만 기자가 조선으로 망명을 해 와서 조선의 제2왕조인 기자조선왕조를 설립하기까지의 상황은 당시의 만주와 한반도의 상황을 유추해서 추정이 가능한 일이라 생각되어 간략하게 그 과정을 추적해 보기로 한다.

① 기자(箕子)는 은(殷)나라 유민들이 만주와 한반도로 이동해 오게되는 앞의 6가지 경우 중에서 ②의 경우에 해당되어 이 시기의 비교적 빠른 단계에서 한반도로 이동해 온 것으로 추정할 수 있다.

② 주민족의 북벌에 쫓겨서 기자집단을 비롯한 은나라 유민들이 한반도로 이동해서 기자는 평양에 머물고 많은 유민 집단들은 계속 남하하여 한반도 남부의 여러 고을에 분산 정착하여 원래 정착해 있던 곰족들과 섞여서 살게 되고 후에 삼한 사국의 백성들이 된 것이라 추정할 수 있다. 그런데 한반도 남부에서는 원래 분포되어 있던 곰족보다는 이번에 이동해 와서 재분포하게 된 중국의 한민족(韓民族)

들이 더 많았으리라는 생각이 든다. 왜냐하면 나중에 마한(馬韓)이나 신라(新羅)의 일반 백성들이 은왕조를 상징하는 오행의 금(金)과 또 백색 등 여러 가지로 은(殷)족과 연관되는 생활문화가 더 많아 보이기 때문이다.

③ 고구려 건국의 연원이 된 북부여(北夫餘)나 부여(扶餘)도 이번의 제5차 전환기 때 더 많은 은나라 유민을 포함한 중국의 한민족(韓民族)들이 이동해 와서 재분포를 하게 된 것으로 추정할 수 있다. 그것은 여기서도 나중에 중국에서 나왔을 해모수(解慕漱)와 주몽(朱蒙)을 왕으로 모시는 등 한반도의 남부와 마찬가지로 그 신화들이 중국 은족 계통과 많은 관련이 있는 것으로 보이고 있기 때문이다.

④ 중국의 한민족(韓民族)인 은민족이 개발 발전시켜온 중국의 청동기문화는 주민족에 의해서 거의 완벽하게 파괴 되어 중원에서는 소멸되고 만주나 연해주, 한반도 등지에서 은왕조시대의 청동기문화가 고도로 발전하게 된 것으로 보인다. 그것은 이때 만주나 연해주 그리고 한반도 등지에서 기자집단을 비롯한 은나라 유민들이 이동해 와서 은왕조의 청동기문화를 그곳에서 중흥시켰을 것이기 때문일 것이다.

2) 일본열도(日本列島)의 상황

(1) 일본(日本)에서는 어떤 변화가 있었는지 살펴보기로 한다. 기자(箕子)집단을 포함한 많은 은(殷)왕조의 유민들이 한반도로 이동해 왔지만 또 다른 여러 집단들이 연해주를 거쳐 타타르해협을 건너서 일본의 북해도와 동북지방 혹은 관동지방까지도 진출해 갔을 것으로 생각되는데 그곳에서 그들은 제2차 전환기 때 이동해 가서 이미 정착해 있던 한민족(韓民族) 선주민과 합류하게 되었을 것이다. 따라서 일본에도 제2차 전환기 때 대륙에서 건너간 한민족(韓民族)에 의해서 성립된 전기조몬(前期繩紋)시대와 제5차 전환기 때 간 한민족(韓民族)에 의해서 성립된 후기조몬(後期繩紋)시대가 있어 그 두 시대의 기간이 합쳐져서 수천 년이 훨씬 넘

는 조몬시대의 기간이 되었을 것으로 보인다.

한편 기자를 따라와서 한반도로 남하한 집단들 중에서 여러 집단들이 한반도 남단으로 이동하여 분포하게 되는데 그 중에 일부 집단이 이번에는 현해탄을 건너가서 일본의 히무가(日向)지방을 중심으로 한 규슈(九州)일대와 이즈모(出雲)지방을 중심으로 하는 중부서쪽지방의 북부해안 일대에 상륙하여 그곳에 정착하여 재분포하게 되었을 것으로도 추정이 된다. 그곳에서도 역시 그 이전에 제3차 전환기 때 산발적으로 그곳으로 건너간 소수의 북방 한민족(韓民族) 집단들이 희박하게나마 이미 분포되어 있었을 것이나 이번의 제5차 전환기에 이동해 간 한민족(韓民族)은 대집단들이요 대 은민족이기 때문에 문화민족으로서 그곳에 재분포하면서 기존의 선주민 한민족(韓民族)들의 추대를 받아 지배층이 되었을 것으로 생각할 수 있다. 그리고 한민족(韓民族)이 대륙으로부터 대규모의 집단으로 현해탄을 건너서 일본열도로 가서 광범위하게 분포한 것은 그때까지는 이번이 가장 큰 규모였다고 할 수 있을 것이다.

(2) **기자가 조선으로 나온 것이 대략 B.C. 1120년경**이 되는 것으로 추정이 되고 있다. 그때 기자와 같이 한반도북부까지 나왔던 은나라 유민들이나 만주와 한반도북부에 정착해 있던 일부 한민족(韓民族)들이 은주전쟁의 여파로 한반도의 남쪽으로 남하하여 일단 정착하게 되었을 것인데, 그리고 그들의 멀지 않은 후손들의 일부가 다시 집단을 이루어 일본열도로 건너간 것으로 볼 수가 있어 이때부터 대륙의 한민족(韓民族)이 현해탄을 통해 계속 일본열도로 건너가기 시작하게 된 것으로 보인다. 그리고 그들이 일본열도의 서남부지방에 정착하여 읍락을 이루면서 자치권이 형성되기까지 수백 년이 걸렸을 것으로 생각할 수 있다. 그래서 이때 이동해간 한민족(韓民族)들이 일본열도의 중·서·남부 지방에 분포하기 시작한 시기는 대략 일본학자들이 주장하는 조몬시대의 후기 이후에서 어쩌면 초기 야요이(彌生)시대가 해당될 것으로 보인다.

또 그들의 일부는 일본의 관서(關西)지방을 거쳐 점차 관동(關東)지방으로 진출하여 그곳에 동북지방에서 남하하여 와서 분포되어 있던 선주 한민족(韓民族)들과 합류하였을 가능성이 높다. 그렇게 되어 이때 비로소 희박하게나마 한민족(韓民族)이 일본열도 전역에 분포하게 된 것이라 볼 수 있다. 그리고 이번에 이동해간 한민족(韓民族)은 발달된 수도(水稻)농경기술을 가지고 있었기 때문에 일본에서는 이때부터 수도농경에 의한 식량 생산시대로 들어서게 된 것으로 볼 수 있다.

(3) 일본열도의 이러한 상황에 대해서 일본의 몇 학자들의 견해를 들어보기로 한다.

① 오모토(尾本惠市)씨가 주장하는 원(原)일본인의 유래에 대한 견해를 요약해 보면 "…조몬인(繩紋人)의 조상인 후기구석기인의 도래 루트로 가장 가능성이 높은 곳은 (1) 시베리아로부터 사하린을 거쳐 북해도(北海道)로 오는 것, (2) 중국으로부터 한반도를 거쳐 서일본(西日本)으로 오는 것, (3) 중국 동부로부터 유구열도(琉球列島)를 거쳐 규슈(九州)로 오는 것의 3가지이다. 야요이인(彌生人)의 도래 루트는 중국 북부에서 한반도를 거쳐 북규슈나 본주(本州) 서부로 왔다고 하는 것은 대체로 정확한 견해라 보지만 개중에는 중국 남부에서 유구열도를 거쳐 규슈 남부로 도래한 사람들이 있었는지도 모를 일이다.…"[23]

이 견해를 보면 대부분의 일본인들이 중국 북부에서 한반도를 거쳐 일본으로 건너간 한민족(韓民族)이라는 사실을 알 수 있다. 그것은 역시 제2·3차 전환기 때 일본으로 건너간 황제(黃帝)민족과 이번의 제5차 전환기 때 건너간 은(殷)민족과 조선(朝鮮)민족이 모두 포함되는 것이다.

② 마쓰모토(松本秀雄)씨는 "…따라서 원(原)일본민족이 일본열도에 도래한 시기는 조선민족의 조상 집단이 한반도로 이동해 온 시기와 동시대이거나 혹은 그보다 더 앞선 시기로 보는 것이 좋을 것 같다.…"[24]고 하였다.

여기서 앞선 시기라는 것은 북방 한민족(韓民族)집단들이 처음 한반도에 머물지

---

23) 尾本惠市 著「日本人の起源」(裳華房), 4章. p167.

24) 松本秀雄 著「血液型は語る」(裳華房) 6章 2, p104.

않고 그대로 통과해서 일본열도로 건너간 것을 뜻하고 그리고 동시대라는 것은 같이 한반도까지 온 그들 집단들이 일부는 일본으로 가고 일부는 한반도에 잔류하게 된 것을 말하는 것으로 보이는데 그렇다면 그 집단들이 곧 황제(黃帝)민족과 은(殷)민족이라는 것을 알 수 있다.

③ 고바야시(小林孝信)씨는 다음과 같이 주장하고 있다. "중국의 민족이동사에서 가능한 간단한 법칙성을 찾아낸다면 다음의 두 가지라 할 수 있을 것이다. ⑴ 한인(漢人)·비한인(非漢人)의 지배 교대의 역사, ⑵ 권력의 남북 순환과 한인(漢人)의 남북 확대(擴大)의 역사…"[25]라 하였다.

여기서는 한인(漢人)과 비한인(非漢人)을 구분하고 그들의 지배권의 교대라는 말로서 한민족(漢民族)과 한민족(韓民族)이 지배권을 장악하기 위해 남정북벌을 감행하여 교대로 왕권을 수립했던 사실에 가까이 간 것 같으나 그러나 한민족(韓民族)과 남정북벌의 개념을 확립하지 못한 것이 아쉽게 생각된다.

8. 한민족(韓民族)과 한민족(漢民族)의 혼전시대

1) 주(周)왕조의 멸망

⑴ 주(周)왕조는 제12대 왕인 유왕(幽王) 때 견융(犬戎)의 공격을 받아 일단 멸망한다. 그리고 중국 주변에서 주로 서방에 분포되어 있는 한민족(韓民族)을 한민족(漢民族)들이 융(戎)이라 일컬어 온 것인데 그 중에서도 특히 서북방의 융족(戎族)을 견융(犬戎)이라 일컬어 온 것 같다. 아마도 이 사건은 처음 견융이라 일컬어지고 있는 한민족(韓民族)이 분포되어 있는 곳에 그 서방에서 진격해온 주(周)민

---

25) 小林孝信 著 「民族の歷史を旅する」 (明石書店) Ⅴ의1, p258~p261.

족에게 자신들의 강토를 빼앗긴 후에 북쪽으로 도망가 있으면서 늘 기회를 엿보고
있던 견용이 이 때에 주(周)왕조의 정치가 문란해진 틈을 이용 주왕조를 공격해서
그들의 구강토를 잠시나마 회복했던 사건으로 풀이할 수 있을 것 같다. 그들이 주
왕실을 공격하여 유왕(幽王)을 죽이고 중국 서부의 지배권을 회복한 것처럼 보였
으나 그것이 오래 가지 못하고, 유왕의 아들 평왕(平王)이 동쪽으로 도망하여 B.C.
771년에 낙읍(洛邑)에서 주왕조를 잇는 동주(東周)라는 새로운 나라를 세움으로써
그 한민족(韓民族) 세력은 더 신장하지 못하고 곧 종결이 된 것 같다.

　그러나 이 사건은 중국에서 한민족(韓民族)이 대략 350년 동안이나 계속되던 이
민족인 한민족(漢民族), 주왕조의 침략의 역사를 마감시켰다고 하는 데 더 큰 의의
가 있다고 볼 수 있다. 그리고 그 여파는 새로운 시대 즉 중국에서 오래도록 유지
되어 온 봉건국가들이 각각 독립해서 봉건(封建)이 아닌 많은 독립 도시국가들을
형성하면서 서로 세력을 신장하기 위한 쟁패의 시대로 접어들게 한 것으로 볼 수
있다, 이 시대를 우리들은 춘추전국시대(春秋戰國時代)라 일컫고 있다. 그리고 그
것은 춘추시대(春秋時代)와 전국시대(戰國時代)의 두 시대를 합한 것이 되는데 춘
추(春秋)시대는 B.C. 771
년경부터 B.C. 403년경
까지의 시대 즉 도시국
가들이 서로 국토를 넓히
고 패권을 잡기 위해 치
열한 경쟁을 하던 시대를
일컫고 있고, 전국(戰國)
시대는 B.C. 403년경부
터 B.C. 221년까지의 시
대 즉 그때까지 살아남은
7개의 독립국가들이 서로

〈그림 5〉 춘추시대의 제후국들

자신이 전체 중국을 통일하기 위해서 치열한 전쟁을 하는 시대를 일컫는 것이다.

(2) 주(周)왕조가 많은 제후국을 거느리고 출발하였으나 왕조가 쇠약해지면서 도시국가들의 쟁패의 장(場)으로 변모해 가고 다시 몇 개의 군웅의 시대로 되었다가 전체가 그들의 이민족인 한민족(韓民族)에 의해서 하나로 통일되는 그러한 과정과 형태가 자세히 보면 메소포타미아에서 수메르인들이 많은 도시국가들을 건설하고 그것들을 통치하는 초기 왕조기(王朝期)의 탄생으로부터 왕조의 흥망과 셈어족과의 합류, 그리고 도시국들의 쟁패의 시대를 거쳐 결국 이민족인 인도유럽어족에 의해서 하나로 통일되어간 것과 대단히 흡사함을 느낄 수 있다. 다만 중국은 메소포타미아에 비해서 지역이 광대하고 도시국가의 수도 많고 그리고 외부의 침공세력이 아닌 같은 영역에 있던 과거에 그들 부조의 땅을 주민족에게 빼앗겼던 한민족(韓民族)인 진(秦)민족에 의해서 광복 통일된 점이 다르다할 것이다.

2) 한민족(韓民族) 국가의 분포

사기(史記)에 의하면 춘추시대를 통하여 봉건국가로 세가(世家)라는 이름으로 사기의 기록에 올라있는 나라는 20개 정도가 된다. 서주(西周)시대에는 봉건국가와 또 성읍(城邑)국가라고 하는 소도시국가인 작은 나라들까지 셈하면 수도 없이 많았다고 하는데 그것이 춘추시대에 들어서 많은 나라들이 정복되거나 복속, 합병되어 140여 개의 나라로 되었고 그것이 전국시대로 들어서면서 다시 7개의 나라로 된 것인데 춘추시대의 것으로 사기의 12제후국이나 또는 세가로 소개된 20여 개의 나라들은 아마 비교적 규모가 큰 국가들이기 때문에 기록에 올라있는 것 같다. 여기서는 사기의 세가에 올라있는 나라들의 기록을 분석해서 그 중에서 한민족(韓民族) 국가들을 가려내어 살펴보고 또 처음 은왕조 때의 백성들은 전부가 한민족(韓民族)이였지만 은왕조 패망 후에 그들을 다스리려 나간 주왕조의 왕족이나 공신들의 나라들은 어떻게 변했는지 그 몇 나라에 대해서 같이 살펴보기로 하겠다.

(1) **송(宋)나라** ; 사기의 송미자세가(宋微子世家)에 의하면 미자(微子) 개(開)는 은(殷)왕조 제을(帝乙)의 큰아들이고 주왕(紂王)의 서형(庶兄)이다. 그리고 송(宋) 나라가 전국시대 후기에 제(齊), 초(楚), 위(魏) 나라 등에 의해서 멸망할 때까지 은 왕조의 제을의 후손에 의해서 다스려졌고 백성들이 모두 은민족인 것은 물론이다. 따라서 전국시대 후기까지 비록 통일왕조는 아니더라도 중국에서는 은왕조의 명 맥이 그때까지 송(宋)나라에 의해서 유지되어 왔다는 것을 알 수 있다.

(2) **초(楚)나라** ; 역시 사기의 초세가(楚世家)에 의하면 초나라의 선조는 제전욱 고양씨이고 고양씨는 황제(黃帝)의 손자요 창의의 아들이다. 기록상으로는 주(周) 왕조의 성왕 때 웅역(熊繹)이 초(楚)에 봉해지면서 초나라가 성립된 것으로 되어 있으나 이마도 초나라는 은왕조가 멸망하면서 한민족(韓民族)으로서 주왕조에 굴 복하지 않고 웅역의 조부되는 웅려(熊麗)나 또는 아버지 웅광(熊狂) 또는 웅역 자 신이 초(楚)의 땅에서 나라를 설립하고 독립을 선포한 것이 아닌가 생각된다. 다만 주왕조의 성왕이 봉작을 하였다고 하는 것은 마치 무왕이 기자를 조선에 봉했다고 한 것과 같은 훗날에 역사 기록의 왜곡이거나 또는 주왕조의 체면치레용으로 한 것일 가능성이 농후하다. 그것은 다음과 같은 사례들에서 충분히 짐작할 수 있다.

① 웅려(熊麗)이전부터 그 자손들의 이름에 곰족이요 한민족(韓民族)임을 뜻하 는 웅(熊)자를 사용하여 왔다. 그것은 정복자 용족인 한민족(漢民族)의 혹심한 핍 박과 학대 속에서도 그들에게 굴하지 않고 또 그들에게 흡수되거나 동화되지 않으 려는 의지에서 나온 것으로 볼 수 있다.

② 초(楚)나라에서는 다른 제후들과는 달리 처음부터 군주에 대해서 주왕조와 같은 왕의 칭호를 사용해 왔다. 그것은 주왕조와 동등한 한민족(韓民族) 왕조라는 것을 강조한 것이라 볼 수 있다. 사기의 초세가에 의하면 초의 6대 왕 웅거(熊渠) 는 중국의 시호(諡號)를 따를 필요가 없다고 말하고 자식들을 모두 왕으로 봉했는 데 그들의 봉지(封地)는 모두 양자강 위쪽의 초나라 땅에 있다고 하였다. 이것은 초(楚)왕조≪중원에서 은왕조를 이은 왕조로 본다≫가 주왕조와 대등한 왕조임을

내세운 것으로 볼 수 있다. 이것을 보아도 주왕조와 초왕조는 겉으로는 주종의 관계로 보일지 몰라도 서로 완전한 독립국가임을 주장하고 있음을 충분히 감지할 수 있다. 그 후에도 왕의 시호를 나라가 존속하는 전국시대는 물론 통일한 진(秦)왕조 이후까지 사용하고 있음을 볼 수 있다.

③ 한서(漢書) 조선전(朝鮮傳)에 의하면 "초나라의 선조는 역대로 자신들의 땅을 가지고 있었다. 주왕조가 쇠퇴할 때 초나라의 땅은 사방 5천리나 되었다. 진(秦)왕조에 와서 제후들을 다 없앴지만 오직 초(楚)만은 국가로 남아 전왕(滇王)이 왕으로 있었다.…"[26]고 하고 있어 진(秦)왕조가 그들과 동족이기 때문에 멸하지 않고 국가로 존속시켰을 것으로 볼 수 있다.

(3) 조(趙)나라 ; 사기의 조세가(趙世家)에 의하면 조(趙)씨의 선조는 진(秦)왕조와 같다. 그 후세에 비렴(蜚廉)이 있어 그의 아들이 둘인데 장자 악래(惡來)는 진(秦)나라를 이루고 동생은 계승(季勝)인데 그 후손이 조(趙)나라를 이루게 된다. 진(秦)왕조의 선조는 제전욱의 묘예라 하였으니 조나라의 조상 또한 진(秦)과 같이 고양씨의 후손이기 때문에 그들은 모두 황제(黃帝)의 후손이요 한민족(韓民族)이다. 진(秦)나라에 의해서 천하가 통일될 때까지 이어간다.

(4) 사기의 세가(世家)에는 들어있지 않으나 주(周)본기에 의하면 주왕조의 무왕이 은왕조를 멸망시킨 후 일제히 제후를 봉할 때 황제(黃帝)의 후손을 축(祝)에 봉했다고 했으니[27] 분명히 축(祝)이라는 나라의 제후도 한민족(韓民族)임이 틀림없는 것으로 볼 수 있다.

(5) 왕조를 창건하기 이전의 진(秦)나라도 앞의 조(趙)나라와 같이 한민족(韓民族)인데 그것은 다음의 단원에서 자세히 살피게 될 것이다.

사기의 기록에 나타나 있는 것으로서 이 다섯 곳의 임금은 물론 그 백성들이 모두 한민족(韓民族)이기 때문에 그 백성들로 인해서 한민족(韓民族)이 임금이 된 것

---

26) 漢書卷九十五 西南夷兩粤朝鮮傳第六十五, 贊曰條.

27) 史記 周本紀第四 武王條.

이라 보아야 할 것이다. 그러나 이 5곳 이외의 소국까지 셈하면 그 많은 중국의 제후국들 중에서 한민족(韓民族)제후가 많았을 터이지만 어떤 곳인지는 명확하게 알 수는 없다.

3) 한민족(韓民族) 국가로 추정되는 곳

⑴ 백성이 대부분 한민족(韓民族)이고 그 군왕도 한민족(韓民族)으로 추상되는 국가.

① 위(衛)나라 ; 위나라는 처음 송(宋)나라와 더불어 하나의 나라였다. 주왕조의 무왕이 그곳 은왕조의 유민을 다스리도록 은왕조의 말제인 주왕의 아들 무경녹부를 그곳 왕으로 봉했는데 나중에 그가 은왕조의 광복운동을 했다해서 성왕 때 주공 단(旦)에 의해서 죽임을 당하고 그 영토를 2분하여 한 곳은 미자 개(開)를 봉해서 송(宋)이라 했고 그리고 다른 한 곳은 무왕의 아들 강숙(康叔)을 봉해서 위(衛)라고 했다. 위는 하수(河水)와 기수(淇水) 사이의 과거의 상허(商墟)이다. 그 후 아마도 춘추시대의 중기나 후기부터는 그곳 백성인 한민족(韓民族)들이 한민족(漢民族)인 강숙의 후손을 추방하고, 한민족(韓民族)의 군주가 다스리게 된 것으로 보는 것이 옳을 것 같다.

② 월(越)나라 ; 월나라의 이웃에 있는 오(吳)나라의 제후는 주나라 문왕의 백부(伯父)와 중부(仲父)의 후손이다. 그들은 한민족(漢民族)이기 때문에 그들과 누대로 내려오면서 철천지원수의 사이인 월(越)나라는 한민족(韓民族)일 가능성이 높다.

앞에서와 같은 한서 조선전에 의하면 "한(漢)이 서남이(西南夷)를 주살하고 … 동월(東粵)은 그 나라가 망하고 백성들이 다른 곳으로 옮겨갈 때도 요왕(繇王) 거고(居股) 등은 여전히 만호(萬戶)의 제후로 남아 있었다."고 하였는데 이것은 월나라가 진(秦)왕조의 통일 후에도 또 한(漢)왕조의 성립 후에도 제후국으로 존재하고

있었다는 것인데 진시황(秦始皇)은 그들이 한민족(韓民族)이기 때문에 그들의 강
남에서의 지배권을 인정하여 국가로 존속케 했을 가능성이 크고, 한(漢)왕조는 그
들을 아직 정벌하지 못하여 국가로서 존속하고 있었다고 보는 것이 옳을 것 같다.

이러한 이유들에서 월(越)나라의 백성이나 군왕이 모두 한민족(韓民族)일 가능
성이 높다고 하겠다. 그러나 한민족(韓民族)이 언제 어떻게 그곳 강남땅까지 진출
해서 분포하게 되었는지에 대해서는 알 길이 없다.

(2) 백성의 다수가 한민족(韓民族)이고 제후도 한민족(韓民族)일 것으로 의심
되는 나라들.

① 진(陳)나라 ; 진(陳)나라의 시조 호공(胡公) 만(滿)은 제순의 후예로 되어 있
다. 처음 제순의 아들 상균(商均)이 우(禹)의 천하에서 제후로 되어 있었으나 "하
왕조시대를 통해서는 혹은 끊기고 혹은 이어져 오다 주나라 무왕이 순의 후손을
구하다 규만(嬀滿)을 얻어 진(陳)에 봉했다. 그가 호공(胡公)이다"[28]라 기록하고 있
어 호공이라는 사람이 당시에 1천년 전의 제순의 후손이라 하나 분명한지가 매우
의심스럽다. 그리고 춘추시대부터는 여러 번의 정변으로 그 후손이 끝까지 제후의
자리를 지켰는지도 의심스럽다. 진(陳)나라는 지리적으로 상구(商丘)에 가까워 처
음부터 은민족이 많이 분포되어 있었을 것은 분명하기 때문에 대부분의 백성들이
한민족(韓民族)일 것이라 생각은 되나 여러 전환기를 겪으면서 한민족(漢民族)과
어느 정도의 비율을 이루게 되었는지는 알 수가 없다.

② 기(杞)나라 ; 기나라의 시조 동루공(東樓公)은 주 무왕이 하왕조의 제사를 받
들도록 하기 위해서 제후로 봉한 사람이다. 기(杞)나라 제후의 자손들도 춘추시대
말에 초나라에 의해서 진(陳)과 더불어 멸망될 때까지 제순의 옳은 후손으로 이어
져 왔는지는 매우 의심스럽다. 물론 우하(禹夏)의 후손들이 백성으로 있었기 때문
에 그곳에 그의 후손인 동루공을 봉했을 터인데 그러나 은민족과는 어느 정도의
비율로 분포되어 있었는지는 알 수 없으나 아마도 은민족이 많았을 것으로 추정이

---

28) 史記 陳杞世家第六 陳編.

된다.

③ 전경중완세가(田敬仲完世家)에 기록된 제후 전태공(田太公)은 본래 陳나라 여공(厲公)의 아들 진완(陳完)의 후손이기 때문에 진(陳)나라 제후와 같은 혈통으로 분류가 되어야할 것이다. 그러나 그 백성은 제태공세가(齊太公世家)≪여씨(呂氏)≫시대의 그 백성으로 한민족(韓民族)이 가장 많이 분포되어 있었던 곳이다.

4) 한민족(韓民族) 백성에 한민족(漢民族) 제후인 나라들

(1) 산동지방(山東地方) ; 본래 산동(山東)지방은 전부 한민족(韓民族)만이 분포되어 있었던 곳이라 할 수 있다. 대체로 동이(東夷), 회이(淮夷) 혹은 동호(東胡) 등으로 일컬어지는 이족(夷族) 또는 호족(胡族)은 모두 한민족(韓民族)을 가리키는 말이다. 고문헌들은 산동지방에는 그러한 이족들만이 분포되어 있었던 곳으로 기록하고 있다. 은허의 무경녹부가 은왕조의 광복전쟁을 일으키고 산동지방의 회이와 엄(奄) 등에서도 은왕조의 광복전쟁이 일어나자 주나라 주공이 대규모의 제2차 동정군을 조직하여 산동지방의 정벌에 나서게 된 것이다. 그리하여 산동지방의 정벌이 끝난 후에는 그곳 한민족(韓民族)들의 반격을 저지하고 광복운동을 봉쇄할 뿐 아니라 사전에 철저히 감시할 수 있도록 주왕조의 공신인 태공망 여상(呂尙)을 영구(營丘)에 봉해서 제(齊)나라를 만든 예가 말하듯 산동지방의 모든 백성들은 한민족(韓民族)인데 정략적으로 모든 제후는 한민족(漢民族)으로 배치가 된 것이다.

(2) 사기의 관채세가(管蔡世家)에 의하면 무왕의 동모(同母)형제는 10명이다. 그 중에서 무왕 자신과 장자 그리고 연소자를 제외하고 6명이 모두 봉토를 받아 제후가 되었는데 대부분 제나라를 중심으로 하는 산동지방에 배치된 것을 볼 수 있다.

이러한 조치들을 보면 계획적으로 한민족(韓民族) 분포지역인 산동지방을 무기력화시키려는 의도가 있는 것을 엿볼 수 있다. 즉 그들 무왕의 형제들이 그곳을 완전히 장악한 것은 그곳의 한민족(韓民族)과 그곳으로 밀려온 타지역 은왕조의 유민들이 주나라를 향해서 서쪽으로 반격을 할 수 없도록 조치를 취한 것이라 할 수 있다. 그래서 그곳의 은왕조 백성들을 분산 소모시키려 노예로 동원해서 성주라는 도시를 건설하는 노역을 시키고, 그리고는 그곳으로 강제이주를 시켰던 것이다.

(3) 사기의 세가(世家) 에 나오는 여타의 주요 제후국들

① 무왕의 아들 당숙우(唐叔虞)를 봉한 진(晉)나라 ; 진(晉)나라는 후에 위(魏), 한(韓), 조(趙)나라로 3분되면서 중국이 전국(戰國)시대로 접어들게 되는데 그 중에서 조(趙)나라는 진(秦)나라와 그 시조가 형제간으로 같은 한민족(韓民族) 제후다. 위(魏)나라는 그 시조가 주왕조와 동성이라고만 되어 있다. 사기에서는 그 후예들은 서인이 되어서 혹은 중국에 있기도 하고 혹은 이적(夷狄)에 있기도 하였다고 하였으니 그 선조가 한민족(韓民族)일 가능성이 있다.

② 정(鄭)나라 ; 주왕조 여왕(厲王)의 말자인 환공(桓公) 우(友)가 시조로 되어 있으니 한민족(漢民族)임이 틀림없을 것 같다. 그러나 3세 장공(莊公)에 이르러 주정(周鄭)전쟁에서 승리하여 주(周)왕조를 왕조로서의 수명을 다하게 만든 나라이기도 하다. 그렇다 해도 제후는 한민족(漢民族)이지만 그 위치상으로 봐서 종주(宗周)보다는 송(宋)에 가까우므로 백성들은 대부분 한민족(韓民族)일 것으로 볼 수 있다.

③ 제후는 아니지만 역시 사기의 세가에 들어 있는 공자(孔子)는 그 시조가 송인(宋人)으로 되어 있다. 그것이 사실이라면 당시의 송(宋)나라는 본래 제후는 은(殷)민족인 미자(微子)의 후손이고 그 백성 또한 모두가 은민족이었으니 공자 또한 은민족의 후예인 한민족(韓民族)임이 틀림없다고 하겠다.

제 6 편

제3차 한민족(韓民族)왕조
≪진왕조(秦王朝)≫시대

1. 백제(白帝)의 후손

1) 역사의 개요

⑴ 진(秦)왕조의 선조는 오제(五帝)의 한 분인 제전욱(帝顓頊) 고양씨(高陽氏)로 되어 있다. 고양씨의 손자에 여수(女脩)라는 사람이 있었는데 그녀는 황제(黃帝)의 고손자(玄孫)가 된다. 그녀가 하루는 베를 짜고 있는데 그곳에 현조(玄鳥)가 알(卵)을 떨어뜨리고 가서 그 알을 입에 넣어 삼켰더니 잉태가 되어 아들 대업(大業)을 낳았다. 대업이 커서 소전국(少典國)의 여화(女華)를 취하여 대비(大費)를 낳으니 그가 제순(帝舜)시대에 우(禹)와 더불어 치수에 공을 세우고 제후가 된다. 그의 후손 중에 비자(非子)는 진읍(秦邑)에, 조보(造父)는 조성(趙城)에 제후로 봉해진다. 그들의 후손들이 그곳을 봉토(封土)로 이어와서 후에 진(秦)나라의 정(政)이 천하를 통일하고 진(秦)왕조를 창건하게 된 것이다.

진(秦)왕조는 도읍을 황하의 상류인 위수(渭水)부근의 함양(咸陽 · 시엔양)에 두고 그 주위의 튼튼한 요새를 배경으로 춘추 · 전국시대를 통하여 강국으로 이어 오다 진왕(秦王) 정(政)의 시대에 이르러 중국 전국시대의 7국을 전부 통일하여 B.C. 221년에 통일 지나(支那)라는 진(秦)왕조를 건설하고 정(政)이 그 시황제(始皇帝)가 되었다. 그는 도시국가제도인 봉건제도를 완전 타파하고 중국 전역을 36개의 군

(郡)으로 편성하여 완전한 친정체제를 갖추게 된다. 그는 화덕왕(火德王)인 주왕조를 극했다 하여 스스로 수덕왕(水德王)이라 칭했다. 나라의 색은 흑색으로 정했다. 그렇게 되면 오행상 수(水)는 금(金)을 이어받는 것이 되어 그가 백제(白帝)의 후손임을 뜻한다. 그것은 한민족(韓民族)을 뜻하는 것이다. 따라서 시황제(始皇帝)가 진(秦)왕조를 건설한 것은 한민족(韓民族)의 제3차 남정이 되고 제6차 동복아시아 민족이동과 재분포의 대전환기가 된다.

(2) **제3차 남정에 성공한 한민족(韓民族)인 진왕(秦王) 정(政)**이 진(秦)왕조를 이룬 후에는 과거 주(周)민족이 은(殷)왕조의 문화를 완전히 파괴하고 한민족(韓民族)을 핍박하고 학대했던 그러한 주민족에 대해서 보복을 감행하는 일에 가능한 모든 수단을 동원하게 된다. 우선 주민족이 사용하던 문자인 대전(大篆)을 폐하고 진(秦)민족이 제정한 소전(小篆)으로 통일하게 하고 분서갱유(焚書坑儒)를 하여 주왕조시대의 유서(儒書)를 비롯한 모든 서적은 다 불사르고 진(秦)왕조의 기록만을 남기게 했다. 또 주왕조시대의 시(詩)와 서(書)를 논하는 사람이나 진(秦)왕조를 비방하는 사람은 모조리 잡아다가 처형했다. 이것은 과거에 은왕조의 문화를 주왕조가 철저히 말살시킨 것과 같이 주왕조가 이룬 모든 문화를 이때 철저히 파괴하기 위해서 의도적으로 취한 보복조치라 할 수 있을 것이다.

진시황제(秦始皇帝)가 죽으니 그의 차자인 호해(胡亥)가 제2세 황제가 되지만 곧 간신 조고(趙高)에 의해서 죽임을 당하고 시황제의 장자인 부소(扶蘇)의 아들 자영(子嬰)이 제3세 황제가 되지만 그도 불과 46일만에 한(漢)왕조를 이룬 패공(沛公) 유방(劉邦)에게 나라를 들어 항복하니 진(秦)왕조는 겨우 3대 15년으로 마감을 하고 한민족(漢民族)인 한(漢)왕조가 뒤를 이어 중국을 지배하게 된다. 진(秦)왕조의 멸망과 더불어 이후 중국 내부의 한민족(韓民族)에 의한 남정은 다시는 없게 되었다.

2) 진민족(秦民族)의 혈통

(1) 진(秦)왕조의 시조는 대업(大業)이다. 그는 오제(五帝)의 한분인 고양씨(高陽氏)의 증손자이고 황제(黃帝)의 5대손이다. 그의 어머니 여수(女脩)는 현조(玄鳥)의 알을 먹고 그를 낳았다고 하였다. 은(殷)왕조의 시조의 탄생설화와 같다. 한민족(漢民族)들의 모든 기록에는 현조(玄鳥)를 제비로 해석하고 있다. 그러나 현조를 제비로 보는 것은 대단한 잘못이다. 현조(玄鳥)는 검은 새로 현방(玄方) 즉 북방의 새(鳥)를 말하는 것인데 결국 북방 민족을 상징하는 것이다. 또 북방의 새는 대개 홍곡(鴻鵠)과 같은 큰 새이다. 중국 역사에서 새의 알과 관련되어 출생한 왕조의 시조는 은왕조의 시조 설(契)과 진(秦)왕조의 시조 대업(大業)뿐이다.

(2) 설(契)은 황제(黃帝)의 장자인 소호김천씨의 손자 고신씨(高辛氏)의 아들이고, 대업(大業)은 황제(黃帝)의 차자인 창의(昌意)의 아들 고양씨(高陽氏)의 증손자이다. 즉 은왕조는 황제(黃帝)의 장자의 후손이요, 진(秦)왕조는 황제(黃帝)의 차자의 후손이다.

대업(大業)은 황제(黃帝)의 초기의 영지였던 유웅국(有熊國)의 왕의 딸을 아내로 맞는다. 유웅국이 한민족(韓民族)의 성지격임을 감안할 때 대업의 혈통은 순수한 한민족(韓民族)임을 말하는 것으로 볼 수 있다. 그러한 대업을 시조로 하는 진(秦)민족은 분명한 한민족(韓民族)이요 따라서 진시황(秦始皇)도 물론 한민족(韓民族)임이 틀림없는 사실이다.

(3) 천하를 통일한 진시황(秦始皇)은 시황(始皇) 27년에 위수(渭水) 남쪽에 신궁(信宮)을 짓고 그 이름을 극묘(極廟)라 하였다. 그것은 북극을 상징하기 위함이라고 하였으니 본래 한민족(韓民族)의 시조인 황제(黃帝)와 북극성 또는 북두칠성 등과의 관계를 감안할 때 북극성을 상징하기 위하여 궁(宮)을 지었다고 하는 것은 그가 황제(黃帝)의 후손임과 한민족(韓民族)임을 나타내는 것이 된다. 북극성은 북방민족인 한민족(韓民族)만이 숭배하고 있는 것이다. 따라서 진(秦)민족은 은(殷)

민족과 더불어 백제(白帝)의 후손이 되는 것이다.

대업의 후손이요, 황제(黃帝)의 후예인 진(秦)나라의 정(政)이 B.C. 221년에 전국시대의 나머지 6국을 통일하고 지나(支那)를 건국하여 그 시황제(始皇帝)가 되면서 한민족(韓民族)이 제3차 남정에 성공하여 제6차 민족이동과 재분포의 대전환기가 된 것이지만 이때 동북아시아에서는 별로 큰 변화가 없었다고 볼 수 있으나 중국 남부나 동남아시아 지역에서는 진(秦)민족에게 쫓겨서 피난이나 망명을 하는 한민족(漢民族)들로 큰 혼란이 생겼을 것으로 보아야 할 것이다. 진(秦)나라가 주민족을 탄압하고 그들의 문명을 철저히 파괴하려한 사실은 그들이 은민족을 탄압하고 그 문명을 철저히 파괴한 데 대한 보복적 차원에서 이루어진 것이라는 사실을 충분히 알 수 있고 또 잊어서는 안 될 것이다.

2. 진왕조(秦王朝)의 이민족(異民族)에 대한 보복

1) 주(周)민족 문화의 파괴

(1) **분서갱유(焚書坑儒)** ; 진(秦)시황은 의약과 복서(卜筮)에 관한 서적과 농업에 관한 책을 제외하고 모든 시와 서 및 진(秦)나라에 관한 기록이 아닌 제자백가의 저서들은 모두 불태워버리고, 경서(經書)를 담론하는 자는 모두 처형하고, 현실을 비판하는 자는 그 일가족까지 멸족시키라는 영(令)을 내리고, 그러한 조치를 취하였는데 그것은 한민족(韓民族)만이 황제(黃帝)의 정통 후손임에도 불구하고 당치도 않은 침략자 주(周)민족이 자기들이 황제(黃帝)의 후손인 것처럼 위사(僞史)를 꾸미고 그 정통성을 주장하는 곡필을 했기 때문에 그러한 조치를 취한 것이라 할 수 있을 것이다. 이때의 주민족 문화의 파괴 규모는 사기에 잘 나타나 있다. 진

(秦)왕조의 승상(丞相) 이사(李斯)가 건의하고 진시황이 승인한 내용의 기록에서 그러한 것을 잘 알 수 있다.

(2) **진(秦)왕조의 무서운 보복 조치** ; 이러한 진(秦)왕조의 조치들은 아마도 주민족의 문화와 역사를 후세에 남기지 않으려는 의도였음이 분명한 것으로 받아들여지게 된다. 따라서 이러한 주민족에 대한 진시황의 일련의 강력한 조치들은 주나라가 은왕조에게 취했던 은문화의 파괴에 대한 보복적 조치로 볼 수 있고, 진시황에게는 그러한 의지가 얼마나 강했던지 그러한 보복조치를 말리던 태자인 부소(扶蘇)까지 북방감찰을 명하여 변방으로 내어 쫓아버린다.

(3) **한민족(漢民族)의 수난** ; 이때의 한민족(韓民族)인 진(秦)민족의 한민족(漢民族)인 주(周)민족에 대한 보복적 학대와 핍박에 의해서 많은 주민족들이 그들의 본래의 근거지인 화남지방으로 쫓기어 가게 된다. 아마도 그때 남쪽으로 가는 길에는 피난이나 망명의 인파가 끊이지 않았을 것으로 생각된다. 그렇게 되어 주왕조 900년의 문화도 완벽하게 파괴되어 땅속에 묻혀버리는가 했더니 그러한 보복조치가 시작 된지 불과 3년 만에 진시황이 죽고 곧 이어 진(秦)왕조가 멸망하게 되니 그러한 모든 조치들이 중단되어버리고 그로써 주왕조시대의 여러 서적이나 문서, 기록물들을 포함한 그들의 문화가 그대로 남아있게 되고 많은 것들이 지금까지 전해 올 수 있게 된 것이라 할 수 있다.

2) 한민족(漢民族)들의 피난

(1) **사기의 유림열전(儒林列傳)에는 진(秦)민족이 천하를 장악**하게 되자 그들의 탄압과 학대를 피해서 남방으로 쫓기어 가는 한민족(漢民族)의 실상이 다소나마 엿보이고 있다. 그것에 의하면 "…박사였던 제남(濟南)사람 복생(伏生)이 진(秦)왕조시대에 분서(焚書)를 피하기 위해서 그의 상서(尙書)를 벽 속에 숨겨놓고 자신은 망명을 떠났다. 한(漢)왕조에 이르러 세상이 평정되어 돌아 와서 그 상서를

찾으니 수십 편이 없어지고 그 중에서 29편만 남아 있었다."[1]고 하였다. 그때는 박
사 아닌 자가 서적을 가진 것과 진(秦)왕조를 비방하는 것에 대해서만 분서갱유를
한 것으로 되어있어 복생은 박사이기 때문에 그것에서는 면제될 수도 있었을 터인
데 유망(流亡)을 했다고 하니 그는 한민족(漢民族)인 주민족임이 분명하다고 할 수
있다. 그때 한민족(韓民族)인 진(秦)민족에게 쫓긴 한민족(漢民族)은 당연히 그들
의 근거지라 할 수 있는 화남지방밖에는 갈 곳이 없었을 것이다.

　(2) 공안국(孔安國)의 고문상서(古文尙書) ; 한(漢)왕조의 경제(景帝)시대에 와
서 노(魯)나라의 공왕(恭王)이 공자(孔子)가 살던 옛집을 헐때 벽속에서 서경(書
經), 예기(禮記), 논어(論語) 등 수십 편의 서적이 나왔다 한다. 그런데 이것들이 모
두 옛날 글자로 쓰여져 있어 세상 사람들이 그 옛 글자를 알아보지 못하였으나 오
직 공자의 12세손인 공안국(孔安國)이 그것을 알고 금문(今文)으로 읽었다 한다.[2]
그것은 공자≪B.C. 552년~B.C. 479년≫시대에 편찬된 것으로 춘추 · 전국시대까
지는 벽 속에 들어가지 않고 또 모든 사람들이 읽을 수 있었을 것이다. 그러던 것
이 진시황의 분서≪B.C. 213년≫와 갱유(坑儒)로 인해서 벽 속에 들어갔다가 B.C.
154년경 공왕이 노(魯)나라 왕이 된 후에 발견된 것으로 된다. 다시 말하면 B.C.
213년까지는 세상 사람들이 다 읽을 수 있는 글자였는데 B.C. 154년경에 와서는
읽을 수 있는 사람이 중국 천하에 공안국 한사람밖에 없었다고 하는 것은 그 배경
이 매우 심각했음을 알 수 있는데, 그 문자를 알아보는 사람이 없었다고 하는 것은
그 사이에 문자의 일대 혁명이 있었고 또 60년 전에 문자를 알던 사람들은 모조리
죽고 없었기 때문이라 할 수 있다. 그런데 그것도 B.C. 206년에 한(漢)왕조가 성립
된 이후에는 그러한 변화가 없었기 때문에 분서와 갱유가 시작된 B.C. 213년에서
진시황이 죽은 B.C. 210년까지의 불과 3~4년 사이에 그러한 변혁이 생긴 것으로
볼 수밖에 없다.

---

1) 史記 儒林列傳第六十一 伏生篇.

2) 金學主 譯 「書經」(韓國出版社), 解說七 古文尙書篇.

(3) **이러한 상황을 종합적으로 판단해 볼 때** 진(秦)민족의 주민족이나 그들의 문화에 대한 학대와 파괴의 과정이 얼마나 격렬했던가를 나타내는 것이라 할 수 있다. 서적이나 기록물들을 가지고 있던 여러 한민족(漢民族)들은 그것들을 아무도 모르게 벽 속에 숨기고는 곧 유망의 길을 떠나서 돌아오지 못하고 죽었기 때문에 그것을 아무도 몰랐고 그것을 숨긴 사람들은 그들의 본고장인 먼 강남땅으로 갔었기 때문에 결국 돌아오지 못한 것으로 보지 않을 수 없다. 이러한 사실들에서 한민족(韓民族)의 제3차 남정에서는 동북아시아지역에서는 별다른 변동이 없었지만 화남지방에서는 북쪽에서 쫓긴 한민족(漢民族)들이 모두 그리로 집결하는 바람에 이번의 제6차 민족이동과 재분포의 시기는 그곳에서만 일대 전환기를 맞게 된 것이라 할 수 있다.

3. 만리장성(萬里長城)의 축조

1) 진시황제(秦始皇帝)의 중원통일 이전의 상황

(1) **지금까지 많은 모순과 여러가지 의문을 남기고 있는 것**이 진시황(秦始皇)이 만리장성(萬里長城)을 쌓았다고 하는 설이다. 여기서는 그것에 대해서 검토해 보기로 한다. 진(秦)왕조는 중국 중원의 가장 서쪽에 위치하고 있어 그 서쪽에는 서융(西戎)이라 불리는 일파의 흉노족(匈奴族)이나 위구르족, 기타 터어키계의 한민족(韓民族)이 있었을 것이고 그 북쪽에는 견융(犬戎)이나 북적(北狄)이라고 불리는 흉노족이 있었다. 그렇지만 진(秦)나라시대나 진(秦)왕조가 그러한 흉노족에 대해서 큰 전쟁이나 토벌을 했다는 기록이 없고, 또 북쪽 민족들이 진나라로 대대적인 침공을 가해왔다는 기록도 없다.

사실 중국의 서·북쪽 외곽의 그러한 북적이나 융족(戎族), 흉노족 등의 부족이나 민족들은 모두 한민족(韓民族)이다. 그래서 전국시대의 중기 이후까지도 동족 사이에 아직 서로 영토를 빼앗기 위해 큰 전쟁을 한 일이 없었는데도 한민족(韓民族)인 진(秦)나라가 앞으로 북쪽에서 대대적인 침공이 있을 것이라는 예상으로 전쟁에 대비해서 국력을 기울이는 장성(長城)을 쌓았다고 볼 수는 없다. 그리고 진(秦)나라가 제후국으로 출발한 이후 또 통일왕조 이후에도 흉노의 공격을 받았다거나 또는 그들이 흉노를 공격하기 위해서 출병했다는 기록이나 흔적은 어디에도 나타나 있지 않다. 즉 그들은 동족이기 때문에 전쟁을 하지 않았다.

이러한 상황은 결국 진(秦)나라가 현 위치에 성립된 이후로는 견융이나 흉노와 직접적인 전쟁이나, 상호 침공이 없었기 때문에 그들의 서쪽이나 북쪽지역에 장성을 쌓을 하등의 필요성을 갖지 않았고 그것은 그들이 장성을 쌓지 않았다는 것을 대변하는 것이 될 것이다.

(2) 또 중국 중원의 서쪽 끝에 위치했던 진(秦)나라가 요동까지 장성을 쌓으려면 그들의 동쪽이나 동북쪽에 여러 나라의 적국이 있었는데도 그것들을 통과해서 요동까지 장성을 쌓았다고 볼 수는 없는 일이다. 또 전국시대에도 역시 진(秦)나라의 동북쪽에는 위(魏), 조(趙), 제(齊), 연(燕) 등의 적대하는 나라들이 있었기 때문에 그런 나라들을 뚫고 들어가서 장성을 쌓는 일은 상상도 할 수 없는 일이다. 특히 전국시대에는 진(秦)나라가 서북쪽이 아닌 그들의 동쪽이나 남쪽 방향으로 출병하여 끊임없이 싸워야 했기 때문에 서북쪽에 장성을 쌓는 일은 생각할 수도 그럴 여유도 없었던 것이다. 진(秦)나라가 한두 군데의 지점에 진지를 구축한 것 정도는 있을 수 있었겠지만 중국통일 이전에는 만리장성을 쌓았다는 것은 있을 수 없는 일로 거짓말이며, 중국 국민들이 그렇게 알고 있다면 그것은 역사가 심히 왜곡된 것이라 하지 않을 수 없다.

2) 진시황제(秦始皇帝)의 중원통일 이후의 상황

(1) 진시황(秦始皇)이 중국을 통일한 것이 시황(始皇) 26년인 B.C. 221년이요, 그가 죽은 해가 시황 37년인 B.C. 210년이다. 천하통일 이후에 진시황이 살아 있었던 기간이 불과 11년이다. 그동안 초기에는 전란이후의 정국수습에 바빴을 것이고 중기까지는 지나(支那)국가 건설에 여념이 없었을 터이고 또 길었던 전쟁기간에 많은 인력과 물자가 소모되고 생존한 사람들도 피로에 지쳐있었을 터인데 그 기간에 만리장성을 쌓는 일은 역시 불가능했다고 봐야할 것이다. 그렇다고 진시황의 생존후기의 단시간 내에 요동까지 이르는 만리장성을 쌓았다고 하는 것도 불가능했고 또 그럴 필요도 없었다고 보아야할 것이다. 그가 죽은 다음에는 국가가 곧 내분에 휘말리게 되어 장정들을 소집해서 장성을 쌓는 일 등은 생각할 수도 없었을 것이다. 그렇게 보면 진(秦)왕조의 중국통일 후에 장성을 쌓을 시간이나 여력이 없었다는 것을 충분히 인식할 수가 있다. 사기의 진본기(秦本紀)나 진시황본기(秦始皇本紀)에는 진시황이 만리장성을 쌓았다는 어떠한 명확한 기록도 찾아볼 수 없다.

〈그림 1〉 진나라의 중국통일과 36군의 설치 및 장성의 축조

(2) 사기에서 역사기록의 근간을 이루고 있는 본기(本紀)에서 진시황이 만리장성을 쌓았다는 명확한 기록이 없다고 하는 것은 결국 진시황이 만리장성을 쌓지 않았다는 말이 되는 것이다. 그가 하명하거나 지시해서 쌓은 것이라면 그것은 반드시 진본기나 진시황본기에 나와 있어야 하기 때문이다. 그런 것이 아니라면 그리고 황제이하 전 국민이 힘을 기울여서 쌓았다고 하는 현실성 있는 기록이 아니라면 그것은 그가 주체가 되어서 또는 진(秦)왕조가 주체가 되어서 장성을 축조한 것으로 볼 수는 없는 일이다. 또 장성축조의 규모로 봐서 본기에 나타나지 않고 황제의 명령이나 지시 등이 없는 그런 대규모의 공사는 있을 수 없는 것으로 보기 때문에 진시황이 장성을 쌓았다고 볼 수는 없는 일이다.

3) 기타 문헌에 나타난 장성(長城) 축조에 관한 기록들

일단은 만리장성이 현존해 있고 진시황이 아니라 해도 누군가에 의해서 축조된 것은 사실이기 때문에 여기서는 가급적 장성과 관련되거나 근접한 기록이 있는 몇 고문헌들을 조사하여 그 내용을 발췌해서 분석해 보기로 한다.

(1) 사기의 몽념열전(蒙恬列傳)에는 다음과 같이 기록하고 있다. "진(秦)나라가 이미 천하를 병합하고 몽념(蒙恬)을 시켜서 30만 중인(衆人)으로 융적(戎狄)을 북으로 추방하고 하남 땅을 수복하여 장성을 쌓았다. 지형에 따라 험준한 곳을 이용하여 요새를 만들었는데 임조(臨洮)에서 시작하여 요동에 이르기까지 남쪽에서 북쪽으로 뻗어서 그 길이가 만여 리이다. 그리고는 황하를 건너 양산(陽山)에 거점을 두고 멀리 북쪽으로 구불구불 뱀처럼 이어져서 풍우에 시달리며 군이 외방(外方)에 나가 있은 지가 10여 년이 되었다. 이때 몽념은 상군(上郡)에 있으면서 흉노에게 그 위력을 떨쳤다"[3]고 기록하고 있다.

(2) 사기의 흉노열전(匈奴列傳)에는 다음과 같이 기록하고 있다. "진(秦)나라

---

3) 史記 蒙恬列傳第二十八.

가 6국을 멸한 후에 진시황은 몽념(蒙恬)으로 하여금 10만의 중인을 데리고 북쪽의 오랑캐(胡)를 쳐서 모든 하남 땅을 수복하고, 요새로 하기 위하여 황하를 따라 44개의 현성(縣城)을 축조하여 병사들로 하여금 그곳에 살면서 지키게 하였다. 또 구원(九原)에서 운양(雲陽)까지 직통 도로를 내고 또 변방을 다지기 위해 산의 험한 곳을 이용하고 계곡에는 참호를 파서 또 그것들을 서로 이은 것이 임조(臨洮)에서 요동까지 만여 리에 이르렀다. 그리고는 황하를 건너 양산과 북가(北假)《내몽고의 오르도스(Ordos) 서북쪽에 있는 한 현(縣)》의 중간에 주둔하였다."[4]고 기록하고 있다.

(3) 사기의 회남형산열전(淮南衡山列傳)에는 "…몽념을 보내어 장성을 쌓게 했는데 동서 수천리이다. 항상 수십만의 군대의 병사들이 이슬을 맞고 있어 그 죽는 자의 수를 알 수 없고 쓰러진 시체가 천리에 이르고 유혈이 밭이랑을 넘친다. 백성들은 힘이 고갈되어 열 집 중에 다섯은 반란을 일으키려 한다.…"[5]고 기록하고 있다.

(4) 사략언해(史略諺解)에서는 "…시황이 몽념을 파견하여 30만 병력으로 하여금 북으로 흉노를 정벌하고 장성을 쌓았는데 임조에서 시작하여 요동까지 남북으로 길이가 만여 리에 이르러 흉노에게 위엄을 떨쳤다."[6]고 기록하고 있다.

(5) 위략(魏略)에는 "…진(秦)나라가 천하를 병합하고 몽념을 시켜서 장성을 축조하여 요동까지 이르렀다.…"[7]고 기록하고 있다.

(6) 수경주(水經注)에서는 "…진시황이 몽념으로 하여금 장성을 쌓게 할 때 죽는 자가 속출해서 백성들이 노래하여 말하되 사내아이 낳기에 힘쓰지 말고 계집아이 낳기에 힘써라 장성아래 시체와 해골들이 서로 엉키어 있는 모양을 보지 못하

---

4) 史記 匈奴列傳第五十

5) 史記 淮南衡山列傳第五十八.

6) 詳密註解 史略諺解 卷之二, 始皇三十二年條.

7) 三國志 卷三十 魏書三十 烏丸鮮卑東夷傳第三十 韓篇, 註[1] 魏略曰條.

184 … 한국·한민족(韓國·韓民族)의 역사

였느냐 그 원통함이 이와 같다고 하였다.…"[8]고 기록하고 있다.

(7) 한서(漢書) 괴오홍식부전(蒯五紅息夫傳)에 의하면 "…몽념을 보내어 만리장성을 쌓았는데 동서로 수 천리요 감독하는 난폭한 병사가 수십만이요 죽은 자는 부지기수요 쓰러지는 가호(家戶)가 들에 가득 차고 유혈은 천리에 뻗쳤으며 민력(民力)은 극도로 피폐해졌다.…반란을 일으키려는 자가 십명 중 오명에 달했다.…"[9]고 기록하고 있다.

4) 만리장성 축조에 관한 기록이나 통설(通說)의 진상

지금까지 만리장성에 대한 여러 기록들을 살펴보았다. 여기서 진시황이 만리장성을 쌓게 했다거나 몽념이 만리장성을 쌓았다는 후세의 기록이나 통설의 부당성을 정리해 보기로 한다,

⑴ 진(秦)왕조시대에 만리장성을 축조하였다는 기록이나 통설의 불합리성.

① 진시황본기(秦始皇本紀)에는 몽념이 황하 강변의 여러 곳에 현성(縣城)을 축조한 일과 군현(郡縣)을 개척한 일, 그리고 변방의 주요한 곳에 보루(堡壘)같은 것을 축조한 일 등은 있으나 만리장성을 쌓았다는 기록은 없다. 다만 사기의 몽념열전에만 구체적인 계획이나 상황의 설명도 없이 몽념이 장성을 쌓았다고 하여 "축장성(築長城)"이란 문구가 나오는데 본기에 없는 이러한 구절은 진시황이 의도하지도 않았고 또 명령하지도 않은 만리장성의 축조를 몽념이 혼자서 자의로 하였다는 뜻밖에 되지 않는 것이라 할 수 있고, 따라서 그러한 일은 있을 수 없는 일이다.

② 아무리 옛날이고 간략한 기록이라 하지만 현대에 남아 있는 그런 거대한 구조물을 만리나 되게 축조하려면 국경과 관계되는 계획이나 설계가 있어야 하고 자재의 공급이나 시공 분야에 대한 기술력도 있어야 하는데 그냥 30만의 민중들을

---

8) 水經注 卷三, 河水三.

9) 漢書 蒯五紅息夫傳

동원했다거나 심지어 죄수들이나 노예들 상인들 등이 동원되었다고 하는 것은 단지 진시황을 비난하기 위한 자료로서의 가치밖에 인정할 수 없는 기록들이라 할 수밖에 없을 것이다.

③ 단시일 내에 30만 명의 민중이 만리의 장성을 쌓았다고 하면 군데군데 있었던 과거의 춘추 · 전국시대 여러 나라들의 장성들과의 관련성 등도 기록이 되어야 하는데 그러한 상황에 대해서는 전혀 언급이 없이 그저 주먹구구식으로 장성을 축조했다는 것만 강조하고 있으니 기록 자체가 불합리하고 따라서 믿을 수가 없다는 것이다.

④ 몽념의 군대가 북방을 정벌하고 그곳에 주둔하고 있으면서 40여 개의 성을 개축하거나 새로 쌓아서 진(秦)왕조의 군현(郡縣)으로 개척하고 또는 시황제의 순행에 편리하도록 도로를 개설한 것 등까지는 사기의 본기와 여러 열전의 기록들이나 기타 문헌의 기록 등이 일치하고 가능한 일이라 생각되어 그 사실은 받아들일 수 있겠으나 그러나 그들이 구상하고, 그들이 설계하고, 그들이 시공하여 완성한 것으로 된 현재 위치의 연이은 만리장성의 축조에 관한 사실은 도대체 어디에서도 합리적이고 타당성 있는 근거를 갖는 기록을 찾을 수 없다. 그것은 곧 그들이 지금의 장성을 축조하지 않았다는 것을 입증하는 것이다.

⑤ 그러나 사기의 본기나 열전 등의 기록은 몽념이 30만 명의 군중을 이끌고 흉노를 격퇴한 곳이 하남지방이라는 것에는 일치하고 또 그곳에서 황하의 강변을 따라 현성(縣城)이나 요새를 구축한 사실에 대해서도 거의 일치한다. 그럼에도 그것이 왜 발해까지 이르는 장성의 축조로 둔갑을 하고 후세의 중국 사람들이 무조건 그렇게 인식하게 되었는지 그 연유를 어디에서 찾아야할 것인가? 그것은 진(秦)왕조를 멸망시킨 한(漢)왕조가 자신들이 행한 만리장성의 축조를 비롯한 백성들의 원성의 대상이 되는 모든 일들을 패자인 진왕조에게 둘러씌우고 떠넘겨서 기록으로 남겨놓았기 때문이라는 해석이외에 달리 생각할 길이 없다.

⑥ 몽념이 30만 명의 군중을 동원하였다는 시황 32년, 즉 B.C. 215년을 기점으

로 앞뒤 10여 년을 계산해 보면 아무리 맞추어 보아도 몽념이 10여 년 동안에 만리장성을 쌓았다는 기록은 도무지 그때의 상황에 맞지가 않는다. 즉 앞으로의 10여 년은 진시황이 한참 통일 전쟁을 하는 도중에 만리장성을 쌓기 시작해야 하고 뒤로의 10여 년은 진시황이 죽고 진(秦)나라가 멸망하고 나서 한참 후에야 몽념이 만리장성을 완성시키는 꼴이 되어야 하니 불합리한 것이다. 그렇다면 그러한 기록은 거짓이요 날조된 기록이라 보는 이외에 달리 도리가 없을 것이다.

(2) 진(秦)왕조가 시황 26년에 천하통일을 하고 진시황이 죽은 시황 38년까지의 10여 년 동안 그가 생존한 기간에 중국의 동쪽이나 동북쪽을 여러 번 순시한 사실을 볼 수 있는데 그의 언행에서 만리장성에 관한 이야기는 일언반구도 나오지 않았다.

① 시황 32년에 동북쪽의 갈석산(碣石山)에 갔을 때 북쪽 국경을 따라 순시하면서 상군으로 해서 수도 함양으로 돌아왔다. 이때 만약에 만리장성이 있었다면 그것에 대한 언급이 있어야 한다. 그러나 그것에 대한 것은 물론 비슷한 부언(附言) 같은 것도 없다. 그것은 결국 진시황 시대에는 만리장성이 없었음은 물론이요 축조공사 같은 것도 하고 있지 않았다는 것을 말하는 것이다.

② 몇 차례 몽념으로 하여금 흉노를 치고 성을 쌓고 요새를 축조하게 했다고 하지만 그것은 장성이 아닌 몇 곳의 현성이다. 현성이란 읍성(邑城)을 말하는 것이다. 따라서 몽념이 현성이나 요새, 정장(亭障) 등 거점을 구축한 것 외에 큰 전쟁을 했거나 만리장성을 쌓았다는 확실한 증거가 될만한 기록이나 다른 고증 같은 것은 어디에도 찾아볼 수 없다.

③ 다만 후세의 한민족(漢民族) 사람들이 자신들과는 이민족인 진시황을 비난하기 위한 방법으로 근거도 없이 흘러가는 말로 "몽념을 시켜서 장성을 쌓았다" "몽념의 장성 축조가 부진하여 부소(扶蘇)를 보내 감독케 했다" 등의 루머성 기록들이 많지만 그런 것은 전혀 믿을 수가 없고 믿어서도 안 될 것이다.

④ 그뿐 아니라 백성들을 다 죽이고 많은 피를 흘리고 백성을 못 살게 학대했다

는 등의 기록을 하고 있는 것은 모두 진시황을 모략하고 음해하기 위한 한민족(漢民族) 역사 기록자들의 혹은 계획된 공작이라 하지 않을 수 없다. 그래서 만리장성은 진시황이나 몽념이 축조하지 않았고 그들의 시대에는 만리장성은 없었다는 결론을 내리게 된다.

(3) **그렇다면 지금의 만리장성을 쌓은 주체는 어느 시대 누구란 말인가?** 현 만리장성의 골격은 거의 한(漢)왕조 고조(高祖)부터 시작하여 무제(武帝)의 시대에 완성된 것이라 할 수 있다. 그 이유는 간명하다. 진(秦)민족들은 제후로서의 진(秦)나라 시대나 통일 진(秦)왕조시대를 통하여 흉노족과는 단 한 번의 전쟁이나 충돌도 없었다. 더욱이 진(秦)민족은 처음 흉노족들이 주(周)왕조로부터 빼앗아 차지하고 있던 기풍(岐豊)의 땅으로 들어가 나라를 세웠으며 그곳에 통일 진왕조를 건설까지 하였는데도 흉노족의 침공이 한 번도 없었다. 그러나 한(漢)왕조는 항우(項羽)와의 싸움이 끝나기가 무섭게 한고조(漢高祖) 7년부터 대규모 흉노군(匈奴軍)의 침공을 받기 시작하여 그 이후로 혜제(惠帝)≪여후(呂后)시대≫, 문제(文帝), 경제(景帝), 무제(武帝)로 내려오면서 흉노와의 사이에 전쟁과 협상, 협상파괴, 다시 침공과 전쟁이 거의 매년의 행사처럼 이어져온 것을 볼 수 있다. 그런 사실을 알게 되면 만리장성 축조의 근본 이유와 그 해답이 나오게 된다. 즉 초기의 만리장성은 한(漢)나라가 쌓은 것이란 사실을 곧 알게 되는 것이다. 물론 그 이후에도 한민족(漢民族)왕조가 성립될 때마다 장성은 보수되고 또 새로 구축되어 오다 결국 명(明)왕조에 이르러 현재와 같은 모양의 만리장성이 완성된 것이라 할 수 있다.

(4) **한(漢)왕조의 고조나 또는 그 이후의 황제들**이 중국 북쪽으로 만리장성을 쌓아야 했던 가장 중요한 이유를 들어 보면 진(秦)민족은 흉노족과는 동족이었기 때문에 큰 전쟁을 하거나 서로 공격할 필요가 없어서 만리장성과 같은 방어선을 구축하지 않아도 되었지만 한(漢)민족은 흉노족과는 이민족으로서 서로 적(敵)이었기 때문에 틈만 생기면 항상 전쟁을 해야 했고, 더욱이 한왕조는 흉노의 기동력이 월등한 기마 군단의 공격을 두려워해서 그것을 방어하기 위해서는 만리장성과

같은 방어선을 구축하지 안 할 수가 없었던 것이다. 그렇게 해서 생긴 만리장성이지만 그러나 나중에 흉노족은 한왕조가 쌓아놓은 그 만리장성을 넘어 중원으로 진격해 가서 중국에 5호(胡) 16국(國)을 성립하여 한왕조≪그를 이은 진(晉)왕조≫를 멸하고 흉노족이 승리함으로써 그간의 길었던 한민족(韓民族)인 흉노족과 한민족(漢民族)인 한왕조의 일연의 전쟁은 일단 끝이 난다. 이러한 사실들이 곧 만리장성은 한(漢)왕조 초기부터 쌓기 시작한 것이라는 사실을 잘 알 수있게 하고 있는 것이다.

4. 진시황(秦始皇)의 사상과 통치

1) 남쪽으로 쫓기는 한민족(漢民族)

(1) **조선(朝鮮)의 상황** ; 진시황의 중국통일 이전까지의 주(周)왕조 900년을 통한 그들과 고조선과의 관계에 대해서 중국 측에 기록으로 남아있는 것은 겨우 동방에 조선국(朝鮮國)이 있다는 사실과 기자(箕子)가 조선국에 가서 군주가 된 사실 등 짧은 기록들밖에 없다. 당시에도 연(燕)나라나 제(齊)나라 등과 기자조선왕조 사이에 많은 접촉관계가 있었을 것으로 보이지만 그런 사실들을 지금은 기록이 없어 알 길이 없다. 따라서 기록이 없다는 것은 전쟁 등의 큰 사건이나 민족의 이동 등이 없었던 것을 의미하는 것으로 보고, 주왕조시대의 기간에는 기자조선왕조나 백성들은 대체로 평온한 시대였다고 볼 수 있다.

(2) **남쪽으로 쫓기는 한민족(漢民族)의 상황** ; 진(秦)민족이 천하 통일을 이룬 후에 주(周)민족에 대해서 가해진 보복적 박해를 피해서 주왕조의 유민들은 그들의 동족이 분포되어있는 중국의 남방이나 동남아시아로 피난이나 망명을 해가는

수밖에 길이 없었을 것이다. 진(秦)민족의 무서운 보복을 피해서 화북지방을 탈출한 많은 한민족(漢民族) 집단들이 대부분은 육로로 남하하여 인도지나반도를 비롯한 동남아시아로 이동해 갔을 것이나 혹은 인도대륙까지 이동을 해갔을 가능성도 있다. 일부는 동지나해에서 배를 타고 남하해 여러 섬들로 이동해간 집단들도 많았을 것이라 생각된다. 따라서 이번의 전환기 때 한민족(漢民族)은 동남아시아의 더 먼 지역으로 쫓기어 가서 더욱 광범위하게 재분포하게 된 것이라 할 수 있다. 그리고 한민족(漢民族)들이 오세아니아지역까지 점유하게 된 것은 이때에 피난이나 망명으로 이동해간 중국의 한민족(漢民族) 집단들에 의해서부터라 할 수 있을 것이다.

(3) 동지나해를 건너서 일본열도로 이동해 갔을 가능성이 있다. 이때에 중국 한민족(漢民族)들이 강남의 동쪽 바다를 건너서 일본열도로 이동해간 사실을 기록한 것으로 보이는 두 가지의 예를 들어 본다.

① 삼국지(三國志) 위지(魏志) 동이전(東夷傳)에는 "…옛날 하왕조 소강(小康)의 아들이 회계(會稽)땅에 봉해졌는데 머리를 깎고 몸에 문신을 하여 교룡의 해를 피했다. 지금 왜(倭)의 바닷사람들이 물에 들어가서 고기나 조개를 잡는데 그들의 문신은 역시 큰 물고기나 물짐승을 위압하기 위한 것이다."[10]이라 하고 있다. 이것으로 봐서 일본열도의 왜인들 중 일부 집단들은 중국의 한민족(漢民族)들이 건너가서 분포된 민족일 가능성이 있다.

② 진서(晉書) 열전(列傳) 사이(四夷)에는 "왜인(倭人)은 대방(帶方)의 동남쪽 큰 바다 가운데 있으며…그들 스스로 태백(太伯)의 후예라 일컫고 있다.…"[11]이라 하였는데 여기서 태백(太伯)은 주왕조의 시조인 고공단보의 장자다. 그 태백의 후예라고 하면 그들은 주민족과 동족이 된다.

이러한 예는 중국에서 은민족에게 쫓긴 하민족이, 또 진(秦)민족에게 쫓긴 주민

---

10) 三國志 魏志 烏丸鮮卑東夷傳第三十 倭篇.

11) 晉書 列傳第六十七 四夷 倭人篇.

족이 중국 강남의 회계에서 일부가 집단을 이루어 배를 타고 일본열도로 이동해 가서 일본열도에 분포된 사실을 말하고 있는 것이라 볼 수 있다. 그 이외에도 중국에서 한민족(韓民族)이 남정에 성공할 때마다 소수의 한민족(漢民族)들이 쫓겨서 배를 타고 동지나해를 건너 일본열도로 이동해 갔을 것도 충분히 짐작할 수 있다.

2) 진시황의 사상

(1) 진시황제의 불사약(不死藥)에 대한 집념 ; 진시황은 만년에 신선(神仙) 또는 선약(仙藥)이나 불로초(不老草)에 대한 집착이 너무나 강했기 때문에 결국 그로 인해 자신도 일찍 죽고 국가도 일찍 망하게 된 것이라 할 수 있다. 진시황이 제인(齊人) 서불(徐市)에게 속아서 막대한 자금을 지불하고 진시황 자신도 바쁘게 동순(東巡)의 길을 다니다가 결국 사구(沙丘)의 평대(平臺)에서 객사를 하게 되고 그의 죽음과 더불어 국가질서가 급격히 허물어지면서 진(秦)왕조는 멸망의 길로 치닫는다. 이때의 기록들을 살펴서 몇 가지 서불의 행적을 추적해 보기로 한다.

① 사기의 진시황본기에 의하면 진시황 28년에 "…서불(徐市)로 하여금 동남 동녀 수천 명을 데리고…바다 가운데 있는 삼신산(三神山)≪봉래산(蓬萊山), 방장산(方丈山), 영주산(瀛洲山)≫에 가서 신선과 선약을 구해 오도록 보냈다"[12]고 기록하고 있다.

② 사기의 회남형산열전(淮南衡山列傳)에서는 "…또 서복(徐福)을 바다로 보내 신이물(神異物)을 구하도록 했는데…동남 동녀 3천명과 오곡의 종자 및 여러 장인들을 보냈는데 서복은 가서 광대한 땅을 일구고 돌아오지 않았다.…"[13]고 하였다. 그런데 본기에서는 시종 서불(徐市)이라고만 기록되어 있는데 이 열전에서는 서복(徐福)으로 기록되어 있다. 그리고 이 사실과 관련해서 일본에서는 서복(徐福)이라

---

12) 史記 秦始皇本紀 始皇二十八年條.

13) 史記 淮南衡山列傳第五十八.

는 사람이 중국에서 수천 명의 동남 동녀를 다리고 선인(仙人)을 만나 선약을 얻기 위해 배를 타고 일본의 태평양 연안으로 와서 웅야포(熊野浦)라는 곳에 상륙하였으나 결국 선약을 구하지 못해 중국으로 돌아가지 못하고 그곳에 정착하여 살면서 그곳 나라의 조상이 되었다는 것이다.

③ 사기국자해(史記國字解)의 주(註)에서는 그들의 관계를 다음과 같이 해석하고 있다. "서불(徐市)은 서복(徐福)을 말함이다. 「불(市)」은 「불(芾)」과 뜻이 같고 「불(芾)」은 「복(福)」과 음(音)이 상통한다."[14]고 하여 서불(徐市)과 서복(徐福)은 같은 사람이라 주장하고 있다. 아마도 같은 사람임에는 틀림없을 것 같다. 중국에서 선약(仙藥)을 구하려 간 서불이 바다를 건너 일본에 당도하였으나 삼신산(三神山)도 없고 신선을 만나지도 못하고 선약도 구하지 못하여 중국으로 다시 돌아가지 못하고 그곳에서 서복으로 되어 그곳 민족의 조상이 되었을 가능성이 높다.

④ 서불에 대해서는 여러 전설들이 있는데 그 중에 한반도의 남쪽 섬, 남해군(南海郡) 금산(錦山)≪이동면(二東面) 양아리(良阿里)≫에 있는 암벽에 새겨진 화상문자(畵像文字)를 "서불제명각자(徐市題名刻字)"라 하여 서불일행이 불로초를 구하러 이곳에 왔다가 새겨놓은 글자라 주장하는 학자의 견해도 있다.

(2) 본래 삼신산(三神山)이란 첫째가 봉래산(蓬萊山)으로 그것은 금강산(金剛山)을 말함이요, 둘째가 방장산(方丈山)으로 그것은 지리산(智異山)을 말함이요, 셋째가 영주산(瀛洲山)으로 그것은 한라산(漢拏山)을 말하고 있어 결국 삼신산이란 모두가 한반도에 있는 산들을 가리키고 있다. 또 남해군의 금산에 있다는 '서불제명각자'라는 것이 서불(徐市)이 새긴 것이 사실이라면 그는 일본으로 간 것이 아니고 황해(黃海)를 건너 한반도로 왔을 가능성이 높다. 그렇지만 서불이 한반도로 와서 장기간 있었다면 구전이나 전설로라도 그런 사실이 전해져 왔을 터인데 그런 것이 없는 것을 보면 서불 일행은 삼신산이 있다는 한반도의 남해안에 잠시 머물었다가

---

14) 桂湖村 講述, 「史記國字解 一」 (早稻田大學 出版部), 秦始皇本紀第六 始皇二十八年條, [字解].

곧 일본열도로 가게된 것이 아닌가 하는 생각이다.

3) 진시황의 신선(神仙)과 불로초(不老草)에 대한 집념

진시황의 신선도(神仙道)에 대한 무한한 동경과 집념을 알아보기 위해서 사기와 후한서(後漢書) 등의 문헌을 좀 더 살펴보기로 한다.

(1) 사기의 진시황본기에 나타난 진사황의 신선에 대한 동경과 불사약을 구하기 위한 집념을 살펴보면 다음과 같은 것들이 있다.

① 시황 28년 진시황이 동쪽을 순시하였을 때…제나라 사람 서불 등이 바다 속에 봉래, 방장, 영주라 불리는 삼신산이 있어 그곳에 신선이 살고 있으니 그 신선을 구하러 가게 해달라고 간청을 해서 허락을 받아 비로소 동남 동녀 수천 명을 데리고 신선을 구하려 바다로 나아갔다. 고 기록하고 있어 이때부터 신선에 대한 관심을 가지게 된 것을 알 수 있다.

② 시황 32년 시황은 갈석산(碣石山)에 가서 연(燕)나라 사람 노생(盧生)을 시켜 선문고(羨門高)라는 신선을 찾도록 하였다.

③ 시황 32년…한종후공(韓終侯公) 석생(石生)을 시켜서 불사약을 구하도록 하였다.

④ 시황 37년…방사(方士) 서불 등이 신약을 구하려 바다로 나간 지 수년이 지나도 구하지 못한 채 비용만 많이 써서 처벌받을 것이 두려워 거짓말로 바다에서 큰 상어가 방해를 해서 갈 수가 없으니 활을 잘 쏘는 사람을 데리고 가서 방해물을 제거할 수 있게 해 달라고 청했다.…이에 대어를 잡을 수 있는 어구를 갖추도록 명하였다.

이와 같은 진시황의 집념과 큰 지원이 있음에도 방사들이 불사약을 구해오지 못하고 결국 노생(盧生), 후생(侯生) 등이 도망쳐 가서 진시황을 비방하기 시작하자 방술사(方術士)들을 포함한 유생들 460명을 갱(坑)속에 생매장해버렸다는 것이다.

이것이 갱유(坑儒) 사건인데 그것을 방술사들의 농간과 진시황의 집념에서 발생된 사건으로 기록하고 있다. 그리고 진시황은 갱유의 유보를 간청하던 태자 부소를 북방 감찰을 임명해서 몽념이 있는 전방으로 쫓아버렸는데 이것이 진(秦)왕조 멸망의 발단이 될 줄이야 아무도 상상을 하지 못했을 것이다.

(2) **후한서(後漢書) 동이열전(東夷列傳)에는 서복(徐福)에 대해서** 다음과 같이 기록하고 있다. "…회계의 바다 밖에는 동제인(東鯷人)이 있는데 20여 개 국으로 나뉘어져 있고 또 이주(夷洲)와 단주(澶洲)가 있다. 전해오는 말로는 진시황이 서복으로 하여금 동남녀 수천 명을 데리고 바다로 들어가 봉래산의 신선을 구하려 하였으나 얻지 못하자 서복이 주살 될 것이 두려워 돌아가지 못하고 그곳에 머물러 대대로 이어 내려와 수만 가구가 되었다는 것이다.…"[15]고 기록하고 있어 이것으로 보아 서복일행이 일본의 곰들나루(熊野浦)로 오게 되어 그곳에 뿌리를 내리고 살게 된 것은 사실인 것 같다. 그곳은 일본의 나라현 지방이다.

5. 중국 내의 한민족(韓民族)의 쇠락

1) 여불위(呂不韋)와 진(秦)민족의 정체

(1) **많은 의문점을 안고 있는 사람으로 진(秦)왕조의 재상**을 지내고 시황제 정(政)의 중부(仲父)로까지 되어 있는 여불위(呂不韋)는 정(政)을 진(秦)나라의 왕으로 만들기 위해 막대한 돈을 쓰고 많은 계책을 꾸미게 되는데, 이러한 여불위의 실체와 더불어 진(秦)나라와 정(政)의 실체를 조금이나마 명확히 파악해 보기로 한다.

---

15) 後漢書 東夷列傳第七十五 倭篇.

① 진(秦)나라 소양왕(昭襄王)의 태자 안국군(安國君)의 첩의 아들에 자초(子楚)가 있었다. 사기의 여불위열전(呂不韋列傳)에 의하면 "…자초가 진(秦)나라를 위해서 조(趙)나라에 인질로 가서 있었는데 진나라가 몇 번에 걸쳐 조나라를 공격하는 바람에 조나라에서는 그 인질을 달갑게 취급하지 않고 있었다."[16]고 기록하고 있어 이러한 처지에 있는 자초를 발견한 여불위는 장차 그를 진나라의 태자로 또 나아가서는 왕으로 만들기 위해서 수천 금의 돈을 쓰게 된다. 또 여불위는 자신의 아들을 잉태한 것을 숨긴채 자신의 첩을 자초의 정부인으로 삼아 12개월만에 아들 정(政)≪후에 진시황제가 된다≫을 낳게 한다. 이렇게 하여 나중에 시황제가 될 정(政)은 진나라 장양왕이 된 자초(子楚)의 아들이 아니라 그 실은 여불위의 아들이었다는 것이다.

② 어떻든 여불위는 막대한 재산과 술책을 써서 자초를 안국군이었던 그의 아버지 효문왕(孝文王)이 죽으니 왕위를 이어받게 하여 장양왕(莊襄王)으로 만들었다. 그리고 그 장양왕이 일찍 죽게 되자 그의 아들이지만 실제로는 여불위 자신의 아들이라 일컬어지고 있는 정(政)이 왕위를 계승하게 만든 것이다.

(2) 이러한 점으로 그의 민족성에 대하여 여러 가지 설이 있는 여불위의 정체는 물론 진(秦)왕조에 대해서도 가질 수 있는 의문이나 설들을 분석해서 그들의 정체를 좀 더 명확히 가려 보기로 한다.

① 사기의 여불위열전에 의하면 "여불위는 본래 중국 하남성(河南省) 양적(陽翟)땅의 대 상인이었다. 타지방에 내왕하여 장사를 하면서 물건을 싸게 사서 비싸게 팔아 수천 금의 큰돈을 벌었다"고 기록하고 있다.

② 여불위는 본래 서역인으로서 중국과의 무역에서 큰돈을 벌고 후에 중국에서 살게 된 사람이라는 견해도 있다.

③ 서역에서 진시황 정(政)을 중심으로 하는 거대란 침략세력이 있어 그들이 전란속의 중국으로 뛰어들어 중국 서부의 이후 진(秦)나라가 된 땅을 점령하여 그곳

---

16) 史記 呂不韋列傳.

에 진(秦)이라는 왕국을 세우고 그 여세를 몰아 전체 중국을 통일하게 된 것이라는 견해이다.

④ 투르크족이 중국 서부로 들어와서 진(秦)왕조를 건설했다는 시각이다. 현재 시베리아의 예니세이강 상류에서 많이 발견되고 있는 돌궐비문(突厥碑文)은 대개 돌궐족은 투르크족의 일파라는 것을 알 수 있게 하며 이 시기에 처음 이들 투르크족이 서투르키스탄에 분포되어 있다가 동투르키스탄을 포함한 감숙(甘肅), 섬서(陝西)지방에 진출하여 그들이 중국의 전국시대를 통일하고 후에 한(漢)왕조에 의해서 멸망되자 다시 서역으로 후퇴하여 서기 6세기경에는 그들이 지금의 몽고지방으로 다시 진출하여 돌궐국을 건설하였다는 시각인 것이다,

⑤ 이번에는 페르시아제국의 키로스대왕이 박토리아≪대하국(大夏國)≫를 정복하여 속국으로 만들었기 때문에 그 유민집단이 중국으로 흘러 들어와서 중국 서부에 진(秦)나라를 건설하였다는 주장이다.

(3) 춘추시대 또는 그 이전부터 가계가 뚜렷이 계승되어 오고 역사적으로 민족의 구분이 뚜렷한 진(秦)왕조를 서역인으로 생각하는 것은 큰 잘못이다. 여기서 한 가지 고증을 들어본다면 진(秦)왕조가 한(漢)민족에 의해서 멸망되었을 때 진왕조의 유민들이 서역으로 피난해서 간 것이 아니고 먼 한반도로 피난을 와서 그들의 망명왕국인 진국(辰國)≪지한(秦韓)≫을 건설하고 그 일부는 다시 일본열도로 건너가서 그곳에 그들의 망명왕국인 진왕국(秦王國)을 건설한 사실을 보아도 그들은 한반도의 기자조선사람들이나 마한인(馬韓人)들과 같은 한민족(韓民族)임을 알 수 있다.

(4) 유독 진시황이나 진민족에 대해서 여러 의문이 제기되는 이러한 사실들은 정복자 한(漢)민족에 의해서 파괴된 진(秦)왕조의 문화와 그 진실을 찾아내기가 매우 어렵게 되어 있기 때문이라고 할 수 있다. 그러나 여기서 단정할 수 있는 것은 어쨌든 진나라의 땅에는 먼 옛날부터 분포되어 있었던 일반 백성들 즉 진(秦)민족은 물론이요 사기의 진본기에 나오는 진왕(秦王)들은 엄연한 북방민족이요 한민족

(韓民族)이라는 사실이다. 그들이 한민족(韓民族)이라는 사실은 왕조의 시조탄생에 대한 난생설화에서도 진왕조나 진민족은 서역의 민족이 아닌 한민족(韓民族)이라는 사실을 충분히 인지할 수 있다.

2) 중국 한민족(韓民族)의 소멸

(1) **간신(奸臣)이 나라를 멸망으로 이르게 하는 사례**에서 그 극치를 보여준 진(秦)왕조의 순식간의 멸망은 이민족인 주(周)왕조에 대해서 한을 씻고 일어선 중국 한민족(韓民族)들이 역사의 표면에서 허망하게 소멸되어버리는 일대 전환기가 된 것이다. 그로부터는 중국 내부에 분포되어 있었던 한민족(韓民族)은 그들 자신들에 의해서 남정에 성공하거나 혹은 어떤 수단으로든 왕권을 회복하거나 하여 중국 중원을 지배하는 일은 영원히 없어지고 처음부터 중원에 분포되었던 그들의 존재 자체가 역사의 표면에서 흔적도 없이 사라져버리는 계기가 된 것이다. 그 이후부터는 오직 중국 외곽의 한민족(韓民族) 세력이 중국으로 진격하여 들어가서 한민족(漢民族) 왕권을 붕괴시키는 남정에 성공하고 중국을 지배하는 일만 있게 되었다.

그렇게 되니까 다시 한민족(漢民族)의 북벌에 의해서 그들 한민족(韓民族)왕조가 붕괴될 때에는 대부분이 본래의 그들의 원 분포지로 철수하는 모양이 되어 이후부터는 그러한 양상의 남정북벌만이 되풀이하게 된다.

(2) **진(秦)왕조가 멸망하고 천하를 지배하게 된 한민족(漢民族)**인 한(漢)왕조의 한민족(韓民族)에 대한 보복적 박해가 시작되자 중국내의 한민족(韓民族)들은 황제(黃帝)왕조의 붕괴와 은(殷)왕조의 붕괴 때처럼 하는 수 없이 다시 그들의 동족이 분포되어 있는 만주를 비롯한 동북아시아로 흩어져 가게 된다. 패망한 진(秦)민족이 피난을 가는데 동쪽에서 밀려오는 적의 세력을 피하자면 서남쪽으로 가는 것이 편리했을 터인데 굳이 적의 세력을 뚫고 동북아시아로 온 것은 본래 그들의

근원지가 동북아시아라는 것을 단적으로 말해 주는 것이 된다.

그렇게 해서 진민족은 왕조의 멸망과 더불어 표면상으로는 일단 중국에서 그들의 자취가 소멸된다.

제 7 편

❀❀❀❀❀❀❀❀❀ 제 7 편 ❀❀❀❀❀❀❀❀❀

제4차 이민족(異民族)왕조
≪한왕조(漢王朝)≫시대

1. 용토템족(龍Totem族)

1) 역사의 개요

(1) 한(漢)왕조의 고조(高祖) 유방(劉邦)은 패현(沛縣) 풍읍(豊邑) 중양리(中陽里) 사람이다. 사기의 한고조본기(漢高祖本紀)에 의하면 "…그의 어머니 유온(劉媼)이 큰 연못가에 나가 쉬고 있다가 잠이 들어 꿈에 신을 만났다. 그때 주위가 어두워지면서 뇌전(雷電)이 쳐서 그의 아버지 태공(太公)이 걱정이 되어 나가보니 교룡(蛟龍)이 그녀의 몸을 덮고 있었다. 그때 그녀가 회임이 되어 방(邦)을 낳았는데 방은 코가 높고 용모가 용(龍)을 닮았다.…"[1]고 하였다. 그러니까 용의 아들로 태어난 것이다. 그래서 용의 얼굴을 닮았다고 하였다. 또 제왕세기(帝王世紀) 전한(前漢)편에 의하면 "한(漢)나라는 제요에서 나온 그 후손으로 성은 유(劉)씨이고 풍공(豊公)이 태상황(太上皇)인 집가(執嘉)를 낳았다.…풍공의 처가 꿈에 붉은 까마귀가 용이 된 것을 희롱하였는데 그리고 태공인 집가를 낳았다. 그가 태상황이다. 태상황의 비 온(媼)이…유방(劉邦)을 낳았다.…"[2]고 기록하고 있다. 여기서 중국 한(漢)나라가 한민족(漢民族)의 실질적인 시조라 할 수 있을 제요의 후손이라

---

1) 史記 高祖本紀第八 初頭.

2) 續修四庫全書 史部 別使類「帝王世紀」卷第七. 前漢篇

하였으니 유방(劉邦)을 시조로 하는 한(漢)왕조가 남방민족인 한민족(漢民族)임을 부인할 수는 없을 것이다. 그뿐 아니라 유방의 아버지 태공의 어머니는 붉은 까마귀가 용으로 변했는데 그와 희롱하고 태공을 낳았다고 하니 붉은 색은 물론이려니와 교룡도 그렇고 용도 모두 남방민족을 상징하는 동물이니 그들 한민족(漢民族)은 남방민족임을 더욱 부인할 수 없게 된다. 혹 이 기록만을 참고한다면 한족(漢族)은 제요의 후손이라는 점에서 주족(周族)과는 약간 근원이 다른 계통의 남방민족일 가능성이 높다.

유방이 성장하여 가문이 좋은 여씨(呂氏)의 여식과 결혼하고 후에 향리의 정장(亭長)이 되어 진시황(秦始皇)의 능(陵)을 축조할 때 그곳으로 동원된 인부를 데리고 가게 되었는데, 도중에 큰 뱀이 길을 막고 있어 방(邦)이 칼을 빼어서 그 뱀을 베어 죽였다. 이때 노구(老嫗)≪대부분 신인(神人)이라 해석하고 있다≫가 나타나서 말하기를, 나의 아들은 백제(白帝)의 아들로 뱀이 되어 길에 나와 있었는데 적제(赤帝)의 아들이 그를 베어 죽였다 하고 통곡을 하다가…홀연히 사라져버렸다고 기록되어 있다. 여기서 백제(白帝)는 한민족(韓民族)인 진(秦)왕조를 말하는 것이요 적제(赤帝)는 한민족(漢民族)인 한(漢)왕조를 말하는 것으로 장차 한왕조가 진왕조를 멸망시킬 것을 예연하는 것이라 할 수 있다.

그 후에 진(秦)왕조가 중원을 통일하고 통치하던 세상이 어지러워지자 유방(劉邦)은 의병을 일으켜서 장량(張良)과 한신(韓信) 등의 도움으로 같이 일어난 초(楚)나라의 항우(項羽)의 대군을 꺾고 승리함으로써 중원을 획득하고 한(漢)왕조를 창건하여 첫 황제가 되니 그가 곧 한고조(漢高祖)이다. 그는 화덕왕(火德王)으로서 적제(赤帝)이다. 도읍을 장안(長安)에 정하니 B.C. 202년의 봄이다. 이때부터 그들을 한민족(漢民族)이라 하게 되는데 이것이 한민족(漢民族)의 제4차 북벌이고 동북아시아 민족 이동과 재분포의 제7차 대전환기가 된다.

(2) **한(漢)왕조의 무제(武帝)가 다시 동정을 단행**하여 위만조선(衛滿朝鮮)을 멸망시키고 조선의 일부 강역에 한4군(漢四郡)을 설치한다. 그는 또한 여러 지역을

정복해서 광대한 영토를 형성하게 된다. 그러나 서기 8년 왕망(王莽)에 의해서 한(漢)왕조는 일단 멸망하여 없어지고 신(新)왕조가 탄생된다. 이때까지의 한왕조를 전한(前漢) 또는 서한(西漢)이라 한다.

서기 25년 유방의 9세손인 유수(劉秀)가 한왕조를 회복하여 자신이 광무제(光

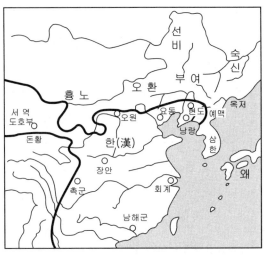

〈그림 1〉 전한(前漢) 전기의 북동아시아

武帝)가 되어 도읍을 낙양(洛陽)에 정하니 이때부터를 후한(後漢) 또는 동한(東漢)이라 한다. 후한(後漢)초에는 다시 국력이 신장하여 영토를 더 넓히고 서역으로의 길을 뚫어 실크로드를 개통하여 유럽의 로마까지의 서방무역이 성행하기도 하였다. 그러나 한왕조도 차츰 쇠퇴하여 서기 220년에 위(魏)나라의 문제(文帝)에 의해서 멸망당하니 전한(前漢) 14대 210년, 후한(後漢) 13대 195년의 한(漢)왕조가 전부 마감한다. 한왕조가 멸망한 후에 얼마동안 위(魏)나라와 오(吳)나라 촉(蜀)나라가 병립하게 되는데 이때를 중국의 삼국(三國)시대라 한다. 그러나 삼국시대를 통일한 위(魏)나라의 사마염(司馬炎)에 의해서 진(晉)나라가 건국되었으나 그것도 얼마 안 가서 북방 한민족(韓民族)인 5호(胡) 16국(國)에게 멸망당하니 한민족(漢民族)의 제4차 북벌에 의한 길었던 중국 지배도 여기서 모두 마감을 하게 된다.

2) 용(龍)을 상징하는 민족

(1) 주(周)왕조와 한(漢)왕조의 관계 ; 한(漢)왕조의 고조(高祖) 유방(劉邦)이 용

의 아들로 태어나서 그의 용모도 용을 닮았다고 했다. 그의 출생설화는 중국의 역사에서 염제 신농씨의 신룡에 감응된 설화와 주(周)나라 문왕이 비룡의 태몽에 의해서 탄생된 설화 등 용과 관계가 깊은 두세 가지를 합한 것들을 닮고 있다. 중국의 고대역사는 한왕조 때 그 체계를 세워놓았고 또 그 이후에도 한민족(漢民族)들에 의해서 보완되고 완성된 것이기 때문에 그들은 중국의 역사에서 시초부터 주(周)왕조와 한(漢)왕조가 정통을 이어받은 왕조인 것처럼 만들기 위하여 그들 왕조의 정통성을 황제(黃帝)보다 더 앞선 후삼황으로부터 이어 받은 것으로 하기위해 그러한 설화를 맞추어 기록해 놓은 것으로 볼 수 있다. 그렇지만 그러한 설화들은 한편 그들이 남방 종족임을 여실히 나타내는 것이 된다. 중국의 화북지방은 본래 북방민족인 한민족(韓民族)의 분포지였기 때문에 그들은 중간에 남방에서 침입하여 들어온 이민족이었다는 것도 함께 폭로하고 있는 것이다.

(2) **중국민족이 용의 민족임을 적극적으로 표방하기 시작한다** ; 한(漢)왕조에 와서 용을 적극적으로 국가의 상징으로 내세우게 되는데 그것에는 한고조(漢高祖) 유방(劉邦)의 출생신화와 더불어 그들이 용토템족인 주민족의 후예라는 것을 강조하는 뜻이 담겨져 있는 것이다. 그래서 한왕조의 시조인 유방도 용으로부터 태어난 것으로 되었고 또 한민족(漢民族)은 용으로부터 태어난 민족인 주민족의 후손이 된다고 할 수 있다.

북방에는 용이 없고 곰이 많다. 그래서 북방민족인 황제(黃帝)의 민족은 용은 잘 모르고 곰을 숭배하고 표방하는 한민족(韓民族)이다. 그러나 남방은 용이 서식하기엔 알맞는 곳이다. 용을 숭배하고 표방한다는 것은 용과 함께 살아와서 용을 잘 알기 때문일 것인데 그로써 한왕조의 민족(漢民族)은 그 조상이 남방에서 온 용토템민족임을 여실히 나타내는 것이다. 특히 메소포타미아의 남부 늪지대는 여러 종류의 용과 관계되는 유물이 많이 발견되는데 그것은 그곳에 그 시대에 살았던 사람들이 용의 민족이었음을 나타내고 있는 것임을 알 수 있다. 처음 그 메소포타미아에서 수메르부족의 선발대가 중국의 황하상류유역에 나타나서 주나라를 세우고 용의 기를 그들 나라의 상징으로 한 바가 있다. 그리고 이제 그들의 후예인 한왕조가 성립된 후에는 더욱 적극적으로 그들이 용의 민족임을 표방하기 시작하였다.

(3) **한민족(漢民族) 개념의 정착** ; 주왕조 시대에는 한민족(韓民族) 제후나 백성들에게 적극적으로 표방하지 못했고 혹은 내세웠다 해도 백성들이 따르지 않았던 주민족의 상징인 용을 그의 후예들인 한(漢)완조의 강력한 친정통치 시대에 와서는 그 용을 전 국가적인 상징으로 표방한 것뿐 아니라, 오늘날의 국가의 국기처럼 용의 기를 강제로 사용하도록 한 것으로도 보인다. 그리고 한왕조에 들어서서부터 중국의 한(漢)민족을 비롯한 선대의 남방민족들을 총칭하여 한민족(漢民族)이라 일컫게 되고 주(周)왕조를 이어받은 한(漢)왕조시대에 비로소 그러한 한민족(漢民族)의 개념을 완성시켜서 중국의 주인이 된 민족으로 표방하고 한민족(韓民族)을 한민족(漢民族)으로 동화시키기 위해서 강력한 모든 수단을 동원하게 된다. 표면적으로는 국민 전체를 한민족(漢民族)으로 만들어버리고 중국 내의 한민족(韓民族)사상을 소멸시켜버렸다. 결국 이때부터 중국 국민을 통틀어 한민족(漢民族)이라 호칭하게 된다. 한왕조의 부흥기에 이르면서 중원의 한민족(韓民族)은 표면상으로는 중국의 역사에서 완전히 사라져버린다.

2. 오행(五行)상의 한민족(韓民族)과 한민족(漢民族)의 구분

1) 백제(白帝)와 적제(赤帝)

중국의 역사에서 맨 처음의 황제(皇帝)는 황제(黃帝)이다. 그래서 그를 처음으로 천하의 중앙에 자리를 잡았다 하여 오행(五行)의 중앙이 되는 토(土)로 정하고 토(土)의 정색(正色)인 황색(黃色)을 상징하는 황제(黃帝)가 되었다. 따라서 황제(黃

帝)는 토덕왕(土德王)이요, 중앙이요, 정색이 황색(黃色)이다.

(1) 백제(白帝)의 후손 ; 황제(黃帝) 다음의 황제는 그의 장자인 소호김천씨(少昊金天氏)다. 그는 오행상 토덕왕 다음의 금덕왕(金德王)이다. 따라서 서방(西方)이요, 백색이다. 그래서 백제(白帝)로 표현된다. 이때부터 소호의 후손이나 그 왕조≪오제(五帝)≫의 후계자나 그후예들은 모두 백제(白帝)이거나 백제(白帝)의 후손이 된다. 은(殷)왕조를 창건한 성탕(成湯)도 금덕왕(金德王)으로서 백제(白帝)이므로 소호의 후손이고 따라서 그 왕조나 백성의 정색은 백색이다.

예기(禮記)에는 은(殷)왕조의 백제(白帝)임과 주(周)왕조의 적제(赤帝)임을 잘 나타내고 있다. 그리고 이때부터 백제(白帝)의 후손은 역시 백제(白帝)로 되고 적제(赤帝)의 후손은 역시 적제(赤帝)로 되었다.

(2) 적제(赤帝)의 후손 ; 주(周)왕조는 적제(赤帝)이다. 그 문왕이 적제(赤帝)이고 화덕왕(火德王)이었다. 따라서 오행상 남방이요, 불(火炎)이요, 왕조의 정색은 적색이다. 그것은 화염과 같이 더운 남방에서 온 민족임을 의미한다. 한(漢)왕조도 적제(赤帝)이고 주왕조와 같은 화덕왕(火德王)이다. 그것은 한왕조가 주왕조를 이어받고 또 그의 후손임을 나타내는 것이요 따라서 동족임을 나타내는 것이다. 한왕조가 앞의 진(秦)왕조의 수덕(水德)이나 그 다음의 목덕(木德)이 아닌 화덕(火德)인 적제(赤帝)가 된 것은 진왕조를 잇는 게 아니고 주왕조를 잇는 것을 뜻한다.

(3) 지금까지의 것을 종합해 볼 때 황제(黃帝)의 토덕(土德)을 이어받은 것이 은왕조의 금덕이요 그것을 이어받은 것이 진왕조의 수덕이기 때문에 황제(黃帝)로부터 은왕조와 진왕조가 한민족(韓民族)이요, 주왕조로부터 한왕조가 같은 한 민족인 한민족(漢民族)임을 알 수 있다. 그리고 주왕조가 은왕조를 치고 한왕조가 진왕조를 친 것은 적제가 백제를 친 것이요, 따라서 적제인 한민족(漢民族)이 백제인 한민족(韓民族)을 친 것이다. 이렇게 오행상으로는 중국의 한민족(韓民族)과 한민족(漢民族)은 뚜렷이 구분이 되는 것이다.

2) 한민족(韓民族)과 한민족(漢民族)의 구분

주(周)왕조와 한(漢)왕조가 화덕왕이고 적제로서 한민족(漢民族)이요 은(殷)왕조와 진(秦)왕조가 금덕왕과 그 다음을 이은 수덕왕이고 백제(白帝)로서 한민족(韓民族)임을 몇 가지 예를 들어 확인해 보기로 한다.

① 사기의 봉선서(封禪書)에 의하면 "한고조가 처음 군사를 일으켰을 때 치우(蚩尤)에게 제사를 드리고 제후들과 함께 진왕조의 수도인 함양(咸陽)을 공격해서 점령하고 한왕(漢王)이 되었다.…색은 적색을 숭상한다."[3]고 기록하고 있으니 한고조 유방이 맨 먼저 치우(蚩尤)에게 제사를 올림으로써 한왕이 되었다는 것인데 치우는 후삼황 중의 염제(炎帝)의 후손이기 때문에 화덕왕(火德王)이다. 그런데 유방이 또 바로 화덕왕이기 때문에 염제의 후손임을 알 수 있다. 따라서 유방은 염제, 제요, 주왕조와 더불어 같은 계통의 한민족(漢民族)임을 말하는 것이 되는 것이다.

② 한왕조의 무제(武帝)가 몇 차례 태산에서 봉선제(封禪祭)를 올렸다. 그때 그는 주왕조 천년의 사직을 이어받는다고 하늘에 고한 것으로 되어 있다. 사기의 사마상여열전(司馬相如列傳)에서 무제가 행한 봉선사(封禪事)의 예서(禮書)를 만든 사마상여(司馬相如)는 쇠약해 가는 세상을 일으켜서 주 천년의 끊긴 왕업을 계승해서 부흥시키는 것이 현 천자의 가장 급한 책무이다. 라 기록하고 있다. 이 기록으로 봐서 한무제가 예를 올렸을 때 하늘에 고한 옥첩서(玉牒書)에 담겨있는 제문은 분명히 한왕조는 주왕조 천년의 사직과 왕업을 이어받았다고 고한 것으로 되어 있다.

③ 은주전쟁 시에 맹진나루에서 황하를 건널 때 백어(白魚)가 무왕의 배에 뛰어들었다. 무왕은 백색은 은가(殷家)의 정색이고 비늘은 병(兵)을 뜻하는 것으로 이것은 은가의 군사들이 주군(周軍)에 항복하는 것을 뜻한다고 하여 그 백어를 잡아

---

3) 史記 封禪書第六 漢高祖元年條.

하늘에 제를 올렸다. 또 불기둥이 솟아올라 그것이 적조(赤鳥)가 되어 왕옥(王屋)에서 울었는데 그것은 역시 적색은 주가(周家)의 정색이고 주작(朱雀)은 남쪽을 뜻하는 것이며 남방은 화덕왕을 뜻하므로 적제인 무왕에게 크게 길하다고 하였다. 이러한 기록들은 은왕조는 백제인 한민족(韓民族)이요, 주왕조는 적제인 한민족(漢民族)으로서 두 왕조의 뚜렷한 민족적인 차이를 알 수 있게 한다.

④ 한고조 유방이 진시황의 묘 축조에 동원된 인부들을 인솔하여 가다, 길가에 나와 있는 큰 뱀을 칼로 벤 이야기는 유명하다. 한 노파가 통곡을 하면서…나의 아들은 백제의 아들인데 적제의 아들이 그를 베어 죽였다고 하고는 홀연히 없어졌다. 이것은 백제의 후손인 진왕조를 적제의 후손인 유방이 멸망시키고 한왕조를 건국하게 된다는 뜻이다. 즉 한민족(韓民族)왕조가 멸망하고 새 한민족(漢民族)왕조가 건설된다는 뜻이다.

⑤ 사기의 봉선서에 의하면 한문제(漢文帝) 13년 공손신(公孫臣)이 상서하여 말하기를 진(秦)이 수덕이었는데 지금 한(漢)이 천위(天位)를 받았으니 오행의 전수에 따라 한(漢)은 토덕(土德)이 된다 고 하였다. 즉 한왕조는 수덕의 진왕조를 극하고 화덕의 주왕조를 이어받기 위해서 이때부터 토덕왕(土德王)으로 다시 새로이 정했다는 것이다.

⑥ 사기의 봉선서에 의하면 무제(武帝)는 또 다시 태산에 올라 정상에서 제사의식을 거행하였다. 다만 황제(黃帝)와 적제(赤帝)는 남방으로 같이 모셔놓고 제를 올렸으며,…라 하고 있어 여기서는 적제(赤帝)에게 올린 것은 주왕조와 한고조에게 제사를 올린 것이 되고 또 그들이 토덕으로 되었기 때문에 황제(黃帝)에게 제사를 올린 것은 오제왕조의 황제(黃帝)가 아닌 황제신(黃帝神)에게 제사를 올린 것임을 말하는 것이다.

⑦ 지금까지의 분석에서 주왕조와 한왕조가 같은 적제의 후손으로 동일 민족임을 충분히 인식할 수가 있었고, 그들을 우리는 한민족(漢民族)이라 일컬어 왔다. 이때부터 중국 중원에 최초로 분포되었던 황제(黃帝)의 후손이요 현조와 곰과 백

색을 상징하던 한민족(韓民族)은 역사의 표면에서 사라지고 한민족(漢民族)이 중국의 주인처럼 되면서 용(龍)과 적색(赤色)이 중국의 전체 민족과 국가를 상징하는 것으로 되어버렸다.

3. 인류학(人類學)적 측면의 한민족(韓民族)과 한민족(漢民族)의 구분

여기서 한민족(韓民族)과 한민족(漢民族)에 대하여 형질인류학적(形質人類學的) 또는 자연인류학적(自然人類學的) 측면 및 유전학적(遺傳學的) 또는 분자인류학적(分子人類學的) 측면에서 지금까지의 연구된 바를 가급적 수집해서 양 민족의 차이점과 이질성 등에 관한 상황과 그들이 지금은 하나의 국민으로 오래 전부터 동거해 오고 있지만 결코 그들은 동일 민족일 수 없는 관계 등을 검토 분석해서 거기에 나의 역사적 견해를 첨가하여 양 민족을 명확히 구분해 보기로 한다.

1) 유전학(遺傳學)적 측면의 구분

여기서는 일본의 유전학자 마쓰모토(松本秀雄)씨가 연구한 성과[4]를 중심으로 유전학을 이용해서 민족 집단을 구분하고 그 민족의 범주를 식별해내는 방법으로 한민족(韓民族)과 한민족(漢民族)을 구분하고 그 범위를 식별해서 중국 내에서의 그들의 분포상황을 알아보기로 한다.

(1) **인간의 혈액형(血液型)에는 지금까지 발견된 것으로는** A, B, O, Rh, Hp, Tf 등의 형(型)과 혈청형(血淸型)의 Gm형〈면역(免疫) Globulin〉 및 백혈구형(白血

---

4) 松本秀雄 著「血液型は語る」(裳華房)

球型)의 HLA형이 있다고 한다. 이러한 혈액형에서 인종이나 민족의 식별이 가능한 것은 현재로서는 Gm형 하나밖에 없다고 한다. 다만 미래에는 HLA형의 연구의 진전에 의해서 더 정확한 인종이나 민족의 식별이 가능할 것으로 전망되고 있다.

(2) **Gm유전자(遺傳子)에 의한 인종이나 인간집단의 구분** ; 인체는 여러 항원(抗原)의 차이에 따라 여러 가지 종류의 유전자의 조합에 의해서 항체(抗體)가 만들어지는데 그 조직 중에서 Gm형이라고 하는 혈액형유전자(血液型遺傳子)가 인종을 식별하고 또 다른 인종과의 혼혈의 정도를 식별해 내는데 중요한 역할을 한다는 것이다. 예를 들면 대몽골로이드≪황인종(黃人種)≫는 4개로 조합된 Gm유전자(ag, axg, ab³st, afb¹b³)를 가지고 있고, 코카소이드≪백인종(白人種)≫는 3개의 Gm유전자(ag, axg, fb¹b³)를 가지고 있고, 니글로이드≪흑인종(黑人種)≫는 다른 3개의 Gm유전자(ab¹b³, ab¹c, ab³s)를 가지고 있다고 한다. 또 같은 조합의 Gm유전자도 북방형인가 남방형인가에 따라서 그 유전자들의 나타나는 빈도(頻度)가 달라지게되어 빈도에 의해서 유전자구배(遺傳子勾配)가 형성된 것으로 그 집단의 혼혈율(混血率)이나 민족 분포지역 등을 판단할 수가 있다고 한다. 즉 Gm유전자는 인종, 민족, 부족 등과 그들 집단의 혼혈상태, 분포상태 등을 정밀하게 알아낼 수 있는 형질(形質)이라고 할 수가 있는 것이다.

<표 1> 인종이 갖는 Gm 유전자

몽골로이드	ag	axg	afb¹b³	ab³st
코카소이드	ag	axg	fb¹b³	
니글로이드	ab¹b³	ab¹c	ab³s	

(3) **북방몽골로이드와 남방몽골로이드의 민족적 구분** ; 동아시아 대몽골로이드계 민족은 기본적으로 몽골로이드 민족임을 특징짓는 4개의 Gm유전자를 모두 가지고 있는 것이다. 그러나 4개의 Gm유전자 중에서 북동지방 쪽으로 갈수록 ag 유전자의 빈도가 높게 나타나면서 afb¹b³유전자의 빈도가 낮게 나타나고, 반대로

남쪽지방으로 갈수록 그 반대로 된
다는 것이다. 또 특히 몽골로이드
인종만이 갖는 ab^3st유전자가 아시
아에서 북쪽으로 갈수록 높아지고
남쪽으로 갈수록 낮아진다는 것이
다.

**(4) 중국내의 중국국민의 Gm유
전자 빈도에 의한 민족의 구분 :**
중국내의 중국국민들에 대한 Gm유
전자 빈도의 분포상황을 조사 분석
하고 연구한 후에 다음과 같이 결
론을 내리고 있다. "총괄적으로 보

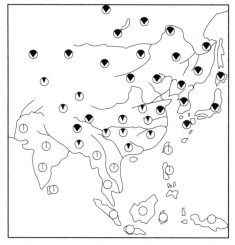

〈그림 2〉 동북아시아 원주민의 Gm, ab^3st
유전자의 분포

면 한민족(漢民族)≪여기서 한민족(漢民族)이라 하는 것은 한민족(韓民族)과 한민
족(漢民族)이 섞여있는 중국 국민을 말하는 것임≫은 대개 서안(西安), 무한(武漢),
항주(杭州)를 연결하는 선을 경계로 하여 비교적 높은 빈도의 ag유전자와 ab^3st유
전자를 갖는 그 선의 북부의 집단과, 반대로 비교적 낮은 빈도의 ag유전자와 ab^3st
유전자를 갖고 또 현저히 높은 빈도의 afb^1b^3유전자를 갖는 그 선 남부의 집단과 2
개의 그룹으로 나눌 수 있다. 몽고계 민족 전체 가운데서 보면 중국 북부의 한민족
(漢民族)은 보다 강하게 북방형 몽고계 민족의 특징을 받아서 가지고 있고 중국 남
부의 한민족(漢民族)에게는 보다 강한 남방형 몽고계 민족의 특징이 갖추어져 있
다고 할 수 있다."[5]고 하고 있다. 다만 여기서 그가 말하는 북방형 몽고계 민족은
한민족(韓民族)이요, 남방형 몽고계 민족은 한민족(漢民族)이라는 사실을 곧 알 수
있다. 그리고 양자강에서 많이 올라가 있는 곳으로 처음은 한민족(韓民族) 분포지
역이었던 서안이 한민족(漢民族)의 분포지역으로 나온 것은 주(周)민족의 고공단

---

5) 앞의 4)의 책과 같음, 5章 p86~p89.

보집단이 처음 중국으로 진입해서 감숙성에 집결했다가 다시 섬서성의 서안(西安)까지 진출해서 그곳에서 수백 년간 중국을 통치하고 그들의 후손들인 한(漢)민족이 다시 수백년을 그곳에서 중국을 통치해왔기 때문에 한민족(漢民族)의 분포지역으로 바뀐 것이라 볼 수 있다.

2) 분자인류학(分子人類學)적 측면의 구분

이번에는 일본의 자연인류학자(自然人類學者)≪형질인류학자(形質人類學者)≫인 오모토(尾本惠市)씨의 유전자 데이터를 이용해서 인류의 진화나 변이 등을 연구≪이 분야를 분자인류학(分子人類學)이라 칭하고 있다.≫한 결과[6]를 중심으로 특히 중국의 한민족(韓民族)과 한민족(漢民族)을 식별 또는 구분하고 그들의 유래와 분포상황 등을 알아보기로 한다.

(1) 오모토(尾本惠市)씨는 주로 단백질(蛋白質)이나 DNA를 이용해서 인종이나 인간집단의 식별 또는 민족을 분류하는 방법 등을 연구하여 왔는데 그 연구 결과를 토대로 그는 북방몽골로이드≪한민족(韓民族)≫에 관해서 확고한 이론과 견해를 갖게 된 곳으로 볼 수 있다. 그가 주장하는 주요 부분을 발췌해 보면,

① "유라시아대륙의 동측(東側)과 과거의 아메리카대륙 그리고 태평양의 섬들을 포함한 광대한 지역에 사는 사람들 집단은 일반적으로 몽골로이드라는 인종명으로 규정되어 있다. 이들은 모두 후석기(後石器)시대 이후 수만 년 간 아시아를 중심으로 확산되어간 것으로 볼 수 있다."

② "지금까지 몽골로이드라 하면 보편적으로 하나의 균질적 집단으로 아시아의 한 지역에서 퍼져나간 것으로 생각해 왔다. 그러나, 최근 유전자데이터에 의해서 이들 집단도 북방과 남방의 별개의 집단으로 명확히 구분된다는 것을 알게 되었다."

---

6) 尾本惠市 著 「日本人の起源」 (裳華房).

③ "동아시아 태평양의 몽골로이드는 몇 가지 유전자의 연구에서 이들을 크게 나누어 북과 남의 그룹으로 나뉘어진다는 것은 이미 말했다. 그런데 생긴 모양으로도 북과 남이 상당히 명확하게 구분되는 것을 알 수 있다."

④ "유전자데이터에 의해서 만들어진 그림을 보면 틀림없이 북과 남의 인종집단이 구분되지만 그렇게 완전하게 명확하지는 않다. 그것은 과거에 양 집단 간에 서로 빈번한 이주가 있었기 때문이라 생각한다. 약 1만 년 전에 시작된 신석기시대 이후 북아시아계의 집단이 남으로 확산되어 혼혈이 생긴 때문이라 생각한다."

⑤ "같은 중국인이라 하지만 북부지방과 남부지방에서는 신체적 특징에서도 큰 차이를 보인다, 북경인(北京人)은 대개 키가 크고 쌍눈꺼풀이 아니다. 그러나 광주인(廣州人)들은 키가 작고 2중 눈꺼풀의 빈도가 높다는 것을 알 수 있다. 그리고 6000년에 걸친 문명의 역사에서 많은 전란이나 특히 북에서 남으로의 많은 민족 이동이 있었다는 사실은 그로 인해 보다 명확한 북과 남의 인종 분포의 경계를 긋기는 어렵게 되었다."

<표 2> 동아시아 민족집단의 구성

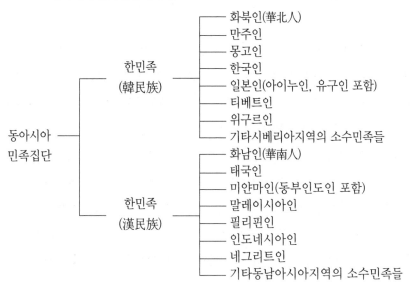

⑥ "본래 중국인은 유전적으로 균질의 집단이 아니고 아마도 양자강 부근을 경계로 북과 남의 서로 다른 인종집단이 각각 별도로 지나온 긴 시기가 있었을 것이란 것이 나의 생각이다."

(2) 지금까지 오모토씨의 주로 DNA의 유전자데이터에 의해서 인종집단을 구분하고 식별한 연구결과에서 몽골로이드에 관한 부분의 요점을 발췌해 보았다. 그의 주장을 정리해 보면 분자인류학적으로 중국 내부인들에 대해서도 북부중국인과 남부중국인을 인종차원에서 명확히 구분하고 과거에 그들이 별도의 집단으로 진화 발달해 온 것으로 보는 것은 나의 견해와 완전히 일치한다.

(3) 오모토씨는 몽골로이드라고 하는 인종명이 학문적인 인종명으로서는 사용하기가 불합리하게 되었다고 말하고 있다. 그 이유는 아시아, 아메리카, 태평양의 여러 집단들이 유전학적으로 매우 다양화된 현실에서 일괄해서 몽골로이드로 표현할 수가 없게 되었다는 것이다. 오모토씨가 인류학적 차원에서 불합리하다고 느낀 것을 나는 역사적 측면에서 그가 말하는 북부몽골로이드를 한민족(韓民族)으로, 그리고 남부몽골로이드를 한민족(漢民族)이라 일컬어 왔다. 현재로서는 한민족(韓民族)과 한민족(漢民族)으로 호칭하는 것이 가장 합리적일 것으로 사료된다.

지금까지 인류학적으로나 유전학적으로 또는 언어학적으로나, 오행사상으로도 한민족(韓民族)과 한민족(漢民族)은 이민족으로서 뚜렷이 구분이 된다. 즉 한민족(韓民族)은 북방민족이요, 알타이어족이요, 곰토템족이요, 백제(白帝)의 후손이며, 그들의 분포지역은 화북지방을 포함하는 북동아시아였다.

중국에서는 이때까지 황제민족(黃帝民族)≪오제민족(五帝民族)≫, 은민족(殷民族), 진민족(秦民族)이 한민족(韓民族)으로서 남정에 성공하여 전체 중국 중원에 통일왕조를 창건하였었고 한민족(漢民族)은 남방민족이요, 인도지나어족이요, 용토템민족이요, 적제(赤帝)의 후손이며, 그들의 분포지역은 중국의 화남지방을 포함하는 동남아시아였다. 그리고 중국에서는 이때까지 후삼황족(後三皇族), 요족

(堯族), 하족(夏族), 주족(周族), 한족(漢族)이 한민족(漢民族)으로서 북벌에 성공하여 통일왕조를 이루었다.

4. 한(漢)왕조의 한민족(韓民族)에 대한 침략과 박해

1) 만리장성 축조의 불가피성

진(秦)나라시대에는 단 한번도 침입헤 온 일이 없었던 흉노인데 한(漢)왕조가 출발하면서부터 흉노와의 사이에 사소한 충돌이나 침입 등은 제쳐두고 국가적인 대규모의 침공이나 전쟁 등의 군사적 충돌이 빈번히 일어났던 상황을 먼저 여러 기록에서 발췌해서 나열해 봄으로써 앞의 설명들과 더불어 그것으로 진(秦)왕조가 아닌 한(漢)왕조의 황제들이 중국의 북방에 만리장성을 쌓아야만 했던 절실하고 불가피했던 이유에 대한 설명을 대신하기로 한다.

(1) 사기 본기(本紀)의 기록들.

① 한고조(漢高祖) 7년에 흉노의 공격으로 고조 자신이 휘하 장병과 더불어 평성(平城)의 백등산(白登山)에서 7일 동안이나 포위되어 먹지도 못하고 굶주리면서 죽을 고생을 하다가 계략을 써서 가까스로 빠져나와 살아온 일이 있다.

② 문제(文帝) 3년에는 흉노가 협약을 깨고 중국으로 공격해 들어와서 하남(河南)을 점령한 일이 있었다.

③ 문제 14년에는 흉노가 조나(朝那)의 요새를 공격해서 사령관인 도위(都尉)를 죽이고 북지(北地)를 점령하였다.

④ 문제 후원(後元) 2년에는 문제가 다음과 같이 말하고 있다. 근자에 매년 흉노가 끊임없이 변경을 침공해 들어와서 수많은 관리와 백성들을 죽이니 변방의 신하

와 관리, 그리고 병사들이 나의 뜻을 깨우칠 수가 없다.

⑤ 문제 후원 6년 흉노의 군사 6만이 상군(上郡)과 운중(雲中)으로 침공해 들어왔다. 수개월 후에 흉노들은 스스로 물러갔다.

⑥ 문제 즉위 23년≪후원 6년에 해당한다≫에 흉노가 화친의 협약을 깨고 침공해 들어왔다.

⑦ 경제(景帝) 중원(中元) 2년 흉노가 연(燕)에 침공하여 왔다. 그로써 흉노와 맺고 있던 화친은 깨어졌다.

⑧ 경제 중원 6년 8월에 흉노가 상군으로 침공하여 들어왔다.

⑨ 경제 후원 2년 질(郅)장군으로 하여금 침입한 흉노를 격퇴시켰다.

⑩ 무제(武帝)시대에 사마천을 궁형(宮刑)에까지 처하게 했던 이릉(李陵)의 사건 ≪흉노에게 포위되어 항복한 한나라 이릉장군에 대해서 그의 친구였던 사마천이 변명을 하다가 궁형에 처해진 사건≫등을 참작해 보더라도 당시에 한왕조가 흉노로부터 얼마나 많은 침략과 시달림을 당하면서 피해를 입었을 것인가 하는 사실을 충분히 짐작할 수 있다.

이러한 흉노의 침공에 장기적으로 국가를 보위하고 백성들을 안전하게 보호하려면 국경에 만리장성을 쌓는 방법 이외에 더 효율적인 방법이 없었을 것이므로 한왕조는 만리장성을 쌓지 않을 수가 없었을 것이다.

(2) **사기 흉노열전의 기록** ; 흉노열전을 보면 전체 기록을 통해서 그때까지 한왕조가 흉노와 가진 몇 번에 걸친 얼마동안의 평화협정 기간이나 사신들의 왕래 기간, 서신의 교환기간 등을 제외하면 대부분의 기간이 흉노족과 한(漢)민족의 전쟁 기록이다. 중국에 한왕조가 들어서고부터 무제 중기에 이르기까지 대략 100여 년 동안 중국의 북부지역에서는 흉노의 침공으로 하루도 전쟁의 위협이나 공포에서 벗어난 날이 없었다. 그것으로도 한왕조가 그들의 북방에 만리장성을 쌓아야할 불가피성이나 당위성을 누구나 인정하지 않을 수 없게 한다.

한고조의 평성전투 이후를 지나서부터 흉노열전의 기록에 의해서 알 수 있는 흉노의 중국 내륙으로의 침공에 관한 대략적인 통계를 내어보면 한왕조의 이릉(李陵)장군이 흉노에게 항복하는 전쟁이 일어난 무제 천한(天漢) 2년≪B.C. 99년≫까지의 사이에 오직 흉노군의 대병력이 중국 내륙 깊숙이 침공해 들어오고 그로 인해 한(漢)나라가 막대한 피해를 보게 된 사례가 무려 20여 회나 되는 것을 볼 수 있다.[7] 이후에 그와 같이 빈번하고 거센 공격을 막아내는데 큰 역할을 한 것은 역시 만리장성이 아니고는 아무것도 없었을 것이다. 한왕조를 통해서 그 나라를 지켜준 가장 큰 공로가 만리장성에 있었다고 보지 않을 수 없는 일이다. 그렇다면 흉노열전만으로도 만리장성을 누가 어느 시대에 쌓았겠는가 하는 해답은 자명하게 나타나 있다고 할 수 있다. 즉 초기의 것은 한(漢)왕조에 의해서 불가피하게 축조해야만 되었던 사실을 알 수가 있다.

(3) **사기의 위장군표기열전(衛將軍驃騎列傳)을 보면** 한나라의 대장군 위청(衛靑)이하 18명의 장군들의 열전이 기록되어 있다.[8] 그런데 그들 장군들에 대한 기록 내용이 대부분 흉노 또는 호(胡) 등과의 전쟁에서 공을 세우거나 북방의 전쟁에 참가한 기록들로 일관되어 있는 것을 볼 수 있다. 그것은 한왕조 400년의 긴 기간 동안 흉노와의 대결에서 흉노의 침략을 막아내는 데는 수많은 장군들의 공도 컸겠지만 방어시설로서의 만리장성의 공도 그들 못지않게 컸을 것이라는 생각을 하게 된다. 이러한 상황인데 그들이 방어시설을 이용함에 있어 그들 자신들은 하나도 구축하지 않고 흉노와는 한번도 전쟁을 하지 않은 진(秦)왕조가 쌓아놓은 만리장성을 이용만 했다고 하면, 소가 웃을 일이 아니겠는가.

(4) **사기의 이장군열전(李將軍列傳)에 의하면** 이광(李廣)장군은 흉노와의 여러 전쟁에 참전해서 혁혁한 공을 세워왔다. 그러나 흉노와 전쟁을 치르는 도중 실수가 있었다 하여 문책을 받아 자결하였다. 그 후에 그의 세 아들들도 모두 흉노와의

---

7) 史記 匈奴列傳第五十.

8) 史記 衛將軍驃騎列傳第五十一、大將軍衛靑, 附霍去病, 將軍公孫賀, 將軍李息, 將軍公孫敖, 將軍李沮, 將軍李蔡, 將軍張次公, 將軍蘇建, 將軍趙信, 將軍張騫, 將軍趙食其, 將軍曹襄, 將軍韓說, 將軍郭昌, 將軍荀彘, 將軍路博德, 將軍趙破奴.

전쟁에 참전하여 큰공을 세웠으며 특히 그의 손자인 이릉(李陵)이 그 조부의 뒤를 이어 역시 장군이 되어 흉노와의 여러 전쟁에서 더 혁혁한 공을 세우게 된다. 그러나 그도 무제 천한(天漢) 2년≪B.C. 99년≫에 보병 5천명을 이끌고 흉노군과 싸우다가 8만 명의 흉노군에게 포위되어 부하들은 태반이 죽고 이릉은 기진맥진하여 하는 수없이 흉노에게 투항하게 된다. 이 보고를 받은 무제는 크게 노하여 그의 가족을 몰살시킨다.[9] 이때 사마천은 이릉을 적극 변호하다가 궁형에 처해지는 사건이 일어난다.

지금까지의 이장군열전의 간단한 줄거리를 보면 이장군은 3대에 걸쳐서 흉노군과 전쟁을 하여왔다. 그러나 사소한 실수를 문책해서 공신을 자결을 시키고 불가피하게 포로가 된 공신의 집안을 몰살시킨 무제의 잔학한 처사 등을 기록한 이 열전을 볼 때 흉노와의 전쟁이 얼마나 긴 세월이고 지루했으며 참혹한 것이었던가를 여실히 나타내고 있는 것이라 할 수 있다. 이러한 상황이었는데 누구인들 어찌 만리장성을 쌓지 않으리요, 이러한 사실을 깊이 생각해 보면 한왕조의 무제시대에 만리장성을 쌓은 것이 당연한 것임을 알 수 있다.

(5) 사기 한장유열전(韓長孺列傳)의 한안국(韓安國)이나 평진후주부열전(平津侯主父列傳)의 승상공손홍(丞相公孫弘)이나 주부언(主父偃) 등은 문신으로서 또 때로는 호군(護軍) 등의 무장으로서 흉노군과의 전쟁에서 군을 지휘한 것 뿐 아니고 평화를 위한 교섭이나 협상, 서신의 내왕이나 사신으로서의 역할 등에 공을 세움으로써 열전의 대열에 오르게 된 사람이라는 것을 알 수 있다. 이것은 따라서 긴 국경선을 이루고 있는 흉노국과 중국이 항상 전쟁만 하고 있었던 것이 아니고 때로는 평화협정도 이루었던 기간이 있었다는 것을 말하고 있는 것인데 그렇다 해도 두 나라는 한쪽이 멸망할 때까지는 완전히 긴장을 늦추어버릴 수는 없는 대치상태였다는 것을 부인할 수 없다. 그것은 본래부터 그들은 서로 이민족이었기 때문인데 이러한 상황에서 만리장성을 축조한 주체는 한왕조라고 하는 사실을 인식하는

---

9) 史記 李將軍列傳第四十九, 附 李陵.

것은 자연스런 일이다. 따라서 한왕조시대에 시작한 만리장성의 축조를 그 이전시대의 진시황에게 둘러씌운 것은 심한 역사의 왜곡이라고 하는 사실도 알 수 있다.

(6) 한서(漢書) 흉노전(匈奴傳) ; 한서의 흉노전을 보면 역시 사기의 본기나 여러 열전에 기록되어 있는 한(漢)·흉노의 관계를 기록한 내용의 범주를 넘어서는 새로운 내용이 별로 없다. 후세의 반고(班固)가 한서(漢書)를 편찬하면서 흉노에 관계된 것은 사기의 열전들을 참고한 것으로 보인다. 그러한 기록들에서 그들 사이에 장기간의 화해나 상호유대 등의 기록이 없는 것을 보면 그 시대 사람들은 한왕조 무제시대에 만리장성을 쌓아야했던 불가피성을 인식하고 있었고, 그것은 만리장성의 축조는 한무제가 그 중심인물이라는 것을 대변하는 것이라 할 수 있다.

(7) 중국역사에서 잘 알려져 있는 한(漢)왕조 무제(武帝) 때에 흉노와의 직접적인 접전 이외에도 대외침략 등에서 북방과의 관계나 만리장성을 비롯한 방어망의 설치관계 등을 추적해서 알아볼 수 있는 큰 사건만 몇 가지 골라서 연대순으로 간략하게 살펴보면,

① 무제 건원(建元) 2년≪B.C. 139년≫에 한왕조와 대월지(大月氏)가 동쪽과 서쪽에서 흉노를 협공할 수 있도록 대월지와 교섭하기 위하여 장건(張騫)을 대월지로 파견한다. 그러나 장건은 오히려 흉노에게 잡혀서 뜻을 이루지 못한다.

② 원삭(元朔) 2년≪B.C. 127년≫ 위청(衛靑) 등이 침공해 있는 흉노를 하남에서 축출하고 그곳에 삭방군(朔方郡)을 설치한다.[10]

③ 원수(元狩) 2년≪B.C. 121년≫에 곽거병(霍去病) 등이 하서의 흉노를 격파하고 그곳에 무위(武威), 장액(張掖), 주천(酒泉), 돈황(敦煌) 등의 4군을 설치하였다.

④ 원봉(元封) 2년≪B.C. 109년≫에는 하서 4군의 북방을 따라 장성을 쌓아서 돈황을 지나 옥문관(玉門關)에 이르렀다.

⑤ 원봉 3년≪B.C. 108년≫에는 위만조선(衛滿朝鮮)을 멸망시키고 그곳에 한4군(漢四郡)을 설치하였다. 이때 일부 요동지역에 장성을 쌓은 것으로 보인다.

---

10) 史記 衛將軍驃騎列傳第五十一, 元光五年~元朔二年條.

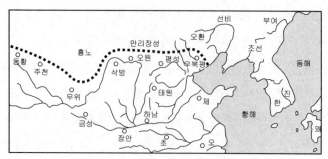

〈그림 3〉 전한 초기의 만리장성 축조와 동북부 상황

⑥ 태초(太初) 3년≪B.C. 102년≫에는 오원(五原)의 북방에서 장성을 쌓아 삭방을 거쳐 거연택(居延澤)의 북방에 이른다.

등을 들 수가 있다.

지금까지 열거한 한왕조와 흉노사이의 전쟁이나 침공 또는 큰 충돌 등을 보더라도 만리장성은 진시황이 아닌 한왕조시대에 축조하기 시작하였다는 사실을 충분히 이해할 수 있을 것으로 생각된다. 진왕조시대에는 흉노나 북방의 민족들과는 어떤 분쟁도 없었기 때문이다.

2) 문자혁명(文字革命)의 실상과 그 의미

(1) 은(殷)왕조에서 한(漢)왕조에 이르는 사이에 왕조가 바뀔 때마다 문자개혁이 있었는데 문자로서의 모양을 갖춘 이후에 문자혁명이 있었던 실상부터 살펴보면 다음과 같은 과정이 있었던 것을 알 수 있다.

① 은왕조가 주(周)왕조로 바뀌면서 은왕조가 사용하던 갑골문자(甲骨文字)는 일시에 완전히 사라져버리고 대전(大篆)이라고 하는 문자로 바뀐 것을 볼 수 있다. 이때가 대대적인 국가적 규모의 문자 개혁이기 때문에 이것을 첫 번째 문자혁명이라 할 수 있다.

은대문자(갑골문자)										
주 대 문 자										
진 대 문 자										
예 서										

〈그림 4〉 한자(漢字)의 발달

② 주왕조가 진(秦)왕조로 바뀌면서 주왕조 때 사용하였다는 대전(大篆)이 진왕조가 고안한 소전(小篆)이라는 문자로 바뀌었다. 이것이 국가적으로 두 번째의 문자혁명이 되는 셈이다.

③ 진왕조가 한왕조로 바뀌면서 세 번째의 문자혁명이 있었는데 그것은 소전(小篆)을 폐지하고 예서(隸書)로 바꾼 것이다.

이와 같이 은왕조에서 한왕조에 이르는 사이에 세 번의 문자혁명이 있었는데 이들의 문자는 서로 완전히 달라서 학자들도 자기시대 이외의 것을 알아보지 못한 사실은 상서(尙書)≪서경(書經)≫의 구성에서도 잘 나타나고 있음을 볼 수 있다. 상서에는 고문상서(古文尙書)와 금문상서(今文尙書)가 있어 그들의 문자가 서로 완전히 달랐다고 한다. 고문상서에 쓰인 문자를 아무도 알아보지 못했는데 마침 복생(伏生)이 있어 그것을 해독해서 금문(今文)으로 고쳐 쓰게 되었다는 것이다. 그 후에 위고문상서(僞古文尙書)까지 나오게 되니 상서가 많은 부분 훼손되어 믿을 수 없게 되었는데 그런 것을 참고로 하여 저술된 사기(史記) 또한 많은 부분 신뢰를 떨어뜨리고 있는 것이 사실이다.

(2) 상서(尙書)가 금문상서(今文尙書), 고문상서(古文尙書), 위고문상서(僞古文尙書) 등으로 재생된 이유를 잠시 살펴보면. 공자가 서경을 지었는데 진시황의 분서로 그 책이 세상에서 자취를 감추게 되었다. 후에 한왕조 문제의 문화정책의 일환으로 서경을 널리 구하던 차에 복생이 서경에 능통하다는 말을 듣고 조착(朝

錯)을 보내어 서경을 배워오게 하였다. 그런데 서경은 진왕조 이전의 글인 고문(古文)이었던 것을 조착이 베껴올 때는 금문인 예서(隸書)로 써오게 된 것이다. 그래서 이것을 금문상서라 하고 복생이 숨겨두었던 것을 고문상서라 일컫게 되었다 한다. 또 뒤이어 거짓으로 된 위고문상서가 생겼다. 이러한 현상은 앞 왕조의 문화가 뒤 왕조로 계승이 되지 못하고 단절되어버린 것을 뜻하는데, 주왕조가 은왕조의 문화를 철저히 말살시키고 또 진왕조가 주왕조의 문화를 철저히 말살시키려다 미완으로 그친 결과라 할 수 있다. 또 한왕조가 진왕조의 문화를 철저히 말살시키고 새로운 자신들의 문화를 만들었기 때문이다. 그것은 곧 은왕조와 진왕조는 동족인 한민족(韓民族)이요, 주왕조와 한왕조가 또한 동족인 한민족(漢民族)임을 뜻하는 것이다.

3) 한반도의 진(秦)왕조

중국의 많은 문헌이나 기록들에서는 진(秦)민족을 동이족이라 말하고 있다. 그렇지만 중국의 외곽에 있는 동이족과는 전혀 관계가 없는 다른 민족인 것처럼 기록하고 있는 것이 대부분이다. 그러나 진민족이나 진왕실은 한민족(韓民族)으로 황제(黃帝)의 민족이요 따라서 중국의 한민족(漢民族)들이 말하는 동이족과는 동족이다. 그래서 진민족은 그들의 왕조가 멸망하게 되자 결국 집단을 이루어 동족이 살고 있는 동북아시아로 이동해 오게 된 것인데 그 중에서도 아마도 가장 큰 집단이 고조선의 후손이 살고 있는 한반도까지 온 것으로 보인다. 그들은 마한(馬韓)으로부터 한반도 남부의 동쪽 땅을 얻어서 그곳에 다시 진왕조의 망명왕조인 진(辰)≪秦≫나라를 세우게 된다. 진왕조를 정복한 한왕조는 진민족을 전멸시키기 위해서 한반도로 이동해온 진왕조 망명집단의 뒤를 쫓아 한반도로 공격해 왔으나 그 남부지방까지는 오지 못하고 중간에 멈추고 그곳에 군사 도위부(都尉部)를 설치한다. 그리고 또 그곳에 한사군(漢四郡)을 설치하여 도위부를 지원케 함으로써 앞으로는 진왕조의 망명 왕조가 다시는 한나라에 반격해 갈 수 없도록 방어선을 설치한 것이다.

한편으로 진(秦)왕조의 멸망과 더불어 한(漢)왕조의 중국내 한민족(韓民族) 소탕 정책으로 인해서 중국 한민족(韓民族)은 은왕조 멸망 때에 주민족의 한민족(韓民族)에 가한 박해 이상으로 더 혹독한 박해와 탄압에 직면하게 되어, 그것을 피하기 위해 대부분의 진민족이 속속 한반도 남부로 집결하여 그곳에 한반도 진(秦)≪辰≫왕조를 세우게 된 것이다.

5. 한민족(韓民族)의 대이동

1) 다시 동북아시아로 쫓기는 한민족(韓民族)

다시 한(漢)왕조 이야기로 돌아가서 유방(劉邦)이 진(秦)왕조를 멸망시키고 최후의 승리를 거둬 한(漢)왕조를 창건함으로써 적제(赤帝)의 후손이요, 인도지나어족이요, 남방민족인 한민족(漢民族)이 북벌에 성공하고 주(周)왕조에 이어 다시 중국을 지배하게 된다. 그로부터 한무제에 이르는 시기에 중국에서는 한민족(韓民族)에 대한 탄압과 박해가 최고조에 달한다. 그리고 이때 중국의 역사상 처음으로 한민족(漢民族)이 무력으로 요동과 서부 만주를 포함하는 한반도 북부까지 침공하여 한사군(漢四郡)이라는 중국 군현(郡縣)을 설치한다. 또 이때 중국 내부의 많은 한민족(韓民族)들이 한반도를 비롯한 북동아시아로 쫓기게 되는데 이러한 한민족(漢民族)의 제4차 북벌의 성공으로 인해서 한민족(韓民族)이 겪게 되는 재난과 만주와 한반도를 중심으로 고조선국 영역에서 일어난 전환기의 상황을 살펴보기로 한다.

⑴ **한(漢)왕조의 한민족(韓民族)에 대한 박해** ; 주왕조 시대에는 한민족(韓民族) 제후들에게도 어느 정도의 자치(自治)을 허용해서 갖게 했던 모든 토지와 자치권을 한왕조에 들어서 전부 몰수해버리고 한민족(韓民族)을 더욱 학대하고 박해를 가하기 시작했다. 그래서 이때 진왕조의 유민들을 비롯한 중국의 한민족(韓民族)들은 다시 쫓겨서 집단을 이루어 망명의 길에 오르지 않을 수 없게 된다. 그렇게 되어 그들은 다시 동족이 살고 있는 동북아시아로 밀려오게 되었다.

⑵ **한민족(漢民族)에 의한 북벌의 성공으로** 동북아시아로 쫓기는 한민족(韓民族)의 상황을 잠시 생각해 보면, 아마도 가장 먼저 중국을 탈출한 한민족(韓民族)은 주로 식민도시였던 낙읍(洛邑)을 포함한 그 동쪽의 황하 중·하류지역에 분포되어 있었던 은왕조의 후손들이었을 것이다. 다음에 거리관계로 좀 뒤쳐져서 북동방면으로 이동하게 된 한민족(韓民族)은 중국 내륙 깊숙이 자리 잡고 있던 진왕조의 유민들과 그 이외의 내륙 쪽에 자리 잡고 있던 한민족(韓民族)들이라 할 수 있을 것이다.

⑶ **사기의 초세가(楚世家)에 의하면** 중국에서 한민족(韓民族) 제후 중에서도 주왕조 초기에 비교적 일찍 초(楚)나라에 봉해진 사람이 고양씨의 후손인 웅역(熊繹)인데 그의 왕계 자손들이 그 이름에 한민족(韓民族)인 곰족임을 상징하는 웅(熊)이란 글자를 꼭 넣고 있는 것을 볼 수 있다. 웅역(熊繹)은 은왕조가 멸망하자 곧 독립을 하여 초왕(楚王)이 되고 주왕조에 대항해서 항전을 하였을 것으로 생각할 수 있다. 후에 항우도 초(楚)왕조의 가계로 한민족(韓民族) 왕조를 창건하기 위해서 한민족(漢民族)인 유방과 전쟁을 하였으나 결국 패하여 뜻을 이루지 못 했다.

⑷ **이 시기에 고양씨(高陽氏)의 후손인 진(秦)왕조와 초(楚)왕조의 유민들 중** 그 일부가 다급해서 중국의 서남지방으로 피신을 했다가 인도로 남하했거나 그 이외의 동남아시아로 이동해간 집단이 있었을 가능성이 있다. 실제로 한 집단이 중국 서남부의 보주(普州)라는 곳으로 남하했다가 다시 인도 북부로 남하하여 아유

타국(阿踰陁國)[11]을 세워 그 중에서 허(許)씨가 왕이 되고 나중에 그의 딸이 동족인 한반도 남쪽의 가락국(駕洛國)으로 찾아와서 수로왕(首露王)의 왕후가 되었는데 그가 허왕후(許王后)이다.

2) 쫓기는 한민족(韓民族)을 추격하는 한민족(漢民族)

(1) 쫓기는 위만(衛滿)집단 ; 중국에서 다시 천하를 지배하게 된 한민족(漢民族)인 한(漢)왕조의 보복적 탄압과 박해를 견디지 못한 많은 한민족(韓民族)들이 북동아시아로 피난이나 망명해 오게 되었는데 그 중에서도 진(秦)왕조의 왕족의 후예≪은(殷)왕조의 후예일 가능성을 배제할 수 없다.≫로 보이는 위만(衛滿)을 수장으로 하는 대집단이 연(燕)나라에서 쫓기어 고조선으로 이동해 오게 되었다. 기자조선(箕子朝鮮)에서는 위만(衛滿)집단을 받아들이는데 표면상으로는 별다른 마찰 없이 받아들여지고 기자조선의 말왕인 준왕(準王)은 곧 고조선왕조의 왕위를 위만에게 선양하게 된다. 그래서 B.C. 194년에 바야흐로 조선의 새왕조가 탄생되는데 그것은 단군이 창건해놓은 조선이라는 국가의 제2왕조에 이어서 새로이 제3왕조로서 위만조선(衛滿朝鮮)왕조가 성립하게 된 것이다.

(2) 한(漢)왕조의 추격 ; 한왕조는 동북아시아로 쫓겨간 한민족(韓民族)의 뒤를 끝까지 추격한다. 한무제는 5만의 병력을 동원해서 서부 만주지방과 한반도로 이동해서 재분포된 중국의 한민족(韓民族)들을 추격하는 원정을 시작하여 조선에 제3왕조를 건설하고 있던 위만조선왕조를 공격해 온 것이다. 위만조선왕조에서는 제3대 우거왕(右渠王)이 이들을 맞아 1년 동안이나 저항하여 선전을 하였으나 결국 감당하지 못하고 우거왕이 전사함으로써 긴 전쟁은 끝이 나고 위만조선왕조가

---

11) 阿踰陁國을 대부분의 사람들은 현 인도 서북부의 아유디아시가 위치하고 있는 곳이라 추정하고 있으나 당시의 인도의 동쪽지방이었던 지금의 泰國의 서부지방에 위치한 아유타야(Ayuthaya)지방과 이름이 흡사한 점으로 미루어 혹 阿踰陁國이 그곳이었을 가능성도 완전 배제할 수는 없는 일이라 생각된다.

멸망하게 된다.

한왕조가 고조선지역의 중심부에 B.C. 108년 한4군(漢四郡)을 설치함으로써 위만조선왕조는 3대, 87년 간으로 마감이 되고 이로써 조선의 제1왕조인 단군조선왕조 1200여 년 간, 조선의 제2왕조인 기자조선왕조 930년 간,[12] 조선의 제3왕조인 위만조선왕조 87년 간[13]의 도합 2225년 여를 이어온 고조선(古朝鮮)왕조가 전부 마감을 하게 된다.

6. 한민족(韓民族) 대이동의 여파

만주와 한반도를 비롯한 동북아시아 전역에서 이 시기에 한민족(漢民族)의 제4차 북벌에 의한 한민족(韓民族)의 대이동과 재분포 등으로 인해서 일어난 광범위한 여파에 대해서 좀 자세히 분석 검토해 보기로 한다.

1) 동북아시아에서 소왕국(小王國)들의 형성

⑴ 중국 내의 한민족(韓民族) 왕족과 귀족들의 만주와 한반도로의 이동 ; 한반도로 이동한 위만(衛滿)이 기자조선왕조로부터 왕위를 선양 받아 위만조선왕조를 탄생시켰으나 중국으로의 반격을 두려워한 한왕조의 무제가 그들을 추격해서 멸망시키고 고조선국의 중앙부에 해당하는 지역에 한나라의 방위선 역할을 할 진번(眞番), 임둔(臨屯), 낙랑(樂浪), 현도(玄菟)의 4군(四郡)을 설치하게 되어 위만조선왕조는 불과 3대로 멸망하게 된 것이다.

---

12) 일반적으로는 41代 929年間이라 알려져 있으나 帝王韻紀에서는 928年間이라 하고 있다.
13) 帝王韻紀에서는 3代 88年間이라 하고 있다.

주(周)왕조에 의해서 한민족(韓民族)인 은(殷)왕조의 문화가 거의 완벽하게 말살되었지만 그래도 그들이 불가피하게 시행한 봉건제도하에서는 또한 불가피한 일이기는 하지만 한민족(韓民族)의 영주나 귀족들이 어느 정도의 권리나 재산의 소유와 더불어 아직 중국에 무난히 남아 있을 수 있는 환경이었던 것이 사실이다. 그러나 그것이 한왕조시대에 들어서는 한민족(韓民族)들이 아직 누리고 있던 인권이나 또는 소유하고 있던 모든 봉토와 장원 등을 전부 몰수당하고 그 군주나 영주들은 모두 추방되거나 학살되거나 하여 거세게 탄압당하면서 학대받기 시작한 것이다. 그렇게 되니까 중국내의 한민족(韓民族)들. 그 중에서도 특히 봉건 영주의 왕족이나 귀족들이 살기 위하여 먼저 그들 가문의 집단들을 이끌고 중국을 벗어나서 북동아시아로 대거 망명 이동해 가지 않을 수 없게 된 것이다. 이때 은왕조나 진왕조의 왕족이나 귀족들을 비롯한 한민족(韓民族) 영주들의 후손들이 그 가문을 포함한 많은 한민족(韓民族)집단들을 거느리고 대거 한반도까지 이동해 오게 된 것이다.

(2) 한반도에서의 소왕국(小王國)들의 형성 ; 한반도를 비롯한 동북아시아로 이동해온 중국 한민족(韓民族)의 왕족이나 귀족들은 대부분 이곳에 선주해 있던 동족들의 추대를 받아 소부족국(小部族國), 읍락국가(邑落國家) 또는 취락자치국(聚落自治國) 등으로 불리는 작은 나라들의 왕이나 추장 또는 촌장 등으로 되었다고 볼 수 있다. 이 시기에 한반도에 마한(馬韓) 54개국, 진한(辰韓)12개국, 변한(弁韓)12개국 등이 있었는데 아마도 모두 그렇게 해서 생긴 소왕국(小王國)들이라 할 수 있을 것이다.

① 후한서(後漢書) 동이열전(東夷列傳)에는 "…마한은 서쪽에 진한은 동쪽에 변진은 진한의 남쪽에 있으면서…합계 78개국이며 백제(伯濟)도 그 중 한 나라이다. 큰 나라는 만여 호, 작은 나라는 수천 호이다."[14]고 하고 있어 삼한(三韓)이 모두 소국(小國)들로 이루어져 있음을 알 수 있다.

---

14) 後漢書 東夷列傳第七十五 韓篇.

② 삼국유사(三國遺事)에는 "마한은 서쪽에 있어 54개의 소읍(小邑)이 모두 나라라 일컫고, 진한은 동쪽에 있어 12개의 소읍이 나라로 일컫고, 변한은 남쪽에 있어 12개의 소읍이 각각 나라를 칭했다."[15]라 하고 있다.

기록들로 보아 한반도의 3한(三韓)내에 78개의 소국들이 형성되어 있었고 삼한의 왕과 국가의 체제 안에서 그 소국들도 그 나라를 다스리는 각 통수권자와 관직을 가진 사람들이 있었다고 보아야 하는데, 그 왕이나 추장, 또 주요 관직 등에는 대부분 이때 중국에서 망명해온 한민족(韓民族)의 왕족이나 귀족들이 추대되었을 가능성이 매우 높다.

(3) **기타 동북아시아의 소왕국들의 형성** ; 이 시기에 중국의 한민족(韓民族)들이 동족이 분포되어 있는 곳으로 쫓기는 현상은 동북아시아는 물론이요 중앙아시아나 시베리아, 그리고 아메리카대륙 등 본래 한민족(韓民族)이 분포되어 있었던 곳이면 어디서나 한반도에서와 같은 현상이 일어났을 것으로 추정 할 수 있다. 일본열도에도 그 서쪽지방에만 100여 개의 작은 나라들이 있었다는 것을 기록에서 알 수 있다. 기록들이 말하고 있는 것은 이시기에 한반도를 비롯한 모든 한민족(韓民族)분포지역에서 실로 많은 소왕국들이 형성되고 중국의 한민족(韓民族)과 배달민족들이 같이 섞여서 살아가게 되지만 그때까지는 서로 차별을 하거나 전쟁을 하는 일이 없었다는 사실을 주목해야할 것이다. 그것은 그들이 모두 동족이요 형제간이라는 사실을 잘 알고 있었기 때문이라고 할 수 있다.

2) 조선(朝鮮)의 제3왕조《위만조선왕조(衛滿朝鮮王朝)》의 성립

이 시기 즉 한민족(漢民族)의 제4차 북벌과 제7차 민족이동과 재분포의 전환기 초기에 중국의 한민족(韓民族)들이 대거 동쪽으로 이동해 옴으로써 동북아시아에서는 지금까지 역사상 일찍이 없었던 여러 변화가 일어나게 되는데 그 중에 가장

---

15) 三國遺事卷第一 紀異第一 七十二國 原註.

큰 것이 만주와 한반도에서 조선의 제3왕조인 위만조선(衛滿朝鮮)왕조가 성립된 것이라 할 수 있다. 그리고 얼마 후에 한(漢)왕조의 추격에 의한 1년간의 전쟁과 그 패배로 인한 조선왕조의 멸망이라 할 수 있다. 그리고 또한 중국의 한민족(韓民族) 망명집단들이 만주와 한반도 등지로 쏟아져 나오면서 그들에 의해서 여러 지역에서 소왕국들이 형성된 일이라 할 수 있다. 이때 아마도 망명집단 중에서 위만(衛滿)집단의 규모가 가장 컸기 때문에 그 수장인 위만(衛滿)이 조선의 제2왕조로부터 왕위를 선양받아 조선의 제3왕조인 위만조선왕조를 설립하게 된 것이라 볼 수 있다. 여기서는 그러한 위만과 조선의 제3왕조의 성립과정에 대해서 살펴보기로 한다.

(1) **위만(衛滿)집단의 동쪽으로의 이동** ; 연(燕)나라에 있다가 만주와 한반도로 이동해 온 것으로 되어 있는 위만(衛滿)에 대해서 민족이나 출신국가 또는 과거의 행적 등에 관해서 여러 가지 설이 있는 것이 사실이다. 그 몇 가지 설의 대표적인 예를 들어보면, (1) 그는 본래 연(燕)나라 사람《중국의 한민족(漢民族)》으로서 조선인(朝鮮人)으로 위장하기 위하여 추결만이복(椎結蠻夷服)으로 조선(朝鮮)에 들어왔다.《사기의 조선열전과 한서의 조선전 등》 (2) 본래 조선인으로 연나라에 가서 살았거나 요동의 조선인으로 연에 속해 있었다.《이병도(李丙燾)씨의 고조선사연구(古朝鮮史研究) 등》 (3) 위만이 연인(燕人)이건 조선인이건 그것은 고조선인 위만조선의 성격과는 무관한 것이다.《한국고대사 산책(역사비평사) 등》 등으로 대별할 수 있다. 이 세 가지 주장들을 자세히 살펴보고 그것에 대한 비평도 가하면서 진실을 찾아보기로 한다.

① **중국사서의 주장《(1)의 주장》** ; 사기의 조선열전의 기록을 보면 그들의 주장이 잘 나타난다. "조선의 위만은 본래 연나라 사람이다. 연왕(燕王) 노관(盧綰)이 한(漢)나라에 반역하여 흉노에게로 가니 위만도 망명하여 천여 명을 모아 무리를 지었다. 그리고 상투를 올리고 만이복(蠻夷服)의 복장으로 동쪽으로 도주하여 국경을 넘고 패수를 건넜다. 연, 제 등에서 망명해 온 사람들을 모아 왕이 되고 왕

험성(王險城)에 도읍하였다."[16]고 하고 있다. 사기 태사공자서에서는 "연나라 태자 단(丹)이 요동과의 사이를 소란케 하니 위만이 그 망명자들을 수습하여 해동으로 나와서 한나라 요새를 지킴으로써 외신(外臣)이 되었다."고 하였다.

위략(魏略)은 다음과 같이 기록하고 있다. "노관이 반역하여 흉노로 들어가니 연나라 사람 위만이 망명하여 호복(胡服)을 입고 동쪽으로 패수를 건너 준왕에게 항복하고 들어와서 준왕을 공격하였다. 준왕이 위만과 싸웠으나 적수가 되지 못했다."[17]고 하였다. 이와 같은 중국 사서들의 위만에 대한 기록만으로는 그가 어떤 민족인가 하는 것이나 그의 중국에서의 행적 등에 대해서 파악하기가 어렵게 되어 있다.

노관은 한고조 유방과 같은 동리에서 같은 날에 출생하였고 그리고 노관이 장성해서는 한신(韓信) 등과 더불어 유방을 황제로 만든 일등공신이다. 이런 점으로 봐서 노관은 한민족(漢民族)임이 분명하고 위만도 한민족(漢民族)이었다면 노관과 같이 흉노국으로 가야지 왜 조선국으로 왔겠는가, 따라서 그를 본래 연나라 사람이라 기록한 것은 잘못된 기록이라는 사실을 알 수 있다.

② **이병도(李丙燾)씨의 주장≪(2)의 주장≫** ; 이병도씨는 위만에 관해서 여러 가지 상황을 연구 분석한 결과로부터 다음과 같이 주장하고 있다. "나는 위만이 본시 조선인 계통의 자손으로서 연령(燕領)내의 동요를 계기로 즉 그 틈을 타서 본연의 자태로 장식하고 무리를 이끌고 모국에 들어온 것으로 보는 것이 더 합리적인 해석일 것이다. 처음 준왕이 그를 신임하여 국경수비의 중책을 부여한 것도 그가 순수한 외족(外族=漢人)계통에 속한 인물이 아닌 까닭이었을 지도 모르겠다. 그 후 위만이 왕이 되어 국호를 전 대로 조선(朝鮮)이라 한 것을 보면 더욱 그러함을 짐작할 수 있다. 순수한 한인(漢人)이라면 국호를 정할 때 반드시 중국식으로 단철음(單綴音, monosyllable)을 사용하였을 것이다. 하(夏), 상(商), 주(周)를 비롯

---

16) 史記 朝鮮列傳第五十五 初頭.

17) 三國志 魏志 烏丸鮮卑東夷傳第三十 韓篇, 魏略條.

하여 명(明), 청(淸)에 이르기까지 모두 단철음의 국호이었다. 이에 반하여 우리나라에서는 고래로 대개 이철음(二綴音) 혹은 삼철음(三綴音)의 국호를 사용하였다, 조선(朝鮮), 부여(夫餘)를 비롯하여 고구려(高句麗), 백제(百濟), 신라(新羅) 등이 그렇지 아니한가, 위만 등이 순수한 한인(漢人)계통의 연인(燕人)이라면 자존심으로서 전대의 국호를 그대로 습용(襲用)할 이가 만무할 것이다.

그를 순전한 한인(漢人)으로 간주하기 어려운 또 하나의 이유가 있는 것을 잊어서는 아니 되겠다. 그것은 다름이 아니라 위만의 손(孫) 우거왕(右渠王) 때의 중신직(重臣職)에 조선상(朝鮮相)〈로인(路人)〉이니 니계상(尼谿相)〈참(參)〉이니 하는 직명(職名)이 보인다. 당시 조선의 관제(官制)는 중앙의 장관(長官)이나 지방의 장관직(長官職)을 막론하고 모두 상(相)이라 하여 그 사이에 명칭상 구별을 두지 아니하였던 모양이다. 위만조선이 만일 순수한 연인이 건설한 나라라면 이러한 식의 관제(官制)편성은 취하지 아니 하였을 것이다.

이러한 모든 점으로 보아 위만은 본시 패수 이북, 요동지방에 토착한 조선인계통의 연인으로서 다수의 유망민(流亡民)을 규합할만한 지위에 있었는지도 모르겠다. 그리고 그는 중국 유망민들을 통솔하는데 가장 적임자였고 또 자기 세력을 부식하는데에도 가장 조건이 좋았던 것이다."[18]

이병도씨의 주장에서 몇 가지의 부족한 점을 제하면 나의 의견과 전적으로 일치한다. 그 부족한 점이란 본래 중국내의 한민족(韓民族)과 한민족(漢民族)을 구분하지 못한 점, 또 중국내의 한민족(韓民族)들이 왜 그 시기에 유망민이 되었는지 하는 사실을 지적하지 못한 점 등이다.

③ 세 번째의 주장≪(3)의 주장≫에 대해서 살펴보기로 한다. 「한국고대사 산책」(역사비평사)에서는 다음과 같이 주장하고 있다. "이때 준왕이 위만을 신임하여 고조선의 서쪽지방을 방어하게 한 것이나 그가 정권을 빼앗은 뒤에 국호를 전과 같이 '조선'이라 한 이유는 비록 위만이 연나라의 유이민이었지만 조선의 토착

---

18) 李丙燾 著 「韓國古代史研究」 (博英社) 第1編 第3章 第3節, p80~p82.

민과 함께 성장하면서 토착화한 인물이었고 정치구조상 유이민과 토착민의 연합 정권적 성격을 지녔기 때문이다. 우리가 준왕의 왕조에 이어 위만의 왕조도 함께 고조선에 포함시키는 것은 이런 까닭이다. 그렇다면 위만이 '중국인'인가 '조선인'인가 하는 점이 어떤 의미가 있는가, 과연 그가 '중국인'이라면 고조선 말기의 역사는 중국사가 되어야 하는가, 위만의 출신지인 연나라는 중국사의 영역에 포함되고 있는 지역이다. 그렇다고 해서 위만조선을 중국사에 편입시켜야한다고 하면 이역시 몰역사적인 주장이 될 것이다. 이제 우리는 위만의 출신과 관련하여 새로운 시각의 접근이 필요하다. 즉 '위만조선'의 성립과 관련하여 보다 중요한 것은 위만의 출신이 어디인가 하는 점이 아니라 위만 집권시기 고조선의 사회성격이 어떠했으며 이전 사회와 어떤 차이를 갖는가 하는 점이다. 우리 역사의 초창기에는 넓은 지역에서 다양한 종족적·문화적 요소들이 함께 존재하고 있었다. 이것들이 시간이 흐름에 따라 하나로 흡수 통일되는 과정을 거쳐 오늘날의 우리 민족 우리 문화가 성립하였고 그 속에서 고조선이 성립하였다. 위만의 등장 또한 이러한 과정의 일부분으로서 고조선의 성장·발전과정상의 한 계기를 의미할 뿐 그가 중국인이냐 조선인이냐 하는 문제는 의미가 없는 것이다."[19]라 주장하고 있다.

위만조선왕조가 국가와 민족의 운명을 걸고 1년 동안이나 한왕조에 항거해서 싸웠는데 분명히 한민족(韓民族)이기 때문에 이민족과 그렇게 싸울 수 있었던 것이다. 이 주장도 한마디로 중국내에서의 한민족(韓民族)과 한민족(漢民族)을 구분하지 못하고 그 역사적 관계를 이해하지 못한데서 생긴 잘못된 역사관에서 나온 주장이라 할 수 있다.

(2) 위만조선(衛滿朝鮮)왕조의 성립

① 위만이 연나라에 살았건 요동이나 또는 중국 내륙지방에 살았건 그의 선대로부터 중국 내의 한민족(韓民族)으로서 중국의 주왕조 시대에서 한왕조로 이어진 이민족 시대를 겪으면서 그들의 탄압과 박해를 견디고 이겨내어 한민족화(漢民族

---

19) 한국역사연구회 고대사분과 지음 「한국고대사 산책」 (역사비평사), 고조선 9, p74~p75.

化) 하지 않고 있다가 이번의 한왕조의 최고조에 달한 한민족(韓民族)에 대한 학대와 핍박을 당하여 위만은 용감하게 한민족(漢民族)에 대항해서 싸우다가 역부족으로 하는 수없이 한민족(韓民族) 유민들을 이끌고 후퇴하여 동쪽으로 이동해온 것이라 보는 것이 가장 합리적일 것으로 생각한다. 그는 아마도 진왕조나 은왕조의 정윤 왕족의 후손일 것으로 생각된다. 그렇기 때문에 그만한 수완으로 한민족(韓民族)망명자들을 집결시켜서 과거에 기자가 그러했듯이 대집단을 이끌고 만주와 한반도로 이동해온 것이라 볼 수 있다.

② 준왕은 중국 한민족(韓民族)의 조상인 오제(五帝)의 전통을 이어받아 이때 이동해온 한민족(韓民族) 대집단 중에서도 특히 중국 황제(黃帝)의 적자후손이요, 진왕조의 직계 후손이거나 혹은 은왕조의 왕통의 직계 종손 또는 송(宋)세가의 종손일 수도 있는, 그리고 또 현인인 위만에게 왕위를 선양하고 자신은 역시 한(韓)이라는 기자조선의 제후의 영역≪복쪽 마한(馬韓)의 남쪽 분국≫이었거니 혹은 새로운 개척지로 가서 왕국을 세운 것으로 보는 것이 가장 합리적인 해석일 것이다.

이로써 조선에는 조선의 재2왕조에 이어 조선(朝鮮)의 제3왕조≪위만조선왕조(衛滿朝鮮王朝)가 탄생하게 된 것이다.

③ 위만은 조선에 나와서 새로운 국가를 건설한 것이 아니고 조선왕조를 그대로 유지하고 있다. 조선이란 국호를 그대로 사용하고 준왕이 사용하던 모든 관제(官制)를 그대로 유지하였으며, 관직이나 그 관원들도 그대로 이어받고 있는 것으로 되어 있다. 만일 위만이 한인(漢人)이라면 또는 전쟁에 의해서 왕권을 탈취했다면 어찌 그리 되겠는가. 그것은 오직 평화적인 왕권 이양시에만, 또 동족인 경우에만 가능한 일이다.

④ 이번에 동래한 위만집단도 과거 기자의 동래 때와 같이 조선의 제2왕조인 기자조선왕조도 이어받고 중국의 진(秦)왕조도 이어받아서 진왕조의 망명왕조로도 볼 수가 있는 위만조선왕조라는 조선의 제3왕조를 설립한 것으로 볼 수 있다. 따라서 위만조선왕조가 한편 한반도로 옮긴 중국의 진(秦)왕조였기 때문에 한무제는

그들의 반격이 두려워 선제공격을 가해서 멸망시킨 것이라 볼 수 있다. 그렇게 되면 위만은 은왕조보다는 진왕조의 직계왕손일 가능성이 더 크고 중국에서는 위만조선왕조를 초기에 진국(秦國)≪진국(辰國)≫으로 호칭했을 가능성이 크다.

(3) **중국사서의 기록들의 불합리성에 대한 비판** ; 위만이 기자조선왕조의 준왕과 전쟁을 하거나 그를 공격해서 왕권을 탈취하여 위만조선왕조를 건설했다는 중국사서의 기록들은 대부분 한민족(漢民族)들에 의해서 편찬된 것들이어서 준왕과 위만이 동족인 한민족(韓民族)이라는 사실을 모르고 기록한 것이거나 알면서도 후세에 한민족(韓民族)들에 대한 한(漢)왕조의 탄압과 박해를 숨기려는 의도에서 일부러 왜곡한 것이라는 의혹을 가지지 않을 수 없다. 지금부터는 그런 중국의 기록들의 불합리한 까닭을 열거해 보기로 한다.

① 한나라의 제4차 북벌에 의해서 중국의 진왕조가 멸망하고 한무제에 이르는 시기에 중국에서 한민족(韓民族)의 많은 왕족과 귀족들을 포함한 일반 백성들이 한왕조의 탄압과 박해를 견디지 못해 대집단들을 형성해서 동족이 사는 지역으로 망명을 오게 되었는데 위만도 그 중에 한 사람으로 볼 수 있다. 아마도 그는 진왕조의 왕족일 때는 기자와는 같은 조상의 가까운 친족이요, 또 은왕조의 종손계통 왕족의 후손일 가능성이 있는데 그렇게 되면 위만은 기자조선왕조와는 같은 가문이 되는 것이다. 그러한 위만이 쫓기는 몸으로 중망인(衆亡人)을 이끌고 조선으로 나왔다고 하면 전쟁을 해서 기자조선왕조를 쓰러뜨리려 나온 것은 아닌 것이 분명하다.

② 준왕이 전쟁에 져서 왕위를 빼앗겼다면 그는 전사했을 것이고. 조선왕조도 붕괴되었을 것이고, 특히 위만이 한민족(漢民族)이었다면 그때 이미 한민족(漢民族)의 군현이 설치되었어야 한다. 그러나 그는 조선왕조의 왕통을 그대로 이어갔다. 그렇게 보면 중국사서의 기록들이 허위이거나 왜곡된 것이라는 사실을 간단하게 알 수 있다.

③ 한왕조는 중국 한민족(韓民族) 망명인들이 조선으로 몰리고 특히 중원통일을

이룬 용감했던 진왕조의 유민들이 한반도에 와서 망명왕조인 진한(秦韓)≪후에 진한(辰韓)이라 바뀐다≫을 건설하자, 그들의 반격을 우려한 한무제는 대군을 보내어 위만조선왕조를 공격하기 시작했다. 위만조선왕조의 제3대 우거왕(右渠王)은 한왕조의 침공에 결사 항전하여 1년여의 격전 끝에 결국 전사하고[20] 그로 인해 조선의 제1왕조와 제2왕조, 그리고 제3왕조까지 2천 수백 년을 이어내려 온 조선왕조는 모두 마감되었다. 그리고 한왕조는 그곳에 한4군을 설치하였다. 그만하면 위만과 한왕조는 뚜렷한 이민족이요 적대민족이라는 것이 드러나는 것이라 할 수 있다.

④ 한왕조는 위만조선왕조를 멸망시키고 그곳에 그들의 군현을 설치하였다. 그 이유는 위만조선왕조가 한민족(漢民族)왕조가 아니었기 때문이라는 것과 한반도의 진(秦)의 망명왕조가 다시 중원으로 반격할 것을 두려워했기 때문이라는 것의 두 가지의 가장 큰 이유에서 라는 사실을 알 수 있다.

⑤ 중국측 사서의 기록들에서 그 시대에 가장 가까이 살았던 사람들이 기록한 사기와 한서에는 위만이 조선으로 망명을 하였거나 피난을 가서 왕이 되었다고 기록하였을 뿐 그가 준왕을 공격했다거나 전쟁을 했다거나 싸워서 기자조선왕조를 탈취하여 그 왕이 되었다는 등의 기록은 어디에도 없다. 그런데도 어떻게 되어서인지 후대의 사람들이 기록한 중국 사서에는 그것과는 달리 위만이 기자조선왕조의 준왕을 공격하여 전쟁을 해서 왕위를 탈취하여 위만조선왕조를 설립하고 왕위를 빼앗긴 준왕은 남쪽의 한(韓)의 땅으로 마치 후퇴하거나 쫓기어 간 것처럼 기록하고 있다. 후대의 중국 사가들은 어디에 근거해서 그런 곡필을 한 것일까?

---

20) 중국 기록들에는 위만조선왕조의 尼谿相 參이 사람을 시켜 右渠王을 죽이고 漢軍에 항복했다고 기록하고 있으나, 어떻든 右渠王은 戰爭 수행도중 戰場에서 죽었으니 戰死로 보는 수밖에 없다.

3) 진(秦)민족의 반격을 방어할 한사군(漢四郡)의 설치와 사실의 은폐

(1) **중국에서 천대받던 한민족(韓民族)** ; 후한서 동이열전에 의하면 "진(秦)나라가 6국을 병합하니 그곳의 회이(淮夷)와 사이(泗夷)들이 모두 흩어져서 가호(家戶)를 이루는 백성이 되었다. 진섭(陳涉)이 군사를 일으키니 천하는 무너지고 연나라 사람 위만이 조선으로 피난하여 왕이 되었다."[21]고 기록하고 있는데 여기에 중요하고 비참해 보이기도 하는 문구가 하나 들어 있다. 즉 "…회이(淮夷)와 사이(泗夷)가 모두 흩어져서 각각의 가호(家戶)를 갖게 된 백성으로 되었다."라는 글귀이다. 이것은 진(秦)왕조가 천하통일을 이룩하기 전까지는 회이와 사이들은 백성이 되지 못하였다는 뜻인데 여기서 회이(淮夷)와 사이(泗夷)는 회수(淮水)유역과 사수(泗水)유역에 사는 동이족 즉 한민족(韓民族)을 가리키는 말이다. 주(周)왕조 시대에는 그곳에 사는 한민족(韓民族)들은 가구를 이루는 백성이 되지 못하는 노예나 하천민 신세였는데 진왕조가 천하를 통일한 후에 비로소 그들을 해방시켜서 각기 가호를 이루는 백성이 되게 하였다는 것이다. 그랬는데 진왕조가 단명으로 다시 한민족(漢民族)에 의해서 멸망하게 되니까 그곳 많은 한민족(韓民族)들은 하는 수 없이 이번에는 동족이 살고 있는 만주와 한반도로 피난을 하게된 것이다. 중국 사서에 연(燕), 제(齊), 조(趙)의 사람들 수만구(數萬口)가 조선으로 피난했다는 기록은 바로 그들을 가리키는 것이다.

(2) **한반도의 진(秦)왕조≪진한(辰韓)은 중국 진(秦)왕조의 망명왕조임≫** ; 중국에서 진(秦)왕조가 멸망한 후에 그 유민들을 포함한 많은 중국의 한민족(韓民族)들이 대거 만주와 한반도로 이동해 와서 위만조선왕조를 설립하여 새로이 강성해지기 시작하고, 또 한반도의 남동부에서는 중국 진(秦)왕조의 망명왕조인 진한(秦韓)≪辰韓≫이 설립되였다. 중국에서는 그들이 한반도에서 다시 군대를 재편성해서 위만조선왕조와 더불어 중원으로 진격할 것을 두려워하게 되었다. 그래서 한

---

21) 앞의 14)의 책과 같음, 總括篇.

왕조는 국내가 다소 평정되자 한무제가 곧 대군을 몰아 중국 진왕조의 망명왕조인 만주와 한반도의 위만조선왕조와 진한(辰韓)왕조를 선제공격하기에 이른 것이다. 그러한 의도는 사기의 율서(律書)를 비롯하여 다음의 몇몇 중국 사서들의 기록에서 충분히 읽을 수 있다. 그 기록들을 몇 가지 소개해 보기로 한다.

① 사기의 율서(律書)에 의하면 "한고조가 천하를 가졌다고 하나, 삼변(三邊)에서 배반하고 있고 남월과 조선이 험준한 곳에 군사를 주둔시켜 놓고 중국으로 침공해 들어오기 위해 형세를 관망하고 있다"[22]고 기록하고 있다. 이 기록은 한왕조의 무제가 대군을 파견하여 만주와 한반도로 진격해온 이유와 그 불가피성을 대변하고 있다. 그들은 그 추격전쟁에 승리하여 위만조선왕조를 멸망시키고 한반도에서 중국으로 가는 통로가 되는 만주의 서남부와 한반도의 서북부에 중국의 방위선 역할을 할 군사도위부와 한사군을 설치하게 된다.

② 삼국지 위지 동이전에 의하면 "진(秦)왕조에 반(反)해서 천하에 반란이 일어나니 연(燕), 제(齊), 조(趙)의 백성들이 조선으로 피난을 갔는데 그 수가 수만 명에 이르렀다. 연인(燕人) 위만이 다시 조선으로 와서 왕이 되니 한무제가 정벌하여 조선을 멸망시키고 그곳에 4군을 설치했다"[23]고 기록하고 있다. 특히 여기서 "…다시 와서 왕이 되었다.…"라는 구절에서 위만이 처음으로 와서 왕이 된 것이 아니고 조선을 여러 번 왕래했는데 이번에 다시 와서 왕이 되었다는 뜻이다. 많이 왕래해서 지리를 잘 아는 위만이 왕이 되고 조선으로 피난온 사람이 수만 명이니 이러한 중국 한민족(韓民族)을 포함한 조선의 군대가 중국으로 공격해 들어갈 것을 한(漢)왕조가 겁을 내어 선제공격을 취한 것이라 볼 수 있다.

③ 후한서 동이열전에 의하면 영제(靈帝)말기에 한(韓)과 예(濊)가 나란히 강성하니 한4군으로서는 능히 제압하지 못하게 되어 백성들이 많이 도망하여 한(韓)나라로 흘러 들어갔다 하고 또 삼국지 위지 동이전에 의하면 영제 말기에 한과 예가

---

22) 史記 律書第三, 初頭.

23) 三國志 魏志 烏丸鮮卑東夷傳第三十 濊篇.

강성하여 군현에서 능히 제압하지 못하자 백성들이 한국(韓國)으로 많이 흘러들어 갔다 하고 있다. 중국 백성들이 한국으로 들어갔다는 것은 중국의 한민족(韓民族)들이 만주와 한반도로 망명해 갔다는 뜻이다. 그리고 이 기록들에서는 솔직하게 한4군이 한(韓), 예(濊) 등의 만주와 한반도의 한민족(韓民族) 국가들을 제압하기 위하여 설립되었고 또 통제해 왔다는 사실을 시인하고 있는 셈이다.

④ 한서 조선전에 의하면 "천자가…조선을 치게 하였다. 조선왕 우거(右渠)를 죽이고…드디어 조선을 평정하고 4군을 두었다."[24]고 기록하고 있다. 무제가 약 5·6만 명의 병력을 파견하여 위만조선왕조를 멸망시키고 한4군을 설치함으로써 전쟁을 끝마쳤다는 것인데 사실 그들의 의도는 한반도 남부까지 진격하여 진한(辰韓)까지 점령하고 싶었지만 더 남하하지 못하였고, 그러나 진한의 반격이 두려웠기 때문에 4군을 설치하고 그 안에 강력한 군사 도위부, 즉 동부도위(東部都衛)와 서부도위(西部都衛)를 설치하여 방어선을 쳐놓은 것으로 전쟁을 매듭지었던 것이다.

(3) 일본열도의 진(秦)왕조 ; 이때 한반도로 이동해온 진(秦)민족을 비롯한 중국의 한민족(韓民族)들의 일부는 한반도에만 머문 것이 아니고 배를 타고 일본열도까지 이동해 가게 된다. 그들은 일본열도에서도 그들의 망명왕국인 진국(秦國) 또는 진왕국(秦王國)을 설립하였다. 그것을 입증할 수 있는 기록들을 살펴보기로 한다.

① 북사(北史) 열전에는 다음과 같이 기록하고 있다. "황제께서 문림랑(文林郎) 배세청(裴世淸)을 왜국에 사신으로 파견…또 동쪽으로 진왕국(秦王國)에 이르니 그곳 사람들은 중국 사람들과 같기에 이주(夷洲)≪중국 외방에 있는 속주≫라 보았다"[25]고 했으니 이것으로 한반도로 이동해 왔던 중국 진(秦)왕조의 유민들의 일부가 다시 일본열도로 이동해 가서 그들의 망명왕조인 진왕국(秦王國)을 설립한

---

24) 漢書 西南夷兩粵朝鮮傳第六十五 朝鮮篇.

25) 北史 列傳第八十二 倭國篇, 大業四年條.

것이 틀림없는 사실이라는 것이 입증될 수 있을 것이다.

② 송서(宋書) 열전(列傳)에 의하면 "왜국은 스스로를 사지절도독 왜, 백제, 신라, 임나, 진한(秦韓), 모한, 의 육국 제군사 안동대장군 왜국왕이라 칭하고 표를 올려 그렇게 제수해줄 것을 청하였다."[26]이라 했는데 우선 여기에 진한(秦韓)이란 국명이 나오는 것은 역시 한반도에 망명했던 중국 진(秦)민족의 일부가 다시 일본 열도로 이동해 가서 그곳에 그들의 망명왕조인 진한(秦韓)이란 나라를 세웠다는 것을 입증하는 것이라 할 수 있다. 이렇게 해서 그곳에서도 망명한 진민족이 중국으로의 재진입할 기회를 노리고 있었지만 그런 기회는 영원히 오지 않고 말았다.

(4) 진(秦)왕조와 한민족(韓民族)에게 악(惡)의 전가 ; 이 시기 즉 한민족(漢民族)의 제4차 북벌에 관한 역사의 기록에서 한민족(漢民族) 사가들은 대개 악한 일, 부도덕한 일 등의 조금이라도 좋지 못한 일에 대해서 한(漢)왕조가 한 일은 완전히 은폐하고 그것을 진(秦)왕조나 한민족(韓民族)에게 떠넘기거나 둘러씌운 경우를 많이 볼 수 있다. 그것으로 한민족(漢民族)들의 역사왜곡의 실상을 알 수 있는 일이다. 여기서는 진왕조가 멸망하고 중원의 한민족(韓民族)들이 한민족(漢民族)들로부터 받게 된 탄압이나 핍박을 못 이겨 중국을 탈출하여 피난하는 과정과 그것을 왜곡하여 기록한 몇 가지 사례들을 들어보기로 한다.

① 후한서 동이열전에 의하면 한(漢)나라 초기의 큰 난리 때 연나라, 제나라, 조나라 사람들이 조선으로 피난한 자가 수만 명이다. 라 기록하여 누가 난리를 일으켰는지는 말하지 않고 다만 대란이라고만 하여 한왕조가 일으킨 난리를 은폐하려는 의도가 숨어 있는 것을 알 수 있다. 그리고 그 난리에 왜 연, 제, 조나라 사람들 수만 명이 피난했는지도 설명이 되지 않고 있다. 그것은 그곳에 한민족(韓民族)이 많았기 때문인데 한민족(韓民族)인 진왕조가 멸망함에 따라 중원의 한민족(韓民族)에 대한 한민족(漢民族)들의 학대와 박해가 시작되어 그것을 피하기 위해서 우선 만주와 한반도에 가까운 연, 제, 조나라 등지의 한민족(韓民族)이 가장 먼저

---

26) 宋書 列傳第五十七 夷蠻, 倭國篇.

나오게 되었는데 그것을 보고 피난자가 수만 명이라 했다. 그 다음으로 초(楚), 월(越), 진(秦)나라 등 중국의 깊숙한 내륙지역의 한민족(韓民族)들이 뒤이어 피난을 나오게 되었던 것이다.

② 후한서 동이열전에는 다음과 같은 기록도 있다. "진한(辰韓)의 늙은이들이 스스로 말하기를 자신들은 진(秦)나라에서 망명해 온 사람들이라 하고 고역을 피해서 한국(韓國)으로 왔다고 하였다. …그래서 진한(秦韓)이라고도 한다."[27]고 하고 있다. 여기서 분명한 것은 한국(韓國)으로 망명해온 사람들은 중국 진나라 사람들이라는 것이다. 따라서 진한(辰韓)의 백성들은 중국의 진나라에서 피난해 온 사람들이라는 것을 곧 알 수 있다. 그리고 "…고역을 피해서…"이라는 글귀는 진(秦)민족이 정복자인 한(漢)왕조로부터 고역을 당해서 그것을 피해 한국으로 망명해 왔다고 하는 사실을 충분히 알 수 있다. 그렇지만 여기에는 진나라 백성들이 누구로부터 고역을 당해서 망명온 것인지는 기록하지 않고 있다.

③ 삼국지 동이전에 의하면 천하가 진나라에 반역을 하니 연, 제, 조의 백성들 수만 명이 조선으로 피난했다. 하고 있는데 여기서는 더 애매하게 기록해놓고 있다. 천하가 진왕조에 반역했다 해서 어찌하여 연, 제, 조나라 사람들이 조선으로 피난을 해야 하는지 알 수가 없다. 그 이유와 실상은 진왕조에 반대해서 궐기했던 한나라에 의해서 진왕조가 멸망하게 되자 진민족을 비롯한 연, 제, 조나라 등지의 한민족(韓民族)들이 한민족(漢民族)들의 박해와 학대를 피해서 동족이 분포되어 있는 조선과 삼한(三韓)으로 피난을 한 것이다. 한나라의 탄압과 백해를 은폐하고 있다.

④ 또 같은 삼국지 동이전에는 "진한(辰韓)은…그 늙은이들이 대대로 전하여 스스로 말하기를 자신들은 옛날 진왕조가 일으킨 전쟁을 피해서 한국으로 망명해온 사람들인데 마한이 그들의 동쪽 땅을 나누어주었다.…그래서 지금은 진한(秦韓)이

27) 後漢書 東夷列傳第七十五 韓篇. 辰韓條.

라고 한다."[28]고 기록하고 있는데 여기서는 더 모순되고 무슨 뜻인지도 알 수 없게 기록하고 있다. 진나라에게 나쁜 일을 둘러씌우고 역사를 더욱 왜곡하고 있는 것이다. 진한(辰韓)은 진(秦)나라 사람들이 망명해 와서 세웠다고 하고 있으면서, 진나라가 일으킨 전쟁을 피해서 진나라 사람들이 집단으로 피난해 와서 진한을 세웠다는 것이다 이것이 있을 수 있는 일인가? 진한 사람들이 피난해온 것은 진나라가 일으킨 전쟁에 의해서가 아닌 한나라가 일으킨 전쟁 즉 한역(漢役)에 의해서인 것인데도 그것을 진역(秦役)이라 기록하여 진민족에게 뒤집어 씌워서 기록한 것은 정말 후안무치한 역사의 왜곡이 아닌가.

(5) 한사군(漢四郡)을 설치한 한(漢)왕조의 조선침략의 구실 ; 사기의 조선 열전에 의하면 "조선왕(朝鮮王) 위만의 손자 우거(右渠)에 이르러 섭하(涉何)를 시켜 꾸짖고 깨우치려 하였으나 우거가 천자의 조서를 받들려 하지 않았다. 섭하가 돌아갈 때…마중 나온 조선의 비왕장을 찔러 죽였다.…조선이 군사를 일으켜 습격하여 섭하를 죽였다.…천자가 죄인을 모집하여 조선을 치게 하였다."[29]고 기록하고 있다. 한왕조가 위만조선왕조를 멸망시켜야만 했던 이유나 구실이 너무나 미약하다. 단지 요동동부도위 섭하(涉何)를 죽인 보복을 하기 위해서 조선을 공격했다면 한4군을 왜 설치했단 말인가. 한(漢)왕조는, 조국을 수복하기 위해서 중국으로 진격해 들어갈 기회를 엿보고 있던 만주와 한반도의 중국 한민족(韓民族)들의 망명왕조들을 사전에 분쇄하기 위해서 선제공격을 가했던 것이다. 그런데고 위만조선왕조가 먼저 섭하를 친 것처럼 모든 허물을 우거왕에게 씌워서 그것을 침략의 구실로 삼고 있는 것이다.

---

28) 三國志 魏志 烏丸鮮卑東夷傳第三十 韓篇. 辰韓條.

29) 史記 朝鮮列傳第五十五 初頭.

7. 한민족(漢民族)의 역사 왜곡

1) 진(秦)민족과 진(秦)왕조에 대한 역사 왜곡

진(秦)왕조에서 한(漢)왕조로 역사가 바뀌는 과정에서 지금까지 살펴본 중국 사서들의 기록에 적지 않은 역사의 왜곡부분이 있었던 것을 발견할 수 있었다. 그것도 특히 진왕조에게 허물을 둘러씌운 일이 많았다고 할 수 있다. 그 외에 진왕조나 진민족에 대해서 역사가 왜곡된 것으로 볼 수 있는 부분들 중에서 큰 사건만 몇 가지를 다시 정리해 보기로 한다.

(1) 진(秦)왕조에 관한 사항 ;

① 진시황에 의해서 또는 진시황이 몽념을 시켜서 만리장성을 축조했다는 기록이다. 그들은 하남과 그 인근지역의 중요지점에 많은 요새를 구축한 것은 인정하지만 만리장성을 구축하지는 않은 것이 사실이다.

② 진나라의 장양왕인 자초(子楚)의 아들로 후에 진시황이 된 정(政)이 장양왕의 아들이 아니고 여불위의 자식이라고 하는 기록이다. 그러나 사기의 진본기나 진시황본기에는 그런 기록이 없다. 다만 열전에 보이는데 본기에 없는 그런 기록은 역사를 왜곡한 것이라 보지 않을 수 없다.

③ 만리장성을 진시황이 구축한 것으로 해서 그것을 쌓을 때 백성들을 모질게 다루거나 혹독하게 고역을 시킨 것으로 된 내용들이 대단히 많다. 그것은 한(漢)민족이 진시황을 음해하는 것으로 볼 수밖에 없다. 또 진시황이 아방궁(阿房宮)을 지어서 3천 궁녀를 데려다 놓고 잡색을 즐겼다는 전설도 있다. 진시황이 아방궁을 지은 것은 사실이겠으나 좋지 못한 짓을 하려 지은 것은 아니다. 사기의 진시황본기에 의하면 선왕 때부터의 궁전이 협소하여 상림원(上林苑)에 궁전을 짓는데 먼저 전전(前殿)을 아방(阿房)에 짓고,…천하 사람들이 이것을 아방궁이라 하고 있

다, 고 하였는데 여기 어디에도 3천 궁녀 이야기는 없다.

(2) 진(秦)왕조의 망명왕조에 관한 사항; 한민족(漢民族) 사가들은 위만조선왕조와 진한(秦韓)이 중국으로 다시 진격해 들어올 것을 두려워하여 한왕조가 선수를 쳐서 위만조선왕조를 멸망시키고 한4군이란 방위망을 설치하였음에도 그런 내용은 한 마디도 없이 은폐하고 있는 사실을 앞에서 지적했다. 여기서는 한반도로 망명해 와서 진한(秦韓)≪진한(辰韓)≫을 세운 진(秦)민족에 대해서 한민족(漢民族)들이 어떻게 음해하고 또 진실을 은폐 왜곡하고 있는지에 대한 사실을 명확하게 알 수 있는 몇 가지 기록들을 추출하여 비판을 가해 보기로 한다. 그러기 위해서 다소 중복이 되는 것이 있지만 그 예를 간략하게 들어 보기로 한다.

① 삼국지 위지 동이전 한(韓)편의 기록에 "진한(辰韓) 사람은…스스로 말하기를 옛날 중국 사람들이 진(秦)나라가 일으킨 난리(秦役)를 피해서 한국(韓國)으로 온 사람들인데…진나라 사람과 닮았다.…진한(辰韓)을 진한(秦韓)이라고도 한다."고 하였다. 여기에서는 진나라가 일으킨 난리 즉 진역에 의해서 진나라 사람들이 피난 온 것처럼 기록하고 있다. 그런데 진나라 사람들이 피난 온 것은 진왕조가 한(漢)나라에 의해서 멸망당한지 100년 가까이 된 마한시대인데 이미 없어진 진왕조가 일으킨 난리라 한 것과 또 진나라 사람들이 그것을 피해서 망명해 왔다고 하였으니 죽은 귀신이 전쟁을 일으켜서 왔단 말인가? 이런 기록을 진민족에 대한 역사왜곡이 아니라고 할 수 있겠는가. 분명히 진인(秦人)들은 한(漢)나라가 일으킨 난리 즉 한역(漢役)을 피해서 망명해 왔다고 해야 맞는 일이다. 당시 한왕조가 성립한 후에 진민족에게 가한 보복적 박해를 견디지 못한 진나라 유민들이 대거 동족이 살고 있는 한국(韓國)으로 피난해 온 것이다.

② 후한서 동이열전 진한(辰韓)조에는 진나라의 망명자들이 고역을 피해서 한국으로 왔다 하여 삼국지의 "옛날의 망명자들"을 "진나라 망명자들"이라 하였으니 진실에 다소 가깝게 기록한 것이라 볼 수 있고 삼국지의 "진나라가 일으킨 노역을 피하여"를 단지 "고역을 피하여"라 하였으니 진실에 한 걸음 다가서기는 하였

으나 이것도 "한(漢)나라가 일으킨 난리를 피하여"라 기록하지 아니하였으니 역시 한왕조를 비호하고 있다고 볼 수 있다. 후한서는 삼국지에 비하면 진실에 다소 가까워지기는 하였으나 역시 완전히 진실된 기록이라 할 수는 없다.

③ 같은 후한서 동이열전 예(濊)편에는 "한(漢)나라 초기의≪한나라가 초기에 일으킨≫ 큰 난리로 연, 제, 조나라 사람들이 피난을 가는 자가 수만 명이다."라 기록하고 있는데 여기서도 "한(漢)나라가 그 초기에 일으킨 큰 난리"라 하여 삼국지 예(濊)편의 "진승 등이 일어나고 천하가 진나라를 배반하여"라 하는 한나라의 이름을 피해서 천하가 난리를 일으킨 것처럼 해놓은 삼국지의 애매한 기록에 비하면 이 후한서는 한나라가 큰 난리를 일으켰다고 기록하여 진실에 가깝게 기록하고 있다. 특히 삼국지의 "천하가 진(秦)나라를 배반하여"는 어떻게 하든지 한나라를 나쁜 나라로 기록하지 않으려 애쓰고 있다. 한민족(漢民族)들은 그와 같은 방법으로 한반도의 진왕조의 망명왕조인 진한(辰韓)이나 한4군의 설치 등에 대해서 후세의 사람들이 진실을 알아볼 수 없도록 호도하는 방법으로 역사를 왜곡하고 있는 사실을 이제 충분히 인지할 수가 있다.

2) 한반도에서 진(秦)민족 재분포의 예

한반도의 남쪽 소백산맥이 서남으로 뻗어내려 가서 끝나려는 곳에 함양(咸陽)이라는 고을이 있다. 이 함양이 주목을 끄는 것은 그 지명이나 인맥이 중국 진(秦)왕조와 관계가 있는 것으로 보이기 때문이다.

(1) **지명이란 인간집단의 이동으로 인해서 천이되는 경우**가 많은 것으로 되어 있다. 그래서 여기서 먼저 함양의 지명부터 중국의 지명과 비교해서 살펴보기로 한다.

① 우선 한반도 함양군(咸陽郡)의 함양(咸陽)이라는 고을의 명칭이 중국 진(秦)왕조의 도읍지였던 함양(咸陽)≪셴양≫과 일치한다.

② 함양군의 함양(咸陽)을 감싸고 흐르는 내(川)의 이름이 위천수(渭川水), 위천(渭川) 또는 위수(渭水)라 하는데 이것 역시 중국의 진왕조의 수도였던 함양(咸陽)을 감싸고 흐르는 황하 상류의 위수(渭水)라는 강과 명칭이 같다.

③ 한반도의 함양에는 2개의 숲(森林)이 있어 위수(渭水) 상류의 동쪽에 위치한 것을 상림(上林), 위수 하류쪽의 것을 하림(下林)이라 하는데 이것 역시 중국의 함양에 있었던 두개의 숲과 같고 또 상림과 하림의 이름도 같다.

④ 그 후에 중국 함양의 하림(下林) 숲이 망해서 나무가 없어졌는데≪전설에 의한 것이고 확인은 되지 못함≫ 한반도 함양의 하림도 숲이 망해서 나무가 없어졌다.

(2) 다음으로 인맥(人脈)관계를 보기로 한다. 얼마 전까지 여씨(呂氏)와 진씨(秦氏) 일족들이 함양군(咸陽郡)과 인근 거창군(居昌郡)일원에 몇 군데 작은 취락을 이루고 살고 있었다. 그 성씨의 촌로(村老)들의 말에 의하면 진씨(秦氏)는 중국 진(秦)왕조 시황제 정(政)의 후손이요, 여씨(呂氏)는 진(秦)왕조 시황제의 중부(仲父)로 되어있는 문신후(文信侯) 여불위(呂不韋)의 후손이라는 것이다.

(3) 위의 인맥관계에서 그들의 말을 종합해서 판단해 볼 때 그들은 분명히 중국의 진(秦)왕조와 관계가 있는 것만은 틀림없는 사실인 것 같다. 그렇다면 그들은 후한서 동이열전이나 삼국지 위지 동이전의 진한(辰韓) 편에 나오는 진한인(秦韓人)일 것이라는 사실이다. 따라서 진한(辰韓)을 건국한 그 진한인(秦韓人)들이 바로 중국 진왕조의 유민들로서 진왕조가 멸망한 후에 한민족(漢民族)들의 탄압과 박해를 피해서 한반도로 나오게 된 사람들인 것이다.

(4) 후한서 동이열전이나 삼국지 동이전의 변진(弁辰) 편에도 진한(辰韓)≪진한(秦韓)≫사람들에 관한 기록이 나오는데 "변진(弁辰)사람들과 진한(辰韓)사람들은 서로 섞여서 살고 있으며 성곽이나 거처, 의복 등은 모두 같고 언어 풍습 등은 비슷한 점도 있으나 서로 다른 점이 있다."고 말하고 있다. 따라서 본래부터 한반도의 함양에는 변진사람들이 살고 있었는데 이때 그곳에 중국 진나라에서 온 진한

인(秦韓人)에 해당하는, 나중에 진씨(秦氏)와 여씨(呂氏)가 된 사람들이 새로이 이동해와서 그들과 서로 섞여서 살아가게 된 것이라는 해석을 할 수 있다. 당시에 동족이 아니고서는 서로 섞여서 살아갈 수가 없는 일이라는 것은 잘 알고 있는 일이기 때문에 진(秦)민족과 변진인(弁辰人)은 같은 민족이라는 것을 알 수 있고, 그곳 촌로들의 말이 옳다는 것을 사서들이 뒷받침하고 있다고 할 수 있다.

8. 기타 동북아시아 한민족(韓民族)의 상황

1) 중국 서남지역 한민족(韓民族)의 재분포 상황

(1) 신강(新疆)위구르지역의 상황 ; 한민족(韓民族) 위구르족이 분포되어 있던 신강(新疆)위구르지역을 최초로 침공한 것은 주(周)부족이라 할 수 있다. 그들은 서방에서 이동해올 때 그곳을 통과하면서 이미 정벌군으로 변모하여 있었기 때문에 위구르 지역을 정복한 후에 통과하였을 것이고. 이후 그 일부이거나 혹은 후속으로 이동해온 그들 집단의 소수가 그곳에 잔류하여 정착하게 되면서 이때부터 한민족(漢民族)이 분포하기 시작하였을 가능성이 있고. 또 그 이후부터는 서역인(西域人)이라 불리던 아랍인들이 왕래하면서 그곳에 정착하는 사람들이 생기게 되었을 것으로 볼 수 있다. 그래서 신강위구르 지역에도 그때부터 숫자가 많지는 않지만 한민족(漢民族)과 아랍인들이 같이 분포하게 된 것이라 볼 수 있다. 그러나 본격적인 침략의 목적을 가지고 그곳을 침공한 것은 한왕조가 처음이라 할 수 있다.

그 후에 흉노족(匈奴族)의 일부가 서남쪽으로 이동하면서 신강위구르로 진입하여 그들이 그곳에 동복도위(僮僕都尉)를 설치하고 그곳을 지배하기 시작하였다. 그러나 후에 그곳의 장기적인 지배자가 된 것은 역시 한왕조라 할 수 있다. 그 후에 실크로드가 뚫리게 되어 파밀고원 넘어 인도의 불교문화가 중국으로 전파되는 통로가 되고 따라서 돈황(敦煌) 등지에는 불교문화가 성행하게 된 것이다. 이러한 한왕조의 신강위구르 침공과 장기간의 지배로 상당수의 한민족(漢民族)이 그곳으로 이동해 가서 위구르족과 섞이게 되었다고 볼 수 있다.

(2) **티베트지역의 상황** ; 주부족들이 고대 오리엔트에서 중국으로 동진해올 때 그 일부가 티베트고원을 통해서 황하 상류로 이동해 왔을 가능성이 있고. 또 그들의 일부나 후속 이동집단들이 그곳을 통해서 장강 하류의 강남 땅으로 이동할 때 그 일부가 그곳에 정착했을 가능성도 있다. 그러나 이후에 그곳을 의도적으로 침공한 것은 역시 한왕조라 할 수 있다. 그로 인해 이 시기에 티베트가 한왕조의 간섭과 통제를 받게 되면서부터 중국에 통일왕조가 들어설 때마다 통제를 받게 된다.

2) 흉노족(匈奴族)의 재분포 상황

(1) **흉노족(匈奴族)의 상황을 살펴보기로 한다.** 사기의 흉노열전(匈奴列傳)에 의하면 흉노(匈奴)는 하후(夏后)의 후손으로 되어있다. 즉 "흉노의 선조는 순유(淳維)라고 하는 하후씨(夏后氏)의 묘예이다."[30]라 하고 있다. 여기서 흉노족을 하(夏) 왕조의 후손이라 하였는데 대단히 잘못된 것이라 할 수 있다. 하후씨는 한민족(漢民族)인데, 모든 기록들은 흉노를 분명히 북방민족인 한민족(韓民族)으로 기록하고 있다. 그렇다면 하왕조는 우왕(禹王)이 죽은 후에 왕권이 몇 번씩 다른 민족으로 넘어가고 했는데 그 중의 한사람이 동이인 한민족(韓民族)으로서 제위에 올랐다가 쫓겨나서 북방으로 들어가서 흉노가 되었을 가능성이 있다. 그런 일이 없이 한민족(韓民族)인 흉노족이 한민족(漢民族)인 하후씨의 후손이 될 수는 결코 없는 일이다.

---

30) 史記 匈奴列傳第五十.

(2) 흉노족(匈奴族)의 풍습에서 그들이 남방계 한민족(漢民族)이 아닌 북방계 한민족(韓民族)이라는 사실을 금방 알 수 있다.

① 사기의 흉노열전에 의하면 아비가 죽으면 자식은 그 계모를 처로 삼고 형제가 죽으면 그 형제들의 처를 모두 자신의 처로 삼는다. 하는데 이러한 풍습은 한민족(韓民族)들에게만 있었던 풍습이다.

② 또 목축하는 곳을 따라 옮겨다니면서 생활한다. 그들은 평화시에는 가축을 치면서 수렵생활을 하고, 위급한 때는 곧 전술을 익혀 상대방을 침공해 들어간다고 기록하고 있다. 흉노족(匈奴族)은 수초(水草)가 있는 곳으로 옮겨다니면서 생활하는데 그렇게 옮겨 다니느라 말을 타고 생활하다보니 기마민족(騎馬民族)이 된 것이다. 한민족(漢民族)은 기마민족이 아니기 때문에 이러한 한민족(韓民族)이요 기마민족인 흉노를 한민족(漢民族)인 하후씨의 후예로 보는 것은 대단히 잘못된 일이라 할 것이다.

(3) 여러 고증들에서 한민족(漢民族)인 주(周)민족의 시조 고공단보(古公亶父)가 한민족(韓民族)인 후직(后稷)의 후손이 아닌 것과 같이, 한민족(韓民族)인 흉노족이 한민족(漢民族)인 하후씨의 후손이 아닌 것을 증명하고 있는데 그 예를 몇 가지 들어보기로 한다.

① 흉노열전에 의하면 하나라의 정치가 쇠약해졌을 때 공유(公劉)가 조상 전래의 관직을 잃고 서융(西戎)으로 변하여 빈(豳)으로 옮겨서 도읍을 정했다고 하였는데 여기서 공유가 서융의 땅에 가서 살았다고 하는 것은 있을 수 있는 일이나 그가 한민족(漢民族)이라면 몇일 사이에 민족이 다른, 서융으로 변했다고 하는 것은 있을 수 없는 일이다. 따라서 공유는 본래 하족(夏族)도 주족(周族)도 아닌 동이로 한민족(韓民族)인 후직(后稷)의 후손이었다고 할 수 있다. 그것은 곧 한민족(韓民族)인 흉노가 한민족(漢民族)인 하후의 후손이 될 수 없음을 말하는 것이다.

② 흉노열전은 3백 여 년 후에 융적(戎狄)이 대왕단보(大王亶父)를 공격하여 단보가 기산(岐山)으로 도주하였다. 고 하고 있다. 그런데 단보(亶父)는 공유(公劉)

의 9대손으로 되어있다. 따라서 공유가 서융이었다면 그 9대손인 대왕단보도 서융
이라야 한다. 그런데 융적이 대왕단보를 공격해서 단보가 기산으로 나왔다고 하는
것은 서융이 아니었기 때문인데 금새 종족이 바뀌어서 도주한 것은 아니다. 그리
고 공유가 융적이라면 그 후손인 융적이 공유의 9대손인 단보를 공격하였다고 하
는 것도 크게 모순되는 일이다. 사실은 공유와 단보는 동족이 아닌 이민족이다. 즉
후직과 공유는 본래 한민족(韓民族)이요 대왕단보는 한민족(漢民族)이었다.

③ 흉노열전은 그 후 1백여 년 후에 주나라 서백(西伯) 창(昌)이 견이씨(畎夷氏)
를 정벌하고, 10여 년 후에는 그 아들 무왕이 주(紂)≪은왕조의 말제≫를 정벌하
고 낙읍(洛邑)을 조영했다고 했다. 그런데 기록상 고공단보는 하왕조의 제여(帝
子)시대에 태어난 사람이다. 그런 사람의 증손자인 주(周)왕조의 무왕이 900년 후
에 세상에 나타나서 은(殷)왕조를 멸망시키고 주왕조를 건설하였다는 것이다. 그
러나 실제로는 고공단보에서 증손자인 무왕과의 사이가 110여 년밖에 안되는 것
이다. 그래서 고공단보는 하나라 시대 사람도 아니요 후직의 후예도, 공유의 후손
도 아니어야 한다. 그리고 흉노와의 관계도 고공단보가 융적의 땅에서 나와서 한
민족(漢民族)으로 되었다거나 또는 그 외에 다른 아무런 인연도 없어야 하는 것이
다. 실제로 아무런 관련이 없는 것을 사마천이 있는 것처럼 사기에서 기록을 왜곡
한 것이다.

(4) 지금까지의 이러한 기록들을 종합해 보면 대왕단보는 공유의 9대 손이 될
수도 없고 또 공유는 한민족(韓民族)이지만 대왕단보는 한민족(漢民族)이다. 따라
서 한민족(韓民族)인 흉노는 한민족(漢民族)인 하왕조의 후예가 될 수는 없다. 그
외에 주족(周族)과 흉노 또는 그 선조라 할 수 있는 융적(戎狄)이나 서융(西戎) 등
과 관련해서 사기의 기록의 불합리성을 뒷받침하는 사례를 몇 가지 더 들어보기로
한다.

① 사기의 주본기(周本紀)에는 후직의 아들 불줄(不窋)이 말년에 하후씨의 정치
가 쇠약하여 농사업무를 볼 수가 없게 되어 관직을 잃고 융적의 땅으로 도주했다

고 했는데 흉노열전에는 후직의 증손자인 공유가 서융으로 갔다고 했다. 여기서 두 기록은 서로 크게 모순되고 있다.

② 주본기에서는 불줄이 죽고 그의 손자인 공유가 이어받았다. 공유는 융적의 땅에서 후직의 업(業)을 수복하고 주나라의 대업의 길이 여기서 일어나기 시작했다.…고공단보가 후직, 공유의 사업을 이어받아 덕을 쌓고 의를 행했다. 고 하고 있어 공유가 융적이 되어서 그곳의 제후가 된 것을 말하고 고공단보도 그 제후를 이어받았다는 것이다. 이런 것은 그들이 이미 다 융적으로 되어 있있다는 것인데, 고공단보의 손자가 한민족(漢民族) 주왕조를 건설하였으니 큰 모순이 아닐 수 없다.

③ 주본기에서는 공유와 대왕단보가 융적이 되어 융적의 땅에서 후직의 업을 수복하여 제후가 되었다고 하였는데 흉노열전에서는 고공단보가 융적의 공격을 받았다고 하였으니 내란이 아닌 이민족의 공격을 받은 것으로 되어 고공단보는 융적이 아닌 것으로 봐야 한다.

이러한 기록들은 서로 모순되는 것이 많아서 믿을 수가 없다. 그래서 결론적으로 말할 수 있는 것은 융적이나 흉노는 한민족(韓民族)이요, 고공단보는 한민족(漢民族)으로서 그들은 서로 이민족이라는 사실이다.

(5) **흉노(匈奴)가 다른 이름으로 기록에 처음 나타나**거나 또는 세상에 알려진 것은 주왕조의 고공단보시대 때부터라 할 수 있다. 그것은 그들이 은(殷)왕조와는 동족으로서 혹은 조선왕조처럼 형제의 나라였기 때문에 세상에 특별히 알려질 필요가 없었던 것이다. 그러나 이민족인 주왕조가 나타남으로써 그들의 반항이 시작되면서 세상에 알려지기 시작하고, 여러 가지 이름으로 기록에 나타나기 시작한다. 흉노열전에 의하면 요ㆍ순시대 이전부터 그들은 알타이산맥 주위에 분포되어 있었던 것으로 보인다. 흉노족에 대해서 그들의 시조 이후의 초기 상황을 흉노열전은, 순유로부터 두만(頭曼)까지는 1천여 년이나 된다. 때로는 허다히 크고 작은 나라들로 분리되어 흩어진 때도 있었다. 그러한 두만의 아들 모돈선우(冒頓單于)

시대에 큰 강토를 갖게 되고 북이(北夷)를 모두 자신들에게 복종시키고 중국에 적국으로 맞섰다. 고 기록하고 있다. 이것은 그들이 그동안에 융(戎), 험윤(獫狁), 산융(山戎), 견융(犬戎), 견융(畎戎), 서융(西戎), 융적(戎狄), 북적(北狄), 호(胡) 등으로 불리면서 여러 분파가 있었던 것처럼 알려져 왔는데 그러한 사실을 뒷받침하는 기록이라 할 수 있다. 그런 점으로 미루어봐서 흉노족은 황제(黃帝)의 후손으로 황제(黃帝)시대부터 고조선족과 이웃해서 북동아시아에 분포하여 있었음이 분명하다 할 것이다.

흉노족들의 이 시기의 국가조직을 보면 중국 황제와 같은 지위에 선우(單于)가 있고 좌우에 두 사람의 왕장(王將)을 두고 나라를 다스렸다. 좌방(左方) 왕장은 동방에 위치하여 동쪽으로 예맥·조선과 접하고, 우방(右方) 왕장은 서방에 위치하여 그 서쪽의 월지(月氏)·저강(氐羌)과 접했다고 한다. 그 강역이 대단히 넓다는 것을 알 수 있다. 아울러 흉노의 좌방왕장이 조선과 접해있었다고 하니 그때의 조선왕조 강역의 서쪽경계는 크게 줄여서 생각해도 대흥안령산맥의 줄기 너머에서 난하(灤河)로 이어지는 경계의 동쪽이 조선왕조의 강역으로 볼 수 있다. 혹은 좀 늘여서 생각하면 서쪽 열하(熱河)지방까지도 조선왕조의 강역으로 생각할 수 있다.

(6) **흉노족(匈奴族)은 하왕조시대 이전부터 중원 북방에 분포**하여 나라를 세우고 있었는데 은왕조시대에는 바로 북쪽 이웃에 있는 그들에 대한 별다른 기록이 없는 것을 보면 그들은 은왕조와는 동족인 한민족(韓民族)이기 때문에 같은 국가 범주에 속해있었거나 혹은 그 예속국가로 여하한 마찰이나 충돌이 일어날 이유가 없었기 때문이라 할 수 있다. 그러나 이민족인 주민족이 출현함으로써 흉노는 그들과 잦은 충돌을 일으키게 된다. 흉노와 주족(周族)과의 관계에서 가장 큰 사건은 주왕조의 유왕(幽王)이 견융(犬戎)의 공격을 받아 피살되고 주왕조가 일단 멸망하게 된 사건이라 할 수 있다. 그 후에 흉노(匈奴)라는 이름으로 사서에 기록되기는 전국시대에 들어서인 것 같다. 사기의 진(秦)나라 혜문왕(惠文王) 20년 ≪B.C. 319

년≫의 기록에 한(韓), 조(趙), 위(魏), 연(燕), 제(齊), 나라의 군사들이 흉노와 더불어 진나라를 공격했다고 하고 있는데, 앞에서도 말했듯이 진(秦)왕조와 흉노는 같은 한민족(韓民族)으로 그렇게 하지는 않았을 것으로 생각한다. 그리고 진시황 33년≪B.C. 215년≫의 기록에 "서북쪽으로 흉노를 몰아내었다"고 하고 있는데 여기서도 진왕조와 흉노가 서로 적대관계인 것처럼 보이나 그렇지는 않고 "…쫓아내었다(斥逐)…"는 것이, 그들의 관계를 모르거나 외면한 잘못된 기록이라 생각한다.

(7) 후에 흉노(匈奴)가 한(漢)왕조를 능가하는 강국이 된 것은 두만(頭曼)의 태자였던 모돈(冒頓)이 선우(單于)가 되면서부터이다. 한고조 유방(劉邦)이 흉노를 공격하다 백등산(白登山)에서 7일 동안이나 포위되었다가 겨우 생명을 유지해서 탈출한 사건이 있었는데 그만큼 모돈선우의 흉노군이 강력했다는 것을 알 수 있다. 당시에 전장에까지 데리고 간 선우의 황후 알씨(閼氏)가 한고조의 사자로부터 많은 뇌물을 받고 모돈에게 한고조를 공격하지 말라는 간언을 한 것을 받아들여 한고조를 살려줌으로써 한왕조를 멸망시키지 못한 것은 한민족(韓民族)으로서는 대단히 안타까운 일이 아닐 수 없다. 흉노는 그러한 기회를 저버린 대가로 수백년을 내려오면서 한왕조로부터 공격을 받게 되고, 동북아시아 한민족(韓民族)들이 모두 한왕조의 시달림을 받고 또한 한민족(韓民族)의 민족적 우위성을 한민족(漢民族)에게 내어주게 된다. 그러나 이때부터 한왕조는 흉노족을 두려워하게 되고 매년 막대한 공물을 흉노왕조에게 바치게 된다.

또 흉노들은 정월달에는 추장들이 선우의 조정(朝廷)에서 소회의(小會議)를 열고 5월에는 농성(籠城)에서 대회의(大會議)를 열어 조상과 천지신명에게 제사를 지냈다고 하고 있는데 추장회의는 마치 신라의 화백회의(和白會議)를 연상케 하고 훗날 몽고의 부족장회의로 이어져 내려온 것으로 보인다. 이런 점들이 흉노족은 만주나 한반도의 한민족(韓民族)과 분파된 지가 오래지 아니한 동족임을 말하는 것이다.

(8) **한왕조로부터 조공을 받는 강국이 된 흉노**는 오래도록 한왕조와 화친정책을 계속하는 한편 대월지(大月氏)를 속국으로 만드는 등 이때부터 서방공략에 힘을 쏟게 된다. 이때의 흉노는 기마유목민족국가로서 모돈선우와 그의 아들 노상계육선우(老上稽粥單于) 시대를 통하여 동북아시아에서 가장 융성한 한민족(韓民族) 국가가 되었다. 그때 그들의 영역을 보면 동쪽은 열하(熱河)에서 북쪽은 바이칼호 너머까지, 서쪽은 천산산맥을 넘어 서투르키스탄까지, 남쪽은 장성지역과 오르도스까지의 강역을 지배하였다. 이러한 흉노의 선우는 천자사상을 오래 전부터 가지고 있었다. 즉 하늘이 세운 나라의 천자인 흉노의 대선우(大單于)라 칭하여 왔는데 중국 한민족(漢民族)들이 한왕조의 문제(文帝)시대부터 천자사상을 갖게된 것은 흉노에게서 배운 것으로 볼 수 있다. 한민족(漢民族)들은 본래 천자사상이 없었고 제왕(帝王)사상만 가지고 칭왕(稱王) 하고 있었다.

그 후에 동부 지역의 흉노족은 선비족(鮮卑族)에 합쳐져서 중국의 화북지방에 한민족(韓民族) 통일국가인 북위(北魏)를 건설하게 된다. 한편 서방으로 진출한 북흉노(北匈奴)는 4세기 중엽에 이르러 훈족(Hun族)이라는 이름으로 유럽으로 침입하여 들어감으로써 유럽 전체를 휩쓴 게르만민족의 대이동을 일으키게 된다. 그것은 마치 옛날 주민족이 처음 고대오리엔트에서는 쫓겨서 중국에 와서 정복자로 변신하여 은왕조를 멸망시키고 그 많은 유민들을 동방으로 추방한 것과 유사한 사건이라 할 수 있다.

(9) **흉노(匈奴)가 다른 동북아시아 한민족(韓民族)과 특별히 닮거나 공통된 사상이나 풍습**들을 많이 가지고 있는데 그런 것들 중에서 잘 알려진 것들을 살펴보면 다음과 같은 것들을 볼 수 있다.

① 천자(天子)사상 또는 천손(天孫)사상이다. 동북아시아 한민족(韓民族)만이 가지고 있었던 사상이다.

② 유목 기마민족인데, 동북아시아 한민족(韓民族)만이 기마민족이다.

③ 흉노족의 만기(萬騎)제도가 몽고족의 천호(千戶)제도 또는 만호(萬戶)제도 및

만주족의 팔기병(八旗兵)제도와 닮고있다.

④ 흉노의 추장회의는 몽고의 부족장회의와 신라의 촌장회의나 화백등과 매우 흡사하다.

⑤ 왕위 계승의 양상이 북방 한민족(韓民族)들의 왕위 계승의 양상과 매우 닮고 있는데 특히 왕위 계승의 다툼 같은 것이 닮고 있다.

⑥ 국가 권력자들의 상속권 갈등, 가정이나 친족의 구성 등이 몽고, 만주, 한반도의 것들과 닮았다.

⑦ 왕의 이름에 현조(玄鳥)를 상징하는 오(鳥)자가 많이 들어가고 왕이나 추장들의 시조 탄생에 난생설화를 가지고 있다.

⑧ 아버지의 후처나 형들의 처(妻)를 물려받아 본인의 처로 삼는 풍습은 동북아시아 한민족(韓民族)에서만 볼 수 있는 풍습이다.

이 이외에도 거의 모든 면에서 흉노족은 북방 한민족(韓民族)과 그 풍습들이 일치하고 있고, 중국의 한민족(漢民族)과는 전혀 닮지 않는 이민족임을 알 수 있다. 이러한 사실은 흉노족이 동북아시아 한민족(韓民族)과 과거에 같은 부족이었다는 사실을 말해주는 것이라 할 수 있다.

지금까지 살펴본 흉노족은 결코 한민족(漢民族)인 하후의후손이 아닌 것이 분명하다. 그러한 흉노족은 분명히 곰민족이요, 북방 기마민족이요, 한민족(韓民族)이다. 그들은 아마도 황제(黃帝)의 부족집단이 동방으로 이동해 와서 중원으로 남하할 때 그로부터 이탈한 일부 부족집단이 알타이산맥 부근에 분포되어 수렵생활이나 유목생활을 해오다, 중국의 전국시대 말기에 흉노로 변모하게 된 것으로 보인다. 진(秦)왕조시대에는 그들이 진(秦)민족과 같은 한민족(韓民族)이기 때문에 국가적으로 그들을 침공한다거나 전쟁을 한 일은 없었던 것이 사실이고, 오히려 진민족이 천하를 통일하는데 협조하였거나 일익을 담당했을 것으로 생각할 수 있다. 그러다가 이민족인 한(漢)왕조가 중원을 지배하게 되자 결연히 일어서서 이민족인 한민족(漢民族)과 맞서 싸우면서 강국으로 된 것이라 할 수 있다.

✿✿✿✿✿✿✿✿✿✿ **제 8 편** ✿✿✿✿✿✿✿✿✿✿

한국 · 한민족(韓國 · 韓民族)의 재분포(再分布)

1. 조선왕조(朝鮮王朝)의 멸망과 한반도의 상황

1) 제2왕조≪기자조선(箕子朝鮮)왕조≫시대 말기의 상황

⑴ **조선(朝鮮)의 제3왕조인 위만조선(衛滿朝鮮)왕조**는 중국에서 한(漢)왕조의 성립과 동시 또는 그들의 이민족에 대한 탄압과 박해가 극심해진 이후에 그곳을 탈출해온 망명인들에 의해서 건립되었다고 할 수 있다. 그 망명인들은 왜 중국에서 남의 나라 즉 조선의 제2왕조≪기자조선(箕子朝鮮)왕조≫의 영토인 만주와 한반도로 이동해 오게 된 것일까? 중국 사가들은 그 이유를 기록으로 남기지 않았다. 그것이 바로 역사왜곡의 한 사례라 할 것이다. 그러나 중국의 백성들이 집단으로 피난이나 망명을 해온 진정한 이유를 우리는 알아내어야 한다. 그래서 지금부터 그러한 중국의 기록들을 자세히 살펴봄으로써 그 속에 담겨있는 기자조선(箕子朝鮮)왕조 말기의 민족 이동의 대전환기 때 중원과 그리고 만주와 한반도에 걸친 한민족(韓民族)들의 불가피한 대이동에 대해서 진실과 왜곡된 사실들을 지적하고 가려내어서 당시의 역사를 정확하게 파악할 수 있는 계기로 삼고자 하는 것이다.

① 삼국지 위지 동이전의 기록 ; 위만(衛滿)과 더불어 중국에서 망명인이나 피난민들이 만주와 한반도로 나온 사실, 진한(辰韓)사람들이 중국에서 망명해서 한반도로 오게 된 사실, 그리고 부여(夫餘)사람들이 망명해서 그곳으로 오게 된 사실

등의 3가지의 기록들을 인용해 보기로 한다.

(1) 위만(衛滿)집단이 망명해온 사실에 관한 기록 ; 삼국지 동이전 예(濊)편에는 "천하가 진왕조에 반란을 일으키니 연, 제, 조의 백성 수만 명이 조선으로 피난했다. 연나라 사람 위만이 상투를 틀고 조선옷을 입고 다시 와서 왕이 되었다. 한무제가 조선을 쳐서 멸하고 그곳에 한4군을 설치하니 그로부터 호(胡)와 한(漢)이 차차 구별되었다."[1]고 기록하고 있다. 여기서 문제가 되는 것이 수만 명이 중국을 떠나고 또 조선이 멸망하고 거기에 한4군을 설치하고 나니 이제야 "점차 한민족(韓民族)과 한민족(漢民族)이 구별이 되었다"는 것이다. 즉 지금까지는 연, 제, 조 등지를 비롯한 중국 전역에 한민족(韓民族)과 한민족(漢民族)이 섞여있어서 구분할수가 없었고 한민족(韓民族)들의 반격이 두려웠는데 그들을 쫓아내고 위만조선도 멸망시키고 그곳에 한민족(韓民族)의 반격을 방어할 한4군을 설치하고 나니 이제 한민족(漢民族)만 남아서 안심이 된다는 말이다. 그 한민족(韓民族)들이 피난을 떠나는 이유는 한민족(韓民族)에 대한 한민족(漢民族)의 탄압과 학대에 의한 것임을 여기서도 알 수 있다.

(2) 진한(辰韓)사람이 망명해온 사실에 대한 기록 ; 한(韓)편의 진한(辰韓)조에 기록되어 있는 것으로 그것은 진한의 노인들이 스스로 말하기를 자신들은 진(秦)나라에서 망명해온 사람들이라고 하는 내용의 기록이다. 즉 진한(辰韓)사람들은 본래 중국의 진(秦)민족으로 진왕조가 멸망한 후에 한(漢)민족의 탄압과 학대를 못이겨 한반도로 망명을 헤오니 마한이 그들 동쪽 경계의 땅을 떼어주어 나라를 세우게 해서 정착하게 된 사람들이다. 그런데도 마치 진민족이 진왕조의 박해를 못이겨 망명해온 것처럼 기록하고 있다. 위만집단이 만주와 한반도로 피난해온 이유나 진한사람들이 한반도 남쪽으로 망명해온 이유는 똑 같은 것이었다.

(3) 부여(夫餘)사람들이 망명해 온 사실에 대한 기록 ; 부여편(夫餘篇)에는 "부여에서는…나라의 노인들이 스스로 옛날에 망명해온 사람들이었다고 말한다."고 기

---

1) 三國志 魏志 烏丸鮮卑東夷傳第三十 濊篇.

록하고 있다. 여기서 부여인들이 만주로 망명해 왔다면 그것은 위만집단과 같은 시기이거나 다소 늦은 시기에 같은 조건에서 중국에서 한(漢)민족의 학대와 탄압에 견디지 못한 한민족(韓民族)들이 피난이나 망명을 해서 만주로 이동해 온 것이라 할 수 있다.

② 위략의 기록 ; 여기에서는 기자조선왕조의 부왕(否王)시대의 상황에 대한 기록과 위만에 관한 기록의 2가지를 인용해서 그 왜곡되고 모순된 점을 지적해 보기로 한다.

(1) 부왕(否王)과 준왕(準王) 시대의 기록 ; 진(秦)나라가 천하를 통일하고 몽념이 장성을 쌓아 요동에 이르렀다. 조선왕 부(否)는 진나라의 습격을 두려워했다.…부왕(否王)이 죽고 아들 준왕(準王)이 즉위한지 20여 년 후에 진승과 항우가 일어나 천하가 소란하니 연, 제, 조나라 백성들이 고통과 수심에 쌓이면서 차츰 준왕에게로 망명해 오니 준왕은 그들을 서쪽 땅에 머물게 했다. 고 하였는데, 그 주요 모순 점을 지적해 보면 우선 몽념이 만리장성을 쌓았다는 것이 왜곡된 기록이다. 그리고 준왕이 즉위한지 20여 년 이후에 진왕조가 멸망한 셈인데 그렇다면 부왕 재위시는 전국시대인데 어찌하여 조선과 가장 멀리 떨어져 있는 진나라가 습격해 올 것을 두려워했단 말인가, 그리고 진나라가 멸망하면서 연, 제, 조의 백성들이 고통과 수심을 갖게 된 것은 한왕조의 탄압과 박해 때문이고 그로 인해 그들이 조선의 준왕에게로 오게 된 것인데 그런 설명이 없다.

(2) 위만(衛滿)에 관한 기록 ; 연인(燕人) 위만이 망명해 오니…준이 그를 믿고 또 총애하여 규(圭)를 하사하고 백리 땅의 제후로 봉했다.…그러나 그는 드디어 준을 공격하였는데 준이 위만과 싸웠으나 상대가 되지 않았다. 고 기록하고 있다. 위만은 배은망덕해서 조선왕 준을 공격하여 나라를 빼앗은 것처럼 기록하고 있는데 그것은 모순된 기록이다. 그들은 전쟁을 한 일이 없다. 준은 다만 왕위를 위만에게 선양하고 측근들을 거느리고 남쪽의 한(韓)땅으로 간 것이었다.

③ 후한서 동이열전 ; 여기에는 위만집단과 또 그와 같은 시기에 피난 온 사람들

과 진한(辰韓)사람들이 망명하여 온 사실에 관한 기록이 있다.

⑴ 위만집단의 망명에 관한 기록 ; 예편에는 "한(漢)나라 초기에 큰 난리가 일어나 연(燕), 제(齊), 조(趙)의 백성 수만 명이 조선으로 피난해 왔다. 이때 연인 위만이 준을 격파하고 스스로 조선의 왕이 되었다."[2]고 기록하고 있다. 여기서는 한나라 초기에 한나라가 일으킨 큰 전란으로 연, 제, 조의 백성 수만 명이 조선으로 피난해 온 사실을 인정하고 있다. 삼국지보다는 훨씬 정직하게 기록하고 있다. 그러나 연, 제, 조의 백성들이 무슨 이유로 조선으로 피난을 해야 했는지는 기록하지 않고 있다. 즉 피난을 온 사람들이 한민족(韓民族)으로서 이민족인 한민족(漢民族)의 핍박을 피해서 온 것이지만 중국에서 한민족(韓民族)의 존재를 지우기 위해서 고의로 기록으로 남기지 않았다고 보아야할 것이다.

⑵ 진한(辰韓)인들의 망명에 관한 기록 ; 한(韓)편 진한조에 는 진한의 노인들은 스스로 말하기를 진(秦)나라에서 망명해 온 사람들인데 고역을 피해서 한국으로 온 것이다. 라 기록하고 또 변진(弁辰)조에는 조선의 왕 준이…바다로 들어가…스스로 한왕(韓王)에 즉위하였다. 준 이후에는 기자(箕子)왕조의 대가 끊어졌다. 고 기록하고 있다. 그러나 여기서 한(漢)나라가 일으킨 난리를 피하여 망명했다고 해야할 것을 고역을 피하여 망명한 것으로 하고 있다.

⑵ 그 이외의 중국사서나 기타 기록들, 또 한국사서의 기록들에서 조선의 제2왕조의 말기의 상황을 알 수 있는 글귀들을 모아보면.

① 한반도 남부에서는 삼한(三韓)이 성립되기 이전에 진국(辰國)이라는 나라가 있었다고 하는 기록이 있다. 즉 후한서 동이열전에 의하면 "한(韓)나라에는 3종류의 사람들이 있는데 마한(馬韓), 진한(辰韓), 변한(弁韓)이 그것이고…모두 78개의 나라로 되어있다.…그들 모두는 옛날의 진국(辰國)이다."고 하고 있다. 이 기록에 의하면 삼한이 성립되기 오래 전부터 진국(辰國)이 있었는데 그 중에서 마한(馬韓)이 가장 크고 그 마한사람들만이 진국이나 그 밑의 소국들의 왕이 될 수 있었다고

---

2) 後漢書 東夷列傳第七十五 濊篇.

하니 그러한 진국은 역시 기자조선왕조에 속해 있었을 것이며, 그렇지 않으면 후에 위만조선이 성립되면서 그 왕조를 초기에 진국(辰國)이라고 하였을 가능성이 있다.

② 삼국사기 열전의 최치원편에는 "중국의 동해 밖에는 세 나라가 있었는데 그 이름이 마한, 변한 진한으로서 마한은 곧 고구려(高句麗)이고, 변한은 곧 백제(百濟)이고, 진한은 곧 신라(新羅)이다, 고구려와 백제의 전성기에는 강병이 백만으로 남으로는 오(吳)와 월(越)을 침략하였고 북으로는 유(幽), 연(燕), 제(齊), 노(魯)를 침략하여 중국의 큰 침식자가 되었다."[3]고 기록하고 있다. 여기서 특히 이 기록을 믿는다면 마한이 현재의 고구려 땅에 있었다는 말이 된다. 그렇다면 준왕이 남으로 내려 와서 한반도의 북쪽에 있었던 마한이라는 국명을 남쪽으로 천이해 온 것이거나 또는 한반도의 남서부에 북부마한의 분국을 건설하고 그것을 그냥 마한이라 호칭해 왔을 것이라고 보는 수밖에 없다.

③ 양서(梁書) 열전 제이(諸夷)의 백제편에 의하면 "백제(百濟)는…진(晉)나라시대에…요서(遼西)와 진평(晉平)의 2개 군을 가지고 그곳에 백제군(百濟郡)을 설치하였다."[4]고 하고 있는데 백제가 어떻게 서기 3세기경에 북상해서 중국의 요서군과 진평군까지 소유하고 그곳에 백제군을 두었단 말인가? 일견 모순처럼 보이나, 그러나 오래전부터 요동(遼東)에 백제가 있었는데 그 일부가 한반도 남부로 내려간 후에도 요동백제는 지속되다가 3세기초에 요서, 진평으로 진출한 것이라 보면 될 것이다.

④ 후한서나 삼국지 등의 고구려편에는 고구려에 5부(部)가 있었다고 하였고, 그 이외에 이러한 중국사서에 나오는 여러 동이의 나라들은 대부분 기자조선왕조시대에도 있었던 나라들일 것이라 볼 수 있다.

---

3) 三國史記 列傳第六 崔致遠篇
4) 梁書 列傳第四十八 諸夷 百濟篇.

지금까지 열거해 본 기록들을 종합해 볼 때 기자조선(箕子朝鮮)왕조의 정치제도
는 소왕국들을 거느린 봉건제후국가들로 이루어진 왕국이었다고 볼 수 있다. 즉
예를 들면 마한 54개 소왕국들이 마한왕국을 이루고 마한이 같은 형태의 진한 변
한 등과 더불어 또 만주와 연해주 등의 그러한 형태의 나라들과 더불어 조선왕조
를 이루고 있었던 것이라 할 수 있다. 진(秦)왕조가 멸망하기 이전까지는 만주와
한반도의 기자조선왕조와는 더욱 가깝게 그리고 화평하게 지냈으리라 생각할 수
있다. 기자조선왕조는 오히려 진나라의 천하통일전쟁을 도왔을 가능성이 있다. 즉
진나라가 연, 제 등을 공략할 때 기자조선의 지원군이 협공을 하고 또 그 내부의
한민족(韓民族)들이 봉기해서 진나라가 천하를 통일하는데 도움을 주었을 가능성
이 있다.

2) 제3왕조≪위만조선(衛滿朝鮮)왕조≫ 성립 이후의 상황

⑴ **위만(衛滿)집단이 조선에 나온 것은** 연왕 노관(盧綰)이 흉노로 도망한 것과
우연히 시기가 같았다고 볼 수 있다. 위만은 은(殷)왕조의 후예인 송(宋)나라 지역
에 진(秦)왕조의 왕족으로서 세력가로 자리잡고 있다가 한(漢)나라의 한민족(韓民
族)에 대한 탄압과 박해가 극심해지자 동래한 것으로 보는 것이 가장 합리작이라
생각되나 혹은 위만이 진왕조의 왕족이기 때문에 진왕조가 멸망할 때 진나라 왕도
에 자리잡고 있다가 그곳을 탈출하였을 가능성도 배제할 수는 없다.

또 같은 시기에 진왕조의 유민들이 대거 한반도의 남쪽으로 나와서 진한(秦韓)
≪진한(辰韓)≫을 세우게 되었다. 그런데 위만이 조선으로 나온 시기와 진나라 유
민들이 한반도 남쪽으로 나온 시기는 같은 것으로 볼 수 있다. 즉 위만집단과 진
나라 유민집단은 하나의 대집단을 이루어 같이 조선으로 나왔다고 볼 수 있다. 한
왕조의 한민족(韓民族)에 대한 보복적인 박해나 학대를 피해서 진민족들이 집단을
이루어 피난을 하지 않을 수가 없었고, 그 여파로 중국에서 진나라 이외의 지역의

한민족(韓民族)들도 대규모 망명집단을 형성해서 조선으로 나오게 되었는데 그것이 후한서나 삼국지 등에 연, 제, 조 등에서 수만 명의 피난민이 조선으로 왔다고 기록되어 있는 것이다. 그러한 집단들 중의 비교적 규모가 큰 한 집단의 선도자가 위만이었을 것으로 보는 것이다.

(2) 한반도로 망명해 온 대규모 위만집단은 처음부터 조선을 공격하려 온 것도 아니고 나와서도 처음은 위만이 왕이 되려는 생각을 가졌다고 볼 수 없다. 그러나 그들을 뒤따라 진격해 오는 한나라 군대를 방어하기 위해서 하는 수없이 위만이 왕이 된 것으로 보인다. 즉 기자조선왕조의 준왕은 조선의 한민족(韓民族)과 중국의 한민족(韓民族)을 다 같이 통솔해서 한군(漢軍)에 대항할 수 있는 위만에게 왕위를 선양했을 것이다. 그러나 결국 조선왕조는 위만의 손자 우거왕 시대에 이르러 진격해온 중국의 한군에게 멸망당하고 만다. 그때 위만과 같이 이동해 와서 한반도 동남부로 내려온 진나라 망명집단은 그곳에 진나라의 망명왕조인 진국(秦國)을 세우게 되고 일본열도로 건너간 망명집단은 그곳에 역시 진나라의 망명왕조인 진국(秦國)을 세우게 된다. 그들이 중국에서 한반도로 올 때 국명을 천이하여 진한(秦韓)이라 한 것인데 나중에 노출되는 것이 두려워 나라 이름을 진한(辰韓)이라 하였을 것으로 본다.

(3) 본래 마한(馬韓)은 기자의 후손이 세운 나라이니 그 왕실은 은왕조의 후예가 되고, 진한(辰韓)은 진(秦)왕조의 백성들이 와서 세운 나라이니 진왕조의 후예가 된다. 은왕조는 소호김천씨의 후예요, 제곡고신씨의 후예이다. 진왕조는 제전욱고양씨의 후예이니 창의의 후예이다. 따라서 소호와 창의는 황제(黃帝)의 적자 형제이므로 마한의 왕실은 그때 이동해 온 진민족에게 자신들의 동쪽의 영토를 떼어 주어 나라를 세우게 한 것이다.

(4) 한반도와 일본열도에 진(秦)왕조의 망명왕조가 생기니 한(漢)왕조는 항상 불안했을 것이다. 그래서 그들은 항우와의 전쟁이 마무리된 후에 곧 군사력을 정비하여 무제 원봉(元封) 2년《B.C. 109년》에 한반도로 진격을 시작한다. 이것은

한왕조가 먼저 선제공격을 가해서 한반도의 진왕조를 멸망시키기 위한 것이었다. 그렇지만 한군은 위만조선을 멸망시켰을 뿐 한반도 남쪽까지는 진격하지 못하고 그곳에 한4군을 설치하여 군사방위를 담당하는 동부도위(東部都衛)와 서부도위(西部都衛)의 주둔 군사들에 대한 뒷바라지를 담당케 한 것이다. 그때 위만조선왕조가 멸망하면서 그 유민들은 다시 피난이나 망명의 길을 떠나 주로 삼한(三韓)땅으로 많이 흘러 들어갔을 것이다.

2. 삼한(三韓)의 형성

1) 삼한(三韓)의 형성에 관한 중국 기록의 검토

〈그림 1〉 삼한의 형성

(1) 마한(馬韓)에 대한 기록 ; 마한(馬韓)이 중국 사서에 독립된 나라로 처음으로 나타난 것은 삼국지(三國志)라 할 수 있다. 그 이후에는 후한서(後漢書)에도 기록되었는데 그들 두 사서 간에도 여러 가지 상황이 약간씩 다르게 나타난 부분이 많다.

① 삼국지 위지 동이전 ; 한(韓)편에는 마한에 대해서 그 54개 예하 소왕국들의 이

름과 그 백성들의 생활상 등이 비교적 상세히 기록되어 있다. 주요 내용을 보면 "한(韓)나라는 3종류가 있는데 첫째가 마한(馬韓), 둘째가 진한(辰韓), 셋째가 변한(弁韓)이다. 진한(辰韓)은 옛 진국(辰國)이다. 마한은 서쪽에 있고 총 10여만 호이다.…조선왕 준(準)이…위만에게 나라를 빼앗기자 좌우 궁인(宮人)들을 거느리고 바다로 들어서 한(韓)나라 땅에 와서 살면서 스스로 한왕(韓王)이라 칭했다."[5]고 기록하고 있다. 그런데 열거된 소왕국의 국명에서 막로국(莫盧國)이 두 번 적혀 55 개국으로 되어 있는데 본래는 54개국이 맞는 것 같다. 그래야 삼한이 총 78개국으로 이루어져 있다고 하는 기록과 부합된다. 그 중에는 백제국(伯濟國)이라는 나라가 있는데 이것이 삼국의 하나인 백제국(百濟國)을 말하는 것인지는 미지수이다. 후한서에서는 삼한이 모두 옛날에는 진국(辰國)이었다고 기록하고 있는데 여기서는 진한만이 옛날의 진국(辰國)이라고 하고 있다.

② 후한서 동이열전 ; 한(韓)편에 마한에 관한 기록이 있는데 삼국지보다 자세하지는 않은 것 같다. 그러나 문체가 간결하고 범위는 좁지만 오히려 내용은 더 충실해 보인다. 마한의 기록을 보면 "한(韓)나라는 3종류가 있는데 첫째는 마한, 둘째는 진한, 셋째는 변한이다. 마한은 서쪽에 있고 54개의 나라이다. …진한은 동쪽에 있으며 12개국이고 변진은 진한의 남쪽에 있으면서 역시 12개국이다.…총 78 개국인데 백제(伯濟)도 그 중의 한 나라이다.…모두 옛날에는 진국(辰國)이었는데 마한이 가장 크다. 조선왕 준(準)이 위만에게 패하자 나머지 무리 수천 명을 이끌고 바다로 들어 마한을 공격해서 파하고 스스로 한왕(韓王)이 되었다"[6]고 기록하고 있다. 또 고구려편에 마한에 관한 기록이 있는데 "…안제(安帝)≪후한≫ 건광(建光)원년≪서기 121년≫…가을에 궁(宮)이 드디어 마한과 예맥의 수천기의 군대를 거느리고 현도를 포위하였다.…"고 하고 있다. 그런데 마한은 서기 9년에 완전히 멸망한 것으로 되어 있는데 100년 가까이 지난 시기에 다시 나타나는 것은 어

---

5) 三國志 魏志 烏丸鮮卑東夷傳第三十 韓篇.

6) 後漢書 東夷列傳第七十五 韓篇.

째서일까? 그리고 여기서는 삼한이 모두 옛날에는 진국(辰國)이었다고 하고 있다. 특이한 것은 여기서도 백제(伯濟)가 소왕국으로서 존재해 있었다고 하였는데 B.C. 18년에 온조(溫祚)가 세운 백제와는 어떤 관계가 있는 것인가? 그러나 중국사서의 기록은 B.C. 18년에서 마한이 완전히 멸망하기 전인 A.D. 8년까지의 대략 26년 간의 것을 기록한 것이라 보면 백제(伯濟)와 백제(百濟)는 동일 국가라 볼 수가 있다.

③ 진서(晉書)의 마한(馬韓)편[7]과 양서(梁書)의 백제(百濟)편[8] 등에 마한에 관한 기록이 있다. 진서 열전 동이의 마한편에서는 "마한에는…총 56개의 소국들이 있다.…무제 태강(太康)원년≪서기 280년≫과 2년에 마한의 군주가 사신을 빈번히 보내 방물(方物)을 바쳤다. 7년, 8년, 10년에도 빈번히 왔다. 태희(太熙)원년≪서기 290년≫에는…다음 해에는 진(晉)나라에 종속되기를 청했다."고 기록하고 있는데 마한이 서기 9년에 백제(百濟)에 의해서 이미 멸망하여 없어졌는데 어떻게 하여 서기 290년 이후까지 중국 진(晉)나라에 사신을 보낼 수 있단 말인가? 또 먼 한반도 중 · 남부에 위치한 마한이 어떻게 중국에 예속되기를 청하였을까? 이것은 중국에 가까이 있는 나라가 아니고서는 생각 못할 일이다. 따라서 마한이 조선의 직할 제후국으로 있었던 것인데 조선의 멸망 후에도 만주나 한반도 북쪽에 소국으로 그대로 존속해 온 것이라 볼 수밖에 없다. 이러한 사서들의 기록에서 보면 마한은 삼한 중에서 가장 먼저 건국된 54개의 소왕국들을 거느린 조선왕조의 제후국으로 출발하였다고 할 수 있다.

(2) 진한(辰韓)에 대한 기록 ; 중국사서에 기록된 진한(辰韓)에 관한 것들을 살펴보면 대개 한(韓)편에 삼한(三韓)의 하나로 기록되어 있거나 마한과 더불어 기록되어 있는 것들이 대부분이다.

① 삼국지 위지 동이전의 기록 ; "진한은 마한의 동쪽에 있는데 그곳 늙은이들이 말하기를 자신들은 옛날 중국 진왕조의 노역을 피해 한국(韓國)으로 망명해온

---

7) 晉書 列傳第六十七 東夷 馬韓篇.

8) 梁書 列傳第四十八 諸夷 百濟篇.

사람들인데 마한이 그들의 동쪽 경계의 땅을 나누어주어 살게 된 사람들이라 하였다. 그 언어가 진(秦)나라 사람들과 같다.…그래서 지금 그들을 진한(秦韓)이라고도 하고 있다. 처음에는 6개국이 있었는데 점차 12개국으로 나뉘어졌다.…진왕(辰王)은 항상 마한 사람이 되었고 대대로 이었다."고 기록하고 있다. 진한이 12개국이라 했는데 그 이름은 변한조(弁韓條)에 24개국의 이름을 같이 섞어서 기록해 놓았다. 그리고 중국 진(秦)왕조의 유민들이 한반도로 와서 진한(辰韓)을 건국한 사실을 알 수 있게 한다.

② 후한서 동이열전의 기록 ; "진한은 늙은이들이 스스로 말하기를 자신들은 진(秦)나라에서 망명해 온 사람들인데 고역을 피해서 한국에 오니 마한이 그들의 동쪽 경계의 땅을 나누어주어 살게된 사람들이라 하였다. 그들은 진나라와 말이 같다. 그래서 혹 진한(秦韓)이라고도 한다."고 기록하고 있는데 진나라에서 온 망명인이 삼국지는 진나라의 노역 때문에 망명해 왔다고 했는데, 여기서는 진나라 사람들이 이민족으로부터 받는 고역 때문에 망명해 온 것으로 되어 진실에 한걸음 가까운 기록이라 볼 수 있다. 진민족이 피난해 왔으니 그것은 당연히 한(漢)민족의 고역(苦役) 때문이라는 뜻이 있어 그런 대로 진실에 가깝다는 것이다.

③ 진서(晉書) 열전의 기록 ; "진한(辰韓)은 진(秦)나라에서 망명해 온 사람들인데 난을 피해서 한국(韓國)으로 들어오니 한(韓)나라가 동쪽 경계를 나누어주어 살게 되었다. 언어가 진나라 사람들과 비슷하여 그로 인해 혹 진한(秦韓)이라고도 일컫게 되었다. 진한은 항상 마한 사람들로 임금을 삼았고 자립을 하지 못하였는데 그것은 그들이 유이민이었기 때문에 마한에 의해서 통제를 받아온 것이다. 무제 태강 원년≪서기 280년≫에 그 왕이 사신을 보내어 방물을 받쳤다.…7년≪서기 286년≫에 또 왔다."고 기록하고 있다. 그러나 이상한 것은 B.C. 57년에 신라(新羅)를 건국함으로써 명목상으로는 진한이 없어진 것으로 되는데 그로부터 2백 수십년이 지난 서기 286년에 진한(辰韓)왕이 진(晉)나라에 조공을 했다하니 어찌된 일인가? 어쨌든 진(秦)민족이 진한인(辰韓人)이 된 것은 입증되고 있으나 그 이외

의 기록들에는 많은 의문이 남는다.

④ 양서(梁書) 열전의 기록 ; "신라는 그 조상이 본래 진한(辰韓)이다. 진한은 또한 진한(秦韓)이라고도 한다. 진(秦)과 한(韓)은 서로 만리의 거리인데 전해 내려오는 말로는 진나라 시대에 망명인들이 난을 피해서 마한에 오니 마한이 그 동쪽 경계를 나누어주어 살게 되었는데 그들이 진나라 사람들이기 때문에 진한(秦韓)이라 했다 한다. 그 언어나 사물의 이름들이 중국 사람들과 닮고…마한과는 같지 않다."고 하였다. 특히 진나라 사람들이 만리나 떨어진 한(韓)나라로 망명을 오게 되었다고 하는 구절인데 바로 진나라 사람들은 한(韓)나라 사람들과 같은 한민족(韓民族)이고 그 중에서도 가장 가까운 혈족이었기 때문이라 할 수 있다.

⑤ 북사(北史) 열전에도 진한에 관한 기록[9]이 있는데 그것은 진서(晉書)와 양서(梁書)의 것을 모방하여 절충해서 기록한 것으로 보인다.

중국측 사서의 진한에 대한 기록에서 알 수 있듯이 진한(辰韓)은 중국 진(秦)나라 사람들이 망명해 와서 마한으로부터 그들의 동쪽 땅을 할양 받아서 세운 나라이다. 그것은 중국의 진왕조가 멸망하면서 그 백성들이 만리나 떨어져 있는 한반도의 남동부로 나와서 진왕조의 망명왕국을 세웠다는 것을 기록으로 남긴 것이라 할 수 있다. 한무제가 이러한 진민족의 망명왕국인 진한을 멸망시키고자 대군을 파견하여 한반도로 진격하게 하였던 것이다. 그리고 위만조선왕조를 멸망시키고 그곳에 한4군과 2개의 군사 도위부를 설치하여 진인(秦人)들의 중국으로의 반격을 방어할 수는 있었으나 진한을 멸망시키지는 못하였다.

(3) 변한(弁韓)에 대한 기록 ; 중국 사서에서 변한(弁韓)을 대개 변진(弁辰)으로 많이 기록하고 있다. 혹은 진한(辰韓)과 변한(弁韓)을 합한 변진(弁辰)이란 나라로 다루는 경우도 있다.

① 삼국지 위지 동이전의 기록 ; "한(韓)나라는…3종류의 사람들이 있는데…셋째가 변한(弁韓)이다.…변진(弁辰)도 역시 12개국이다.…변진사람들은 진한사람들

---

9) 北史 列傳第八十二 新羅篇.

과 거처가 같고 언어와 풍속이 서로 닮았다."고 하고 있는데 여기서는 처음은 변한(弁韓)이라 해놓고는 그 다음부터는 변진(弁辰)이라 하고 있다.

② 후한서 동이열전의 기록 ; "한(韓)나라에는 3종류의 사람들이 있는데…셋째가 변진(弁辰)이다.…변진은 진한의 남쪽에 있는데 역시 12개의 나라가 있다. 그 남쪽은 왜(倭)와 접한다.…변진사람들은 진한사람들과 섞여서 살고 있고 언어와 풍속은 차이가 있다.…"고 기록하고 있는데 삼국지에서는 언어와 풍속이 비슷하다고 하였는데 여기서는 언어 풍속에 틀리는 점이 있다고 하여 서로 다르게 기록하고 있다.

③ 기타 사서의 기록 ; 구당서(舊唐書)와 신당서(新唐書)에는 다 같이 "신라(新羅)는 본래 변한의 묘예이다.…"라 기록하고 있다. 이후의 사서들은 변한에 대해서 대개 이 신·구당서(唐書)의 기록을 참고하여 기록하고 있는 것 같다. 앞의 기록들에서 진한인과 변한인은 동거하고 있고 언어나 풍속이 대동소이하다고 되어 있어서 진한사람과 변한사람이 가장 가까운 근친의 한 종족이라 불 수 있다.

2) 삼한(三韓)의 형성에 관한 한국 기록의 검토

삼한의 역사에 관한 한국의 기록은 대단히 미미하다. 삼국유사와 삼국사기의 단편적인 기록 이외에는 거의 전무한 상태라 할 수 있다. 이러한 현상은 삼한의 후손들이 역사를 기록하지 아니해서가 아니라 기록한 것을 보존해 오지 못하였기 때문이라 할 수 있을 것이다.

(1) 마한(馬韓)에 관한 기록 ; 마한에 관해서 독자적으로 체계가 선 한국기록은 거의 없다. 다만 그 역사의 단편적인 것들이라도 찾아보면 다음과 같은 것들이 있는 것을 볼 수 있다.

① 삼국유사(三國遺事)에 의하면 견훤(甄萱)이 고려 태조에게 올린 글에서 말하기를 옛적에 마한이 먼저 일어나고 신라의 혁거세(赫居世)가 일어났으며 이때 백

제는 금마산에서 개국하였다고 하고. 최치원은 말하기를 마한은 고구려요 진한은 신라라 하였다.[10]고 하고 저자 일연(一然)의 주(註)에서는 "고구려의 동명왕이 일어날 때 이미 마한을 합병했기 때문에 고구려를 마한이라 한다.…고구려 땅에는 본래 마읍산(馬邑山)이 있기 때문에 마한이라 한 것이다."라 기록하고 있다. 이 기록에서 마한은 고구려이다, 라고 하는 부분이 선뜻 이해가 되지 않는다.

② 삼국사기(三國史記) 신라본기의 신라 시조 38년≪B.C. 20년≫조에 의하면 "호공(瓠公)을 마한에 보내어 수교하려하니 마한왕이 말하기를 진한과 변한은 우리의 속국인데 근년에는 대국을 섬기는 예의가 이럴 수가 있는가? …요사이 동래한 자들이 마한 동쪽에 자리를 잡고 진한 사람들과 섞여 살면서 극성을 부리므로 마한에서는 이를 꺼리어 호공에게 책망을 한 것이다"[11]라 기록하고 있다. 여기서 보면 마한에서는 진한과 변한을 신라와 동일시하고 있는 것 같다. 이때까지는 중국 사서들의 기록대로 마한이 전체 한반도 남부 즉 삼한을 통치하고 있었던 것만은 틀림이 없었던 것으로 보인다.

③ 삼국사기 백제본기의 시조 온조왕(溫祚王) 24년≪서기 6년≫조에 "7월에 온조왕이 웅천(熊川)에 방책을 만드니 마한왕이 사신을 보내어 책망하기를 그대가 처음 강을 건너와서 발붙일 곳이 없을 때 내가 동북 1백리의 땅을 주어 편히 살게 하고 왕에 대한 대우도 후하게 하였는데…지금에 이르러 우리 강토를 침범하니 그 의리가 어찌된 것인가? 함으로 온조왕은 부끄럽게 여기고 그 방책을 헐어버렸다."고 하고 있다. 그 이전에 중국의 진나라 사람들이 왔을 때도 마한왕은 그 동쪽 경계의 땅을 떼어주어 살게 한 일이 있었다. 그런데 이때 남하한 온조왕에게도 동북 1백리의 땅을 주어 백제를 건국하게 한 것 같다. 그리고 온조왕 10년 9월에 왕이 사슴(神鹿)을 잡아 마한왕에게 바친 것이나, 13년 8월에 천도할 것을 보고한 것 등을 고려할 때 그들 사이는 예사로운 사이가 아닌 주종 같은 가까운 사이로 봐야할

10) 三國遺事 紀異第一 馬韓篇.

11) 三國史記 新羅本紀第一 一, 始祖 赫居世居西干篇 三十八年條.

것으로 생각된다. 10월에 온조왕은 사냥한다고 하면서 군사를 이끌고 가만히 마한을 습격하여 드디어 그 나라를 합병하였다. 그러나 원산(圓山)과 금현(錦峴)의 두 성은 굳게 지키며 항복하지 않았다. 고 기록하고 있어 단편적이나마 마한이 멸망하게 된 상황을 조금은 짐작할 수 있다. 또 온조왕 27년≪서기 9년≫조에 "4월에 원산과 금현의 이성(二城)이 항복하였으므로 그 백성들을 한산(漢山)의 북쪽으로 옮겼다. 이로써 마한은 드디어 멸망하였다."고 기록하고 있다.

또 삼국사기 신라본기의 탈해왕 5년≪서기 61년≫조에 의하면 "8월에 마한의 장수 맹소(孟召)가 복암성(覆巖城)을 들어 항복하였다."라 기록하고 있다. 이때가 서기 61년인데 마한이 서기 9년에 모든 성(城)과 더불어 완전히 멸망한 것으로 되었는데 그 50여 년 이후인 서기 61년까지 마한의 일부가 존속했었던 것처럼 되어 있다.

④ 삼국사기 고구려본기의 제6대 태조대왕 69년≪서기 121년≫조의 12월에 왕은 마한, 예맥의 군사 1만여기를 거느리고 현도성을 포위하였다고 하고 태조대왕 70년≪서기 122년≫조에는 왕이 마한, 예맥과 더불어 요동을 침공하였다. 라 하고 있다. 서기 9년≪백제 시조 온조왕 27년≫에 마한은 멸망하고 없어졌는데 그로부터 100여년이 지난 지금 어찌하여 북쪽의 고구려지역에 마한이 다시 나타난단 말인가?

⑤ 삼국사기 열전 최치원편에 마한에 3국이 있는데 그 이름이 마한, 변한, 진한으로 마한은 곧 고구려이다라 하였다.

⑥ 동경잡기(東京雜記)[12]의 동경잡기간오(東京雜記刊誤)에 의하면 "후조선(後朝鮮) 무강왕(武康王)은 남천(南遷)하여 마한을 만드니 위만이 뒤를 이어 그 고지(故地)를 차지하였다. 최치원이 억지로 마한을 고구려라고 한 것은 그 잘못을 구구하게 따질 것도 없다. 또 권근(權近)이 백제사(百濟史)를 말할 때 변한을 고구려라고

---

12) 高麗 때의 東京이었던 慶州의 내력을 적은 책으로 원래 작자나 연대 미상으로 전해 내려오던 東京誌를 서기1669년 당시의 慶州府使 閔周冕이 重修刊行하여 이름을 東京雜記라고 붙였다 한다.

하였다. 만약에 변한이 고구려로 되었다면…박혁거세 19년에 또 무엇 때문에 신라가 변한을 병합하였다고 하였겠는가?" 라 기록하고 있다. 이 주장이 사실이라면 마한과 변한이 고구려로 되었다는 최치원과 권근의 주장은 완전히 사실이 아닌 틀린 것으로 된다.

⑦ 지금까지의 기록들을 토대로 신비에 싸여있는 마한이라는 나라의 형성과정이나 위치 등을 잠시 분석해 보기로 한다. 우선 있을수 있었던 다음의 몇 가지 경우를 생각할 수 있다. ⑴ 준(準)왕이 그 왕위를 위만에게 선양하고 한(韓)나라의 땅에 내려가서 흩어져 있는 소왕국을 취합하여 마한이라는 이름의 연방국을 세운 것이다. ⑵ 준왕이 한(韓)나라의 땅으로 내려가 마한을 공격하여 격파하고 자신이 마한왕이 되었다고 하였는데 그러나 사실은 공격을 한 것이 아니고 새로 나타난 대국왕조의 대왕이었던 준왕이 이끄는 대집단에 경외심을 가진 백성들이 그를 왕으로 옹립한 것이다. ⑶ 만주의 남부와 한반도 북부지역에 걸쳐서 마한이라는 나라가 있었는데 준왕이 남쪽으로 지명천이하여 와서 자신의 남쪽나라 이름으로 만들었고, 북쪽에 있던 마한은 위만조선왕조가 멸망한 뒤 곧 그 땅에서 고구려가 발흥하게 되어 그 고구려의 종속국이 되었다. ⑷ 준왕이 한(韓)의 땅으로 내려가기 이전에 만주와 한반도 북부에 마한본국이 있었고 한반도 남부에는 그 식민지 분국(分國)이 있었는데 준왕이 내려가서 새로이 그곳에 마한대국(馬韓大國)을 설립하였고, 북쪽의 마한 본국(本國)은 그 이후까지 오래도록 존속해 있었다. ⑸ 기자조선왕조 말기에 만주의 중·남부에서 한반도의 서남부에 이르는 지역이 마한이라 일컫고 있었는데 한4군이 들어서면서 중간이 잘려서 중간부분은 낙랑군이 되고 남쪽부분은 준왕이 왕으로 된 마한이 되었고, 북쪽부분은 후에 고구려의 종속국이 되어 남쪽 마한보다 훨씬 오래도록 존속해 있었다.

⑵ **진한(辰韓)에 관한 기록** ; 진한도 중국측 기록을 인용한 것들은 더러 있지만 독자적인 한국 기록은 거의 없다. 한국 사서에 나오는 진한에 관한 단편적인 것들을 모아 보면 다음과 같은 것들이 있다.

① 마한에 관한 기록이 나오는 곳에는 대부분 진한에 관해서도 약간씩 기록이 되어 있어 마한과 더불어 그때그때 검토 분석이 된 셈이다.

② 삼국사기의 신라본기에 의하면 "국호를 서나벌(徐那伐)이라 했다 이보다 앞서 조선의 유민들이 이곳에 와서 산곡간에 흩어져 살면서 육촌(六村)을 이루었다. 이것이 진한(辰韓) 육부(六部)이다. 진한 사람들은 표주박(瓠)을 박(朴)이라 하였는데 혁거세가 태어난 알의 모양이 표주박과 같았으므로 성이 박(朴) 씨가 되었다. 그리고 거서간(居西干)이란 진한 사람들의 말인데 왕이라는 뜻이다"[13] 라 기록하고 있다. 이것으로 진한에 관한 나라의 형성이나 역사 등을 어느 정도는 추정을 할 수 있다고 하겠다. 중국측 사서에는 진한인(辰韓人)은 중국 진(秦)나라에서 망명 온 사람들이라 했는데 여기서는 조선의 유민들이라 했다. 그것은 서나벌 지역에는 조선의 유민들이 진나라 피난민들과 더불어 같이 북쪽에서 왔기 때문이거나 또는 그들 대부분이 진나라 유민들이지만 그들이 조선의 영역인 북쪽에 있다가 그곳에서 왔기 때문에 그렇게 기록한 것이라 볼 수 있다. 어떤 경우이던 그들은 같은 한민족(韓民族)이었기 때문에 전혀 이질감이나 그 외에 아무런 차이가 없는 상태였다고 할 수 있다.

③ 삼국유사의 진한편에 의하면 "최치원은 진한은 본래 연(燕)나라에서 피난 온 사람들이므로 탁수(涿水)≪연나라 탁현(涿縣) 서쪽에 있는 강 이름≫의 이름을 따서 그들이 살게 된 읍리(邑里)를 사탁(沙涿), 점탁(漸涿) 등으로 일컬었다고 했다."[14] 라 기록하고 있다. 최치원은 진한 사람들을 진나라 사람들이 아닌 연나라 사람들이라 하였는데 이것은 중국사서의 기록들과 배치된다. 그러나 본래 한민족(韓民族)인 진나라 사람들이 한반도로 나오려면 어차피 연나라를 통과해야 했기 때문에 그들이 모두 연나라 사람으로 보일 수도 있고 또 그들이 연나라까지 와서 어느 기간 동안 머물렀다가 지리에 익숙한 후에 한반도로 왔기 때문에 그렇게 보

---

13) 三國史記 新羅本紀第一 始祖 赫居世居西干元年條.

14) 三國遺事 紀異第一 辰韓篇.

일 수도 있을 것이며 또는 진나라 사람들이 한반도로 오는데 탁수(涿水)근처에 살았던 한민족(韓民族)들이 같이 따라 와서 그들은 그들대로 별도의 읍리를 이루고 살면서 그 천이한 이름을 사용한 것이라 볼 수도 있다.

(3) 변한(卞韓)에 관한 기록 ; 변한(卞韓)을 중국사서들은 대부분 변한(弁韓) 또는 변진(弁辰)이라 기록하고 있다. 변한도 한국기록은 마한과 진한에 부수된 기록 이외엔 거의 없는 상태로 아마도 그 국가는 마한이나 진한보다 더 깊은 신비에 싸여있다고 할 수 있다.

① 역시 삼국사기를 비롯한 한국 사서들의 변한에 대한 기록은 대부분 진한에 관한 기록이 있는 곳에 변한의 기록이 같이 있다고 할 수 있다. 그래서 대개 중국 사서에 변한과 진한을 한데 묶어서 변진(弁辰)이란 이름으로 기록하고 있는 것을 본받은 것이 많다고 할 수 있다.

② 삼국사기 신라본기 시조 19년 조에 의하면 정월에 변한(卞韓)이 나라를 들어 항복하여 왔다고 하여 이때 변한이 멸망한 것을 알 수 있다. 이 해가 B.C. 39년으로 고구려가 건국하기 2년 전이다. 그리고 중국사서의 변한(弁韓)이 여기서는 변한(卞韓)으로 된다.

③ 삼국유사의 변한편에는 "후한서에는 변한은 남에 있고 마한은 서에 있고 진한은 동에 있다고 하였고, 최치원은 변한은 백제(百濟)다 라고 하였다. 백제(百濟) 땅에 원래 변산(卞山)이 있으므로 변한이라 한 것이다."[15] 라 하였다. 최치원의 주장은 백제 전성기 때의 영역에 과거의 변한 땅이 들어 있어서 그렇게 주장했을 가능성도 있다.

④ 동경잡기(東京雜記)에 의하면 "신라가 변한과 진한을 병합한 일은 있으나… 최치원이 억지로…변한을 백제라 한 것은 그 잘못과 망령됨을 따질 것도 없다. 권근(權近)은 …변한의 사적이 상세하지 않다고 해서 망령되게 변한을 고구려라고 하였다. 진한과 변한 두 나라는 모두 영남(嶺南)에 있었고 신라가 나라를 세울 초

---

15) 三國遺事 紀異第一 卞韓 百濟篇.

기에 이미 변한을 병합하였던 것이다." 라 기록하고 있다.

3) 삼한(三韓)의 성립

　(1) 마한(馬韓)의 성립과 한반도 남부의 상황 ; 조선의 제2왕조인 기자조선왕조의 왕위를 위만에게 양위한 준왕은 왕족이나 귀족을 포함하여 자신을 따르는 백성들을 이끌고 남하하여, 북쪽의 마한 본국사람들이 일찍부터 신천지 한반도 서남부로 서서히 남하하여 여러 식민지분국들을 건설하여 많은 소자치왕국들을 형성하고 있는 한반도 중·남부지방, 혹은 한국(韓國) 또는 마한국(馬韓國)이라고도 불리던 땅으로 내려와서 그 백성들의 추대를 받아 마한(馬韓)의 왕이 되면서 54개 소자치왕국들을 다스리게 된다. 그러면서 진국(辰國)에서 한반도 중·남부지방을 분리하여 그 지역의 진국(辰國)에 대한 왕이 되고, 이어서 삼한을 지배하게 된다. 즉 준왕은 마한대국을 건설하여 그 왕이 되고, 또 진국의 왕도 겸하고 있다가 곧 삼한이 성립되면서 진국은 완전히 소멸된 것으로 보인다. 준왕은 도읍을 마한 54국 중의 하나인 목지국(目支國)에 정했다. 준왕 집단이 마한국으로 내려올 때 바다를 통해서 내려왔다고 하였으니 그때 기자조선왕조의 수도가 중국 북부 산동지방이나 요서에 있었을 가능성이 크다. 그 위치라야만 준왕이 육로로 둘러 마한으로 가는 것보다는 배를 타고 바다로 가는 것이 훨씬 가깝고 편리했을 것이기 때문이다. 중국에서 피난 온 집단들 중에서 많은 사람들이 준왕을 따라서 남하하여 준왕은 마한대국을 건설하고, 그들은 소자치국의 백성들과 섞여서 살게 되면서 그들이 추장 또는 촌장 등으로 추대되었을 가능성이 크다. 그리고 좀 뒤에 나온 진왕조의 유민 집단들은 한반도 동남쪽으로 가서 마한으로부터 땅을 받아 진한을 건설한 것이라 할 수 있다. 또 후속 피난민 집단들은 조선의 한민족(韓民族)과 섞여서 변한(卞韓)을 건설한 것이라 볼 수 있다.

　(2) 중국 사서들이 마한(馬韓)을 비롯한 삼한(三韓)의 역사를 기록으로 남기고

있지만 아직도 의문에 쌓여 있거나 모순되거나 하여 논란이 되고 있는 부분들이 많다. 그러한 것들을 몇 가지 골라서 검토해서 역사적으로 검증해 보기로 한다.

① **진국(辰國)에 관한 문제 1.** ; 후한서 동이열전에 의하면 "한(韓)은 3종이 있다.…모두가 옛날의 진국(辰國)이다. 마한이 최대이고 모두 그 사람들을 진왕(辰王)으로 세운다. 목지국(目支國)에 도읍하여 삼한을 다스리고 그곳 모든 나라 왕의 선조는 모두 마한 사람들이다"고 하였다. 또 삼국지 위지 동이전에는 "…진한은 옛 진국이다. 진왕은 월지국(月支國)을 다스린다. 왕은 항상 마한인이 된다."고 했고. 진서 열전 동이에는 "진한의 왕은 항상 마한인이 된다.…진한인은 유이민이기 때문에 마한의 통제를 받는다."고 하였다. 또 한서 조선전에는 "…우거(右渠)는 진번(眞番)과 진국(辰國)이 천자에게 글을 올리고 뵙고자할 때에는 또 그것을 가로막아 통하지 못하게 하였다."라 기록하고 있어 우거 시대까지도 진번과 더불어 진국이 위만조선왕조에 이웃하여 존재해 있었다는 것을 알 수 있다.

이러한 기록들을 종합해서 고찰해 볼 때 마한이 삼한 중에서 최대의 국가이고 그것이 성립되기 이전에 한반도 중·남부가 모두 진국이었다는 것을 알 수 있고, 만주지방에는 그 이후까지도 진국이 존재해 있었다는 것을 알 수 있다. 따라서 진국이란 만주의 남부와 한반도의 산곡 간에 흩어져 있는 소자치왕국들을 거느린 기자조선왕조의 하나의 제후국으로서 진국이 있었는데, 그것이 한반도 중·남부에서는 마한이 성립되고 뒤이어 삼한이 성립되면서 그 지방의 진국은 삼한으로 바뀌고, 만주 남부와 한반도 북부에는 위만조선왕조의 속국으로 진국이 그대로 남아 있었고 조선왕조가 멸망하고 한4군이 성립된 이후에도 어느 시기까지 존속되다가 아마도 3국이 형성되기 이전에 북쪽 진국도 소멸된 것으로 보는 수밖에 없다.

② **진국(辰國)에 관한 문제 2.** ; 다음과 같이 생각할 수도 있다. 중국에서 진(秦)왕조가 멸망하고 진(秦)민족들을 필두로 중국 전역의 많은 한민족(韓民族)들이 만주와 한반도로 이동해 와서 기자조선왕조의 한민족(韓民族)과 합쳐서 진왕조의 망명왕조인 일명 진국(秦國)을 건설하고 중국 진왕조의 왕족인 위만을 왕으로 추대

하여 그가 또한 조선왕조도 계승하게 되었다. 그렇게 되니까 과거 기자조선왕조의 모든 영역은 모두 진국(秦國)으로 되었는데 그것을 후세 사람들이 위만의 이름을 따라 기자조선 대신 위만조선이라 부르게 되었다. 그것이 조선의 제3왕조가 된다. 이때 준왕은 왕위를 위만에게 선양하고 진국의 국토로 되어 있는 한반도의 중·남부로 내려와서 그곳을 분할해서 그곳 진국의 왕이 되면서 한편 마한왕국을 건설하고 그 마한왕도 겸하게 된다. 이때 북부의 진국 일부는 독립을 하여 위만조선에서 분립된 것 같다. 그 후에 위만조선왕조가 멸망하면서 그곳의 진(秦)민족을 비롯한 한민족(韓民族)들이 쫓겨서 다시 남하하자 마한왕은 그들에게 마한의 동쪽 땅을 떼어주어 그곳에 다시 진왕조의 망명왕국으로서의 진국(秦國)을 계승한 진한(秦韓)을 건설하게 되었는데 후에 변한(卞韓)이 설립되면서 삼한이 성립되어 과거의 남부 진국은 없어지고 새로 마한의 동쪽에 설립된 진한(秦韓)이 중국의 진(秦)왕조나 만주와 한반도의 진국(秦國)의 망명왕국으로서의 명맥을 유지하게 된다. 그 후에 진(秦)자가 들어가는 민족이나 국가에 대해서 중국 한(漢)민족들의 보복이 시작되자 한민족(韓民族)들이 스스로 그 이름들에서 진(秦)자를 진(辰)자로 바꾸어 쓰게된 것으로 보인다. 즉 진국(秦國)을 진국(辰國)으로 진한(秦韓)을 진한(辰韓)으로 바꾸게 된 것이다. 그렇게 되면 사실은 위만이 조선에 건설한 위만조선의 왕임은 물론이요, 또한 그 초기의 이름인 진국(秦國)의 왕이였는데도 후세 사가들이 조선왕과 진국왕을 별도의 왕인 것처럼 기록으로 남긴 것이라 볼수 있다.

③ 12개의 소왕국으로 이루어진 진한(辰韓)이 성립된 후에 멸망한 진국(辰國)과 위만조선의 유민들의 일부 집단이 남하하여 변한(卞韓)을 설립하였는데 역시 12개의 소왕국들을 다스리게 된다. 이때의 삼한 사람들은 물론 다 같은 한민족(韓民族)으로서 역사적으로 그 출신 성분들이 다소 다르거나 그곳에 재분포된 시기가 다른 사람들로 이루어졌지만 서로 동거하면서 그러한 구분은 완전히 없어지게 된 것이라 볼 수 있다. 이러한 과정을 거쳐 삼한이 탄생한 것이지만 그 과정에서 어떤 마찰이나 재분포되는 집단들 간에 큰 문제가 있었다는 기록은 없다.

④ 마한과 진왕(辰王)의 도읍지 목지국(目支國)과 월지국(月支國) 문제 ; 후한서 동이열전에 의하면 마한 사람들로 진왕(辰王)을 세운다. 도읍은 목지국(目支國)이다. 라 하고, 삼국지 위지 동이전에서는 진왕(辰王)이 월지국(月支國)에서 다스린다. 고 하고 있다. 마한왕의 도읍이 목지국(目支國)과 월지국(月支國)으로 서로 다르게 기록되어 있다. 나는 삼한에 관한 두 사서의 기록의 성실성이나 또는 한민족(韓民族)에 관한 기록의 신빙성 등을 고려할 때 후한서 쪽의 목지국(目支國)이 맞을 것이라 판단하고 싶다.

(3) 진한(辰韓)의 성립과 한반도의 상황 ; 중국 진왕조가 멸망하면서 한왕조에 의해서 대대적인 보복적 박해가 시작되자 진왕조의 유민들이 한반도로 망명을 하게 된다. 그들은 주력집단인 위만집단을 필두로 기자조선왕조의 중심지역으로 나와서 조선왕조를 계승하여 처음 진국(秦國)《진국(辰國)》이라고 불리던 조선의 제3왕조인 위만조선왕조를 설립하였다. 다른 집단들은 낙동강(洛東江) 중·하류 지방으로 이동해 왔다. 그리고 후에 위만조선왕조가 멸망하면서 그 진(秦)나라 유민들도 다시 낙동강 중·하류 지역으로 이동해서 합류한 것으로 보인다. 그 유민들 모두는 마한의 보살핌을 받아 진한(秦韓)을 건설하게 된 것이다.

그곳에는 처음 단군조선의 백성들이 촌락을 이루기 시작하였고 그 후에 중국에서 나온 오제(五帝)의 후손들이 섞여서 살게 되고, 다음에는 은(殷)왕조의 유민들이 다시 그곳에 정착해서 같이 섞여서 살고 있는 곳인데, 이번에 중국에서 다시 진(秦)민족이 이동해 와서 섞여서 살게 됨에 따라 진(秦)왕조의 유민들 중에서 왕족이나 귀족들이 취락이나 읍락의 촌장이나 추장 등으로 추대 받게 되었을 것이다. 그렇게 하여 12개로 구성된 소왕국들이 모여서 진국(秦國)을 건설하게 되었다. 그러나 후에 진국(秦國)이 진국(辰國)으로 그리고 또 진한(辰韓)으로 된다. 이때 문화적으로는 진(秦)민족이 중국에서 발전시킨 철기문화와 그것을 이용한 농경기술을 한반도로 가지고 왔을 것으로 추정된다.

(4) 변한(卞韓)의 성립과 한반도의 상황 ; 삼한에 관한 역사 기록의 부족으로

후세에 그들 국가가 부정되거나 국가로서의 존재가 무시되는 경향이 있는데 그 중에서 변한(卞韓)이 가장 심하다고 할 수 있다. 변한인은 진한인과 잡거 또는 혼거한 것으로 된 점 등으로 미루어 변한을 설립한 사람들은 진한을 설립한 사람들과는 같은 고양씨의 후손일 것으로 생각할 수 있다. 그러나 천하통일 이전에 진(秦)나라에 살았던 사람들이 아닌 중국의 다른 지방에 살았던 고양씨의 후손일 가능성도 있다. 혹은 고신씨의 후손일 가능성도 배제할 수는 없다. 즉 그들은 고구려를 세운 주몽과 같은 고신씨의 후손으로 볼 수가 있는데 그래서 주몽의 아들이 한반도의 남쪽 마한 땅으로 내려온 것을 두고 최치원이 마한은 고구려이고 변한은 백제이다. 라고 하였을 가능성이 있다.

변한의 위치는 마한의 수도보다는 진한의 수도쪽에 더 가깝고, 그리고 바다를 통해서 왜와 가장 가까운 곳으로 볼 수 있기 때문에 낙동강 하류부근이 가장 유력시되는 것이라 할 수 있다. 이곳에서도 양질의 철(鐵)이 생산된 것으로 그래서 진한과 가장 가까웠던 유이민이라 볼 수 있다.

3. 삼국(三國)의 건국과 신화(神話)들의 분석

1) 부여(夫餘)의 건국

(1) 부여(夫餘) 건국시의 만주와 한반도의 배경 ; 흑룡강 중·하류지역의 시베리아와 연해주(沿海州)지역을 포함하고 또한 요동 요서지역을 포함한 만주와 한반도 지역에서는 2천 수백 년을 이어온 조선왕조가 B.C. 108년에 와서 멸망하게 된다. 이때 조선왕조의 국가 체제는 여러 개의 소왕국들을 거느린 크고 작은 제후국들로 구성되어 있었다. 혹은 연방이나 연맹체로 구성된 왕조였을 가능성도 있다.

이러한 조선왕조의 제1왕조가 제2왕조로 바뀌었을 때는 중국에서 이동해온 한민족(韓民族)인 은(殷)민족의 유민집단들을 흡수하여 소왕국이나 제후국들이 더욱 크게 늘어났을 것이다. 그리고 제3왕조에 이르러서는 중국 진(秦)왕조의 유민들의 유입으로 제후국도 늘고 영역도 더 확장되어 갔을 것이다. 그러한 국가체제가 2천 수백 년간을 유지되어 오다가 한(漢)나라에 의해서 조선왕조가 멸망하면서 각 지역의 제후국들이 완전한 독립국가를 형성해 나간 것이라 볼 수 있다. 따라서 이 시기에 동북아시아 지역에서는 삼한(三韓)을 비롯하여 숙신(肅愼), 예맥(濊貊), 부여(夫餘), 읍루(挹婁), 옥저(沃沮) 등 크고 작은 수많은 독립국가들이 시차를 두면서 형성되어 갔을 것이다. 혹은 제1왕조가 멸망하면서부터 지역에 따라 조선왕조의 제후국 위치에서 벗어난 독립국가들이 더러 생겨나기 시작하였을 가능성도 있다. 또는 완전 독립국은 아닌 제후국의 위치에 있으면서도 독립국 못지않은 자치권을 갖는 나라도 있었던 것으로도 생각할 수 있다.

(2) 중국 사서들의 부여(夫餘)의 건국에 대한 기록 ; 조선의 제3왕조가 멸망한 다음 부여(夫餘)가 완전한 독립을 하게 된 것 같다. 중국사서들의 기록에서 부여의 건국에 대한 부분들을 분석해서 건국의 역사를 살펴보기로 한다.

① 복생(伏生)의 상서대전(尚書大傳)에 의하면 주 무왕이 은(殷)왕조를 멸망시키니 바다의 동쪽 나라들이 부여(夫餘)에 예속하여 모든 길이 그리로 통하였다고 하여 기자조선왕조 이전부터 부여가 독립국가로서 존재해 있었다는 것을 말하고 있다. 그러나 상서에는 고문상서, 금문상서, 위고문상서 등이 있어 그 내용이 사실인지는 알 수 없다.

② 사기의 화식열전(貨殖列傳)에 의하면 연(燕)은 북쪽으로는 오환(烏桓), 부여(夫餘)와 인접하고 동쪽으로는 예맥(穢貊), 조선(朝鮮), 진번(眞番)의 이익을 관장한다는 기록이 있다. 이것이 춘추시대 말기의 상황을 기록한 것으로 보이는데 이때 벌써 부여가 조선의 서북쪽에 위치해 있었다는 사실을 알 수 있다. 그러나 이때의 부여는 다만 조선왕조의 한 제후국으로서 존재하였을 가능성이 크다. 다만 상

당한 자치권을 가지고 있었을 것이므로 독립국으로 보였기 때문에 그렇게 기록한 것으로 보인다.

③ 한서(漢書) 지리지(地理志)에 의하면 "북쪽으로는 오환(烏丸)과 부여(夫餘)가 있다"고 기록하고 있고, 그 주(註)에서 사고(師古)가 "부여는 장성의 북쪽에 있고 현도(玄菟)에서 천리를 간다"고 말하고 있어, 중국의 만리장성 북쪽에 한(漢)왕조 이전부터 부여가 있었다는 사실을 알 수 있다.

④ 후한서 동이열전에는 "부여국(夫餘國)은 현도의 북쪽으로 천리에 있으며 남쪽으로는 고구려(高句麗), 동쪽은 읍루, 서쪽은 선비(鮮卑)와 접해 있고 북쪽에는 약수(弱水)가 있다. 처음 북이(北夷) 색리국(索離國)왕이 출타하였었는데 그 동안에 그의 시녀가 임신을 하였기에 왕이 그녀를 죽이려 하였다. 시녀가 말하기를 하늘을 보았더니 마치 계란만한 기운이 나에게 내려와서 임신이 되었다고 말하였다. 왕이 그녀를 가두었더니 마침 사내아이를 낳았다. 왕이 영을 내려 그 아이를 돼지우리에 두게 하였더니 돼지가 입김을 불어넣어 죽지 않았다.…결국 어미의 청을 들어 그 아이를 기르게 하였는데 이름을 동명(東明)이라 하였다.…동명이 달아나서…마침 부여에 이르러 그곳의 왕이 되었다."고 기록하고 있다. 그런데 동명(東明)은 고구려의 시조 왕인데 부여에 이르러 왕이 되었다고 하는 것은 아마도 그가 졸본(卒本)에 이르러 초기에 졸본부여(卒本扶餘)의 왕이 된 것을 말한 것으로 보인다.

또 "…후한 안제 영초(永初) 25년《서기 111년》에 부여왕이 보병과 기병 7~8천 명으로 낙랑을 침공하여 관리와 백성들을 살상하였다."[16]고 기록하고 있다. 여기서 부여가 낙랑을 공격했다고 하는데 부여는 흑룡강에 접한 북쪽에 있고 낙랑은 그로부터 고구려 현도, 선비 등을 지나서 먼 남쪽의 한반도 서북부에 있었는데 어떻게 공격이 가능했을가? 따라서 낙랑이라고 하는 나라가 부여와 인접해서 그 서남쪽 부근 즉 고구려의 서북쪽에 하나가 더 있었을 가능성이 있다. 그래서 그 낙랑

---

16) 後漢書 東夷列傳第七十五 夫餘國篇.

이 한4군의 낙랑군이고, 한반도 서북부에 있었던 낙랑은 한민족(韓民族)들이 세운 조선의 예속국으로 그 이전부터 있었던 나라인데 우연히 이름이 같아졌거나 한족(漢族)들이 그 이름을 모방했을 가능성이 있는 것이다. 그리고 조선의 제3왕조가 멸망하기 전까지는 동북아시아 지역에서 한민족(韓民族)국가 또는 한민족(韓民族)끼리는 서로 전쟁을 하지 아니하였는데 위만조선왕조가 멸망하고 한(漢)왕조가 만주와 한반도를 침략하여 한4군을 설치하면서 한민족(韓民族)국가 간에도 치열한 전쟁을 하기 시작하게 된 것으로 보인다.

⑤ 삼국지 동이전에서는 "부여(夫餘)는 장성의 북쪽에 있다.…나라에서는 흰옷을 숭상하고 흰옷에 소매가 크다.…나라의 늙은이들은 스스로 옛날 망명인이었다고 말하고 있다."고 기록하고 있다. 그들이 흰옷을 숭상하였다는 것은 백제(白帝)의 후손으로 백의(白衣)민족임을 말하는 것이다. 따라서 그들은 은(殷)왕조의 후손일 가능성이 큰데 한(漢)왕조의 보복적 박해를 못이겨 만리장성의 북쪽으로 망명해서 옛 예맥(濊貊)의 땅에 부여를 세운 것으로 볼 수 있다. 그렇지 않으면 진(秦)나라 유민들이 옛 예맥 땅으로 가서 부여국(夫餘國)을 건설했을 가능성도 있다.

⑥ 위략(魏略)에서는 "옛날 북방에 고리국(高離國)이 있었는데 그 왕의 계집종이 임신을 하고 말하기를 계란과 같은 기운이 내려와서 임신을 하게된 것이라 하고 얼마 후에 아들을 낳았다. 이름을 동명(東明)이라 하고 항상 말먹이는 일을 하도록 하였다.…동명이 달아나 남쪽에 이르러…부여(夫餘)의 땅에 도읍하여 왕이 되었다."고 기록하고 있으며 그 이외의 기록들은 후한서의 그것과 거의 비슷하다. 이 기록도 후한서와 같이 부여의 건국이 아닌 동명성왕(東明聖王)의 고구려 건국 신화를 기록해 놓은 것이라 할 수 있다.

⑦ 진서(晉書) 열전에서는 "부여국(夫餘國)은 현도의 북쪽 천여 리에 있고 남쪽은 선비(鮮卑)와 접해있다. 서진(西晉) 무제 태강(太康) 6년≪서기 285년≫에 선비족 모용외(慕容廆)의 습격으로 격파되어 그 왕 의려(依慮)는 자살하고 자제들은 달아나서 옥저에 의지하였다."란 기록이 있다. 다른 기록들은 서쪽에 선비가 있다고

했는데 여기서는 부여의 남쪽에 선비국이 있다고 하고 있다. 그동안에 선비가 부여의 남쪽에 있던 고구려를 밀어내고 그 자리를 차지한 것일까? 선비국의 초대왕인 모용외에 의해서 부여는 일단 나라가 멸망하였으나 그 다음의 왕인 의라(依羅)에 의해서 부여국을 다시 회복하여 나라가 그 후에도 지속된 것으로 되어 있다.

(3) 한국사서들의 부여(扶餘) 건국에 대한 기록 ; 한국사서의 기록들에 나타나 있는 부여의 건국 상황과 그 배경을 살펴보기로 한다.

① 부여(扶餘) 또는 북부여(北扶餘)의 건국 ; 삼국유사 북부여편에는 "고기(古記)에서 말하기를 전한서에서 선제(宣帝) 신작(神爵) 3년≪B.C. 59년≫임술 4월 8일에 천제(天帝)가 내려와서 도읍을 정하여 국호를 북부여(北扶餘)라 하고 자칭 해모수(解慕漱)라 이름하였다. 아들을 낳아 부루(扶婁)라 하였다."고 기록하고 있다. 삼국사기의 고구려본기의 시조편에는 "부여왕 해부루(解夫婁)는…동해 바닷가에 가섭원(迦葉原)으로 도읍을 옮기고 국호를 동부여(東扶餘)라 하였다. 그 옛 도읍지에는 한 사람이 와서 자칭 천제의 아들 해모수(解慕漱)라 하며 곧 도읍하였다."고 기록하고 있다. 이들 두 기록은 이규보(李奎報)가 동명왕편(東明王篇)에서 인용한 구삼국사(舊三國史)의 기록[17]을 그대로 옮겨서 저술한 것으로 보인다.

② 부여의 건국에 대한 배경을 잠시 살펴보기로 한다. 삼국유사의 기록에서 B.C. 59년에 해모수가 북부만주에 나타나서 북부여를 건국한 사실을 알 수 있다. 삼국사기에서는 해모수가 나타나서 북쪽 옛 부여의 땅에 도읍을 정하고 나라를 세운 것을 기록하고 있다. 또 중국사서인 삼국지의 기록에서 "부여인들은 옛날에 망명해온 사람들이었다."라는 기록을 참작하고 당시의 동북아시아 정세를 고려해 볼 때 북부여를 건국한 해모수(解慕漱)집단은 당시 한왕조의 혹심한 핍박을 견디지 못한 중국의 한민족(韓民族)들이 대거 집단을 이루어 중국을 탈출하는 시기에

---

17) 李奎報著「東國李相國全集」卷第三 古律詩, 東明王篇, 여기서 인용한 舊三國史의 東明王本紀에서 三國史記가 인용한 부분은 分註第一에 해당하는 것으로 이것은 高句麗建國 때에 가서 그 원문을 소개할 것임으로 여기서는 생략하고, 三國遺事가 인용한 부분은 그 分註第二에 해당하는 것인데 그 원문을 참고로 여기에 소개한다 "漢神雀三年壬戌歲天帝遣太子降遊扶余王古都号解慕漱從天而下乘五龍車從者百餘人皆騎白鵠彩雲浮於上音樂動雲中止熊心山經十餘日始下首戴烏羽之冠腰帶龍光之劒."

다른 집단들보다 좀 늦게 중국을 벗어나서 북부만주로 망명해온 집단으로 보인다. 이러한 부여의 건국이 한반도 삼한(三韓)의 성립보다 좀 늦어진 것은 아마도 해모수집단은 중국 내륙의 깊숙한 지역에 분포되어 있던 한민족(韓民族)이었기 때문으로 보인다. 그렇다면 오제 중에 고양씨의 후예일 가능성이 크지만 혹 고신씨의 후예일 가능성도 배제할 수 없고, 그의 아들로 되어있는 주몽(朱蒙)집단은 고신씨의 후예가 확실한 것 같다.

③ 동부여(東扶餘)의 건국 ; 삼국유사에 의하면 "북부여왕 해부루의 재상 아란불(阿蘭弗)의 꿈에 천제가 내려와서 이르기를 장차 내 자손으로 이곳에 나라를 세우려 하니 너희는 딴 곳으로 피하라. 동해 가에 가섭원(迦葉原)이란 곳이 있다.… 왕은 도읍을 그곳으로 옮기고 국호를 동부여(東扶餘)라 하였다."고 기록하고 있는데 이 부분은 삼국사기의 기록과 같다. 여하튼 이것으로 동부여의 건국의 역사를 어느 정도는 알 수 있다.

④ 졸본부여(卒本扶餘) ; 삼국사기와 삼국유사 두 사서에 졸본부여가 기록되어 있는데 이들은 다 같이 동명제 주몽이 처음 부여의 남쪽에 위치한 졸본(卒本)이라는 곳에 당도하여 나라를 세워서 국호를 고구려라 정하기 이전에 그곳이 부여의 영역이기 때문에 잠시 졸본부여(卒本扶餘)의 왕이라 하였던 사실을 기록하고 있는 것을 볼 수 있다. 중국사서에서 동명이 부여왕이 되었다고 하는 것도 이 관계를 기록한 것이라 볼 수 있다.

⑤ 해동역사(海東繹史)에는 다음과 같이 기록하고 있다고 한다. "부여에는 4개의 부여가 있는데 그 첫째가 동부여(東扶餘)로 즉 금와왕(金蛙王)의 나라이다. 둘째는 북부여(北扶餘)로 즉 해모수(解慕漱)의 나라라고 중국사서들이 말하고 있는 것이다. 셋째는 졸본부여(卒本扶餘)로 즉 고구려(高句麗) 주몽(朱蒙)의 나라이다. 넷째가 남부여(南扶餘)로 즉 백제(百濟)이다."[18]이라 하고 있다. 주석에서 "부여국(夫餘國)은 북부여(北扶餘)를 가리키는 것이다."라 하고 있다.

---

18) 金聲九 발췌 ;「中國正史朝鮮列國傳」(東文選) [用語解說 및 註釋]의 後漢書篇 [夫餘國]條.

지금까지 동북아시아 한민족(韓民族)의 역사를 추적해 오면서 알 수 있는 것은 동북아시아에서 한민족(韓民族)이 처음으로 분포된 이래 그 북서부지역에서는 흉노국(匈奴國)이 대국으로 성장하여 그쪽의 여러 한민족(韓民族) 부족들이나 소왕국들을 거느리거나 다스려왔고, 그 동북부지역에서는 조선(朝鮮)왕조가 대국으로 성장하여 그쪽의 여러 한민족(韓民族) 부족이나 소왕국들을 거느리거나 다스려온 사실을 알게 되었다. 그리고 시대가 지나면서 거리상으로나 혹은 위치나 환경 등의 조건에 의해서 조선왕조로부터 점차 신하의 위치에서 벗어나거나 혹은 어느 정도의 독립성을 갖게 된 제후국이나 소왕국들도 생겨나게 되었을 것이다. 때로는 외교적으로 폭넓은 활동을 독단적으로 행사하게 된 나라들도 있었을 것으로 볼 수 있다.

　그러나 조선의 제3왕조가 멸망하면서부터는 동북아시아의 모든 지역에서 조선왕조의 제후국들이나 소왕국들이 일제히 독립을 하게 되는데 이때 가장 먼저 독립을 한 나라들 중에 부여국이 있었다고 볼 수 있고, 그들이 독립의 표시로 막강한 중국 한왕조에게 사신을 보내 조공을 함으로써 중국 사가들에게 부여가 과거 오래 전부터 조선국과 더불어 이웃하였던 나라라는 인식을 갖게 하였을 가능성이 있다. 또는 부여국 사람들도 중국에서 망명해온 한민족(韓民族)들이기 때문에 한왕조가 특별한 관심을 갖고 대처하였거나 그들을 추격하는 등의 힘겨운 상대를 하는 바람에 후세의 중국 사가들이 그들을 조선에 버금가는 독립 강국으로 보고 그렇게 기록하였을 가능성도 있다. 그런데 상서대전의 기록처럼 주왕조 이전에 벌써 부여가 있었던 것으로 될 경우인데 그럴 경우에는 아마도 과거부터 희박한 인구밀도의 부여라는 나라가 있었던 곳에 B.C. 59년경에 해모수의 망명집단이 가서 북부여를 건국하고 나라 이름은 그곳의 이름을 그대로 사용한 것으로 보는 수밖에 없다.

2) 고구려(高句麗)의 건국

(1) **중국사서들의 고구려(高句麗) 건국에 대한 기록** ; 중국사서에서 고구려의 역사에 대해서 비교적 합리적인 체계를 갖추고 기록된 사서는 북제(北齊)의 위수(魏收)가 찬술한 위서(魏書)라 할 수 있다. 그리고 후에 당(唐) 요사렴(姚思廉)이 편찬한 양서(梁書)도 위서만은 못하지만 그 이전의 삼국지나, 후한서 등에 비하면 진실에 가까운 느낌이 드는 책이다. 그래서 여기서는 위서와 양서의 두 중국사서를 중심으로 고구려 건국의 역사를 좀 자세히 살펴보기로 한다.

① 양서(梁書) 열전 제이(諸夷)의 고구려편에 의하면 "고구려(高句麗)는 그 선조가 동명(東明)으로부터 나왔다. 동명은 본래 북이(北夷) 고리왕(槀離王)의 아들이다. 고리왕이 출행을 했는데 그 사이 시녀가 임신을 하여 왕이 돌아와서 죽이려 하자 시녀가 말하기를 앞서 하늘을 보았더니 큰 계란 같은 기운이 나에게 내려와서 그로 인해 임신이 되었다고 하였다. 왕이 그녀를 가두었더니 마침 생남을 하였다.⋯동명이 마침내 달아나서,⋯부여에 이르러 왕이 되었는데 그로부터 별도로 갈라져 나가서 고구려가 되었다. 그 나라가 한(漢)나라 때는 현도군(玄菟郡)이었다."[19]고 하고 있다. 다만 "부여에 이르러 왕이 되었는데 후에 갈라져 나가서 고구려가 되었다."는 기록이 있고 또 "그 나라가 한나라 때는 현도군이었다."는 기록으로 동명이 과거 한나라시대의 현도군의 땅에 고구려를 건국한 것으로 기록하고 있어 진실에 부합되는 기록임을 알 수 있다.

② 위서(魏書) 열전 고구려편에 의하면 "고구려(高句麗)는 부여로부터 나왔는데 스스로 그 선조가 주몽(朱蒙)이라 말한다. 주몽의 어머니인 하백(河伯)의 딸이 부여왕에 의해 방안에 갇혀있었는데 해가 비쳐서 몸을 피했으나 해의 그림자가 따라왔다. 그러다 임신이 되어 큰 알을 하나 낳았다. 부여왕이 그것을 쪼개려해도 깨지지 않아 드디어 그 어머니에게 돌려주었다. 그 어머니가 그것을 물건으로 싸서 따

---

19) 梁書 列傳第四十八, 諸夷, 東夷 高句驪篇.

뜻한 곳에 두었더니 한 사내아이가 껍질을 깨고 나왔다. 장성하여서는 이름을 주
몽(朱蒙)이라 하였다.···부여의 신하들이 주몽을 죽이려 모의하자 주몽이 부여를
버리고 동남쪽으로 달아났다.···주몽은 흘승골성(紇升骨城)에 이르러 자리를 잡고
국호를 고구려(高句麗)라 하였다. 그로 인해 성이 고씨(高氏)로 되었다."[20]고 기록
하고 있다. 주몽은 하백녀가 낳은 알(卵)에서 나왔다는 것을 알 수 있다. 그러나 삼
국사기에 나오는 해모수(解慕漱)는 이 위서에는 등장하지 않는다. 그 부분은 아마
도 구삼국사(舊三國史) 동명왕본기(東明王本紀)에서 따와서 삼국사기에 수록한 것
이라 생각된다. 삼국사기 고구려본기의 시조 동명성왕편에 나오는 고구려 건국기
록은 이 위서(魏書)와 구삼국사의 기록들을 적당히 혼합해서 만든 것으로 보인다.

여기서 비로소 동명성왕인 주몽이 알에서 나왔다는 난생설화(卵生說話)가 등장
하게 된다. 만주와 한반도에서 이러한 시조들의 난생설화가 생긴 것은 아마도 부
여에서부터 시작하여 고구려, 신라, 가야까지로 이어진 것 같다. 또 청나라 시조
애신각라(愛新覺羅)의 난생설화가 있고, 중국에서는 은(殷)왕조와 진(秦)왕조의 시
조의 탄생만이 난생설화로 되어 있다. 또 주몽이 도주해서 흘승이라는 골짜기에
성(城)을 쌓고 나라를 세운 것으로 보인다. 그러나 국호가 고구려(高句麗)이기 때
문에 성이 고(高)씨로 되었다는 기록은 잘못이라 생각한다. 사실은 성이 고(高)씨
이기 때문에 국호가 고구려(高句麗)로 된 것이다.

(2) **한국사서들의 고구려(高句麗) 건국에 대한 기록** ; 고구려 건국의 역사를
기록한 한국사서에는 김부식(金富軾)의 삼국사기와 일연(一然)의 삼국유사가 있
다. 그리고 이규보(李奎報)의 동명왕편(東明王篇)이 있다. 그 동명왕편에는 지금은
일실되어 볼 수가 없는 구삼국사의 동명왕본기(東明王本紀)의 기록이 많이 담겨져
있다. 여기서는 이러한 사서들을 중심으로 고구려 건국의 역사를 검토해 보기로
한다.

---

20) 魏書 列傳第八十八 高句麗篇.

① 삼국사기(三國史記)의 기록 ; 삼국사기 고구려본기(高句麗本紀)의 시조편[21]에
는 B.C. 37년에 이루어진 고구려 건국의 역사가 매우 소상하게 기록되어 있다. 다
만 삼국사기의 그 기록은 대부분 위서(魏書)와 구삼국사(舊三國史)의 기록을 인용
하고, 거기에 약간의 다른 사료들을 가미해서 서로 합성하여 잘 꾸며서 만든 작품
이라 볼 수 있다. 그 위서의 기록은 앞에서 살펴보았기 때문에 여기서는 구삼국사
의 기록을 좀 살펴봐야 하는데 그 전부를 발췌해서 여기에 소개하기가 너무 번거
로우므로 다만 동명왕편의 본문과 그 분주의 구삼국사 동명왕본기에 수록된 고구
려 건국에 관련된 기록들이 삼국사기 고구려본기의 시조 동명성왕 편의 저술에 한
축(軸)을 이루었다는 사실만을 지적해 두기로 한다.[22]

② 삼국유사(三國遺事)의 기록 ; 삼국유사의 고구려편[23]에도 고구려의 건국에
대한 기록이 나와 있다. 그런데 여기서는 북부여, 동부여, 고구려가 간략하지만 각
각 편(篇)을 달리해서 기록되어 있는 것이 특징으로 아마도 그렇게 편을 가르면서

---

21) 金富軾等 編纂 「三國史記」 高句麗本紀第一. 一, 始祖東明聖王篇.

22) 李奎報의「東國李相國全集」卷第三, 東明王篇의 本文과 本文의 說明文, 그리고 分註에 수록된 舊三
國史 東明王本紀 등에서 말하고 있는 高句麗 建國에 관련된 기록들을 斷片的이지만 拔萃해서 참고로
여기에 순서대로 나열해 보기로 한다. "…海東解慕漱는是天之子…夫余王解夫婁老無子祭山川求嗣所
御馬至鯤淵見大石流淚王怪之使人轉其石有小兒金色蛙形王曰此天錫我令胤乎乃收養之名曰金蛙爲太
子其相阿蘭弗曰曰者天降我日將使吾之孫立國於此汝其避之東海之濱有地號迦葉原土宜五穀可都也阿
蘭弗勤王移都号東夫余於舊都解慕漱爲天帝子來都…有靑河(今鴨綠江也)…河伯三女…自靑河出遊熊心
淵上…長女曰柳花是爲王所止…其女與王定情不肯離去…王卽獨出升天…河伯大怒其女曰汝不從我訓
終欲我門…唯與奴婢二人貶於優渤水中優渤澤名今在太伯山南…王知天帝子妃以別宮置之其女懷中日
曜因以有娠…生朱蒙帝聲甚偉骨表英奇初生左腋生一卵大如五升詐王怪之曰人生鳥卵可爲不詳使人置
之馬牧羣馬不踐棄於深山百獸皆護雲陰之日卵上恒有日光王取卵送母養之卵終乃開得一男生未經月言
語並實…扶余謂善射曰朱蒙…年全長大才能並備金蛙有子七人常共朱蒙遊獵王子及從者四十餘人唯獲
一鹿朱蒙射鹿至多王子妬之乃執朱蒙縛樹奪鹿而去朱蒙拔樹而去太子帶素言於王曰朱蒙者神勇之士瞻
視非常若不早圖必有後患…王使朱蒙牧馬欲試其意朱蒙內自懷恨謂母曰我是天帝之孫爲人牧馬生不如
死欲往南土造國家母在不敢自專其母…其母聞此言潛然抆淚淚汝幸勿爲念我亦常痛痛士之涉長途須必
馮駿…朱蒙知馬駿逸潛以針接馬舌根其馬舌痛不食水草甚瘦悴王巡行馬牧見羣馬悉肥大喜仍以瘦錫朱
蒙朱蒙得之拔其針加餧…暗結三賢友其人共多智(烏伊摩離陜父等三人)南行至淹滯(一名盖斯水在今鴨
綠東北)…欲渡無舟恐追兵奄及迺以策指天慨然嘆曰我天帝之孫河伯之甥今避難至此皇天后土憐我孤子
速致舟橋言訖以弓打水魚鼈浮出成橋朱蒙乃得渡良久追兵至…追兵至河魚鼈橋卽滅已上橋若皆沒死…
形勝開王都山川鬱鬱歸自坐第蒻上略定君臣位…"

23) 一然(高麗國普覺國尊)著述 「三國遺事」 卷第一, 紀異第一, 高句麗篇.

약간의 오류가 생겼을 가능성도 있다. 그 북부여편에 의하면 B.C. 59년에 해모수가 북부여를 건국한 후에 아들 해부루(解夫婁)를 낳았다. 그런데 후에 해부루가 늙어서 죽고 그 태자가 커서 금와왕(金蛙王)이 되어 압록강 가에서 금방 해모수의 아(兒)를 밴 하백녀(河伯女)와 만난다. 하백녀는 알을 낳아 그 알속에서 주몽(朱蒙)이 탄생한다. 따라서 해부루를 낳은 해모수와 주몽을 낳은 해모수는 분명히 다른 사람이라야 한다. 이러한 두 사람의 해모수를 인정해야 한다면 이때 중국에서 이동해온 한민족(韓民族)으로 제1의 해모수집단과 제2의 해모수집단을 생각할 수 있으며 제1의 해모수집단은 동부여를 건국하고 제2의 해모수집단이 북부여를 건국하였으며 제1의 해모수집단의 후계자인 주몽집단이 고구려를 건국한 것으로 생각할 수 있다.

(3) 부여국(扶餘國)과 고구려국(高句麗國)의 건국과정의 분석 ; 부여≪중국은 夫余로 한국은 扶餘로 기록하고 있다.≫라고 하는 나라는 고조선왕조가 설립된 이후에 아마도 제1왕조의 후기부터는 그 조선왕조에 예속된 제후국으로 존속되어온 것으로 보인다. 그러다 조선의 제3왕조가 멸망하면서 그 무렵 중국에서 나온 한민족(韓民族) 망명집단에 의해서 부여는 새로운 독립대국을 건설한다. 그러나 그 대부분의 영역이 곧 이어서 건국된 대고구려의 영역으로 흡수되면서 부여가 많은 영역을 잃었지만 그래도 그 후 오래도록 독립국을 유지해온 것은 사실이다. 그리고 새로 독립된 부여는 북부여로부터 시작된 것으로 볼 수 있다. 그 건설 과정은 해모수를 우두머리로 하는 중국 한민족(韓民族)망명집단이 도착하여 과거 제후국시대의 부여를 근거로 삼아 거대한 북부여를 새로 건설하게 된 것이라 할 수 있다. 그리고 그 일부 집단이 동쪽으로 옮겨가서 동부여를 건설한 것으로 볼 수 있다. 이러한 과정에서 고구려국 건국의 신화가 창조되기 시작한 것인데 그 줄거리를 요약하면 다음과 같다.

천제의 아들 해모수는 웅심산(熊心山) 밑의 압록강(鴨綠江) 가에서 하백의 딸 유화(柳花)와 정을 통하고 하늘로 올라 가버렸다. 유화는 임신하여 큰 알(卵) 하나를 낳는다. 동부여의 금와왕이 그 알을 없애려 애를 쓰지만 없애지 못하고 결국 그 알속에서 주몽(朱蒙)이 탄생한다. 주몽은 커서 부여를 탈출해서 많은 고생 끝에 졸본부여로 내려와서 그곳에 고구려국(高句麗國)을 건국하게 된다. 그때가 B.C. 37년이다. 주몽은 성(姓)이 고(高)씨이고 고구려국의 시조 동명성왕(東明聖王)이 된다.

(4) 부여(扶餘)와 고구려(高句麗)의 건국에 관한 신화의 분석 ; 부여국과 고구려국의 건국과정에는 신비스러운 일들이나 불가사의한 일들이 매우 많다. 그것들을 분석해서 숨은 진실을 찾아보기로 한다.

① 천제≪하느님≫의 아들이라 자칭한 해모수는 어떤 사람인가? 동북아시아 역사에서 하늘에서 내려와서 나라를 세웠다는 군주는 모두 황제(黃帝)의 아들들로서 중국에서는 소호와 창의가 있고, 만주와 한반도에서는 환웅이 있다. 그런데 해모수가 하늘에서 내려와서 북부여국을 세웠다고 하는 것은 그가 황제(黃帝)의 후예이기 때문이다. 또 그는 종자(從者)가 흰 고니를 탔다고 하니 김천씨(金天氏) 계통의 한민족(韓民族)이다.

② 해모수(解慕漱)의 해(解)는 해(太陽)를 가리키고 수(漱)는 수(雄)놈을 가리키는 것으로 볼 때 해모수는 하늘과 태양을 가장 숭배하는 황제(黃帝)의 후손이라 할수 있고 따라서 한민족(韓民族)임을 나타내는 것이다.

③ 웅심산(熊心山) 또는 웅신산(熊神山)은 곰(熊)민족이 살고 있는 곳을 가리키는데 이 곰족은 아마도 단군족 이전부터 분포되어 있었던 한민족(韓民族)으로 볼수 있다. 따라서 중국에서 온 해모수가 토박이 한민족(韓民族)과 결합하여 주몽을낳고 그가 고구려왕조를 건국한 것이다. 그것은 중국에서 온 한민족(韓民族)세력과 만주와 한반도의 토박이 한민족(韓民族)세력이 결합하여 주몽세력을 형성해서대고구려의 제1왕조를 건설한 것이라 할 수 있다. 그리고 해부루와 주몽이 다 같이 해모수의 아들로서 형제일 가능성이 높다고 하겠다.

④ 삼국사기 백제(百濟)본기의 의자왕편에 의하면 "고구려도 고신씨(高辛氏)의후예라서 성(姓)이 고씨(高氏)인데 부여에서 났다 하고 또 말하기를 진(秦)·한(漢)

의 난리 때 중국사람이 많이 해동(朝鮮)으로 도망해 왔다고 하였다."라 하였으니 고구려의 시조 주몽은 오제(五帝)중의 제곡고신씨의 후손이 틀림이 없고 따라서 황제(黃帝)와 또 소호김천씨의 후손이요, 그 직계 한민족(韓民族)이 틀림이 없다고 하겠다. 따라서 그의 아버지 해모수는 한무제의 한민족(韓民族)에 대한 박해가 극에 달했을 때 중국을 탈출하여 만주로 나와서 북부여를 건설하고 그 아들 주몽이 고구려를 건설한 것이라 볼 수 있는 것이다.

⑤ 알속에서 사람이 태어났거나 또는 알을 먹었거나 하는 등의 알로 인해서 사람이 출생하게 되는 난생설화(卵生說話)가 왕조의 시조 탄생의 신화중에서도 핵심적인 사건으로 되어있다. 동북아시아 한민족(韓民族)국가에서는 난생설화를 갖는 군주의 탄생이 매우 많다. 중국에서 난생설화를 갖는 왕조의 시조는 은왕조의 시조 설(契)과 진왕조의 시조 대업(大業) 뿐이다. 한민족(韓民族)왕조의 시조만이 난생설화를 가지고 있고 한민족(漢民族)왕조의 시조들에는 난생설화가 없다. 따라서 난생설화를 갖는 왕조의 시조는 모두 은왕조나 진왕조의 후예임을 알 수 있다. 이렇게 볼 때 난생설화로 태어난 주몽은 다른 사실들도 같이 참작하여 볼 때 고신씨의 후손인 은(殷)왕조의 후예임이 분명하다고 할 수 있다.

(5) 고구려(高句麗)의 건국 시기나 그 명칭이 생긴 시기 등에 대한 의문이 되는 점을 분석해 보기로 한다.

① 한서 지리지에 의하면 "현도군은 무제 원봉 4년《서기 107년》에 설치하였다.…고구려는 유주에 속한다."라 하고 또 "현도와 낙랑은 무제 때 설치했다. 조선, 예맥, 고구려는 모두 만이다."라 기록하고 있다. B.C. 108~107년에 낙랑. 현도가 설치되었는데 B.C. 37년에 건국한 고구려의 이름이 이때 벌써 나온다. 특히 현도를 설치할 때는 고구려가 이미 존재해 있었으니 주몽이 건설한 고구려국보다 70여 년 전에 고구려라는 나라가 있어야 한다. 삼국사기에는 고구려가 건국되고 국호가 생긴 것이 B.C. 37년으로 되어 있다. 어찌된 일인가? 사실은 부여 시대에 '조선왕조의 예하에 고구려라고 하는 소부족 국가가 있었다. 그런데 그 고구려가 군

대를 징발한 것을 보면 상당히 규모가 큰 국가였다고 볼 수 있다.' 고하는 이론이 현실성이 있어 보인다. 즉 조선이 멸망함으로써 고구려라는 이름이 나타나게 된 것인데 조선이 현존했을 때는 그에 예속되어 있으면서 별로 외부에 알려지지 않았다는 것을 알 수 있게 하는 것이다.

② 신채호의 조선상고사의 기록에 의하면 "고구려가 기원전 37년에 건국하여 서기 668년에 망하니 형국(亨國) 도합 705년이라 적어 왔다. 그러나 고구려본기로 보면 광개토왕이 시조 추모왕 13세손이 될 뿐이나 광개토왕의 비문에 「전지17세손(傳之十七世孫)」이란 문구에 의하면 광개토왕이 시조 추모왕의 13세손이 아니고 17세손이니 이같이 세대를 잘못 기록한 본기인즉 그 705년이라 하는 것도 믿을 수 없음이요, 고구려 건국 원년에서 백 몇 십 년을 넘어 기원전 190년경의 전후 수십 년 동안을 동·북부여와 고구려가 분립한 시기로 잡고, 추모가 곧 해모수의 아들인즉 기원전 200년경 동·북부여가 분립하던 때가 출생한 때일 것이며 위만과 동시일 것이니라."[24] 고 주장하고 있다. 그렇게 된다면 조선의 제3왕조와 고구려가 비슷한 시기에 설립되어 그 동안에 병립해 오다 한무제가 조선왕조만 멸망시키고 고구려는 그대로 두었다는 말이 되는 것이다. 무제가 조선을 멸망시킬 때 부여는 그대로 있었으니까 고구려도 그대로 있었을 가능성이 높다. 이것이 사실이라면 이 고구려는 삼국사기의 고구려 건국의 해보다 150여 년 전에 건국된 것이다. 그렇게 되면 아마도 대부여국 건국시와 비슷한 형태로 되어 주몽은 그 소국 고구려의 땅으로 와서 대고구려국을 건설한 것으로 되는 것이다.

지금까지 고구려의 건국에 관계되는 역사를 분석해본 셈이다. 북부여에 나타난 해모수는 한민족(韓民族)으로서 중국최초의 황제인 황제(黃帝)의 장자요 오제의 제2대 황제인 소호김천씨의 직손이라 할 수 있다. 따라서 제곡고신씨의 후손이요, 또한 은 왕조의 후손이다. 그는 한무제에 의해서 한민족(韓民族)에 대한 박해가 극

---

24) 申采浩著「朝鮮上古史」第四篇.

에 달했을 때 중국을 탈출한 은왕조의 왕족출신이라 볼 수 있다. 그는 은나라 유민들의 대집단을 이끌고 같은 한민족(韓民族)들이 부여라는 나라를 세워 살고 있는 대흥안령산맥의 동쪽 평야지대로 와서 그곳에 새로 대부여국≪북부여≫을 건국한 것으로 볼 수 있다. 그리고 그의 아들이거나 또는 그의 후계자일 주몽은 해모수보다는 좀 늦은 시기에 역시 은왕조의 유민이나 또는 그들을 포함한 중국 한민족(韓民族)의 대집단을 이끌고 만주로 나와서 북부여에서 좀 더 남하하여 졸본천(卒本川) 부근에 옛부터 고신씨의 후예들이 와서 고구려라는 소국을 건설하여 살아오고 있는 땅에 새로 자리를 잡고 대고구려국을 건설하게된 것이라 할 수 있다. 따라서 이때 고구려국의 시조가 된 주몽은 역시 황제(黃帝)의 후예요 김천씨의 후예이며 고신씨의 후손으로 그 직계 왕족이기 때문에 왕으로 추대되고 또 성(姓)이 고씨(高氏)로 되었다. 그로써 나라의 이름도 고씨의 성을 따라 고구려(高句麗)로 되었을 것으로 본다. 그것은 고신씨의 후예로서 한민족(韓民族)임을 영원히 잊지 않기 위해서 그렇게 성과 국명을 정한 것이라 볼 수 있다. 또한 그들은 고신씨의 후손임을 잊지 않기 위해서 현조(玄鳥)를 상징하는 삼족오(三足烏)를 국가의 상징으로 삼았을 것이다. 그리고 주몽의 탄생이 난생설화를 갖는 것은 은왕조의 후손임을 간접적으로 표현함은 물론이요 그 시조 설의 후손임을 영원히 잊지 않기 위해서라 볼 수 있다.

3) 백제(百濟)의 건국

(1) 중국사서들의 백제(百濟)건국에 대한 기록 ; 중국사서에 백제(百濟)가 하나의 나라로 처음 기록된 것은 삼국지 위지 동이전의 한(韓)편에 마한 54개국의 이름 중에 "백제국(伯濟國)"이란 이름이 들어있는 것이 처음이라 하겠다. 후한서 동이열전 한편에도 백제(伯濟)로 되어있어 백제(百濟)와 국명의 글자 하나가 다른데 그것은 표기를 달리한 같은 나라로 취급하기로 한다. 지금부터 위의 두 사서 이후에

백제(百濟)의 건국에 대해서 많은 의문과 또 불합리하게 보이거나 모순되어 보이게 기록해 놓은 여러 중국사서들을 살펴서 가급적 진실을 찾아 보기로 한다.

① 송서(宋書) 열전의 백제국(百濟國)편에 의하면 "백제국은 본래 고구려와 더불어 요동의 동쪽 천여 리 되는 곳에 함께 있었다. 그 후에 고구려가 요동을 공략하여 영유하자 백제는 요서를 공략하여 영유하였다. 백제가 다스리게 된 곳을 진평군(晉平郡) 진평현(晉平縣)이라 일컫는다."[25]라 기록하고 있다. 이상한 것은 백제(百濟)가 요서를 공략했다는 부분이다. 그렇다면 고구려가 B.C. 37년에 만주의 환인(桓仁)에서 건국 했고 백제(百濟)가 B.C. 18년에 한반도 중남부에서 건국을 했으니까 백제는 한반도로 남하하기 전 B.C. 37년에서 B.C. 18년까지의 사이에 요동에서 천여 리 되는 만주에 고구려와 같이 있으면서 요동을 지나 요서지방을 공략해서 그곳에 백제군(百濟郡)을 설치해 놓고, 바다 넘어 한반도의 한강부근으로 내려와서 다시 백제국(百濟國)을 건국했다는 말이 된다. 과연 그렇게 된 것인지 삼국사기의 기록과 견주어서 많은 의문이 생기지 아니할 수 없다. 이 부분에 대해서는 다음의 양서(梁書)의 기록과 함께 잠시 후에 분석하기로 한다.

② 양서(梁書) 열전 동이의 백제(百濟)편에 의하면 "백제의 선조는 동이이다 동이에는 3개의 한국(韓國)이 있는데 첫째가 마한이다.…마한에는 54개의 나라가 있다.…백제도 그 중의 하나이다. 후에 점차 강대해져서 여러 소국들을 병합하였다. 그 나라가 본래는 고구려와 더불어 요동의 동쪽에 있었는데 진(晉)나라시대에 고구려가 요동을 공략하여 영유하자 백제 역시 요서(遼西)와 진평(晉平)의 두 군(郡)의 땅을 점거, 영유하고 그곳에 스스로 백제군(百濟郡)을 설치하였다. 고구려에게 몇 번 격파되어 쇠약해진지 몇 년 만에 남한 땅으로 옮겨서 자리를 잡았다. 서기 521년에 백제왕 여융(餘隆)≪제24대 무령왕(武寧王)≫이 표를 올리고 일컫기를 「몇 차례 고구려를 격파하고 이제 비로소 그와 더불어 통호(通好)를 시작하였

25) 宋書 列傳第五十七 夷蠻 百濟國篇.

다」고 하였다. 그로써 백제는 다시 강국이 되었다.”[26]고 기록하고 있다. 여기서는 진(晉)시대(서기265~420년)에 고구려를 뚫고 가서 요서를 점령한 것으로 되는데 이 기록을 사실로 볼 때 한국사서인 삼국사기와 견주어본다면 여러 가지 모순이 생기게 된다. 그렇게 되면 삼국사기의 기록과 송서나 양서의 기록은 도저히 일치될 수가 없다. 또 송서나 양서의 기록을 더 믿는다 해도 큰 혼란이 일어날 수있다. 어찌 해석해야 할 것인가? 잠시 후에 한국사서와 견주어 계통을 세워보기로 한다.

③위서(魏書) 열전백제국(百濟國)편에의하면 “백제국은 그의 선조가 부여(夫餘)로부터나왔다.그 나라의 북쪽에서 고구려까지는 천여 리이고 소해(小海)의 남쪽에 자리하고 있다.”[27]고 기록하여 한국사서들에 가깝게 기록하고 있다. 중국의 어느 사서보다 고구려의 건국에 대해서 가장 상세하게 기록하고 있는 위서(魏書)이기 때문에 백제의 건국에 대해서도 고구려의 기록과 같이 정확할 것으로 믿어지는 것이 사실이다.

④ 주서(周書) 열전 백제(百濟)편에 의하면 “백제는 그 선조가 아마도 마한의 속국이었고 부여의 별종이다. 구태(仇台)라는 사람이 대방(帶方)에서 처음으로 나라를 시작하였기 때문에 그 나라의 경계는 동쪽 끝은 신라에, 북쪽은 고구려에 접하고 있고 서쪽과 남쪽은 모두 큰 바다로 한정되어 있다.”[28]고 기록하고 있다. 여기서 비로소 백제의 시조로 구태(仇台)라는 사람이 등장한다. 아마도 비류백제(沸流百濟), 온조백제(溫祚百濟), 구태백제(仇台百濟) 또는 우태(優台)와 구태(仇台) 및 주몽(朱蒙) 등의 관계가 아직 명확하지 않는 것이 사실이다. 또 대방에서 나라를 세웠다고 하였는데 이 대방이 대방군(帶方郡)이라면 대방군은 서기 204년경에 생겼고 백제가 건국한 것은 대방이란 이름이 없었던 B.C. 18년인데 이것도 전혀 맞지 않는 이상한 관계로 된다. 다만 백제가 부여의 별종이고 초기에 마한의 속국이

---

26) 梁書 列傳第四十八 諸夷 東夷 百濟篇.

27) 魏書 列傳第八十八 百濟國篇.

28) 周書 列傳第四十一 異域上 百濟篇.

었다는 점은 수긍이 되는 일이라 하겠다.

⑤ 수서(隋書) 열전 백제(百濟)편에 의하면 "동명의 후손에 구태(仇台)라는 사람이 있어 인(仁)과 신(信)이 돈독하여 처음에 대방의 옛 땅에 나라를 세웠다. 요동태수 공손탁이 자신의 여식을 그의 처(妻)로 삼고 나서 점점 번창하여 동이의 강국이 되었다. 처음 1백 가구(家口)가 바다를 건너왔기 때문에 국호를 백제(百濟)라 하였다."[29]고 기록하고 있다. 여기에 "처음 1백 가구가 바다를 건너왔기 때문에 국호를 백제(百濟)라 하였다."고 하는 구절이 있다. 북사(北史)에도 이것과 같은 구절이 있는데. 그렇다면 그들은 중국의 동해안에서 출발하여 한반도로 건너온 것으로 볼 수가 있는데 바다를 건넌 코스를 생각해 보면, 중국의 산동지방에서 발해를 건너 만주의 남서부지방에 상륙하여 그곳에서 어느 정도 머문 후에 한반도의 중부지방으로 남하하여 하남에 도읍을 정했다고 볼 수 있다. 그런데 1백 가구의 사람들이 바다를 건너와서 백제국을 건국하였는데 그 건국자는 주몽의 후손 구태(仇台)라 하였다. 그렇다면 동명의 후손이 중국으로 가서 살다가 그 후손인 구태가 1백 가구를 인솔해서 다시 바다를 건너와서 백제를 건국했다는 말인데 과연 그렇게 된 것일까?

(2) **한국사서들의 백제(百濟)건국에 대한 기록** ; 한국사서로서 백제의 건국사실을 상세히 기록한 사서는 역시 삼국사기라 할 수 있다. 그러나 삼국사기에서는 백제건국이 두 가지의 설로 되어있다. 하나는 본기로 되고 다른 하나는 주기(註記)로 되어 있다.[30]

① 삼국사기의 백제건국에 대한 기록 1. ; "백제(百濟)의 시조는 온조왕으로 그 아버지는 추모(鄒牟) 혹은 주몽(朱蒙)이라 한다. 주몽이 졸본부여에 이르렀는데 부여왕은 아들이 없고 주몽을 보고 둘째 딸을 그의 아내로 삼았다. 부여왕이 죽으니 주몽이 왕위를 이어 두 아들을 낳았는데 장자는 비류(沸流)라 하고 차자는 온조(溫

---

29) 隋書 列傳第四十六 東夷 百濟篇.

30) 三國史記 百濟本紀第一. 一, 始祖 溫祚王篇.

祚)라 하였다. 비류와 온조는…남쪽으로 갔다.…드디어 한산(漢山)에 이르러 온조는 하남위례성(河南慰禮城)에 도읍을 정했다. 국호를 십제(十濟)라 하였는데 B.C. 18년의 일이다. 국호를 고쳐 백제(百濟)라 했다."고 하고 있다.

② 삼국사기의 백제건국에 대한 기록 2 ; "시조는 비류왕(沸流王)이고 그 아버지는 우태(優台)이고 어머니는 소서노(召西奴)로 졸본(卒本)사람 연타발의 딸이다. 그녀가 처음 우태에게로 와서 두 아들을 낳았는데 장자는 비류이고 차자는 온조이다. 우태가 죽자…주몽이 소서노를 비(妃)로 삼았다.…주몽이 유류(儒留)를 태자로 삼자 비류는 아우와 더불어 무리를 거느리고 미추홀에 이르러 그곳에 살게 되었다."고 하고 있다.

한국사서에 나타난 두 계통을 보면 "기록1"은 해모수에서 주몽으로 그리고 온조로 이어지는 줄거리임을 알 수 있는데 반해 "기록2"는 부계(父系)로 보면 해부루에서 우태(優台)로 그리고 비류로 이어지고 있다. 또 "기록1"에서는 비류와 온조가 주몽의 아들로 되어 있는데 "기록2"는 주몽이 아닌 우태의 아들로 되어있다. 그리고 주몽은 해모수의 아들로 되어있는데 반해 우태는 해부루의 서손으로 되어있다. 다만 부여왕의 제2녀와 소서노(召西奴)가 동일 여인일 가능성을 배제할 수는 없다.

③ 삼국사기에 마한왕이 말하기를 온조왕이 처음 강을 건너왔을 때 발붙일 곳이 없으므로 내가 동북 1백리의 땅을 떼어주어 편히 살게 하고 왕에 대한 대우도 후하게 하였다는 기록이 있다. 이 기록은 마치 후한서의 동이열전 진한(辰韓)조에 진(秦)나라 망명인들이 고역을 피해서 한국에 오니 마한이 그 동쪽 경계의 땅을 떼어주었다는 기록과 매우 흡사하다. 여기서 백제인들도 진(秦)왕조의 유민들처럼 중국에서 망명해온 것이 아닐까 하는 생각을 해볼 수 있다. 즉 중국의 내륙지방에서 산동반도까지 와서 그곳에 머물러있었던 중국의 한민족(韓民族) 1백 가구가 더 이상 한민족(漢民族)들의 핍박을 견디지 못하고 한반도로 망명해 마한 땅으로 내려왔을 가능성이 크다고 하겠다.

(3) 여러 사서에 기록된 백제(百濟)건국의 과정이나 계통의 분류 ; 백제의 건국에 관한 기록들이 몇 가지 다른 계통으로 기록되어있는 것을 볼 수 있는데 그것들을 분류해보면, (1) 삼국사기에서 기록1의 계통 즉 해모수(解慕漱) — 주몽(朱蒙) — 온조(溫祚)계통의 온조백제(溫祚百濟)가 있다. (2) 삼국사기 기록2의 계통 즉 해부루(解夫婁) — 우태(優台) — 비류(沸流)계통의 비류백제(沸流百濟)가 있다. (3) 북사와 수서에 등장하는 중국의 산동반도에서 바다를 건너온 1백 가구가 있었는데 그중에 지도자인 구태(仇台)가 백제를 건국하는 계통의 구태백제(仇台百濟)가 있다. (4) 송서와 양서에 기록되어 있는 요동의 동쪽에 위치해 있으면서 요서와 진평을 공략하여 그곳에 백제군을 설치했던 백제국 즉 요동백제(遼東百濟)가 있다. 여기서 (1)과 (2)는 만주의 중남부와 한반도에 있었던 비슷한 계통으로 볼 수 있다. 지금부터 계통이 달라보이고 모순되어 보이는 이러한 백제건국의 여러 과정과 유형들을 분석해서 그 진실된 계통을 가려내어보기로 한다.

① **요동백제(遼東百濟)의 형성** ; 조선의 제3왕조가 멸망하기 이전에 요동의 동쪽에 그 제3왕조의 제후국이었거나 또는 그에 종속된 소왕국으로 백제(百濟)라는 나라가 있었다고 보는 것이다. 그러다 조선의 제3왕조가 멸망하면서 백제는 독립국으로 되었거나 또는 부여에 부용(附庸)되면서도 많은 자주권을 가진 나라로 되었을 것으로 보인다. 이 백제의 백성들은 처음 중국에서 망명해온 한민족(韓民族) 집단이 만주의 토착 배달민족과 섞여서 백제국을 건설한 백성들이라고 보아야할 것이다. 혹은 제2의 해모수집단이 중국에서 배를 타고 건너와서 백제국을 건국했다고 볼 수도 있다. 이 백제가 중국사서에 기록된 요동의 동쪽에 자리 잡은 요동백제(遼東百濟)이다. 이들이 앞으로 동북아시아에 형성되는 많은 백제분국(百濟分國)의 원 본국(本國)이 된다. 그리고 이들이 요서와 진평에 백제군(百濟郡)을 건설한 장본인들이다. 그러나 이 백제본국이 점차 쇠약해지고 한반도 서남부의 신천지로 간 제1차 백제분국이 나중에는 백제본국≪온조백제≫으로 되고 다시 새로운 신천지 왜국(倭國)에 제2차 또는 제3차 분국을 건설하여 장차 그것들이 융성하여

백제본국이 되는 것이다.

② **비류백제(沸流百濟)와 온조백제(溫祚百濟)의 형성** ; 비류(沸流)와 온조(溫祚)집단은 요동 동쪽의 백제본국에서 신천지 한반도 중·남부의 서해안 지방으로 남하하여 한강하류지방에 제1차 백제분국을 건설한 사람들이다. 그리고 그 후에 세력이 커지면서 마침 요동백제가 소멸되고 한반도의 백제분국이 백제본국(百濟本國)이 되었다. 처음 그들이 한반도에 백제분국을 건설할 일에 대래서 사서들이 비류백제와 온조백제를 같은 줄거리로 기록하지 못한 것은 처음에 구전으로 전해지던 것을 문자로 수렴하다보니 다른 줄거리처럼 된 것임을 알 수 있다. 그리고 그들이 한반도로 이동해 올 때 만주의 백제본국≪요동백제≫의 국명, 지명이나 다른 여러 명칭들을 천이해 와서 사용하게 되었다. 후에 다시 그들이 중국이나 왜국에 분국을 건설하여 나가면서도 그런 명칭을 천이해서 가지고 가게 된다.

온조가 신천지 한반도의 남부로 나와서 백제분국을 건설하고 오랜 후에 그것이 백제본국으로 되었듯이 이후에 한반도 백제본국의 백성들이 대량으로 왜의 땅으로 가서 신천지를 개척하고 나중에 비류나 온조의 후손인 본국의 제후들이 가서 백제분국을 건설하고 그 왕이 되어 그들을 다스리면서 오랫동안 강세를 유지하다가 후에 한반도 백제본국이 멸망하면서 일본의 백제분국이 백제본국≪일본국≫으로 된 것이다. 이때도 한반도 본국의 지명이나 다른 여러 명칭들을 대부분 왜국으로 천이해 가서 식민분국에서 사용한 것이 사실이다.

③ **구태백제(仇台百濟)≪또는 산동백재(山東百濟)≫의 형성** ; 한(漢)왕조가 성립하여 한민족(韓民族)을 핍박하기 시작하면서 중국의 한민족(韓民族) 망명집단들이 중국을 탈출하여 만주와 한반도로 이동해 왔다. 그런데 이때까지 이동해 오는 코스를 주로 요서와 요동을 지나는 육로만을 생각해온 것이다. 여기서는 중국 내륙지방에 분포되어 있었던 한민족(韓民族)의 일부 망명집단들이 중국 동해안에 집결하여 바다를 건너서 만주와 한반도로 이동해 왔을 코스를 검토해 보기로 한다.

중국 화북지방의 남쪽의 한민족(韓民族) 망명집단들도 만주와 한반도로 이동할 때 대부분 육로를 택했을 것으로 보이나 일부는 산동지방에 집결하여 배를 타고 황해를 건너서 만주나 한반도의 서해안에 상륙했을 것으로 추정된다. 이때 그들 중에 1백 가구쯤 되는 망명집단이 형성되었는데 자위(自衛)를 위해 소국가 형태를 갖추었고 그 지도자가 구태(仇台)로서 이것이 산동백제(山東百濟)이다. 그들은 배를 타고 만주나 한반도의 서해안으로 상륙해서 한반도에 정착하여 정식으로 나라를 세워서 그 지도자 구태가 그 나라의 왕이 된다. 이것이 즉 구태백제(仇台百濟)이다.

④ 구태백제(仇台百濟)가 산동지방에 있을 때 한왕조의 핍박이 점점 심해지게 되자 그곳 한민족(韓民族)들이 자위를 위해서 자치국가 형태를 갖춘 조직을 형성하게 되는데 그때 앞의 1백 가구가 중심이 된다. 그때의 지도자는 물론 구태(仇台)였다. 이때의 그 조직이 산동백제(山東百濟)인데 훗날 동북아시아의 여러 곳에 건설되는 백제의 본국이나 분국들의 원 모체가 된 것이라 할 수 있다. 이들은 배를 타고 바다를 건너 한반도 중·북부의 서해안 지방에 상륙하여 후에 대방군(帶方郡)이 설치될 지역에 잠시 정착하게 된다. 그러나 그들 집단은 다시 그곳에 먼저와 있던 일부 산동지방계 한민족(韓民族)들과 더불어 그곳에서 좀더 북상하여 요동의 동쪽지방에 자리를 잡고 주위의 세를 모아 나라를 세웠는데 백(百)가구의 이름을 따서 백제(百濟)라 했다. 이것이 앞으로 동북아시아 모든 백제의 식민지분국들의 원 본국이 되는 요동백제(遼東百濟)이다. 후에 그들이 요서와 진평에 백제군을 건설하고 또 그들의 본고장인 산동지방을 탈환하여 그곳에 다시 백제국을 건설하였던 것이다.

(4) **일본백제(日本百濟)의 형성** ; 처음 중국 산동(山東)지방에서 조직된 백제 즉 산동백제 또는 구태백제로부터 백제(百濟) 계통의 나라가 시작하게 되었다. 즉 산동백제의 백성들이 한반도로 나와서 요동백제를 건설하고 후에 그들 백성들이 다시 신천지인 한반도 서남 땅으로 내려와서 그곳에 처음 백제분국을 건설하였다.

그리고 백제본국인 요동백제가 멸망하면서 그 한반도분국이 백제본국이 되었는데 그것이 곧 온조백제이다. 이후에 온조백제의 백성들은 다시 신천지 왜의 땅으로 건너가서 그곳에 다시 백제분국을 건설하게 된다. 그리고 한반도 백제본국이 멸망하면서 역시 왜의 백제분국이 백제본국으로 되었는데 그것이 곧 일본백제(日本百濟)이다. 이 일본백제가 일본열도를 통일하여 일본왕조를 건설하여 오늘에 이르게 된다. 일본백제 건설 과정은 다음의 일본역사편에서 분석하게 될 것이기에 여기서는 일본백제에 이르는 과정만 소개한 것으로 한다.

  지금까지 백제건국의 여러 과정들을 분석해본 바에 의하면 결국 여러 기록에 각각 나타나서 서로 관련이 없어 보이던 여러 개의 백제 즉 요동백제(遼東百濟), 비류백제(沸流百濟)와 온조백제(溫祚百濟), 구태백제(仇台百濟), 산동백제(山東百濟) 그리고 일본백제(日本百濟) 등은 사실은 모두 한 뿌리에서 나오고 또 시초에는 하나의 백제였다. 그러나 그들이 동북아시아 여러 곳으로 팽창하면서 많은 분국들을 건설하여 그것들이 나중에는 백제본국이 되어간 것에서 여러 백제가 생겨나고, 백제역사의 기록이나 인식에 많은 혼란이 생기게 된 것임을 알 수 있게 된다. 다만 중국이나 한국의 여러 사서의 기록들에서 이러한 백제들 간에 연대의 차이나 단절이 있어 보이는 것은 저술자들의 많은 시대적 차이에서 온 것이거나 혹은 기록의 착오나 관점의 차이에서 온 것이 아닐까 한다.

4) 고구려(高句麗)와 백제(百濟)의 건국신화(建國神話)가 말하는 동북아시아 한민족(韓民族)의 역사

  (1) 일반적인 신화분석의 원리 ; 동북아시아 한민족(韓民族)의 신화나 시조의 탄생설화 등을 보면 거기에는 일정한 규칙이 있음을 알 수 있다. 중국에서 천제의 아들이 하늘에서 내려와서 나라를 세운 신화를 만든 사람은 황제(黃帝)의 두 적자,

즉 장자 소호김천씨(少昊金天氏)와 차자 창의(昌意)이다. 이로 인해 후세에 동북아시아에서 하늘에서 내려온 신화를 갖는 제왕이나 시조는 소호김천씨나 창의의 후손으로 보면 틀림이 없고, 또 새를 숭배하거나 그 문양을 신성시하면 소호김천씨의 후손이다. 난생설화를 만든 사람은 제곡고신씨(高辛氏)의 아들인 은(殷)왕조의 시조 설(契)과 고양씨(高陽氏)의 후손인 진(秦)왕조의 시조 대업(大業)의 두 사람이다. 이로 인해 동북아시아에서 난생설화로 탄생된 제왕은 모두 은왕조의 후손이거나 진왕조의 후손이라 보면 틀림이 없다. 또 이들은 모두 황제(黃帝)의 후손이요 따라서 곧 북방민족이요 곰토템족인 한민족(韓民族)이라는 사실을 말하는 것이다. 그리고 토테미즘을 잘 살피면 한민족(韓民族)을 찾을 수 있다. 또 인명이나 지명등을 잘 분석하면 민족의 집단 이동이나 분포상황등을 알아낼 수 있을 것이다.

오행(五行)으로 살펴보면 민족을 구분할 수 있다. 즉 소호김천씨는 오행이 금덕왕(金德王)이요 따라서 백제(白帝)이다. 은왕조는 나라의 색을 백색으로 하였고 백제(白帝)가 되었다. 훗날 동북아시아에서 백색을 숭배하거나 선호하면 그들은 은왕조의 후손이다. 또 황제(黃帝)는 토덕(土德)으로 황색이기 때문에 훗날 황색을 선호하면 그들은 황제(黃帝)의 후손임을 나타내는 것이다. 고양씨와 고신씨의 성이 고씨(高氏)이기 때문에 훗날 성이 고씨인 제왕이나 시조들은 모두 소호김천씨의 후예이다. 황제(黃帝)의 서자들은 그 적자 후손들과 차별을 두기 위해 자신들을 배달민족이라 일컬었다. 우선 신화분석의 원칙을 이 정도만 세워놓고 동북아시아 한민족(韓民族)을 여기에 비추어 보면 그들이 누구의 후예인가 하는 것을 거의 정확하게 알 수 있게 된다.

(2) 동북아시아 한민족(韓民族)의 신화분석의 원리를 이용하여 고구려와 백제의 건국신화들을 분석해 보기로 한다,

① 이규보의 동명왕편의 분주에는 해모수가 하늘에서 내려오는 광경을 기록하고 있다. 그것을 분석해 보기로 한다.≪원문(原文)은 생략.≫ 해모수는 천제의 아들로 하늘에서 내려온 것으로 되어 있으니까 그는 은왕조의 후예이거나 진(秦)왕

조의 후손이 된다. 종자(從者) 백여 인이 모두 흰 고니를 타고 내려왔다고 하였는데 이것은 백색을 국색(國色)으로 하는 은왕조를 상징하는 것으로 중국 한민족(韓民族)왕조인 은왕조의 백성 백여 명이 해모수와 같이 이동해 온 것을 말한다. 이로써 해모수는 은왕조의 왕족의 후손임을 알 수 있다. 해모수가 내려올 때 화려한 구름이 떠있었다고 한 것은 황제(黃帝)의 후예임을 나타내는 것이다. 웅심산(熊心山)은 물론 곰을 토템으로 즉 한민족(韓民族)이 분포되어 있는 산을 말한다. "오우(烏羽)의 관(冠)을 썼다"고 하는 것은 현조(玄鳥)의 깃털을 꽂은 관을 말하는 것으로 은(殷)왕조와 진(秦)왕조의 후예라는 것을 표시하기 위한 것이다. 종합해 보면 해모수는 한민족(韓民族)인 황제(黃帝)의 후예요, 은(殷)왕조의 후예로서 백여 명의 중국 한민족(韓民族) 망명자들을 이끌고 만주지방≪웅심산(熊心山)≫으로 이동해 왔다. 는 기록이라는 것을 알 수 있다.

② 해모수에 대해서 좀 더 살펴보자, 삼국사기의 고구려본기에 의하면 주몽이 졸본천(卒本川)에 도읍을 정하고 국호를 고구려(高句麗)라 하고 고씨(高氏)로써 성씨로 삼았다. 이때에 주몽의 나이 22세 이고 B.C. 37년이고 신라 시조 혁거세 21년이다. 라 기록하고 있다. 여기서 주몽이 고구려를 건국한 것이 B.C. 37년이요 그때 그의 나이 22세 했으니까 그가 태어난 것이 B.C. 58년경이 된다. 그런데 해모수가 북부여를 건국한 것이 B.C. 59년이다. 그렇다면 해모수가 늦어도 B.C. 60년대가 끝나기 전까지는 북부여지방에 나와 있어야하고 그렇게 보면 해모수는 한왕조 무제에서 선제에 이르는 기간에 한민족(漢民族)의 중국 한민족(韓民族)에 대한 탄압과 한화(漢化)정책이 가장 극심한 때 중국을 탈출하여 만주지방으로 이동해온 것으로 볼 수 있다. 그리고 그는 다른 곳으로 나온 사람들보다 좀 늦게 나온 셈이 되는데 그것은 그가 은왕조의 후손으로서 화북지방의 서쪽지방에 있다가 동쪽 즉 산동지방으로 이동하여 그곳에서 한민족(漢民族)들의 탄압과 박해에 항거하여 투쟁하였거나 또는 그것을 무던히 견디어 내다 뒤늦게 한민족(韓民族)들 집단을 이끌고 만주와 한반도로 이동해 왔기 때문이라 볼 수 있다.

③ 이번에는 주몽에 대해서 살펴보기로 한다. 주몽의 성은 고(高)씨다. 삼국사기 백제본기의 의자왕편에 고구려 역시 고신씨의 후예라서 성을 고씨로 하였다고 하고 있어 주몽은 은왕조의 후손임이 틀림없게 된다. 그렇게 되면 은왕조의 후손으로 보는 해모수와 주몽의 부자관계는 성립될 수가 있다. 그러나 주몽이 해모수의 아들이 아닐 경우도 있을 수 있어 그럴 경우에는 해모수가 이끄는 한민족(韓民族) 망명집단에서 주몽이 해모수의 후계자로서 해모수가 부여를 건설할 때 어느 기간 참여한 후 주몽은 그를 따르는 집단을 이끌고 남하하여 신천지 졸본천(卒本川)변에 고구려를 건설한 것으로 보면 될 것이다.

④ 부여 지역에서 건국했던 요동 백제에서 그 왕족의 일원이거나 해무수의 후계일 가능성이 크지만 혹은 주몽의 아들이거나 또는 그 후계자일 것도 배제할 수 없는 역시 은왕조의 후손일 비류와 온조 형제는 주몽이 고구려를 건국할 때 쯤에 자신들을 따르는 집단을 이끌고 남하하여 한반도 한수(漢水)변의 신천지에서 백제국을 건설하게 된다. 이때의 상황을 삼국사기 백제본기에서는 다음과 같이 기록하고 있다. 비류와 온조는 한산(漢山)에 이르러 부아악(負兒嶽)에 올라 가히 살만한 땅인지를 바라보는데 비류는 해변에서 살고자 하였다. 비류는 백성을 나누어 미추홀(彌鄒忽)에 가서 살고, 온조는 하남(河南) 위례성(慰禮城)에 도읍을 정했다. 국호를 십제(十濟)라 했는데 얼마후 곧 백제로 고쳤다. 고 하였다. 여기서 비류와 그의 자손들의 행적이 별로 석연치 않다. 그래서 나는 두 가지의 가정을 세워본다. (1) 비류집단은 왜국으로 건너가서 그곳에 백제분국을 건설하고 후대로 내려가면서 왜국의 많은 지역을 정복하였다. (2) 비류집단은 중국 산동지방으로 건너가서 그곳에 역시 백제분국을 건설하고 오랜 기간 존속되어 있었다. 한 때는 그 세력이 신장하여 중국동부의 북부지방을 석권하고 오·월 지방을 정복한 일도 있다. (3) 곧 두 집단으로 분리되어 한 집단은 왜국으로 다른 집단은 산동지방으로 갔을 가능성이 있다.

동북아시아 한민족(韓民族)으로서 신화분석의 일반 원리를 이용하면 한민족(韓民族)과 한민족(漢民族)을 구분할 수 있고, 같은 한민족(韓民族)이라도 어떤 계통의 한민족(韓民族)이고 어떤 계통의 황제(黃帝)의 후예인지에 대해서 대체적으로 추정이 가능할 것으로 사료된다. 특히 만주와 한반도의 역사에는 신비스러운 신화나 전설이 너무나 많다. 이러한 것들을 풀이하지 아니하고는 고대사의 실체는 미궁 속에 빠져있어야 할 것이다. 신화 속에 담겨져 있는 사실을 캐어 내려면 아마도 신화분석의 원리를 이용하는 일이 중요하고. 또 인류가 역사시대에 들면서부터 수천 년을 이어온 고전과학(古典科學)의 사상계로의 인식의 전환에서 비로소 그들의 역사의 진실들이 발견될 수가 있을 것이라 생각한다.

5) 신라(新羅)의 건국

(1) 중국사서들의 신라(新羅) 건국에 대한 기록 ; 신라(新羅)의 건국 역사에 관해서 기록한 중국사서는 고구려와 백제의 그것에 비하면 매우 적다. 다만 양서, 북사, 수서, 신구당서(新舊唐書) 등이 있을 뿐이다, 이들 사서의 신라 건국과정에 대해서 서로 다른 점들을 발췌해서 신라의 건국상황을 검토해 보기로 한다.

① 양서(梁書) 열전의 신라편에는 "신라(新羅)는 그 선조가 본래 진한(辰韓) 종족이다. 진한을 또한 진한(秦韓)이라고도 하는데 그들은 서로 만리(萬里)를 떨어져 있다. 진한인(辰韓人)은 진(秦)나라 사람들이기 때문에 진한(秦韓)이라 하였다. 그들의 언어는 중국과 같다. 진한은 처음 6국에서 점차 12국으로 나뉘어지게 되었는데 신라가 그 중의 하나이다."[31]라 기록하고 있다. 중요한 부분은 진한(辰韓)은 만리나 떨어져 있는 중국의 진(秦)나라에서 망명 온 사람들이 세운 나라이기 때문에 진한(秦韓)이라 했다는 것이다. 이것은 신라 사람들이 곧 진(秦)나라 사람들이라는 것을 말하는 것이다. 그리고 흰색을 숭상하였다고 하는 것은 은왕조나 진왕조의

---

31) 梁書 列傳第四十八 諸夷 東夷 新羅篇.

후손임을 말하는 것인데, 진나라 사람들이 세운 나라라 했으니 진(秦)왕조의 후손이라는 것을 알 수 있다.

② 수서(隋書) 열전 동이의 신라편에는 신라에 대해서 현재 일반적으로 알려진 것과는 달리 좀 이상한 내용들이 많은 것을 볼 수 있다. 그 이상한 내용들을 발췌해 보면, (1) "…관구검이 고구려를 토벌하여 격파하자 고구려 사람들이 옥저(沃沮)로 달아나서…그곳에 잔류한 사람들이 신라를 세웠다." (2) "중국사람 고구려사람 백제사람들이…옥저(沃沮)와 불내(不耐), 및 한(韓)과 예(濊)의 땅을 서로 겸해서 가지고 있었다." (3) "…그 왕이 본래 백제인으로 스스로 바다로 달아나 신라로 들어와서 드디어 왕이 되었다. (4) "…그들의 선조가 백제에 예속되어 있었다 (5) "…그들이 강성해져서 백제를 습격하여 가라국을 복속시켰다. 등의 기록[32]이다. 이것들은 모두 낯설은 기록들인데 어떤 사료를 참고로 하여 기록한 것인지는 알 수 없으나 대부분 사실에 맞지 않는 것 같아 검토를 생략한다.

③ 북사(北史) 열전 신라편의 기록에서는 앞의 사서에서 검토해 보지 못한 것들을 살펴보기로 한다. 다음과 같은 기록들이 있다. "진한(辰韓)은 처음 6국이 있다가 12국으로 되었는데 신라가 그 중의 하나이다. 그 사람들은 중국인과 고구려, 백제의 무리들이 섞여있다. 건장한 사람들을 가려서 군에 입대시켰는데 봉화대(烽火臺)와 위수(衛戍), 순라(巡邏) 등에는 모두 군영(軍營)과 대오(隊伍)가 갖추어져 있다."[33] 여기서 중국인과 고구려인, 백제인들이 섞여있다는 것은 진한인(辰韓人)들이 본래 중국의 한민족(韓民族)인 진(秦)나라 사람들로서 만주로 동진해 왔고 또 그곳에서 남하할 때, 조선왕조의 백성들로서 다음에 아마도 고구려와 백제를 탄생시킬 그리고 그들도 중국에서 망명온 한민족(韓民族)들이었던 부여인들과 더불어 같이 남하한 사실을 말하고 있는 것으로 보인다. 따라서 고구려, 백제와 풍속이 같은 것은 당연한 일이다.

---

32) 隋書 列傳第四十六 東夷 新羅篇.

33) 北史 列傳第八十二 新羅篇.

④ 구당서(舊唐書)와 신당서(新唐書)에는 신라가 당(唐)나라와 더불어 삼국을 통일하는 시기가 포함되어 있어 그 시기의 신라역사 기록은 정확하다고 할 수 있다. 여기서는 신라 건국 초기 또는 주요한 전환기의 상황 등 독특한 것들을 골라서 검토해 보기로 한다. 구당서의 열전 동이의 신라국편에 "신라국은 본래 변한의 묘예이다. 한(漢)나라시대의 낙랑의 땅에 있다. 왕이 거처하는 곳이 금성(金城)이다. 그 나라 사람들은 성(姓)이 다르면 혼인을 하지 않았다. 진덕왕(眞德王)이 죽고 춘추(春秋)로서 후사를 이어 신라왕으로 세웠다.…소정방(蘇定方)을 웅진도(熊津道)대총관으로…춘추를 우이도(嵎夷道)행군총관으로 삼아서 소정방과 더불어 백제를 토벌해서 평정하도록 하였다."[34]고 기록하였다. 여기서 신라는 변한의 후예라 한 것, 신라의 위치가 낙랑의 땅이라 한 것 등은 신라의 건국 초기가 아닌 그 세력이 확장된 이후의 것을 기록하고 있기 때문으로 보인다. 그리고 신라가 소정방과 더불어 싸워서 백제를 멸망시킨 부분은 매우 간략하게 기록하고 있는 것도 특이하다 하겠다.

다음으로 신당서에서 중요한 사건 등을 발췌해서 건국의 역사나 전환기의 사실을 간략하게 검토해보기로 한다. "…관직에는 왕 친족이 가장 으뜸이 되는데 그 명칭에는 제일골(第一骨)과 제이골(第二骨)이 구별되어 있다. 형제의 여식, 고모, 이모, 사촌자매들을 모두 아내로삼는다.왕족은 제1골이고 제2골에게는 장가들지 않는데 든다해도 첩실로만 된다. 일이 있으면 중의(衆議)로 논의 하는데 화백(和白)이라 하며 한사람이라도 의견이 다르면 즉시 시행하지 않는다. 왕의 성은 김씨(金氏)이고 귀인의 성은 박씨(朴氏)이다. 백성은 성이 없고 이름만 있을 뿐이다."[35]라 기록하고 있다. 우선 여기서는 엄격한 골품(骨品)제도와 화백(和白)회의 등이 있었다는 사실을 알 수 있다.

(2) 한국사서들의 신라(新羅)건국에 대한 기록 ; 삼국사기와 삼국유사가 있다.

---

34) 舊唐書 列傳第一百四十九上 東夷 新羅國篇.

35) 新唐書 列傳第一百四十五 東夷 新羅篇.

이들 사서에는 신라건국이나 역사에 대해서 상세히 기록하고 있다. 이들 한국 사서들에 기록되어있는 신라 건국의 대체적인 줄거리는 다음과 같이 요약할 수 있다.

진한(辰韓)에 6촌이 있었는데 그것을 진한 6부라 하였다. B.C. 69년 3월 1일에 이들 6부의 촌장들이 알천(閼川)변에 모여서 군주를 두어 나라를 세우고자 하여 회의를 하였다. 마침 고허촌장 소벌공이 양산 밑의 나정(蘿井)에서 하늘로 올라간 백마가 놓고 간 큰 알을 발견했는데 깨어보니 어린 동자가 나왔다. 그 동자를 집에 데려다 키웠는데 그가 13세가 되던 해에 그를 받들어 왕으로 모시고 서나벌(徐那伐)이란 나라를 세우니 곧 신라(新羅)이다. B.C. 57년의 일이다. 그러한 신라의 시조왕은 표주박만한 알에서 나왔다하여 성이 박(朴)씨가 되었고 또 몸에서 광채가 나고, 해와 달이 청명해졌다 하여 혁거세(赫居世)가 되었다[36]는 것이다.

(3) 신라국(新羅國)의 건국 배경과 한반도 동남부의 상황 ; 중국에서 한민족(漢民族)들에 의해서 한민족(韓民族)왕조가 멸망당할 때마다 그 유민들이 만주와 한반도에 망명이나 피난을 오게 된 사실을 잘 알고 있다. 그래서 진한에는 제일 먼저 남하해 온 황제(黃帝)와 환웅(桓雄)의 후손들과 오제가 멸망했을 때 단군이 건설한 조선의 제1왕조의 백성들, 은(殷)왕조가 멸망하면서 발생된 제5차 전환기 때 남하해온 은왕조의 유민들과 조선의 제2왕조의 백성들, 그리고 진(秦)왕조가 멸망하면서 발생된 제7차 전환기 때 대거 남하해온 진왕조의 유민들과 조선의 제3왕조의 백성들이 서로 섞여서 12개 소왕국을 이루고 그들이 진한을 건설하여 생활해왔다는 것을 알 수 있다. 그렇게 진한이 유지되어 오다 아마도 집단 안보와 집단적 통제 등이 필요하게 되어 그 중에서 6촌으로 불리는 일부 촌장들이 모여서 통일국가를 건설하게 된 것이 신라(新羅)라 할 수 있다. 이때 처음에는 일부지역에 신라국이 건국되었지만 아직 진한국은 대국으로서 여전히 존재해 있었던 것으로 보인다. 그리고 탈해왕이나 호공(瓠公) 등의 기록으로 보아 신라의 건국시에 일부 진

---

36) 三國史記 新羅本紀第一 始祖 赫居世居西干篇.

한이 왜국에 가지고 있던 그들의 식민지분국에서 왜인들이 와서 건국을 도왔을 가능성이 있고, 또 한반도의 진한본국이 신라에 완전 흡수된 이후에도 왜열도(倭列島)의 진한 분국이 진국(秦國)이란 이름으로 진한 본국이 되어 왜열도에 오래도록 존속해 있었던 것으로 기로되어 있다.

진한 6부가 기관국가를 건설하려 할 지음 때마침 백마와 알로 상징되는 혁거세 집단이 나타나 그들과 더불어 강력한 왕권국가를 형성하는데 신라의 국가형태는 초기에는 연방국가인 것 같고. 나중에는 화백(和白)이라는 부족회의로 바뀌고. 왕권이 강화됨에 따라 드디어 전제적인 왕권체제로 되어간 것 같다. 신라가 B.C. 57년에 건국을 하였는데 만주와 한반도 4국 중에서는 제일 먼저 건국을 한 셈이다. 그리고 신라는 진한시대 이전부터 모두가 민족이동의 전환기 때마다 여러 파(波)로 나뉘어 남하한 동북아시아 대륙의 한민족(韓民族)들이 섞여서 이룩한 나라라 할 수 있다. 그렇지만 주축이 된 것은 물론 중국 진(秦)민족이라 할 수 있다.

6) 신라(新羅) 건국신화(建國神話)의 분석

(1) 신라(新羅) 건국시기의 신화의 분석 ; 신라 박혁거세가 알에서 나온 것이 B.C. 69년경이다. 따라서 고구려 고주몽의 아버지 해모수가 북부여로 나온 것보다 10년 정도가 더 빠르고 고주몽의 탄생보다 11년 정도가 빠른 셈이다. 이들은 모두 중국의 화북지방에서 온 한민족(韓民族)이다. 혁거세보다 약간 늦은 시기에 북부여로 나온 해모수는 은(殷)왕조의 후손이었는데 혁거세는 어떤지 지금부터 신화를 분석해서 알아보기로 한다.

혁거세는 탄생이 난생설화를 가지고 있고 말(馬)은 기마민족을 상징하는 것도 되지만 말을 타야할 귀인을 나타내는 것도 된다. 만약에 그것이 백마가 틀림이 없다면 혁거세는 은왕조의 후손일 가능성이 더 크다고 할 수 있을 것이나 삼국사기에서 백마라 하지 안했기 때문에 혁거세는 진(秦)시황의 후손일 가능성이 더 크다고 할 수 있다. 그렇게 되면 혁거세는 진(秦)왕조의 왕족으로 보아야할 것이다. 따라서 신라를 건국하게 된 진한(秦韓)의 백성들은 진한을 건설한 자신들보다 다소 늦게 그곳에 도착한 본래 중국에서 자신들의 나라의 왕족인 혁거세를 망명지에서 다시 건국한 서나벌(徐那伐)의 왕으로 모신 것이다. 그들은 서나벌을 건국하면서부터 중국을 통일한 진(秦)왕조처럼 한반도를 통일하고 나아가서는 중국천하를 다시 평정할 꿈과 포부를 가지고 있었는지도 모른다.

그러나 삼국유사에서 백마라고 한 기록을 따른다면 백색은 은왕조에서 국색으로 강조되어 온 점으로 봐서 혁거세는 은왕조의 왕족일 가능성도 있다. 그렇게 되면 고양씨의 후손인 진(秦)왕조의 유민들이 고신씨의 후손인 은왕조의 왕자를 그들의 왕으로 모시고 신라를 건국하였을 가능성을 배제할 수 없다. 그 후에 신라에서는 김씨(金氏) 성을 갖는 김천씨(金天氏)의 후손이 왕으로 추대되었는데 그때부터 신라의 왕통은 김천씨의 후손인 은왕조의 후손들이 대부분 끝까지 이어가게 된다.

(2) **신라 김씨(金氏) 시조 신화의 분석** ; 신라 김씨의 시조는 김알지(金閼智)이다. 그의 6세손 미추(味鄒)가 신라의 제13대 왕위에 오른 후부터는 신라가 멸망할 때까지 대부분 그의 후손인 김씨가 왕위를 이었다. 그러한 김알지의 신화를 분석해 보기로 한다. 우선 삼국사기에서 신화분석에 필요한 기록들을 인용해 보기로 한다. 탈해이사금(脫解尼師今) 9년≪서기 65년≫조에는 시림(始林)에서 작은 금색 궤짝이 나무가지에 걸려있고 그 밑에서 흰 닭이 울고 있어 궤짝을 가져오게 하여 열어보니 그 속에 사내아이가 있었다. 거두어 길렀다. 이름을 알지(閼智)라 하고 금궤에서 나왔다하여 성을 김씨라 하였다. 고 기록하고 있다. 또 삼국유사에서 인용해 보면 밤에 월성(月城)의 서쪽을 가다가 큰 광명을 시림 속에서 보았는데 자색 구름이 하늘에서 땅으로 뻗쳐있고 그 끝에 황금 궤가 나무에 걸려있었다. 궤를 열어보니 그 속에서 동자가 나와서 이름을 알지라 하였다. 알지는 향언(鄕言)으로 곧 소아(小兒)를 말하는 것이다. 새와 짐승들이 기뻐 춤을 추었다. 고 기록하고 있다.

김알지는 난생설화가 아닌 황제(黃帝)의 상징인 황색의 금독(金櫝)에서 탄생된 것으로 되어있다. 이 기록들에서 알지나 또는 알지집단의 근원을 알아보기로 한다.

흰 닭이 울었다 함은 백제(白帝)를 나타내는 것이요, 그가 금궤에서 나왔다는 금독의 금(金)자는 소호 김천씨(金天氏)의 후손임을 뜻하는 것이다. 흰 닭으로 표현한 것은 백색을 강조한 것으로 은왕조의 후손이라 볼 수도 있겠으나 난생설화가 아닌 것을 보면 김천씨의 다른 직계후손일 가능성이 더 크다. 또 조수(鳥獸)가 춤을 추었다고 하였는데 봉조(鳳鳥)를 숭배한 것은 김천씨의 나라였다. 이러한 점들로 보아 김알지는 소호김천씨의 직계후예로 이때 많은 중국 한민족(韓民族)의 망명의 무리들을 거느리고 신라의 계림에 당도한 사실을 상징적으로 기록한 것임을 알 수 있다. 한편 향언에 "알지"는 "아이" 즉 소아를 지칭하는 것이라 하였으니 알지는 나이어린 왕자나 왕가의 정윤(正胤)이라 볼 수 있다.

박혁거세는 동북아시아 제7차 전환기의 초기에 진(秦)왕조가 멸망할 때 그들의 유민집단을 이끌고 한반도의 진한 땅으로 이동해온 진왕조의 왕족이었고 김알지는 제7차 전환기의 후기에 김천씨의 후예로서 중국에서 신(新)왕조를 창건했던 한민족(韓民族)의 왕망(王莽)이 패망하고 신왕조가 붕괴되면서 그 유민집단을 이끌고 신라 땅으로 이동해온 신(新)왕조의 왕자라는 사실을 알 수 있다. 이러한 사실에 대해서 삼국사기는 열전 김유신(金庾信)편에 다음과 같이 기록하고 있다. 신라인들은 스스로 소호김천씨의 후예이기 때문에 성이 김씨가 되었다고 이르고 있고, 김유신의 비석에도 역시 말하기를 그는 헌원(軒轅)의 후예요 소호의 종손이라 하고 있다. 또 삼국사기의 백제본기의 의자왕편에는 신라고사에 이르기를 하늘에서 금궤가 내려왔기 때문에 성을 김씨로 하였다. 그리고 신라 사람들은 스스로 소호김천씨의 후예임으로 성을 김씨라 한다고 하였다. 고 하고 있어 이런 것들이 다 신라 김씨는 소호김천씨의 직계후손이라는 사실을 확인하고 또 뒷받침하고 있는 것이라 할 수 있다. 한반도 민족은 물론이요 동북아시아지역의 여러 민족들이 대부분 백의민족(白衣民族)이라 일컫고 있다. 그것은 그들이 모두 백제(白帝)인 소호김천씨의 후손이거나 또는 진시황 이전의 진(秦)나라의 후손이들기 때문이다.

4. 가야(伽耶)의 건국과 신화(神話)의 분석

1) 가야국(伽耶國)의 건국과 그 배경

(1) 김수로왕(金首露王)과 가야국(伽耶國)의 건국 ; 경상도 서남부지역에 6가야(伽耶)가 있었고 지금의 김해시(金海市)지역에는 그 6가야의 하나인 가락국(駕洛國), 대가락(大駕洛) 또는 금관가야(金官伽倻)라고도 칭하는 가야국(伽耶國)이 있었다. 삼국유사 가락국기(駕洛國記)에 기록된 가야의 건국과정의 주요부분을 보면 다음과 같다. 후한 광무제 건무(建武) 18년≪서기 42년≫ 3월 계욕일(禊浴日)에 그들이 사는 북쪽 구지봉(龜旨峯)에서 자색(紫色)줄이 하늘에서 내려와서 그 줄 끝을 찾아보니 붉은 보에 금합(金合)이 쌓여있어 열어보니 해와 같이 둥근 황금알 6개가 있었다. 잘 싸서 아도간(我刀干)의 집으로 가져와 탑(榻)위에 두었다. 다음날 날이 밝아서 사람들이 모여 합(合)을 여니 6개의 알이 동자로 변해 있었다.…날마다 자라서 10여일이 자나니 신장이 9척이나 되었다. 그 달의 보름날에 즉위하였는데 휘(諱)를 수로(首露)라 하고 나라를 대가락(大駕洛) 또는 가야국(伽耶國)이라 하였으니 곧 6가야의 하나이다. 나머지 다섯 사람은 각기 가서 5가야의 임금이 되었다.[37]고 하여 이렇게 해서 6가야가 탄생한 것인데 그 중에서 수로왕은 6가야 왕들의 가장 맏형 격이라 할 수 있다. 또 이렇게 해서 만주와 한반도에서는 신라, 고구려, 백제, 가야의 사국(四國)시대가 시작된다.

(2) 이 시기의 중국 한민족(漢民族)의 침략상황과 가야국(伽耶國) 건국 배경

---

37) 三國遺事 紀異第二 駕洛國記 初頭.

의 분석 ; 전한(前漢)을 소멸시킨 한민족(韓民族)의 왕망(王莽)이 신(新)왕조라는 한민족(韓民族)왕조를 창건했지만 그도 얼마가지 않아서 전한의 왕족인 광무제(光武帝)에 의해서 멸망되고 후한(後漢)이 설립된다. 이때 한반도에서는 후에 6가야의 왕들이 될 사람들을 비롯한 가야족(伽倻族)이라 일컬어지게 될 한민족(韓民族) 대집단이 중국으로부터 이동해 와서 한반도의 남단에 6개의 가야국(伽倻國)을 형성하고 또 그들보다 약간 늦은 시기이지만 그들과 같은 친족관계인 김알지의 대집단이 신라의 계림에 나타나서 후에 신라의 왕통을 계승하게 되는 등 큰 전환기를 맞이하게 된다. 이 시기에 그러한 6가야국 건국의 배경과 수로왕(首露王)집단에 대해서 살펴보기로 한다.

① 6가야(伽倻)의 시조들은 모두 난생설화를 가지고 있다. 금합이나 황금알은 황색으로 황제(黃帝)의 후손인 한민족(韓民族)임을 가리키는 것이고 또 하늘에서 내려온 것은 천강(天降)신화로서 황제(黃帝)의 적자계통 즉 소호김천씨나 고양씨의 후손임을 뜻하는 것이라 볼 수 있다. 그리고 난생설화는 역시 은(殷)왕조의 황실의 후손이거나 진(秦)왕조의 후손임을 뜻하는 것이다. 그리고 자색(紫色)이라는 색이 신라에서 김알지가 나타날 때 그 자색과 같은 색이기 때문에 그것으로 그들은 같은 출신의 집단들임을 뜻하는 것이라서 수로왕집단은 역시 김알지집단과 같이 소호김천씨의 후손이라는 사실을 알 수가 있다. 다만 김알지와는 달리 수로왕이 난생설화로 된 것은 신화 인용상의 착오인 것으로 보인다.

그들은 이 시기에 마지막으로 중국을 탈출해온 한민족(韓民族)의 망명집단으로 약간의 시차를 두고 한반도 동남단으로 이동해 와서 김수로왕집단은 가야지역으로 가고 김알지집단은 신라로 간 것으로 볼 수 있다. 이때 새로 이동해온 김수로왕집단은 선주민들과는 같은 동족으로 중국에서 온 큰집 사람들에 해당하고 또 문화적으로 우수했을 것이기 때문에 그들의 왕족이 6가야의 왕으로 추대되어 6가야왕국이 성립되었을 것으로 볼 수 있다. 가야족들이 중국에서 탈출한 시기는 아마도 후한 광무제 중기쯤이 될 것인데 이때 다시 중국의 한민족(漢民族)들이 한민족

(韓民族)인 신(新)왕조를 무너뜨리고 한(漢)왕조를 재건한 기세로 한민족(韓民族)을 극심하게 핍박하기 시작했던 것으로 짐작이 된다.

② 후한 광무제가 이 시기에 다시 중국의 한민족(韓民族)을 극심하게 핍박하기 시작한 이유나 동기가 무엇이었을까를 생각해 보면 첫째로 왕망(王莽)의 신(新)왕조가 한민족(韓民族)왕조일 경우이다. 전한왕조가 허약해진 기회를 이용하여 한민족(韓民族)이 다시 남정에 성공한 경우인데 아마도 정치적인 수완에 의해서 한민족(漢民族)인 한왕조를 밀어내고 한민족(韓民族) 왕조를 세웠다고 보는 경우이다. 남정에 성공한 신왕조가 겨우 15년이란 단명으로 패망하게 되는데 그것은 역시 한민족(漢民族)의 북벌의 성공으로 봐야할 것이다. 북벌에 성공한 후한의 광무제는 한민족(韓民族)에게 보복을 가했을 것이고 그러한 보복에 견디지 못한 한민족(韓民族) 특히 왕망계통이나 그에게 동조한 대다수 은왕조나 진왕조의 후손들이 대거 한반도로 망명해 나온 것으로 볼 수 있다. 그렇게 되면 김수로왕이나 김알지는 왕망과는 가까운 친족이었을 것이다. 두 번째가 왕망은 왕씨(王氏)로 한민족(韓民族)이 아니었지만 그가 쿠데타를 일으킬 때 흉노계통의 한민족(韓民族)세력을 업고 한왕조를 밀어냈을 경우이다. 이때에도 후한의 보복은 첫 번째 경우와 별로 다를 바가 없었을 것이다.

(3) 나의 추정과 일치하는 두 가지의 기록을 인용해 보기로 한다.

① 삼국사기 열전의 김유신편에 의하면 김유신(金庾信)은 서울 사람이다. 그 12대조인 수로왕(首露王)은 서기 42년에 구지봉에 올라 나라를 세우고 국호를 가야(加耶)라 하였는데 그 자손이 대대로 왕위를 계승하여 9세손 구해(仇亥)에 이르렀다. 그가 곧 김유신의 증조부이다. 신라 사람들은 스스로를 소호김천씨의 후예이기 때문에 성을 김씨라 하는데 김유신의 비석에 역시 이르기를 「그는 헌원(軒轅) ≪황제(黃帝)≫의 후예이고 소호의 영윤(令胤)이다」 고 하였으니 남가야(南加耶)의 시조 수로왕은 신라와 동성(同姓)이다.[38]고 기록하고 있다. 이 기록에서 수로왕

---

38) 三國史記 列傳第一 金庾信上 初頭.

은 소호김천씨의 후손임이 확실하고 따라서 신라 김씨와는 동성이고 가까운 친족 관계에 있었기 때문에 가야국이 멸망한 후에도 가야국의 왕족들은 신라에 가서 상응하는 대접을 받고 큰 벼슬을 한 것이라 할 수 있다.

② 문정창(文定昌)씨는 그의 저서 「가야사(加耶史)」에서 다음과 같이 주장하고 있다. 서문에서 6가야의 건설자들이 휴저왕(休屠王)≪흉노국의 제후(諸侯)≫의 아들 김일제(金日磾)의 후예였다는 사실을 알게 되었다. 고 전제한 후에 본문에서 "6가야의 건설자인 알(六卵)은 평제(平帝)≪전한(前漢)의 마지막 황제≫를 살해하고 200년 사직의 전한을 찬탈하여 17년 사직의 신제국(新帝國)을 건설하였던 왕망(王莽)의 족당(族黨)이었을 것이다. 왕망은 휴저왕의 아들 김일제(金日磾)의 증손이며 휴저왕은 본시 소호김천씨의 후예이다. 한무제는 일제(日磾)에게 금인(金人, 금부처)을 제사지낸다는 연유로 사성 김씨(金氏)하였다. 이리하여 김(金)씨가 처음 생겨난 것이다. 후한의 유수(劉秀)에게 패망한 김왕망(金王莽)의 족당이 유랑하여 다니다가 그로부터 17년만에 김해에 도착하였다."[39]고 주장하고 있다.

휴저왕(休屠王)≪기록들이 「휴도왕」이라 하고 있으나 나는 「휴저왕」이라 칭하기로 한다. 흉노의 이름이라 그것이 옳을 것으로 생각한다.≫이 한민족(韓民族)인 흉노족인 것은 틀림이 없고 김일제가 휴저왕의 태자임이 틀림이 없다. 왕망이 김일제의 증손자일 가능성이 있고 휴저왕이 소호김천씨의 후예일 가능성이 크다. 따라서 김수로왕은 신라의 김알지와 더불어 소호김천씨의 같은 후예로서 중국에서 왕망의 직계후손이나 가족의 일원이거나 하여 친족관계였을 가능성이 높다. 그래서 수로왕집단과 김알지집단은 왕망이 한(漢)왕조를 몰락시키고 신(新)왕조를 창건하는데 적극 참여하였을 것이고 광무제에 의해서 신왕조가 멸망된 이후에는 왕망 일족은 물론이요 김일제의 후손들 즉 휴저왕의 후손들을 비롯한 한민족(韓民族)들은 또 다시 한민족(漢民族)들의 보복에 견딜 수 없어 한반도로 망명이나 피난해온 것이다.

---

39) 文定昌 著 「加耶史」 (柏文堂), 第一編의 第一, 第二, 初頭.

2) 허황옥황후(許黃玉皇后)의 북상(北上)과 수로왕(首露王) 이후의 상황

(1) **허황옥황후(許黃玉皇后)는 누구인가?** ; 김수로왕(金首露王)의 왕비가 된 허황옥(許黃玉)황후는 배를 타고 바다로 해서 한반도 가야국까지 오게 된 사람이다. 그녀는 인도(印度)의 아유타국(阿踰陁國)에서 왔다고 한다. 삼국유사의 가락국기에 의하면 수로왕이 행재소에서 허(許)황후를 맞이하여 결혼 첫날밤을 보내게 되었다. 수로왕과 허왕후가 함께 침전에 들었는데 그때 허황후가 수로왕에게 다음과 같이 이야기를 하고 있다. "…나는 아유타국의 공주인데 성은 허(許)씨요 이름은 황옥(黃玉)이며 나이는 16세입니다.…부왕이 말씀하시기를 꿈에 함께 상제를 뵈오니 상제께서 가락국왕 수로는 새로 나라를 세워 아직 배필을 정하지 못했으니 공주를 보내 배필을 삼으라 하시고는 하늘로 올라갔다. 너는 여기서 부모를 작별하고 그곳으로 가거라, 하셨습니다. 그래서 제가 바다를 건너…용안을 가까이 하게 된 것입니다.…"[40]고 기록하고 있다. 허황후가 인도에서 온 것으로 기록되어 있는 가락국기를 믿는 한 허황후의 도래(渡來)는 다음과 같이 해석하는 수밖에 없을 것이다. 즉 허황후의 부모는 본래부터 인도에서 대대로 살아온 사람들이 아니다. 그들은 본래 중국에 살고 있던 한민족(韓民族)으로서 특히 소호의 후손인데 혹은 은왕조의 왕족일 가능성이 있다. 그들이 인도로 가기 전에는 아마도 한반도로 오기 이전의 수로왕 가족들과 같은 지역에서 같이 살고 있었을 가능성이 높다. 그들이 급박하게 위험에 처하게 되었을 때, 수로왕집단은 한반도로 피신을 하고 허황후의 집안은 다급했거나 혹은 다른 원인으로 인도로 남하하여 아유타국(阿踰陁國)이란 나라를 세워 살게된 것으로 추정을 할 수 있다. 김씨 문중기록이나 전설들이 전하는 바에 의하면 허황후의 아버지는 본래 중국의 북쪽에서 살아왔는데 어떤 시기에 중국의 사천성(四川省)에 있는 보주(普州)라는 곳으로 남하해서 일단 자리를 잡았다가 다시 인도로 들어가 아유타국을 세워 그 나라의 왕이 되었다고 하고 있

---

40) 三國遺事 紀異第二 駕洛國記.

다.

(2) 허황후가 한민족(韓民族)으로서 수로왕과는 친족이고 중국 보주(普州)에서 그녀의 아버지가 태수나 왕으로 있었다는 사실과 후에 인도로 남하해서 아유타국을 건설하여 왕이 되고 그의 딸 허황후는 배를 타고 한반도까지 온 사실을 일부나마 입증할만한 사례들을 모아보기로 한다.

① 구지봉에서 2리 되는 곳에 허황후능(許皇后陵)이 있다. 그 비석에는 가락국 수로왕비(駕洛國首露王妃) 보주태후허씨릉(普州太后許氏陵)이라 적혀있다. 여기서 보주태후(普州太后)의 보주(普州)가 즉 중국의 사천성에 있다는 것이다. 비석의 비음기(碑陰記)에 의하면 "태후의 성은 허(許)씨이다. 보첩(譜牒)에서 아유타국왕의 딸이라 하고…스스로 서역 허국(許國)왕의 딸이라고 말하였다. 수로왕 7년≪서기 48년≫에 황후가 되어 보주태후(普州太后)라 일컬었다."[41]고 기록하고 있다. 보주(普州)의 소재가 중국 사천성이 사실이라면 허황후의 아버지는 그곳에 살고 있다가 인도로 남하한 중국의 한민족(韓民族) 왕족이 틀림없는 사실로 되고 그렇게 되면 소호김천씨의 후예로 지목되는 휴저왕이나 그 아들 김일제와는 친족관계로 있었을 가능성이 가장 높다고 할 수 있다.

② 허황후릉 앞에는 파사석탑(婆娑石塔) 또는 일명 진풍탑(鎭風塔)이라고도 하는 석탑이 있는데 서기48년 허황후가 인도의 아유타국에서 가락국으로 올 때 배에 싣고 온 돌탑이라 한다.[42] 문중 사람들의 말에 의하면 그 돌탑의 성분을 분석한 결과 한국에서는 희귀한 돌로 인도에서는 흔한 돌이라는 것이다. 그것이 사실이라면 그 돌탑은 허황후가 인도에서 왔다는 사실을 입증하는 유물의 하나라 할 수 있다. 그 이외에 허황후에 대한 명확한 고증이 없는 전설이나 유적 유물들은 많다. 예를 들어보면 허황후가 타고 온 배를 계류하였던 곳이라 하여 비석과 비각을 세워놓은 곳이 있다. 또 잉신(媵臣)중에 그녀의 숙부가 있는데 그가 인도에서 불법(佛法)을

---

41) 金海金氏 門中記錄인 「崇善殿誌」(崇善殿) 卷一 21, 보주허태후릉비음기(普州許太后陵碑陰記), (許穆 지음), p99.

42) 앞의 41)의 책과 같음, 앞면 畵報의 파사각 설명과 같음.

가지고 와서 가야에 절을 짓고 그곳에서 일생을 보냈다는 것 등이다.

③ 삼국유사의 가락국기에 의하면 허황후는 배에서 내린 후에 유천(留天)등의 마중 나간 수로왕의 신하들과 통역관도 없이 서로 자유로이 대화를 하고 있다. 또 수로왕과 허황후는 첫날밤을 함께 보내기 위해 임시로 차린 행재소의 침전으로 단 둘이 들어가서 허황후는 나는 본래 아유타국의 공주인데 성은 허씨요로 시작되는 긴 대화를 나누고 있다. 수로왕과 하황후가 침실에서 단 둘이 대화를 속삭였다고 하는 것은 그들이 같은 언어권의 동족이 아니고서는 불가능한 일이다. 따라서 수로왕집단이 소호김천씨의 후예요, 혹은 은왕조의 왕족이라는 사실을 감안할 때 허황후집단도 소호김천씨의 후예요 혹을 은왕조의 왕족으로 그들은 중국에서 같은 선조의 후손으로 같은 지역에서 살았던 친족이라는 것이 입증되는 셈이다. 즉 그들이 같은 곳에 살았던 동족이라는 것을 그들의 첫날밤의 긴 속삭임이 충분히 증명해 주는 셈이다.

④ 환단고기 태백일사(太白逸史)의 고구려국 본기에 의하면 "…지금 여러 고기를 참고하여 보면 아유타(阿踰陀)는 지금의 섬라(暹羅)라고 하는데 그렇다면 아유타인은 혹 대식(大寔)≪주(注)에서는 버마라 하고 있다≫의 침략을 받고 쫓기어 여기에 와서 살게된 것이 아닐까. 이명유기(李茗留記)에 말하기를 옛날 백제상인이 바다로 아유타에 가서 많은 재물과 보배를 얻어 돌아 왔는데 그 아유타 사람들이 우리를 따라 내왕을 하게 되어 날이 갈수록 더욱 밀접하게 교역을 했다…"[43]고 기록하고 있어 아유타국은 버마에 가까운 지금의 태국의 아유타야(Ayuttaya)를 가리킬 가능성이 크다. 그리고 옛날부터 백제의 상인들이 자주 내왕하고 또 아유타인들이 자주 한반도에 내왕을 하고 있었다고 하니 만약 그 아유타야가 허황후의 아유타국이라면 허황후가 한반도 가야국에 온 것은 그리 어려운 일이 아니었다고 볼 수 있다.

⑤ 삼국유사의 가락국기에 의하면 그해,…꿈에 웅비(熊羆)를 얻은 길조가 있더

---

43) 「환단고기(桓檀古記)」, 李陌 編撰 太白逸史第六 高句麗國本記 末尾 阿踰陀條

니 태자 거등공(居登公)이 탄생하였다고 기록하고 있어 곰은 한민족(韓民族)을 뜻하는 것이다. 꿈에 곰을 봤다고 하면 그것은 한민족(韓民族)의 위대한 인물이 탄생될 징조임에 틀림이 없다. 수로왕과 허황후 집단은 본래 중국에서 나온 한민족(韓民族)으로서 그들은 틀림없는 소호김천씨의 후예이고 또 은왕조의 후손일 가능성이 매우 높다.

(3) 철기문명의 선각자인 가야인들 ; 6가야가 위치한 곳은 삼한시대의 변한의 자리로 볼 수 있다. 따라서 변한시대에도 철기문명이 상당히 발달되어 있었지만 여기에 수로왕집단이 이동해옴으로써 특히 최신 철무기 부분의 문명이 많이 발달하게 된 것으로 보인다. 이 최신 철무기 기술은 후에 가야인들이 왜국으로 가져가서 왜의 소왕국들을 통일하는데 큰 역할을 한 것으로 보이는 것이다. 가야인들은 철무기 제조기술을 가지고 신천지 왜열도로 건너가서 그곳 서부지역을 중심으로 인근 읍락국가들을 정복하여 동정을 감행해서 일단은 초기 단계의 야마도(邪馬臺=大和)정권을 수립한 것으로 보인다.

5. 왜족(倭族)의 형성

1) 왜열도(倭列島))의 상황

(1) 이 전환기의 여파는 만주와 한반도에서 왜국으로 파급되어 갔음은 두말할 필요가 없다. 따라서 왜국에서도 한민족(韓民族) 재분포의 큰 회오리가 일었다고 할 수 있다. 여기서는 그곳에 그 이전에 언제부터 한민족(韓民族)의 집단이동이 이루어지기 시작하고 재분포는 어떻게 이루어져왔는지에 대해서 개괄적인 상황을 먼저 요약해 보기로 한다.

① 제2차 전환기 때 환웅(桓雄)이 한반도로 나올 무렵에 황제(黃帝)의 다른 서자 한사람은 환웅처럼 수천 명의 한민족(韓民族)집단을 거느리고 연해주에서 왜국의 동북지방으로 건너가 그곳에 정착하여 처음으로 왜족(倭族)을 형성하고 점차 조몬문화(繩紋文化)를 이룩한 것이라 할 수 있다. 혹은 환웅의 다른 아들이나 단군의 아들이 처음으로 왜국 땅으로 건너가서 왜족을 형성하기 시작하였을 가능성도 있다.

② 제5차 전환기 때 기자집단을 따라온 일부 집단이 한반도로 남하하여 왜열도의 규슈(九州)지방으로 건너가서 그곳에 분포되고 그 일부가 관서(關西)지방까지 또는 관동(關東)지방까지 진출하였을 것이다.

③ 왜의 땅에는 이전부터 소수의 중국 한민족(漢民族)들이 중국 남부의 회계(會稽) 등지에서 건너와서 왜의 서남부 해안지대에 분포되어 살고 있었을 가능성이 있다. 혹은 소수 남방 한민족(漢民族)들이 왜의 남부 해안지대에 드문드문 집단을 이루어 살아왔을 가능성도 있다.

(2) 이런 상황에서 왜열도(倭列島)에서도 이번의 제7차 전환기를 맞게 된다. 이번에는 동북아시아에서 사상 최대의 한민족(韓民族)의 대이동과 재분포가 있었기 때문에 그것이 왜열도로 파급되어 왜국의 역사상 가장 많은 한반도의 한민족(韓民族)이 이동해 가서 왜국 전역에서 재분포가 이루어지고 그 과정에서 수백 개의 소왕국들이 생기게 되었을 것이고 세월이 지나면서 점차 그 소왕국들이 좀 큰 단위의 국가로 통합되어 갔을 것이다. 이러한 한민족(韓民族) 대이동의 여파는 대부분 한반도에서 왜열도로 밀려가게 된 것으로 이때의 대단위의 이동과 재분포의 과정은 당시 한반도에서 전개된 여러 상황과 유사했을 것으로 생각된다. 그러나 한반도보다는 더 단계적으로 집중되어 일어났을 것이고 또 점차 그것들을 통합하기 위한 전란의 시대로 이행되어 갔을 것으로 보인다. 이 시기에 그렇게 단계별로 집중되어 일어났을 큰 파동에 대해서만 시기적으로 구분해 보면 다음과 같이 요약할 수 있다.

① 한반도에서 조선의 제3왕조가 멸망할 때 그 왕족이나 귀족들이 백성들을 거느리고 신천지 왜국으로 가서 여러 곳에 먼저 가서 정착해 있던 한민족(韓民族)들과 잘 융합이 되어 더 많은 취락을 이루게 된다.

② 한반도 삼한(三韓)의 여러 나라에서 그 왕족이나 귀족들이 백성들을 거느리고 신천지 왜열도로 가서 삼한의 여러 분국(分國)들을 형성하였을 것이다. 이때 왜국에는 서부지역에만 백여 개의 작은 국가들이 있었다고 되어 있다. 그 중 동쪽 끝에 진왕국(秦王國)도 있었다고 하니 한반도 진한(辰韓)의 왕족이 백성들을 거느리고 가서 세운 나라이거나 또는 진(秦)왕조의 유민들이 직접 가서 세운 나라임이 틀림없는 것이다.

③ 한반도의 삼국(三國)의 왕족이나 귀족들이 일부 백성들을 이끌고 왜열도로 건너가서 이미 건설되어 있던 읍락국가들을 평정하거나 합병하여 왜국 땅에 한반도 3국(三國)이 비로소 자신들의 여러 식민지분국들을 건설한다. 그리고 그 삼국의 식민지분국들은 한반도에서 본국이 멸망한 후에도 오래도록 유지되면서 긴 전란의 시대로 이어진다.

④ 한반도의 6가야의 왕족이나 귀족들이 일부 백성들을 이끌고 왜열도로 이동해 가서 여러 작은 취락국들을 병합하여 6가야의 분국으로서 범위가 큰 여러 개의 읍락국가를 건설하였을 것으로 보인다.

⑤ 이 시기 이후에 한반도에서 백제(百濟)와 고구려(高句麗)가 멸망할 때 많은 왕족이나 귀족들이 그들의 유민들을 이끌고 왜국으로 건너가서 그들의 식민지분국들을 중심으로 세력을 규합하고 몇 개의 지역으로 나뉘어서 지역국가들을 건설한다. 이후 그들 간의 패권싸움은 전체 일본열도가 하나의 나라로 통일이 될 때까지 계속된다.

(3) 이 기간 동안에 중국을 탈출한 한민족(韓民族)들이 만주와 한반도, 연해주와 시베리아 그리고 왜국 등지로 이동해가서 재분포가 되면서 말하자면 왜열도를 포함하는 유라시아대륙의 동방의 끝까지 흩어져 가서 재분포가 되었다고 봐야

할 것이기 때문에 중국 내에는 한민족(韓民族)의 수도 줄어들었을 것이고 또 그들의 세력 형성의 구심점이 될 왕족이나 귀족들은 거의 이동해 가고 일반 백성들만 남아서 한인(漢人)들의 탄압을 묵묵히 견디어 가는 형편이 되어버렸을 것이다. 그러한 상황에서 중국 내부의 한민족(韓民族)들이 조직적으로 한민족(韓民族)국가의 광복을 꾀하는 일은 이제 영구히 불가능하게 되어버린 것이다.

2) 왜열도(倭列島)에서의 한반도(韓半島) 삼한사국민족(三韓四國民族)의 재분포

(1) 이번 제7차 민족 대이동과 재분포의 전환기를 맞아 왜열도에서는 한민족(韓民族) 재분포의 결과로 어떤 변화가 생겼는지를 가능한 한 추적해 보기로 한다. 우선 중국에 한(漢)왕조가 들어서면서 일어난 대륙의 한민족(韓民族) 재분포 상황들이 왜열도에서 더 복잡한 양상으로 전개된 것이 사실이다. 왜열도에는 이전에 이미 한민족(韓民族)들이 산곡간에 흩어져서 정착해 있었고 그 위에 이번에 중국을 탈출한 한민족(韓民族)들의 일부집단들이 한반도를 통해서 왜열도로 가서 재분포되었을 것이고 또 만주와 한반도에 정착해 있던 일부 한민족(韓民族)들이 그들의 뒤를 따라 왜열도로 가서 재분포되었을 것이고 그 이후에도 지속적으로 특히 한반도의 한국 한민족(韓民族)들이 왜열도로 속속 밀려들어가서 재분포가 이루어져 왔을 것이다. 그렇게 되니까 한반도에서는 삼한에 78개의 소왕국들이 생기게 되었지만 왜열도에서는 그들의 식민지 분국으로 수백 개의 소왕국들이 난립하게 되었다. 그리고 나중에는 자신의 세력을 팽창하기 위해서 합종연횡이나 격렬한 전쟁들이 왜열도 전역에서 계속되었을 것이다.

이후에 왜열도의 소왕국들이 한반도의 식민지분국에서 벗어나서 일본으로 통일독립을 하면서 그들은 한반도의 삼한사국의 나라들에 종속되어 있었거나 또는 그 식민지분국이었다는 사실을 감추려고 모든 기록이나 유물 등의 고증을 모두 분서

하거나 파괴하여버린 것이다. 근세에 와서 일본이 한반도와 대륙을 침략하기 위해 조작한 황국사관(皇國史觀)이라는 것을 만들어 혹 남아있었을 역사의 고증들을 모조리 찾아내어 다시 또 분서하거나 파괴함으로써 그때의 사실(史實)을 다 소멸시켜버렸기 때문에 일본의 고대역사는 그 진실이 사라지고 허위로 새로 짜서 만들면서 왜국시대라는 그들 역사에서 진실된 가장 긴 역사시대를 삭제해버렸다.

이 제7차 전환기를 야기한 한(漢)왕조가 한민족(韓民族)들을 계획적으로 가장 혹심하게 탄압하기 시작한 것은 아마도 한무제시대라 할 수 있다. 그로 인해 만주와 한반도에서 삼한사국을 비롯한 여러 나라들이 형성된 것이 대개 B.C. 2세기 중엽에서 B.C. 1세기의 초반에 이르는 기간이라 할 수 있다. 이 기간 이후에 한반도에 정착해 있던 한민족(韓民族)들이 나무배를 타고 바다를 건너서 왜국에 도착하는 시일까지를 감안하면 그들이 대량으로 왜열도에 재분포되기 시작한 것은 일본인들이 시대구분을 이상하게 정한 그들의 역사에서 아마도 야요이(彌生)시대 중기에서 고훈(古墳)시대 초기에 이르는 기간이라 할 수 있다. 그 시기에 가장 많은 한반도 한민족(韓民族)들이 건너가서 왜열도 전역에 수많은 식민지분국인 소왕국들을 건설하고, 한반도본국의 왕족들이 가서 그 분국들의 왕이 된 것이다.

(2) **조선의 제3왕조가 멸망할 때 만주와 한반도북부**에서 왜열도로의 한민족(韓民族)의 이동과 왜열도에서의 그들의 재분포 상황을 검토해 보기로 한다. 이때 중국에서 멸망한 진(秦)왕조의 유민들도 한반도 동남부지역으로 이동하여 진한(秦韓)을 건설함으로써 한반도 남부에서는 삼한이 이미 건설되어 있었다. 이러한 진(秦)민족의 반격을 두려워한 한무제는 곧 대병력을 이끌고 한반도 정복에 나서서 위만조선을 멸망시키지만 한반도 남부까지는 진격해 가지 못하고 한반도 북부에 동부도위(東部都尉)와 남부도위(南部都尉)를 두어 군대를 주둔시켜 진민족의 반격이나 중국으로의 재진입을 대비하는 방어망을 설치하면서 그를 지원하는 한사군(漢四郡)을 설치하게 된 것이다. 이때 조선왕조의 왕족이나 귀족들은 물론 많은 일반 백성들이 그곳 고향을 떠나 한반도의 남쪽으로 피난해 갔을 것이고 또 왜열도

까지 많은 집단들이 이동해갔을 것으로 추정된다. 그래서 이때 많은 조선의 유민들이 왜열도로 이동해 갔을 길을 더듬어 보기로 한다.

① 위만조선왕조가 한(漢)왕조의 침략전쟁에 패한 후에는 만주지방에 있던 조선왕조의 유민들은 그 왕족이나 귀족들을 중심으로 집단을 이루어 한반도의 동북 해안이나 연해주의 동해안으로 나아가서 그곳에서 배를 타고 동해바다를 가로질러 왜열도로 이동해 간 것으로 볼 수가 있다. 그렇게 해서 왜열도의 북해도 섬의 서쪽 해안 일대와 동북지방의 서쪽 해안 일대에 도착한 한민족(韓民族) 집단들은 다시 내륙지방으로 진출하여 이미 와서 산곡간에 분포되어 있었을 한민족(韓民族)들과 합류하여 조선왕조의 식민지분국으로서의 소왕국들을 건설해 나갔을 것이다. 또 일부 집단들은 관동지방까지 남하하여 그곳에서 소왕국들을 건설하여 점차 규모가 큰 토후국(土侯國)이나 장원국가(莊園國家) 등으로 발전해 나갔을 것이고 후에 점차 규모가 더 큰 왕국으로 발전해 갔을 것이다.

② 한민족(漢民族)들이 만주와 한반도에서 침략전쟁을 일으키기 직전이나 위만조선왕조가 한군(漢軍)과 전쟁을 치르는 동안에도 만주나 한반도 북부의 조선의 유민들은 피난을 떠났을 것으로 생각되는데 그들은 한반도의 남쪽으로 남하하여 다음에 삼한인(三韓人)들이 왜열도로 이동해 간 경우와 같은 방법으로 이동해갔거나 또는 그곳에 머물다 나중에 삼한인들과 함께 왜열도로 이동해 갔을 것으로 볼 수 있다.

(3) 삼한(三韓)민족의 왜열도(倭列島)로의 이동과 그곳에서의 재분포에 대해서 살펴보는데 한반도의 출발지나 왜열도의 도착지 등과 재분포 상황을 상세히 알 수는 없고 다만 포괄적으로 추정해 보기로 한다.

① 한반도의 마한족(馬韓族)들이 마한의 해안에서 출발하여 왜열도의 규슈지방과 중서부지방의 서부와 남부 해안으로 상륙한 경우이다. 고조선의 준왕(準王)이 왕족이나 관원들 그리고 백성들을 이끌고, 한반도의 기호지방으로 남하하여 마한 대국을 설립하고 동시에 54개의 소왕국들이 형성되었는데 이때 그들과 같이 남하

한 일부가 신천지 왜열도로 건너가게 되었을 것이다. 그때의 출발지로는 한반도에서 지금의 금강이나 영산강, 섬진강 등의 하류에서 출발하는 경우와, 그 이외에 마한의 서해안이나 남해안 일원에서 출발하는 경우 등이 있었을 것이다. 왜열도에서의 도착지역으로는 규슈의 전 해안과 세도내해(瀬戸内海)의 양쪽 해안, 오오사카만(大阪灣)일대 또는 기이(紀伊)반도의 동남 해안일원에 상륙하여 재분포되거나 그 내륙의 기내(畿內)방면으로 진출하여 재분포하면서 마한의 식민지 분국들을 건설해 갔을 것으로 볼 수 있다. 그 마한족들이 처음 정착했던 규슈지방에서 이때 더 발달한 도작(稲作)문화를 전파한 것으로 보인다. 그리고 과거 오제(五帝)의 풍습대로 선진문화를 가지고 간 그들이 식민지분국들의 왕이나 추장으로 추대되었을 것이다. 그 이후에는 마한을 이은 백제인들이 선진문화를 가지고 그곳으로 대량 이동해 감으로써 특히 나라지방이 왜열도의 다른 곳들보다 문화적으로 앞서게 된 것으로 보인다.

② 진한족(辰韓族)들이 진한의 해안에서 출발하여 왜열도의 주코쿠(中國)지방에서 관서지방을 거쳐 관동지방까지에 이르는 북부 해안지역에 상륙하여 내륙으로 진출한 경우이다. 이 경로는 한반도의 형산강하류, 태화강하류, 낙동강하류 등이 주된 이동경로이고, 그 이외에 한반도의 남부 동해안 일대에서 출발하였을 것으로 추정을 할 수 있다. 왜열도의 주된 도착지점으로는 주코쿠지방의 북부해안이나 관서지방의 북부해안에 상륙하였을 것이고 일부가 세도내해와 오오사카만까지도 진출해서 해안에 상륙하였을 것인데, 그러한 진한족들은 곧 내륙으로 진출하여 여러 곳에 한반도 진한의 식민지분국으로서의 소왕국 등을 건국한 것으로 볼 수 있다.

③ 변한족(卞韓族)들이 변한의 해안에서 왜국의 규슈지방의 해안 일원이나 본토의 서북부해안 일원과 세도내해의 양안 등지로 이동한 경우이다. 여기서는 한반도의 낙동강하류의 서안과 진해와 마산만일원, 또는 충무 거제의 해안 일원, 혹은 사천만등지에서 현해탄을 건너 왜국의 규슈 일부 해안과 주코쿠지방 북부해안이나 세도내해의 양안 으로 상륙하고 일부가 오오사카만 등지에 상륙하여 그 해안 일원

이나 또는 내륙으로 이동해서 정착하면서 먼저 가서 분포된 한민족(韓民族)들과 틀히 진한족들과 동거하면서 취락들을 설립해서 한반도 변진의 식민지분국으로서의 자치국들을 형성해 나갔다고 볼 수 있다. 이들도 발달된 철기문명을 가지고 간 것으로 보인다.

(4) 삼한(三韓) 이후 또는 삼한 이외의 지역

〈그림 2〉 왜열도(倭列島)

에서 왜열도로의 한민족(韓民族)의 이동상황이나 재분포상황도 삼한과 비슷한 것이라 보면 될 것으로 생각된다. 그 상황을 역시 포괄적으로 추정해 보기로 한다.

① 부여족(扶餘族)과 고구려족(高句麗族)들이 한반도 북부 동해안 일원이나 연해주의 해안에서 출발하여 왜열도의 북해도 해안일원과 동북지방의 서부해안일원이나 드물게는 그 동부해안으로 이동 상륙한 경우이다. 이 경우는 북부 한반도의 동해안 일원 즉 원산만에서 호도반도에 이르는 해안선 일대, 성천강 하구 함흥만, 신포 등지가 있고, 또 성진만, 청진만, 나진만 등지와 두만강 하구나 남부 연해주의 블라디보스토크만 일원에서 출발한 부여족이나 초기의 고구려족이 동해를 가로질러 왜열도 동북지방의 서쪽 해안 일원에 상륙하여 해안 부근이나 내륙지방으로 이동해서 그들의 식민지분국으로서의 소왕국들을 형성하였을 것으로 추정할 수 있다. 그리고 그들의 일부는 관동지방까지 남하하여 진한 신라계의 한민족(韓

民族)들과 합류했을 가능성이 있다. 한편 숙신계와 동부여계, 일부 고구려계의 한민족(韓民族)들은 연해주 해안 일원에서 출발하여 타타르해협을 남하하여 북해도 해안 일원에 상륙해서 내륙으로 진출하여 재분포되면서 여러 식민지 분국들을 건설하였을 것으로 볼 수 있다. 또 드물게는 부여계 고구려들이 압록강에서 출발하여 왜열도의 규슈 서남부 해안에 상륙하여 취락을 구성했거나 동지나해를 남하하여 류큐열도에 상륙하여 류큐왕국을 건국했을 가능성이 있다. 혹은 마한이나 조선의 제3왕조의 유민들이 건국한 류큐왕국에 합류했을 가능성이 있다.

② 신라족(新羅族)이 초기에 신라의 해안에서 출발하여 왜열도의 서부해안 일원으로 상륙하는 경우이다. 이 경우는 진한족과 변한족들이 왜열도로 진출한 코스와 같다고 보면 될 것이다. 그리고 그들과 합류한 신라족들이 그곳에 건설된 모든 식민지분국들의 왕이나 추장이 되었을 것이다.

③ 백제족(百濟族)이 초기에 백제의 해안에서 출발하여 왜열도의 규슈 일원의 해안이나 본토의 서부해안 일원으로 상륙하는 경우이다. 이 경우는 마한을 이어받은 온조백제족이므로 여기서는 마한계가 진출한 코스와 같다고 보면 될 것이다. 백제인들도 많은 백제의 식민지분국들을 건설하고 그 왕이 되었을 것이다. 혹은 소규모의 식민지 분국들을 통합해서 다소 규모가 큰 국가들을 건설하고 그 왕이 되었을 가능성도 있다.

④ 비류백제족이나 낙랑군 지역의 한민족(韓民族) 백성들이 한반도의 미추홀이나 그 이외의 경기도 서해안 또는 황해도의 서해안이나 대동강 하류에서 출발하여 북부 동지나해를 거쳐 왜열도의 규슈지방의 서남부 해안이나 시코구지방 또는 류큐열도의 여러 섬들의 해안에 상륙하는 경우이다. 이 경우에는 경기 북부와 황해도 평안도의 서해안에서 한반도의 다른 지역 못지않게 많은 한민족(韓民族)들이 왜열도로 이동해 갔을 것이다. 특히 한무제의 침공이 있었을 때 발해만 연안에서 많은 한민족(韓民族)들이 왜열도로 이동해 갔으로 볼 수 있다.

⑤ 가야족(伽倻族)들이 가야의 해안이나 낙동강 어귀에서 출발하여 왜열도의 규

슈지방의 전체 해안과 주코구지방의 북쪽 해안 세도내해 양안 등에 상륙하여 기내(畿內)방면으로 이동해 간 경우이다. 가야족들이 왜열도로 건너가서 많은 식민지 분국들을 건설하게 되는데 특히 한반도에서 6가야가 백제와 신라의 협공을 받아 나라의 안위가 위태롭게 되면서부터 멸망한 시기에 이르기까지 그들의 많은 유민 집단들이 왜열도로 몰려갔을 것으로 추정이 된다. 일부 지역의 소왕국들은 그 백성 전체가 왜열도로 이동해 가버린 것으로 추정이 되는 곳도 있다. 가야계 한민족(韓民族)들은 삼한보다는 좀 늦은 시기이지만 가장 대량으로 또 가장 발달한 철무기를 가지고 왜열도로 이동해 간 후에 복잡하고 긴 과정을 갖는 초기의 왜국 통일 형성에 가장 많은 활동을 한 것으로 보이는 것이다.

(5) 중국의 화남지방에서 한민족(漢民族)들이 왜열도(倭列島)로 이동해 갔을 가능성이다. 강남은 하(夏)왕조 때부터 한민족(漢民族)들이 재분포되어 온 곳이라 할 수 있는데 특히 제6차 전환기인 진(秦)시황의 천하통일과 진(秦)왕조 창건 때와 5호 16국(五胡十六國)으로 일컬어진 한민족(漢民族)에 의한 남정이 성공하였을 때의 2차에 걸쳐서는 역사상 가장 많은 한민족(漢民族)들이 피난이나 망명을 강남 땅으로 밀려가게 되었을 것인데, 이때 강남으로 밀려든 많은 한민족(漢民族)들이 장강 어귀나 동지나해 연안에서 중국을 탈출하여 왜열도의 규슈지방, 및 서부 본주(本州) 등의 남쪽 해안인 태평양연안의 일부 지역에 도착하여 상륙해서 해안지대에 정착하였거나 내륙지방으로 진출하여 다소의 취락을 이뤄서 몇 개의 소왕국도 건설하기에 이른 것이라 추정 할 수 있다. 여기서 중국의 기록들을 분석해서 한민족(漢民族)들이 언제부터 왜열도로 가게 되었는지 또 그 과정은 어떠하였는지를 탐색해 보기로 한다.

① 삼국지 동이전의 왜편이나, 후한서의 동이열전 왜편 등에는 왜인들이 "…스스로를 오태백(吳太伯)의 후예라 일컫는다…"라는 기록이 없는데, 진서 열전동이 왜인편과 양서 열전동이 왜편에 비로소 이 기록이 나온다. 그것은 진(晉)나라시대와 양(梁)나라시대에는 이미 한민족(漢民族)인 오태백의 후손들이 왜열도에서 상

당히 넓은 지역에 재분포해서 제법 큰 세력을 형성하고 있었다는 사실을 말하는
것이 될 것이다.

② 태백(太伯)은 중국에서 주(周)왕조의 성립 이전부터 강남에 있었던 오(吳)나
라의 시조를 말하는 것이다. 그는 고공단보의 장자이다. 그래서 오나라는 그 백성
들이 모두 주왕조의 시조인 고공단보의 후손이다. 그러한 오나라는 이웃한 한민
족(韓民族) 국가인 월(越)나라에 의해서 B.C. 473년경에 멸망하고 만다. 그런데 진
(晉)왕조시대에 와서 왜열도에서 중국으로 간 사신들이 자신들은 그 태백의 후예
라 자칭했다. 오나라가 멸망하면서 그 나라의 왕족이나 귀족들이 많은 백성들을
이끌고 회계(會稽)의 땅에서 왜열도로 이동해 가서 소왕국 등을 형성하고 상당히
큰 세력으로 확장하여 왔기 때문으로 볼 수밖에 없다.

③ 삼국지 위지 동이전에 의하면 하왕조의 황제인 소강(少康)의 아들이 회계의
땅에 제후가 되고 그 백성들이 모두 문신을 했었는데 지금 보니 왜인들이 그러하
니 아마도 그 풍습을 이어받은 것이 아니겠는가, 하는 기록이다. 본래 하왕조는 강
남의 남쪽 지방에서 중국으로 진입한 것으로 보기 때문에 그들이 화북지방으로 진
출하기 이전부터 왜열도로의 왕래는 이루어져 왔을 가능성이 있다. 그리고 은(殷)
민족의 남정에 의해서 하왕조가 멸망하면서 유민들이 강남 땅으로 피난하여 그 일
부, 주로 소강의 후손들이 왜열도로 건너가서 취락들을 이루고 있었을 가능성이
있다. 그래서 문신의 풍습이 왜인들에게 전해진 것이라 볼 수 있다.

④ 한민족(韓民族)인 진(秦)왕조가 전국시대를 통일한 제6차 전환기 때 화북지
방에서 진시황의 보복적 탄압을 피해서 수많은 주(周)민족들이 강남으로 밀려갔을
것이고 그들 일부와 또 이미 강남에 분포되어 있던 오태백의 후손들이 집단을 이
루어 왜열도로 건너갔을 것으로 볼 수 있다. 그리고 그들은 왜열도에 먼저 가서 정
착해 있던 한민족(漢民族)들과 합류하여 소왕국들을 건설하고 그 왕은 태백의 후
손이 추대되었을 것인데, 그 후손들이 중국까지 사신으로 왕래했을 것으로 볼 수
있다.

6. 기타 동북아시아 한민족(韓民族)의 재분포

1) 중국 북동지역 한민족(韓民族)의 재분포 상황

한(漢)왕조가 몰락하면서 동북아시아에서는 그들이 북벌에 성공할 때에 일으킨 광풍에 못지않은 회오리를 가져오게 되는데 이때 중국의 동북지역과 연해주 및 북부지역인 몽고와 시베리아, 그리고 한반도 북부지역 에서의 한민족(韓民族)의 분포상황이 어떻게 변화하였는지를 살펴보기로 한다.

(1) **만주의 전지역과 연해주지역 및 한반도북부의 상황** ; 한(漢)왕조가 쇠퇴하면서 중국에서는 삼국(三國)시대가 열리게 된다. 즉 위(魏), 오(吳), 촉(蜀)이 주역이 된 전란의 시대를 맞게 된다. 이러한 때 요동태수 공손탁(公孫度)이 독립하여 낙랑(樂浪), 현도(玄菟)의 두 군을 복속시킨다. 그는 요동의 양평(襄平)출신으로 한민족(韓民族)일 가능성이 크다고 할 수 있다. 아들 공손강(公孫康)은 낙랑군의 남쪽에 대방군(帶方郡)을 설치하게 된다. 이러한 공손씨 세력은 대단히 신장하여 만주를 중심으로 동쪽의 예(濊)까지 정벌하고 고구려를 다시 환도성(丸都城)으로 밀어내고, 서쪽으로는 산동(山東)지방까지 지배하게 된다. 그러나 다음 시대에 위(魏)나라 장수 관구검(毌丘儉)에게 패하여 공손씨의 세상은 막을 내린다. 후에 대방군은 고구려와 백제의 협공을 받아 낙랑군과 더불어 서기 313년에 완전히 멸망하고 이때부터 만주에서 연해주와 한반도에 이르기까지의 전체 지역에는 한민족(韓民族)의 고구려(高句麗), 백제(百濟), 신라(新羅)의 삼국(三國)들이 서로 인접하는 삼국시대가 정립하게 된다.

(2) **내몽고 및 외몽고지역과 시베리아지역의 상황** ; 지금의 서시베리아는 한민족(韓民族)인 황제(黃帝)의 부족이 신(新)몽골로이드로 진화한 곳으로 그들이 중국의 화북지방이나 만주지방으로 남하한 후에 그곳에 남아있던 한민족(韓民族)들은

동쪽으로 세력을 뻗어서 일찍부터 바이칼호 주위에 정착하게 되고 일부는 동진을 계속해서 전체 시베리아로 분포지역을 넓혀간 것으로 볼 수 있다.

이번의 전환기에 고조선왕조가 멸망하면서 동북아시아의 한민족(韓民族)들은 시베리아를 비롯한 연해주와 만주, 한반도북부 등지에서 민족의 분화현상이 두드러지게 일어나 지역적으로 크고 작은 국가들을 건설하게 된다. 중국사서에 자주 나오는 이때에 독립국가로 행세한 큰 나라들만 보아도 부여(夫餘), 고구려(高句麗), 읍루(挹婁), 말갈(靺鞨), 옥저(沃沮), 예(濊) 또는 예맥(濊貊), 숙신(肅愼), 물길(勿吉) 등을 헤아릴 수가 있고, 한반도 중·남부에서는 삼한(三韓)이 삼국(三國)≪신라(新羅), 백제(百濟), 가야(伽倻)≫으로 교체되는 과정이 있었고, 왜열도에서는 여러 나라들이 서로 쟁패의 시대로 접어들었다고 할 수 있다.

몽고지방에서도 많은 나라들이 독립을 하게 되는데 그 이전부터 가장 강성했던 흉노(匈奴)는 물론이요, 오환(烏丸) 혹은 오환(烏桓), 선비(鮮卑), 거란(契丹) 또는 키타이 등이 독립된 국가로 되었고 그 서북쪽에는 스키타이가 있었다. 전체 동북아시아에서 강성을 자랑하던 이런 나라들은 역시 그 밑에 수많은 소왕국들을 거느리고 있었다는 사실도 이미 다 알고 있는 일이다.

몽고지방에 분포되어서 오래도록 강국을 유지하면서 한왕조를 능가하는 강성을 자랑했던 흉노족(匈奴族)은 이 시대의 말기에 차차 서쪽으로 팽창해 가서 서남아시아를 지배하면서 그곳에 재분포되었다가 유럽으로 이동해 가서 훈(Hun)족이 된 것으로 보이고, 그들이 있던 곳에는 퉁구스계 또는 투루크계로 분류되는 돌궐족(突厥族)이 명성을 떨치게 된다.

이들 몽고지방을 비롯한 만주와 한반도 그리고 왜열도에 이르기까지 이 시기에 재분포된 한민족(韓民族)들은 본래 시베리아의 초원지대에서 같이 생활해온 수렵민족(狩獵民族)이었고 기마(騎馬)수렵을 통해서 기마민족이 된 것이다. 그렇게 보면 시베리아는 몽고와 만주, 그리고 중국의 화북지방과 더불어 시초부터 한민족(韓民族)의 분포지역이고 소유지였음이 분명해진다.

2) 동북아시아 한민족(韓民族)의 분화(分化) 현상

동북아시아에서는 한(漢)왕조의 초기가 가장 잔혹한 침략적 전란의 시대였기 때문에 한민족(韓民族)에게 있어서는 가장 큰 시련의 시대가 되고 또 역사의 격동기이고, 혹심했던 전환기였다고 할 수 있다. 이러한 시기에 동북아시아 한민족(韓民族)이 분화(分化)되어간 상황과 재분포 상황을 추정하는 일은 쉬운 일이 아니지만 일부분이나마 간단히 살펴서 그 계통도를 만들어 보기로 한다. 우선은 고조선왕조가 멸망하면서 그로부터 북동아시아에서 파생된 것으로 볼 수 있는 분파족(分派族)들에 대해서만 대략 살펴보기로 하는데, 추가해서 중앙아시아나 서역쪽의 한민족(韓民族)도 간단히 포함시켜 보기로 한다. 그리고 그런 중에서도 중국이나 한국의 고사서 등에 자주 등장하는 비교적 규모가 큰 나라들에 대해서만 그 계통을 살펴보기로 한다.

[분파 계통도]

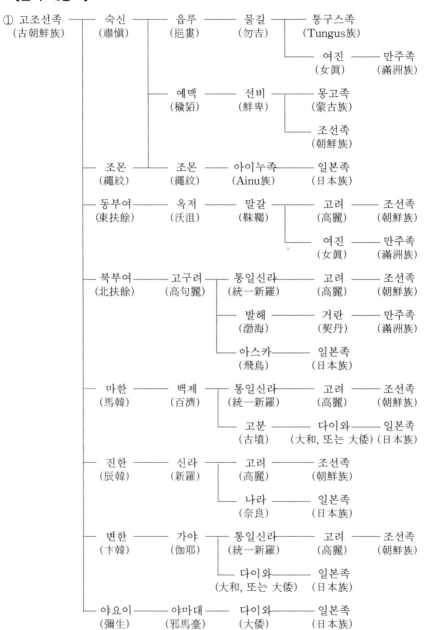

① 고조선족
（古朝鮮族）

- 숙신（肅愼）
  - 읍루（挹婁）
    - 물길（勿吉）
      - 퉁구스족（Tungus族）
      - 여진（女眞）── 만주족（滿洲族）
  - 예맥（穢貊）
    - 선비（鮮卑）
      - 몽고족（蒙古族）
      - 조선족（朝鮮族）
- 조몬（繩紋）
  - 조몬（繩紋）── 아이누족（Ainu族）── 일본족（日本族）
- 동부여（東扶餘）
  - 옥저（沃沮）
    - 말갈（靺鞨）
      - 고려（高麗）── 조선족（朝鮮族）
      - 여진（女眞）── 만주족（滿洲族）
- 북부여（北扶餘）
  - 고구려（高句麗）
    - 통일신라（統一新羅）── 고려（高麗）── 조선족（朝鮮族）
    - 발해（渤海）── 거란（契丹）── 만주족（滿洲族）
    - 아스카（飛鳥）── 일본족（日本族）
- 마한（馬韓）
  - 백제（百濟）
    - 통일신라（統一新羅）── 고려（高麗）── 조선족（朝鮮族）
    - 고분（古墳）── 다이와（大和, 또는 大倭）── 일본족（日本族）
- 진한（辰韓）
  - 신라（新羅）
    - 고려（高麗）── 조선족（朝鮮族）
    - 나라（奈良）── 일본족（日本族）
- 변한（卞韓）
  - 가야（伽耶）
    - 통일신라（統一新羅）── 고려（高麗）── 조선족（朝鮮族）
    - 다이와（大和, 또는 大倭）── 일본족（日本族）
- 야요이（彌生）
  - 야마대（邪馬臺）── 다이와（大倭）── 일본족（日本族）

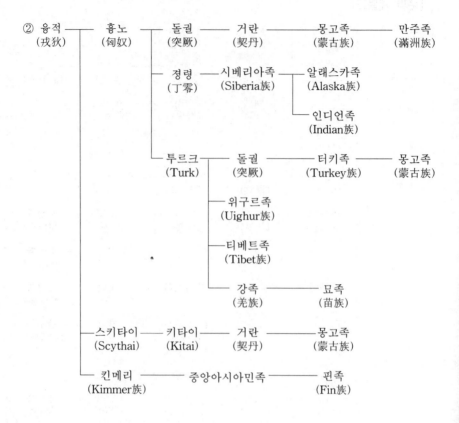

② 융적 ── 흉노 ── 돌궐 ── 거란 ──── 몽고족 ──── 만주족
 (戎狄)   (匈奴)   (突厥)   (契丹)   (蒙古族)   (滿洲族)

           ── 정령 ── 시베리아족 ── 알래스카족
              (丁零)   (Siberia族)   (Alaska族)

                                   ── 인디언족
                                      (Indian族)

           ── 투르크 ── 돌궐 ──── 터키족 ──── 몽고족
              (Turk)   (突厥)   (Turkey族)   (蒙古族)

                      ── 위구르족
                         (Uighur族)

                      ── 티베트족
                         (Tibet族)

                      ── 강족 ──── 묘족
                         (羌族)   (苗族)

    ── 스키타이 ── 키타이 ── 거란 ──── 몽고족
       (Scythai)   (Kitai)   (契丹)   (蒙古族)

    ── 킨메리 ──── 중앙아시아민족 ── 핀족
       (Kimmer族)   (Fin族)

❀❀❀❀❀❀❀❀ 제 9 편 ❀❀❀❀❀❀❀❀

한민족(韓民族)의 제4차 남정(南征)시대

1. 제1기

1) 5호16국(五胡十六國)시대

⑴ 5호(五胡)라는 이름이 붙여진 북방의 한민족(韓民族)이 중원에서 한(漢)왕조를 이은 한민족(漢民族)인 진(晉)왕조가 쇠퇴해진 기회를 이용하여 중국대륙으로 진격하는데 그것이 한민족(韓民族) 제4차 남정의 시작이다. 5호(五胡)라는 북방 한민족(韓民族)이 중국대륙으로 진격해 들어가서 진(晉)왕조를 쓰러뜨리고 중원을 점령하여 그곳에 각 부족별로 16개의 나라를 세우고, 그 나라들이 중국을 각각 분할하여 오랜 기간 지배하는데 그 시대를 5호16국(五胡十六國)시대라 한다. 이때의 5호는 흉노족(匈奴族), 갈족(羯族), 선비족(鮮卑族), 저족(氐族), 강족(羌族) 등의 종족으로 모두가 북방 한민족(韓民族)이다. 이들에 의해 서기 311년 서진(西晉)이 패망하면서 쫓기게 된 한민족(漢民族)들은 대거 강남지방으로 이동하게 된다. 이때가 한민족(韓民族)의 제4차 남정이고 동북아시아 제8차 민족 이동과 재분포의 대전환기가 된다.

이 시기는 그 기간이 길고 또 변화가 많았기 때문에 5호16국에서 남북조(南北朝)시대까지를 제1기로 하고 수(隋)왕조와 당(唐)왕조시대를 제2기로 해서 전체 기간을 1기와 2기로 나누어서 검토하기로 한다. 그 중에서 제1기에는 한민족(韓民族)

에 쫓긴 한민족(漢民族)들이 남쪽으로 밀려간 강남지방이나 또는 동남아시아에서는 민족의 이동과 분포상의 변화가 매우 컸던 대전환기였다. 또 이번의 남정은 중국역사상 처음으로 외곽의 한민족(韓民族)이 중국으로 진격해서 남정에 성공한 경우가 된다. 그리고 이 이후부터는 중국 내부에서 남정을 할 한민족(韓民族)세력은 이제 완전히 없어졌기 때문에 앞으로 모든 남정이 전부 중국 외곽의 한민족(韓民族)에 의해서만 이루어진다.

<표 1> 5호 16국의 형성

나라이름	건국한 사람	수도(首都) 및 성(省)	종족	존속기간 (서기)
전조(前趙)	유연(劉淵)	평양(平陽), 산서(山西)	흉노(匈奴)	304~329
성(成)	이웅(李雄)	성도(成都), 사천(四川)	저(氐)	304~347
후조(後趙)	석륵(石勒)	임장(臨漳), 하북(河北)서남	갈(羯)	319~351
전연(前燕)	모용황(慕容皝)	업(鄴), 하북(河北)서쪽	선비(鮮卑)	337~370
전량(前涼)	장궤(張軌)	고장(姑藏), 감숙(甘肅)서남	화북인(華北人)	313~376
전진(前秦)	부견(符堅)	장안(長安), 섬서(陝西)	저(氐)	351~394
후연(後燕)	모용수(慕容垂)	중산(中山), 하북(河北)	선비(鮮卑)	384~409
후진(後秦)	요장(姚萇)	장안(長安), 섬서(陝西)	강(羌)	384~417
서진(西秦)	걸복국인(乞伏國仁)	금성(金城), 감숙(甘肅)	선비(鮮卑)	385~431
후량(後涼)	여광(呂光)	고장(姑藏), 감숙(甘肅)	저(氐)	389~403
남량(南涼)	독발오호(禿髮烏弧)	낙도(樂都), 청해(靑海)	선비(鮮卑)	397~414
북량(北涼)	저거몽손(沮渠蒙遜)	장액(長掖), 감숙(甘肅)	흉노(匈奴)	401~439
남연(南燕)	모용덕(慕容德)	광고(廣固), 산동(山東)	선비(鮮卑)	400~410
서량(西涼)	이고(李暠)	주천(酒泉), 감숙(甘肅)	화북인(華北人)	400~421
하(夏)	혁련발발(赫蓮勃勃)	통만(統萬), 섬서(陝西)	흉노(匈奴)	407~431
북연(北燕)	풍발(馮跋)	창여(昌黎), 하북(河北)북동	화북인(華北人)	409~436

(2) **5호16국의 구성은 표와 같이 되어있는데** 여기서 3곳의 종족이 화북인(華北人)으로 되어있는 것은 중국 내부에 있던 한민족(韓民族)이 세운 국가로 보인다. 그러니까 그때까지도 중국 내부에는 전체 중국을 통일하여 왕조를 창건할 만한 한민족(韓民族)의 내부 세력은 없었지만 한 지역을 지배할 만한 한민족(韓民族)세력은 아직 남아있었기 때문에 그들이 이런 기회에 편승하여 나라를 세운 것이라고 보아야할 것이다.

이들 흉노(匈奴), 갈(羯), 선비(鮮卑), 저(氐), 강(羌) 등의 5대 종족들이 모두 한민족(韓民族)이지만 그들이 분파되어간 소속을 보

〈그림 1〉 16국의 분포

면 선비족(鮮卑族)과 갈족(羯族)은 고조선족(古朝鮮族)에서 갈라진 분파족들이라 할 수 있고 저족(氐族), 강족(羌族)은 흉노족(匈奴族)에서 갈라진 분파족들이라 할 수 있다. 그들 종족들이 일제히 중국으로 침공하여 각각 중원에 16개의 나라를 세웠는데 그들이 세운 나라들의 위치에서 그들이 공격해 들어간 코스를 대략 짐작할 수가 있고 그것으로 그들이 중국으로 침공해 들어가기 이전에 중국외곽의 어떤 지방에 위치해 있었는지를 대략 짐작할 수 있다고 하겠다. 그것으로 보면 선비족과 갈족은 대체로 중원의 동쪽지방에 나라를 세웠고 흉노족, 저족, 강족 등은 대체로 중원의 서쪽지방에 나라를 세운 것을 볼 수 있다. 이러한 5호16국 시대는 그 사이 많은 변화가 있었지만 어떻든 남북조시대가 이루어질 때까지 약 120여 년 간이나 계속된다.

2) 선비족(鮮卑族)의 약진

5호(胡)의 하나인 선비족(鮮卑族)은 처음에는 고조선족(古朝鮮族)이었다가 고조선왕조가 멸망할 무렵부터이거나 혹은 그 이전에 고조선왕조가 동쪽으로 도읍을 옮긴 이후부터 고조선족이 여러 갈래의 부족으로 나뉘어지게 되는데 그렇게 분파된 부족중의 하나로 보인다. 혹은 북부여의 후예로서 그 한 분파족일 가능성이 높다. 그들은 고조선왕조가 우북평이나 양평 지역에 있을 때는 그의 한 부족으로 같이 있다가 고조선왕조가 난하부근이나 요서지방으로 또 그곳에서 다시 남만주(南滿洲)로 옮길 때나 또는 한반도 북부로 옮겨올 때에 같이 따라서 이동하지 않고 대흥안령산맥 동북부 기슭으로 옮겨서 자리 잡고 있다가 혹은 부여가 멸망한 후 선비(鮮卑)족으로 변신하여 점차 남하하게 되고 결국 대흥안령산맥의 남쪽 기슭에서 요서를 거쳐 열하(熱河)지방까지에 이르는 광범위한 지역에 선비족으로서 재분포하게 된 것으로 보인다.

후에 단석괴(檀石槐)라는 인물이 나서 선비족의 여러 부족들이 부족회의에서 그를 부족장(部族長)으로 추대하고 부족장이 된 그가 흩어졌던 선비족의 여러 부족들을 통일하면서 나라가 강성해지게 된다. 그때 몽고지방에 분포되어있던 북흉노가 멀리 서역으로 떠나자 단석괴가 몽고로 진입하여 선비족은 다시 몽고 전역을 차지하고 그곳에 재분포하게 된다. 이러한 선비족이 고조선족의 한 분파라 하는 것은 종족명에 조선(朝鮮)의 선(鮮)자가 들어가는 것으로도 짐작할 수 있고 또 단석괴(檀石槐)의 성(姓)인 단(檀)자가 단군(檀君)의 단(檀)자로 그는 필시 단군(檀君)의 후손임이 틀림이 없는 사실일 것임을 추정할 수 있게 한다. 단석괴는 아마도 그가 단군(檀君)의 후손임을 그의 후손에게까지 잊지 않게 하기 위해서 단석괴(檀石槐)라는 성명을 갖게된 것이 아닐까 한다. 그렇다면 그러한 선비족이 오히려 조선(朝鮮)의 제1왕조인 단군조선왕조의 단군에게는 더 정통이고 직계 후손일 가능성이 있다. 만약에 그것이 사실이라면 조선의 제2왕조인 기자조선왕조가 성립될 무렵에 단군왕조의 말제(末帝)의 단군(檀君)이 기자에게 조선왕조의 제위를 선양하고 그는 그의 가솔들을 이끌고 대흥안령산맥 깊숙이 들어가서 그는 신선이 되고 그의 후손들이 그곳에서 번창하여 후에 선비족으로 되었을 가능성도 배제할 수는 없는 일이다.

단석괴가 죽고 선비족은 다시 여러 분파로 나뉘어졌지만 후에 역시 선비족의 한 분파장(分派長)인 탁발규(拓跋珪)가 다시 선비족의 부족연합체를 조직하여 이번에는 곧 중국으로 진격하게 된다. 탁발규는 중국의 화북지방의 대부분을 장악함으로써 다시 화북지방에 한민족(韓民族)의 통일왕조를 건설하게 되는데 그것이 서기 386년에 건국된 북위(北魏)국가이다. 그리고 그것이 이후에 몇 개의 나라로 갈라서게 되는데 그것들이 즉 북조(北朝)라 일컫는 한민족(韓民族)국가들이다. 한편 강남으로 쫓겨간 한민족(漢民族)들이 그곳 화남지방을 중심으로 남조(南朝)라는 여러 개의 한민족(漢民族)국가들을 차례로 세우게 되는데 이때부터 중국에서는 화북지방의 북조와 화남지방의 남조가 서로 대치하는 남북조(南北朝)시대가 이루어지게 된다.

여기서 눈길을 끄는 것은 선비족이 여러 족장(族長)회의에서 부족장을 선출한다는 사실이다. 그것은 한반도의 신라국에서 있었던 촌장회의≪화백(和白)이라 일컬었다.≫에서 거서간(居西干)≪삼국사기에서는 왕을 이르는 말이라 한다.≫을 선출하는 방식과 꼭 닮았다고 할 수 있다. 즉 신라족의 화백과 선비족의 족장회의는 같은 뿌리에서 나온 방식임이 거의 확실하다고 할 수 있다. 그렇다면 신라족과 선비족은 과거에 같은 곳에서 같은 집단체제에서 생활해온 같은 부족이었을 가능성이 크다고 할 수 있다. 또 그들의 국가체제가 한반도 남부의 가야연방제(伽耶聯邦制)의 형태와도 닮은 점이 많다고 할 수가 있어 이런 것들은 가야족이나 신라족 그리고 선비족 등, 그들이 모두 출신이 같고 분파 된지가 오래지 않은 한민족(韓民族)들이라는 것을 말하는 것이라 볼 수 있다. 이러한 방식은 다음시대에 돌궐족에서도 이어지고 있었는데 그들은 부족회의에서 그들의 가한(可汗)을 선출해서 추대하였었다. 그리고 그 후대의 몽고족들도 이러한 제도를 이어받고 있는 것을 볼 수 있다.

3) 남북조(南北朝)의 형성

(1) 북조(北朝)형성과 그 이전의 상황 ; 한민족(韓民族)인 선비족(鮮卑族)이 중국으로 진출하여 서기 386년에 중원에서 북위(北魏)왕조를 창건하였지만 그들은 서기 439년에 이르러서야 비로소 화북지방을 통일하면서 5호16국 시대를 마감하게 된다. 그리고 또 이러한 북위왕조≪서기 386년~534년≫가 화북지방을 통일하면서 그때부터 다시 북조(北朝) 시대가 시작된다. 한편 이때 양자강 이남의 화남지방에서는 화북지방에서 쫓겨간 한민족(漢民族)들이 그곳에 차례로 여러 나라를 세우게 되는데 그것을 남조(南朝)라 하고 이때부터 남북조(南北朝)시대가 시작된다. 북조에서는 북위왕조가 창건된 이래 그 왕조가 148년 간이나 계속되다가 그것이 동위(東魏)와 서위(西魏)로 분열하게 되고 동위는 다시 북제(北齊)로, 서위는 북주(北周)로 되고, 북주가 다시 북제를 병합하여 화북지방을 통일은 했으나 곧 외척인 양견(楊堅)에 의해서 수(隋)왕조가 탄생하게 된다. 그리고 그 수(隋)왕조가 서기 589년에 남조(南朝)의 진(陳)나라를 멸망시키고 중국의 남북을 완전 통일하면서 남북조시대를 마감하게 된다.

여기서 선비족(鮮卑族)이라는 한민족(韓民族)이 세운 북위왕조가 출현하게된 역사를 잠시 살펴보기로 한다. 처음에는 고조선왕조에 종속해 있었을 것이 분명한 것으로 보이고, 후에 그로부터 여러 부족들이 분화되어 독립해서 떨어져 나가면서 선비족의 탁발부(拓跋部)도 그 하나로 대흥안령산맥의 북부 일원에 재분포하게 된 것으로 보인다. 그들은 이후에 몽고고원으로 이동해서 내몽고의 성락(成樂)에 근거하여 열하지방까지 재분포하게 된다. 그 후에 탁발규(拓跋珪)가 선비족의 여러 부족들을 통합하여 선대에 창건하여 16국시대에 멸망했던 대국(代國)을 부활시키고 곧 하북으로 진격하여 대동(大同)의 평성(平城)에 도읍을 정하여 국호를 위(魏)로 고치고 서기 398년 대위(大魏)황제의 위에 오르니 그가 북위(北魏)왕조의 초대 황제인 도무제(道武帝)이다. 처음에 그들은 한민족(韓民族)으로서 한민족(漢民族)에 대한 지배형태를 엄격히 취했으나 제6대 효문제(孝文帝)에 이르러 미개한 문명을 고치기 위해 호족(胡族)의 모든 언어 풍습 등을 한족(漢族)의 것으로 고치고 호성(胡姓)을 한성(漢姓)으로 고쳐서 한화정책을 펴기 시작했다. 이때부터 한민족(韓民族)이 한민족화(漢民族化)하기 시작하는데 이후의 수(隋)왕조와 당(唐)왕조가 모두 한민족(韓民族)이지만 이때의 북위의 한화정책을 이어받아 한민족(漢民族)으로 행세하였고 또 이때부터 중국 내의 한민족(韓民族)이나 5호16국 이후에 중국으로 들어간 동북아시아 모든 한민족(韓民族)들을 막론하고 중국에서의 한민족(韓民族)은 모두 한민족화(漢民族化)해버린다. 이때의 북위의 세력은 동쪽으로 고구려와 접하고 서쪽은 돈황(敦煌)에 이르러 서역국가들을 조공국으로 만들고 북쪽은 막남(漠南)으로부터 남쪽은 회수(淮水)근처에서 남조를 창건한 유송(劉宋)과 대치한다.

(2) 남조(南朝)의 형성 ; 한편 5호16국시대부터 남쪽으로 망명한 한민족(漢民族)들은 강남에 유송(劉宋), 제(齊), 양(梁), 진(陣) 등의 나라를 차례로 세워 남조를 형성하게 된다. 이 남북조시대의 남조와 북조는 대략 회수 또는 양자강을 경계로 하여 한민족(韓民族)과 한민족(漢民族)이 북과 남으로 중국을 양분하여 대치하는 시대를 말하는 것이다. 이 기간은 대략 160여 년간으로 간주하는 것이 통례인 것 같다.

이때 흉노족과 선비족이 중국으로 남하하는 틈을 이용, 오래전부터 중앙아시아 서부에서 활약해온 투르크족의 한 분파로 보이는, 그리고 과거의 스키타이족과도 어떤 식으로든 관련이 있어 보이는 돌궐족(突厥族)이 몽고쪽으로 세력을 확장하기 시작한다. 이들도 물론 한민족(韓民族)의 한 분파이다. 또 남쪽으로 밀려난 한민족(漢民族)들이 강남의 근거지를 확보하여 북부의 한민족(韓民族)과 대치하는 남북조시대를 초래하는 상황에 대해서는 원인부터 좀 자세히 검토해 보기로 한다.

4) 남조(南朝)와 북조(北朝)의 대치

(1) 주(周)왕조 시대에는 중국의 한민족(韓民族)들이 특별한 지역을 제외하고는 자신들의 봉읍(封邑)을 중심으로 집결하고 그런 대로 세력을 형성하여 자치권을 가지고 나름대로 민족의 특성과 문화를 이어가는 자유가 있었던 것으로 볼 수가 있는데, 한(漢)왕조 시대에 와서 그러한 자유를 완전히 박탈당하고 또한 모든 토지와 재산을 탈취당하거나 몰수당함으로써 많은 한민족(韓民族)들이 북동지방으로 망명을 하게 되었던 것이다. 그러다가 한왕조가 쇠퇴하여 삼국시대로 접어들고 또 그 삼국을 통일한 진(晉)왕조가 등장했으나 그것도 곧 단명으로 끝이 나고 이제 중국의 외곽으로 쫓겨나서 흩어져 있던 한민족(韓民族)들이 다시 중국을 수복하여 지배하는 시대가 온 것인데 그것이 5호16국시대이다. 5호16국이란 괴상한 이름이 붙여졌지만 그것은 한민족(漢民族) 사가들이 한민족(韓民族)을 비하하는 사상에서 나온 것으로 볼 수 있다.

역사 기록에서 5호(胡)라 일컫는 호(胡)라는 지역은 중원 외곽의 한민족(韓民族)들이 분포된 곳을 말하고 있다. 본래는 황제(黃帝)와 오제(五帝)의 후손인 한민족(韓民族)이 살아온 곳은 중국의 중원을 포함한 동북아시아가 다 해당이 되는데 한민족(漢民族)들이 중국의 중원을 점거한 이후에 그들이 만들어낸 중화(中華)사상에서 그들이 점거한 중원을 제외한 중국 외곽의 한민족(韓民族) 분포지역이나 또 그 곳의 한민족(韓民族)들을 비하시키기 위해서 그들이 만들어낸 말이다. 이번에 중국 외곽의 이러한 한민족(韓民族)들이 중국으로 진격해 들어가고 또 중국 내부의 한민족(韓民族)들이 같이 호응하여 궐기해서 한민족(漢民族)들을 물리치고 소위 말하는 5호16국이라는 한민족(韓民族) 국가를 세우게 된 것인데 그것은 부조의 강토를 다시 수복한 뜻이 되는 것이다. 다만 하나의 통일된 국가를 세우는 대신 여러 부족별로 16개의 독립된 나라들을 세웠다는 것이 특이한 점이라 할 수 있다. 그들 5호16국의 내용을 현대의 민족별로 구분해 보면 흉노라 일컫는 몽고족, 선비라 일컫는 만주족을 비롯하여 위구르족, 티베트족, 그 외 일부 중앙아시아 민족들로 이루어진 것인데 그들은 모두 한민족(韓民族)이다. 거기에 한족(漢族)의 3곳이 포함되어 있다는 것도 실은 중국 내부의 한민족(韓民族)임이 틀림없는 사실이다.

(2) 중국 외곽의 한민족(韓民族)이 화북지방을 점령해서 한민족(韓民族)의 제4차 남정이 성공하게 되니 한민족(漢民族)들은 다시 쫓기게 되는데 그들의 갈 곳은 본래 그들의 근원지인 강남밖에 없다. 그래서 이것이 제8차 민족이동 및 재분포의 전환기가 되는데 이때의 전환기는 대부분 한민족(漢民族)들에게 해당되는 것이었다. 모든 전환기가 다 그러했지만 한민족(漢民族)에 쫓긴 한민족(韓民族)은 모두 북동아시아로 이동해 가고 한민족(韓民族)에 쫓긴 한민족(漢民族)들은 모두 강남의 화남지방이나 동남아시아로 쫓기어 가는 것이 상례이다.

그러한 전통에 의해서 이번의 전환기 때에도 한민족(漢民族)들이 쫓겨서 남쪽의 강남땅으로 대거 집단 이동하게 되었는데 특히 그들의 귀족이나 군벌들이 대거 강남에 먼저 집결하게 되었을 것이다. 그리고 그들이 화북지방을 다시 수복하기 위해서 의병을 일으키거나 궐기하게 되는데 그 중에서 한왕조의 후손이라는 유유(劉裕)가 가장 먼저 서기 420년경에 강남의 건강(建康)에서 송(宋)나라를 건설한다. 유유는 동진(東晉)의 공제(恭帝)로부터 제위를 선양받은 것으로 하고 있고, 이 송(宋)나라를 다음 시대의 조광윤(趙匡胤)이 세운 송(宋)왕조와 구분하기 위해서 유송(劉宋)이라 일컫고 있다. 유송의 뒤를 이어 강남에서 일어난 양(梁), 제(齊), 진(陳) 등의 한민족(漢民族) 나라들을 남조라 일컫게 된다. 그러나 그들은 화북지방으로 재진출하거나 중원의 수복은 못하고 나중에 한민족(韓民族)인 수(隋)왕조에 의해서 통일 흡수되고 만다. 강북에서는 5호들에 의해서 16국의 독립된 나라들로 분할되어 있었던 것을 선비족인 북위(北魏)왕조가 전체를 통일하면서 북조가 이루어졌는데 거의 150년 가까이 이어오던 북위왕조가 다시 서위(西魏)와 동위(東魏)로 분할되고 그것이 또 동위는 북제(北齊)로 되고 서위는 북주(北周)로 되면서 북조를 이어갔다. 이렇게 해서 화북지방이나마 수복하여 북조를 이룩한 한민족(韓民

族)과 본래 자신들의 근원지였던 강남으로 되돌아가서 남조를 일으킨 한민족(漢民族)이 양자강과 또는 회수를 사이에 두고 중국을 양분해서 대치하는 남북조시대가 성립하게된 것이다. 이러한 형태는 그 옛날에 처음 북쪽에서 진출한 한민족(韓民族)과 남쪽에서 진출한 한민족(漢民族)이 장강을 사이에 두고 오랫동안 대치해온 형국과 같다고 할 수 있다.

(3) 한민족(韓民族)의 의식변화의 시작 ; 대략 이 전환기에 들어서면서부터 또는 더 정확히 말하여 한왕조가 쇠퇴하기 시작하면서 그들의 과거에 강력했던 한민족(韓民族)에 대한 억압과 한화(漢化)정책의 결과로 나타나기 시작했던 것이라 볼수 있는데. 그것은 중국 내부의 한민족(韓民族)들이 끈질기게 지켜오던 그들 고유의 문화나 풍습을 이제 버리고 한민족(漢民族)들과 거의 차별이 없는 민족으로 변해버린 즉 한화되어버린 일이다. 중국 외곽의 동북아시아에서도 그 영향으로 한민족(韓民族) 국가들이 지켜오던 오제(五帝)의 전통을 이어받은 풍습 즉 제위나 왕위를 세습보다도 덕이 있는 분에게 서로 호양하던 풍습이나, 재분포되는 동족에게 살아갈 수 있게 땅을 할양하여 주던 풍습 등은 이제 사라지고, 한민족(韓民族) 국가 간에서도 영토를 넓히기 위해서 대규모의 전쟁을 일으키게 되고 한 국가 안에서는 왕위를 쟁탈하기 위한 싸움이 벌어지는 일 등이 빈번히 일어나기 시작하게 된다. 그 원인은 결국 한(漢)왕조의 한민족(韓民族)에 대한 혹독한 이민(異民) 지배정책이나 여러 가지 이간질이나 회유를 수반한 강력한 한화정책 등에 기인한 것이라 할 수 있을 것이다. 그렇게 보면 동북아시아 한민족(韓民族)의 동족 간에 국가 대 국가의 대규모 전쟁은 아마도 대흥안령산맥 동북쪽 기슭에 분포되어 있던 선비족이 그 시기에 중국으로 쳐들어가기 위해 남하하면서 먼저 주위의 동족인 몽고족과 퉁구스족들을 무력으로 통합하는 일에서 처음으로 나타나기 시작한 것이 아닌가 생각된다.

이후에 대략 널리 알려진 큰 전쟁이나 침공을 일으킨 것들만 예를 들어 봐도 연왕(燕王)이 된 모용씨(慕容氏)가 끊임없이 고구려를 공격하게 되고. 또 고구려가 예맥·옥저 등을 무력으로 통합하고 신라와 백제가 무력으로 삼한을 통폐합하여 고구려와 더불어 삼국이 정립되면서 서로 국가 존망의 대규모 전쟁을 시작하게 된다. 신라가 동족인 당(唐)왕조를 끌어들여 무력으로 한반도의 삼국을 통일하게 되고 여진족(女眞族)이 만주의 여러 부족들을 무력으로 통합하여 금국(金國)을 창건하고 거란족(契丹族)이 동쪽으로 진격하여 발해를 멸망시킨 다음 끊임없이 고려(高麗)를 공격하고 또 몽고족이 원(元)왕조를 창건하여 많은 동북아시아의 동족들을 잔인하게 굴복시키고 나아가서 전체 아시아를 석권한다. 그 이후에도 후대로 내려오면서 비참한 전쟁사로 얼룩진 동북아시아 한민족(韓民族)의 역사는 오늘날까지 그렇게 계속되어 왔다고 할 수가 있다.

5) 한반도와 만주의 상황

(1) **선비족(鮮卑族)의 호칭에 대해서** 한 가지만 살펴보고 나아가기로 한다. 나는 국어의 어원을 연구한 일은 없지만 그러나 평소 한반도에서 자주 사용하여 온 "선비(士)"라는 말이 어디서 온 것일까 하고 늘 궁금하게 생각해 왔다. 한국에서 우리들이 사용하고 있는 "선비"라는 말은 지금은 사대부(士大夫)를 일컫는 말로 되어 있다. 그리고 지금 우리들은 "선비정신"을 많이 찾고 있다. 그런데 "선비"라는 말이 4세기 말에, 본래 옛날부터 한민족(韓民族)의 영지였던 중국 화북지방을 통일하여 그곳에 한민족(韓民族)국가인 대위제국(大魏帝國)을 건설한 선비족(鮮卑族)의 "선비(鮮卑)"라는 말과는 어떤 관련이 있는 것일까? 전혀 무관한 것일까?

중국에서 북위(北魏)≪대위(大魏)제국≫로부터 시작하여 그를 이은 수(隋)왕조와 당(唐)왕조는 모두 한민족(韓民族)의 선비족으로서 한반도의 삼한족이나 사국족(四國族)과 더불어 고조선시대에는 같은 고조선족이었음이 틀림이 없었을 것으로 생각되고, 혹은 같은 부여족(扶餘族)이었을 가능성도 있는 것으로 보인다. 그러한 선비족들이, 중원에서 한민족(漢民族)들의 손으로 넘어가서 500년 동안 압제를 받아왔고 더욱이 가장 포악했던 한왕조의 한민족(韓民族) 배척과 한화에 열을 올리던 시대에 신음하던 중국의 한민족(韓民族)을 중국 밖의 동북아시아 한민족(韓民族)으로서는 처음으로 중국으로 진격해 들어가서 한민족(漢民族)들을 무찔러서 그 압제받던 동족들을 해방시키고 또한 부조의 중원 땅을 수복하여 결국 그곳에 한민족(韓民族)국가인 대위제국을 건설하고 장기간 중국을 지배하기에 이르렀으니 선비족의 기개가 오직 했을까! 그래서 한반도의 한민족(韓民族)들은 그와 같은 동족인 선비족의 기개와 자존심을 본보기로 삼기 위해 선비족의 "선비"를 애칭하였던 것이 아닐까 하는 생각이다. 다시 말하면 모두 선비족처럼 훌륭한 민족이 되어서 압제받는 전체 중원의 한민족(韓民族)을 구제하는 그런 포부를 가져야 한다는 뜻이 담겨져 있는 말로 만들어진 것이 "선비(土)"라는 말이라는 것이다. 그러한 뜻에서 보면 선비족(鮮卑族)과 한국족(韓國族)은 당시로서는 공히 가장 최근에 분파된 고조선족의 한민족(韓民族)임을 알 수 있게 된다.

(2) **한반도의 상황** ; 제4차 남정의 제1기에 해당하는 5호16국 시대와 남북조시대에는 한반도와 만주에서는 큰 변동이 있었다고 볼 수는 없다. 다만 대부분의 선비족이나 많은 흉노족들이 중국으로 진출하는 바람에 몽고지방에 돌궐(突厥)인들이 쉽게 들어올 수 있었을 것으로 생각된다. 이러한 시기에 고구려가 수도를 만주의 국내성(國內城)≪환도성(丸都城)≫에서 평양성(平壤城)으로 옮기게 된다. 이때 고구려가 중국쪽으로부터 침공을 당했거나 그런 우려가 있었던 것도 아니고 오히려 선비족이 중국의 화북지방으로 이동해 갔기 때문에 고구려가 서부만주나 요서지방으로 그 세력을 다시 뻗어갈 수 있는 좋은 기회였을 터인데 이러한 시기에 그 반대쪽인 평양(平壤)으로 도읍을 옮겼다고 하는 것은 그 이유가 별로 석연치 않다고 할 수 있다. 그래서 이때 수도를 옮긴 평양성이라고 하는 곳이 한반도가 아닌 요동에 있는 평양을 일컬었던 것이라는 주장이 강력하게 대두되고 있는 것이다. 그것을 고증할 사료들이 제법 많지만 그 중에서 믿을만 한 것을 한 두 가지 지적해보면 (1) 당(唐)에서는 의봉(儀鳳) 2년≪서기677년≫에, 고구려가 멸망할 때 포로로

잡혀갔던 보장왕을 조선왕으로 다시 봉해서 옛 고구려의 수도로 돌려보내 그들의 구토를 계속 통치하도록 하였는데 그곳이 한반도의 평양이 아닌 요동으로 돌려보낸 것이다.[1] 그것은 과거 고구려의 수도 평양이 요동에 있었다는 것을 의미하는 것이다. (2) 박지원(朴趾源)의 열하일기에는 요동의 요양현(遼陽縣)과 광녕현(廣寧縣)이 옛 평양이었다고 주장하고 있다.[2]

그러나 굳이 고구려가 요동의 평양이 아닌 한반도 평양으로 천도한 것으로 보고 이 시기에 고구려가 그리로 남하한 이유를 따져본다면 중국 쪽이나 요서 일원은 동족인 북위(北魏)가 화북지방에 국가를 건설했지만 그 영향권에 있었기 때문에 고구려로서는 그쪽과 본래의 선비족의 근원지인 북만주 일원 등은 양보하는 뜻에서 그쪽으로 세력을 뻗을 의사가 없었거나 그렇지 않으면 선비족의 세력을 두려워했기 때문이라고 볼 수가 있다. 혹은 여러 가지 정세로 봐서 의도적으로 북쪽으로의 국토확장을 포기하고 북위의 중원 진출로 북서쪽 정세가 다소 안정된 틈을 이용 남쪽으로의 진출에 전념하기 위해서 고구려가 수도를 한반도 평양으로 옮긴 것이라 볼 수밖에 없을 것 같다. 특히 왜열도에서는 신라와 백제의 그곳 식민지분국들까지 고구려로 귀속시켜서 많은 식민지분국들을 확보하게 된 그 왜열도를 더 효율적으로 경영하기 위해서라고 하는 것이 더 타당성이 있을 것 같다. 고구려는 수도를 평양으로 옮긴 후에는 대군을 이끌고 남하하여, 왜에 있는 백제분국들의 적극 지원을 받고 있는 백제(百濟)본토를 공격하여 그 수도 한성(漢城)을 함락시켰다. 그 이후부터 고구려는 서해를 장악해서 백제가 북위나 왜와의 교류를 하지 못하게 차단한다. 이때 백제국은 수도 한성이 함락되면서 개로왕(蓋鹵王)이 죽고 남쪽으로 쫓겨서 도읍을 웅진(熊津)으로 옮기게 된다.

기록에는 없지만 충분히 추정할 수 있는 일은 백제국에서는 수도 한성이 함락되고 왕이 죽으면서 백성들이 웅진으로 남하하게 되었을 것인데 이때 일부 유민집단

---

1) 三國史記 高句麗本紀第一〇, 寶藏王 下.

2) 朴趾源著「熱河日記」渡江錄六月二十八日편.

들이 한강(漢江)에서 배를 타고 서해로 나가서 중국의 동해안이나 왜(倭)의 땅으로 갔을 것이라는 사실이다. 백제가 웅진으로 내려간 후에도 그곳에 적응이 되지 아니한 일부 유민들이 그곳 금강(錦江)에서 배를 타고 역시 서해로 빠져나가 중국의 산동반도나 왜의 땅으로 갔으리라는 것도 쉽게 추측할 수 있는 일이다. 나는 백제인들이 왜의 땅에 대대적으로 집단 이동해 간 경우가 정확하게는 4번 있었다고 보는데 그 첫째가 백제 건국 초기에 비류백제(沸流百濟)라고 불리는 백제인들이 미추홀(彌鄒忽)에서 왜의 땅으로 건너간 일이고, 둘째는 백제가 수도를 한성에서 웅진으로 옮겨간 이번의 경우이고, 셋째는 한강 유역을 탈환하기 위한 신라와의 전투에서 성왕(聖王)이 전사한 이후 정정이 극도로 불안해졌을 때이고 넷째는 백제국이 멸망할 때일 것으로 보는 것이다. 소수의 인원이나 집단들은 수시로 왜에 내왕하였을 터이지만 대단위의 집단이동은 이 네 번의 경우일 것으로 보는데 초기에 건너간 사람들은 왜의 땅에 많은 식민지분국들을 건설하였을 것이고 나중에 그곳 백제인들의 세력이 어느 정도 커진 후 백제본국인들이 왜의 땅에 건너가서는 그곳에 산재한 많은 식민지분국으로서의 소왕국들을 평정하여 통합하기 시작하였는데 그 일을 한 주된 사람들이 이번에 두 번째로 왜의 땅에 건너간 백제본국인들일 것으로 보는 것이다. 한반도에서도 이때쯤에는 만주의 남동부를 포함한 한반도에 있던 여러 부족들이 대부분 통합되어서 완전한 삼국의 정립시대로 들어서게 되고 또한 치열한 삼국의 쟁패의 시대로 들어서게 되었는데 왜의 땅에서도 한반도에서와 비슷한 상황이 전개되어 이 시기부터는 영토를 넓히고 패권을 잡기 위해서 가야계(伽耶系)를 포함한 백제계(百濟系), 신라계(新羅系), 고구려계(高句麗系) 등이 더욱 치열한 싸움을 벌이게 되는 즉 쟁패의 시대로 돌입하였다고 할 수 있다.

(3) **만주의 상황** ; 분명한 것은 만주인(滿洲人)들은 고조선의 제1왕조인 단군조선왕조 시대부터 제2왕조인 기자조선왕조 시대는 물론이요 제3왕조인 위만조선왕조 시대까지는 한국인(韓國人)들과는 한 민족으로 또 한 국가의 한 국민으로 있었다는 사실은 아무도 부인할 수 없을 것이다. 그리고 그것은 부여시대와 고구려

시대까지도 그러했던 것이 사실이고 그 이후에도 오래도록 같은 민족임은 물론이요 한 국민이란 생각을 가지고 있었을 것으로 볼 수 있다. 그리고 그 후에 발해국(渤海國)을 건설하면서도 자신들은 고구려의 후예임을 내세웠다. 그러한 만주족들이 근세에 들어서 이민족인 한인(漢人)들의 지배를 받게 되고 혹은 다 한화되어 한족(漢族)인 것처럼 보이지만 그러나 분명한 것은 만주족들은 황제(黃帝)와 소호김천씨의 후예요 고조선왕조는 물론이요 부여, 고구려, 발해의 백성들의 후손들이라는 사실이 그들 스스로의 가슴속에는 깊이 새겨져 있을 것으로 믿는 것이다. 그러한 신념에서 이 시기에는 많은 만주족들이 혹은 선비족의 일원으로 그들과 동시에 또는 그들의 뒤를 따라서 중국으로 진출해서 한민족(漢民族)들을 다스리는데 일조를 하였을 것으로 볼 수 있다. 그리고 그 이후의 당(唐)왕조 시대에 이르기까지의 수백 년에 이르는 동안 만주족들은 혹은 중국의 한민족(韓民族)왕조의 조정에 출사를 하거나 혹은 군대에 종군해서 중국으로 들어가기도 하고 또는 임무를 마친 사람들은 만주로 다시 귀향을 하기도 하여 여하튼 이 시기에 만주족들의 많은 사람들이 중국으로 이동하거나 또는 내왕을 하여 많은 교류가 이루어진 것은 사실일 것이라 생각된다. 특히 만주족의 일원인 선비족은 중국 외곽의 천민을 뜻하는 호(胡)라는 말로 불리면서 한(漢)왕조의 침략에 시달리던 사람들인데 그러한 그들이 외곽 한민족(韓民族)으로는 처음으로 중화사상에 젖어있는 콧대 높은 한민족(漢民族)들을 지배하게 되었으니 그 기상이나 자존심이 어떠했으리라는 것은 과히 짐작하고도 남음이 있는 일이라 할 수 있다.

6) 여타 동북아시아 한민족(韓民族)국가들의 상황

(1) 몽고(蒙古)의 상황 ; 중국에서 한(漢)왕조의 말기에 삼국시대를 통일한 진(晉)왕조는 낙양(洛陽)에서 건국한지 얼마 되지 않아 흉노라는 몽고족과 선비라는 만주족이 주축이 된 5호(胡)라는 한민족(韓民族)의 공격을 받아 곧 멸망한다. 그런

데 그때 흉노족은 그 이전에 대부분이 이미 중앙아시아 쪽으로 이동하고 난 다음이라는 것을 알 수 있는데, 그것은 선비족이 대흥안령산맥의 동북부에서 남하할 때 몽고 일원으로 먼저 진출해서 동부몽고의 성락(成樂)에 도읍을 정하였는데 이때 흉노족이 그곳에 있었다면 큰 충돌이 있어야 했을 터이지만 선비족은 아무런 충돌 없이 그곳에 진입한 것을 보면 그러한 사실을 알 수 있다. 그래서 그때는 이미 대부분의 흉노족은 서방으로 모두 이동하고 난 다음이라는 것을 알 수 있다. 그리고 선비족이 그곳에 기반을 두고 열하를 지배하고 이후에 중국으로 진출한 때까지도 흉노족과 마찰이 있었다는 흔적은 없다. 따라서 5호 중에 흉노족이라 기록된 민족은 사실은 흉노족이 아니고 모두가 만주족일 것이라는 생각이 드는 것이다. 따라서 그들을 엄밀히 분석하면 대부분이 만주족으로서 고조선족이었다고 볼 수 있을 것이다. 그러한 만주족은 고조선왕조가 멸망한 후에는 대부분 부여족으로 남아있었을 것이다. 그리고 부여가 멸망하고 또 고구려가 남하한 후에는 그들이 선비족으로 변신하여 여러 부족으로 나뉘어져 대흥안령산맥 일원과 동부 몽고고원 일대와 열하지방까지의 광범위한 지역에 산재해서 재분포되어 있다가 진(晉)왕조가 허약해진 틈을 이용 다른 몇몇 한민족(韓民族)의 소수 부족들과 혹은 그때까지 서부 몽고에 약간 남아 있었을 일부의 흉노족들과 더불어 일제히 화북지방으로 진격하여 들어가서 중원을 점령하였는데 그때 그 만주족의 주력이 즉 선비족이다. 그것은 나중에 그들 16국이라는 나라들 사이에 큰 변란이나 크게 전투 공방을 한 군사행동 없이 대위제국(大魏帝國)으로 통일된 과정을 보아도 그러한 사실을 충분히 알 수 있다.

그러한 만주족 중에서 고조선왕조와 부여국의 소멸과 더불어 그들의 후손일 선비족이 대흥안령산맥의 동북부 일원에 나타나서 동부몽고를 거쳐 그 남쪽의 열하지방까지의 광대한 지역을 장악하게 되는데 그러한 그들이 고조선왕조의 후예인 것을 감안하면 과거에 그 전체 지역이 고조선국의 영지였을 것으로 생각할 수 있다. 그러한 선비족이 중국의 역사상 처음으로 중국 내부의 한민족(韓民族)이 아닌 중국 외곽의 한민족(韓民族)으로서 중원에 통일왕조를 창건하여 중원을 지배한 첫 번째 황제(黃帝)의 후손이 된다. 이러한 선비족이 5호16국을 대통합하여 북위제국(北魏帝國)을 건설하게 된 것이다. 그리고 선비족이 중원으로 진격하면서 많은 한민족(漢民族)들이 남쪽으로 쫓겨서 집단 이동하여 양자강 이남의 과거 오(吳)나라의 땅에 진(晉)왕조를 대신해서 유씨(劉氏)가 세운 송(宋)나라를 비롯한 남조들이 북위로부터 일어난 북조와 처음에는 회수를 사이에 두었고 다음에는 양자강을 사이에 두고 한민족(漢民族)과 한민족(韓民族)이 남북조로 오랜 동안 대치하게 된다. 이때부터 중국의 화북지방을 한민족(韓民族)이 장악하고 남쪽을 한민족(漢民族)이 장악할 때에는 대부분 이번처럼 회수나 양자강이 경계가 된다. 이러한 상황들은 중국에서 신석기시대 초기부터 변함없이 이어지고 있는 전통이라 할 수도 있다.

이때까지만 해도 화북지방에 분포되었던 한민족(韓民族)과 화남지방에 분포되었던 한민족(漢民族)사이에는 그래도 서로 다른 그들 고유의 민족의 전통이나 풍습이 아직은 대부분 남아있었던 것으로 보인다. 그러던 것이 선비족인 수·당왕조 시대 이후에는 표면적으로는 중국 내의 한민족(韓民族)은 대부분 한화되어버렸거나 없어진 상태가 된 것이라 볼 수 있다. 따라서 근대의 얼마 전까지만 해도 일반적 상식으로 중국 내에는 한민족(韓民族)이란 본래 없고 한민족(漢民族)만이 있었던 것이라고 알고 있었던 게 사실이다. 그러나 지금은 과학의 발달로 유전자레벨 등에서 양 민족이 확연히 구분되고, 또 양 민족 간에 펼쳐졌던 5천년의 투쟁사가 어느 정도 밝혀지게 되어서 중국 내의 한민족(韓民族)의 역사를 다시 되찾을 수 있게 된 것을 천만 다행으로 생각하지 아니할 수 없다.

(2) **왜열도(倭列島)의 상황** ; 한반도에서는 고구려가 도읍을 평양으로 천도하여 남하한 후에는 삼국(三國)이 자주 전란을 일으켜 전쟁에 여념이 없을 시기에, 한반도의 사국(四國)과 관계가 깊고 또 한반도의 상황에 매우 예민했던 왜열도(倭列島)에서는 어떤 변화가 있었고 또 어떤 상황이었는지 잠시 검토해 보기로 한다.

① 백제인들이 왜의 땅으로 대대적인 집단이동을 한 4번의 경우 중에서 두 번째

에 해당하는 백제가 수도를 웅진으로 옮긴 시기인 이번에 왜열도로 건너간 그들은 그곳에서 어떤 형태로 재분포되었을까? 그들은 현해탄을 건너서 왜열도의 규슈지방이나 본토의 중서부지방에 상륙하여 일단은 대부분 기내(畿內)방면으로 이동하였을 것인데 그렇게 되었으면 그들은 아마도 많은 그들의 선대 사람들이 먼저 와서 자리 잡고 있던 나니와(難波)≪지금의 오오사카(大阪)≫지방에서 신구(新舊) 백제인들이 서로 합류하여 그곳에서 재분포가 이루어졌을 것으로 추정이 된다. 즉 이번에 새로 도래한 백제인들은 백제 건국 초기에 먼저 왜국으로 건너간 비류(沸流)의 후손들을 포함해서 초기에 도래한 백제인들이 이미 건설해 놓은 한반도 백제본국의 식민지분국으로서의 소왕국이나 장원(莊園)국가 등에 흩어져서 동거하여 재분포됨으로써 이제 그곳 백제인들의 세력은, 그보다 훨씬 이전에 왜열도에 도래해서 이미 막대한 세력을 구축해 놓은 가야계의 세력에 필적할 만한 세력을 갖게 되었을 것이라 생각된다. 그리고 그들이 처음 왜열도에 도래했을 때는 가야계 한민족(韓民族)은 주로 규슈의 히무가(日向)지방에 집결하여 대부분 그곳에 재분포되면서 주된 세력이 그곳에 구축되어 있고 백제계 한민족(韓民族)은 주로 나니와지방에 집결해서 기내 전체로 확산하여 그곳에 주된 세력들이 분포되어 있었기 때문에 초기에는 물론이요, 신무(神武)집단이 동정을 할 때까지는 서로간에 별다른 충돌의 우려는 없었던 것으로 볼 수 있다.

그러나 한반도에서 삼국(三國)의 정정(政情)이 어지러워지기 시작하고 또 고구려와 신라의 일부 백성들도 왜열도로 도래하여 본래 그들 계열의 식민지분국들에 재분포가 되고 세력이 확장되기 시작하면서 왜열도에서의 모든 분국들이 한반도 모국의 영향을 받아 정정이 역시 불안하기 시작한 것은 당연한 일이다. 그리고 한반도에서 삼국의 대립이 격화되면서 삼국의 일부 귀족들이 혹은 도피할 목적으로 혹은 식민지분국들을 다스릴 목적으로 도왜(渡倭)했을 것이고 왜열도의 그들의 분국들에서는 그들을 환영하여 자신들의 새로운 왕이나 군장(君長)으로 옹립하게 되었을 것 또한 당연한 일이다. 그런데 그 중에서도 이번에 특히 백제계 유민들이 가장 많이 왜열도에 도래했기 때문에 아마도 기내지방에서는 그들이 가장 큰 세력집단을 형성하였을 것으로 볼 수 있다. 그리고 백제에서 도래한 왕족이 그들의 수장이 되어서 비로소 나니와 지방에서는 유일한 초기 지역국가 정도의 왕권국가를 건설한 것으로 보이는데 그 왕이 아마도 일본서기에 제30대 천황으로 되어 있는 흠명(欽命)천황일 것이라 지목된다. 그러나 그 후 백제인들이 왜로의 대대적인 집단이동의 세 번째 경우인 성왕이 죽고 백제가 멸망하기 전까지에 이르는 정정이 극도로 불안했던 시기에, 백제본국에서 가장 강력한 왕족 집단이 다시 왜로 건너와서 그 주위의 백제계는 물론 다른 한민족(韓民族)들의 분국들까지도 평정하여 다스리게 되었을 것으로 볼 수 있는데, 그것이 왜열도의 광범위한 통일 국가는 아니지만 기내지방에서는 유일한 기관국가로서의 왕국을 이때 건설한 것으로 보인다. 그리고 그 수장(首長)은 일본서기에서 소위 서명(舒明)천황이라 일컫는 사람이거나, 혹은 그의 처(妻)로 되어있는 황극(皇極)천황이라 일컫는 사람일 것이라고 나는 보고 있다. 일설에 의하면 뒤에 다시 제명(齊明)천황이 된 황극천황이라는 사람은 백제 무왕(武王)의 후비(后妃)라는 이야기도 있고 또 그의 아들로 되어있는 천지(天智)천황은 백제의 왕자 교기(翹岐)라 주장을 하는 사람들도 있다.

② 일본의 역사학자 고바야시(小林惠子)씨는 그의 저서 「두 얼굴의 大王〈二つの顔の大王〉」에서 다음과 같이 주장하고 있다. "…그러나 중대형(中大兄)≪나카노오호에, 황극(皇極)천황의 아들로 후에 천지(天智)천황이 된다.≫은 틀림없이 백제인으로서 서기(書記)≪일본서기(日本書紀)≫에 등장하고 있다. 즉 내가 보는 사견(私見)으로는 교기(翹岐)의 변신(變身=後身)이 중대형(中大兄)인 것이다. 무왕(武王)≪백제의 마지막 왕인 의자왕(義慈王)의 아버지≫이 죽었을 때 백제(百濟)에서는 내란이 일어나서 무왕(武王)의 어린 왕자와 그 어머니가 섬으로 귀양을 가게 되어 그들이 일본으로 망명해 온다. 이 백제왕자가 후에 중대형(中大兄), 즉 천지(天智)천황이 된 사람이다."[3]라 주장하고 있다. 또 「백호(白虎)와 청룡(青龍)〈白虎

---

3) 小林惠子 著 「二つの顔の大王」 (文藝春秋) 第五章 p253~p270.

と靑龍」에서는 다음과 같이 주장하고 있다. "···백제 무왕은 서기 641년에 죽었다. 무왕의 사후 백제에서는 왕위 계승을 놓고 싸움이 일어나 무왕의 아들 교기(翹岐)가 그의 어머니와 더불어 왜국으로 망명해 왔다. 교기는 서기(書記)의 황극천황 2년 4월조에 아스카판개궁(飛鳥板蓋宮)〈아스카노이다부기노니이미야〉을 세워 행궁(行宮)으로 삼았다. 라고 기록되어진 이후 역사에서 이름이 없어지고 두 번 다시 서기에도 또 외국의 사료에도 나타나지 않는다. 그리고 황극 3년 정월조에···돌연 중대형(中大兄)으로 등장한다. 백제무왕(百濟武王)=서명천황(舒明天皇)으로 하면, 교기(翹岐)=중대형(中大兄)으로 되는 것은 당연한 일이다. 천지천황이 백제무왕의 아들 교기라는 것과 천무(天武)천황이 고구려의 막리지(莫離支) 연개소문(淵蓋蘇文)이라는 사실(史實)위에 입각해서만이 서기 663년의 당(唐)나라와의 백촌강(白村江)≪백강(白江)이라고도 하는 지금의 금강(錦江) 하류≫의 싸움에서 서기 672년의 임신(壬申)의 난(亂)≪일본에서 있었던 천지천황계와 천무천황계의 싸움≫까지를 명확하게 파악할 수 있다."[4]고 기록하고 있다. 이 이외에도 이분은 여러 저서에서 일본의 천지천황은 백제의 왕자 교기이고 천무천황은 고구려의 연개소문이라고 주장하고 있다.

③ 이 시기에 왜국에서는 한반도 사국(四國)의 여러 식민지분국들이 서로 세력을 확장하여 통일 왕권을 수립하기 위해서 한반도 본국들의 세력을 끌어들여서 합세하거나 혹은 왜국 내의 같은 계열의 세력들을 집결해서 세력을 확장하여 치열한 싸움을 하거나 또는 정략적으로 치열한 경쟁을 한 흔적들을 많이 발견할 수 있다. 그러나 왜국이 한반도 국가들의 식민지분국에서 해방하여 완전한 독립된 통일왕권을 획득하는 것은 다음의 시기가 되는데 이 시기까지는 아마도 아직 독립의 필요성을 절실하게 느끼기 시작한 것은 아닌 것 같다. 따라서 그러한 독립의 운동이 이때까지는 아직 일기 시작한 것은 아니다. 다만 그들이 그들의 세력을 확장해서 통일 왕권을 획득하기 위해서 힘쓴 흔적을 보면 처음에는 한반도의 가야계의 세력

---

4) 小林惠子 著「白虎と靑龍」(文藝春秋), 第一章 p60.

이 신무천황의 동정이라는 이름의 전쟁으로 왕권을 잡았고, 다음에는 백제계의 세력이 서명(舒明)천황 또는 그의 처로 되어 있는 황극천황을 앞세워 정략적인 방법으로 왕권을 획득한 것 같다. 이 황극(皇極)천황이라는 사람은 다음에 제명(齊明)천황이라는 이름으로 다시 등장하는데 그 말기에 한반도에서 백제본국이 멸망하면서 왜국에서는 비로소 한반도 사국(四國)의 모든 식민지지배에서 벗어나서 완전한 통일 독립국가를 건설하기 위한 운동이 전개되기 시작한 것으로 보인다. 그것은 이 다음의 시기가 되겠지만 서기 670년에 왜국(倭國)이 일본국(日本國)으로 국호를 새로 개정한 것을 보아도 알 수 있다. 그리고 다음의 시기이지만 이후에 고구려계의 세력인 천무(天武)천황이 일으킨 임신(壬申)의 난(亂)이란 전쟁에서 백제계를 물리치고 왕권을 획득하게 되고 그 다음에는 신라계의 세력인 문무(文武)천황 군단(軍團)의 일본 요시노(吉野)지방에의 상륙이라는 사건[5]으로 왕권을 획득하게 된다. 그 다음에는 다시 왕권이 백제계로 넘어간 것으로 보인다.

2. 제2기

1) 수왕조(隋王朝)시대

(1) 한민족(韓民族)의 제4차 남정의 제1기에 이어서 제2기에 해당하는 수(隋)왕조와 당(唐)왕조 시대에 대해서 살펴보기로 한다. 이 시대의 한민족(韓民族)에 있어서의 가장 큰 특징을 한두 가지 이야기한다면 한(漢)왕조 이후에 이 전환기가 시작되면서, 본래부터 중국 내부에 분포되어 있었던 한민족(韓民族)은 물론이요 그때까지 중국 외곽에서 중국으로 이동해 와서 있게 된 모든 중국 내의 한민족(韓

---

5) 李寧熙 著「甦える萬葉集」(文藝春秋) 第五章.

民族)들이 모두 급속도로 한화되어 가서 한족화(漢族化)의 완성을 보게 된 시대라 할 수 있다. 그것은 아마도 한왕조시대에 있었던 혹독한 한화정책이 이 시대에 들어서 결실로 나타나게 된 것이 아닐까 한다. 그리고 또 하나는 이들 수왕조와 당왕조의 두 왕조가 각각 동북아시아의 전체 한민족(韓民族)국가들까지를 모두 대통합해서 동북아시아에 대한민족제국(大韓民族帝國)을 건설하려다 실패한 일이 될 것이다. 이런 사실은 그들이 동방정벌의 집념에서도 읽을 수 있다. 지금부터 그러한 특징들을 포함한 이 시기의 역사를 살펴보기로 하는데 그 전에 먼저 북위왕조로부터 수왕조가 탄생하기까지에 이르는 과정을 먼저 잠시 살펴보기로 한다.

처음에는 고조선족이었고 후에는 만주족이었으며 일부 흉노족도 변신하여 가세된 것으로 보이는 선비족이 몽고고원을 거쳐 중국의 화북지방을 수복해서 북위국을 건국하여 중원을 지배하고 있다가 그 북위왕조의 말기에 이르러 그것이 두 나라로 분립하게 되는데 하나는 고환(高歡)장군이 옹립하여 낙양(洛陽)으로부터 업(鄴)으로 옮겨 새로 도읍을 정한 효정제(孝靜帝)의 동위(東魏)와, 다른 하나는 우문태(宇文泰)장군이 옹립하여 수도 낙양에서 빠져나가 장안(長安)에 새로 도읍을 정한 효무제(孝武帝)의 서위(西魏)로 나누어진 것이다. 그 중에서 동위는 결국 고환에게 찬탈되어 멸망되고 서기 550년에 고씨(高氏)는 그곳에 북제(北齊)를 건국한다. 그리고 서위는 또 결국 우문태에게 찬탈되어 멸망하고 서기 557년에 우문씨(宇文氏)는 그곳에 북주(北周)를 건국한다. 그리고 이때의 고씨나 우문씨는 같은 선비족일 것은 당연한 일이겠으나 그 중에서 고환은 고씨(高氏)라는 성으로 봐서 아마도 고구려족일 가능성이 클 것으로 생각된다. 이렇게 하여 탄생된 북제(北齊)왕조와 북주(北周)왕조는 이후에 서로 치열한 싸움을 하게 되는데 결국 승리는 북주에게로 돌아가서 일시적이나마 북주왕조의 제3대 황제인 무제(武帝)가 다시 화북지방의 북조(北朝)를 재통일하게 된다. 그러나 그것도 잠시 무제의 손자인 정제(靜帝) 3년≪서기 581년≫에 그의 외조부 되는 양견(楊堅)장군에게 제위를 넘겨주니 북주는 4대(代) 25년으로서 왕조가 마감하고 서기 581년 양견(楊堅)이 수(隋)나라를 건국하여 초대 황제인 문제(文帝)가 되니 드디어 양씨(楊氏)의 수(隋)왕조가 탄생하게 된다. 그래서 이 수왕조가 나중에 남북조를 전부 통일하게 되지만 사실은 수나라는 처음에는 북주의 외척으로 제위를 이어받은 나라이고 또 북조로서 계승되어 온 나라임을 알 수 있다. 따라서 이것으로도 이 수왕조의 시조인 문제 양견은 당연히 한민족(韓民族)인 선비족이라는 것을 알 수가 있다. 그리고 다음의 당(唐)왕조도 이와 비슷한 과정에서 탄생되어 그들도 당연히 선비족이기 때문에 이로써 또한 그들 모든 중국의 선비족의 왕조가 다 북위에서 시작된 것임을 알 수 있다.

이러한 사실을 감안하여 나는 북위왕조를 한민족(韓民族) 선비(鮮卑)의 제1왕조로, 북주왕조를 선비의 제2왕조로, 수왕조를 선비의 제3왕조로, 당왕조를 선비의 제4왕조로 명명하는 것이 가장 합리적일 것으로 보고 있다. 혹은 전체 중국의 통일시점을 고려하여 북위왕조를 선비의 전기(前期) 제1왕조, 북주왕조를 선비의 전기 제2왕조로 하고, 수왕조를 선비의 후기(後期) 제1왕조, 당왕조를 선비의 후기 제2왕조로 명명하는 것도 무방할 것으로 생각한다. 만약에 그것에 거부감을 갖는다면 수 · 당(隋 · 唐)만을 고려하여 수(隋)를 선비의 제1왕조로 하고 당(唐)을 선비의 제2왕조로 할 수도 있겠으나 이것은 앞의 것들보다 오히려 부자연스러울 수 있다. 앞으로 한민족사(韓民族史)가 정립되면 그런 계통으로 역사의 정통을 세워나가야 할 것으로 생각한다. 이것은 우선 제안하는 것으로 하여둔다.

(2) 북주(北周)의 정제(靜帝)로부터 제위를 이어받은 양견(楊堅)은 수(隋)왕조를 건설하여 서기 589년에 남조에 마지막으로 남은 진(陳)나라를 멸망시킴으로써 남북조를 완전히 통일하게 된다. 그로써 또한 4세기 초에 시작된 5호16국 시대이래 양자강 또는 회수를 경계로 북쪽에는 한민족(韓民族)이 그리고 남쪽에는 한민족(漢民族)이 나라들을 세워 그곳을 다스리면서 본래 그들 민족들이 처음에 중국대륙에 진출하여 분포하기 시작했을 때처럼 양분해서 대치하였던 형태에도 종지부를 찍게 된 것이다. 어떻든 양견은 전체 중국을 평정하여 통일된 수왕조의 초대

황제인 문제가 된다. 제2대 황제인 양제(煬帝)때 농민을 동원하여 양자강에서 황하까지에 이르는 대운하를 건설하고 무려 3회에 걸쳐 고구려를 침공했지만 모두 대패하여 그 여파로 인해서 농민 폭동이 일어나서 나라가 매우 어지러워지니 제3대 황제인 공제(恭帝)가 서기618년에 나라를 들어 이연(李淵)장군에게 양위를 하여 그로써 당(唐)나라가 탄생되고 수왕조는 겨우 3대 36년으로 마감을 하게 된다.

수나라 문제(文帝) 양견은 본래 분명히 한민족(韓民族)의 선비족이다. 그러나 그가 제위에 오른 후에는 선비족이라는 사실을 은폐하기 위해 본인 스스로 한왕조의 재상 양진(楊震)의 후손이라 주장하였다. 그러나 그가 선비족인 북주왕실과의 인척관계로 보나 그의 모계가 확실한 선비족인 점으로 보나 또는 그의 성(姓)이 보육여(普六茹)인 것 등으로 볼 때 그는 한민족(韓民族)이요 또 선비족임에 틀림이 없다고 할 수 있다. 그러나 그는 아마도 북적(北狄)이거나 또는 동호(東胡) 등으로 불리는 미개인으로 취급되는 것이 두려웠기 때문에 한민족(韓民族)인 선비족이라는 사실을 숨기려 애를 쓴 것이라 볼 수 있다. 이런 경우에서 한왕조가 이루어 놓은 중화사상에 의해서 한민족(韓民族)이 한화되어 가는 전반적인 사정을 읽을 수 있게 된다. 그렇게 해서 북위왕조의 말기부터 서서히 시작된 중국 한민족(韓民族)들의 전반적인 한화과정이 이때에 이르러서는 가속도가 붙고 당(唐)왕조시대는 완성이 되어서 그 이후부터는 이미 중국 내의 한민족(韓民族)은 표면상 완전히 소멸되어 버린다.

수왕조가 문제때 한번 양제(煬帝)때 3번 도합 4번이나 대대적으로 고구려 침공에 실패함으로써 나라가 망해버리게 되는데 그때 수왕조가 고구려를 공격해온 상황들은 삼국사기 고구려본기의 기록에서 잘 알 수 있다. 그것을 간단히 살펴보면 그 상황들은 다음과 같이 요약될 수 있다.

① 고구려 영양왕(嬰陽王) 9년≪서기 598년, 개황(開皇) 18년≫ 6월에 수(隋)왕조의 고조(高祖) 문제(文帝)가 왕자인 한왕(漢王) 양(諒)과 장수 왕세적(王世績)과 주라후(周羅睺) 등에 명하여 수륙으로 군사 30만 명을 이끌고 고구려를 정벌하도

록 하였다. 그러나 이때 홍수와 역질, 그리고 풍랑 등으로 중도에서 대부분의 군사들을 잃고서 정벌을 포기하고 돌아 갔다.[6]

② 영양왕 22년≪서기 611년, 대업(大業) 7년≫ 2월에 수양제(隋煬帝)는 조서를 내리고 4월에는 탁군(涿郡)에 군사를 집결시킨다. 다음 해인 영양왕 23년≪서기 612년, 대업 8년≫ 정월에 역시 수양제가 다시 조서를 내려 좌(左) 12군(軍), 우(右) 12군(軍), 모두 1,133,800명의 병력을 편성하여 직접 이끌고 고구려로 침공해왔다. 2월에 수양제는 요수를 건너 고구려의 요동성≪한(漢)왕조 때의 양평성(襄平城)≫을 공격하였으나 함락시키지 못하고 수군(隋軍)은 결국 그곳을 우회하여 진격해서 살수(薩水)≪지금의 청천강(淸川江)이라 한다.≫까지 건넜으나 군사들이 지쳐서 싸울 수조차 없는 상태가 되고 또한 고구려의 명장 을지문덕(乙支文德) 장군의 계교에 걸려 철수하면서 살수를 건너다 고구려군의 공격을 받아 살수를 넘어왔던 수군들은 거의 전멸하였다. 이것이 을지문덕장군의 살수대첩(薩水大捷)이다.[7]

③ 영양왕 24년≪서기 613년, 대업 9년,≫ 정월에 수양제는 다시 조서를 내려 군대를 징발하고 4월에 또 직접 그 군대를 이끌고 요수를 건너서 고구려로 침공해왔다. 그리고 수양제 자신이 직접 요동성 공격을 지휘했으나 요동성은 함락되지 않았고 때마침 중국 본토에서 양현감(楊玄感)의 반란이 보고되어 수양제는 은밀히 군대를 철수해서 중국으로 돌아갔다.[8]

④ 영양왕 25년≪서기 614년, 대업 11년≫ 2월에 수양제는 다시 조서를 내려 천하의 군대를 징발하여 여러 길로 나누어서 고구려로 진격해 오게 된다. 7월에 수양제는 대군을 이끌고 회원진(懷遠鎭)에 이르렀으나 때마침 중국의 천하가 소란하여 징발시킨 군사들이 많이 따르지 않았다. 그러나 수나라 장수 내호아(來護兒)는

---

6) 三國史記 高句麗本紀第八 嬰陽王九年條.

7) 앞의 6)의 책과 같음, 嬰陽王22年條, 및 23年條.

8) 앞의 6)의 책과 같음. 嬰陽王24年條.

고구려의 평양성(平壤城) 가까이까지 접근하지만 영양왕(嬰陽王)이 수양제에게 항복을 청하는 글을 보냄으로써 수양제는 내호아(來護兒)를 불러들이고 또 영양왕이 수왕조에 입조한다는 약속을 받고 침공군이 모두 중국으로 돌아간다. 그러나 그 후 영양왕은 끝내 수왕조에 입조하지 않았다.[9]고 기록하고 있다,

이러한 고구려 정벌의 집념이 어째서 그렇게 강렬했을까? 사실은 수문제나 수양제 자신이 한민족(韓民族)이고 또 중국을 평정하여 통일을 달성한 여세를 몰아 그들이 세운 한민족(韓民族) 수왕조를 중심으로 동북아시아 전체의 한민족(韓民族) 국가들을 통합하여 한민족(韓民族)의 대제국을 건설하려는 큰 야망을 가졌기 때문이 아니었을까 한다. 그러한 야망이 수왕조시대에는 초기에 좌절되고 말았지만 그 사상을 당(唐)왕조가 이어받아 결국 백제와 고구려를 평정함으로써 어느 단계까지는 그런 야망이 달성된 것이라 볼 수 있는데, 그것으로 당시에 한민족(韓民族)의 사상의 큰 흐름이 한민족(韓民族)의 동아시아 대제국 건설이었을 것으로 생각된다. 만약에 그렇지 않다 해도 수양제의 조서에 명기된 것처럼 이때까지 고구려는 중국의 변방국가가 아님이 여기서 증명되는 것이다.

(3) 수(隋)왕조는 고구려 원정에 매어 달리다가 결국 나라 안에서는 정치가 문란해지고 물자는 궁핍해지고 따라서 국민들의 생활이 피폐해지면서 농민들의 반란이 일어나게 되고, 그로 인해 왕조가 멸망하게 된다. 과도한 야망이나 영토욕과 군사적 자만심은 결국 망국의 요인이 된다는 교훈을 남겼다고 할 수 있다. 한편 선비족이 중국의 화북지방을 정복함으로써 동북아시아 한민족(韓民族)의 대통합을 이루려는 꿈을 키워왔던 것으로 볼 수 있는데 수왕조도 그러한 정신을 이어받아 역시 동북아시아 한민족(韓民族)의 대통합국가 건설이라는 거대한 포부를 실천하기 위해서 나라가 망할 때까지 그러한 집념을 버리지 못하고 첫째 관문인 고구려를 몇 번씩이나 공격해 온 것이 아닐까? 만일 그러한 포부나 야망이 없었다면 한무제가 그러했던 것처럼 요동지방을 획득한 후에는 국내정치에 전념했을 것이다.

---

9) 앞의 6)의 책과 같음 嬰陽王25年條.

그러나 그러한 것을 넘어서 마지막까지 국가경영이 거덜나서 멸망을 코앞에 두고 충분히 그런 것을 예견할 수 있는 단계에서조차도 고구려와의 전쟁을 멈추지 아니 하였으니 이러한 현상을 어떻게 설명해야할 것인가. 그들에게는 필시 모국의 존망 보다 더 큰 포부나 야망에 사로잡혀 있었기 때문이라 보아야 할 것인데 그것이 곧 동북아시아 한민족(韓民族)의 대통일국가 건설이 아니었을까? 그리고 북위시대나 수왕조에서는 결국 달성할 수 없었던 그러한 야망이 같은 선비족인 당왕조에 이르러 일부분이나마 이루게 된 것이라 볼 수도 있는데 그것은 당왕조가 고구려와 백제의 배후에 있는 신라(新羅)와 손을 잡고 각기 격파식으로 그들을 협공해서 성공한 것이라 볼 수 있다. 따라서 당왕조의 그러한 성과는 수왕조에서는 생각지도 못했던 외교적 전략의 승리에 기인하는 것이라 할 수 있다. 지금부터 그러한 전략과 전술에서 일부 성공한 한민족(韓民族)으로서의 당왕조의 역사를 살펴보기로 한다.

2) 당왕조(唐王朝)시대

(1) **역사의 개요** ; 수(隋)왕조의 말기에 중국 내부에서 농민폭동이 일어난 기회를 이용 이연(李淵)장군이 거병하여 수왕조의 공제(恭帝)로부터 제위를 양여받아 서기 618년에 제위에 오르니 그가 당(唐)왕조의 초대 황제 당고조(唐高祖)이다. 제2대 황제 태종(太宗)과 제3대 고종(高宗)황제 시대에 가장 크게 국력이 신장되어 당시로는 세계에서 가장 강력한 제국을 건설하였다 해도 과언이 아닐 것이다. 고종 때 신라와 연합군을 결성하여 서기 660년에 먼저 백제를 멸망시키고 이어서 서기 668년에 고구려를 멸망시킨 연후에 신라까지 평정하려 하였지만 신라와의 전쟁에서 패하여 결국 한반도를 신라에게 내주어서 신라가 삼국을 통일하게 된다. 그것은 또한 당(唐)왕조와 벌인 신라의 외교적 승리에 기인한 바가 크다고 할 수 있다. 그렇지만 당왕조도 만주와 한반도의 북부 일부를 포함한 고구려의 영토를 병합함으로써 동북쪽의 광범위한 영토를 획득하였다고 할 수 있다. 그것은 수왕조

때 그렇게 이루려던 동북아시아 한민족(韓民族) 대제국의 꿈을 당왕조가 이룬 것이라고 할 수 있다. 그리고 이때에 실크로드를 통한 서방무역도 가장 활발했던 시대였다고 할 수 있다. 그렇게 됨으로써 또한 한민족(韓民族)과 한민족(漢民族)의 구분은 이제 완전히 없어지고 모든 면에서 완벽하게 융화되어서 한민족(韓民族)은 모두가 한민족화(漢民族化)하였다고 볼 수 있게 되었다. 당왕조는 초기의 국력신장이나 국토확장의 시대를 지나서 문화가 최고로 발달한 시기는 아마도 제6대 황제인 현종(玄宗) 때라 할 수 있을 것이다. 그러나 그것도 그리 오래 가지는 못하고 차츰 국력이 쇠퇴하기 시작하여 제20대 애제(哀帝)에 이르러 서기907년에 오대(五代) 후량(後梁)의 주전충(朱全忠)에게 제위를 선양하니 이로써 20대 290년 간의 당(唐)왕조가 한민족(韓民族)의 세계 대제국의 꿈과 더불어 소멸된다.

(2) 당(唐)황실의 혈통 ; 당(唐)왕조를 창건한 이연(李淵)은 본래 농서(隴西)가 본관으로 중국 청해(青海)지방에서 건국한 5호16국의 하나인 서량(西涼)의 왕가의 후손이라 한다. 서량은 기록상으로는 한인(漢人)으로 분류되어 있으나 본래 5호16국이란 5호(胡)의 나라들만 있을 수 있고 그 이외의 나라란 있을 수 없는 시대였기 때문에 한인(漢人)으로 볼 수는 없고 그 서량의 나라의 위치상으로 또 나중에 그것이 북위와 북주(北周)로 이어진 것을 보아도 서량의 왕가는 선비족이 분명한 것이라 할 수 있기 때문에 이연의 혈통은 선비족이 분명한 것이라 할 수 있다. 그리고 그들은 북위시대에는 몽고와 인접한 지역에 주둔해 있던 군벌의 집안이었다고 한다. 그렇기 때문에 나중에 그들을 둘러싼 정치집단들도 대부분 선비족이었을 것으로 추정 할 수가 있고, 한민족(韓民族)국가에서만 볼 수 있는 여자가 정치에 참견하는 그러한 환경에서 측천무후(側天武后)같은 여걸도 탄생될 수 있었다고 할 수 있다. 황실이 그러한 한민족(韓民族)이었기 때문에 한왕조처럼 국수주의적인 통치형태에서 벗어나 주위의 모든 동족의 나라들에게 문호를 개방하고 외부의 모든 인종들과도 문화를 교류하고 또 받아들여 그것들을 다 융화시켜서 당시로서는 세계 최고로 국제화와 세계화가 이루어진 시대였다고 할 수 있다. 제6대 현종(玄宗)시

대에 이르러 수도 장안을 세계적인 국제도시로 건설하여 아시아대륙 뿐 아니라 유럽까지에 이르는 국제무역의 중심지로 만들었고 또한 중화사상을 넓게 심은 것 등은 한민족(韓民族)으로서 그것이 가능했고 또 그렇게 한 것인데 다만 한민족(韓民族)임을 내세우지 않은 것이 못내 아쉬운 일이라 하겠다.

당왕조 이후에는 중국 내부에서는 이제 한민족(韓民族)과 한민족(漢民族)의 민족의식이나 민족적 갈등 또는 패권다툼 같은 것은 완전히 없어지고 중화화(中華化)된 민족으로서 한족(漢族)만이 존재하게 되었고 지역적으로 군웅이 할거하는 시대로 변해버린 것이 사실이다. 그 이후부터는 이제 한민족(韓民族)과 한민족(漢民族)의 대결은 중국 외부의 동북아시아지역의 황제(黃帝)의 후예인 한민족(韓民族)과 중국 내부의 한민족(漢民族)의 대결만으로 굳어져버린 상태가 된 것이다. 그리고 그 후부터는 중국대륙을 정벌하고 지배하게 되는 외부의 한민족(韓民族)들이 일단 중국대륙에 발을 들여놓은 이후에는 신속하게 한족화(漢族化)되어버리는 현상도 가속화되어 갔다고 할 수 있다.

(3) 당(唐)왕조의 민족성 ; 수(隋)왕조에 이어 일어난 당(唐)왕조가 지금까지 조사된 바로는 그 황실 사람들은 엄연한 선비족이다. 그러나 수왕조에서 보았던 것과 같이 그들 역시 모든 면에서 한족(漢族)으로 행세하면서 스스로 한민족(韓民族)이 아니라는 것을 내세운 점은 중국의 한민족(漢民族)들을 통치하기 위한 불가피한 수단으로 볼 수도 있겠으나 북조 말기에서부터 시작된 한화의 물결이 급속도로 파급되어 이 시기에 와서는 표면적으로는 거의 한민족(韓民族)이 소멸되어버린 현실에서 당(唐)황실이 굳이 자신들을 선비족이라 내세울 필요성이 없었던 것이 그들이 한민족(漢民族)으로 행세하게 된 가장 큰 이유라 할 수 있을 것이다. 그러나 여기서는 당왕조의 황실이 한민족(韓民族)의 선비족이라는 확실한 증거가 될 수 있는 것들이 여러 가지가 있지만 그 중에서 특이한 한가지 사실만 예를 들어 보겠다. 당황실의 초기에 측천무후는 본래 태종(太宗)의 후궁이었는데 태종이 죽고 그 아들 고종(高宗)이 제위에 오르면서 그녀를 다시 자신의 후궁으로 삼았다. 이런 일

은 한민족(漢民族)들의 역사에서는 절대 없었던 일이고 중국 외부의 한민족(韓民族)국가들의 왕실에서는 간혹 있었던 일이다. 또 선비족은 전통적으로 가사를 돌보는 여자의 발언권이 강한 습관을 가지고 있었는데 그러한 영향을 받아 병중의 고종을 대신해서 무후(武后)가 정치의 실권을 장악하고 있다가 고종이 죽은 다음에는 자신이 여자로서 황제가 되기까지 했다. 이러한 점은 당왕조의 황실이 한민족(韓民族)이며 특히 그러한 습성이 강한 선비족이라는 사실을 여실히 증명하는 일이라 할 수 있다.

그러나 이때쯤 당황실 자체가 한화되어 있었기 때문에 그들 자신들도 한민족(漢民族)이라 착각하고 있었을 수도 있다. 그러나 그들이 자신들의 가계나 전통을 모를 리가 없을 것으로 봐서 또 하나는 그들이 한민족(漢民族)인 척함으로써 한족(漢族)들의 반한(反韓)의식을 무마하거나 무력화시키고 세계 최대의 대제국을 건설할 수 있었을 것으로도 생각할 수 있다. 어떻든 이로써 중국 내부에 남아있었던 모든 한민족(韓民族)은 거의 완벽하게 한민족(漢民族)으로 동화되어 중화화되어버린 상태가 되어 이제 중국에서 두 민족의 표면상의 구분은 완전히 사라져버린 것처럼 되었다. 그뿐 아니라 그렇게 중화화된 당왕조의 팽창정책에 의해서 동북아시아 전역에서 한민족(韓民族)들은 이번의 제8차 제2기의 민족이동 및 재분포의 대변환기의 절정을 맞게 된다. 이때 만주와 한반도를 비롯한 동북아시아에서 한민족(韓民族)의 분포에 어떤 변화가 생겼는지 개요를 살펴보기로 한

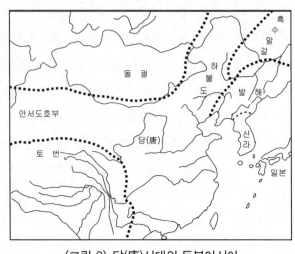

〈그림 2〉 당(唐)시대의 동북아시아

다.

(4) 동북아시아 제8차 제2기의 전환기에 있어서 한민족(韓民族)의 민족이동 및 재분포의 개요를 보면

① 당왕조가 한반도의 신라와 연합하여 백제와 고구려를 멸망시키고 그 후에 신라마저 병합하려 하자 신라는 당왕조와 전쟁을 하게 되는데 그때 신라는 당군(唐軍)을 물리치고 한반도에서 삼국을 통일하게 된다. 그러나 그로 인해 신라는 고구려의 영토인 만주 일원을 전부 포기하고 겨우 평양을 확보함으로써 조선민족이 고조선왕조이래 영유하여 온 만주대륙을 상실하고 반도 안으로 주저앉게 된다.

② 나당연합군에 의해서 서기 660년에 백제가 멸망할 때와 서기 668년에 고구려가 멸망할 때 포로라는 이름으로 그들의 왕이나 왕족 그리고 귀족, 호족들을 비롯한 수십만 명씩의 젊은 백성들이 당나라로 끌려갔다고 기록하고 있는데 이런 숫자는 당시로서는 대단한 민족집단의 이동이라 할 수 있다. 따라서 이것은 역시 대단한 한민족(韓民族)의 재분포의 전환기로 간주할 수 있는 일이다.

③ 백제와 고구려가 멸망할 때 많은 사람들이 당나라로 끌려갔지만 그보다 더 많은 수의 백제와 고구려의 왕족이나 귀족 그리고 백성과 유민들이 왜열도로 이동해간 것은 사실일 것이다. 그로 인해 왜국에서도 한반도의 식민지분국들의 세력다툼이나 영역다툼 그리고 왕권다툼 등이 한층 격심해지면서 독립왕권 수립에 대한 강력한 움직임이 태동하기 시작한 것으로 볼 수 있다. 따라서 이시기의 왜국에서도 지금까지의 규모보다는 훨씬 대규모의 한민족(韓民族) 분포의 변동이 있었던 시기라 할 수 있을 것이며 그 여파는 상당기간 계속되었을 것이다. 결국 이 시기의 말경에는 왜국이 한반도 국가들의 식민지배시대인 왜국시대에서 벗어나서 통일왕권국가를 형성하려고 먼저 왜(倭)에서 국호를 일본(日本)으로 변경하고 본격적인 독립운동을 시작한 시대였다고 할 수 있다.

④ 한편 고구려의 장수인 대조영(大祚榮)이 당나라로 끌려간 고구려 유민들을 집결하여 만주로 이동해 와서 말갈족과 더불어 추격해온 당군을 격파하고 만주대

륙을 통합하여 지금의 길림성(吉林省)에 있는 동모산(東牟山)에 도읍을 정하고 서기 699년에 발해국(渤海國)을 건설≪초기에는 대진국(大震國)이라 하였다.≫하게 된다. 후에 이 발해국과 일본국 간에 교류가 매우 빈번했던 것도 그들 백성들이 패망한 고구려의 같은 유민들이었기 때문이었을 것이라 생각할 수 있다.

⑤ 중국 북부와 몽고초원에서는 넓은 분포지역을 가지고 강대함을 자랑했던 돌궐(突厥)이 수왕조에 밀리면서 동서로 나누어져 동돌궐(東突厥)과 서돌궐(西突厥)로 나뉘어졌는데 동돌궐은 대흥안령산맥을 넘어 시베리아의 거란(契丹)지역과 연해주의 말갈(靺鞨)지역까지 진출하고 서돌궐은 알타이산맥을 넘어서 중앙아시아로 이동하여 페르시아와 터어키지역까지 진출하게 된다. 이로 인해 여러 지방에 산재해 있던 민족들 즉 퉁구스족, 만주족, 터어키족 등의 유목민들이 연쇄적으로 다시 또 이동해서 여러 지역에서 많은 분포의 변동이 생기게 된 것으로 볼 수 있다.

3) 한반도와 만주의 상황

중국에서 한민족(韓民族)인 당(唐)왕조가 건국된 이래 그들의 최고 융성기를 지나면서 한반도에서는 심대한 영향을 받게 된다. 우선 당왕조 초기의 무력침공 시기에 만주와 한반도에서는 고구려, 신라, 백제의 3국시대(三國時代)가 막을 내리고 신라(新羅)와 발해(渤海)의 2국시대(二國時代)가 시작된 것이다. 이보다 앞선 시기에 있었던 조선왕조의 소멸과 3한이 4국으로 이행한 한민족(韓民族) 국가군의 재편과정이 있은 이후 이 시기는 동북아시아에서 대전쟁에 의해서 이루어진 대변환기로서 역사상 유래가 없었던 한민족(韓民族) 분포의 대변동을 최대로 겪게 된 시기라 할 수 있다. 그런가 하면 당왕조 후기의 그들의 문화적 침략으로 인한 영향도 과소평가 할 수는 없는 일이다. 그러한 역사 변천의 큰 대목들을 한민족(韓民族)의 민족이동과 재분포를 중심으로 간단히 살펴보기로 한다.

(1) 백제(百濟)의 멸망이 있었다. 백제는 제29대의 무왕(武王) 때부터 군사강국으로 발돋움하여 신라의 영토를 자주 침공하게 되는데 마지막 왕인 제30대 의자왕(義慈王)에 이르러서는 그 정도가 더욱 격심하게 된다. 신라는 백제와 고구려의 협공을 받게 되어 국가존망의 위기감에 휩싸이게 되었을 것이다. 그래서 신라는 하는 수 없이 외교적 수완으로 당왕조의 힘을 빌리기 위해 그들을 끌어들이게 되는데 당왕조도 때마침 동북아시아 한민족(韓民族)국가들에 대한 통일의 야망을 가지고 있던 차에 신라와 마침 의기가 투합 되었다고 할 수 있다. 어떻든 신라와 당의 두 나라는 쉽게 연합군을 결성하여 백제국을 공격하기에 이른다. 백제국은 의자왕 20년≪서기 660년≫에 나당연합군의 공격을 받아 수도가 점령당하면서 멸망하게 된다. 삼국사기에는 이때 당군(唐軍)이 백제의 수도를 점령한 후에 당장(唐將) 소정방(蘇定方)이 의자왕을 비롯한 왕족과 많은 백성들을 중국으로 데리고 간 사실을 기록하고 있다. 즉 의자왕과 태자 효(孝), 왕자 태(泰), 융(隆), 연(演) 및 대신들과 장사(將士) 88명과 백성 1만2천8백7명을 당나라 서울로 압송했다. 고 기록하고 있다. 그런데 이들을 노예로 삼으려한 것은 아닌 것 같다. 당고종은 이들을 곧 돌려보냈다고 기록하고 있기 때문이다. 그리고 백제에서는 수도가 함락된 후에도 2~3년 간 부여풍(扶餘豊) 등이 주동이 되어 조직적으로 저항하였으나 왜(倭)의 원군이 백강(白江)≪금강(錦江)≫ 어귀에서 대패하게 되자 그동안에 백제의 왕으로 추대되어 싸워 오던 부여풍(扶餘豊)이 몸을 빼어 도망감으로써 백제는 서기 663년에 완전히 멸망하고 백제국은 드디어 소멸된다.

그때의 상황을 삼국사기는 다음과 같이 기록하고 있다. "…백강(白江)어귀에서 왜인의 군사를 만나 네 번 싸워 모두 이기고 전선 400척을 불태우니 연기와 불길이 하늘을 덮고 바닷물이 붉게 물들었다. 왕 부여풍이 몸을 빼어 도망을 해서 그가 간 곳을 알지 못하였는데 혹 사람들이 말하기를 그는 고구려로 달아나고 그 보검(寶劍)만 노획하였다고 하였다. 왕자 부여충승(扶餘忠勝)과 충지(忠志) 등은 그들의 무리를 거느리고 왜군과 함께 항복하였다.…"고 하고 있다. 여기에 왜국 군함

400척이 불탔다고 하였는데 삼국사기의 신라본기에 의하면 이때 백제를 원조하기 위해서 백강에 온 왜의 군함은 1천 척으로 되어있다.[10] 그러니까 그 중에서 4백 척이 불에 타고 나머지 왜군은 패주한 것으로 된다. 그런데 이렇게 긴 전쟁기간에 끈질긴 저항이나 반란 등이 있었던 점으로 미루어 백제 멸망시에 많은 백제인들이 신라에 항복하거나 복종한 것보다는 더 많은 유민들이 고구려와 왜국 등지로 망명이나 피난하여 갔을 것으로 추정할 수 있다. 고구려로 간 백제 사람들은 몇 년 후에 고구려가 멸망할 때 다시 왜국으로 이동해 가서 재분포되었을 것은 또한 쉽게 추정할 수 있는 일이다. 이후에 신라의 문무왕(文武王)은 왜열도로 이동해 간 백제와 고구려의 왕족이나 유장(遺將), 그리고 그 유민들이 왜열도의 그들의 식민지분국의 병력들을 동원하여 자주 신라로 반격해 오는 것을 뿌리뽑기 위해서 결국 군사를 이끌고 왜열도로 진격해 들어가서 왜열도의 그들 반대세력을 진압한 것으로 보이지만 그런 다음에 문무왕이 다시 신라로 돌아온 흔적은 없다. 그것이 많은 역사학자들로 하여금 그가 왜국에서 백제계와 고구려계의 세력들을 평정한 다음 그곳에 주둔한 채 군사적으로 왜국을 실질 통치하다 나중에 지통(持統)천황으로부터 추대형식에 의해서 정식으로 일본의 문무(文武)천황이 되었다고 주장하는 학설의 연원이 되어있다.

그러나 그러한 설을 믿지 않는다면, 이렇게 생각할 수도 있다. 즉 백제가 멸망할 때 퇴각하는 백제 · 왜 연합군을 추격해서 문무왕이 신라군을 이끌고 왜국으로 진격하게 되고 대마도를 거쳐 일본의 규슈에서 일부 일본군을 격파하고 세도내해(瀨戶內海)를 통해서 긴기(近畿)지방의 요시노(吉野)로 들어가 그곳에 점령군 사령부를 설치하고 실질적으로 왜국을 군사적으로 통치하고 있다가 지통(持統)천황으로부터 추대형식으로 일본의 왕위를 물려받아 일본의 문무(文武)천황이 되었다고 보는 견해인데 실제로 이런 주장을 하는 학자들이 많다.

(2) **고구려의 멸망이 있었다.** 당고종은 백제를 멸망시킨 여세를 몰아 역시 신라

---

10) 三國史記 新羅本紀第七 文武王十一年條≪龍朔三年, 西紀 663年의 戰爭時≫.

와 연합해서 서기 668년에는 고구려국을 멸망시킨다. 이 때의 상황도 역시 삼국사기에 상세히 기록되어 있고 통일 신라와 더불어 이국시대(二國時代)가 시작되는 발해국(渤海國)의 건국에 대해서는 신당서(新唐書)에 비교적 상세히 기록[11]되어 있다. 이때 전쟁에 이긴 당나라에서는 고구려의 왕을 비롯한 대신들을 포함하여 백성들을 20여 만 명이나 당으로 데려갔다고 기록하고 있다. 그 부분을 삼국사기에는, 이때 당장(唐將) 영공 이적(英公李勣)은 보장왕(寶藏王) 및 왕자 복남(福男)·덕남(德男)과 대신(大臣) 등 20여만 명을 데리고 당나라로 돌아갔다.[12]고 기록하고 있다. 고구려 백성들을 20여만 명이나 당나라 수도 장안으로 끌고 갔다는 것이다. 당시의 인구 비율을 감안한다면 대단한 민족의 대이동이라 할 수 있다. 그들이 중국으로 끌려가서 어떻게 되었는지 그 이후의 상황을 알 수 있는 몇 가지의 기록을 살펴보기로 한다.

① 삼국사기에서 "…당 의봉 2년≪서기 677년≫2월에 항왕≪보장왕(寶藏王)≫을 요동주 도독으로 삼고 조선왕으로 봉해서 요동으로 돌려보내어 백성들을 모아서 다스리게 하고 또한 고구려인으로 먼저 중국의 여러 지방에 살던 사람들도 요동으로 돌려보냈다. 그리고 안동도호부를 신성≪요동≫으로 옮겨서 왕이 통치하게 하였는데, 왕이 요동에 이르러 모반하여 몰래 말갈과 내통하였다.…"[13]고 기록하고 있다. 이것은 보장왕이 당나라에 잡혀 간지 9년 만에 다시 조선왕≪고구려왕≫으로 복위시킨 것을 뜻한다. 이로써 볼 때 당이 고구려를 완전히 말살하려 한 것이 아니라는 사실을 알 수 있다. 그것은 결국 당왕조가 멸망시킨 백제국을 다시 복원시키려 했던 것과 아울러 생각하면 그들은 고구려인이나 백제인들과 더불어 같은 한민족(韓民族)이기 때문에 그 나라들을 아주 없애고 자국 영토로 편입시키려 한 것이 아니고 다만 그들을 길들이려 했던 것이란 사실을 알 수 있다. 당왕조

---

11) 唐書卷二百十九, 列傳第一百四十四 北狄 渤海篇.

12) 三國史記 新羅本紀第六 文武王八年條.

13) 三國史記 高句麗本紀 第十 寶藏王下.

가 보장왕을 조선왕으로 봉해서 요동도호부로 복귀시킨데 대해서 후에 박지원씨는 열하일기에서 본래 고구려의 수도 평양이 요동에 있었기 때문에 보장왕을 복위시켜서 요동으로 보낸 것이고, 따라서 과거의 평양에 있었다는 낙랑군도 한반도가 아닌 요동에 있었던 것이라 주장하고 있다. 그것은 전적으로 공감이 되는 주장이다. 즉 고구려의 수도 평양이 한반도에 있었던 것이 아니고 요동에 있었던 것을 고증하는 기록이라 받아들일 수 있다.

② 삼국사기에서 "…당 총장 2년≪서기 669년≫4월에 고종은 3만 8천 3백호를 강회(江淮)의 남쪽 및 산남(山南), 경서(京西) 여러 주(州)의 넓은 빈 땅으로 옮겼다.…"[14]고 기록하고 있다. 이것에서 알 수 있듯이 당고종은 고구려에서 끌고 간 백성들을 주로 회수(淮水)와 강수(江水)≪양자강≫의 남쪽 지방의 비어 있는 넓은 땅으로 옮겼다 하니 이것은 분명히 고구려인들을 그곳에 식민하기 위한 것이라 할 수 있다. 그것은 그들이 같은 한민족(韓民族)이기 때문에 한민족(漢民族)만이 있는 곳에 한민족(韓民族)을 식민하려 한 것이 분명하다 할 수 있다. 또한 이어서 유민들을 하남(河南), 농우(隴右)의 여러 주(州)로 흩어서 옮기고 가난한 자는 안동성(安東城)≪신성(新城)≫근방의 구성(舊城)에 머물게 하였으나 더러는 신라로 도망하고 나머지 무리들은 말갈(靺鞨)과 돌궐(突厥)로 흩어져 감으로써 고씨(高氏)의 군장(君長)은 드디어 끊기고 만다. 고 기록하여 여기서도 끌고 간 사람들을 매우 관대히 취급하고 있었던 것을 알 수 있다. 당왕조에 꼭 필요한 요인(要人)이나 혹은 기술자도 아닌 일반 백성들을 포로로 20여만 명이나 끌고 간 것은 당왕조 자체가 한민족(韓民族)이기 때문에 처음부터 한민족(韓民族)이 분포되지 않은 그런 지역에 한민족(韓民族)을 식민하려 했을 의도가 있는 것이라 생각된다. 혹은 한민족(漢民族) 저항세력을 분산하고 한민족(韓民族)을 식민하는 2중의 이익을 노린 것일 가능성도 배제할 수 없다. 아무튼 중국 내에 더 많은 한민족(韓民族)을 재분포시키려는 구상에서 한 일이라 볼 수가 있다. 그렇다면 당왕조는 겉으로는 한화된

---

14) 앞의 13)의 책과 같음.

것처럼 보였어도 내심은 한민족(韓民族)을 지키고 한민족(漢民族)보다 우위에 놓으려 애쓰고 있었던 것으로 해석이 된다.

③ 여기서 이때의 관련된 기록 한 가지만 더 인용해 보기로 한다. 즉 고구려가 멸망하기 직전에 죽은 것으로 되어 있는 연개소문(淵蓋蘇文)이 사실은 죽은 것이 아니고 왜국으로 건너가서 그곳에서 임신(壬申)의 난이란 전쟁을 일으켜 백제계의 천지(天智)천황과 그의 왕세자인 대우(大友)를 물리치고 왕위에 올라 그가 곧 천무(天武)천황이 되었다고 주장하는 일본의 역사학자가 있다. 고바야시(小林惠子)씨는 그의 저서 「백호(白虎)와 청룡(靑龍)〈白虎と靑龍〉」에서 다음과 같이 주장하고 있다. "…천무(天武)≪천무천황≫는 물에서 태어나 용의 기(氣)를 받고, 연개소문도 물에서 태어난 것으로 말하고 있다. 연개소문과 천무는 다 같이 임무(任武)라는 이름을 가졌던 것 같다. 연개소문은…서기 662년까지의 15년 간 고구려에 있은 흔적은 없고 어디에 있었는지도 불명확하다.…고구려본기에 의하면 15년 만에 나타난 서기 662년 1월 당군(唐軍)과 평양 교외의 사수(蛇水)≪청천강(淸川江)≫에서 싸웠다고 한 이후 서기 666년에 죽었다고 만 되어 있을 뿐이다. 그의 본국의 사서에도 볼 수 없는 유언이 어찌하여 일본서기(日本書紀)에는 기록되어 있는 것일까. 이런 사실은 연개소문이 얼마나 왜국과 밀접한 관계에 있었는가를 증명하는 것이 될 것이다.…여기서 겨우 연개소문(淵蓋蘇文)=천무(天武)천황 이라고 하는 나의 사견이 어느 정도 납득이 되었으리라 생각된다.…"[15]이라 기록하고 있다. 연개소문이 죽었다는 해가 서기 666년이고 일본의 천무(天武)천황이 왕위에 오른 것이 서기 672년이며 천무(天武)에 의해서 임신의 난이 일어나기 시작한 것은 천지천황이 천무천황에 의해서 납치되었다고 보는 서기 670년이 된다. 그리고 일본서기에 연개소문이 아닌 개금(蓋金)이란 이름≪삼국사기의 열전에는 '연개소문을 혹 개금(蓋金)이라고도 한다'고 하였다.≫으로 된 유언이 기록되어 있는데 그것을 보면 천지(天智)천황 3년 10월조에 "고구려 대신 개금(蓋金)이 죽으면서 자식들에게 유언

---

15) 小林惠子 著「白虎と靑龍」(文藝春秋) 第一章 末尾.

을 하기를 너희들 형제는 물과 고기처럼 화합하고 작위(爵位)를 다투지 말아야 한다. 만약 그렇지 않으면 이웃의 웃음거리가 될 것이다."[16]라 하고 있다. 여기서 개금(蓋金)이라 하였으니 연개소문이 틀림 없는 것 같다. 일부 문맥으로 봐서 고바야시씨의 주장이 그럴듯하기는 한데 확인할 길은 없다. 그러나 어떻든 연개소문이 왜국과 밀접한 관계를 가졌던 것은 사실인 것으로 보인다.

(3) 신라(新羅)와 당(唐)나라의 전쟁 ; 신라는, 삼국이 통일된 후에도 백제와 고구려의 땅에 그대로 남아 있으면서 오히려 신라까지 정복하려 드는 당나라 군사들을 물리치기 위해 당군(唐軍)과 오랫동안 많은 전쟁을 치르게 되는데 그러한 상황은 역시 삼국사기의 신라본기에 상세히 기록되어 있어 잘 알려지고 있다. 또 신라는 당(唐)왕조로부터 문무왕(文武王)이 폐위되고 그의 동생인 김인문(金仁問)이 신라의 왕으로 봉해지는 등의 거센 압력을 받게 된다. 삼국통일 직후에 신라가 당군과 크게 싸운 예를 삼국사기 신라본기의 기록에서 대충 인용해 보기로 한다.

① 문무왕(文武王) 11년≪서기 671년≫ 6월조 ; "…드디어 당나라 군사와 석성(石城)≪임천(林川)의 가림성(加林城)≫에서 싸워 5천 3백 명의 목을 자르고…"라 하고 있다.

② 문무왕 12년≪서기 672년≫ 7월조 ; "7월에 당장(唐將) 고간(高侃)이 군사 1만 명을 그리고 이근행(李謹行)이 군사 3만 명을 거느리고 일시에 평양으로 들이닥쳐 팔영(八營)을 만들어 주둔하였다. 8월에 당군은 한시성(韓始城)과 마읍성(馬邑城)≪평양부근≫을 공격해서 이기고 진군하여 백수성(白水城)≪배천(白川)≫에서 5백 보쯤 떨어진 곳에 병영을 만들었다. 아군은 고구려군과 더불어 적과 싸워 수천명의 목을 자르니 고간 등이 도망하므로 그를 추격하여 석문(石門)≪서흥(瑞興)≫에서 싸웠으나 아군이 패하여…"라 기록하고 있다.

③ 문무왕 15년≪서기 675년≫조 ; 이 해에는 여러 곳에서 여러 번의 전투가 있었던 사실을 알 수가 있다. 인용을 해보면,

---

16) 日本書紀卷第二十七 天智天皇三年十月條. [「日本書紀」下(岩波書店刊行)].

"…2월에 당장 유인궤(劉仁軌)가 아군을 칠중성(七重城)≪적성(積城)≫에서 파한 다음 군사를 이끌고 돌아갔다."

"…9월에 당장 설인귀(薛仁貴)가…천성(泉城)으로 쳐들어옴으로 우리의 장군 문훈(文訓) 등이 싸워서 이겨 1천 4백명의 머리를 자르고 병선 40척을 빼앗으니 인귀(仁貴)가 포위를 풀고 도망함으로 전마(戰馬) 1천 필을 획득했다."

"…9월 29일에는 이근행이 군사 20만 명을 이끌고 매소성(買肖城)≪양주(楊州) 창화(昌化)≫에 주둔하였는데 아군은 이를 쳐서 패주시키고 전마 3만3백80필을 얻고 많은 병기를 노획했다."

"…당병(唐兵)이 거란·말갈병과 더불어 쳐들어 와서 칠중성(七重城)을 포위하였으나 이기지 못하였다."

"…당병은 또 석현성(石峴城)을 포위하고 이를 빼앗았는데 현령(縣令) 선백(仙伯)과 실모(悉毛) 등이 힘써 싸웠으나 전사하였다. 또 아군은 당병과 더불어 18회나 싸워서 모두 이기고 6천47명의 머리를 자르고 전마 2백필을 얻었다."고 기록하고 있다. 그리고 이 해에 또 무려 18번이나 당군과 싸웠다고 하니 얼마나 많은 전투가 있었는지 상상이 간다.

④ 문무왕 16년≪서기 676년≫ 11월조 ; "…11월에 사찬(沙湌) 시득(施得)이 병선을 거느리고 설인귀와 소부리주(所夫里州)의 기벌포(伎伐浦)≪장항(長項)≫에서 싸워서 패하였으나 다시 진격하여 대소 22회나 싸워서 그를 이기고 4천여 명의 목을 잘랐다."고 하고 있다.

⑤ 다음으로 삼국유사에서 신라를 공격하려는 당병들과 그 사령관인 소정방(蘇定方)등을 몰살시킨 기록을 인용해 보기로 한다. 삼국유사에서는 기이제일(紀異第一)의 태종춘추공(太宗春秋公)편에서 다음과 같이 기록하고 있다. "…신라고전에는 소정방이 이미 고구려와 백제 두 나라를 정벌하고 또 신라까지 정벌하려고 계속 머물러 있었는데 김유신이 그 계획을 알고 당병들을 초대하여 향응을 베풀고 짐독(鴆毒)≪짐(鴆)새의 독(毒)≫을 먹여 모두 죽이고 땅에 묻었다. 지금 상주(尙

州)≪경북 상주군≫경계에 당교(唐橋)가 있는데 이곳이 그 묻은 곳이라 한다."[17]고 기록하고 있는데 이 시기부터 대부분의 사서에서 소정방의 이름이 사라지거나 부실하게 기록된 점. 또 당서(唐書)를 비롯한 여러 중국사서도 소정방의 죽음이나 그의 무덤에 관한 기록들이 명확하지 못한 점들을 감안한다면 소정방이 당병들과 같이 여기서 죽었다고 기록한 삼국유사의 이 기록이 사실일 가능성이 높다고 볼 수 있다. 아마도 그로 인해 고구려정벌을 마무리할때에 급히 유인궤, 이적(李勣)등으로 총사령관을 바꾸었을 가능성이 있다고 볼 수가 있다.

⑥ 한편으로 백제와 고구려가 멸망할 때 왜국에 있는 그들의 분국으로 피난이나 망명했던 그 많은 유민들이 왜국에 가서 다시 전열을 가다듬어 본국을 수복하기 위해 신라로 침공거나 반격해왔을 것은 충분히 추정할 수 있는 일이다. 또 한편으로는 신라가 당군과 싸워 이겼다고는 하나 당왕조가 다시 대대적인 신라 정벌을 호언하면서 거센 압력을 가해왔을 것도 충분히 추정할 수 있다. 이때 당왕조의 압력과 왜국으로부터의 분국 세력들의 위협을 일시에 해결하는 방법으로 신라의 문무왕(文武王)은 당나라에게는 죽어서 화장한 것으로 위장하고는 군을 이끌고 왜국으로 건너가서 그곳의 신라계 분국들의 세력까지 규합하여 고구려계의 천무(天武)천황을 제거하고 군통치사령관으로 있으면서 임시로 세웠던 지통(持統)천황으로부터 정식으로 왕위를 물려받아 일본의 문무(文武)천황이 된 것으로 보인다. 이러한 사실에 대해서 일본의 사학자 고바야시(小林惠子)씨는 신라의 문무왕(文武王)에 대해서 그의 저서에서 다음과 같이 주장하고 있다. "…신라사인(新羅使人)이 「신라에서는 왕이 죽은 것으로 하고 망명해서 일본으로 왔습니다」 하고 고한 것이 아닌가 생각된다.…그렇다면 일본에 와서부터의 문무왕(文武王)≪신라의 제30대왕≫은 무엇을 한 것일까.…우선 결론부터 말하면 그는 곧 문무천황(文武天皇)≪일본서기의 제42대 천황≫이 된 것이다.…"[18]라 기록하고 있다. 어떻든 신라의

---

17) 三國遺事 卷第一 紀異第一 太宗春秋公편.

18) 小林惠子著「倭王たちの七世紀」(現代思潮社) 第四章 p178~p180.

문무(文武)왕과 왜국의 문무(文武)천황은 시호(諡號)가 같은 것부터가 특이하다 하겠다. 또 한반도에서 신라의 문무왕(文武王)이 죽은 것이 서기 681년으로 되어 있고 왜국의 문무(文武)천황이 처음에 지통(持統)천황에 의해서 갑작스레 세손(世孫)으로 정해지게 된 것이 서기 686년경이다. 그렇게 되면 문무왕이 왜국으로 건너가서 일본을 평정하는 시기가 5년이었다는 계산이 나온다. 이런 점들을 감안하면 당시의 왜국은 그때까지는 아직 제2의 한국이라 해도 무방할 것이라 생각된다.

(4) 통일신라(統一新羅) 이후의 당(唐)의 문화적 침략을 들지 않을 수 없다. 신라가 삼국통일을 이룩한 이후부터 많은 신라인들이 당(唐)나라로 들어가서 한민족(漢民族)들의 문화와 사상을 배우게 되었는데 그들이 신라로 돌아와서 그것들을 국내에 전파하고 또 후세들을 교육시켜서 중화사상에 물들게 하였다고 할 수 있다. 지금까지도 가장 아쉽게 생각되는 것은 그 이전까지는 신라인들이 일상생활에서 중국의 한자(漢字)가 아닌 한민족(韓民族) 고유문자였던 향찰(鄕札)을 사용했을 것으로 추정이 되는데 한문자가 들어와서 이두(吏讀)가 탄생하면서부터 향찰이 점차 소멸되어간 것으로 볼 수 있고, 또 한문자가 국문자로 쓰이기 시작하면서 점차 이두도 사라져간 것으로 볼 수 있다. 그것은 신라의 제35대 경덕왕(景德王)시대에 한반도의 대부분의 지명이 향찰식(鄕札式) 또는 이두식(吏讀式) 음독(音讀)에서 순한문식(純漢文式)으로 바뀐 것을 보아도 알 수 있다. 그렇게 되면서 말을 표기하는 문자뿐 아니라 말 자체도 모두 한문으로 바뀐 것으로 볼 수 있다. 오늘날 우리 국문의 많은 단어들이 대부분 한문으로 이루어진 사실에서도 그러한 것을 알 수 있다. 예를 들면 고구려의 말이지만 "주몽"[19]이나 "다물"[20]이 "朱蒙"이나 "多勿"로 표기되면서 그 뜻이 왜곡되거나 변질되어 그 본래의 뜻이 소멸되거나 잊혀져버린 것과 같다고 하겠다. 그런 상황이 진행해서 우리들의 언어가 완전히 중국식으로 바뀌게 되어 우리의 문화가 모두 소멸되었다. 신라는 이러한 전성기 시대를 지나

---

19) 三國史記 高句麗本紀第一 始祖 東明聖王元年條
20) 앞의 19)의 책과 같음, 始祖 東明聖王二年條.

면서 또 이때부터 문약해져 국운이 사양의 길로 접어들기 시작한 것도 사실이다.

(5) 발해국(渤海國)의 건국이 있었다. 고구려가 멸망할 때 당나라로 끌려갔던 장정들이 돌아와 만주의 송화강을 중심으로 모여들게 되자 고구려의 유장(遺將) 대조영(大祚榮)이 그들과 옛 고구려의 땅에 흩어져 있던 고구려 유민들을 규합하고 또 일부 말갈족과 더불어 추격해온 당군을 물리치고 만주에서의 옛 고구려의 영역은 물론이요 옛날 숙신족이나 예맥족 등이 있었던 곳을 포함하여 동쪽으로는 연해주까지, 서쪽으로는 발해만까지에 이르는 광대한 지역에, 서기 699년 거대 왕국을 건설하였는데 그것이 발해국(渤海國)이다. 이것이 고구려 제2왕조이다. 이러한 발해국이 건설됨으로써 만주와 한반도에서는 이제 신라(新羅)와 발해(渤海)의 이국(二國)시대≪혹은 양국(兩國)시대≫로 접어들게 된 것이다.

발해가 건국되고 난 후에 신라와는 소원해지고 왜국과는 빈번한 교류가 있었다는 것은 아마도 고구려가 멸망할 때 그 유민들이 왜열도로 많이 이동해 갔다는 것을 입증하는 것이 될 것이다. 발해국은 그 강역이 대부분 옛 고구려국의 곳이요, 백성들이 바로 고구려국의 백성들이요, 그 왕실 역시 고구려인이기 때문에 이러한 사실만으로도 고구려국의 연장으로 간주해야 할 것이다. 그렇게 되면 발해국의 국호를 「고구려의 제2왕조 발해국」으로 하거나 또는 「제2의 고구려국(발해국)」으로 하는 것이 타당할 것이다. 혹은 중국의 서주(西周), 동주(東周)가 있고. 전한(前漢), 후한(後漢)이 있듯이 여기서도 고구려를 전고구려(前高句麗), 또는 남고구려(南高句麗)로 하고 발해를 후고구려(後高句麗), 또는 북고구려(北高句麗)등으로 하는 것도 무방할 것으로 생각된다. 고구려가 멸망할 때 왜국으로 건너간 고구려인들은 주로 북부동해를 가로질러 왜열도의 동북지방이나 관동지방에 재분포하게 되었을 것으로 볼 수 있고. 그로 인해 왜열도에서의 고구려계의 집성촌이나 읍락들도 그쪽에 많았을 것인데 또한 발해도 그쪽 통로를 통해서 왜열도로 내왕했을 것이고 나중에 발해가 서쪽의 거란족들로 인해서 멸망할 때도 그 유민들이 역시 왜열도의 그곳으로 가서 고구려족과 합류했을 것은 당연한 일이라 할 것이다.

4) 여타 동북아시아 한민족(韓民族) 국가들의 상황

중국에서 한민족(韓民族)인 당(唐)왕조가 등장하여 초기의 군사적 침략과 후기의 문화적 침략의 기간을 거치는 시기에 동북아시아의 여타 지역의 한민족(韓民族)들의 재분포 상황은 어떻게 되었는지 살펴보기로 한다.

(1) 돌궐족(突厥族)에게는 어떤 변화가 있었는지를 살펴보기로 한다. 동부 몽고에서 선비족이 남하하여 북조를 이루고 있을 무렵 몽고의 서부 알타이산맥 부근에서는 옛부터 그곳에 분포되어 살아오던 투르크족의 한 분파로 보이는 돌궐족(突厥族)이란 한민족(韓民族)이 6세기 중반부터 점차 동진하여 북부중국의 일부와 전체 몽고를 포함하여 대흥안령산맥에 이르는 광대한 지역을 지배하면서 중국을 위협하기 시작했다. 그러니까 5호16국 시대가 되면서 몽고에 있던 흉노족이 대부분 중국으로 남하했거나 중앙아시아 쪽으로 이동해 가고 또한 선비족마저 대부분 중국으로 남하한 틈을 이용하여 그들이 몽고고원은 물론이요, 서부만주까지 진출하게 된 것이다. 그러나 후에 수(隋)왕조와 그 뒤를 이은 당(唐)왕조에 쫓겨서 동서(東西) 돌궐로 분열되어 서돌궐(西突厥)은 중앙아시아로 이동하여 투르크메니스탄 지역에 국가를 건설하고 페르시아 지역으로 진출하여 한 때는 그 지역을 정복했던 것으로 보인다. 그리고 그 일부는 아나톨리아 지방으로 진출하여 비잔틴제국과 인접해서 그곳에 재분포된 것으로 보인다. 그들이 지금의 터어키지방의 선주민이 되었을 것이다. 한편 동돌궐(東突厥)은 몽고고원을 중심으로 서부만주까지 세력을 뻗쳤으나 결국 당왕조에 의해서 국가는 소멸되고 그곳에 그대로 정착하면서 다음 시대의 몽고민족으로서 몽고국을 형성하는 그 백성으로 남게 되었다.

돌궐 사람들은 제철기술이 뛰어났었다고 하니 한반도에서 제철기술이 뛰어났던 가야와는 깊은 관계에 있었을 가능성이 있다. 돌궐은 몽고고원을 중심으로 약 200여 년 간의 독립을 유지하면서 적지 않은 문화의 유산도 남긴 것으로 보인다. 그 중에서도 그들은 독특한 그들의 고유문자를 가지고 있었다고 하는데 그러한 고유문자로 기록한 비석 등이 지금도 몽고 북부와 시베리아 등지에서 많이 발굴되고 있다고 한다. 그리고 그들을 돌궐이라 하는 것은 아마도 "투르크"라는 말에서 중국식으로 음역되어 돌궐(突厥)이라는 이름이 붙여진 것이 아닌가 싶다.

돌궐족은 한민족(韓民族)으로 당연히 황제(黃帝)의 후예로서 중앙아시아계 보다는 동북아시아계 한민족(韓民族)에 더 가깝다는 증표를 여러 곳에서 찾아볼 수 있다고 한다. 우선 그들은 비석을 세우는 방법이나 장례 등의 풍습이 수왕조나 당왕조의 그것들과 매우 유사한 것이라 한다. 그것은 결국 수·당 황실이 돌궐과는 이민족이 아니고 같은 한민족(韓民族)임은 물론이요 더욱이 같은 계열의 가까운 동족임을 말하는 것이라 해석할 수 있고, 그것은 역시 돌궐족과 선비족은 한 계열의 한민족(韓民族)이라는 사실을 말하는 것이라 해석할 수 있다. 그것은 또 투르크족과 선비족이 또한 가까운 계열의 한민족(韓民族)임을 말하는 것이라 볼 수도 있다.

(2) 왜족(倭族)에게는 어떤 변화가 있었는지를 살펴보기로 한다. 왜국에서는 이 시대의 말기에 왜족들이 그들의 국호를 왜(倭)에서 일본(日本)으로 고치게 되는데, 여기서는 이 시기에 왜열도로 이동해 간 한반도와 만주의 한민족(韓民族)들이 그곳에 산재해 있던 수많은 한반도와 만주의 사국(四國)과 이국(二國)의 식민지분국으로서의 소왕국들을 통폐합하여 좀더 규모가 큰 나라를 건설하는 과정을 거쳐 왜국이 드디어는 한국(韓國)의 식민지에서 벗어나 통일국가로서의 일본국을 건설하기 위한 투쟁을 하는 과정을 포함한 당시의 왜국의 상황을 살펴보는 일이 될 것이다.

① 한반도에서 백제가 멸망할 때 많은 백성들이 대거 왜열도로 망명하게 된 것은 다 아는 일이다. 그때 그들은 백제 땅의 여러 지역에서 왜열도로 출발한 것으로 볼 수 있는데, 그러나 역시 가장 규모가 컸던 것은 서기 663년 왜국의 천지천황 2년에 백제를 구원하기 위해서 출동한 군선이 백강어귀에서 대패하고 왜국으로 패주할 때 백제의 왕족이나 귀족 또는 많은 망명집단들을 동승시켜 왜국으로 데려간 때이다. 그들은 왜열도에 상륙하여 대부분 기내로 이동해서 이미 그곳에 분포되어

있던 같은 계통인 마한인들 및 백제인들과 합류하게 되었을 것이다. 본래 그들의 최대 분포지인 기내에서 대량의 망명인들이 다시 합세하면서 더욱 큰 세력으로 성장하게 되었는데, 한반도에서 이번에 백제본국이 멸망하게 되자 왜열도의 분국들이 급속하게 독립의식을 갖기 시작한 것으로 볼 수 있다. 그것은 천지천황시대에 그들이 통일된 왕국을 형성하기 위해 여러 가지 애쓴 흔적이 나타나고 있기 때문이다. 그 출발로 그들은 서기 670년에 드디어 국호를 일본(日本)으로 선포하고 일본백제본국으로서의 독립왕국을 건설하기 시작한 것이라 할 수 있다.

그때의 한반도의 백제국과 왜국과의 관계를 좀 더 자세히 알기 위한 견지에서 다음과 같은 역사학자들의 주장을 살펴서 논해 보기로 한다.

(1) 박창암(朴蒼岩)씨의 주장 ; 그는 논설(論說)「일본국민에게 告하노니! 역사의 약탈자는 누구인가?」[21]에서 다음과 같이 주장하고 있다, "…문정창(文定昌)씨는 그의 저서「일본상고사」에서「구당서(舊唐書) 열전」에서「당나라의 웅진도독 유인원(熊津都督劉仁願)이 부여풍(扶余豊)은 북(北)에 있고 부여용(扶余勇)은 남(南)〈축자(筑紫)〉에 있으면서 백제의 광복을 꾀하고 있다.」[22]고 되어있는 기록을 근거로 서기 661년 백촌강(白村江)의 결전에서 패배한 부여용(扶余勇)이 천지(天智)≪일본의 천지(天智)찬황≫가 되었다고 주장했다. 또 일본의 사사(佐佐克明)씨는 서기 1978년「천황가(天皇家)는 어디서 왔는가〈天皇家はどこから來たか〉」라는 기록에서 천무(天武)≪일본의 천무(天武)천황≫는 신라의 김다수(金多遂)라 주장했다.…그리고 또 일본의 가시마(鹿島昇)씨는「왜(倭)와 왕조(王朝)〈倭と王朝〉」라는 책에서 천지(天智)는 백제계의 말왕 부여풍(扶余豊)이라 주장하였다.…실은 천지(天智)천황이 백제의 망명왕가인 것은 나의 주장과 같다…"고 주장하고 있다. 이 기록에서 이 분들의 주장은 일본의 천지(天智)천황이 백제의 왕자임에는 틀림이 없으나 그가 풍(豊)이냐 용(勇)이냐의 견해 차이인 것 같다.

---

21) 80夏「歷史と現代」(新國民社) Vol,1-1, p8~p23.

22) 舊唐書 列傳第三十四 劉仁軌傳.

(2) 가시마(鹿島昇)씨의 주장 ; 그는 논설 「환단고기(桓檀古記)와 야마일국(邪馬壹國)〈桓檀古記と邪馬壹國〉」[23]에서 다음과 같이 주장하고 있다. "…서기 663년 백제왕자 풍장(豊璋)≪부여풍(扶余豊)≫은 왜의 수군을 거느리고 백촌강 싸움에 나가서 대패하여 패잔병과 더불어 축자(筑紫)≪왜의 규슈(九州)지방≫로 도망하여 서기 668년 왜왕이 되어서 국호를 일본(日本)으로 고치고 즉위하여 천지(天智)라 칭하였다.…"고 하고 또 논설 「환무분서(桓武焚書)와 하늘의 왕조(王朝)〈桓武焚書と天の王朝〉」[24]에서는 다음과 같이 주장하고 있다. "…일본서기가 곽무종(郭務悰)과 가마다리(鎌足), 그리고 풍장(豊璋)과 천지(天智)라고 하는 인물들을 일인이역(一人二役)으로 날조한 것처럼 여기서는 환무(桓武)≪일본의 환무(桓武)천황≫가 준철(俊哲)≪백제의 왕자≫과 동일 인물임에도 일인이역으로 연출시키고 있는 것이다. 그리고 이때의 환무(桓武)의 동정(東征)이 일본서기의 신무동정(神武東征)의 모델이었던 것이다.…"이라 주장하고 있다. 백제가 멸망할 때 왜국의 수군을 백제의 왕자인 풍(豊)이 이끌고 가서 싸웠다고 하였는데 만약에 그때 일본국이 완전한 독립국이었다면 일본의 왕자가 수군을 통솔해 갔을 것인데 백제왕자 부여풍(扶餘豊)이 통솔했다고 하는 것은 그때의 왜국이 아직까지 백제의 식민지분국이었다는 것을 증명하는 것이 될 것이다.

이러한 주장과 여기에는 인용되지는 않았지만 역시 다른 몇 가지 부분의 주장까지를 종합해 보면 즉 백제의 마지막 왕이라 할 수 있는 부여풍(扶餘豊)이 서기663년에 왜의 수군을 거느리고 백촌강에서 패하자 많은 망명집단을 배에 동승시켜 왜의 축자(筑紫)로 도망하여 기내로 돌아와서 서기 668년에는 왜왕으로 즉위하여 천지(天智)천황이라 칭했다는 것이다. 그리고 서기 670년에는 독립을 쟁취하기 위해서 먼저 국호를 일본(日本)으로 고치게 된다. 그러나 일본열도 전체를 망라하여 독립을 쟁취한 것은 이때가 아니고 그로부터 120여 년이 지난 환무(桓武)천황시대가

---

23) 앞의 21)의 책과 같음, p76.

24) 앞의 21)의 책과 같음, Vol,3-1 p229,

확실한 것으로 인정되고 있다. 즉 환무천황이 축자로부터 동정을 시행해서 비로소 기내에 진입하여 왕권국가를 건설하였기 때문이다. 이러한 환무천황을 바로 백제왕자 준철(俊哲)이라 주장하고 있는 것이다. 그런데 이때는 백제가 멸망한지도 120여 년이 지난 후이기 때문에 직접적인 왕자가 아닌 백제왕족의 후손이라 할 수 있을 것이고, 그러한 환무는 그때까지도 일본에서 가장 큰 집단의 실권을 장악하고 있던 백제 식민지분국의 왕으로 있다가 동정을 완수하여 일본의 천하를 통일함으로써 환무천황이 되어 비로소 대부분의 일본열도의 영역을 망라한 독립왕국을 이루게 된 것이라 볼 수 있다. 그렇게 해서 완전독립국의 왕이 된 환무(桓武)천황은 독립을 천명하는데 여러 가지로 장애가 되는 증거를 소멸시키기 위해서 환무분서(桓武焚書)라고 하는 역사적 사건을 일으킨다. 이로 인해 일본인들은 이후에 일본열도의 역사는 물론 그들과 관련되는 한반도의 역사를 전면적으로 날조하고 왜곡하는 대행진을 계속하게 되는데 또한 그로 인해 가장 먼저 생겨난 소산물이 일본서기(日本書紀)라고 하는 위사(僞史)로 집대성된 기록물이라 할 수 있다.

　그에 앞서 부여풍이 패잔병들과 백제의 망명집단들을 배에 태우고 왜국으로 도주하게 되자 승전군인 나당(羅唐)연합군이 그들의 뒤를 좇아 역시 왜열도에 상륙하여 왜국을 점령하게 되는데 그때의 점령군사령관이 신라의 장군 곽무종(郭務悰)이라는 것이다. 왜국은 즉시 그에게 항복을 하고 점령군사령관 곽무종은 왜군의 반항에 대비하고 또 한편으로는 신라의 영토를 탐내는 당군이 왜열도까지 추격해 올 것에 대비하여 축자와 대마도 등지의 여러 곳에 성을 쌓고 사끼모리(防人)≪수비대≫를 배치하는 등의 대비를 한 것으로 보인다는 것이다. 그러나 그러한 곽무종이 이후에는 결국 왜국에 정착하여 후지하라가마다리(藤原鎌足)라는 세력가로 변신하여 후에 신라인들이 왜국에서 왕통을 수립하는데 주역이 되는 가계의 시조가 된 것으로 보인다는 것이다. 또 전승국 신라의 장군인 곽무종이 패전국 왜열도에 진주한 점령군 사령관인데도 일본서기에서는 당사래조(唐使來朝)≪곽무종(郭務悰)이 당나라의 사신으로 왜국의 조정에 파견되었다.≫라고 기록하고 있으니 그것은 마치 제2차 세계대전에서 패전하여 무조건항복한 일본을 점령하기 위해서 진주한 전승국인 미국의 점령군사령관 맥아더원수(元帥)를 두고, 앞으로 일본인들은 "미국사절 맥아더 래조(美國使節맥아더來朝)"[25] ≪맥아더장군이 미국의 사신으로 일본의 조정(朝廷)에 파견되었다.≫라 기록할 것이라 하고 있다. 이러한 주장은 일본서기의 교묘한 위사의 기법을 잘 분석해서 표현한 것이라 할 수 있다.

② 만주와 한반도 북부를 장악하고 있던 고구려가 멸망할 때 그들의 왕족이나 귀족들을 비롯한 많은 고구려 백성들이 대거 왜국으로 망명하게 된다. 그들은 대동강 하류에서 서해안을 통해서 왜국의 규슈지방이나 중부지방에 상륙하였을 것이다. 그러나 더 많은 유민들은 두만강 하류나 연해주, 또는 함경도의 동해안 일원에서 동해(東海)를 가로질러 왜열도의 북해도를 비롯한 동북지방, 관동지방의 서북해안 등지에 상륙하여 고구려인들이 분포되어 있던 왜열도의 북동부 지방에 집결하였을 것으로 볼 수 있다. 과거의 미노국(美濃國)을 중심으로 하는 동북지방 등지에 고구려와 관련된 사적들이 많은 것은 바로 이러한 연유에서라고 할 수가 있다. 그들은 후에 백제인들이 장악하고 있던 왕권을 난을 일으켜서 쟁취하게 된다. 즉 서기 672년에 일어난 임신의 난(壬申亂)에서 고구려계의 천무(天武)천황이 백제계의 대우황자(大友皇子)를 물리치고 왕위에 오르게 된다.

③ 당(唐)나라의 신라 정벌계획에 맞서 신라가 당나라를 상대로 치른 전쟁 즉 나당전쟁으로 인해서 왜열도에도 큰 영향이 파급된 것으로 볼 수 있다. 당나라가 후에 신라까지 합병하려하자 신라는 여러 곳에서 공격하는 당군을 격파했지만 당이 다시 대군을 파견할 것이라고 공언하는 등의 위협과 압력이 점점 증가됨에 따라 그 대처방법의 일환으로 문무왕이 그 모든 책임을 지고 죽어서 수장(水葬)한 것으로 세상에 공포하고 실은 그가 군대를 이끌고 왜국을 통치하기 위하여 왜열도에 진주하였다는 것이 정설로 되어 있다. 물론 그 이전에 백촌강의 전쟁에서 패주한 왜군과 백제군을 추격하고, 또 그들이 왜열도에서 다시 세력을 규합하여 신라로

---

25) 앞의 21)의 책과 같음.

반격해 올 것을 차단하기 위하여 신라에서는 미리 화랑(花郎) 출신의 무사들을 중심으로 점령군을 편성하여 왜열도로 진격하였는데 그 사령관이 곽무종(郭務悰)이였던 것이다. 이 곽무종의 점령군이 먼저 왜열도에 상륙하여 여러 지역들을 평정하고 뒤에 문무왕을 맞이하여 그를 일본의 문무천황으로 만드는 기반을 조성한 것으로 볼 수 있다.

곽무종 점령군은 대마도에 상륙하여 그곳을 평정하고 이어서 규슈(九州)《축자(筑紫)》에 상륙하여 아마도 히무가(日向)지방에 분포되어 있었을 가야계 세력을 정벌하고 평정하였을 것이고, 그런 후에는 동정을 시작하여 종국에 가서 그들은 요시노(吉野)지방에 집결하여 큰 세력으로 정착하게 된 것으로 보인다. 그 후에 곽무종(郭務悰)은 후지하라(藤原鎌足)로 변신하여 왜국에서 유일의 세력가로 재등장하게 되는데 그는 곧 일본으로 올 문무왕을 일본의 천황으로 만드는 정지작업을 시작하였을 것으로 추정할 수 있다. 그리하여 지통(持統)천황이 결국 왕권을 신라에서 나온 문무왕(文武王)에게 넘겨주어 그가 일본의 제42대 왕인 문무(文武)천황이 된 것이다. 이때 신라의 점령군 사령관인 곽무종을 비롯한 군대의 지휘관들이 대부분 신라의 화랑도(花郎徒) 출신이라는 사실이다. 그로 인해 일본에서는 이들로부터 화랑들의 무사도(武士道)를 받아들이고 배워서 이후 무사(武士)계급이 생기게 되고 무사들이 지배하는 사회가 이어져 왔다. 이 시기의 후기에 들어 왜국이 일본국(日本國)으로 바뀌면서 그들은 만주와 한반도 여러 나라들의 통제를 받아왔던 긴 식민지분국시대와 왜국시대에서 모두 벗어나 이제 왜국은 독립국가로 또 거의 완성된 면모를 갖춘 기관국가로 자리를 잡게 된 것이라 할 수 있다.

④ 여기서는 왜열도에서 전쟁이나 원정, 정변, 혹은 정략적 수단 등에 의해서 통일 왕국이 수립되거나 그 왕권이 탈취되거나 이양된 상황들을 잠시 정리해보기로 한다. ⑴ 만주와 한반도의 4국중에서 한반도 남단에 있었던 가야연방국이 제일 먼저 왜열도 규슈의 히무가(日向) 지방에 가장 큰 세력을 갖는 분국을 건설한 것이라 할 수 있다. 이들은 후에 본국인 한반도의 가야연방국이 멸망되면서 그 정부기

관이나 왕족, 귀족 그리고 많은 일반 백성들이 이곳 분국으로 이동해 옴에 따라 이 분국이 가야연방국의 본국으로 되었다고 할 수 있다. 이들은 규슈지방을 통일하고 왕국을 건설한 후에는 왜열도의 중앙지역을 정복하기 위해서 동정을 시작하는데 이것이 일본서기에 나오는 신무동정(神武東征)이라는 것이다. 이들은 동정에서 많은 소왕국들을 평정하고 드디어 관서의 나니와(難波)지방에 나아가 서부 왜열도를 망라한 왕국을 처음으로 건설한 것으로 보인다. 따라서 왜국에서 가장 먼저 중앙지역에서 통일왕국이라 할만한 왕국을 건설한 것은 한반도의 가야계 세력이라 할 수 있다. (2) 그러나 그들의 왕권은 오래 가지 못하고 나라(奈良)지방에서 지역왕국을 건설하고 있던 백제계 세력의 정략적인 수단에 의해서 곧 통일왕권을 빼앗긴 것으로 보인다. 그리고 그 때 백제계 세력의 수장은 아마도 서명(舒明)천황인 것 같다. 따라서 이 서명천황이 백제계로서는 처음으로 통일왕국의 왕이 된 것이라 할 수 있다. 그가 왕권을 획득한 후에 나라(奈良)로 수도를 옮기고 백제궁(百濟宮)이라는 이름의 왕궁을 지었다. 한편 일본서기에서 천황의 대열에 넣고 있는 흠명(欽明)천황이나 추고(推古)천황 등은 같은 백제계의 왕이었지만 통일왕권을 갖기 이전의 나라의 지방왕국의 왕이었는데 일본서기가 그들을 통일왕국의 계열에 집어넣은 것으로 보인다. (3) 다음으로는 고구려계의 천무(天武)천황이 백제계의 천지(天智)천황을 임신(壬申)의 난이라고 하는 정변과 전쟁에 의해서 물리치고 왕권을 쟁취하게 되어 이로써 통일왕권이 백제계에서 고구려계로 넘어가게 된다. (4) 그 다음이 신라의 왜열도 점령군사령관 곽무종(郭務悰)의 동정(東征) 그리고 그의 무력적 시위와 압력, 및 정략적 정지작업에 의해서 신라의 문무왕을 모셔와서 일본국의 문무(文武)천왕으로 옹립함으로써 통일왕권이 고구려계에서 신라계로 넘어간 사실이다. (5) 다음이 환무(桓武)천황의 동정으로 표현되는 사건으로 신라계의 왕권이 다시 백제계로 넘어간 사건이다. 이때 완전독립국으로서의 일본국이 완성된 것이다. 이렇게 보면 왜국내의 동정(東征)도 일본서기의 기록처럼 한번만이 아니고 신무동정으로 표현되는 가야계 세력의 동정, 곽무종 점령군사령관의 왜열도 진주로 표현되는 신라계 세력의 동정, 그리고 환무동정으로 표현되는 백제계 세력의 동정 등 규모가 큰 것만도 세 번의 동정에 의한 원정과 왕권이양이 있었다는 사실도 알 수 있게 된다.

⑤ 여기서는 왜국(倭國)으로서의 말기에 국호를 일본(日本)으로 고치면서 왜인들이 만주와 한반도 국가들의 식민지분국에서 벗어나서 독립을 하기 위해서 독립투쟁을 하게 되는 과정을 간단히 살펴보기로 한다. 왜국에서 독립의 의지가 일기 시작한 것은 서기 663년에 멸망한 한반도 백제본국에 지원군을 파견했다가 패전하고 돌아와서부터라 할 수 있을 것이다. 아마도 백제본국이 멸망하게 되니 분국이 독립을 해야겠다는 의지가 생긴 것은 당연한 일이라 할 수 있다. 그래서 먼저 생겨난 것이 일본(日本)이란 국호이다. 그렇지만 그때는 왜열도에 아직 한반도 3한4국의 다른 식민지분국들이 동등한 세력으로 병립해 있는 상태이다. 아마도 일본이 명실 공히 대부분의 국토를 수용한 통일독립을 완수한 것은 서기 794년 환무(桓武)천황 연력(延曆)13년에 평안경(平安京)으로 도읍을 새로 정하면서부터라 할 수 있을 것으로 본다. 따라서 서기 670년에 일본이라 국호를 정하면서부터 이때까지의 기간이 일본의 통일 독립의 투쟁기간이라 할 수 있다.

또 하나 한반도의 백제 본국과 왜국의 백제 식민지분국과의 관계를 잘 알 수 있는 것이 있어 소개하기로 한다. 중국 양(梁)나라 소자현(蕭子顯)이 편찬한 남제서(南齊書)의 백제국전(百濟國傳)에 의하면 당시의 백제국에는 8명의 후왕(侯王)이 있었던 것으로 되어있다. 그런데 그 중 한사람이 왜국왕으로 임명되어 왜국의 백제 식민지분국을 다스리려 간 것으로 보인다. 그것은 백제에서 근초고왕(近肖古王) 27년《서기 372년》에 만들어져서 왜왕 지(旨)에게 보낸 칠지도(七支刀)의 명문(銘文)[26]에서 잘 알 수 있다. 칠지도는 백제 본국에서 만들어서 여러 분국의 후왕(侯王)들에게 보냈던 것으로 보이는데, 백제왕세자(百濟王世子)께서 말씀하셔서 왜왕 지(旨)에게도 만들어 보내니 후세에 잘 전하라는 요지의 글이 새겨져 있는 점

---

26) 李丙燾 著「韓國古代史研究」(博英社) 第七篇, 第四, p523.

으로 봐서 왜왕 지(旨)는 분명히 백제의 8후왕(侯王) 중의 한사람이라는 사실을 알수 있다.

(3) **중국의 서남부지방에 위치한 신강위구르와 티베트지역의 상황**은 어떠하였는지를 간단히 알아본다. 신강위구르는 한(漢)왕조로부터 침략을 당한 후로는 매우 위축되어 있었지만 5호16국시대에 오히려 중국으로 진격해 들어간 한민족(韓民族)의 일원으로 중원으로 진출하였었다. 5호 중에서 저(氐), 강(羌) 등은 그들 종족으로 봐야할 것이다. 그러나 7세기 중엽부터는 다시 당(唐)왕조에 의해서 정복되지만 아마도 동족인 한민족(韓民族)이라는 점 때문에 그들에게 많은 자치권을 부여하고 선린적인 관계를 유지했던 것이 사실인 것 같다. 티베트는 7세기 이전부터 토번국(吐蕃國)이라 불리는 강력한 국가를 건설하여 청해(靑海)지방까지 진출하였던 것 같다. 당왕조에서는 종실의 딸을 토번국왕에게 출가시켜 화친을 성립시킨 일도 있다. 따라서 이들은 이때까지는 독립국 또는 독립자치국과 같은 형태의 왕권국가를 유지하고 있었다고 할 수 있다.

제 10 편

일본 · 한민족(日本 · 韓民族)의 형성

1. 위사(僞史)로 정립된 일본(日本)의 역사

1) 일본(日本)역사의 개요

⑴ **한민족(韓民族)의 제4차 남정으로 야기된 동북아시아 제8차 민족이동과 재분포의 전환기**의 후기에 와서 비로소 일본(日本)이 지난 긴 기간 동안에 걸쳐서 만주와 한반도 삼한사국(三韓四國)≪마한(馬韓), 진한(辰韓), 변한(卞韓)과 신라(新羅), 고구려(高句麗). 백제(百濟). 가야(伽倻)국들을 말함≫의 식민지분국 시대로서의 왜국(倭國)시대를 마감하고 통일 독립국으로서 일본국(日本國)시대를 열게 되었다고 할 수 있다. 그런데 여기에 큰 문제가 생긴 것이다. 그것은 일본인들이 통일독립을 이룩하면서 그때까지에 있었던 왜열도의 모든 역사를 전면 부정하고 나섰기 때문이다. 중국이나 한국의 고사서들에 일치되게 분명히 기록되어 있는 명확한 왜국시대의 역사까지도 전면 부인하기 시작한 것이다. 그뿐 아니라 후대에 와서는 조작된 새로운 일본의 역사를 창작해서 그것을 일본서기(日本書紀)라고 하는 책으로 엮어서 세상에 내어놓으면서 그것이 일본국의 역사라고 강변하기 시작한 것이다. 그러나 아무도 믿으려 하지 않으니까 결국 황국사관(皇國史觀)이라는 이념을 만들어 그 수단으로 강요해서 강제적으로 그 일본서기를 믿게 만들고 한편 일본서기의 기록에 반(反)하는 모든 사서는 물론이요 관련되는 서적, 사기(私記)를

포함하는 모든 기록물들은 모조리 수거해서 분서(焚書) 해버린 것이다. 일본에서는 작은 분서사건은 수없이 있어 왔지만 대분서(大焚書)사건은 두 번 있었는데 그 첫 번째가 환무분서(桓武焚書)이고 두 번째가 명치분서(明治焚書)이다. 일본 내의 기록물들은 다 첫 번째의 분서 때 소멸이 되었을 것이고 두 번째의 분서의 목적은 한반도와 만주 그리고 대마도 등지에 있었던 서적이나 기록물들을 전부 수거해서 분서하는 것이었다. 그로 인해 일본에는 위사(僞史)로 된 일본서기라는 역사서만 남게 되고 또 그 허위로 창작된 역사를 지금까지 유지 교육시켜 오고 있다.

(2) 일본(日本)역사의 시작과 편년(編年) ; 일본의 역사학자들은 일본서기의 위사가 아닌 실질적인 일본의 고대역사를 다음과 같이 구분하고 있는 것 같다.[1] 그러나 편년(編年)이나 연대(年代), 또는 그 명칭 등이 불합리하고 따라서 많은 이론(異論)이 있는 것으로 보인다.

① 동굴 생활시대(岩宿時代) ; 아마도 후기 구석기시대에 사람들이 동굴에서 생활을 하던 시대를 말하는 것 같다. 연대상으로는 B.C. 30000년에서 B.C. 10000까지로 치고 있다.

② 조몬시대(繩紋時代) ; 이 시기는 아마도 신석기시대와 일본에서의 청동기시대의 초기까지를 말하는 것 같다. 연대상으로는 B.C. 10000년에서 B.C. 300년까지로 치고 있다.

위의 두 시대를 한편으로 식료채집(食料採集)생활 시대로 보고 그때의 원주민들은 일본의 동북지방에서 주로 생활권을 형성하고 있었던 것으로 보는 것 같다.

③ 야요이시대(彌生時代) ; 식료채집수단에서 식료생산수단의 시대로 옮긴 후에 농경(農耕)기술이 도입되고 발달하기 시작한 시대를 말한다. 그때의 주민들은 도작(稻作)에 알맞은 일본의 규슈지방에서 생활권을 형성하고 있었다고 한다. 연대는 B.C. 300년에서 서기 250년까지로 보고 있다.

④ 고훈시대(古墳時代) ; 이 시대부터 일본이 역사시대에 들어선 것으로 보고 있

---

1) 大系 日本の歷史(小學館 刊行) 1~2卷.

다. 연대는 서기 250년에서 서기 600년까지로 치고 있다. 이 시대까지 일본에서는 아직 통일 왕조가 출현하지 않았다.

⑤ 일본인들은 일본열도에 처음 통일 왕조가 출현한 이후에는 만세일계(萬世一系)로 왕조가 내려오고 있다고 자랑하고 있다. 따라서 그 이후의 역사시대의 구분은 왕실이 있던 위치나 왕호, 또는 무인들의 막부(幕府) 위치 등에 따라 구분하고 있다. 아스까시대(飛鳥時代), 나라시대(奈郎時代), 헤이안조시대(平安朝時代), 가마꾸라막부시대(鎌倉幕府時代), 무로마찌막부시대(室町幕府時代), 에도막부시대(江戶幕府時代), 명치시대(明治時代) 등이 있다. 그리고 일본인들은 일본에 통일왕조가 처음으로 성립된 것이 대개 8세기 말이나 9세기 초로 보고 있는 것 같은데 여기에 큰 문제가 있다고 할 수 있다. 그것은 일본의 역사를 크게 왜곡, 조작해서 엉뚱하게 창작해 놓은 일본의 정사서라 할 수 있는 일본서기라는 책 때문이다.

2) 일본역사 편년(編年)의 불합리성과 그 시정방향

(1) 일본역사의 체계나 시대구분을 대략 이상과 같이 하여 편년을 정하고 있는데 거기에는 많은 모순과 여러 가지 불합리성을 내포하고 있기 때문에 여기에서는 그 모순되거나 불합리한 것들을 지적하고 그것을 합리적으로 시정하거나 또는 새로운 체계의 구성을 생각해 보기로 한다.

① 암숙시대라 했는데 대륙에서는 구석기인들이 동굴뿐 아니라 평야지대의 강가에서 생활한 흔적도 얼마든지 볼 수가 있는데 만약에 일본에 구석기인들이 있었다면 그들이라고 꼭 동굴에서만 생활했다고 볼 수는 없는 일이다. 그런 경우의 생활은 암숙(岩宿)이라는 말과는 어울리지 않는다. 따라서 암숙시대라고 하는 것은 불합리하다고 생각된다.

② 조몬(繩紋)이라 하면 단지 새끼줄 무늬의 도자기만 있었다고 생각되기 쉬우므로 근년에 일본에서 발굴되는 것으로 보이는 다양한 무늬의 도자기 문화의 시대

나 또 다듬어진 석기를 사용하고 있었던 시대를 배제하는 것 같고, 일본 고대인들의 문화를 단순화 혹은 폄하하는 감이 없지 않아 좋지 않게 보이는 것이 사실이다.

③ 야요이(彌生)시대라 했는데 결론부터 말해서 대단히 불합리한 명칭이다. 일본의 농경문화인 도작문화가 시작된 것은 야요이시대가 시작되는 시기이다. 그것은 또한 왜국(倭國)시대의 시작과 일치한다. 따라서 일본의 역사시대는 왜국시대부터 시작된 것으로 보는 것이 옳다. 왜국이란 이름은 처음부터 일본인들이 만들어서 호칭해왔고 또 그 이름으로 통일왕권국가를 건설했고 왜국과 왜국왕이란 이름으로 장기간에 걸쳐서 중국에 많은 사신들을 보내고 상표(上表)를 빈번히 올리고 하면서, 아마도 7세기 말이나 혹은 8세기 전반까지는 왜국이란 이름을 사용해온 것이 사실이다. 그럼에도 후대에 와서 일본인들은 왜국시대를 그들의 역사에서 완전히 지워버리고 조몬과 야요이란 이름을 붙이게 된다. 매우 불합리한 일이다. 또 이때는 이미 왜국이란 이름으로 왕이 통치하는 왕권국가가 형성되어 있었는데 어떻게 야요이란 이름을 붙인단 말인가. 당연히 왜국시대로 되어야 하는 것이다. 역사상 있었던 국명과 왕명을 그대로 사용해야할 것이다. 따라서 야요이가 아닌 왜국시대로 되어야 한다.

④ 고훈(古墳)시대란, 일본열도에 대형 고분이 많이 형성된 시대를 말하는 것 같다. 대형 고분은 사람을 매장한 것으로 그 사람이 만든 국가나 통치 기구 등의 이름을 따서 역사시대의 명칭을 삼아야할 것이다. 고분은 형태는 다르지만 그 시대 훨씬 이전부터 있었을 것인데 그 시대만을 고분시대로 한 것은 큰 모순이다. 여기서도 역시 일본인들의 정직하지 못한, 역사를 왜곡하는 2중성 인격을 엿볼 수 있다. 이런 이름은 한 역사시대를 대표하거나 역사체계 구성의 근간으로 할 것이 아니고, 단지 왜국(倭國)시대의 문명의 한 과정으로 역사에 기록되어야 한다.

⑤ 일본인들은 그들이 역사시대에 들어선 것을 고훈시대로 보고 있는 것도 불합리하다고 본다. 왜냐하면 다음과 같은 것들을 그 이유로 지적할 수가 있다. (1) 서기 25년에서 서기 220년까지의 중국 역사를 기록한 후한서 동이열전 왜인전에

는 왜국과 왜인들의 생활풍습이나 문화에 대해서 소상히 기록하고 있다. 그 기록
을 보면 무제가 조선을 멸한 이후부터 왜의 30여 나라의 사신과 역관들이 한(漢)
나라에 왕래하였다. 고 하고 또 서기 57년에는 후한 광무제가 왜국의 사신을 맞이
하여 그에게 인수(印綬)까지 주면서 거래를 한 사실을 기록하고 있다. 왜국이나 왜
인들에 대해서 그 생활상, 사회상 등을 자세히 기록하고 있다. 이러한 시기를 어찌
선사시대라 할 수 있겠는가. (2) 서기 220년에서 서기 280년까지의 중국의 역사를
기록한 삼국지 위지 동이전의 왜인전에는 왜인들의 생활상과 국가기관이나 문화
지리 등에 대해서 소상히 기록하고, 왜열도의 서쪽에만 100여 개의 나라들이 있는
것을 확인하고 그 중에서 수십 개의 나라에 대해서는 국호와 위치, 거리, 국가조직
의 형태, 관리와 관위(官位), 왕실과 백성들의 생활풍습, 문화의 발전상황 등이 대
단히 소상히 소개되고 있다. 그 이외에도 빈번한 사신의 왕래, 상표(上表) 조서(詔
書) 등의 내왕, 인수(印綬)나 여러 물품의 헌납(獻納)이나 하사 등의 내용도 소상
히 기록하고 있다. 그런데 이렇게 확실한 역사 기록이 있는데도 이러한 시대를 어
찌 선사시대로 묶어두는 것인가. (3) 그 이후의 중국의 정사서들도 그때그때 왜국
이나 왜인들의 상황을 소상히 기록하고 있다. 예를 들면 진서(晉書), 송서(宋書),
양서(梁書), 등의 왜국 또는 왜인전, 남사(南史) 북사(北史) 그리고 수서(隋書) 등의
왜국전, 당서(唐書)를 비롯한 그 이후의 중국의 정사서들의 일본국전(日本國傳) 또
는 일본인전(日本人傳) 등을 들 수 있다. (4) 한국의 삼국사기나 삼국유사 등에도
왜국이나 왜인들에 대한 많은 기록들이 일찍부터 나타나고 있다. 예를 들면 삼국
사기에 신라 시조 혁거세왕 38년≪B.C. 20년≫에 호공(瓠公)에 대한 이야기[2]가 기
록되어 있고 신라 제4대왕 석탈해왕(昔脫解王)의 출자(出自)나, 그 탈해왕 3년≪
서기 59년≫에 왜국과 수교한 일[3], 그리고 아달라왕(阿達羅王) 20년≪서기 173년

---

2) 三國史記 新羅本紀第一, 始祖 赫居世居西干三十八年條.

3) 앞의 2)의 책과 같음, 脫解尼師今三年條.

≫에 왜국의 여왕 비미호(卑彌呼)가 사신을 보내와서 수교한 일[4] 등을 볼 수 있다. 또 삼국유사에 나오는 아달라왕 4년≪서기 157년≫에 있었다는 연오랑(延烏郞)과 세오녀(細烏女)의 이야기[5], 내물왕(奈勿王) 36년경에 있었던 김제상(金堤上)의 이야기[6] 등은 왜인들과 관련해서 유명한 이야기들이다. 또 한국사서인 환단고기(桓檀古記) 등을 비롯한 일부 사서들에서도 왜인들에 대한 여러 기록들을 볼 수 있다. 이러한 사서들도 일본이 서기 기원 이전부터 이미 역사시대에 들어 있었다는 사실을 말하고 있다.

이러한 사실에서 일본의 역사시대는 많이 앞당겨져야 할 것이라는 사실을 알 수 있다. 나는 여기서 일본의 역사체계에 대해서 우선 큰 구분에 대해서만이라도 나의 의견을 제시해 보고자 한다. 이런 나의 제안에 큰 결함이 없다면 일본의 사학계에서도 받아들이는 것이 일본서기의 조작으로 인해 흐트러진 일본의 고대사를 되찾는 길이 될 것이다.

(2) 일본(日本)의 새로운 역사체계의 구성과 시대구분 및 편년(編年)의 설정 등에 대해서 검토해 보기로 한다. 즉 불합리한 일본 역사를 바로 잡아서 합리적인 체계로 만들고, 시대를 새로 편성해서 편년을 설정하는 일 등에서 다음과 같은 진정한 역사체계를 구성해 보기로 한다.

① 선사시대(先史時代) ; 일본역사에서도 구석기시대와 신석기시대로 구분이 되어야 하고 대체로 대륙의 체계 즉 한반도의 그것에 따르는 것이 타당할 것이라 생각된다. 일본에는 중기 이전의 구석기인들이 생활한 흔적은 발견되지 않은 것 같은데 그렇다면 후기구석기시대만이라도 구석기시대로 하고 대륙에서와 같은 연대로 하면 될 것이다. 다만 그 시대의 명칭을 암숙시대라 한 것은 불합리하므로 그냥 구석기시대라 일컫는 것이 합리적일 것이다. 그리고 신석기시대의 시작은 대략 대

---

4) 앞의 2)의 책과 같음, 新羅本紀第二 阿達羅尼師今二十年 五月條.

5) 三國遺事 紀異第一 延烏郞과 細烏女篇.

6) 앞의 5)의 책과 같음, 奈勿王과 金堤上篇.

륙의 그것과 같은 연대로 보는 것 같으나 조몬(繩紋)시대란 이름으로 설정해 놓은 것은 역시 불합리하다고 생각된다. 그래서 이 시기도 대륙에서와 같이 그냥 신석기시대라 호칭하면 될 것이다.

② 전설(傳說)의 시대≪초기이민(初期移民)과 개척(開拓)의 시대≫ ; 이것은 선사시대가 끝나고 역사시대에 들어서기 이전에 혹은 구전(口傳) 등으로 전해 내려오는 부정확하고 불합리한 부분이 많은 역사시대를 말하는 것이다. 일본인들은 고사기(古事記)나 일본서기(日本書紀)에 신대(神代)라 하여 많은 전설들을 수록해 놓았다. 이것이야말로 전설의 시대를 설정하고 반드시 그 안에 들어가야 할 이야기들이다. 일본서기에는 본론 중에서도 전설의 시대로 들어가야 할 이야기들이 대단히 많은 것으로 보인다. 특히 일본에서는 대륙으로부터의 초기의 이민(移民)과 개척(開拓)의 시대가 필수적으로 역사의 한 주요시대로 설정되어야 할 것이다. 혹은 이 시대를 두 부분으로 나누어 전설의 시대와 초기이민과 개척의 시대로 대단원을 구분해서 설정해도 무방할 것이다.

③ 한반도 국가들의 식민지분국시대 ; 앞의 역사 단계는 대략 한반도의 삼한시대 이전의 사람들이 초기에 일본열도로 이민해 가서 신천지를 개척한 시대를 말한다. 이 시기는 그 이후 한반도 삼한시대의 많은 사람들이 일본열도로 건너가서 초기 이민자들과 합세하여 더 넓은 황무지를 개간하여 취락을 형성하고 바로 농경시대로 들어서면서 시작되는 역사시대라 할 수 있다. 그들은 주로 한반도 남단에서 일본열도의 규슈지방으로 진출해서 그곳을 중심으로 그 동쪽으로 확장해 가서 관서지방까지 진출하여 점차 큰 취락을 건설하고 나아가서는 한반도 삼한의 국가들의 식민지분국들을 건설해 가게 된다. 그들이 초기에 정착한 곳을 추정해보면 먼저 변한민족이 규슈의 히무가(日向)지방에 자리를 잡고, 진한민족은 이즈모(出雲)지방을 중심으로 세력을 뻗고, 마한은 기내에서 세력을 뻗친 것 같다. 특히 삼한이 멸망할 무렵에는 다수의 망명집단들이 일본열도 내의 그들의 연고지를 찾아서 집결하여 결국 소왕국들을 건설하는데 그것이 한반도 삼한의 식민지분국들이다. 다

음 시대에는 한반도의 신라, 가야, 백제, 고구려의 4국 민족들이 왜열도 내의 진한, 변한, 마한 등의 연고지를 찾아 집결하면서 더 많은 한반도 4국의 왜열도 내 식민지분국들을 건설하면서 일본역사는 왜국(倭國)시대로 접어들게 된다. 따라서 이 식민지분국의 건설시대가 연대상으로는 한반도에서 삼한시대가 시작되는 시기로부터 4국시대의 초기까지이고, 일본의 역사 편년상으로는 조몬시대 말기에서 야요이시대 중기 정도까지로 하는 것이 좋을 것으로 생각된다.

④ 왜국시대(倭國時代) ; 일본의 역사에서 이 왜국(倭國)시대가 가장 길고 또 대륙으로부터의 한민족(韓民族)의 유입도 가장 많았고 그 재분포도 가장 광범위했을 것으로 본다. 이때 만주와 한반도의 나라들의 한민족(韓民族)들이 대규모로 이동해 와서 새로 펼쳐진 신천지 왜열도에 그들의 식민지분국들을 왕성하게 건설해 나감에 따라 그때까지 황무지와 같은 미개했던 왜열도가 급속도로 개척되고 그로 인해 문화가 급격히 발달하기 시작한 시기가 된다고 할 수 있다. 따라서 당시의 왜열도에서는 그 서쪽지방으로만, 만주와 한반도 국가들의 식민분국으로서 100여 개의 소왕국들이 생겨나 있었던 것을 기록으로 알 수 있다. 그리고 그것이 모두 왜국으로 불리어지게 되고 나중에는 그들을 통제하는 왜국 여왕까지 생기게 된 것이다. 또 그래서 중국이나 한국의 고사서들도 이 시기의 왜국의 상황들을 소상히 기록으로 남기고 있다. 이러한 상황이 일본이 역사시대로 진입한 시대 즉 왜국(倭國)시대의 시작의 상황이다. 왜국시대가 연대상으로는 조선의 제2왕조가 소멸하고 한반도에 3한이 시작되는 시기까지의 한 시대를 택해서 그때부터 시작하여 일본이 완전한 통일 독립국가를 건설하는 8세기 말엽까지 이어진 것으로 하는 것이 좋을 것이라 생각한다. 그렇게 되면 야요이시대와 고훈시대는 이 왜국시대로 흡수가 되어야 한다. 야요이나 고훈은 다만 그 왜국시대에 왜인들이 활동한 곳이거나 왜국인들이 이루어 놓은 문화의 한 소산물이다. 그런 것은 마땅히 왜국시대라는 대단원 안에 포함되어야 한다.

⑤ 통일왕조시대≪또는 일본국(日本國)의 건국(建國)과 왕조의 친정(親政)시대

≫ ; 대단원을 통일왕조시대로 하면 일본국의 건국시대와 왕정시대가 소단원으로 설정되어야 할 것이다. 혹은 일본국의 건국시대와 왕정시대로 분리해서 별도의 대단원으로 설정할 수도 있을 것이다. 연대는 왜국시대가 마감되고 일본국으로 통일독립을 완성한 시기인 9세기 초로부터 첫 번째 무인들의 막부(幕府)가 시작되는 12세기 후반까지로 하면 될 것으로 생각된다. 만약에 이것을 2개의 별도의 단원으로 구분한다면 일본의 건국시대는 대략 독립운동이 시작되는 7세기 후반에서 9세기 초로 하고 왕정시대는 9세기초에서 12세기 후반까지로 하면 될 것이다.

일본의 역사에서 왜국시대로부터 일본국시대로 넘어가는 과정을 자세히 보면 그 첫 단계 사업이 서기 670년경에 왜국(倭國)이란 이름을 일본국(日本國)으로 고친 일이라 할 수 있다. 제2단계는 식민지시대를 전부 말소시키고 백성들을 세뇌시키기 위해서 역사기록을 전면적으로 허위로 꾸민 사업이 시작되어 그 산물로 서기 720년경에 일본서기가 생겨나게 된다. 제3단계가 독립사업의 장애물들을 제거하는 환무분서(桓武焚書)라고 하는 것이 시작된다. 이러한 3단계의 사업이 완성된 이후에 비로소 일본이 완전 독립국으로서 통일왕조가 탄생된 것이라 볼 수 있다.

⑥ 막부시대(幕府時代) ; 일본의 무인집단들이 막부를 설치하여 왕을 대신해서 통치를 단행한 시대를 말하는 것으로 일본에서는 3개의 막부가 있었다. 이것은 날조된 일본서기의 역사시대가 끝난 후이기 때문에 대체로 현재의 역사교과서에 기록된 그대로 따르면 무리가 없을 것으로 생각한다. 그런데 막부의 우두머리를 정이대장군(征夷大將軍)으로 삼았다고 하는데 여기서 정이(征夷)란 무슨 뜻인가? 이것은 오랑캐를 정복한다는 뜻이기 때문에 일본의 오랑캐란 일본국으로의 통일을 반대하는 세력을 말하는 것이다. 그렇다면 그들은 일본의 통일왕조를 반대하고 왜국시대를 지키려는 즉 식민지분국을 지키려는 수구세력들을 말하는 것이라 볼 수 있는데 그렇게 되면 막부시대에 이르러서까지도 왜국시대를 지키려는 한민족(韓民族)수구세력들이 많았다는 것을 알 수 있다.

⑦ 그 이후의 역사시대의 구분 ; 그 이후의 역사시대의 구분은 막부시대가 끝나

고 근대가 되겠지만 이것 또한 대충 현대의 역사교과서에 따르면 될 것으로 생각한다. 다만 천황의 신격화나 황국사관에서 만들어진 교과서가 아니라야만 되는 것은 당연하다.

3) 일본서기(日本書紀) 출현의 의문

(1) 일본(日本)에는 역사서로서 편찬된지가 가장 오래되고 또 현재까지도 유일하게 일본의 정사서로 취급하고 있는 일본서기(日本書紀)라는 책이 있다. 이 책은 서기720년에 완성되었다고 하는데 그 내용을 보면 신대(神代) 상·하가 있고 왕조성립 후의 초대 왕인 신무(神武)천황으로부터 제41대 지통(持統)천황까지의 일본의 역사를 편년체(編年體)로 기록하고 있다. 이 일본서기의 기록에 의하면 처음으로 일본왕조가 성립된 해는 그 초대 왕인 신무천황의 즉위년인 B.C. 660년 신유년(辛酉年)으로 되어 있다. 그래서 일본의 역사가 그때부터 시작된 것으로 된다. 그러나 현재 일본의 역사학자들이 일본의 역사시대의 시작을 고훈(古墳)시대≪서기 250~600년≫로 보고 있다. 역사의 시작연대에 왜 이런 큰 차이가 나는 것일까? 일본서기의 기록이 어딘가 잘못되어 있기 때문이 아니겠는가. 일본서기의 기록대로라면 일본 왕조역사의 시작은 B.C. 660년으로 조몬시대의 후반기에 해당된다. 그렇다면 신무천황은 일본의 신석기시대에 북해도나 일본의 동북지방의 침엽수림지대나 낙엽 광엽수림지대에서 나무의 열매를 따먹으면서 수혈(竪穴)주거지에서 좌우대신을 거느리고 일본국가의 왕위에 올라 즉위식을 가진 셈이 된다.

또 일본서기 신대(神代)는 신무천황의 선대 조상들에 관한 일들을 기록해 놓은 것이다. 그래서 마치 대륙의 신석기시대 이전의 혹은 구석기시대의 전기 이전에 일본에 산 인간들의 역사를 기록해 놓은 것 같이 보인다. 그런데 그 기록에 B.C. 57년에 한반도의 남동부에서 서라벌이란 이름으로 건국하고 서기 503년에 국호를 정한 신라국(新羅國)의 이름이 기록되어 있고 그곳을 그들의 한 조상신의 한향(韓

鄕)이라 기록하고 있다.[7] 신라에 잠시 살았었다는 소전오존(素戔嗚尊)이라는 신의 고향이라는 말이다. 신무천왕이 B.C. 660에 즉위했는데 그 조상이 서기500년이후에 신라에 살았다는 말이다. 이처럼 일본서기의 모순된 기록은 한두 가지가 아니고 책 전체가 진실과는 너무나 거리가 먼 조작품이라서 다 비판하기도 어려운 형편이다.

(2) 일본서기(日本書紀)는 일본의 역사를 기록한 것이 아니라 일본역사의 진실과는 전혀 다른 엉터리 허위의 내용으로 꾸며져 있으면서 오히려 많은 부분이 한국의 역사나 또는 한국의 역사에 관계되는 내용으로 짜여져 있는데, 그것도 물론 거짓이지만 그 내용들이 전반적으로 왜국을 종주국으로 하고 한국을 그들의 예속국이나 식민지국가처럼 기록하고 있다. 따라서 분명한 것은 이러한 허위로 조작된 일본서기라는 책을 두고서는 한국민족과 일본민족은 과거사 청산이나 마음속에서 우러나는 우호나 선린 같은 것은 결코 있을 수 없다는 점이다.

지금까지 일본서기가 엉터리로 조작된 내용으로 만들어졌다고 했는데 지금부터는 그러한 일본서기가 어떻게 해서 만들어지고 어떤 내용들이 조작되었는지 등에 대해서 가급적 소상히 분석하고 엉터리로 된 내용의 사례 등을 들어보기로 한다. 또는 그런 내용인데도 그것조차 일본의 역사학자들이 또한 잘못 해석하거나 왜곡하고 있는 점 등을 지적해 보기로 한다.

① 일본서기는 누구에 의해서 어떻게 편찬되었는지 애매모호하다. 먼저 편찬한 사람이 누구인지 애매하다. 일본서기는 사인친왕(舍人親王)이라는 사람이 서기 720년에 갑자기 왕에게 헌상한 책이라 한다.[8] 그러나 사실은 그때 헌상한 책은 일본기(日本紀)라 되어 있어 현존하는 일본서기(日本書紀)와는 다르다. 그렇지만 우선 그것이 같은 책이라 치더라도 그러한 방대한 기록을 그것도 신대까지 치면 몇천 년이나 되어야 하는 동안의 지나간 역사를 아무런 조직이나 준비도 없이 한사

---

7) 日本書紀卷第一 神代上 第八段(一書第四 및 一書第五).

8) 日本古典文學大系67 「日本書紀」 上 (岩波書店刊行), 解說一의二 成立條.

람이 갑자기 편찬해서 제출했다는 것은 도저히 믿을 수 없는 일이다. 당시 왜국에 정상적인 왕조가 있었다면 사관(史官)을 두어 수시로 왕의 언행을 기록하였다가 다음 대에 관청을 설치하여 간행하였을 터인데 그렇게 하지 아니하였다는 것은 당시의 왜국에는 아직 통일왕조가 없었다는 것을 말하는 것이 되고 따라서 일본서기는 서기 720년에 만들어진 것이 아니라는 것을 증명하고 있는 것이 된다.

② 참고한 문헌이나 사료(史料)가 애매하다. 제기(帝紀)와 상고제사(上古諸事)라는 책은 일본서기가 출현할 때까지는 세상에 있지도 않았기 때문에 그것을 참고로 하였다고 할 수는 없다. 그리고 일본서기가 그 8년 전에 편찬된 고사기(古事記)를 참고하였다면 그 내용이 비슷해야 한다. 그러나 일치하는 표기가 거의 없다. 표기가 틀린다는 것은 일본서기는 고사기가 나온 후에 많은 세월이 흐르고 언어나 문자가 바뀌고 난 다음에 나온 책이라는 것을 증명하는 것이라 할 수 있다. 그렇다면 일본서기는 어떤 문헌이나 사료를 참고로 하였는지 알 수가 없다.

③ 국가적 사업으로 편찬한 흔적이 없다. 일본서기는 무려 41대 1360여 년이란 단일 왕조로서는 세계에서 가장 긴 일본 왕조의 역사를 기록한 왕조실록이다. 그것에 신대까지 합치게 되면 더 헤아릴 수 없이 긴 기간의 왕조역사를 기록한 왕조실록이 된다. 그렇게 긴 왕조의 왕실과 국가에 관한 기록인데 그 자료를 수집하고 편찬을 추진하는 일에 장기간이 소요될 터인데 이렇다 할 추진기관을 설치한 일도 없이 한 사람이 혼자서 만들어서 왕에게 헌상했다 하니 그것을 정상적인 왕조실록이나 왕조의 역사서로 믿기는 어려운 일이다.

④ 일본서기라는 책의 전승되어 온 과정이 애매하고 의심스럽다. 일본서기가 서기 720년에 처음으로 세상에 출현하였다는 사실을 믿는다 해도 그것이 홍인(弘仁) 연대에 제1차로 재편이 완료된 것을 알 수 있다. 그것은 그때 만들어진 일본기사기(日本紀私記), 홍인사기(弘仁私記)[9] 등에서 알 수 있고, 또 홍인사기 서(序)에는 환무(桓武)천황 연력(延曆) 연간에 대대적인 분서(焚書)가 단행되었다고 기록되어

---

9) 앞의 8)의 책과 같음, 三 訓讀篇.

있다 한다.[10] 따라서 일본서기는 이때가 제1차로 제작되었거나 위사(僞史)로 개편된 시기이고 또 일본서기의 위작(僞作)을 숨기기 위해서 제1차로 일본에서 대대적인 분서사건인 환무분서(桓武焚書)가 있었던 때가 된다. 그리고 일본서기가 그 이후에는 쭉 묻혀 있다가 13세기 또는 14세기경, 가마꾸라막부시대에 복부가(卜部家)의 가본(家本)으로 전해져 왔는데 그것도 원본이 아닌 사본이라 한다.[11] 복부가는 왕실과 어떤 인연으로 그것을 500년~600년 후에 그 사본을 가지고 있게 된 것일까? 따라서 그 원본이 없어지고 사본만 남게 된 이 시기가 제2차 위작의 시기가 되었을 가능성이 있다.

⑤ 원본의 유무 자체가 의심스럽다. 일본서기가 서기 720년에 실제로 편찬되었는지 그렇다면 그 이름의 책의 원본이 있었는지가 다 의심스럽다. 일본서기 자체서문이 없기 때문에 누가 어떻게 해서 만들게 되었는지를 전혀 알 수가 없다. 다른 문헌이나 기록상에도 그런 것이 전혀 없다. 그러니 서기 720년에 만들어졌다는 것도 완전히 믿을 수 없다. 다만 속일본기(續日本記)에 다음과 같은 구절이 보일 뿐이다. "…앞서 일품(一品) 사인친왕(舍人親王)이 칙서를 받들어 일본기(日本紀)를 편찬하기 시작하였는데 지금에 이르러 기(紀) 30권과 계도(系圖) 1권을 완성하여 바쳤다…"[12]고 하는 기록이다. 그런데 여기는 분명히 일본기(日本紀)라고 되어 있다. 이 일본기(日本紀)가 지금의 일본서기(日本書紀)라는 보장은 없다. 기(紀)와 서(書)는 전혀 다른 책이라야 한다. 따라서 일본서기(日本書紀)라는 책명으로는 그 원본이 없었다고 보지 아니할 수가 없고 따라서 지금의 일본서기는 서기 720년에 편찬된 것이 아니고 그 이후인 근세 들어 완성되었을 가능성이 크다고 할 수 있다.

⑥ 원본이 있었다 해도 그 원본과 사본의 일치여부가 의심스럽다. 서기 720년에 완성했다는 책은 분명히 일본기(日本紀)이다. 따라서 서(書)자가 들어간 일본서기

---

10) 鹿島昇「桓武焚書と天の王朝」歷史と現代(新國民社) Vol.3-1 p212~p218.

11) 앞의 8)의 책과 같음, 二 諸本篇.

12) 「續日本記」(岩波書店刊行) 卷第八 元正天皇六年, 養老四年 五月條.

(日本書紀)는 분명히 다른 책이라야 한다. 중국의 예에 의하면 서(書)는 기전체(紀傳體)를 가리킨다. 일본서기는 편년체(編年體)로 되어있다. 또 일본서기는 원본은 물론 사본도 몇 번을 일실했는데 현재 일본서기의 모체가 되는 서사본(書寫本)은 요행히 살아남았다고 하는데 연의(演義)나 집해(集解) 등의 보충 선집이 없는 것은 중세까지는 그런 책이 존재하지 않았다는 것을 입증하는 것이다.

⑦ 사본의 진실성이 의심스럽다. 복부가(卜部家)에 전해져 내려오던 사본도 서기 1525년에 전란으로 소실되었다 한다. 그런데 그것이 소실되기 1년 전에 삼조서실륭(三條西實隆)이란 자가 그것을 서사해 둔 것이 있었는데 그 서사본은 소실되지 않고 남아서 전해 내려오게 되었다는 것이다. 그리고 더 이상한 것은 서사한 그 사본이 현대에 전해져 온 것이 아니고 또 서기 1600년경에 다시 서사한 새 사본이 현재에 전해져 오는 것이라 한다.[13] 그렇다면 불에 타지 않은 삼조서실륭이 서사한 서사본의 원본은 어디로 간 것일까? 따라서 일단 복부가의 사본이 불에 타고 삼조서실융이 서사할때 제3차 위작이나 위사로의 재편이 이루어졌을 것이라 보는 것이고, 또 서기 1600년경에 다시 서사할 때에 제4차 위작이나 재편이 이루어졌을 것이라 볼 수 있다. 그리고 그 이후 곧 명치(明治)천황시대에 이르러 대대적인 분서가 이루어졌는데 그때 곧 일본서기를 최종적으로 다시 개서 위작한 후에 그 내용에 거스르는 모든 기록물들은 모두 다 불태워버린 것이다. 그래서 이때 즉 명치분서(明治焚書) 때에 일본서기의 제5차 개편과 위작이 있었다고 보는 것이다.

⑧ 일본서기는 모든 표기가 순 한문식(漢文式)으로 되어있다. 일본서기와 비슷한 시기에 만들어진 고사기나 만엽집(萬葉集)은 한문이 아닌 이두(吏讀)나 가나(假名)식 표기가 대부분이다. 그런데 일본서기는 그런 것과는 달리 표기가 순 한문식으로 되어있기 때문에 앞의 것들 보다 훨씬 후대인 한문이 일반화된 시대에 만들어진 것이라 볼 수 있다. 따라서 여기서도 일본서기는 서기 720년의 작품이 아니고 그 훨씬 후대에 작성된 것임을 알 수 있다. 곧 명치시대에 완성된 것으로 볼 수

---

13) 앞의 8)의 책과 같음.

있게 된다.

⑨ 역일(曆日)의 사용에서도 모순이 들어 난다. 일본서기는 제1대 신무천황에서 제21대 안강(安康)천황 3년까지는 인덕력(麟德曆)으로 기록되어 있고, 그 이후부터 제41대 지통천황까지는 원가력(元嘉曆)으로 기록되어 있는 사실을 볼 수 있다. 그런데 인덕력은 당 고종 인덕(麟德) 2년≪서기 665년≫에, 원가력은 남조의 송 문제 원가(元嘉) 22년≪서기 445년≫에 각각 중국에서 사용되기 시작한 것이다. 원가력의 사용이 인덕력보다 약 220년 정도 앞서서 시행되었던 역법(曆法)이다. 제1대에서 제21대까지는 나중에 생긴 인덕력에 의해서 기록되고 제22대에서 제41대까지는 먼저 생긴 원가력에 의해서 기록되어 있다는 사실이다. 서기 720년에 완성했다는 일본서기의 전반부가 그때 이미 일본에서 시행하고 있던 원가력에 의해서 기록되었어야 할 것인데도 어찌하여 그보다 훨씬 늦게 일본에 도착하였던 인덕력으로 기록이 되어있는 것일까? 이러한 역법의 모순도 결국 위작임을 간단히 말해 주고 있다. 즉 일본서기의 후반부의 역사를 먼저 원가력으로 기록해 놓고 오랜 세월이 지난 후에 인덕력 시대에 와서 그들 선대의 역사를 조작해서 만들어 끼워넣어 맞추다보니 그러한 역일의 모순을 가진 일본서기라는 책을 완성하게 된 것이라 할 수 있다.

지금까지 일본서기가 출현된데 따른 의문되는 점들과 모순되는 점들을 분석해본 셈이다. 그 결과에 따른다면 우선 일본서기는 그 출현부터가 비정상적인 수단에 의해서 만들어진 책이라는 사실을 알게 되고, 한국인의 입장에서 보면 끝까지 한국을 적으로 의식하고 정복해야 한다는 의지를 일관되게 기록해 놓은 책이라는 사실을 깨닫게 된다. 더 심각한 일은 일본인들이 일본서기가 출현하게 된 그 시기에 자신들의 자주독립의 의지를 그 책에서 너무 강렬하게 표현하다 보니 그것이 역사서의 범주를 벗어나 이웃나라에 대해서 도전을 하는 내용이라는 것을 모르고 있는 것 같다는 사실이다. 더욱이 그 내용이 한국의 역사나 한국과 관계되는 역사에 대해서 대부분 왜곡된 기록이고, 전체적으로 한국을 비하하고 왜국을 종주국처럼 떠받드는 등의 거짓말로 가득 찬 내용으로 일관되어 있는 기록이고 보면 한국인으로서는 일본인들이 그들의 후손들에게 남기는, 언제든 한반도를 침략하라는 유언서 같기도 하고 또한 침략지침서 같기도 한 것을 느끼게 된다. 어떻든 지금부터 그러한 일보서기의 엉터리 역사의 조작의 내용을 극히 일부분이나마 그리고 순서대로는 하지 못할지라도 파헤쳐서 그 부당함을 입증하는 일을 해보기로 한다.

2. 일본서기(日本書紀)의 역사 날조의 실상

1) 서언(序言)

앞에서는 일본서기의 비정상적인 출현에 대해서 지적한 셈이다. 여기서는 일본서기의 내용을 전체를 다 분석해서 지적할 수는 없고 가급적 심하게 날조와 허구에 차있는 부분들을 찾아서 지적하고 그런 실례를 몇 가지 열거해 보기로 한다. 그렇지만 일본서기라는 책은 내용의 거의 전부가 조작되어 있기 때문에 그것이 쉬운 일이 아니다. 따라서 아주 터무니없고 허무맹랑한 것이라 생각되는 것들 중에서 결국 몇 가지를 골라서 지적하는 일이 될 것이다. 그에 앞서 먼저 알아둘 것은 동북아시아 3국 즉 중국과 한국 그리고 일본은 오랜 옛날부터 서로 관계가 깊었던 것이 사실이고. 그래서 역사적으로 서로 공통된 관련 사항을 많이 가지고 있는 것이 사실이다. 다시 말하면 중국사서에 한국과 일본의 역사가 많은 부분 기록이 되어 있어 그것으로 자신들의 역사를 중국의 사서에서 알 수가 있게 된 것이다. 그런데 근세에 들어서 일본이 자신들의 진정한 역사의 노출을 꺼려한 탓이겠지만 일본서기라는 엉터리로 꾸민 일본의 역사를 만들어서 자국의 정사서라 하고 내어놓고 중국사서나 한국사서들의 일본 역사에 관한 기록들을 전면 부인하고 나선 것이다. 그러면서 그 일본서기에 맞지 않은 모든 역사 서적이나 역사 기록물들은 국령으로 수거해서 모조리 소각해버린 것이다. 전국적 규모의 대대적인 것만 해도 그 첫 번째의 것이 환무천황의 분서이고 두 번째가 명치천황의 분서이다. 일본에서뿐만 아니라 한국을 식민지로 만든 근세 이후에는 대부분의 한국의 역사 서적이나 역사 기록물들과 역사적 유물들도 약탈 수거해 가서 소각해버렸거나 말살시켜버린 것이다. 그것이 즉 명치분서이다.

박창암(朴蒼岩)씨는 그런 사실과 관련해서 다음과 같이 주장하고 있다. "수집된 사료는 실로 책이 4950권, 사진이 4511매, 그 외 문기(文記), 화상(畫像), 편액(扁額) 등이 4513점에 달하였다.…이러한 자료들은…약탈하기 위해 모아졌기 때문에 혹은 소각되고 혹은 개찬되고 혹은 궁내부(宮內府)로 가져갔다. 그로 인해 한민족(韓民族)은 거의 모든 사서를 잃게 된 것이다."[14]고 기록하고 있다. 일본인들은 이런 짓을 해가면서 왜 자신들의 고대 역사를 은폐하고 당치않은 역사를 허위로 창작해서 일본서기라는 책에 실어 내어놓은 것일까? 그 이유는 간단하다. 한국을 침략하기 위해서다. 그것은 곧 일본이 고대로부터 한국을 정벌해서 식민지나 또는 속국으로 삼아왔는데 앞으로 후손들도 한국을 식민지로 만들어 한국민족을 한반도에서 추방하거나 혹은 일본민족으로 기화시켜버려야 한다고 하는 한국침략의 유언서나 격려서, 또는 침략지침서에 해당되는 내용을 담은 책이기 때문이라는 것을 곧 알 수 있다. 일본서기의 내용은 한국을 격하하고 비하해서 일본에게 조공을 바쳐왔다거나 그렇게 하지 아니하면 징벌을 했다거나 하는 등의 기록으로 충만 되어 있으니 어찌 그것을 역사서라 할 수 있겠는가. 어떻든 동북아시아 3국에 공통으로 해당되거나 관련되는 역사적 사건이나 사실에 대해서도 중국사서와 한국사서들은 모든 부분에서 일치하고 있으나 일본서기는 전혀 다른 내용이거나 그것을 한국을 정벌하거나 조공을 바치게 하였다는 등의 엉뚱한 내용으로 채워져 있다.

---

14) 朴蒼岩, 「歷史の掠奪者は誰か?」80夏, 歷史と現代(新國民社) Vol1-1, p15~p17.

일본서기가 고대사에서 동북아시아의 다른 2국과 전혀 일치되는 기록이 단 한 구절도 없다는 사실만으로도 일본인들은 부끄러워해야 할 것이다. 그리고 이제 침략의 시대는 갔다. 일본인들은 그러한 일본서기를 폐기하던가 재편집하는 등의 노력을 하는 모습을 보이는 것만이 그 잘못에 대한 사죄가 되는 것이 아닐까 하는 생각이다.

2) 동북아시아 3국의 사서의 비교로 알 수 있는 일본서기의 허구성

여기서는 중국, 한국, 일본 등 동북아시아 3국의 사서들을 비교하여 어떤 사건이나 뚜렷한 사실(史實)에 대해서 중국사서나 한국 사서들이 서로 동일하게 기록하고 있는 것에 비해서 일본서기에는 그것이 없거나 전혀 다른 내용으로 기록되어 있는 것들을 몇 가지 가려내어 비교해 보기로 한다.

(1) 중국사서와 한국사서에 같이 기록되어 있는 왜여왕 비미호(卑彌呼)에 대해서 일본서기에서는 일체 그런 이름이 기록되어 있지 않다. 후한서 왜편에는 환제(桓帝)와 영제(靈帝) 연간에 왜국에 대란이 일어나 오랫동안 주인이 없었는데 비미호(卑彌呼)라는 여자를 세워 왕으로 삼았다.[15]고 하여 당시 왜국의 왕은 여자인 비미호라는 사람임을 명기하고 있다. 또 삼국지 위지 동이전에는 서기 238년 6월에 왜여왕이 대부 난승미(大夫難升米) 등을 파견하여 공물을 바치고 위(魏)는 왜왕 비미호에게 조서를 내렸다.[16]고 기록하고 있어 비미호가 왜의 여왕임은 부인할 수 없는 사실로 되어있다. 또 위지에는 그 여왕에 속한 나라들의 이름이나 지리적인 환경까지 또 국가기관의 구조나 백성들의 생활상까지 알 수 있게 기록하고 있다. 그리고 삼국사기 신라본기에는 아달라왕 20년 5월에 왜국 여왕 비미호(卑彌呼)가

---

15) 後漢書 東夷列傳第七十五 倭篇.

16) 三國志 魏志 烏丸鮮卑東夷傳第三十 倭篇.

사신을 보내어 와서 맞이하였다[17]고 기록하고 있어 여기서도 당시의 왜국의 왕이 비미호라는 여자인 사실을 분명히 기록하고 있다. 이로써 한국과 중국의 사서들은 당시의 왜국왕이 여자 비미호라는 사실에 일치한다. 그러나 일본서기에는 그러한 비미호의 이름이 전혀 기록되지 않았다. 그로써 일본서기는 일본열도에서의 왜국 시대를 전면 부인하고 있는 것이다.

(2) **중국사서에 기록되어 있는 것**으로서 중국의 황제가 왜국왕에게 하사한 인수(印綬)가 근년에 일본에서 발견되었다. 즉 서기 57년 후한 광무제가 왜노(倭奴)국왕에게 하사하였다는 그 인수가 서기 1789년에 일본의 복강현 지하(志賀)시(日本 福岡縣 糟屋郡 志賀町)에서 출토되었다 한다. 그래서 그곳이 당시의 왜노국이 있었던 곳으로 추정이 되고 있다. 그러나 일본서기에는 그것과 관련된 사실을 한 마디도 기록하지 않았다. 또 삼국사기 신라본기에는 서기 59년 5월에 왜국과 우호 관계를 맺고 수교하였다고 기록하고 있다. 그러나 일본서기에는 일체 그런 기록이 없다.

(3) **왜국과 특별히 교류가 많았던 남조(南朝)의 송(宋) 양(梁)**의 역사를 기록한 송서(宋書)와 양서(梁書) 등의 왜국편에 빈번히 나오는 당시의 왜왕의 이름들 즉 찬(讚), 진(珍), 제(濟), 흥(興), 무(武) 등[18]과 찬(贊), 미(彌), 제(濟), 흥(興), 무(武) 등[19]이 일본서기에서는 단 한사람의 이름도 나오지 않는다. 또 중국사서에는 왜왕 들이 빈번히 중국의 천자에게 조공한 것이나 천자가 왜왕에게 왕위나 관작(官爵)을 제수한 것 등이 기록되어 있으나 일본서기에는 일체 그런 내용이 없다.

(4) **일본서기(日本書紀)의 내용이 엉터리로 조작된 것이라는 사실**을 밝히기 위해서 송서나 양서의 기록을 인용해서 좀 더 자세하고 명확하게 일본서기의 기록의 허구성을 입증해 보기로 한다. 우선 송서에는 남조의 송(宋)나라 황제에게 왜

---

17) 三國史記 新羅本紀第二 阿達羅尼師今二十年 五月條.

18) 宋書 列傳第五十七 夷蠻 倭國篇.

19) 梁書 列傳第四十八 諸夷 東夷 倭篇.

왕찬(倭王讚) 때부터 표(表)를 올리기 시작한 것으로 되어있다. 문제(文帝) 때는 왜왕진(倭王珍)이 원가(元嘉) 2년≪서기 425년≫에 올린 표에 대해서 "…왜왕 찬(讚)이 죽고 동생인 진(珍)이 왕이 되어 사신을 보내 공물을 바쳤다. 그리고 자칭 '사지절(使持節)·도독 왜(倭), 백제(百濟), 신라(新羅), 임나(任那), 진한(秦韓), 모한(慕韓)의 6국 제(諸)군사 안동대장군 왜국왕'으로 표를 올려 정식으로 제수(除授)해 줄 것을 요청하니 천자가 조서를 내려 '안동장군 왜국왕'으로 제수하였다…"[20]고 기록하고 있다. 여기서 주시할 것은 왜왕이 6국의 제군사 안동대장군(安東大將軍)을 제청한데 대해서 천자는 6국의 제군사 대장군이 아닌 다만 안동장군(安東將軍) 왜국왕(倭國王)의 지위만을 제수하였다. 또 송(宋) 문제 원가 20년에는 왜왕 제(濟)가 같은 내용의 상표를 올리고 있고, 또 송(宋) 효무제(孝武帝) 대명(大明) 6년에는 왜왕 흥(興)이 같은 상표를 올리고 있다. 다음에는 송(宋) 순제(順帝) 승명(昇明) 2년에 왜왕 무(武)가 올린 상표에는 가라(加羅)가 더 첨가되어 7국이 되어있다. 송(宋)나라에서는 비로소 왜왕 무에게 조서를 내려 대장군의 관작을 부여한다. 그런데 왜왕 무가 표를 올릴 때는 7국이었는데 제수한 나라는 6국으로 백제(百濟)가 빠져있다. 그것은 송나라가 한반도의 백제국과 친밀한 관계로 비록 왜열도에 있는 그들의 식민지분국이지만 그 백제를 삭제하고 제수한 것으로 보인다. 왜냐하면 그 상표에 있는 나라들은 모두가 당시에 한반도 본국(本國)들이 아니고 왜열도에 있었던 그들의 분국(分國)들을 지칭하는 것이기 때문이다. 그런데 이렇게 많은 송서의 내용들이 어찌하여 일본서기에는 단 한 구절도 기록되고 있지 않으니 그런 일본서기를 어찌 역사서라 할 것인가. 일본인들은 이것부터 명확히 해명해야 할 것이다.

특히 왜왕 무(武)가 송(宋)나라로부터 안동대장군(安東大將軍)에 제수되고, 남제(南齊)로부터는 진동대장군(鎭東大將軍)으로 승진되고, 양(梁)나라로부터는 정동대장군(征東大將軍)이라는 승진된 칭호의 왕위가 제수된다. 그래서 일본의 사학자

20) 宋書 列傳第五十七 夷蠻 倭國篇 太祖元嘉二年條.

들이 이러한 왜왕 무를 일본서기에 나오는 웅략(雄略)천황으로 비정하고 있는 것 같은데 그러나 그것은 아무런 역사적 고증이나 근거도 없이 저들의 생각만으로 억지를 부리는 꼴이다. 당시의 일본의 역사를 기록했다는 일본서기에 그러한 왜왕 무의 이름이나 활동에 관한 내용이 일언반구도 없지 아니한가? 일본서기에 없는 것을 무와 웅략이란 이름 글자의 뜻이 비슷할 거라고 해서 두사람이 일치한다고 떼를 쓰고 있는 꼴인데 만약에 중국사서의 왜왕 무가 일본서기의 웅략천황이라고 꼭 주장을 하려면 먼저 일본서기를 폐기한 다음에 해야 할 것이다.

(5) 왜왕 무(武)가 올린 상표에는 왜왕을 왜(倭), 백제(百濟), 신라(新羅), 임나(任那), 가라(加羅), 진한(秦韓), 모한(慕韓) 등의 7국을 정벌했기 때문에 그들을 통치하는 대장군으로 임명해 달라는 내용인데 이 내용이 많은 문제점을 안고 있는 것이다. 여기서 좀 자세히 검토해 보기로 한다. 우선 결론부터 말해서 이 7국이 모두 한반도에 있는 나라들인 것처럼 보이지만 사실은 그게 아니고 모두 당시에 왜 열도에 있었던 한반도 나라들의 식민지분국들이다. 일본인들이 그들의 왜국시대의 역사를 말살하다보니 한반도에서 왜열도로의 이민사(移民史), 개척사가 소멸되는 바람에 그것들을 분간할 수 없게 만들어 버린 것이다.

① 모한(慕韓)은 마한(馬韓)을 지칭하는 것이 아니다. 왜냐하면 한반도에 있었던 마한은 이 시점에서는 이미 나라가 없어진지 500년이 넘었다. 왜국의 왕이 상국에 올리는 표에 세상에서 그 나라가 없어지고 나라 이름이 소멸된지 이미 500년이 된 한반도의 마한(馬韓)을 모한(慕韓)으로 틀리게 기록해서 올릴 정도의 파렴치한은 아니었을 것이라 생각한다. 그것도 왜5왕이 다 그렇게 올리고 있고 중국에서는 그것을 확인한 다음에 조서를 내려서 그 왕으로 제수했기 때문이다. 또 이미 500년 전에 마한을 흡수한 백제(百濟)가 같이 들어있다. 따라서 모한(慕韓)은 한반도에 있었던 나라가 아니고 당시에 왜국 내에 현존해 있었던 3한(韓)의 식민지분국이었다. 따라서 상표의 백제(百濟)도 마한을 흡수한 한반도의 백제본국이 아니고 그들이 식민지로 건설한 왜국의 백제분국을 지칭하는 것이다.

② 진한(秦韓)도 진한(辰韓)을 지칭하는 것이 아니다. 왜냐하면 한반도에 있었던 진한(辰韓)도 그때 이미 나라와 그 이름이 없어진지가 500년이 훨씬 넘었고 또 나라를 500여 년 전에 흡수한 신라(新羅)가 상표에 같이 기록되어 있다. 따라서 상표의 신라(新羅)도 진한을 흡수한 한반도의 신라본국이 아니고 그들이 식민지로 건설한 왜국에 있는 신라분국을 지칭하는 것임을 알 수 있다. 따라서 이 진한(秦韓)도 당시에 왜열도에 현존해 있었던 한반도 삼한(三韓)의 한 식민지분국이었던 것이다.

③ 가라(加羅)도 한반도의 가야(伽耶)를 지칭하는 것이 아니다. 가라는 왜왕 찬(讚)과 진(珍)의 상표에는 들어있지 않았는데 왜왕 제(濟)의 상표부터 들기 시작한다. 가라는 물론 한반도 남부지역에 있었던 가야(伽耶)연방국을 지칭하는 것은 아니다. 그 이유를 설명하기로 한다. (1) 일본서기에서는 가야(伽耶)에 대한 기록은 단 한마디도 없다. 그러한 가야를 오직 상표에만 넣을 리가 없고 따라서 가라국은 한반도의 가야국이 아니고 왜국내에 있었던 그들의 식민지분국으로 볼 수밖에 없다. (2) 찬(讚) 진(珍)시대에 상표에 가라가 없다가 제(濟)시대에 나타나는데 그렇다면 진과 제시대에 일본이 가라를 정복했어야 하는데 어떤 기록에서도 그러한 징후는 발견할 수 없다. 따라서 가라는 왜열도에 있었던 나라로 보지 아니할 수 없다. (3) 한국사서에는 한반도의 가야국은 가락국(駕洛國), 가야국(伽耶國), 또는 금관가야(金官伽倻) 등으로 기록되어 있다. 가라국(加羅國)이라는 이름으로 나오지 않는다. (4) 더 확실한 것은 중국사서 한원(翰苑)의 분주(分注)에 가라(加羅)가 경주≪신라의 수도≫의 남쪽 7·8백리에 있는 대마도에 있었다고 명기하고 있는 사실이다. (5) 일본서기 흠명(欽明)천황 23년의 임나관가(任那官家)의 본주(本註)의 기록에 임나관가 10국 중에 가라국(加羅國)이란 국명[21]이 나오는데 그 임나(任那)가 대마도와 규슈에 있었던 나라이기 때문에 그 중의 하나인 가라국도 왜열도의 규슈나 대마도에 있었던 나라임이 입증 되는 것이다.

---

21) 「日本書紀」卷第十九 欽明天皇二十三年 正月條 本註.

④ 백제(百濟)와 신라(新羅)도 한반도의 나라들을 지칭하는 것이 아니다. 그 이유를 들어보면 (1) 이미 앞의 ①과 ②에서 입증한 셈이다. (2) 당시의 왜인들이 한반도 신라를 정복한 일이 없었고 백제를 정벌한 일도 없었다. 정벌도 하지 않은 한반도의 나라들을 다스리는 것처럼 상표에 올릴 수가 있겠는가. (3) 이 시대는 아직 일본에는 독립된 통일왕국이 없었고 100여 개의 소왕국을 이루고 있던 왜국(倭國)시대인데 어떤 소왕국이나 집단이 한반도를 정벌했다고 할 것인가. 따라서 상표문에 있는 백제와 신라는 왜국에 있었던 한반도 백제와 신라의 식민지분국이외에는 있을 수 없다. 다만 그 분국들이 한반도 본국의 국명을 그대로 천이해서 사용한 것이 문제를 복잡하게 만든 것이라 할 수 있다. 혹은 일본인들이 일본서기를 개찬할 때 비슷한 분국의 이름을 본국의 이름으로 고쳐 기록했을 가능성도 높다. (4) 일본서기에 상표의 내용을 뒷받침할 아무런 기록이 없다. 만약에 왜국이 정말로 한반도의 백제와 신라를 속국으로 삼았었다면 일본서기가 그런 사실을 어떤 식으로든 기록하지 않을 리가 있겠는가. 따라서 상표문에 있는 백제와 신라는 한반도에 있는 백제와 신라의 본국이 아니고 당시 왜열도에 있었던 그들의 분국이라는 사실을 알 수 있다.

(6) 수서(隋書) 왜국편에 의하면 수문제 개황(開皇) 20년≪서기 600년≫에 왜왕의 성(姓)이 아매(阿每)이고 자(字)가 다리사비고(多利思比孤)이고 호(號)가 아배계미(阿輩雞彌)인 왜왕이 사신을 보내어 궁궐로 왔다.…태자를 이름하여 리가미다불리(利歌彌多弗利)라 한다.[22]고 기록하고 있는데 일본서기에는 이런 이름들이 기록된 것이 일체 없다. 서기 600년대의 왜왕은 일본서기에는 추고(推古)천황이라는 여자인데 이름은 풍어식취옥희(豐御食炊屋姬)〈도요미게가시기야히메〉로 되어있고 결혼하기 이전의 황여(皇女)일 때의 이름은 액전부(額田部)〈누가다베노히메〉로 되어 있어 수서(隋書)의 성, 자, 호를 통 털어 글자 하나도 닮은 것이 없다. 여기서는 불행하게도 같은 글자가 하나도 없으니 이 수서의 왜왕이 추고천황이라고 떼를

---

22) 隋書 列傳第四十六 東夷 倭國篇 開皇二十年條.

쓸 건덕지가 없게 되었다. 그런데 일본의 역사학자들은 그 일본서기를 정당화시키기 위해서 오히려 중국이나 한국의 사서들을 엉터리라고 몰아가려 하고 있다.

(7) 수서(隋書)의 왜국편에 의하면 서기 607년에 왜왕 다리사비고(多利思比孤)가 사신을 보내어 조공하였다.…그 국서에 이르기를 해뜨는 곳의 천자(天子)가 해지는 곳의 천자에게 글을 보내니 무량하시오 운운하였다.…다음 해에 상(上)께서는 문림랑(文林郎) 배청(裵淸)을 왜국에 사신으로 보냈다. 백제(百濟)를 지나서 행렬이 죽도에 이르고…또 동으로 진왕국(秦王國)에 이르니 그곳 사람들은 중국과 같아 중국 변방의 한 주(洲)라 여겼는데 확실치 않다.…[23]고 기록하고 있다. 이때의 배청(裵淸)이 곧 배세청(裵世淸)이다. 이 수서의 기록과 비슷한 내용의 글이 비로소 일본서기에 기록되어 있다. 일본서기의 추고(推古)천황 15년조에 의하면 7월 3일에 대례(大禮) 소야신매자(小野臣妹子)를 당(唐)나라에 파견하였다.…16년 4월에…대당(大唐)의 사신 배세청(裵世淸)과 하객(下客) 12명이 축자에 도착하였다.…8월 3일에 당나라 사신이 서울로 왔다.…9월 11일 배세청이 돌아가게 되었는데…이때 천황이 당나라 황제에게 안부를 물으면서 말하기를 동쪽의 천황이 서쪽의 황제에게 말씀을 드리노라.…[24]라고 기록하고 있다. 여기서 비로소 중국사서의 기록과 일본서기의 기록에서 배세청(裵世淸)이라는 중국 사신이 왜국에 왕래한 대목에서 일치하는 부분이 나타난다. 그러나 내용은 대부분이 불합리하다.

① 이들 두 기록에서 뚜렷하게 나타나는 차이점이나 모순되는 것들을 가려내어 몇 가지 지적해 보기로 한다. (1) 수서(隋書)에는 왜국왕의 이름이 다리사비고(多利思比孤)라 하였는데 일본서기에는 그런 이름은 어디에서도 없다. (2) 일본서기에서는 서기 607년 7월에 대례 소야신매자(小野臣妹子)를 대당(大唐), 즉 당(唐)왕조에 사신으로 보냈다고 기록하고 있다. 그러나 당왕조는 서기 618년에 건국하였다. 그렇다면 일본에서는 사신을 아직 생겨나지도 아니한 나라에 보냈단 말인가? 도대

---

23) 앞의 22)의 책과 같음, 大業三年條.

24) 日本古典文學大系 下「日本書紀」卷第二十二(岩波書店), 推古天皇十五年〜十七年條.

체 그런 기록을 어찌 믿을 수 있겠는가. 훗날에 짜맞춰 넣었을 가능성이 있다. (3) 국서의 내용도 판이하게 다르다. 수서에는 왜국의 국서에 해뜨는 곳의 천자가 해지는 곳의 천자에게 글을 부치니 무량한지 운운, 이라 하였다고 하였는데 일본서기에는 동쪽의 천황이 서쪽 황제에게 삼가 말씀드린다고 되어 있다. 우선 칭호도 천자(天子)가 천황(天皇)으로 또는 황제(皇帝)로 달라졌다. 아마도 그로부터 수백년 후에 일본서기를 편찬하면서 그때 처음으로 천황이라는 왕호를 사용하게 되면서 일본서기에도 천황이라 기록하고 중국의 왕호도 바르게 황제로 기록한 것으로 볼 수 있다. (4) 일본은 서기 670년에 국호를 왜(倭)에서 일본(日本)으로 고쳤다. 그 이전의 왜국시대에는 천황이란 호칭을 사용하지 안 했다. 그런데 일본서기는 중국에 보낸 국서에 서기 608년 이때 이미 왕을 천황이라 지칭하고 있었던 것처럼 기록하고 있다. 이것이 어찌 거짓 기록 아니겠는가. (5) 수서에 백제를 지나서란 기록이 나온다. 여기에 대해서 삼국사기 백제본기 무왕9년의 기록을 보면 "3월에 사신을 수(隋)나라에 보내 조공하였다. 이때 수(隋)나라는 문림랑 배청(裵淸)을 왜국에 사신으로 보냈는데 그는 우리나라의 남로(南路)를 거쳐갔다."[25]고 하고 있어 수서와 일치하고 있다. 한국사서에는 중국에 조공한 사실을 정직하게 기록하고 있으나 일본서기에서는 그런 것을 찾아볼 수 없다. 중국사서에는 왜의 사신이 중국에 올 때마다 조공한 사실을 기록하고 있으나 일본서기에는 그러한 문구를 찾아볼 수 없고, 그 반면 한반도의 모든 나라들이 왜국에 빈번히 또 부지런히 그리고 끊임없이 조공을 했다는 기록들로 뒤덮여 있다. 그러한 일본서기의 엉터리 거짓 기록이, 일본인들이 그들의 후손들에게 한국을 언제든지 정벌해야 한다는 유언을 한 것이 아니고 무엇이겠는가.

② 이 기록에서 진왕국(秦王國)은, 중국에서 진(秦)나라가 멸망할 때 그 백성들이 한반도로 망명해 와서 그 일부는 마한이 떼어준 한반도의 남동쪽 땅에서 진한(辰韓)≪또는 진한(秦韓)≫을 건국하여 정착하였고 그 일부이거나 또는 그들 후손

---

25) 三國史記 百濟本紀第五 武王九年 三月條.

의 일부가 다시 왜열도로 건너가서 세운 왕국이다. 그곳 사람들은 곧 중국 진나라 사람들이었기에 중국의 변방 같다고 한 것이다. 그로인해 중국 진나라의 많은 언어 풍속들이 천이되어 현재의 일본인들에게 전해진 것으로 보이는데 한두 가지 예를 들어보면 그들의 「기모노〈きもの〉」≪일본인들의 전통 의복≫의 소매 밑쪽이 길게 아래로 늘어진 것과, 대답할 때 쓰는 「하이〈はい〉」라는 언어이다. 이것을 한반도에서는 「예이」라고 하였던 것으로 보인다. 그 이외에도 옛날 중국 진나라의 것들이 진한이나 왜국에 많이 천이되어 있는 것으로 볼 수 있다.

(8) **일본서기(日本書紀)에서는 초대 천황이라는 신무(神武)천황이 즉위**했다는 B.C. 660년부터 왕호를 천황(天皇)으로 기록하고 있고, 그 해를 천황(天皇) 원년(元年)이라 기록하고 있다. 그러나 그것은 너무나 무리한 거짓말이다. 지금부터 일본서기의 그런 거짓말이나 거짓 기록의 사례들을 몇 가지 지적해 보기로 한다.

① 일본서기의 신무천황 원년조에 의하면 "신유년(辛酉年) 정월 초하룻날에 강원궁(橿原宮)에서 천황이 즉위하였다. 이 해가 천황의 원년이다. 고 기록하고 있어 일본에서는 천황(天皇)이라는 왕호(王號)가 B.C. 660년부터 사용되기 시작한 것으로 되어있다. 그러나 그때가 일본에서는 아직 선사시대로 치고있는 시대이다. 따라서 일본인들은 아직 아무 문자도 없을 미개한 사람들인데 천황(天皇)이라는 문자만은 사용하고 있었단 말인가? 아니면 그런 일본서기의 기록을 거짓으로 보아야 한다.

② 기원전(B.C.) 660년은 중국에서 사용한 문자는 대전(大篆)으로 되어 있다. 따라서 일본에서 왕호로 사용했다는 천황이라는 문자도 분명히 대전으로 기록되어 있어야 한다. 그런데 서기 720년에 그것을 일본서기에 수록할 때 해서(楷書)로 번역하여 수록했단 말인가? 일본에서는 누가 그러한 고문(古文)을 해독해서 번역했단 말인가? 일본서기는 금새 드러날 거짓말을 파렴치하게도 사실인양 떳떳하게 기록하고 있다.

③ 여기서는 중국사서나 한국사서에서 대개 언제쯤에 일본이 천황이라는 왕호

를 갖기 시작하였는지를 추적해 보기로 한다. (1) 후한서부터 왜(倭)에 관한 기록이 나타나기 시작한다. 그 동이열전에 의하면 왜에는 모두 100여 개의 나라들이 있었다고 하고 그 나라들에서는 모두 왕(王)이라 칭하고 대대로 왕통을 이었고 그 대왜왕(大倭王)은 야마대국에 거처했다고 기록하고 있다. 따라서 모두 왕(王)이라 칭하고 천황이라는 호칭은 없었다는 것을 알 수 있다. (2) 삼국지 위지 동이전에도 왜 여왕 비미호를 비롯한 왜왕들의 이름이나 왕의 칭호는 빈번히 기록되어 있지만 천황이라는 칭호나 그런 사람의 이름은 일체 기록에 없다. (3) 진서(晉書)도 비미호가 여왕이 되었다고 기록하고 있을 뿐이다. (4) 다음에는 일본과 내왕이 가장 많고 빈번했던 송서(宋書)를 보면 서기425년경에 왜왕 진(珍)이 올린 상표에도 자신을 왜천황(倭天皇)으로 제수해 달라는 요청이 아니고 자신을 왜국왕(倭國王)으로 임명해 달라는 요청을 한 것이다. 그 후에 왜국왕 제(濟)도, 흥(興)도, 무(武)도 모두 왜국왕(倭國王)으로 임명해 줄 것을 요청했고 그렇게 왜국왕(倭國王)으로 제수했다. 그런데 천황이란 말이 어디서 나온 것인가. (5) 남제서, 양서도 모두 송서와 같고, 또 남사나 북사 등도 내용이 같다. (6) 다만 왜왕 다리사비고(多利思比孤)가 서기 607년에 수나라에 올린 국서에 자신을 천자(天子)에 비유한 기록이 나온다. 그러나 천황이라는 왕호는 나오지 않는다. (7) 서기 945년에 편찬된 구당서(舊唐書)에는 왜국(倭國)과 일본국(日本國)의 기록이 동시에 나오고 왜왕이 당(唐)왕조에 조공한 것들을 기록하고 있지만 천황(天皇)이라는 왕호는 어디에도 없다.

이렇게 중국사서들을 추적해 봐도 서기 945년까지는 일본에서 그들의 왕을 천황이라 호칭한 징후는 없다. 따라서 서기 945년까지는 일본에서 그들의 왕을 천황으로 호칭하지 않았다는 사실은 명확하다고 할 수 있다. 그렇다면 일본은 그들의 왕을 언제부터 천황으로 호칭하기 시작한 것일까? 그 해답은 신당서(新唐書)에서 비로소 얻을 수 있다.

④ 서기 1060년에 완성된 신당서에는 왜국(倭國)이란 국명은 없어지고 일본(日本)이라는 국명으로 기록되어 있다. 그리고 그 일본편에 비로소 일본이 왕호를 천

황(天皇)으로 바꾸었다는 기록이 나타난다. 신당서 일본편에 의하면 그 왕성(王姓)은 아매씨(阿每氏)인데 그가 스스로 말하기를 일본은 천어중주(天御中主)라는 이름의 초대 군주로부터 언염(彦瀲)에 이르기까지 모두 32세(世)인데 다 존(尊)이라는 칭호를 가지고 축자성에 거처했다. 언염의 아들 신무(神武)가 군주가 되면서 칭호를 천황(天皇)이라고 바꾸고 옮겨가서 대화주(大和州)를 다스렸다.…다음은 흠명(欽明)이다. 흠명 11년은 양(梁)나라 승성(承聖) 원년≪서기 552년≫이다.…다음은 용명(用明)이다. 그를 일다리사비고(日多利思比孤)라고 하는데 그가 수(隋)나라 개황(開皇)말년≪서기 600년경≫에 처음으로 중국과 교통을 하였다.…[26]고 기록하고 있다. 이 기록은 왜왕이 말한 것을 그대로 기록한 것이다. 따라서 많은 거짓말이 포함되어 있겠지만 그러나 여기서 일본이 천황이라는 왕호를 언제부터 사용하게 되었는지에 대한 것을 비롯해서 국호를 일본(日本)으로 바꾼 것 등 여러 가지를 대략 추정할 수는 있다. 천황이란 왕호에 대해서 좀 더 자세히 살펴보기로 한다. (1) 초대 군주인 천어중주(天御中主)에서 언염(彦瀲)까지 무릇 32세(世)라 했는데 일본서기에는 12세(世)로 되어 있다. 어떤 쪽인가 거짓말을 하고 있다. (2) 일본서기에 신무천황은 천어중주가 아닌 국상입존(國常立尊)과 고황산령존(高皇産靈尊)의 후손으로 되어 있다. 이것 또한 어떤 쪽인가 거짓말을 하고 있다. (3) 왜왕 아매(阿每) 다리사비고(多利思比孤)가 여기서 일본서기의 용명(用明)천황이라는 사실을 알게 되었다. 일본서기는 왜 이 사실을 기록하지 아니하였을까? (4) 서기 945년에 편찬한 구당서에는 천황이라는 왕호가 나오지 않는다. 그러다가 서기 1060년에 편찬한 신당서에 비로소 일본이 왕호를 "천황"으로 바꾸었다고 기록하였으니 일본이 천황이란 왕호를 사용하기 시작한 것은 서기 945년에서 서기 1060년 사이라는 것이 자명하게 된다. 따라서 일본에서 실제로 천황이란 왕호를 사용하기 시작한 것은 일본서기의 기록처럼 B.C. 660년부터가 아니고 빨라도 10세기 후반 이후라는 것을 알 수 있고, 또 그러한 천황이라는 왕호를 기록할 수 있는 것도 그 왕

---

26) 新唐書 列傳第一百四十五 東夷 日本篇.

호가 생기고 난 다음이라야 가능하기 때문에 일본서기의 편찬도 서기 720년이 아니고 빨라도 10세기 후반 이후의 일이라는 것이 명백해진다.

(9) 삼국사기(三國史記) 신라본기에는 일본에 관한 기록이 다소 빈번히 나오는 편인데 서기 670년을 경계로 그 이전의 기록에는 일본의 왕을 왜왕(倭王)으로 기록하고 그 이후에는 일본국왕(日本國王)으로 기록하고 있다. 그러나 서기 935년 신라본기가 끝날 때까지 일본왕이 천황으로 왕호를 변경했다는 기록은 없다. 그럴 것이 일본에서 천황이라는 왕호가 생긴 것은 신라가 멸망한 이후인 빨라도 서기 945년 이후이기 때문이다.

(10) 일본서기에는 일본(日本)이란 나라 이름이 B.C. 660년 신무천황이 왕으로 즉위하기 훨씬 이전부터 생기고 또 사용되어 온 것처럼 기록하고 있다. 그러나 그것도 천황이란 왕호처럼 역시 너무나 맹랑한 거짓말이다. 지금부터 그것에 관한 일본서기의 허구성을 지적해 보기로 한다.

① 일본서기의 기록에는 이상하게도 신무천황이 B.C. 660년에 어떤 나라를 세웠다는 기록도 없고, 나라 이름도 없이 다만 천황으로 즉위해서 그 해가 천황 원년이라고만 기록하고 있다. 이러한 것도 매우 불합리한 기록이다. 일본서기는 떳떳하게 신무천황이 일본국을 세워서 초대 천황이 되었다고 기록하지 못하는 대신 우회적으로 일본의 천황이 된 것을 암시하는 식으로 기록하고 있다. 그것이 얼마나 간교한 술법이고 또 표현인가. 이렇게 처음부터 쓰지 않았던 일본이란 국호를 사용한 것처럼, 또는 후일에 생긴 국호가 처음부터 사용되고 있었던 것처럼 기록해 놓은 일본서기가 위작이 아니고 무엇이겠는가?

② 여기서 또 하나의 일본서기의 기묘한 허구의 술법을 지적하지 아니할 수 없다. 그것은 다름이 아니고 "야먀도"라는 이름이다. 일본서기에 일본(日本) 왜(倭) 대화(大和)를 모두 야마도라 한다. 그 말이 어디서 나온 것일까? 본래 "야먀도"란 "야마대(邪馬臺)"에서 온 말이다. 일본어 발음에 "대"가 없기 때문에 "도"로 되어 "야마대"가 "야마도"로 된 것이다. 야마대(邪馬臺)국은 왜여왕 비미호(卑彌呼)의

도읍지의 나라이다. 즉 규슈지방에서 많은 소왕국들을 거느리고 있던 왜인의 나라의 이름이다. 북사(北史)에서는 그것을 야마퇴(邪馬堆)라 하였다 [27]따라서 일본인들이 왜국, 대화국, 일본국을 모두 "야마도" 또는 "야마토"라고 하는 것은 일본이 그 야마대국(邪馬臺國)을 이어받은 후신국(後身國)임을 뜻하는 것이다. 그러나 일본서기에는 그런 뜻은 물론 "야마도노구니"나 그 여왕 비미호에 대해서나 또 왜국 시대의 존재조차도 일체 기록하지 않았기 때문에 그것을 후세의 일본인들이 전혀 알 수 없게 만들어 놓았다.

③ 서기 945년에 편찬된 구당서(舊唐書)의 열전에 비로소 왜국(倭國)편과 일본국(日本國)편이 별도로 설정되어 있고 두 국명이 각각 기록되어 있다. 그래서 왜국이 이 시점부터 일본국으로 바뀌어 기록되기 시작한 것을 알 수 있다. 왜국편의 기록에는 "왜국은 옛 왜노국(倭奴國)이다.…사방에 작은 섬으로 된 50여 개의 나라들이 모두 부속되어 있다. 그 왕의 성은 아매씨(阿每氏)이다.…"[28]라고 기록하고 있고, 일본국편에는 "일본국은 왜국의 별종이다. 그 나라가 해의 변두리에 있다 하여 일본이라는 이름으로 되었다. 혹은 왜국 스스로 그 이름이 아름답지 못하고 싫어서 일본이라 바꾸었다고도 하고 혹은 일본은 옛날에는 소국이었는데 왜국의 땅을 병탄했다고도 한다.…"[29]고 기록하고 있어 이때 그들이 왜국이란 나라 이름을 왜 일본으로 바꾸었는지도 대략 알 수 있게 하고 있다. 그리고 양쪽으로부터 왜국은 섬이 많은 규슈지방에 있었고 그들이 지금의 기내로 가서 일본국이 되었다는 사실도 알 수 있다. 이 기록에 의해서 신무천황의 동정이 10세기경에 이루어졌다는 사실도 알 수 있다. 또 하나 이 기록들에서 아매(阿每) 다리사비고(多利思比孤)인 일본서기의 제32대 용명(用明)천황은 기내에 위치했던 일본국의 천황이 아니고 일본국이 성립되기 이전의 규슈지방의 왜노국(倭奴國)의 왕이었음이 확인된다. 일

27) 北史 列傳第八十二 倭國篇.

28) 舊唐書 列傳第一百四十九上 東夷 倭國篇.

29) 앞의 28)의 책과 같음, 日本國篇.

본인들은 그러한 규슈지방의 왜노국의 왕을 끌어다가 기내에 위치하게 된 일본국의 제32대 천황으로 만들어놓고 천황이 만세일계라 자랑하고 있다.

④ 서기 1060년에 편찬된 신당서부터는 오직 일본 또는 일본국으로만 기록된다. 그 일본편에 의하면 천지(天智)가 죽고 아들 천무가 섰다가 죽고 아들 총지(總持)가 즉위하였다. 서기 670년에 왜라는 이름을 싫어하여 국호를 일본이라 고쳤다. 고 하여 서기 670년에 왜국이 일본국으로 국호를 바꾸었음을 여기에 명기하고 있다.

⑤ 삼국사기 신라본기 문무왕(文武王) 10년≪서기 670년≫조의 기록에 의하면 12월에…왜국이 나라 이름을 일본이라 고쳤는데 스스로 말하기를 해 뜨는 곳에 가까워서 이름을 그렇게 고쳤다고 하였다. 고 하여 이것으로 일본인들이 서기 670년 왜(倭)에서 일본(日本)으로 국호를 바꾸었다는 사실에 대해서는 삼국사기의 기록과 신당서의 기록이 완전 일치한다. 그러나 일본서기에는 서기 670년은 천지(天智)천황 9년에 해당되지만 국호를 일본으로 바꾸었다는 구절은 일체 찾아볼 수 없다. 이런 것들로도 일본서기의 날조된 허구성이 만천하에 드러나는 일이라 할 수 있다.

3) 왜열도내의 분국(分國)들을 한반도나 대륙의 본국(本國)으로 상정하는 사례들

여기서 먼저 일본서기가 그런 허구의 표본으로 출현하게 된 동기부터 알아두는 것이 더 중요할 것으로 생각되어 결론을 겸해서 우선 그것부터 밝혀보기로 한다. 그런데 일본서기가 날조되고 그것이 국민들에게 주입되고 세뇌될 수 있었던 근본 원인은 결국 일본인들이 일본의 역사에서 그들의 왜열도로의 이민사와 왜열도의 개척사 또는 한반도 국가들의 식민지분국시대의 역사와 그리고 뒤이은 왜국(倭國)시대의 역사를 완전히 지워버리고, 전혀 없었던 것으로 해서 그들의 고대사를 완전히 다른, 거짓과 허구로 된 체계의 역사로 꾸민 것에 기인한다고 할 수 있다. 그래서 그 소산물로 생겨난 것이 일본서기이고 또한 일본인들이 고대에 한반도 삼한 사국들의 속국들에서 벗어나서 독립하기 위해 몸부림치면서 만들어진 것이 일본 서기다. 즉 식민지의 한을 풀기 위해서 만들어진 책이다. 그렇다보니 전체가 허위 로 만들어지지 아니할 수가 없었던 것이다. 그래서 일본의 역사와는 전혀 무관한 엉터리 거짓 내용으로서 오히려 한반도를 침략하라는 지침서로 되어있는데도 그런 일본서기를 일본의 정사서라 하고 내놓은 것이다. 그리고 황국사관이란 이데올로기를 만들어 국민들에게 강제로 주입시켰다. 이런 사실을 알고 그 각론들을 살펴보기로 한다.

여기서는 위치상으로 일본 규슈지방의 축자에 있었던 왜국으로서는 도저히 할 수 없는 불가능한 일이고 만약에 그 왜국이 만주나 한반도에 위치해 있었다면 가능한 일이라 할 수 있고, 또 일본서기의 기록에 나오는 신라, 백제, 고구려가 왜국 내에 있었거나 축자 주위의 도서지방에 있었다면 가능한 일이라 볼 수 있는 사건들이 많은데 그 중에서 매우 심한 것 두 가지의 사례를 골라서 여기에 소개해 보기로 한다. 첫째가 신공황후(神功皇后)의 신라정벌 기록과, 둘째가 제명천황의 숙신정벌기록이다. 어떻든 우려되는 것은 일본서기는 이러한 웃지 못할 쇼를 작문을 해서 그들의 후손들에게 교육을 시키고 있다는 사실이다.

사례 1 ; 일본서기(日本書紀)에 기록된 신공황후(神功皇后)의 신라정벌 이야기

일본의 제15대 왕이 되었다고 하는 중애(仲哀)천황의 왕후인 신공황후(神功皇后)라는 여자가 중애천황 9년≪서기 200년≫신라를 정벌했다는 일본서기의 기록이다. 여기서 그 원문을 다 인용해 볼 수는 없고 다만 그 모순되는 부분, 불합리한 부분, 거짓이나 날조된 부분을 지적하여 비판하여 보기로 한다.

(1) **한국사서 및 중국사서와의 비교에 의해서** 알 수 있는 것은 신공황후라는

여왕은 그 시대에는 왜국에 있지도 않았고 또 그녀가 정벌했다는 신라라는 나라는 당시에 한반도에 있던 신라가 아니고 왜열도에 있었던 한반도 신라의 식민지분국이었거나 아니면 엉뚱한 나라를 신라로 둔갑시켜 꾸며낸 이야기이다.

① 신공황후가 신라를 침공하여 신라왕으로부터 항복을 받아 종속국으로 만들고, 백제와 고구려도 그 왕들이 스스로 신라 땅으로 신공황후를 찾아와 항복하여 그 나라들을 일본의 직할령으로 정함으로써 삼한을 종속시켰다는 서기 200년 10월 3일에서 12월 14일까지의 일본서기의 기록은 이 기간에 삼국사기의 기록에는 전혀 그런 흔적이나 징후가 없을 뿐더러 그런 상황을 암시하는 등의 여하한 기록도 일체 찾아볼 수 없다. 그런 기록은 신라와 직접 관련되는 대사건이기 때문에 사실이라면 삼국사기에도 기록되어 있어야 한다. 그러나 그런 기록이나 흔적이 없고 그런 내용을 감지할 만한 어떤 징후도 전혀 찾아볼 수 없다.

② 중국사서 역시 그 시기에 왜여왕 비미호(卑彌呼) 이외에 신공황후라는 여왕이 있었다는 기록이 없고 신공황후라는 사람과 그가 한 일에 대해서 비슷하게 닮은 기록의 구절조차도 찾아볼 수 없다. 일본서기에서 신공황후라는 거짓 인물이 등장하는 시기와 그때를 전후한 시기의 중국정사서의 기록들을 몇 가지 살펴보면 (1) 후한서 동이열전에는 후한의 환제(桓帝)와 영제(靈帝)의 기간에 왜국에 큰 난리가 일어나서 서로 싸우느라 오랫동안 왕이 없었는데 비미호라는 여자가 있어 모두가 그녀를 왕으로 삼았다고 기록하고 있다. (2) 삼국지 위지 동이전에는 위(魏) 명제(明帝) 경초(景初) 2년에 왜여왕 비미호가 대부 난승미(難升米) 등을 사신으로 파견하였다고 기록하고 있어 여기서 서기 200년경의 왜국에는 독신여인 비미호라는 여왕이 있었을 뿐 중애천황이라는 왕이나 신공황후 등은 당시의 왜국에 존재하지 않았다는 사실을 알 수 있다. 폐제(廢帝) 정시(正始) 8년에 왜여왕 비미호가 죽고, 비미호의 종여(宗女)인 일여(壹與)를 세우니 그녀는 13세에 왕이 되었다. 라고 기록하고 있어 왜여왕 비미호 다음에 다시 여왕인데 일본서기의 기록은 신공황후 다음에는 남자인 응신(應神)천황이고 그 다음도 또 남자인 인덕(仁德)천황으로 되

어있으니 거짓임이 입증된다.

(2) **일본서기의 신라정벌 기록은** 규슈지방에서 신공황후가 서쪽으로 정벌해 나가다가 그 서정(西征)의 마지막 단계에서 신라정벌을 했다고 한 것과, 신공황후 이전의 왕들이 동이정벌(東夷征伐)을 끝내고 규슈의 중앙에 위치한 웅습(熊襲)으로부터 신라정벌 전까지에 이르는 서정의 과정 등을 분석해 보면, 그 신라가 한반도의 신라본국이 아니고 왜국의 규슈지방의 서쪽 섬에 있었던 고금신라국(栲衾新羅國)이라는 이름의 식민지분국이라는 사실과, 후세의 일본인들이 그것에서 일부러 고금(栲衾)이란 머리 두 글자를 지워버리고 일본서기에 그냥 신라(新羅)로 기록함으로써 그 후세의 일본인들에게 한반도의 신라본국인 것처럼 오도하고 있는 사실[30]을 충분히 알 수 있게 된다.

(3) **일본서기에 기록된 신공황후의 신라정벌의 내용**을 분석해서 일본서기의 기록이 완연한 허구로 조작된 기록임을 입증해 보기로 한다.

① 신공황후의 신라정벌의 기록에서 다음과 같은 불합리하거나 크게 모순되는 대목을 먼저 들어 보기로 한다. (1) 어떤 나라인지도 모르고 규슈에서 바다 건너에 산이 보이기 때문에 그 곳을 정벌하러 출발하였다. (2) 가서 보니 신라에 이르렀다는 것을 알게 된다. (3) 신공황후의 군대는 축자에서 서쪽 또는 서북쪽에 보이는 산을 행해서 출발하였다. (4) 한반도 신라의 산이 축자에서 육안으로 보이고 더욱이 실안개까지 보이는가? (5) 대병력을 모으고 훈련을 하고 현해탄의 파도를 넘을 배를 건조하고 식량이나 돌아올 때 동지섣달의 추위에 견딜 보급품을 확보하는 그런 일들이 과연 23일 동안에 될 수 있는 일인가? (6) 화이진은 축자의 서쪽에 있어야 하기 때문에 신공황후는 축자의 서쪽으로 출발하여 북동쪽으로 선회해서 신라로 가야한다. 이런 비효율적인 진격도 있는 것인가?

② 200년 9월이 신공황후가 아이를 낳을 산월이었다고 하는데 신에게 빌어서 전쟁을 하는 동안 해산(解産)을 연기시켜 200년 12월에 축자에서 아이를 낳았다고

---

30) 日本書紀 仲哀天皇八年 九月條 및 補注8-五.

하였다. 그렇다면 13개월 만에 아이를 낳은 것으로 되는데 과학적으로 가능한 일인가? 그래서 신공황후의 신라정벌 이야기는 설화가 아닌 이상 조작된 거짓말이라는 것이 과학적으로 증명된다.

③ 큰 고기들이 배를 부축해 주고 바람과 파도가 배를 잘 가게 하니 노를 젓지 않고도 수월하게 신라에 이르렀다. 또 배를 밀고 온 조수가 신라 복판까지 밀려든 것을 보면 천지신명이 도와준 것을 알 수 있다. 고 하였는데, 역사적으로 바다나 물고기들이 선한 자와 약한 자를 돕거나 피해를 당한 자를 구원한 예는 많지만 침략자나 사악한 자를 도운 사례는 거의 없다. 일본서기는 하늘이 침략을 성공시킨 것으로 기록하고 있으니 그것은 사악하고 섭리에 배치되는 기록일 뿐이다.

④ 군함들을 밀고 온 바다의 조수가 신라의 복판까지 밀려들었고 신라왕은 나라가 바닷물에 잠겨서 바다가 되려하니 천운이 다한 것인가? 라고 하였다한다. 그런데 한반도 신라의 도읍은 바닷물이 들어갈 수가 없는 곳에 위치해 있어 바닷물이 도읍까지 덮었다고 하면 먼저 도읍은 물론이요 신라의 대부분이 수몰이 되어야 하는데 그런 일이 있었다면 천지개벽으로 한국의 사서나 중국의 사서에 대서특필이 되었을 것인데 그런 기록은 없다. 따라서 그 시기에 바닷물이 한반도 신라의 도읍을 덮었다고 하는 것은 거짓말 이외에는 있을 수 없는 일이다.

⑤ 신라왕이 말하기를 "동쪽에 일본이란 신의 나라가 있고 천황(天皇)이란 성왕(聖王)이 있다고 하는데…"이라 했다고 하는데 일본(日本)이란 국호가 생긴 것은 서기 670년이고 천황이란 왕호를 사용한 것은 서기 945년에서 서기 1060년 사이라는 점은 앞에서도 고증한 바 있다. 따라서 서기 200년 10월경에 벌써 더욱이 그것도 신라왕이 일본과 천황을 들먹였다는 것은 거짓말 외에는 도저히 있을 수 없는 일이다.

⑥ 신라왕이 항복할 때 맹서한 말들이 있는데 그것이 너무 과격하고 또 상대방을 심하게 비하하거나 모욕하는 식으로 표현이 되어 있다. 그런 비열한 말은 비열한 인간들만이 할 수 있다.

⑦ 황후는 드디어 그 나라 안으로 들어가서 가지고 있던 창을 신라왕의 문 앞에 꽂아서 후세의 징표로 삼았다. 그것은 지금도 신라왕의 문에 서있다. 고 하였는데 그러니까 창을 세운 일은 서기 200년 10월 3일에서 12월 4일까지의 사이의 일이고 지금까지도 서있다는 지금이란 일본서기가 편집될 당시인 서기 720년경을 말하는 것이 되고, 결국 그때까지 520년 동안을 왜국에 종속국으로 있었다는 말이 되는데 이것은 너무나 엄청난 거짓말 조작의 기록이다. 삼국사기와 일본서기에 기록된 그 520년 사이에 일어난 큰 사건의 예를 각각하나씩만들어서 일본서기의 거짓 기록의 예로 삼기로 한다. (1) 삼국사기에 의하면 서기 660년에 한반도 백제가 신라와 당나라의 연합군에 점령당한 후 서기 663년에 왜국의 병선 1천여 척이 와서 백제를 구원하려 할 때 신라 문무왕은 유인원과 더불어 백강 어귀로 나아가 왜국의 군

사와 네 번 싸워서 모두 이기고 전선 4백 척을 불태우니 연기와 불길이 하늘을 덮고 바닷물이 붉게 물들었다. 이에 부여왕자 등은 왜군과 함께 항복하였다.[31]고 기록하고 있다. 이래도 신라왕의 문 앞에 신공황후가 항복을 받은 징표로 세워놓은 막대기가 그 이후인 서기 720년까지 서있다고 한 일본서기의 기록이 거짓이 아니라고 우길 수가 있는가. (2) 일본서기에 의하면 신공황후 섭정(攝政) 49년≪서기 249년≫ 3월의

〈그림 1〉 규슈 서북지방의 나라들

31) 三國史記 百濟本紀第六 義慈王二十年. 龍朔二年條.

기록에 "…천웅장언(千熊長彦)을 파견하여 신라를 공격해서 격파하고 이어서…"
이라는 기록이 나온다. 신공황후가 서기 200년에 신라를 정벌하여 그를 종속국으
로 만든 이후 신라가 이때까지 잘 복종해 왔는데 서기 249년에 왜국의 장수들이
군대를 이끌고 다시 신라를 격파하였다고 한 것은 무슨 뜻인가? 이런 일본서기의
기록을 도대체 어떻게 해석을 해야 할 것인가? 아이들의 병정놀이가 아닐진대 일
본인들은 누구나 납득할 수 있도록 해명을 해야 할 의무가 있다고 생각한다.

⑧ "이때 신라왕 파사매금(波沙寐錦) 즉 미질기지파진간기(微叱己知波珍干岐)
를 인질로 삼았다. 그리고 금은보배와 능라비단 등을 80척의 배에 싣고 가져갔는
데 이것이 항상 신라가 배 80척의 조공을 일본국에 바치는 인연이 되었다"고 하였
는데 여기에도 많은 문제를 내포하고 있다. 우선 신라왕의 이름인데 일본서기의
두주에는 파사매금을 신라의 파사니사금(婆娑尼師今)《서기 80년~112년 재위》
을 말하는 것이라 하였는데 서기 112년에 이미 죽은 신라의 제5대 파사니사금과는
아무런 관계가 없다. 그런데 어찌 80여 년 전에 죽은 파사왕을 끌어다 붙여서 인
질로 잡아갔다고 하는가. 그것이 바로 궤변이라는 것이다.

⑨ 신공황후가 배 80척에 금은보화와 능라비단을 싣고 돌아온 것이 인연이 되
어 그 이후에 신라가 항상 배 80척에 공물을 싣고 '일본국'에 바쳤다고 기록하고
있다. 이 대목도 완전히 거짓말이라는 것을 스스로 나타내고 있는 것이다. 그 이유
는 첫째 서기 200년에는 일본국이란 국명이나 천황이니 황후니 하는 왕호도 없었
다. 오직 규슈지방에 비미호(卑彌呼)라는 왜국의 여왕이 있었을 뿐이고 그 왜여왕
의 나라 이름이 일본국이 아니라 야마도국(邪馬臺國)이었다. 그런 것을 일본서기
는 터무니없는 거짓말을 기록하고 있는 것이 아닌가.

⑩ 위의 일본서기 본문에서 이때 고구려와 백제의 두 나라 왕은 신라가 도적(圖
籍)을 챙겨서 일본국에 항복했다는 말을 듣고 밀영을 보내서 그 군세를 엿보고 오
도록 하고는 싸워서 이기지 못할 것을 알고 스스로 일본국군의 영외로 나아가서
이마를 땅에 두들기며 정성 들여 말하기를 지금부터는 영원히 서번이라 일컬을 것

이며 조공을 단절하는 일이 없을 것이라 하였다. 그래서 그 고구려와 백제를 일본국의 직할령으로 정하였다. 그것이 소위 말하는 삼한이다. 이라 기록하고 있는데 이것이 일본서기의 위서(僞書)임을 입증하는 가장 실증적 문장이다. 여기의 고구려와 백제가 한반도와 만주의 백제와 고구려의 본국들이라고 할 때 그 이유를 들지 않아도 그런 일은 불가능한 일이라는 것을 금방 알 수 있다. 그때 백제왕은 서라벌로부터 천리가 넘는 한성(漢城)에 있었고 고구려왕은 서라벌로부터는 아마도 이천 오백 리도 넘는 만주 집안(輯安)의 환도성(丸都城)≪국내성(國內城)≫에 있었다. 따라서 그 왕들이 신라가 항복했다는 소문을 듣고 또 사람들을 보내서 신라가 항복한 사실과 왜군의 상황을 알고 돌아가서 왕들에게 보고하고 그리고 왕들이 그 보고를 받고 서라벌에 도착해서 항복하기까지 대충 잡고 계산해 보면 신공황후군이 화이진을 출발한 200년 10월 3일부터 백제왕이 서라벌에 와서 왜군에게 항복하기까지는 최소한 2개월 이상은 걸려야 하고 고구려왕은 4개월 이상 걸려야 하기 때문에 신공황후가 축자로 돌아가서 200년 12월 14일에 1년 넘어 잉태하고 있던 아들을 낳은 다음에 백제와 고구려의 왕들로부터 항복을 받은 셈이다. 그렇지 않으면 신라에서 아이를 낳아야 한다. 이것이 어찌 거짓말이 아니겠는가. 또 고구려와 백제를 왜국의 직할령으로 정하여 놓고 왜국으로 돌아갔다고 하는데, 직할령이 되려면 실제로 군대가 가서 그 나라들을 멸망시킨 후에 권력기관이나 군대가 주둔하고 있으면서 통치를 했어야 하는데, 그런 역사의 고증은 어디에서도 찾아볼 수 없다. 일본서기의 기록대로라면 서기 200년에 왜국의 직할령이 됨으로써 고구려와 백제는 멸망했어야 하는데 그렇지 않고 고구려는 그로부터 466년간을, 백제 역시 그로부터 460년간을 나라가 더 유지되다가 나당연합군에 의해서 멸망되었다. 백제가 멸망할 때는 왜군 함선 천척이 백강까지 와서 백제를 구원한 일도 있다. 있지도 않았던 일을 거짓으로 직할령으로 만들었다고 하면, 그것은 분명히 역사를 기록한 것이 아니고 한국인을 협박하는 행위이거나 침략을 독려하는 행위로 밖에는 볼 수 없다.

일본서기의 이 신공황후 신라정벌이라는 대목이 만약에 그것이 왜열도의 그들의 식민지분국을 지칭하는 것이 아니고 한반도 신라본국을 지칭하는 것이라면 이렇게 새빨간 거짓이 된다는 사실을 지금의 왜인들의 후손들도 다 잘 아는 사실일 것으로 믿는 것이다. 또 신라와 고구려와 백제를 그것이 소위 말하는 삼한(三韓)이다. 라 하고 있다. 이것도 거짓으로 날조한 기록이다. 삼한이란 마한(馬韓)연방, 진한(辰韓)연방 및 변한(卞韓)연방을 말하는 것으로 신라나 백제의 당시에는 있지도 않은, 수백년 전에 없어진 나라들이다. 그것을 왜인들이 이때 정복해서 경영했단 말인가? 이것을 어떻게 역사서라 할 것인가?

⑪ 또 신공황후가 서기 200년 10월 3일 신라 정벌을 위해서 화이진을 출발할 때 산월(産月)이라고 했다. 그것을 허리에 돌을 달고 신에게 빌어서 서기 200년 12월 14일로 2개월 11일 즉 약 70일 간을 해산을 연장시킨 셈인데 이것이 가능한 일인가. 전설이나 설화가 아닐진대 신공황후의 뱃속에서 아이가 12개월만에 나왔다고 하는 것은 과학적으로 불가능한 일로 거짓말에 불과한 것이라 하지 아니할 수 없다.

여기까지의 신공황후 신라정벌에 대한 기록의 분석에서 나는 결론적으로 신공황후가 정벌한 신라국은 고금신라국(栲衾新羅國)이고. 그 고금신라국은 일본열도 내에 있던 한반도 신라국의 식민지분국이었고. 그것의 위치는 그들의 서정(西征)의 과정에서 나타난 것으로 봐서 축자의 서쪽방향이라는 것을 단정할 수 있어 그 고금신라국의 위치를 오도열도(五島列島)로 추정할 수 있다. 혹은 천초도(天草島) 등으로 추정하는 일도 배제할 수 없는 일이라 생각한다. 그러나 여기서는 그것을 대마도로 추정하고 있는 견해가 있어 소개해 보기로 한다.

지명(地名)학자 이병선(李炳銑)씨의 저서 「일본고대지명연구(日本古代地名研究)」에서 제시한 고증에 의하면 일본서기 신공 49년기의 기록에 나오는 고금신라국(栲衾新羅國) 및 탁순(卓淳)과 비자발(比自㶱) 등을 비롯한 7국(國), 4읍(邑) 등이 모두 대마도에 있었음을 입증하고 있다.[32] 이러한 자세한 내용은 위의 책에서 알 수 있다.≪〈그림 3〉참조≫

지금까지 살펴본 **사례1**에서 볼 때 일본서기가 처음에 편찬될 때는 완전히 역사를 날조한 것이 아니고 상당 부분 위서가 아니었을 가능성도 있다. 그러나 근세에 와서 그것이 황국사관시대에 일본의 학자들에 의해서 일본서기 전체의 대부분의 내용이 전혀 역사의 사실과는 거리가 먼 완전한 한반도 침략사로 역사를 날조한 위서로 바뀌어버렸다고 볼 수가 있다. 그래서 이 일본서기를 본래의 진실한 역사서로 되돌리려면 먼저 한반도와 관련된 역사에서 고의로 날조한 것으로 보이는 뚜렷한 부분의 기록부터 먼저 사실에 부합하도록 고쳐나가야 할 것이다. 우선 가장 쉬워 보이는 일본서기의 신공기(神功紀)만이라도 고쳐나가면 그 부분은 날조된 위서라는 불명예에서 일단 벗어날 수 있지 않을까 하는 생각이다.

사례 2 ; 일본서기(日本書紀)에 기록된 숙신국(肅愼國)정벌 이야기

이번에는 일본서기에 나오는 숙신국(肅愼國)정벌이라는 기록의 날조된 허구성과 그 역사가 그렇게 거짓으로 왜곡되어간 과정 등을 지적해서 비판하기로 한다. 즉 제명(齊明)천황 4년≪서기 658년≫에 제1차 숙신국정벌이 있었고, 또 제명천황 6년≪서기 660년≫에 제2차 숙신국정벌이 있었다고 일본서기는 기록하고 있다. 이 두 번에 걸친 숙신국정벌의 기록은 누가 봐도 왜군이 왜열도 내의 하이국(蝦夷國) 가까이에 있었던 숙신국이라는 이름의 나라와 싸운 사실을 일본서기가 기록해 놓은 것으로 볼 수밖에는 없는 내용이다. 왜냐하면 대륙의 숙신국은 이 제명천황 4년의 수 백년 이전에 이미 나라가 멸망하고 없기 때문이다. 그렇게 보면 일본서기에 기록된 숙신국은 본래 숙신본국인들이 왜열도로 이동해서 숙신국이란 이름으로 세운 그들의 식민지분국을 말하는 것이 확실하다. 그래서 숙신국본국은 이미

---

32) 李炳銑 著 「日本古代地名研究」 (亞細亞文化社), I의 6의 3), 및 附錄3.

소멸했지만 그 식민지분국은 그 시점에 아직 왜열도에 남아 있다가 제명천황 6년에 왜군의 수군에 의해서 정벌된 것이다. 우선 그 일본서기 숙신국정벌 이야기의 줄거리는 대략 다음과 같다.

① 제1차 숙신국정벌 이야기 ; 일본서기의 제명천황 4년≪서기 658년≫ 11월조에 의하면 "그 해 월국(越國)의 수(守)≪수장(首長)≫인 아배인전신비라부(阿倍引田臣比羅夫)가 숙신(肅愼)을 토벌하고 살아있는 큰 곰 2마리와 큰곰의 가죽 70매를 바쳤다"는 내용인데 이것이 일본서기에 나오는 제1차 숙신정벌 기록의 전부이다. 이것으로는 숙신이란 나라가 어디에 위치하고 있는지 어떻게 싸움을 했는지 등은 전혀 알 수 없다. 다만 이 기록의 앞에서 하이(蝦夷)를 정벌한 기록이 자주 나오기 때문에 숙신과 하이 그리고 월국이 서로 가까운 거리에 있었을 것이라는 사실만은 추정할 수 있다. 그러나 많은 일본 사학자들은 이것이 대륙의 숙신이라 주장한다.

② 제2차 숙신국정벌 이야기 ; 제1차 숙신국정벌의 2년 후인 제명천황 6년≪서기 660년≫ 3월에 아배신(阿倍臣)을 파견하여 그가 선사(船師) 200척을 이끌고 배 20여 척의 숙신국 함선을 공격하였다는 기록이다. 여기서 조작되어 모순된 것, 또 엉터리로 해석한 것 등을 지적해 보기로 한다.

우선 알 수 있는 것은 제1차 숙신정벌이라 하는 것은 내용이 오직 토숙신(討肅愼)이란 세 글자 밖에 없어 그 규모나 과정 등은 전혀 알 수가 없다. 그리고 제2차 숙신전(肅愼戰)의 특성은 해전(海戰)으로만 일관되어 있고 육전(陸戰)의 흔적은 전혀 없다. 그 해전도 왜선(倭船) 200척과 숙신의 함선 20여 척의 싸움인데, 이것을 일본의 역사학자들이 수 백 년 전에 없어진 대륙의 숙신국을 정벌한 것처럼 선전을 하고 있다. 그래서 문제가 되는 대륙에 있었던 그 숙신국의 정체부터 살펴보기로 한다.

(1) 동북아시아 대륙 동북부의 광범위한 지역에 걸쳐서 위치해 있었던 것으로 보이는 숙신국(肅愼國)이 언제부터 어디서 나라가 시작되었는지를 알아보는 것부

터 시작하기로 한다.

① 중국사서에 소개된 숙신에 대해서 알아보면 (1) 사기를 비롯해서 산해경, 죽서기년, 국어 등에 그 이름이 나오고 후한서 삼국지 등에는 숙신이 불함산(不咸山)의 북쪽에 위치해 있고 읍루의 옛 나라라고 소개되어 있는 정도이다. (2) 그 이후 숙신에 대해서 상세히 기록한 중국사서는 진서(晉書)가 처음이라 할 수 있다. 그 열전 동이에 의하면 "숙신은 일명 읍루(挹婁)라고도 하며 불함산의 북쪽에 있고 부여(夫餘)에서 60일을 가서있다. 동쪽은 큰 해변이고 서쪽은 구만한국(寇慢汗國)에 접해있다. 북쪽 끝은 약수(弱水)이다. 사람들이 심산계곡에 살고 있어 길이 험준해서 거마가 들어갈 수 없다. 주나라 무왕 때 그 나라에서 고목(楛木)나무 화살과 돌화살촉을 바쳤다…"[33]고 기록하고 있어 여기서 숙신의 대체적인 위치와 형성 연대를 알 수 있다. (3). 숙신이 언제까지 존속했었는지를 직접 기록한 것은 없다. 진서에는 진(晉)나라 성제(成帝)≪재위 서기 325년~342년≫ 때에 공물을 바쳤다고 기록하고 있으니 서기 342년경까지는 존립해 있었다고 봐야할 것이다. 삼국지 위지 동이전에서는, 읍루는…옛 숙신씨의 나라이다. 한(漢)나라 이래 부여에 신하로서 예속되어 왔는데 부여가 조세와 부역을 과중하게 매기자 위(魏)나라 문제 황초(黃初)≪서기 220년~226년≫연간에 반란을 일으켜서 부여가 수 차례 정벌하였다.…고 기록하고 있다. 그렇다면 진서에서는 숙신이 서기 342년까지 존립해 있었던 것으로 되어있고 삼국지 위지에서는 서기 226년 이전에 이미 숙신국의 자리에 읍루라는 나라가 있었다고 하였는데 이 두 기록이모순이안되기 위해서는 숙신의 일부지역이 읍루로 바뀐 이후에도 상당기간숙신과읍루가 병립하고있었다고 보는 수밖에없다. 어떻든 숙신은 만주대륙 동북부의 험준한 내륙에 위치해 있었고 4세기 후반경에는 이미 소멸된 숙신을 7세기 후반에 왜인들이 정벌을 했다고 일부 일본의 역사가들이 주장하고 있다. 일본인들의 주장처럼 만일 왜군들이 이러한 숙신을 정벌했다고 본다면 일본서기에 나오는 그때의 왜군장수 아배신은 300여 년 전

---

33) 晉書 列傳第六十七 東夷, 肅愼氏篇.

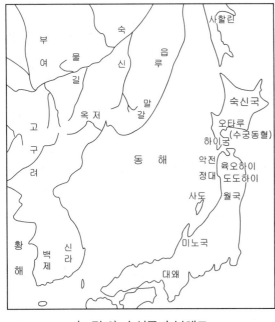

〈그림 2〉 숙신국과 북해도

에도 살아있으면서 200척의 배를 끌고 요동에서도 수 천리나 되는 숙신에 이르는 험준한 산을 넘어 육전을 했었다는 말이 된다.

② 한국사서에서 숙신에 관한 기록을 살펴보기로 한다. (1) 삼국사기 고구려본기의 서천왕(西川王) 11년≪서기 280년≫에 왕은 숙신의 큰 부락 6~7개소의 항복을 받아 복속시켰다고 기록하고 있다. 여기에 기록된 것과 앞의 중국사서를 참고하여 보면 숙신의 위치는 북부여의 동쪽에 해당하고 고구려의 동북쪽 지역과 연해주 그리고 남 · 동부 시베리아까지를 포함하는 방대한 지역이라는 것을 알 수 있다. (2) 중국 집안(集安)에 있는 광개토태왕비의 영락(永樂) 8년≪서기 398년≫에 백신토곡(帛愼土谷)을 토벌토록하는 기록이 있는데 여기서 백신(帛愼)을 숙신(肅愼)으로 보는 경향이 있다. 그렇게 되면 숙신은 그 일부가 서기398년까지 존립되어 왔던 것으로 볼 수 있다. 그러나 이때가 광개토대왕의 국토확장기이므로 이 시기를 전후해서 숙신의 남은 지역이 전부 고구려에 흡수된 것으로 보인다. (3) 한국사서에서도 알 수 있듯이 숙신은 그 전 지역이 일시에 멸망한 것이 아니고 그 동북부지방이 먼저 읍루에 흡수되어 소멸되고 그 서남부지역은 이후에 고구려에 흡수된 것으로 보인다.

③ 그렇다면 숙신이 언제쯤 완전히 소멸된 것일까? 고구려가 국토확장 절정기

라 할 수 있는 광개토대왕의 영락(永樂) 연간≪서기 391년경~410년≫에 숙신이 소멸되었다고 봐야할 것이다. 그 중에서도 서기 398년≪영락(永樂) 8년≫경에는 혹 그때까지 남아있었을 부여나 숙신의 잔존지역은 완전히 고구려에 병합되었다고 볼 수 있다. 이러한 숙신에 대해서 왜국은 숙신이 소멸된지 260여 년이 지난 서기 658년≪제명(齊明)천황 4년≫에 숙신을 정벌했다고 일본서기에 기록하고 있다. 이것이 무슨 뜻인가?

(2) 일본서기의 숙신전(肅愼戰)에 대한 시대적 상황 등을 고려해서 일본서기에 기록된 숙신이 대륙에 있었던 숙신국이 아니라는 것과 그 숙신이 왜열도의 동북지방 북부에 있었던, 대륙 숙신국의 식민지분국인 숙신국이었는데 본국과 이름이 같았다는 사실을 입증해 보기로 한다.

① 우선 만주의 동북부에 있었던 숙신이란 나라는 일본서기에 기록된 숙신정벌이 있었던 시점으로부터 수백 여 년 전에 이미 일부는 읍루(挹婁)로 되었다가 물길(勿吉)로 또 말갈(靺鞨)로 되고 그 이외의 대부분은 마지막으로 그 왜가 정벌했다는 시점으로부터 200여 년 전에 고구려에 병합되어 이미 없어지고 숙신이란 나라의 이름이 완전히 소멸된 상태로 대륙에서는 찾을 수 없는 나라이다. 그래서 일본서기의 기록을 잘 검토해 보면 그 숙신은 육오하이와 이웃해서 왜열도의 동북지방의 북부 서쪽에 위치해 있었던 나라라는 것을 곧 알 수 있고, 그렇게 되면 그곳의 숙신국은 대륙에 있었던 숙신본국의 사람들이 왜열도 북부지방이나 북해도에 진출해서 세운 그들의 식민지분국임이 틀림이 없다. 그리고 그것을 비라부가 정벌하였다면 일본서기의 기록은 거짓이 아닐 수도 있다.

② 일본서기의 제명천황 4년 4월조에 의하면 아배신(阿倍臣)이 군함 180척을 인솔하여 하이(蝦夷)를 정벌했다. 악전(齶田)과 정대(淳代)의 두 군(郡)의 하이는 그것을 보고 겁이 나서 항복을 청했다고 기록하고 있다. 그러니까 비라부가 숙신정벌을 하기 7개월 전에 먼저 하이를 정벌했다는 것이다. 따라서 이 시기는 왜국이 가까이에 있는 대륙의 식민지분국들을 먼저 정벌하고 병합해서 점차 먼 곳으로 뻗

어나간 시기였다고 할 수 있다. 일본서기의 두주에는 하이(蝦夷)와 숙신(肅愼)을 동시에 정벌했기 때문에 이때의 숙신은 하이와 같다는 설도 있는데 큰곰은 본주(本州)에는 없었다고 기록하고 있다. 그러나 그것도 교묘한 술법이다. 왜냐하면 하이와 숙신은 북해도를 포함한 왜열도 북부지방에 이웃해서 위치한 서로 다른 나라였기 때문이다. 그리고 또 큰곰이 본주에는 없었다는 것도, 왜열도에는 숙신이 없었다는 것을 강조하려는 교묘한 술법인데, 물론 틀린 말이다. 내가 일본의 동북지방 전체는 조사를 안 해봐서 모르겠으나 북해도지방에는 지금도 곰을 숭배하는 흔적을 얼마든지 볼 수 있다.

만일 숙신처럼 수백 년, 수천 년 전이라도 한반도나 만주대륙에 일본서기에 기록된 것과 같은 하이(蝦夷)라는 이름의 나라가 있었거나 그것과 비슷한 이름의 나라가 있었다면 일본인들은 벌떼처럼 달려들어 시대적으로 맞건 안 맞건 대륙에 있는 하이를 정벌한 것이라고 우겨댔을 것이고 그것으로 왜인들이 한국과 만주를 식민지로 경영해 왔다고 우길 것이다.

(3) **일본서기 제명천황시대의 기록에 나오는 숙신국(肅愼國)**은 하이와 이웃하여 아마도 일본 동북지방 북부 서부해안 지역이나 혹은 북해도의 서남단 부근에 자리 잡고 있었던 대륙 숙신국의 왜열도내 분국인 숙신국을 말하는 것이 입증된 것으로 결론을 내리기로 한다. 즉 일본서기의 숙신국은 대륙의 숙신국 사람들이 왜열도로 이동해 가서 재분포하면서 식민지를 개척해 왔고. 대륙 숙신국이 마지막으로 고구려에 의해서 멸망할 임시에는 대단위의 숙신 유민집단들이 왜열도의 동북지방으로 이동해 가서 그곳에 식민지 분국을 건설하면서 그들은 본국의 국명을 천이해서 왜열도에서도 숙신국이라는 국명을 사용하고 있었던 것이다.

(4) **대륙 숙신국의 왜열도 내 분국인 일본서기에 기록된 숙신**이 왜열도의 북해도에 있었다는 확고한 고증을 한 가지 소개하기로 한다. 한국의 국어한자 김윤경(金允經)씨의 저서「한국문자 급 어학사(韓國文字 及 語學史)」에 의하면 "…북해도 소준(小樽)의 수궁(手宮) 동혈(洞穴)에 있는 조각(彫刻)문자에 대하여 나카

메(中目覺)박사≪일본의 어학자≫는 '그것은…오소리강≪우수리강, 러시아의 연해주와 만주 사이를 흐르는 강≫지방에 살던 숙신족(肅愼族)의 말이며 그 뜻은 「나는 부하를 데리고 대해(大海)를 건너서…싸워서…이 동혈(洞穴)에 들었다」는 내용'이라 하고… '그것은 북해도가 숙신의 식민지였음을 말하여 수궁동혈의 문자는 그곳이 숙신 이민(移民)의 추장의 묘(墓)임을 보이는 것' 이라 한다…"[34]고 기록하고 있다. 나카메(中目覺)씨의 조각문자 해석문은 대륙의 숙신국 백성들이 연해주와 북해도 사이의 바다를 건너서 왜열도의 북해도로 이동해 와서 그곳의 선주민들과 싸워서 승리하여 그곳에 숙신이라는 이름의 그들의 식민지 분국을 건설한 사실을 극명하게 입증하는 것이라 할 수 있다.

지금까지 살펴본 바에 의하면 사례1은 전적으로 일본서기 자체가 역사를 날조해서 기록한 사례이고 사례2는 일본서기 자체가 다소 애매하게 기록함으로써 오해나 착오를 일으킬 수 있는 소지를 제공한 잘못도 있지만 그러나 그 잘못보다는 그런 기록을 근거로 일본의 역사학자들이 그 역사를 더욱 엉뚱하게 왜곡 해석하고 픽션소설처럼 다시 날조 창작해서 역사를 꾸며낸 잘못이 더 큰 것임을 보여주는 사례라 할 수 있다. 따라서 오늘의 일본의 역사 체계는 대부분 일본서기라는 책 그 자체가 허위로 날조해서 만들어낸 역사와, 나머지의 혹 다소 사실(史實)에 접근한 것으로 보이는 부분에 대해서는 후세 일본의 학자들이 그것을 다시 왜곡해석하고 날조해서 재편집한 역사의 두 가지 종류가 어우러져서 만들어낸 창작된 위사(僞史)가 오늘의 일본의 정통 역사로 자리 잡고 있다.

---

34) 金允經 著「韓國文字 及 語學史」(上)(東國文化社) 第二篇 第一章 第一節의 七.

4) 일본서기 기년(紀年)의 모순과 왜(倭)의 나라를 한반도 국가로 뒤바꿔서 기록한 모순

본래 일본서기의 기년(紀年)이나 편년(編年) 등은 물론이요 대부분의 내용이 엉터리로 짜 넣은 것이기 때문에 거의 다 허구로 구성되어 있어 믿을 수가 없는 것이 사실이다. 그 중에서도 가장 두드러지게 모순되게 만들어 놓은 것이 한반도나 만주대륙의 국가에서 일어난 일들이나, 또 그 대륙인들이 한 일들의 많은 부분을 왜국에서 일어난 일처럼, 또 왜인들이 한 것처럼 뒤바꾸어 꾸며서 기록해 놓았다는 사실이다. 여기서는 그런 몇 가지의 모순된 것들을 지적하고 그 실례를 들어보기로 한다.

(1) 앞의 사례2에서 숙신본국의 정벌을 왜국이 했다고 하면 거짓밖에는 안 되지만, 다소 불합리한 점이 있어도 그 일을 고구려가 했다고 하면 누구든 인정하지 않을 사람은 없을 것이다. 한국사서의 기록을 보면 고구려는 여러 차례 숙신을 정벌했고 광개토대왕 시대에는 결국 고구려가 숙신을 마지막으로 병합했기 때문에 일본서기의 숙신정벌이란 기록은 고구려가 한 사실을 배경을 약간 바꿔서 왜국이 한 것처럼 꾸며서 일본서기에 기록해 놓았을 가능성이 있다.

(2) 일본서기는 전체적으로 왜국과 한국과의 관계 모두를 광범위하게 즉 입장과 위치, 위상 등을 반대로 뒤바꿔서 기록해 놓았다. 그래서 그 실례를 다 들 수는 없고 그 중에서 가급적 짤막한 문장으로 된 것을 몇 가지 예를 들어 보기로 한다. (1) 일본서기 신공황후 51년《서기 251년》 3월에 백제왕이 또 구저(久氏)를 파견하여 왜왕에게 조공을 바쳤다고 한 것은, 왜왕이 구저를 파견하여 한반도의 백제왕에게 조공한 것으로 해석하면 틀림이 없다. (2) 신공황후 51년《서기 251년》 즉년(卽年)의 기록에 '이해에 천웅장언(千熊長彦)을 백제국에 파견했다. 그로써 대은(大恩)을 베풀고 말하기를 짐(朕)이 처음으로 도로를 개통하고 바다의 서쪽을 평정하여 백제에게 하사한다. 백제왕 부자(父子)는 엎드려 이마를 땅에 대고 아뢰기

를 귀국의 홍은이 천지와 같이 두터운데 어찌 감히 잊으리요 성왕(聖王)이 위에 있어 일월과 같이 밝으니 지금 신하는 밑에 있으면서…영원히 서번(西蕃)이 됨에 있어 끝내 두 마음을 갖지 않을 것이다'고 기록하고 있는데 이것 또한 왜국과 백제국을 그 위치와 경우를 반대로 뒤바꿔서 보지 않으면 도저히 이해가 되지 않는 불가능한 일이다. 왜냐하면 당시의 왜국왕은 한반도 백제본국의 8명의 후왕(侯王)≪식민지의 제후≫중의 하나였기 때문이다. (3) 신공황후 52년≪서기 252년≫ 9월에 '구저 등이 천웅장언을 따라 왜국에 와서 칠지도(七枝刀) 1개, 칠자경(七子鏡) 하나와 그 외 여러 가지 귀중한 보물을 바쳤다. 이로써 성스런 왜왕조를 영원히 받들어야 한다. 손자인 침류왕(枕流王)이 이르기를 지금 우리와 소통하는 바다 동쪽에 있는 귀국은…해서(海西)를 할양하여 우리에게 하사하였다.…그대는 좋은 일을 해서 우호를 다지고 있다.…지금부터는 매년 조공을 상속할 것이다'고 기록하고 있다. 이 칠지도(七枝刀)는 백제가 칠지도를 만들어 "왜왕 지(旨)에게 하사해서 그 자손들에게 전하도록 하라"고 하는 칠지도 몸체에 명문(銘文)이 기록되어 있는데, 일본서기는 반대로 백제왕이 그것을 왜왕에게 헌상한 것으로 기록해 놓았다. 성스런 왕조라 한 것도 왜왕이 당시에 세습왕조였던 백제를 보고 한 말인데 그것을 거꾸로 왜국을 보고 한 말처럼 꾸며 놓았다. 또 기록중에 백제왕이 신공황후를 너(汝)라고 하고 있는데 그것은 아랫사람에게 하는 말로 앞 문장과는 모순된다. 이것은 일본서기를 개찬한 사람들이 역사를 뜯어 맞추다가 잘못하여 백제와 왜간의 역사의 진실을 그대로 노출시킨 것이라 볼 수 있다. 이런 것들도 다 백제와 왜의 위치를 바꾸어 기록했기 때문에 모순이 생기게 된 것이다.

지금까지의 예에서 보듯이 한반도의 3한4국의 나라들의 백성들이 일찍부터 신천지 왜열도로 이동해 가서 많은 황무지를 개척하고 그곳에 그들의 식민지분국을 만들었기 때문에 한반도의 본국들이 왜열도의 그것들을 신하국으로 또는 제후국으로 경영해 왔던 것인데 일본서기에는 그것을 거꾸로 왜국이 마치 한반도의 고구려나 백제, 신라 또는 가야의 종주국인 것처럼 만들고 한반도의 그 나라들이 왜국의 식민지분국인 것처럼 뒤바꿔 만들어서 기록해 놓았기 때문에 몇 백년이 지난 지금에 일본인들은 그것이 사실인 양 받아들이고 있는 것이 큰 문제라 할 수 있다.

(3) 일본서기 신대(神代)의 기록에서 예를 더 들어보기로 한다.

신대(神代)의 기록에 소전오존(素戔嗚尊)〈스사노오오노미코도〉은 그의 아들 오십맹신(五十猛神)〈이다케루노카미〉를 데리고 신라국(新羅國)에 내려가 소시모리(曾尸茂梨)라는 곳에 살았다. 그러나 곧 말하기를 나는 이 땅에 살고 싶지 않다. 하고는 드디어 흙으로 배를 만들어 타고 동쪽으로 건너서 출운국(出雲國)〈이즈모노구니〉 파천(簸川) 위에 있는 조상봉(鳥上峯)에 이르렀다. 고 하고 있다. 여기서 한반도의 신라국(新羅國)이란 나라의 이름이 나오는데 이것으로 소전오존(素戔嗚尊)이란 사람의 생존 연대를 추정할 수 있다. 일본서기에는 소전오존(素戔嗚尊)이 일본의 초대왕인 신무천황의 5대조 되는 신(神)으로 되어 있다. 이런 신이라는 사람이 한때 한반도의 신라국에 살았다고 일본서기에 기록하고 있는 것이다. 한반도 신라(新羅)가 처음으로 신라국(新羅國)이란 이름을 정한 것은 신라의 제22대왕인 지증마립간(智證麻立干) 4년≪서기 503년≫의 일이다. 서기 503년이 틀림이 없다. 그 이전에는 서라벌이었는데 혹 말로 신라라고 부르기도 했다고 되어 있다. 그렇다면 소전오존이 한반도의 신라국에 와서 살다가 간 것은 결국 서기 503년 이후로 보는 수 밖에 없다. 그런데 일본서기에는 소전오존의 5대손에 해당하는 신무천황이 B.C. 660년에 일본국 천황으로 즉위하였다고 기록하고 있다. 그렇다면 5세손인 손자가 5대조 할아버지 보다 약 1천 1백여 년 전에 세상에 나서 살았다는 것이다. 일본서기를 일본의 정사서로 받들고 있는 한, 일본인들은 세상을 거꾸로 살아오고 또 그렇게 살아갈 수 밖에 없을 것이다.

그런데 신라국이라는 국호가 정해지기 이전에 혹 신라라는 말이 있었기 때문에 그것을 치더라도 서라벌이 건국한 것이 B.C. 57년이니까 그 이전에는 말로라도 신라라는 이름이 있었을 리가 없고 따라서 소전오존이 생존했던 연대는 아무리 거슬러 올라가도 B.C. 57 이전으로 올라갈 수는 없다. 그렇게 해도 소전오존이 5대의 후손인 신무천황보다 600여 년 이후에 살았다는 계산이 나온다. 바꿔서 말하면 5세손인 신무천황이 자신의 5대조인 소전오존보다 6백여 년을 앞서서 일본천황으로 즉위하였다는 것이다. 세상에 후손이 그 조상들보다 이전에 살았다고 국가역사를 만든 민족이 일본민족이다. 희한한 민족이 아닌가.

(4) 일본서기의 불합리한 기록을 한가지만 더 지적해 보기로 한다. 일본서기 신대의 기록에는 일본 초대왕이라는 신무천황의 선대계보를 기록하고 있다. 일본서기에 기록된 신무천황의 계보를 보면 일본이 천지개벽한 후에 국상입존(國常立尊)〈구니노도고다지노미코도〉과 더불어 여러 신들이 태어났는데 신무천황의 시조는 이 국상입존으로 되어 있다. 국상입존에서 신무천황까지는 직계로 13대가 된다. 즉 신무천황은 국상입존의 12세손이다. 그러나 신당서 일본편에 의하면 그 왕성은 아매씨(阿每氏)이고, 스스로 말하기를 천어중주(天御中主)〈아마노미나카누시〉라는 이름의 처음 군주(君主)로부터 언렴(彦瀲)에 이르기까지 모두 32세(世)이고 다 칭호에 존(尊)〈미코도〉을 사용하고 축자성(筑紫城)에 거처했다. 언렴의 아들 신무(神武)가 즉위하여 칭호를 천황(天皇)이라 고치고 대화주(大和州)로 옮겨서 다스렸다. 고 되어 있다. 여기서는 신무는 국상입존이 아닌 천어중주(天御中主)의 직계 32세손이라 말하고 있다. 신당서의 기록은 당시의 일본의 왕이 스스로 한 말을 기록한 것이다. 즉 신무천황은 고천원(高天原)에서 태어난 천어중주의 후손임이 틀림이 없다. 고천원은 대륙을 표상(表象)하는 것이라 보기 때문에 이것으로 신무천황이 한반도에서 이동해간 한민족(韓民族)이라는 사실을 알 수 있다. 이런 것을 포함해서 객관적으로 볼 때 일본서기의 기록은 전체가 불합리하게 꾸며져 있다.

3. 일본(日本)의 독립과 한반도(韓半島) 국가들과의 관계

1) 일본의 독립

일본민족은 대부분이 대륙에서 이동해 간 한민족(韓民族)으로 이루어졌다는 것은 그 누구도 부인할 수 없을 것이다. 그렇다면 일본역사의 대계(大系)에는 그 한민족(韓民族)들이 언제부터이던지 대륙에서 일본열도로 이동해 간 과정에 대한 역사가 들어 있어야 한다. 그리고 그들이 일본열도에 가서 지역적으로 신천지를 개척하는 과정이나 초기 취락국가를 건설해가는 과정 등, 그렇게 해서 소왕국들이 생기고 그것들이 비미호(卑彌呼)여왕에 의해서 통합된 과정 등의 역사 즉 왜국시대(倭國時代)의 역사가 일본 고대사의 중추가 되어야 할 것이다. 그러나 지금은 그런 일본의 진정한 역사를 기록한 문헌이나 문서들을 일절 찾아 볼 수가 없다. 모조리 불태워버렸기 때문이다. 그래서 여기서 한국과 중국의 여러 사서들이나 기록들을 검토해서 일본인들이 통일 독립을 쟁취해 나가는 과정과 통일 독립왕조 국가를 형성하는 과정 등을 가능한 한 찾아보기로 한다.

(1) **일본이 본격적으로 통일과 독립을 해야겠다는 사상이 움트기 시작한 것**은 아마도 한반도에서 백제가 멸망하면서 신라에 합병되고 일본열도가 신라의 세력에 의해서 지배되면서부터라 할 수 있다. 그리고 그것은 그때까지 일본열도의 기내에 가장 큰 세력을 형성하고 있던 백제계 왕국들에 의해서 주도되었다. 그러한 백제왕국들의 발자취를 보면 동북아시아에서 처음에 백제가 건국된 곳은 요동이었다. 그래서 백제본국이 요동에 있고 한반도에는 그들의 분국이 있었다. 다음에 요동백제가 소멸된 후에는 한반도의 백제분국이 백제본국이 되고 왜열도에 다시 백제분국이 생겼다. 그 다음에 한반도 백제 본국이 소멸되면서 왜의 백제분국이 백제본국이 되었는데 이 일본의 백제본국을 건설하기 시작한 왕은 흠명(欽命)천황

이다.≪혹은 계체(繼體)천황일 가능성도 있다.≫이 백제본국이 후에 신라계 고구려계의 소왕국들을 통합하여 일본에 통일왕조를 이룬 것은 아마도 환무(桓武)천황으로 보인다. 따라서 일본의 현 왕조는 한반도 백제왕조를 계승한 것이다.

(2) 환무(桓武)천환시대에 일본이 통일 독립왕조를 창건하기 위해 분서를 비롯해서 여러 가지 감행한 일들이 많다. 그리고 일본이 한반도 국가들로부터 독립이 되면서 여러 가지 현상이나 인식에 많은 변화가 생기게 된다. 그 중에서도 중요한 인식변화 같은 것은 차후 더욱 심도있게 분석되어어야할 상황들이지만, 여기서는 우선 다음과 같은 몇가지 사실만이라도 먼저 알아두기로 한다. 환무왕조는 한반도의 백제인들이 일본열도로 건너가서 건설한 왕조로서 그 나라는 처음 한반도 백제본국의 분국이었다. 그러나 당시의 한반도 백제인이나 일본의 백제인들은 한반도의 백제본국과 일본의 백제분국을 동일체로 생각하고 있었거나 일본의 분국을 한반도 본국의 한 지방으로 생각하고 있었던 것이다. 그것은 역시 한반도의 신라본국과 일본의 신라분국이, 또 한반도의 고구려본국과 일본의 고구려분국이 서로 동일체이거나 일본의 분국들이 한국의 본국들의 한 지방이라는 생각을 가지고 있었을 것이다. 그래서 만약에 일본의 백제계 나라가 일본의 신라계 나라를 공격했다고 하면 그것은 일본의 백제가 신라의 어떤 지방을 공격한 것으로 인식되고, 혹은 그것은 마치 일본의 백제가 한반도의 신라를 공격한 것으로도 의식되고, 나아가서는 일본이 한반도 신라를 공격한 것으로 기록되었을 것이다. 그렇게 인식이 변화되어 간 흔적은 일본서기의 곳곳에서 전반적으로 발견할 수 있다. 물론 거기에는 악의적이고 고의적으로 왜곡 날조한 기록들이 많이 가미가 되어 있다. 예를 들어보면 일본의 신라분국이 일본의 고구려분국에게 조공을 했다고 하면, 그것은 곧 신라가 고구려에게 조공을 한 것으로 인식 되고, 나아가서는 한반도의 신라가 일본의 고구려에게 조공을 한 것으로 인식되고, 나중에는 신라가 일본에 조공했다고 기록된 것 등을 볼 수가 있다. 요약해서 말하면 당시의 왜열도는 전체가 한반도 3한4국의 국토였기 때문에 구태여 왜열도라고 명시할 필요가 없었고 따라서 구분

해서 기록하지 안했던 것이다. 그것은 당시는 한국의 신라와 일본의 신라가, 한국의 고구려와 일본의 고구려가, 그리고 한국의 백제와 일본의 백제가 동일체이면서 다만 지방만 다른 것으로 인식되어 있었기 때문에 그렇게 기록해도 무방한 일이었지만, 일본이 독립을 하면서 사정이 달라졌다. 즉 일본의 신라, 고구려, 백제 등은 모든 기록이나 인식에서 모두 지워서 없애버린 것이다. 즉 그런 모든 기록들은 분서 등으로 완전히 없애버리고 국민들은 철저히 세뇌시켜놓았기 때문에 현재의 일본 서기의 기록에 남아있는 신라, 고구려, 백제는 사실은 일본땅에 있었던 것들이지만 지금은 모두 한반도의 나라들로만 인식이 되기 시작한 것이다. 그렇게 만든 것이 누구의 짓인가? 그것은 바로 일본서기를 개찬하고 환무분서와 명치분서를 치르면서 일본열도에서 한반도 민족들의 이동과 개척시대로부터 한국의 분국시대인 왜국시대에 이르는 역사를 완전히 말소시켜버린 후에 황국사관을 확립한 일본인들이 한반도와 일본의 나라들의 위치와 위상을 완전히 뒤바꿔서 기록하고 또한 세뇌시킨 역사 왜곡의 범죄와 폭력적 침략에 의한 것이 아니고 무엇이겠는가. 그래서 나는 그 표본인 일본서기를 폐기해야 한다고 주장하는 것이다.

(3) **한국사서를 참작해서 일본이 한반도 3한4국의 식민지분국들**이었던 소왕국들로 이루어진 왜국시대를 언제쯤 마감하고 통일된 일본국으로 독립을 해서 통일왕조를 형성하게 되었는지 추정해 보기로 한다. 삼국사기 신라본기의 기록들을 보면 4세기 말경서부터 5세기가 끝날 무렵까지 왜인(倭人)들의 신라 변경침범이 부쩍 많아졌다. 그러나 6세기에 들면서부터는 왜인들의 신라 변경침범이 뚝 끊어졌다. 그래서 그동안에 신라에 대한 왜병들의 국경침범이나 왜인들의 왕래가 200년 가까이 한번도 없다가 서기 698년에 갑자기 일본국의 사신이 신라에 나타난다. 그 이후 일본의 사신들이 신라를 내왕한 기록을 보면,

① 효소왕(孝昭王) 7년≪서기 698년≫ 3월에 일본국사(日本國使)가 왔으므로 왕이 승례전에서 인견하였다고 기록하고 있다. 이 해는 일본에서는 문무(文武)천황 2년에 해당한다. 많은 학자들이 신라의 문무왕이 일본에 가서 천황이 되었다고 보

고 있는 그 사람이다. 그리고 삼국사기는 왜인(倭人) 왜국(倭國) 등으로 기록하든 것을 이때 이후부터는 왜(倭)라는 글자는 쓰지 않고 일본(日本), 일본국(日本國) 등으로 기록하고 있다.

② 성덕왕(聖德王) 2년≪서기 703년≫ 7월에 일본국사가 왔는데 모두 204명이었다. 이때가 일본의 문무천황 7년에 해당한다.

③ 경덕왕(景德王) 원년(元年)≪서기 742년≫ "10월에 일본국사가 이르렀으나 바다들이지 아니하였다,

④ 경덕왕(景德王) 12년≪서기 753년≫ "8월에 일본국 사신이 왔으나 오만 무례함으로 왕은 그들을 접견하지 않고 돌려보냈다. 일본의 문무천황 이후에는 신라가 두 번이나 사신을 받아들이지 아니하였고 그 이후에는 또다시 한동안 일본과의 사신왕래가 단절되었다. 그 이유는 아마도 이 기간에 일본민족들이 한반도 국가들의 식민지분국의 명에에서 벗어나서 통일과 독립의 과정이 어느 정도 가속화되기 시작한 때인 것으로 보인다.

⑤ 애장왕(哀莊王) 3년≪서기 802년≫ 12월에 균정(均貞)에게 대아찬(大阿湌) 벼슬을 주고 가왕자(假王子)로 삼아서 왜국에 인질로 보내고자 하였으나 균정이 사양했다 라는 기록이 나온다. 이때가 일본의 환무천황 22년에 해당한다. 이때 일본에서는 환무분서가 완료된 것으로 보인다. 따라서 이때에 일본이 한반도 국가들의 식민지분국의 잔재를 완전히 씻고 통일독립국가가 되면서 인질을 요구하는 등 가장 거칠게 대응함으로써 신라가 다시 왜국이라 기록했을 가능성이 높다.

⑥ 애장왕(哀莊王) 4년≪서기 803년≫ 7월에 일본국과 우호관계를 맺고 수교하였다. 이때는 일본이 통일왕조를 건설한 후에 독립된 일본국으로서 사신을 보내서 신라가 국교를 맺게 된 것이 아닌가 생각된다.

⑦ 애장왕(哀莊王) 5년≪서기 804년≫ 5월에는 일본국이 사신을 파견하여 황금 3백량을 바쳤다. 무슨 뜻일까? 아마도 이제 독립국 기반을 튼튼하게 다진 환무천황이 자신들을 동등하게 대해 달라는 청탁성 뇌물로 보인다.

⑧ 애장왕(哀莊王) 7년≪서기 806년≫ 3월에 일본국 사신이 와서 조원전(朝元殿)에서 인견했다. 이때는 일본의 환무천황 말년이다. 어떻든 환무22년부터 일본의 사신들이 신라에 빈번히 왕래하고 있다.

⑨ 애장왕(哀莊王) 9년≪서기 808년≫ 2월에 일본국 사신이 와서 왕이 후한 예로 대접했다. 이때는 일본의 평성(平城)천황 3년이다. 이 이후 다시 60년 가까이 사신왕래가 끊어졌다.

⑩ 경문왕(景文王) 4년≪서기 864년≫ 4월에 일본국 사신이 왔다. 이때는 일본의 문덕(文德)천황 시대로 후지하라(藤原良房)씨의 섭정(攝政)시대 이다. 섭정이 사신을 보냈을 가능성이 있다.

⑪ 헌강왕(憲康王) 4년≪서기 878년≫ 8월에 일본국 사신이 와서 왕이 조원전에서 인견했다. 이때는 일본의 양성(陽成)천황 3년이다.

⑫ 헌강왕(憲康王) 8년≪서기 882년≫ 4월에 일본국왕이 사신을 파견하여 황금 3백 량과 명주 10개를 진상했다.

(4) 삼국사기는 서기 698년에 일본국으로 이름이 바뀐 일본의 사신이, 서기 344년에 왜국의 사신이 신라에 왔다는 기록이 있은 이후 처음으로 신라에 온 것을 기록하고 있다. 특히 삼국사기에 왜국에 관한 기록이 없었던 서기 500년부터 서기 698년 사이의 약 200년 간이 왜국이 한반도 4국의 식민지에서 탈피하여 독립된 일본국가를 탄생하는 진통의 시기였을 것으로 추정된다. 그 과정을 대략 살펴본다면,

① 처음에 한반도 가야계의 신무천황이 규슈지방에서 기내에 이르러 다소 불충분하지만 처음으로 기관국가 형식의 왕권국가를 건설한 것으로 보인다. 그러나 그것이 왕조로 이어지지는 못하고 당대로 끝난 것으로 보인다. 그런데 알본서기는 그것을 왕조처럼 만들어 가야계의 여러 토후국이나 장원국의 왕들을 종적으로 나열해서 기록해 놓았을 가능성이 있다.

② 다음으로 가야계에서 왕권이 백제계로 넘어가게 된다. 그것은 천지(天智)천

왕의 아버지라고 하는 서명(舒明)천황의 행적을 보면 알 수가 있다. 그가 말년에 백제궁(百濟宮)과 백제대사(百濟大寺)를 짓고 죽을 때는 백제궁의 북쪽 백제대빈소(百濟大殯所)에 모셨다고 일본서기에 기록하고 있다. 사실은 그의 선대에서부터 통일왕권은 아니지만 기내에는 이미 백제계의 다소 규모가 큰 왕국들이 형성되어 있었을 것이라 생각된다. 그렇게 되면 신무천황 이후부터 서명천황 사이에 일본서기에 나오는 많은 통일왕권의 천황들은 백제계의 통일왕조형성 이전에 횡적(橫的)으로 여러 곳에 있었던 백제계의 지방 원국들의 왕들을 전부 종적(縱的)으로 통일 왕조 계열에 천황으로 나열해서 기록해 놓았을 가능성이 높다.

③ 다음으로 서기 672년에 고구려계의 천무(天武)천황이 통일왕권을 장악하여 그의 처로 되어 있는 지통(持統)천황까지 고구려계의 왕통이 이어지고 그 다음에는 다시 신라계로 왕권이 넘어간다.

④ 신라계의 문무(文武)천황이 왕권을 장악하게 되는데 그는 이름 그대로 신라의 문무왕(文武王)일 가능성이 크다. 문무천황이 일본의 통일왕권을 장악한 것이 서기 697년인데 그 다음 해에 즉 문무천황 2년 3월에 비로소 자신이 일본의 왕권을 획득한 사실을 본국인 한반도의 신라에 보고하기 위해서 사신을 파견하게 된 것이다. 이것이 200년 만에 처음으로 일본이 신라에 사신을 파견하게 된 사연이라 할 수 있다. 그리고 문무천황 7년인 서기 703년에는 일본이 무려 204명이라는 사신을 신라에 파견하고 있다. 그것은 역시 신라계통의 천황이 아니고서는 생각하지 못할 일이다.

⑤ 그 이후 근 40년만인 서기 742년 신라 경덕왕(景德王)원년, 또 서기 753년 경덕왕 12년에도 일본에서 사신이 왔지만 신라왕이 접견하지 아니하고 돌려보내고 있다. 이때는 아마도 신라계의 왕권이 다시 백제계로 넘어가서 백제계의 천황이 사신을 보냈기 때문으로 보인다.

⑥ 그 이후에는 또 근 50년 가까이 사신의 왕래가 끊겼다가 서기 802년에 다시 일본의 사신이 신라에 나타나고 이후에는 신라와 일본이 우호관계를 갖게된다. 이

것은 이제 9세기 들면서부터는 일본이 한반도의 3한4국들의 식민지분국의 때를 씻고 독립국가로서 일본화(日本化)된 민족으로 완전히 탈바꿈한 모습의 왕조국가로 자리 잡았기 때문으로 볼 수 있다. 그러한 독립투쟁의 과정에서 왜국시대의 수치스런 역사 흔적을 지워버리고 또 국민의 뜻을 결집시키기 위해서 가장 먼저 한 일의 하나가 엉터리로 된 허구의 일본역사를 구성한 일본서기라는 역사책을 편찬하는 일이었다. 그러나 국민들에게 식민지분국시대와 왜국시대의 잔재들이 남아 있어 사람들이 그것을 떨쳐버리지 못하자 환무천황은 일본서기 이외의 모든 문서 등의 기록물들은 물론이요, 그 이외에 왜국시대를 알 수 있게 하는 모든 증거물들을 소각 또는 말살시켜버렸다. 그것이 환무분서이다.

⑦ 따라서 환무천황시대 말기에 비로소 일본인들이 일본서기의 틀에 꼭 맞는 일본화된 일본국의 완성이 마무리가 된 것으로 볼 수 있는데 아마도 서기 804년≪환무 24년경≫경에는 모든 것이 마무리가 되어 완성을 이룬 다음에 환무천황은 일본의 통일독립과 왕조의 건설을 상국에 보고하기 위해서 환무 24년≪서기 804년≫에 비로소 당(唐)나라에 사신을 파견하고 있다. 그리고 신라에게는 황금 3백량을 바치면서 우호관계를 맺는다.

(5) 중국의 사서들에는 일본의 고대 역사가 비교적 상세히 기록되어 있다. 그러한 사서들을 참작해서 일본이 언제쯤 한반도의 식민지분국시대의 연장이라 할 수 있는 왜국시대에서 완전히 벗어나서 일본국으로 독립을 하게 되었는지를 추정해 보기로 한다. 즉 왜국시대에서 일본국시대로 바뀐 과정에 대해서 대략적인 개요를 살펴보기로 한다.

① 중국의 사서들 중에서 서기 629년에 편찬된 수서(隋書)까지는 왜인, 왜국으로만 기록되고 있다. 또 서기 659년에 완성을 보았다는 남사(南史)나 북사(北史)에도 일본이란 국명은 볼 수 없다. 결국 그때까지는 일본이 왜국시대였다는 것을 말하고 있는 것이다.

② 서기 946년에 편찬된 구당서에 비로소 왜국(倭國)편과 일본(日本)국편이 동

시에 기록되어 있다. 그 왜국편의 기록에는 서기 648년에 왜국이 당나라에 사신을 보내온 것을 기록[35]하고 있다. 이것은 그때까지도 왜국시대였다는 것을 증명하고 있다.

③ 구당서에 처음으로 일본편이 있고 그 기록을 보면 서기 703년에 비로소 일본의 대신 조신진인(朝臣眞人)이 일본국으로서는 처음으로 당나라에 와서 조공을 한 사실을 기록[36]하고 있다. 이것으로써 일본이 일부 지역만이라도 이때 왜국시대의 왜국(倭國)이란 국명을 일본국(日本國)으로 고치고 통일독립을 위한 사업을 시작했음을 알 수 있다.

④ 서기 1060년에 완성된 신당서의 기록에는 이제 왜인이나 왜국은 없어지고 오직 일본으로만 기록되어 있다. 그리고 이 신당서의 일본편에 일본의 왕통과 왕명들이 기록되어 있는데 그것은 일본서기의 그것들과 같다.

(6) 결론적으로 9세기 들어서 일본에 통일왕조가 건설되었다 해도 처음부터 절대왕권을 행사한 것으로 볼 수는 없다. 따라서 마치 중국처럼 일본에서도 처음에는 지방왕권에 의해서 봉건국가제도와 비슷한 형태가 취해졌을 것으로 추정된다. 그리고 전국시대로 발전해서 무인들의 막부(幕府) 시대가 출현한 것으로 볼 수 있다. 그러한 과정을 겪는 사이 일본의 왕통도 수많은 단절과 몰락, 그리고 재기와 분열 등이 반복되어 왔을 것이지만 일본인들은 그러한 역사의 진실을 전부 지워버리고 만세일계라는 허무맹랑한 가짜 역사를 만들어 내놓은 것이다. 그리하여 왕통도 횡적으로 동시에 소지역들을 할거하고 있던 왕들을 시대적으로 종적으로 일본서기에 나열해 놓고 그것을 만세일계라 자랑하고 있다. 일본인들은 너무나 부끄러울 정도로 역사를 날조해서 새로 창작해버린 것이다.

---

35) 舊唐書 卷一百九十九 上, 列傳第一百四十九 上, 東夷 倭國篇.

36) 앞의 35)의 책과 같음. 日本國篇 長安三年條.

2) 일본의 분서(焚書)사건들

일본에는 일본서기를 개찬했을 기회가 5번~6번 정도 있었던 것으로 보이고, 그때마다 분서(焚書)가 따랐지만 그 중에서도 가장 규모가 컸던 전국적인 분서사건이 두 번 있었던 것으로 볼 수 있다. 그 첫 번 째가 일본이 통일독립 국가를 건설할 무렵에 날조해서 창작한 새 일본서기를 꾸며놓고《처음으로 간행되었을 가능성도 있다》그것에 위배되는 모든 문서들을 불태워버린 것인데 환무천황《서기 781년~806년 재위》시대에 이루어진 분서이기 때문에 환무분서(桓武焚書)라 일컫고 있다. 두 번째가 근세에 무력으로 한반도를 일본의 식민지로 만들면서 환국사관이란 조작된 역사관으로 일본서기를 새로 날조해 놓고 그것에 어긋나는 고증들을 모조리 불태우거나 말살시켜버린 것으로 명치천황《서기 1852년~1912년 재위》시대에 이루어졌기 때문에 명치분서(明治焚書)라 일컫고 있다.

(1) 환무분서(桓武焚書) ; 일본서기와 속일본기에 나열된 황통계열이라는 것에서 명목상 제50대라는 환무천황시대에 단행된 분서사건이다.

① 일본의 역사학자 고바야시(小林惠子)씨가 주장하는 환무분서의 내용을 요약하면, "홍인(弘仁)시대인 서기810년에서 서기 823년 사이에 일본서기를 재편집한 일이 있는데 그때 같이 편찬된 일본기사기서(日本紀私記序)라는 책에는 옛날부터 내려오는 별도의 제왕계도(帝王系圖)라는 책이 있다고하고 그것에는 신라나 고구려에서 온 사람이 국왕이 되었다고 기록하고 있어 그런 사실을 숨기기 위해서 환무천황이 제국(諸國)에 영을 내려 그런 책들을 전부 분서(焚書)토록 하였다"고 하는 것이다. 그것이 즉 환무분서라는 것이다. 따라서 환무 이전에는 한반도의 신라나 고구려에서 와서 일본의 천황이 된 사람이 있었다는 것을 알 수 있고, 환무는 자신이 백제계이기 때문에 백제이외에 신라나 고구려에서 온 사람이 천황이 되었다는 사실을 감추고 백제에서 온 사람만이 천황이 되었다는 사실만을 남기기 위해서 그런 기록들을 전부 분서한 것이라는 사실을 알 수 있게 된다. 이것으로서도

일본열도에서 한반도 4국의 분국들이 그들의 왕을 한반도의 본국에서 모셔왔으며 또 분국들 사이에 치열한 다툼이 있었다는 것도 알 수 있게 된다. 여기서 영을 내렸다는 제국이란 한국의 식민지분국들을 가리키는 것으로 볼 수밖에 없다.

② 일본의 역사학자 가시마(鹿島昇)씨는 다음과 같이 주장하고 있다. ⑴ "신황정통기(神皇正統記)의 응신(應神)천황조에는 「옛날 일본은 삼한과 동종이다 라고 되어 있는 책이 있어 그 책을 환무시대에 태워 없애버렸다」고 되어 있어 이것이 환무분서인데 여기서 그 책이란 물론 일본기(日本紀)를 말하는 것이다. 홍인사기 (弘仁私記) 서(序)에는 「제왕계도(帝王系圖)에 천손(天孫)의 후예는 다 제왕이 되었다. 그리고 또 말하기를 혹은 신라나 고구려에서 와서 국왕이 되고 혹은 민간에서 제왕이 되었다고 하고 있어 연력(延歷) 연중≪서기 782년~805년≫에 제국(諸國)에 하명해서 이것들을 불태웠다. 그렇지만 아직도〈홍인(弘仁)연간≪서기 810년~823년≫〉 민간에 남아있는 것이 있다」고 되어 있다.…이러한 상황은 연력(延歷) 18년≪서기 799년≫에 제씨(諸氏)의 계도(系圖)를 몰수해서 일본서기 개찬(改竄)에 착수한 것이라 해석해야 할 것.…"이라 하고 있다. 여기서 홍인사기(弘仁私記)라는 것이 일본기사기(日本紀私記)를 말하는 것으로 보이는데 그렇다면 고바야시(小林)씨의 주장과 같은 것이라 할 수가 있고, 그리고 거기에는 일본인은 삼한인과 동종이고 삼한인들이 일본에 와서 왕조를 건설한 역사가 기록되어 있었는데 일본기(日本紀)를 일본서기로 개찬하면서 그러한 역사를 다 불살라버린 것이 환무분서라고 하는 것이다. ⑵ 환무천황에 대해서 "야기리(八切止夫)씨는 속일본기에서 아버지 광인(光仁)천황이 죽었을 때 환무가 한국어로 「아이고(哀號)〈アイゴ-〉」하면서 울었다고 기록하고 있기 때문에 환무의 한인설(韓人說)을 주장했다.…자신이 한국인이 아니었다면 어찌 「아이고」 하고 울었겠는가…" 하여 환무천황이 한국의 백제인임을 주장하고 있다. 이런 것으로 봐서 한반도에서는 통일신라시대가 되었지만 일본에서는 그 이후에도 오래도록 형태는 좀 다르지만 백제, 고구려, 신라의 3국시대가 계속되고 있다가 홍인연간에 통일왕권이 안착된 사실을 알 수

있다.

③ 환무분서의 동기와 경위 등을 요약해 보면, 그것은 7세기 후반에서 8세기 말 혹은 9세기 초엽까지에 이르는 시기에 일본이 일본열도의 통일과 독립을 위해서 몸부림친 과정에서 일어난 사건이라 할 수 있다. 즉 왜국시대에 흩어져 있던 소왕 국들을 무력으로 통일한 첫 번째 왕조는 가야계로 추정되고, 그 뒤를 이어 창건된 왕조는 백제계로 추정이 되고, 그 이후에는 왕조가 고구려계로 넘어갔다가 얼마 안 되어 다시 신라계로 넘어간 것으로 보인다. 그리고 그 이후에는 왕조가 다시 백 제계로 넘어갔는데 그것을 달성한 인물이 환무천황이다. 환무는 자신이 백제인이 라는 것과 또 한국 사람이 일본의 왕이 되었다는 사실 등을 감추기 위해서 역사기 록은 물론이고 당시에 한국과 관계되는 모든 기록들까지도 모조리 불태워 없애버 렸다. 그리고는 일본화한 기록과 다시 일본을 중심으로 역사를 날조하고 창작해서 책으로 펴낸 것들만 남긴 것이다. 그렇게 해서 생겨난 것이 일본서기, 속일본기, 신찬성씨록 등이고 또 백제가집은 만엽집이란 일본의 노래 책으로 새로 편집되었 다. 이렇게 해서 왕권을 장악하고 튼튼하게 굳힌 백제인 환무천황은 고구려인과 신라인이 일본의 왕이 되었다는 사실을 기록한 것 뿐 아니라 자신이 백제인이라는 것이 노출될 위험성이 있는 기록이나, 일본의 독립과 자신의 왕조유지에 방해가 되는 기록들까지를 모조리 불태워버린 것이다. 이것이 환무분서이다.

④ 일본열도에 분포된 한반도 4국인들의 세력 형성 상황을 보면 백제인들의 세 력이 가장 크고 백제계 왕조가 가장 오래 지속되었다고 할 수 있다. 그러한 백제인 들과 그들이 창건한 환무왕조의 뿌리에 대해서 잠시 살펴보기로 한다. 백제가 처 음 생긴 것은 요동백제이다. 그 요동백제인들이 기원전 1세기 전반에 신천지 한반 도 중서부로 이동해와서 백제분국을 건설하였는데 후에 요동백제가 멸망하면서 이것이 백제본국으로 되었다. 그후에 한반도의 많은 백제인들이 다시 신천지 왜열 도로 이동해가서 그곳에 백제분국들을 건설하였다. 그런데 그 한반도 백제본국이 멸망하게 되자 이번에는 왜열도의 백제분국들이 통일왕조를 건설하여 그것이 백

제본국이 되었는데 그 첫왕조가 환무왕조라 할 수 있다. 따라서 요동백제, 한반도 백제≪비류·온조백제≫ 및 왜열도 백제≪일본백제≫는 같은 왕통임은 물론 그 사람들은 같은 나라의 같은 백성이란 생각을 가지고 있었다. 그들 지역이 멀리 떨어져 있었지만 동일 국민으로 또 동일국토로 혹은 동일국토의 한지방으로 인식하고 살아왔기 때문에 요동본국이 없어지면서 한반도 백제 분국이 백제본국이 되고 또 그것이 없어지면서 일본 백제분국이 백제본국이 된 것이라 할 수 있다.

(2) 명치분서(明治焚書) ; 일본의 명치천황시대인 19세기 후반에 일본인들이 대륙으로 세력을 뻗기 위해 일본서기를 개찬해서 황국사관이라는 엉터리 일본의 역사를 창작해서 꾸며놓고 그 내용에 위배되는 모든 서책이나 문서 기타 기록물들은 물론이요 유적이나 유물 등에 이르기까지의 고증들을 모조리 불태우고 파괴시켜 버린 것을 명치분서라 한다.

① 서기 1922년 조선총독부에 조선사편수회(朝鮮史編修會)가 생겼다. 이 편수회가 조선사(朝鮮史) 35권을 간행하였는데 이것이 본래의 한국의 역사를 말살시키고 개찬된 일본서기에 알맞게 한국의 역사를 고쳐서 뜯어 맞추어 놓은 것이다. 이 조선사 35권을 간행하면서 일본인들은 당시까지 있었던 한국의 역사에 관한 모든 서책이나 문서 등의 기록물들은 물론이요, 사진, 화류(畵類), 지도 등에 이르기까지 철저히 수거해서 모조리 불살라버렸다. 그런 만행은 대마도와 만주까지 휩쓸어서 산재해 있던 한국에 관한 모든 사료와 기록물들을 수거해서 불살라버리고 모든 역사 고증들을 파괴해버린 것이다. 이것이 곧 한국에서의 명치분서의 내용이다.

② 박창암(朴蒼岩)씨의 논저인 「역사의 약탈자는 누구인가〈歷史の掠奪者は誰か〉」에서 이때 상황을 보면 명치유신이후로부터 서기 1932년 7월 21일의 편수회의 제6회 위원회 때까지 약탈 수집한 것은 사료의 책이 4950권, 사진이 4511매, 문기(文記)·화상(畵像)·편액(扁額) 등이 4513점에 달한다고 하였다.[37] 또한 대마도에서도 고문서류 66469매(枚), 고기록류 3576권, 고지도 34매, 고화류 18권 및 53

---

37) 朴蒼岩 論著 「歷史の掠奪者は誰か」 80夏 『歷史と現代』 Vol 1-1, p15.

매, 를 수거해 갔다고 한다.[38] 그 이외에 만주대륙에서도 많은 사료들이 약탈되었을 것이다. 그곳에서는 이때 고구려 광개토대왕 비석까지 조작해서 비문을 고쳐 놓았다고 하니 만행이 어느 정도인지는 과히 짐작하고도 남음이 있다. 그런데 나는 이러한 귀중한 사료들을 전부 소각시키거나 파괴해버린 것이라고는 믿고 싶지 않다. 아마도 일본 왕실에서 관리하는 정창원(正倉院)이란 곳에 감추어 두었을 가능성이 있다. 일본의 가시마씨는 "…오늘날 남아있는 8세기의 문서는 개산해서 12000점이 되고 그 99퍼센트 가까이는 정창원에 있다.…"고 주장하고 있다. 그리고 명치분서 때 단행한 역사의 위작이나 개악이 환무분서 때보다 훨씬 광범위하고 더 극심했을 것으로 생각된다.

③ 명치분서 때 행해진 유적이나 유물의 침탈과 파괴행위에 대해서 잠시 더 살펴보기로 한다. 한국의 경남 김해시(金海市)는 옛 가락국(駕洛國)이 있었던 곳인데 일본인들은 그곳에 임나국(任那國)이 있었다고 잘못 알고, 또는 그렇게 우김으로써 오랜 옛날부터 그들이 한반도를 지배해 온 것처럼 주장하기 위해서, 그곳에서 임나(任那)의 유적이나 유물을 찾으려고 그 김해시 일원을 무참하게 파헤쳤으나 임나에 관한 것은 한줌의 유물도 찾을 수가 없었다고 한다. 촌로들의 말에 의하면 일본인들은 일제의 식민지시대에 김해시의 여기저기를 온통 파헤치고 유물들을 발굴해서 트럭으로 수십 대 분을 어디론가 실어갔다고 한다. 그러나 그렇게 해서도 임나가 그곳에 있었다는 증거를 찾아내지 못하자 지금에 와서는 임나가 그곳에 있었던 것이 아니고 다만 임나일본부는 단순히 일본의 외교사절들이 있었던 곳을 말하는 것이라고 하면서 황국사관시대에 줄기차게 주장하던 고대 일본의 야마도정권(大和政權)이 한반도를 식민지로 지배했다는 주장에서 한발 물러서고 있다. 일본인들의 한반도 유적 유물들의 수탈은 옛날 삼국의 수도였던 경주(慶州), 부여(扶餘), 평양(平壤)과 만주의 집안(輯安)까지도 온통 파헤치고 뒤져간 것이었다. 그런 모든 것들이 명치분서에서 파생된 것들이라 할 수 있고 그때 일본으로 수탈해

---

38) 앞의 37)의 책과 같음, p16.

간 유물들은 지금까지도 한국으로 돌아오지 않고 있다.

4. 한반도와 관련된 역사상의 문제들

일본의 역사에서 왜국시대까지는 사실상 한국의 역사와 일본의 역사는 동일체였다고 할 수 있다. 한국의 본국과 왜국의 분국과는 나라의 이름도 같이해서 동일 국가로 인정해 왔던 것이다. 따라서 왜국의 신라분국을 그대로 신라국이라 일컬었고 백제분국을 그대로 백제국으로, 또 고구려분국을 그대로 고구려국으로 일컬어 왔던 것이다. 그래서 대부분의 일본 땅은 한국나라들의 한 지방으로 간주되어 온 것이 사실이다. 그러나 많은 시대가 지나면서 일본에서 왜국시대의 역사가 사라지고 그 자리에 허위로 창작된 일본서기의 역사가 채워지면서 한국과 일본은 서로 다른 나라가 되고, 그리되면서 그들 사이에는 수많은 역사상의 문제들이 생기게 된다. 여기서 현재도 크게 상반된 평가를 받고있는 그러한 문제점을 3가지만 골라서 검토 분석해서 그 진실을 밝혀보기로 한다.

1) 임나국(任那國) 문제

임나국(任那國)이 어디에 있었는가? 일본인들은 임나국을 한반도 침략의 이론적 발판으로 삼으려 애써왔다. 그들은 임나의 위치를 한반도 가야국(伽耶國)의 일부로 설정해 놓고 그곳이 고대 일본의 식민지였다는 이론을 확립하기 위해서 왜국시대를 일본의 역사에서 송두리째 말소해버리고 엉터리로 역사를 새로 날조해서 일본서기라는 책으로 꾸며서 일본의 정사서로 만들어 놓았다. 지금부터 임나국의 정체와 그 위치 등을 분석해서 그 임나국이라는 것이 결코 한반도에는 없었고 일본의 대마도와 규슈에 있었다는 사실을 입증해 보기로 한다.

(1) 일본인들이 주장하는 임나국(任那國)과 그 위치 ; 일본인들은 임나국이 한반도의 경남 김해지방을 중심으로 한 6가야와 같이 있었다고 주장한다. 그렇게 주장하는 대표적인 것으로 일본서기의 보주(補注)의 기록을 예로 들어보기로 한다. 그 보주의 기록의 요지를 보면 "…중국 서적에서는 임나(任那)와 가라(加羅)를 별개로 치고 있지만 5세기 초에 임나의 올바른 호칭은 임나가라(任那加羅)였다고 할 것이다. 임나가라의 전신(前身)으로 위지(魏志)의 한전(韓傳)에 기록된 변진구야국(弁辰狗邪國)이 비정된다. 변진구야국은 왜인전에는 구야한국(狗邪韓國)이라 적혀 있다. 이 구야(狗邪)가 가라(加羅)·가량(加良)에 해당하며 후세에는 가야(伽耶)·가락(駕洛) 등으로 기록되었다. 한국에서는 가라(加羅)가 분화해서 오가야(五伽耶)나 육가야(六伽耶)라는 이름이 생겼다. 일본에서는 임나가라가 그대로 전해지지 않고 광의(廣義)의 임나가 유행해서 그 내용으로는, 협의(狹義)의 가라가 개개의 나라 이름들로 열거되면서도 그것들을 일괄해서 사읍(四邑)이라든가 칠국(七國)이라는 이름이 되었다. 이와 같이 이름의 변천은 서로 다르지만 각각 광의와 협의를 갖는 것은 같은 근본 즉 동일한 역사 사실에 기인하는 것이다. 동일한 역사사실이란 가라 제국(諸國)이 공통의 정치정세 하에 있었다는 것이고 그것은 곧 일본의 일괄지배 하에 있었다는 것을 뜻한다. 즉 이것이 임나의 성립이다. 그 임나 성립의 연대는 가령 광개토대왕 비문에서 신묘년〈서기 391년〉의 왜의 도해사건을 생각해 볼 수가 있다.…여기에 신공 49년조의 기사년〈서기 369년〉의 대출병(大出兵)의 기록인데 즉 이 기사년에서 22년간의 동향의 결산으로서 신묘년의 기록이 생긴 것으로 된다.…그렇게 되면 임나의 성립은 신묘년에서 20년 정도의 사이〈서기 391년~414년〉가 된다고 할 수 있다.…"[39]고 기록하고 있다.

이것은 한 마디로 말해서 얼토당토 않는 궤변을 늘어놓고 있는 것에 불과하다. 임나가라를 어찌하여 변진구야국에 비정하고 또 가라가 그보다 훨씬 앞선 시대에

---

39) 日本古典文學大系67, 「日本書紀」上(岩波書店刊行), 補注5-七, 任那.

있었던 5가야나 6가야로 분화되었다고 하는 것인가. 그리고 위지 왜인전의 어디에 변진구야국이 구야한국이라 적혀 있단 말인가? 전혀 당치 않는 거짓말을 하고 있고 역사의 왜곡을 서슴없이 자행하는 궤변을 늘어놓고 있다. 환단고기 고구려국 본기에는 구야한국에 대해서 다음과 같이 기록하고 있다. 즉 "…처음에 변진구야국 사람들이 먼저 단체로 (왜열도 규슈지방의 육지로) 와서 취락을 이루었는데 그것이 구야한국이다.…"[40]라 하고 있다. 여기서 변진구야국은 한반도에 있었고 구야한국은 왜열도의 규슈에 있었다는 것을 알 수 있다. 또한 일본서기에서 신공 49년은 서기 249년인데 그때 있었다는 신라 습격사건을 서기 369년≪2회갑 120년의 차이가 난다.≫에 있었던 것이라 우기면서 강개토대왕 비문에 기록된 서기 391년의 신묘년 도해사건과 결부시켜서 시대가 다름에고 억지로 뜯어 맞추려하고 있는데 이런 짓이야 말로 천인공노할 역사왜곡이 아니겠는가. 지금부터 임나와 가라 또는 임나가라가 한반도대륙에는 어디에도 있지 않았다는 사실만을 입증하고 그것으로써 우선 간략하게나마 임나의 실체를 밝히는 것으로 대신하려 한다.

(2) **한국의 문헌이나 기타 기록상의 임나국(任那國)** ; 한국의 고문헌이나 고증들에 나타나 있는 임나에 관한 것은 3~4가지 정도가 있는 것 같다. 그때의 상황을 추적해서 임나가 한국의 영토에서 언제인가 왜국의 영토로 변해버린 대마도와 규슈에 있었다는 사실을 입증해 보기로 한다.

① 서기 414년에 고구려 장수왕에 의해서 만주의 집안(輯安)에 세워진 광개토대왕 비문에는 "…십년(十年)≪서기 400년≫ 경자(庚子)에…왜적은 퇴각하였다. △△ 그 배후를 급히 추격하여 임나가라(任那加羅)의 종발성(從拔城)에 이르니 성(城)이 즉시 귀복(歸服)하였다.…"[41]고 기록되어 있어 한국 기록으로서는 처음으로 임나라는 이름이 나오는데 임나만이 아니고 임나가라로 되어 있는 점이 주목된다.

② 삼국사기 열전 강수(强首)편에 서기 654년에 태종무열왕이 묻는 말에 강수가

---

40) 개연수 엮음, 「桓檀古記」의 李陌 編撰 「太白逸史」 高句麗國本紀.

41) 弘岡 李奉昊 編著 「廣開土太王碑」(友一出版社), 碑文 原文 p123.

대답하면서 신은 본래 임나가량(任那加良) 사람으로… 라 하였는데 여기에는 임나 가량이라는 이름으로 나온다. 그렇다면 나라 이름이 임나가량인지 또는 임나국 안에 있는 가량이라는 지방을 일컫는 것인지 분명치 않다. 그리고 강수가 말하는 것은 임나는 그가 말하는 당시는 이미 없어진 나라를 일컫는 것이다.

③ 서기 924년에 경남 창원의 봉림사(鳳林寺)에 세운 신라의 진경대사탑비(眞鏡大師塔碑)에 쓰여져 있는 …휘는 심희(審希)이고 속성은 김씨(金氏)이며 그 선조는 임나의 왕족이다.…라는 기록이 있다. 여기서는 단독으로 임나라고 기록되어 있다. 이것도 진경대사의 선조 시대에 임나가 있었다는 것을 기록하고 있는 것이다. 또 그 선조가 임나의 왕족이라 했으니까 이것은 임나일본부(任那日本府)니 임나부(任那府)니 하는 것 따위는 없었다는 것을 증명하고 있다. 또 일본서기에 신라가 임나 10개국을 멸망시켰다고 되어 있는데 일본의 사학자들은 어찌 일본이 임나의 왕국을 폐지하고 일본부를 설치했다고 할 수 있는가.

④ 환단고기 태백일사에는 임나의 위치나 성립과 변천 그리고 한반도의 3국과의 관계 및 일본의 규슈지방과 대마도, 일기섬 등에 있는 나라들과의 관계 등 모든 역사적 상황에 대해서 매우 소상하게 기록하고 있다. 특히 왜열도의 나라들은 한반도나라들의 백성들이 가서 세운 식민지분국이라는 사실을 잘 알 수 있게 하고 있다. 여기서 다시 그 주요한 부분을 인용해서 임나에 관한 것들을 좀 더 명확히 살펴보기로 한다. 태백일사 고구려국본기에 의하면 (1) "…협보(陜父)≪고구려 건국 공신≫가…다시 아소산(阿蘇山)에 옮겨 살았는데 그가 다파라국(多婆羅國)의 시조이다. 뒤에 임나와 합병해서 연정(聯政)을 이루어 다스렸는데 3개국은 바다에 있고 7개국은 육지에 있었다. 처음에 변진구야국(弁辰狗邪國)사람들이 먼저 단체로 와서 무리를 모아 그곳에 살았는데 그것이 구야한국(狗邪韓國)≪왜국 규슈의 북쪽 해안에 있는 나라≫이다. 다파라(多婆羅)는 다라한국(多羅韓國)이라고도 하는데 홀본(忽本)으로부터 왔기 때문에 고구려와 일찍부터 항상 친선을 맺고 고구려 제왕들의 통제를 받아 왔다.…"고 기록하고 있고 또 이어서 (2) "---임나(任

邪)는 본래부터 대마도의 서북쪽 경계에 있는데 북쪽은 바다로 가로막혀 있다. 다스리는 곳은 국미성(國尾城)이다.…후에 대마도의 두 섬이 드디어 임나의 통제를 받게 되었기 때문에 임나는 비로소 대마도 전체를 호칭하는 것으로 되었다. 옛부터 규슈와 대마도는 삼한이 나누어서 다스리던 땅이었으며, 본래는 왜인들이 대대로 살던 곳이 아니다. 그러한 임나가 다시 삼가라(三加羅)로 나뉘어지게 되었는데 가라(加羅)란 말은 그 수도(首邑)의 칭호이다. 이때부터 삼가라의 세 우두머리(三汗)는 서로 다투어 장구한 세월에 걸쳐 화해가 이루어지지 않다가 결국 좌호가라(佐護加羅)는 신라에 속하게 되고 인위가라(仁位加羅)는 고구려에 속하게 되고 계지가라(雞知加羅)는 백제에 속하게 되었던 것이다. 영락(永樂) 10년≪서기 400년≫에는 삼가라가 모두 우리에게≪고구려에게≫로 돌아왔다. 이때부터 바다와 육지의 모든 왜국들이 다 임나로 통일되어 임나는 이것들을 10개국으로 나누어 다스렸는데 이것을 연정(聯政)이라 하였다. 그러면서 고구려의 직할령으로 되어 모든 것을 열제(烈帝)≪고구려의 제왕(帝王)들≫의 명령 없이는 마음대로 할 수가 없었다.…"고 기록하고 있다. 이 두 부분[42]의 고기록에 의해서 임나가 처음에는 대마도의 서북쪽 해안에 있었고 나중에는 대마도 전체를 호칭하는 것으로 되었다가 그것이 다시 3가라로 나뉘어졌는데 그 3가라의 명칭들이 지금도 대마도에 남아있다. 즉 좌호(佐護), 인위(仁位), 계지(雞知)가 그것이다. 아마도 이때부터 임나가라라 일컫게 된 것으로 보인다. 그 이후에는 서기400년≪고구려 영락10년≫에 광대토대이 대마도와 규슈까지 출정해서 임나가라를 공격하여 종발성(從拔城)과 신라성(新羅城)을 고구려로 복귀시킴으로써 3가라가 고구려에 속하게 되면서 다시 임나가 부활하여 대마도와 규슈의 모든 나라들이 임나로 통일되고 그것들을 다시 10개의 소국으로 나누어 다스렸는데 그 임나와 예하의 10개국 모두가 고구려에 예속되어 고구려의 직할령이 되었다는 것이다. 그 외에도 대마도와 규슈의 상황이나 가라와의 관계 등 임나의 모든 것이 여기서 명백하게 드러나 있다.

---

42) 개연수 엮음, 「桓檀古記」의 李陌 編撰 「太白逸史」 高句麗國本紀.

(3) 한국사서와 비문들에 기록되어 있는 임나(任那) 또는 임나가라(任那加羅)

에 대해서 환단고기 태백일사의 고구려국본기를 참조하여, 또 다른 기록들도 참조해서 그 위치와 진실된 역사의 사실(史實) 등을 밝히고 또 그것을 세부적으로 확인해서 고증해 보기로 한다.

① 일본서기 숭신(崇神)천황 65년 7월조에는 "…임나(任那)는 축자국(筑紫國)으로부터 이천여 리를 가서 있고 북쪽이 바다로 가로막혀 있고 신라의 서남쪽에 있다.…"[43]고 기록하고 있다. 여기서 말하는 임나가 대마도의 서북쪽 해안지방에 있었다는 것이 고구려국본기에서 입증된 바 있다. 그래서 그 북쪽은 바다로 가로막혀 있다(北阻海)고 했다. 이 기록은 앞의 고구려국본기의 기록과 일치한다. 특히 "…북쪽이 바다로 가로막혀 있다(北阻海)…"는 대목은 완전 일치한다.

② 당(唐)나라 초기인 서기660년 경에 장초금(張楚金)이 찬하고 옹공예(雍公叡)가 주를 붙인, 주로 고대 동북아시아국가들의 역사를 기록한 유서(類書)≪일종의 백과사전≫인 한원(翰苑)[44]의 제30권 번이부(蕃夷部)의 신라조 분주(分注)의 기록에서는 "…제서(齊書)에서 이르기를 가라국은 삼한의 종족이다. 오늘날 신라의 노인들이 말하기를 가라와 임나는 옛날에 신라가 멸망시켰다 하며 따라서 지금은 신라에 병합되어 있다. 신라의 남쪽 7~8백 리에 있다. 그래서 신라는 지금 진한(辰韓)·변진(卞辰)의 24개국과 임나(任那)·가라(加羅)·모한(慕韓)의 땅들을 가지고 있는 것이다.…"[45]고 기록하고 있다. 이것은 역시 태백일사의 고구려국본기의 기록과도 일치한다. 특히 여기서는 "…가라와 임나가 신라의 남쪽 7~8백 리에 있다.…"는 기록이 임나와 가라가 대마도에 있다는 것을 가리키는 것으로 위의 고구

---

43) 日本書紀 卷第五, 崇神天皇六十五年 七月條.

44) 翰苑은 類書라는 일종의 百科事典으로서 서기 660년경에 唐의 張楚金이 撰하고 雍公叡가 注를 붙인 주로 歷史를 기록한 책으로 본래는 全30卷이었으나 모두 없어지고 제30卷인 蕃夷部만 남아 있는데 거기에는 匈奴, 烏桓, 鮮卑, 扶餘, 三韓, 高句麗, 新羅, 百濟, 肅愼, 倭, 南蠻, 西南夷 등에 관한 기록과 魏畧의 내용이 인용되어 있어 韓國古代史 연구에 귀중한 자료가 된다고 한다. 현재는 京都大學에서 발간한 影印本이 있다.

45) 앞의 39)의 책과 같음.

려국본기의 기록과는 완전 일치한다. 신라의 남쪽 7~8백 리의 거리에 있는 것은 대마도밖에는 없기 때문이다. 여기서 임나와 가라가 대마도에 위치해 있었던 것이 확고히 입증되고, 또 가라는 나중에 임나에 합쳐져서 그 예하의 10국중의 하나가 되었다는 것도 알 수 있다.

③ 고구려국본기와 일본서기의 숭신기(崇神紀)가 다 같이 임나가 북쪽은 바다로 막혀있고 남쪽은 육지로 이어져 있다는 것을 말하고≪北阻海≫ 있기 때문에 지금의 상대마(上對馬)의 서북쪽에 위치해 있었다는 것을 확고히 증명하고 있다고 할 수 있다. 그러나 한반도의 가야 땅은 반대로 남쪽이 바다로 막혀있고 북쪽은 육지로 이어져 있는데 어찌 그 임나를 한반도의 가야 땅에 비정할 것인가?

④ 한원(翰苑)의 기록에서 "…가라국은 삼한사람들 종족이다.…"라는 기록과 태백일사의 고구려국본기의 기록에서 대마도는 "…본래 왜인들이 살던 땅이 아니다.…"라는 기록은 완전 일치한다. 중요한 것은 가라국이 삼한 땅 밖의 대마도에 있었기 때문에 특별히 삼한종(三韓種)이라고 기록한 것이지 삼한 땅 안에 있었다면 구태여 삼한종이라 기록할 필요가 있었겠는가.

⑤ 고구려국본기에서 "…자고로 규슈와 대마도는 삼한이 나누어서 다스리던 땅으로 본래는 왜인들이 살아왔던 곳이 아니다.…"라는 기록은 매우 중요한 대목이다. 이것은 한원의 기록과도 완전 일치 하는 것으로, 일본의 규슈와 대마도에는 본래는 왜인들이 아닌 삼한인들 즉 한반도 대륙인들이 가서 살았던 곳이고 또 삼한인 즉 마한, 진한, 변한 사람들이나 그들을 이어받은 백제, 신라, 고구려, 가야가 서로 나누어서 다스렸던 곳이라는 것이다. 이것은 왜국의 여러 나라들은 한반도의 3한 4국의 백성들이 가서 세운 식민지분국들이고 그러한 식민지분국들을 한반도의 3한 4국이 다스려왔다는 사실을 전적으로 입증하는 기록이라 할 수 있다. 다만 당시의 신천지 왜열도는 황무지의 무인지경이었고 그런 것을 한반도의 3한4국인들이 개척해서 나라들을 세웠기 때문에 그곳을 정복하거나 전쟁을 하는 일은 없었던 것이다. 이것이 즉 왜국시대의 일본의 긴 역사의 본류이다.

⑥ 한원의 기록에 임나 가라와 함께 모한(慕韓)이 기록되어 있고 신라가 임나, 가라, 모한을 같이 병합했다고 했으니 모한도 대마도에 임나, 가라와 더불어 이웃하여 있었다는 것을 말하는 것이다. 한원의 기록에서 보아도 모한을 마한으로 보는 일본인 학자들의 주장은 턱 없이 불합리한 역사왜곡이라는 사실을 알 수 있다.

⑦ 고구려국본기에 의하면 가라라는 이름은 처음에는 도읍지의 호칭이었는데 임나가 3가라로 분리가 되면서 3개의 가라국이 생긴 것으로 되어있다. 그들이 서로 싸우다가 좌호가라(佐護加羅)≪현 상대마의 북부지역≫는 신라에 속하게 되고 인위가라(仁位加羅)≪현 상대마의 남부지역≫는 고구려에, 그리고 계지가라(雞知加羅)≪현 하대마지역≫는 백제에 속하게 되었다고 한다. 이 세 가라국들을 총칭해서 부를 때는 임나국이라 불렀다는 것이다.

〈그림 3〉임나(任那)의 나라들

일본서기의 신공기(神功紀) 49년 3월조의 기록에 나오는 7국(國)의 대부분은 좌호가라에 속해 있었던 것 같다. 그리고 처음은 대마도에 있다가 이후에 규슈로 옮긴 나라도 있는 것으로 보인다. 또 그때의 4읍(邑)과 계체(繼體)천황 6년 12월조의 임나국 4현(縣) 등의 대부분은 계지가라에 속해 있었던 것 같다. 그러나 이것들의 일부도 이후에 규슈로 옮겨진 것으로 보인다. 현재의 대마도에서도 좌호(佐護)지방에는 신라의 유적이, 인위(仁位)지방에서는 고구려의 유적이, 그리고 계지(鷄知)지방에서는 백제의 유적이 많이 발견되고 있다.[46]고 한다. 그리고 일본서기에 빈번히 나오는 기록들로서 왜군이 신라, 고구려 등을 정벌했다는 기록들은 왜군이 대마도에 있는 신라국, 즉 신라분국과 고구려국, 즉 고구려분국 등을 정벌한 것으로 보면 될 것이다.

⑧ 고구려국본기에 고구려 영락(永樂) 10년에 3가라가 모두 고구려로 속하게 되었다고 했으니 이것은 고구려가 군사행동으로 3가라를 정복한것으로 보지 아니할 수 없다. 그러나 고구려국본기에는 그런 설명이 없고, 삼국사기에도 없는데 다만 광개토대왕의 비문에 그 설명이 나온다. 즉 "…영락 10년 경자년에 보병과 기병 5만명을 파견하여 신라를 구하러 갔다. 남거성으로부터 신라성에 이르니, …왜적이 퇴각했다. △△배후를 급히 추격하여 임나가라의 종발성(從拔城)에 이르니 성(城)이 즉시 굴복하고 귀속하여 왔다.…"라는 기록이다. 이 광개토대왕 비문의 기록은 역시 고구려국본기의 영락 10년조의 기록을 정확히 뒷받침하고 있다. 즉 5만명의 고구려군이 대마도나 혹은 대마도를 거쳐서 규슈의 신라국 즉 신라분국을 구원하려 간 것이다. 따라서 인위(仁位)가라는 본래 고구려에 예속되어 있었고, 계지(雞知)가라는 이번에 그곳을 토벌함으로써 백제에서 고구려로 귀속시켰고, 좌호(佐護)가라는 신라를 구하려가서 그곳에 침입해온 왜적을 격퇴시킴으로써 신라에서 고구려로 귀속하게 된 것이므로 영락 10년에 3가라가 모두 고구려로 귀속되었다는 고구려국본기의 기록을 강개토대왕 비문이 확고히 뒷받침하고 있다.

⑨ 고구려국본기에서 "…이때부터 바다와 육지의 모든 왜가 임나로 통일되어 임나가 10개 국으로 나뉘어 다스려졌는데 그것이 고구려가 직할로 다스리는 연정(聯政)이라고 하는 것이다.…"라는 기록에서 알 수 있는 것은 처음에는 임나가 삼가라로 나누어졌던 것이 고구려가 통일을 한 다음에는 이름이 총칭해서 다시 임나로 되고 역시 고구려의 직할령으로 되면서 10개의 나라로 나누어 연정이 이루어졌다는 것이다. 이것은 일본서기의 흠명(欽明)천황 23년의 본주(本注)의 기록 즉 "…

46) 李炳銑 著「日本古代地名研究」(亞細亞文化社), Ⅵ의 2, 3, 4, p307~p376.

임나가 멸망했다. 총칭해서 임나라 하고 각각으로는 가라국(加羅國), 안라국(安羅國), 사이기국(斯二岐國), 다라국(多羅國), 졸마국(卒麻國), 고차국(古嵯國), 자타국(子他國), 산반하국(散半下國), 걸찬국(乞湌國), 임예국(稔禮國)의 합이 10국이다."[47]라는 기록과 완전 일치한다. 다만 고구려국본기에서는 별개의 나라들의 이름을 나열하지 아니하였을 뿐 "열개의 나라(十國)"로 이루어졌다는 것은 완전 일치한다. 또 임나가라는 대마도에 있었고 안라, 다라, 구야한국 등은 규슈의 육지에 있었던 나라들이라는 사실을 알 수 있다.

⑩ 고구려국본기에서 "…협보는…아소산(阿蘇山)으로 옮겨서 자리를 잡았는데 그가 다파라국의 시조이다. 다파라국이 후에 임나와 합병해서 연정(聯政)으로써 통치를 하였는데 세 나라는 바다에 있고 일곱 나라는 육지에 있다.…"는 기록과 또 "…옛부터 규슈와 대마도는 곧 3한이 나누어 다스리던 땅이다.…영락 10년에…바다와 육지의 여러 왜를 모두 임나로 통일을 시켜서 10국으로 나누어 통치하였는데 이것을 연정이라 하고 고구려가 직할로 다스렸다.…"는 두 기록에서 알 수 있는 것은 옛날부터 한국인들이 규슈와 대마도를 동시에 같이 다스려왔다는 사실이고, 그것을 이번의 영락10년에 임나로 통일을 시켜서 10개국으로 연정을 만들어 고구려가 직할로 다스리게 되었다는 것이다. 또 협보(陝父)가 세계에서 하나밖에 없는 규슈의 아소산에 세운 다라국이 이때 임나와 더불어 연정을 한 사실도 알 수가 있다. 그래서 그 임나의 10국 중에서 3개국이 대마도나 일기섬 등의 바다 가운데 있고 7개국은 규슈의 육지에 있었다는 사실을 알게된다. 따라서 10국 중에서 바다 가운데 즉 섬에 있는 나라는 가라국, 졸마국과 사이기국이라는 것을 알 수 있고, 안라국, 다라국, 고차국, 자타국, 산반하국, 걸찬국, 임예국 등의 7개국은 규슈의 육지에 있었던 나라들임을 알 수 있다. 따라서 광개토대왕 비문에 기록된 영락 6년≪서기 396년≫에 광개토대왕이 수군을 인솔하여 잔국(殘國)을 토벌한 것도 대마도와 규슈지방에 있었던 백제의 식민지분국인 잔국이라는 나라를 공격해서

---

47) 日本書紀 卷第十九 欽明天皇二十三年 正月條, 本注.

백제의 성(城)을 58개를 취한 것을 기록한 것임을 알 수 있다. 그렇게 되면 광개토대왕의 비문과 환단고기 태백일사의 기록과 또 일본서기의 기록들이 거의 일치하게 되는 것을 볼 수 있다. 따라서 일본서기의 이 부분의 기록들도 완전한 거짓이나 창작으로 된 것만은 아닌 것같다. 다만 후세의 일본학자들이 아전인수격으로 심히 왜곡해석한 것이 문제이다.

(4) 임나(任那)라는 이름과 합해져서 임나가라(任那加羅)로 기록되기도 하여 임나와는 불가분의 관계에 있었던 가라(加羅)가 처음에는 임나의 수읍의 이름에서 시작되어 나라 이름이 된 것을 앞에서 알게되었는데 여기서는 한국사서에 단순한 가라로 나오는 기록들을 몇 가지 인용해서 그 가라가 역시 대마도에 있었다는 사실을 비롯해서 가야(伽耶), 아라(阿羅), 가량(加良) 등과의 관계도 확인해 보기로 한다.

① 삼국사기 신라본기의 내해왕 14년≪서기 209년≫의 기록에 "…7월에 포상(浦上) 8국(國)이 가라(加羅)를 침략하려 하므로 가라왕자가 와서 구원을 요청하였다.…"[48]는 기록이 있고 또 같은 내용에 대해서 삼국사기의 열전에서는 "…이때 8개의 포상국(浦上國)들이 같이 모의해서 아라국(阿羅國)을 정벌하려 하므로 아라에서는 사신을 파견하여 구원을 요청하였다.…"[49]고 기록하고 있다. 이것들을 같은 내용으로 볼 때 본기에서는 가라(加羅)라 하였는데 열전에서는 아라국(阿羅國)으로 되어 있다.

② 삼국사기 신라본기의 진흥왕 23년≪서기 562년≫의 기록에 "…9월에 가야(加耶)가 모반하였다. 왕은 이사부에게 명하여 토벌하는데 사다함을 부장으로 삼았다.…먼저 전단문(栴檀門)으로 쳐들어가니…"[50]라 기록하고, 삼국사기 열전에서는 "…진흥왕이 이찬 이사부에게 가라국(加羅國)을 습격하도록 명하였는데 이때

---

48) 三國史記 新羅本紀第一, 奈解尼師今十四年 秋七月條.

49) 三國史記 列傳第八, 勿稽子條.

50) 三國史記 新羅本紀第四 眞興王二十三年 九月條.

사다함은 나이가 15~6세로서 종군할 것을 청하였다. 왕은…드디어 귀당비장으로 임명했다.…먼저 전단량(旃檀梁)으로 쳐들어가니…)"[51]라 기록하고 있다. 여기서도 본기에서는 가야(加耶)라 하였는데 열전에서는 가라국(加羅國)이라 하였다.

③ 신라본기의 진흥왕 15년≪서기 554년≫의 기록에 "…7월에 백제왕 명농(明穠)≪백제 제25대 성왕(聖王)의 이름≫이 가량(加良)과 더불어 관산성(管山城)을 공격해 왔다.…"[52]고 하고 있다. 대개의 경우 가량(加良)을 가라(加羅)로 보는 경우가 많아서 여기에 인용해 보았다. 이때가 백제의 성왕이 전사하고 백제가 대패한 싸움이다.

④ 많은 학자들은 ①과 ②의 두 경우 모두 착오로 인해서 그렇게 기록했을 것으로 보는 것 같다. 그러나 나는 이 기록들이 비교적 정확한 사실들을 기록한 것이지만 지금의 우리들이 완전하게 이해를 하지 못한데서 오는 우리들의 착오로 보는 것이다. 지금부터 그 이유를 들어보기로 한다. (1) ①에서 포상국(浦上國)이란 해상 교역이나 기타 바다에 관계되는 일로 생활을 해나가는 사람들의 나라이다. 따라서 포상 8국이 이해관계가 없는 육지의 나라인 아라가야나 금관가야를 정벌할 이유가 없다고 봐야할 것이다. 그렇다면 그들이 정벌하려한 것은 해상에 있는 아라국 또는 가라라는 나라를 말하는 것이어야 한다. 그러한 나라는 한반도에는 없고 대마도에 있는 임나 10국 중에 가라가 있다. 따라서 삼국사기가 기록한 포상 8국이 정벌하려한 나라는 대마도의 이 가라국을 지칭하는 것이었다. 대마도의 가라국은 한반도의 아라국 즉 아라가야에서 간 사람들이 세운 그들의 식민지분국일 것이라 보면 당시의 신라 사람들이 그 대마도의 가라국을 아라가야 사람들의 나라라 하여 아라국이라고 표현하거나 지칭했을 가능성이 높다. 그렇게 되면 가라국과 아라국은 같은 나라로 되고 삼국사기의 기록은 착오로만 볼 수 없다. (2) 다음은 ②의 경우인데 같은 사건의 내용으로 보고 본기에는 가야가 모반해서 토벌했다고 했는데

---

51) 三國史記 列傳第四 斯多含條.

52) 앞의 50)의 책과 같음, 十五年 秋七月條.

열전에서는 가라를 습격한 것으로 되어 있다. 이것도 자세히 보면 몇 가지의 경우로 간단하게 생각할 수 있는데, 첫째는 6가야 중에서 금관가야와 아라가야가 가장 가까운 일족으로서 대마도에 공동으로 식민지분국인 가라국을 건설하고 그곳에서는 그 가라를 가야로, 또는 가라로 이름들을 혼용했을 가능성이 있다. 둘째는 대마도에 3가라가 있었는데 그것이 고구려나 한반도 3국으로 예속되기 이전의 처음에 하나의 촌락은 가야인들이, 또 하나는 아라인들이 가서 각각 식민지분국으로 세워서 그것들의 이름을 가라로 통칭했을 가능성이 있다. 그래서 그것을 때로는 가야로, 때로는 가라로 혼용하여 일컬었을 가능성이 있다. 그렇게 되면 본기에서는 가야로 열전에서는 가라로 기록된 것이 삼국사기가 착오로 기록한 것이라고만은 할 수 없다. 다만 지금의 우리들이 그때의 가야, 아라, 가라 등의 관계를 잘 모르는 것에서 온 착오라 할 수가 있을 것이다. ⑶ 다음은 ③의 경우인데 가량(加良)은 당시 일기섬(壹岐島)에 있었던 백제의 식민지분국으로 보인다. 그렇다면 백제 성왕이 그들의 식민지분국인 가량과 더불어 신라를 침공했다고 하는 것은 당연한 일이다.

⑸ 중국사서에 기록된 임나국(任那國) ; 중국사서에도 임나(任那)라는 나라 이름이 많이 등장한다. 그리고 그 중국사서들을 대부분 앞에서 소개하고 충분히 검토한 바 있다. 그래서 이번에는 임나를 기록한 중국사서를 가급적 간소하게 소개하는 것으로 끝이기로 한다. 중국사서에 임나가 처음 등장하기 시작하는 것은 송서(宋書)부터이다.

① 송서(宋書) 열전 왜국편에는 총 4회에 걸쳐 임나의 이름이 나오는데, ⑴ 서기 425년에 진(珍)이 왜왕이 되어 송(宋)나라에 올린 상표에 6국 중의 하나로 임나가 들어 있다. ⑵ 서기 451년에 왜왕 제(濟)가 올린 표에 역시 6국 중의 하나로 임나가 기록되어 있다. ⑶ 서기 462년에 왜왕 무(武)가 올린 표에 이번에는 7국 중에 임나가 들어있다. ⑷ 서기 478년에 왜왕 무가 올린 상표에 대해서 송나라의 순제(順帝)가 답으로 내린 조서에는 무를 백제가 빠진 6국의 안동대장군 왜왕으로 제정(除正)하였는데 그 6국 중의 하나로 임나가 들어있다. 상표에는 항상 백제가 들어 있

는데 반해 제수(除授)에는 매번 백제가 빠져 있다. 그것은 당시에 송나라≪유송(劉宋)≫와 한반도의 백제와의 사이가 친밀했기 때문에 왜열도에 있는 백제라는 분국도 뺀 것이라 할 수 있다. 이 송서에 기록된 임나에 대한 사실은 잠시 후에 일괄해서 같이 분석할 것이다.

② 남제서(南齊書) 열전의 왜국편에는 단 한번 임나에 관한 기록이 나온다.

③ 양서(梁書) 열전의 동의전 왜편에는 남제서의 임나에 관한 내용을 그대로 옮겨서 한번 기록하고 있다.

④ 남사(南史)는 서기 627년~659년 사이에 편찬 완성된 것인데 그 왜국편에 송서와 양서에 기록된 임나에 관한 것들을 그대로 옮겨서 기록하고 있다. 그리고 임나라는 이름이 기록되어서 나타나 있는 것도 중국사서로서는 이 남사가 마지막이라는 것을 알 수 있다.

⑤ 북사(北史) 열전의 왜국편에서는 임나는 안 나오고 이제 왜왕 무의 시대가 지나고 성이 아매(阿每)이고 자가 다리사비고(多利思比孤)요, 호가 아배계미(阿輩鷄彌)라는 왜왕의 시대에 이르렀다는 것을 알 수 있다.

⑥ 그 이후부터는 중국의 정사서에는 임나라는 이름은 이제 나타나지 않고 완전히 그 자취를 감춘다. 그리고 신당서부터는 이제 왜(倭) 등의 이름은 없어지고 일본(日本)으로 이름이 바뀌고 있다.

⑦ 서기 660년경에 편찬된 당왕조의 유서(類書)인 한원(翰苑)에 임나에 관한 기록이 나오는데 이것은 앞에서 자세히 검토한 일이 있어 중복이 되는 일이나, 여기서는 임나에 주안점을 둔다는 취지에서 간략하게 한번 더 인용해서 검토해 보기로 한다. 한원의 제30권≪잔권(殘卷)≫번이부(蕃夷部)의 신라조에 "지총임나(地惣任那)"란 이름이 있고 그 주(注)에 자세한 설명이 있다. 그 중에서 임나와 관련하여 가장 중요한 대목을 보면 (1) "…임나는 옛날에 신라에게 멸망되어 지금은 신라에 합병되어 있다.…" (2) "…임나는… 신라의 남쪽 7~8백 리에 있다.…" (3) "…신라가…임나, 가라, 모한(慕韓)의 땅을 가졌다.… 등이다. (2)에 의해서 임나는 대마도

에 있다고 하는 사실이 증명된다. 또 (1)과 (3)에 의해서 임나가 신라의 땅이 되었다는 것을 알 수 있고, 그리고 광개토대왕의 비문에서 고구려가 서기 400년에 보기 5만명을 보내어 그곳에 있는 신라성에 가득 찬 왜적을 물리친 것과 그때부터 임나는 가라, 모한 등과 더불어 고구려의 직할령으로 된 사실을 알 수 있고, 그것은 환단고기 태백일사 고구려국본기의 "…영락 10년 삼가라가 다 우리에게로 돌아오고…임나가 10국으로 나누어 다스렸는데 그것이 고구려의 직할 연정이라고 하는 것이다.…"라는 기록에서도 입증이 되고 있다.

⑧ 지금까지 살펴본 중국사서들에서 알 수 있는 것은 (1) 한원을 제외하고 임나가 중국사서에 기록되어 있는 기간은 서기 425년경에서 서기 479년경까지의 약 55년 간의 사이이다. 그렇다면 그 55년 정도의 기간에만 소왕국으로 존재했던 것이라는 사실이 추정 가능하다. (2) 중국사서에 임나에 관해서 기록한 것은 다만 왜인들이 자칭한 것을 옮겨서 기록한 것밖에 없다. 그것은 당시에 중국 사람들이 알지 못하는 나라라는 것을 말한다. (3) 그것을 근대에 와서 일본인들이 대륙 침략의 구실로 삼기 위해서 일본서기를 개찬하면서 임나를 등장시키는 바람에 한 · 일간에 역사적 쟁점이 된 것이다. (4) 그러한 임나의 위치나 성격 등은 한원에 상세히 기록되어 그것에서 임나는 대마도에 있는 한국의 영토였다는 것이 충분히 입증된다. 그러니까 9세기 말엽까지는 임나가 한국의 변방영토의 한 왕국으로서 대마도에 있었던 것이 입증되는 것이다. (5) 임나가 일본서기에서는 숭신(崇神) 65년의 기록을 시작으로 빈번히 기록에 나타나게 되지만 고사기에서는 한번도 나타나지 않는 것을 보면 임나 또는 임나가라를 일본인들은 19세기에 들어서 저들의 한반도와 대륙 침략의 명분으로 삼기 위해 명치분서 이후에 일본서기를 개찬해서 임나일본부라는 것을 조작해서 만들어 넣은 사실이 여기서 증명되는 것이다.

(6) 일본서기에 기록된 임나국(任那國) ; 일본서기에 기록되어 있는 임나에 관해서 살펴보기로 한다.

① 일본서기의 숭신천황 65년≪B.C. 33년?≫의 기록에 의하면 "…7월에 임나국

이 소나갈질지(蘇那曷叱知)〈소나가시치〉를 파견하여 조공하여 왔다, 임나는 축자국(筑紫國)으로부터 2천여 리이고 북쪽은 바다로 가로막혀 있다, 그로써 계림(鷄林)≪당시의 신라 도읍지고 지금의 경북 경주(慶州)≫의 서남쪽에 있다.…"[53]고 기록하고 있다. 이 중에서 문제가 되는 것이 "…임나는 축자국으로부터 2천여 리 가서 있고 북쪽은 바다로 막혀 있다. 그럼으로써 계림의 서남쪽에 있다.…"는 문장이다. 이 문장이 바로 역사의 왜곡은 물론이요, 일본인들이 한반도를 저들의 식민지로 만든 것을 합리화 하기 위해서 억지로 왜곡 해석하여 떼를 쓰거나 고집을 보리면서 그렇게도 집착하였던 제1차적 근원이 되었던 문장이다. 또한 여러 학자들의 엇갈린 해석과 오류를 일으키게 한 바로 그 장본이 된 문장이다. 따라서 이 문장을 정확하게 해석하기 위해서는 원 기록자의 본래의 뜻을 알아내는 일이 가장 중요한 일이다. 즉 이 문장에서 기록자가 밝히려한 요점은 3가지이다. (1) "…임나는 축자국으로부터 2천 여리 가서 있다.…" (2) "…임나는 북쪽이 바다에 막혀있다.…" (3) "…그럼으로써 임나는 계림의 서남쪽에 있다.…"등의 3가지인데 이것을 하나하나 분석해 보기로 한다.

우선 (1)을 살펴보기로 한다. 이것은 축자국과 임나와의 거리가 2천여 리라는 말인데 임나가 대마도에 있다고 할 때, 중국사서인 후한서와 삼국지 등의 기록들과 완전 일치한다. 삼국지 동이전에는 대마도에서 일기섬까지가 1천여 리이고, 일기섬에서 규슈 북쪽 해안에 있는 말로국≪나중에 축자국이 됨≫까지가 또 1천여 리라 했다. 그렇다면 축자국에서 대마도까지가 2천여 리이다. 그렇게 되면 중국사서의 축자국으로부터 대마도까지가 2천여 리라고 한 것과 일본서기의 축자국에서 임나까지가 2천여 리라고 한 것은 임나가 대마도에 있을 때 완전 일치한다.

다음은 (2)를 살펴보기로 한다, 이것은 "…임나의 북쪽은 바다로 가로막혀 있다.…"라는 것인데 규슈의 북쪽으로 북쪽이 바다로 막힌 곳은 규슈의 북쪽 즉 축자국의 북안과 일기섬의 북쪽 그리고 대마도의 북쪽만이 해당된다. 그런데 원문에

---

53) 日本書紀 卷第五 崇神天皇六十五年 秋七月條.

축자국에서 2천여 리를 가서 있다고 했으니 임나의 위치는 대마도의 북안 즉 대마도 북쪽의 해안지방에 있었다는 사실이 확실히 증명이 되는 것이다.

다음으로 (3)을 살펴보기로 한다, 그것은 "…그럼으로써 임나는 계림의 서남에 있다.…"라는 구절이다. 이것은 방향을 가리키는 것으로 당시에 지도와 나침판을 놓고 기록한 것이 아닐 것이므로 많은 오차가 있을 수 있다고 하는 점을 전제로 해야 할 것이다. 중국사서인 한원에서는 임나가 신라의 남쪽 7~8백 리에 있다고 하여 그 방향과 거리를 정확히 기록하고 있는 점에 비추어 일본서기에서는 임나를 계림의 서남에 있다고 하여 마치 한반도의 금관가야 지역에 있었던 것처럼 기록하고 있다. 그렇다면 (1)과 (2)는 정직하게 기록해 놓고 방향만을 한원 등의 다른 고증과 달리 기록한 것은 아마도 당시에 지리적 인식이 부정확했던 때문이라 보지 않을 수 없다. 따라서 이것은 진실과는 거리가 먼 기록으로 후세에 많은 논란을 이르킨 것이 사실이다.

② 일본서기의 수인(垂仁)천황 2년≪B.C. 28년?≫조에 일본서기에서는 두 번째로 임나라는 이름이 나오는데 이 기록 이후에는 300여 년 동안 일본서기에는 임나에 관한 기록이 나타나지 않는다, 그 후에 서기 276년≪응신(應神) 7년≫에 와서 다시 "…임나인이…조정에 오다.…"라는 기록이 있고, 그 이후 다시 약 200년 가까이 임나에 관한 기록이 나타나지 않다가 서기463년≪응략(雄略)

〈그림 4〉 규슈지방의 여러 한국의 분국들

7년≫에 "…전협(田狹)이 임나 국사(國司)가 되다.…"라는 기록이 나오는데 국사 (國司)라 하면 나라를 다스리는 사람을 말하는 것일 터인데 어떻게 하여 이때에 와 서 왜국이 임나를 다스리게 되었는지에 대한 설명은 없다.

③ 서기 562년≪흠명(欽明) 23년≫의 기록에 "…정월에 신라가 임나관가(任那 官家)를 쳐서 멸망시켰다.…"[54]이라는 기록이 있고 그 본주에 임나 10국에 관한 기 록이 나온다. 즉 "한 책에서는 21년≪흠명 21년을 말하는 것 같다≫에 임나가 이 미 멸망하였다 하고 통 털어서 임나라 하고 개별적으로는 가라국, 안라국, 사이기 국, 다라국, 졸마국, 고차국, 자타국, 산반하국, 걸찬국, 임례국의 합이 10국을 말 한다."고 기록하고 있다. 이것은 태백일사의 고구려국본기에 "…영락(永樂) 10년 에…바다≪대마도, 일기섬 등≫와 육지≪규슈≫의 왜국들이 임나로 통합되어 십 국(十國)으로 나뉘어 다스려졌는데 이것이 연정(聯政)이라는 것이다. 따라서 당연 히 고구려의 직할지이다.…"라는 기록과 완전 일치한다. 여기에 나오는 나라들이 대마도와 일기섬 등의 도서지방과 규슈지방에 있던 나라들이고 나중에 고구려의 직할지로 된 사실도 이미 알고 있는 일이다. 그리고 10개국 중에 포함되지 아니한 나라들까지 포함해서 당시에 대마도와 규슈지방에 있었던 나라들을 보면 다파라 국(多婆羅國)은 고구려의 협보(陜父)가 왜열도의 아소산에 와서 세운 고구려의 식 민지분국이고, 안라국과 다라국 및 환하(晥夏)는 고구려의 홀본(忽本)사람들과 그 종들이 왜열도에 와서 세운 식민지분국이고, 말로국(末盧國)은 읍루사람들이 왜열 도에 와서 세운 식민지분국이고, 시라군(始羅郡)은 남옥저사람들이 왜열도에 와서 세운 식민지분국이고, 비자발(比自㶱)은 변진의 비사벌(比斯伐)사람들이 왜열도에 와서 세운 식민지분국이고, 구야한국(狗邪韓國)은 변진구야국(弁辰狗邪國)사람들 이 왜열도에 와서 세운 식민지분국이고, 남만(南蠻)은 중국의 구여(九黎)사람들이 왜열도에 와서 세운 식민지분국이라는 사실들이 태백일사의 기록에서 명확히 입 증되고 있다. 또한 일본서기에 나오는 임나 10국이나, 신공기의 7국과 4읍, 남만이

---

54) 日本書紀 卷第十九 欽明天皇二十三年 春正月條.

나 침미다례, 계체기(繼體紀)의 임나 4현 등을 비롯하여 일본서기에 나오는 모든 나라들은 전부가 왜열도에 있었던 한반도 3한4국의 식민지분국들이라는 사실이 입증되고 있다.

④ 한편 명치분서 때 대마도에서 많은 서책이나 기록물들을 전부 수거해서 불태워버리거나 소멸시킨 것은, 사실은 임나가 대마도에 있었다는 것을 영원히 은폐하기 위한 것으로 보는 이외에 달리 해석할 길이 없다. 그렇지 않고서야 자국 내의 특정지역의 문서나 기록물들을 무엇 때문에 그렇게까지 모조리 분서를 하겠는가. 그리고 아직도 일본에는 임나일본부가 고대에 한반도를 식민지로 지배했다는 황국사관의 환상에서 깨어나지 못한 학자들이나 국민들이 적지 아니 있는 것으로 보이는데 그것은 역시 지금의 일본인들이 그들의 조상으로부터 물려받은 한반도 침략의 유언서요, 지침서인 일본서기라는 책이 있기 때문이라고 생각된다.

2) 고구려 광개토대왕비문(廣開土大王碑文) 문제

여기서는 광개토대왕(廣開土大王)의 비문(碑文) 전체를 깊이 있게 다루려는 생각은 없다. 다만 일본인들의 훼손에 의해서나 다른 이유 등으로 가장 심각하게 문제가 되고 있는 한 두 부분에 대해서 평소에 가지고 있던 나의 생각을 피력해 보고자 하는 것이다. 따라서 문제가 되는 곳의 문장을 선정하여 해석해서 비문을 작성한 사람의 원 뜻을 파악하고 당시의 역사의 실체를 파악하는데 노력해 보기로 하는 것이다.

[문제 1]

광개토대왕 비문에서 큰 문제로 되고 있는 것 중의 하나가 신묘년(辛卯年) 기록과 그것에 대응한 병신(丙申)년 기록이라 할 수 있다. 우선 원문의 주요부분을 발췌해 보면 대충 다음의 문장이 될 것이다. "…百殘新羅舊是屬民由來朝貢而倭以辛

卯年來渡海破百殘△△新羅以爲臣民以六年丙申王躬率水軍討伐殘國軍至△△攻取
壹八城…比利城…牟婁城…渡阿利水…圍城…跪王自誓從今以後永爲老客…於是得
五十八城…"[55]이라는 문장이다. 19세기 말경에 한국 사람은 이 비석에 접근을 할
수가 없는 상황에서 만주를 점령하고 그곳에 주둔했던 일본 군부가 그 비석의 비
문에서 왜(倭)와 관련된 부분의 기록을 고쳐서 자신들을 고대 한반도의 정복자로
만들기 위해서 비문의 글자들을 변조하였다는 것이 현재로서는 일반적인 통설로
되어 있다. 따라서 이 비문의 일반적인 해석 방법도 크게 세 가지로 나누어지는데
첫째 일본인들이 비문의 몇 곳의 글자를 지우고 다른 글자를 적어 넣어 변조해 놓
은 비문의 현재의 글자들을 그대로 해석하는 방법≪주로 일본인 학자들이 그렇게
해석하여 왔다.≫이 있고, **둘째** 일본인들이 변조하기 이전의 글자를 찾아 넣어서
해석하는 방법≪주로 한국의 학자들이 그렇게 해석하고 있다.≫이 있다. 그리고
셋째 변조한 것을 그대로 해석하는 방법에도 한문의 구두점을 달리함에 따라 전
혀 다르게 해석≪한국이나 일본 학자들 중에서도 그렇게 해석하는 역사학자들이
있다.≫을 하는 경우도 있다. 지금부터 이러한 세가지 방법들에 의한 해석으로 이
비문을 작성한 사람들의 참 뜻을 파악하고 그것으로부터 당시의 진정한 역사를 찾
아내어 보기로 한다.

(1) **위의 비문은 일본인들이 변조해 놓은 현재의 비문의 문장**을 그대로 발췌한
것이다. 그래서 여기서는 먼저 **첫째** 변조된 현재의 글자 그대로의 비문을 해석하
는 방법에 의해서 해석해 보기로 한다.

① 정확한 해석을 하기 위해서 위의 문장을 2개의 부분으로 나누기로 한다. (1)
신묘년(辛卯年)까지의 기록인 "…百殘新羅舊是屬民由來朝貢而倭以辛卯年來渡海
破百殘△△新羅以爲臣民…"과 (2) 병신년(丙申年)기록인 "…以六年丙申王躬率水
軍討伐殘國軍至△△攻取壹八城…比利城…牟婁城…渡阿利水…圍城…跪王自誓從
今以後永爲老客…於是得五十八城…"의 두 부분 즉 신묘년 기록과 병신년 기록으

---

55) 李奉昊 編著「廣開土太王碑」(友一出版社) 解釋篇. 碑文,

로 나누어 분석해 보기로 한다.

② 우선 전체를 해석해 보면 (1)은 "…백잔(百殘)과 신라(新羅)는 옛날부터 고구려의 속민(屬民)이었고 그런 유래(由來)로 고구려에 조공을 해왔다. 그러다 왜(倭)가 신묘년(辛卯年)≪서기 391년, 비문에서의 광개토대왕 원년≫에 바다를 건너와서 백잔과 △△신라를 격파하여 신민(臣民)으로 삼았다.…"이고 (2)는 "…그로써 영락(永樂)6년 병신년(丙申年)≪서기 396년, 광개토대왕 6년≫에 왕이 몸소 수군을 거느리고 잔국(殘國)을 토벌했다. 군(軍)이 △△에 이르러 일팔성(壹八城)…비리성(比利城)…모루성(牟婁城)…을 공격해서 취하고 아리수(阿利水)를 건너서,…성(城)을 포위하자…왕≪그쪽 즉 잔국(殘國)왕≫이 무릎을 꿇고 지금부터는 영원한 종(奴)이 될 것을 스스로 맹서하였다.…이때 58성(城)을 취득하였다.…"고 해석이 된다. 여기서 가장 핵심적인 문제로 나타나는 것이 "…왜가 신묘년에 바다를 건너와서 백잔과 △△신라를 격파하여 신민으로 삼았다.…"란 구절이다.

③ 앞의 ①-(1)의 문장을 원비문으로 그대로 인정을 하고 지금부터 그 문장을 자세히 분석해 보기로 한다. 우선 그 요지를 다시 한 번 정리해서 열거해 보면 "…**(1) 과거에는 백잔과 △△신라가 고구려의 속민으로서 조공을 해왔었는데 신묘년에 왜가 바다를 건너와서 백잔과 △△신라를 격파하고 그 백성들을 자신들의 신민(臣民)으로 삼았다. 이로 인해서 과거에 고구려의 속민으로서 고구려에 조공을 바쳐왔던 백잔과 △△신라가 왜의 신민이 되어서 왜의 속국이 되었다. (2) 고구려왕은 그로부터 5년 후인 병신년에 왜를 치고 그 백잔과 △△신라를 탈환하기 위해서 수군을 거느리고 가서 잔국(殘國)을 정벌해서 잔국의 왕으로부터 항복을 받고 돌아왔는데 그때 공격해서 취한 성이 일팔성(壹八城)을 비롯해서 58곳이나 된다…**"는 것이다. 여기서 백잔과 △△신라 그리고 잔국이 대마도와 규슈에 있는 나라들≪그것이 사실이지만≫이라면 하등 문제될 것이 없다. 다만 그것을 한반도의 백제와 신라로 보기 때문에≪나라 이름이 다르고 사실은 그렇지 않지만≫문제가 되는 것이다. 그래서 (1)의 부분을 중심으로 만약에 위 문장에서 백잔이나 잔

국과 △△신라를 한반도의 백제와 신라의 본국들이라 볼 때 그 기록상의 모순되는 점들을 지적해 보기로 한다. 1) 역사적으로 한반도의 백제와 신라는 고구려의 속민이었다는 기록이나 더욱이 조공을 해왔다는 흔적이나 고증은 어디서도 찾아볼 수 없다. 2) 고구려왕은 왜의 신민이 된 백잔과 △△신라를 탈환하기 위해서 왜를 정벌하는 것이 목표가 되어야 하는데 어찌하여 여기서는 잔국을 토벌하는 것을 목표로 삼았단 말인가? 3) 만약에 백잔을 백제본국으로 보고 왜가 이미 백제 땅에서 없어져서 토벌할 수가 없어서 백제만을 토벌한 것이라면 같이 왜의 신민이 된 신라는 왜 토벌하지 아니하였는가? 4) 서기 391년에 왜가 와서 고구려의 속민이었던 백잔과 △△신라를 쳐서 왜의 신민으로 삼았는데 고구려는 그 5년 후인 서기 396년에야 비로소 그 백잔과 △△신라를 탈환하려 수군이 출동했다는 것은 어딘가 불합리하다. 만약에 그것들이 한반도 본국이라 본다면 그 5년 동안 왜군이 백제와 신라를 점령하고 있으면서 그 접경에서 고구려와 직접 대치해 왔어야하는데 그런 사실이 있었다고 볼 수는 없다. 5) 이 시기는 일본에서는 규슈지방에만도 100여 개의 나라가 있었고 당시의 왜국에는 한반도까지 원정할 그만한 통일된 세력이 없었기 때문에 백잔과 △△신라를 한반도의 본국들로 볼 수 없다. 6) 신묘년의 비문의 기록이 본래 한반도의 본국들을 가리키는 것이라 본다면 백제나 신라가 고구려의 속민이었다고 하는 것이나 조공을 해왔다고 하는 것 등은 한반도의 3국의 역사에서는 그런 일은 없었기 때문에 그것은 한반도 본국을 가리키는 것이 아니다. 7) 삼국사기를 비롯한 한국사서나 중국사서 등 여하한 동북아시아 사서에도 서기 391년에 왜군이 한국으로 공격해 와서 한반도의 백제와 신라를 격파하고 그들을 왜의 신민으로 삼았다는 기록은 어디에도 찾아볼 수 없다. 8) 일본의 명치시대에 일본서기를 최종적으로 개찬하면서 한국을 일본의 식민지로 만드는데 그 이론적 근거가 되게 꾸며 놓은 일본서기에도 서기 391년이나 그 비슷한 시기에 일본이 현해탄 바다를 건너서 한국의 백제와 신라를 정복하고 그들을 왜의 신민으로 삼았다는 기록은 없다. 9) 그것이 한반도의 백제 본국을 지칭하는 것이라면 아찌하여 신묘년 기록에는 백잔(百殘)이라 하고 병신년 기록에는 잔국(殘國)이라한 것인가? 공신력 있는 비문에 국명을 달리 기록한다는 것은 생각할 수 없는 일이다. 따라서 비문에 백잔 △△신라로 기록된 나라들은 한반도의 백제, 신라와는 다른 나라라는 사실을 비문자체가 입증하고 있는 것이다. 10) 백잔과 △△신라가 왜열도 변두리의 섬에 있는 나라들일 경우는 왜군이 바다를 건너서 그것들을 격파하고 속민으로 삼았을 가능성이 있다. 그렇게 보면 그 왜열도의 백잔이나 잔국은 한반도 백제의 식민지분국이었고, 왜열도의 △△신라는 한반도 신라의 식민지분국이었다고 볼 수 있다.

신라(新羅)의 기록 앞에 마모된 두 글자(△△)가 있는데 일본인들이 고의로 일본서기 신공기의 고금신라국에서 고금(栲衾)이란 글자를 지웠던 것처럼 여기서도 고금(栲衾)자를 지웠을 가능성이 있다. 그렇게 되었을 때 신라 앞에 고금을 붙여서 원문을 정리해 보면 "…왜가 신묘년에 바다를 건너서 백잔과 고금신라(栲衾新羅)를 격파하여 신민으로 삼았다.…"로 되어 왜가 규슈의 인근 도서로 공격해 가서 그곳의 한반도 백재와 신라의 식민지분국들을 그들의 신민으로 삼은 것이 명백해진다. 꼭 고금이 아니고 다른 글자를 지웠더라도 그것은 신라의 식민지분국이 틀림이 없을 것이다. 그렇기 때문에 왜는 그 백잔과 △△신라를 수월하게 격파해서 신민으로 만들 수가 있었고 고구려는 5년간의 여유를 두고 수군을 이끌고 왜열도에 가서 백제와 신라의 분국들이 이미 잔국(殘國)이라는 이름으로 통일되어 있는 왜국을 치고 그 왕으로부터 항복을 받고 또 그곳의 58성(城)을 공취한 후에 환국하였다는 사실을 광개토대왕의 비문이 기록하고 있는 것이다.

④ 이번에는 앞의 비문의 문장에서 ①-(2)의 부분을 중심으로 신묘년 기사의 백잔과 △△신라가 왜열도에 있었던 한반도 백제와 신라의 식민지분국들이라는 사실을 입증해 보기로 한다. 먼저 (2)를 중심으로 한 앞 문장의 요지를 다시 정리한 후에 진행해 나가기로 한다. "…(1) 백잔과 △△신라는 옛부터 고구려의 속민이었다. 그래서 조공을 해왔는데 신묘년≪서기 391년≫에 왜가 바다를 건너와서 백잔

과 △△신라를 격파하고 신민으로 삼았다. (2) 그래서 고구려의 광개토대왕은 서쪽의 내몽고지방에 있는 비려(碑麗)를 정벌하고 돌아온 그 다음해인 영락 6년《서기 396년》에 이번에는 몸소 수군을 이끌고 가서 잔국(殘國)을 토벌하였다. 고구려군이 △△에 이르러 일팔성(壹八城)을 비롯하여…비리성(比利城)…모루성(牟婁城) 등《모두 58개 성(城)의 이름이 전부 기록되어 있다》을 공취하고…아리수(阿利水)를 건너서 잔국의 도성을 포위하자 잔국왕은 나와서 항복을 하고 무릎을 꿇고 지금부터는 고구려의 영원한 종이 될 것을 스스로 맹서하였다.…이때 고구려는 그 잔국의 58개의 성을 가지게 되었다.…" 는 것이다. 이것이 (2)의 부분을 자세하게 해석한 전체 문장의 요지이다. 여기서 (2)부분을 중심으로 전체 문장에서 부조리하거나 모순된 점들을 다시 지적하고 따라서 잔국과 더불어 공취한 58성이 전부 왜열도에 있었다는 사실을 지금부터 증명해 보기로 한다. 1) 백제는 건국할 때에 나라 이름을 잠시 십제(十濟)라 한 일도 있었지만 곧 백제(百濟)라 정한 이후에는 신묘년《서기 391년》까지 다른 국명을 사용한 일이 없다. 그런데 비문의 신묘년 기사에서 왜 백제가 아닌 백잔(百殘)으로 기록된 것일까? 그것은 같은 백제계열로서 백잔이란 나라가 따로 있었기 때문이라 봐야할 것이다. 따라서 백잔 또는 잔국이란 실은 한반도의 백제인들이 왜열도의 대마도를 포함한 규슈지방에 가서 세운 그들의 많은 식민지분국들을 다스리기 위해서 설치된 백제본국을 대신하는 총괄기관의 명칭이었을 것이다. 이 기관을 왜인들은 흔히 그냥 백제라 불러 온 것이다. 한국에서는 백제본국과 차별을 두기 위해 백잔 또는 잔국이라 호칭했던 것이다. 2) 신라라는 국명을 살펴보자. 신라가 지증왕(智證王) 4년《서기 503년》에 비로소 국호를 신라(新羅)로 확정했다. 그렇다면 광개토대왕의 비문이 작성될 당시《서기 414년》에는 한반도에서 혹 속칭으로 그렇게 부르는 일은 있었으나 정식 명칭이 신라(新羅)라는 나라는 없었다. 따라서 신묘년 기록의 신라는 앞의 잔국과 같이 한반도의 서나벌이나 계림인들이 왜열도의 대마도나 규슈지방에 가서 세운 많은 식민지분국들을 본국을 대신해서 총괄하여 다스려온 기관의 이름인데 왜인들이 그것을 그냥 신라라 총칭으로 일컬어 와서 그렇게 기록된 것이라 할 수 있다. 3) 광개토대왕이 수군을 이끌고 잔국을 토벌하여 58개의 성을 공취하였는데, 그 중에 고구려≪홀본(忽本)≫ 사람들이 왜열도 규슈의 웅본성(熊本城)에 세운 식민지분국인 안라(安羅)와,[56] 그리고 시라군(始羅郡)의 속국으로 되어 있으면서 신라본국의 비사벌(比斯伐)≪경남 창녕≫사람들이 아소산 근처에 세운 식민지분국인 비자발(比自㶱)[57] 등과 가까이 있었던 것으로 일본서기에 기록되어 있는 비리성(比利城)[58]이 그 58성의 하나로 기록되어 있다. 그것은 고구려의 수군이 현해탄을 건너서 왜열도의 규슈지방을 정벌했다는 뜻이 된다. 4) 그런데 그러한 비리성과 같은 것이 하나 더 있다. 그것은 임나 후기에는 규슈지방에 있었던 것으로서 초기에는 대마도에 있었던 성인데 즉 모루성(牟婁城)이 그것이다. 일본서기[59]에 모루성은 임나국 4현(四縣)중의 하나로 되어 있다. 다만 나중에 임나가 규슈지방의 나라들과 연정을 했을 때 그리로 이동함으로써 모루성도 비리성과 같이 규슈지방에 있었던 것으로 보인다. 5) 백잔과 신라가 한반도 본국들이라 할 때 한반도 3국의 위치나 그들이 서로 국경을 맞대고 있는 점 등의 환경을 고려하더라도 그 시대에 한반도 안에서 거대한 수군이 가서 싸울 환경은 되지 못한 것이 사실이다. 따라서 이때는 고구려의 수군이 바다를 건너서 왜열도의 대마도나 규슈에 가서 전쟁을 한 것으로 보는 것이 정상인 것이다. 6) 앞의 문장에서 "…왕이 몸소 수군을 이끌고 잔국을 토벌하였다. 군(軍)이 과남(窠南)에 이르러…아리수를 건너서…"라는 구절이 있는데 여기서 성의 이름 이외의 지명으로는 두 곳이 기록되어 있다. 과남(窠南)과 아리수(阿利水)이다. 이것은 어떤 사서에도 한반도의 지명으로는 나오지 않는다. 당시 백제의 수도는 한성(漢城)이라야 하는데 그것을 지금의 서울의 풍납동이나 하남 또는 남한산성 근처로 보고 아리수를 한수≪한강

---

56) 桓檀古記, 李陌編著「太白逸史」高句麗國本紀 및 大震國本紀.

57) 앞의 56)의 책과 같음, 大震國本紀.

58) 日本書紀 卷第九 神功皇后四十九年 春三月條

59) 日本書紀 卷第十七 繼體天皇六年 冬十二月條.

≫로 본다 해도 아리수를 건넜다고 하였으니 수군을 거느린 고구려군이 한수의 남쪽에 있는 잔국과 그들의 성을 공격하기 위해서 한수의 북쪽에 상륙을 했다가 다시 그 강을 남쪽으로 건너서 도성을 포위했을 리는 더욱 없기 때문에 아리수를 한강으로 추정할 수는 없다. 7) 왕이 무릎을 꿇고 지금부터는 영원히 종이 되겠다고 스스로 맹서했다.는 부분 즉 잔국의 왕이 그렇게 했다는 기록인데 이것으로 보아서 잔국왕은 한반도의 백제본국의 왕이 아니라는 것을 알 수가 있다. 왜냐하면 백제의 마지막 의자왕(義慈王)을 제외한 백제왕들은 적에게 항복한 일이 없다. 8) 어떤 이는 고구려의 수군이 공취한 58개의 성 가운데 아단성(阿旦城)이 들어있는데 그것이 삼국사기의 온달(溫達)열전에 나오는 아단성(阿旦城)≪충북, 단양(丹陽)의 온달산성≫이 아니겠느냐 하는 주장이 있는데 그것은 있을 수 없는 주장이다. 왜냐하면 그 아단성은 처음부터 신라의 영역이었고 신라와 고구려의 접경지역으로 백제의 영역은 되어 본 일이 없으며 될 수도 없는 곳이고 또 고구려군은 신라를 토벌하러 간 것이 아니기 때문이다. 9) 신묘년에 왜가 바다를 건너와서 격파하였다고 하였으니 그렇다면 이때의 왜가 격파한 백잔과 △△신라는 일단 대마도나 규슈 인근의 도서에 있었던 한반도 백제와 신라의 식민지분국들이라 보지 아니할 수가 없다. 그러나 "…도해(渡海)…"라는 문구가 변조되었다고 본다면, 다시 말해서 왜가 바다를 건너와서 친 것이 아니라면 그곳은 규슈에 있는 백잔과 △△신라를 파한 것이 된다는 사실이다. 이것은 잠시 후에 일본인들이 글자를 변조하기 이전의 비문의 본래 글자를 찾아 넣어 검토해서 어느 한쪽으로 결론을 내리게 될 것이다.

여기서 일본인들을 비롯해서 잘못 이해하고 있는 사람들을 위해서 앞의 문장을 분석해서 알게된 확실한 사항을 요약해서 한번 더 결론을 내려보기로 한다. 1) 한반도의 백제와 신라는 역사적으로 고구려의 속민이 된 일도 없고 고구려에게 조공을 한 일도 없다. 그러나 태백일사의 고구려국본기에 의하면 한반도의 백제인들이 왜열도에 가서 건설한 백잔 또는 잔국이라는 식민지분국은 고구려의 속민이 되어 조공한 일이 있다.[60] 따라서 광개토대왕 비문에서 병신년에 고구려의 수군이 토벌한 잔국은 다름 아닌 일본의 대마도와 규슈지방에 있었던 한반도 백제본국의 식민지분국이었다. 2) 한반도의 신라인들이 왜열도에 가서 세운 △△신라라는 식민지분국의 이름인데 거기에서 △△을 떼어버리면 한반도 본국의 이름과 같다. 그래서 혼동될 수도 있겠으나 어떻든 신라본국이 아닌 것만은 확실하다. 그리고 왜열도의 신라분국은 잔국과 더불어 고구려에 예속되어 그 신민으로서 조공을 해왔었다는 사실은 앞과 같다. 3) 신묘년에 왜가 바다를 건넜다 하는 것은 왜가 대마도로 건너와서 한반도 백제와 신라의 식민지분국인 백잔과 △△신라를 파하고 그들을 왜의 신민으로 삼았다는 것이고, 따라서 고구려의 수군이 그것들을 토벌해서 다시 옛날로 돌려놓았다는 것을 비문은 기록하고 있는 것이다. 4) 고구려의 수군이 공취한 58성 중에 비리성(比利城)과 모루성(牟婁城)이 대마도를 포함한 규슈지방에 있었던 것이 확인된 만큼 나머지 56개의 성도 다 그 지방에 있었다는 것을 확인할 수 있고, 그것은 고구려의 수군이 바다를 건너가서 왜열도 대마도나 규슈지방의 나라들을 다시 정벌해서 공취했다는 것을 말하는 것이다. 5) 역사적으로 한반도에서는 백제왕이 고구려왕에게 무릎을 꿇고 항복한 일이 없다. 신라왕도 같다. 따라서 잔국의 왕이 고구려왕에게 무릎을 꿇고 항복을 하였다는 것은 그 잔국이 왜열도에 있었던 벡제의 식민지분국의 왕이라는 것을 말하는 것이다. 6) 왜가 바다를 건너와서 백잔과 △△신라를 격파하고 그들을 자신들의 신민으로 삼았다고 하는 것은 왜열도의 도서지역에 있었던 한반도 백제와 신라의 식민지분국들을 지칭하는 것이므로 그렇게 되면 불합리할 것도 없고 고구려의 수군이 출동해서 잔국을 토벌한 사실 등도 하등의 불합리한 점이 없게 된다. 7) 따라서 광개토대왕의 비문은 백잔과 △△신라가 왜열도에 있을 때 현재의 글자 그대로 해석하더라도 하등의 모순되거나 불합리한 점이 없이 매우 정당하고 진실된 역사의 사실을 기록한 것이라는

---
60) 太白逸史 高句麗國本紀의 "---自古仇州對馬乃三韓分治之地也本非倭人世居地---永樂十年---盡歸我---"라는 기록에서 "---歸我---"라는 것은 옛날처럼 다시 돌아왔다는 것을 뜻하는 것이며 따라서 옛날에는 고구려의 속국이었다는 것을 나타내고 있는 글귀이다.

사실을 알 수 있다. 등의 결론을 내릴 수 있다.

(2) 둘째 경우의 일본인들이 비문을 변조(變造)하기 이전의 본래의 글자를 찾아 넣어서 해석하는 방법으로 앞의 문장을 해석해 보기로 한다. 우선 변조된 것으로 의심이 되는 글자들이 포함된 부분의 문장은 신묘년 기사뿐이라 할 수 있다. 그 중에서도 "…왜가 신묘년에 바다를 건너와서 백잔과 △△신라를 격파했다.…(…倭以辛卯年來渡海破百殘△△新羅…)"로 좁혀서 생각할 수 있다. 그리고 그 중에서도 일본인들이 변조한 글자가 "…渡海…(…도해…)"일 것으로 보고, 여기에 몇 가지로 생각되는 변조되기 이전의 본래의 글자들을 찾아 넣고 지워서 마멸된 △△도 본래의 글자를 넣어서 문장을 만들고 그 바뀌지는 뜻을 해석해 보기로 한다.

① 다음과 같은 글자로 바꾸어서 구절을 성립시켜 본다 "…倭以辛卯年來襲連破百殘加羅新羅…"로 하면 "…渡海…"가 "…襲連…(…습련…)"으로 되고 마멸이 된 부분에는 "…加羅…"가 들어가게 된다. 그 뜻은 "…왜가 신묘년에 내습해 와서 백잔, 가라, 신라를 연이어 격파했다.…"고 된다. 그렇게 되면 왜가 바다를 건넌 것이 아니기 때문에 그때의 백잔, 가라, 신라 등의 식민지분국들은 대마도가 아닌 규슈지방의 육지에 있었던 것으로 확정을 지을 수 있다.

② 일본인들이 글자를 지우고 다른 글자를 넣어서 비문을 변조한 핵심부분이 "…來渡海破百殘△△新羅…"이기 때문에 여기에는 변조한 것으로 보는 "…渡海…" 대신에 본래의 글자나 그 비슷한 글자들을 얼마든지 찾아 넣을 수 있다. 몇 가지의 예를 들어 보면 "…來侵連破百殘任那新羅…", "…來侵擊破百殘安羅新羅…", "…來襲擊破百殘多羅新羅…" 등이 있을 수 있는데 이 문장들엔 "…侵連…(…침연…)", "…侵擊…(…침격…)", "…襲擊…(…습격…)" 등이 들어간다. 이때는 왜가 바다를 안 건너는 규슈지방의 육지에 내습해 온 것이 되고 이때의 백잔, 안라, 다라, 신라 등은 모두 규슈지방의 육지에 있었던 것이 된다.

③ 여기서 백잔 또는 잔국과 △△신라가 대마도에 있었느냐 그렇지 않으면 규슈에 있었느냐 하는 문제를 명확히 결론을 짓기로 한다. 두 경우를 비교해 보면, 1)

일본인들이 변조하였다고 보는 글자 "…渡海…"가 들어간 문장 일 때는 바다를 건넜다고 하니 백잔과 △△신라는 분명히 대마도나 규슈 인근 도서지방에 있어야 한다. 2) 변조하기 이전의 글자 "…襲連…", "…侵連…", "…襲擊…" 등이 들어간 문장은 바다를 건넜다는 말이 없기 때문에 백잔과 △△신라는 규슈의 내륙지방에 있어야 한다. 자 어떤 쪽이 사실일까? 대마도인가? 그렇지 않으면 규슈인가? 이것은 일본인들이 글자를 변조했느냐 아니하였느냐에 따라 판가름이 날 것이다. 어떻든 나로서는 규슈의 육지 쪽이 가능성이 더 크다고 보고 있다.

④ 그런데 어떤 쪽이던 간에 확실한 것은 이 신묘년 기록의 백잔과 △△신라는 한반도의 백제와 신라의 본국들을 가리키는 것이 아니고 그 때는 한국의 영토였던 대마도나 규슈 등 왜열도의 분국들을 가리키는 것이라는 사실이다. 이것을 명확히 인식하면 광개토대왕 비문은 거짓말을 기록한 것도 또한 과장한 것도 아니라는 사실을 충분히 알 수 있다.

(3) 셋째 방법인 비문의 글자를 변조한 그대로 해석하되 구두점을 달리해서 해석하는 방법에 대해서 살펴보기로 한다.

① 정인보(鄭寅普)씨가 주장하였다는 해석방법이다. 그것을 보면 "…由來朝貢, 而倭以辛卯年來, 渡海破, 百殘△△新羅, 以爲臣民…"이라는 것이다. 여기에는 몇 군데 생략한 글자가 생기게 된 것이라 보고 그것을 채워 넣으면 된다는 것이다. 따라서 이때는 "…渡海破…"의 주어는 "…高句麗…"가 되고 "…破…"의 목적어는 "…倭…"가 되는 것이다. 그것들을 넣어서 완전한 문장을 만들어 보면 "…조공을 해왔다. 신묘년에 왜가 옴으로써 고구려가 바다를 건너가서 왜를 격파하였다. 백잔이 왜와 연합하여 신라를 침공해서 그를 신민으로 삼았다.…(…由來朝貢而倭以辛卯年來高句麗渡海破倭倭百殘聯侵新羅以爲臣民…)"이라는 문장이 성립되는 것이다. 즉 이 문장에서 "…高句麗…", "…倭倭…"의 글자를 생략하고 마멸된 △△의 위치에 "…聯侵…"이란 글자가 마멸된 것이 앞의 ≪위의≫떼어 쓰기를 한 문장 즉 현재의 비문이라는 것이다. 그런데 어쩐지 좀 어색한 부분이 있어 보인다. 왜가

어디로 왔단 말인가. 또 특히 "…왜와 백잔이 연합해서 신라를 침공하여 신민으로 삼았다.…"는 부분이 더욱 어색하다.

② 다음과 같은 경우도 생각할 수 있다 즉 "…而倭以辛卯年來渡海, 破, 百殘△△新羅, 以爲臣民…"으로 해석하는 경우이다. 생략된 것으로 볼 수 있는 것을 다 넣고, △△을 고금(栲衾)으로 넣어서 문장을 완성시켜보면 "…왜가 신묘년에 바다를 건너왔기 때문에 고구려가 그를 파하고, 백잔과 고금신라를 고구려의 신민으로 삼았다.…(…而倭以辛卯年來渡海高句麗破倭百殘栲衾新羅以爲臣民…)"이라는 문장이 성립된다. 여기에서는 왜가 바다를 건너온 것을 고구려가 건너온 그 왜를 격파한 것이 된다. 이때는 백잔은 백제, 고금신라(栲衾新羅)는 신라로 보아야 하기 때문에 모순이 되는 것이라고 보지 아니할 수 없다.

③ 지금까지의 구두점을 달리한 ①과 ②를 보면 두 경우 다 이 비문에 기록된 백잔과 △△신라가 왜열도에 있었던 한반도 백제와 신라의 식민지분국들이었다는 인식이 확립되어 있지 않은 상태에서 해석을 하다 보니 불합리한 요소들이 있게 된다. 그렇다면 여기서는 비문의 백잔과 △△신라를 임나와 더불어 왜열도 내에 건설해 놓은 한반도 본국들의 식민지분국들이라는 확고한 신념과 사상으로 그 문장을 완성시켜 보면 다음과 같은 문장이 성립된다고 할 수 있다. "…백잔과 신라는 옛부터 고구려의 속민으로서 조공을 해왔다. 그런데 신묘년에 왜가 침공해 왔기 때문에 고구려가 바다를 건너가서 왜를 격파하고 백잔, 임나, 신라를 신민으로 삼았다.…(…百殘新羅舊是屬民由來朝貢而倭以辛卯年來侵高句麗渡海破倭百殘任那新羅以爲臣民…)"이라는 문장이 된다. 물론 이때는 왜가 바다를 건너온 것이 아니고 고구려가 바다를 건너간 것이기 때문에 그때의 백잔, 임나, 신라 등은 왜열도의 규슈지방의 육지에 위치해 있었던 것으로 된다. 따라서 비문은 이 문장에서 파(破)의 주어인 고구려와 목적어인 왜를 생략하고 기록한 것이라 본다면, 문장상으로 잘 조화를 이루게 되어 비문은 한치의 오류나 과장도 없는 사실의 기록이 되고 또 완벽한 해석 방법이 되는 것이라 할 수 있다.

[문제 2]

영락 10년의 경자년(庚子年) 기록이 또한 문제 중의 하나라 할 수 있다. 먼저 그 기록의 주요 부분을 인용해 보면 "…十年庚子敎遣步騎五萬往救新羅從南居城至新羅城倭滿其中官軍方至倭賊退△△背急追至任那加羅從拔城城卽歸服…"[61]이라는 문장이다. 우선 이 문장을 현재 일본인들을 주축으로 해서 통상적으로 행하여지고 있는 방법에 의해서 일차 우리말로 해석해 보면 "…영락(永樂) 10년≪광개토대왕 10년, 서기 400년≫에 보기(步騎) 5만 명을 파견하여 신라(新羅)를 구원하도록 하였다. 남거성(南居城)으로부터 신라성(新羅城)에 이르니 그 안에 왜적(倭賊)들이 가득 차 있었는데 고구려군이 진군해서 그곳에 이르니 왜적이 퇴각했다. △△ 배후를 급히 추격해서 임나가라(任那加羅)의 종발성(從拔城)에 이르니 성(城)이 즉시 귀복(歸服)하였다.…"로 된다. 여기서도 핵심적으로 문제가 되는 두 곳을 구분해서 분석하기 위하여 문장 전체를 두 부분으로 나누어 생각해 보기로 한다. (1) "…十年庚子敎遣步騎五萬往救新羅從南居城至新羅城倭滿其中官軍方至倭賊退…"와 (2) "…△△背急追至任那加羅從拔城城卽歸服…"으로 나누어지게 된다. 여기서 중요한 문제의 부분 첫째가 (1)의 "…救新羅從南居城至新羅城倭滿其中…"이고 둘째는 (2)의 "…至任那加羅從拔城…"이라 하는 부분이다. 이 중에서도 가장 핵심이 (1)의 "…신라(新羅)…"와 "…신라성(新羅城)…". 그리고 (2)의 "…임나가라(任那加羅)…"이다.

(1) 먼저 (1)의 문장만을 취급하기로 하는데 그 전체 문장을 번역해 보면 "…영락(永樂) 10년≪서기 400년≫에 고구려 광개토대왕은 보병(步兵)과 기병(騎兵) 5만 명을 파견하여 신라(新羅)를 구원하도록 하였는데 고구려군이 남거성(南居城)으로부터 신라성(新羅城)에 이르니 그곳 성안에는 왜적(倭賊)들이 가득 차 있었는데 고구려의 관군이 진격해 가자 왜적들이 퇴각해 갔다.…"라는 요지의 문장이다. 지금부터 여기에 기록된 신라성(新羅城)이 한반도의 신라본국에 있는 성(城)을 지칭하

---

61) 앞의 55)의 책과 같음.

는 것이 아니고 왜열도의 대마도나 혹은 규슈지방에 있었던 신라분국의 성이라는 사실을 입증함으로써 여기에 기록된 신라도 왜열도의 신라분국을 지칭하는 것이라는 사실을 증명해 보기로 한다. 1) 당시의 한반도 신라에는 한 곳의 성(城)을 일컬어서 신라성(新羅城)이라고 하는 그러한 성은 없었다. 다시 말하면 신라의 나라 안에 있는 모든 성들을 총칭할 때 신라성이라고 했지 각칭해서 어떤 곳의 성 하나의 고유명사가 신라성이라는 이름을 가지고 있었던 것은 없었다는 것이다. 그것은 신라에만 해당되는 것이 아니고 모든 나라에 다 해당되었던 사실이다. 예를 들면 백제에는 백제성(百濟城)이라는 고유명사를 갖는 하나의 성은 없었다. 다만 백제국 안에 있는 모든 성을 일괄해서 일컬을 때 그 전부가 백제성이다. 일본에는 일본성(日本城)은 없었다. 다만 일본국내에서 일본인들이 건설한 모든 성은 일본성이다. 2) 따라서 신라가 신라본국 또는 신라본토 밖에 가서 성(城)을 만들었을 때 그것을 신라성(新羅城)이라 일컫게 된다. 즉 한 나라가 그 나라밖에 나가서 쌓은 성은 그 나라 이름이 붙는 성이 된다. 3) 지명에도 그러한 것이 많다. 신라방(新羅坊)이라는 이름의 촌락은 한반도의 신라국 안에는 없다. 다만 신라국의 모든 촌락을 총칭할 때는 신라촌, 신라방이라 일컬을 수 있다. 그러나 한반도의 신라국 밖에는 그런 것이 많이 있었다. 예를 들면 중국의 산동지방을 비롯한 여러 곳에 신라촌 또는 신라방이 있었다. 4) 따라서 (1)의 문장의 "…왜가 가득 차 있는 신라성…(…新羅城倭滿其中…)"으로 기록된 그 신라성은 한반도 신라 본토 밖에 있었던 성이라 결론지을 수 있다. 결국 그 신라성은 처음 대마도에 있었던 성이다. 고구려군은 이때 대마도의 신라분국을 구원하기 위해서 대마도에 있는 신라성으로 진격해 간 것이 되는데, 사실은 이전에 대마도에 있었던 그 신라성이 이 시기에는 규슈로 옮겨 있었던 것으로 보이기 때문에 이때 고구려군이 진격해 간 곳은 규슈에 있었던 신라성으로 보인다. 그러나 여기서는 일단 대마도에 있었던 때의 신라성이라고 보고 진행하기로 한다. 아마도 고구려군은 대마도를 거쳐서 규슈로 갔을 것으로 보인다. 5) 그렇다면 신라에 있는 신라성이 대마도에 있었다고 하였으니 그 신라도 대마도에 있을 수 밖에 없다. 따라서 여기의 신라는 한반도의 신라본국이 아니고 대마도에 있는 신라분국이라는 사실을 알 수 있다. 6) 같이 기록된 남거성(南居城)도 대마도에 있는 성일 수 밖에 없다. 여기서는 신라성과 멀지 않는 곳에 있을 것으로 보아서 대마도에 있었던 것으로 단정하지 아니할 수 없다. 따라서 고구려군이 처음에 대마도에 있는 남거성으로 갔다가 그곳에서 신라성으로 진군해 간 사실을 알 수 있다. 7) 여기서 (1)의 문장을 완전한 뜻이 되게 해석을 하면 다음과 같은 문장이 된다. "…영락(永樂) 10년 경자년≪광개토대왕 10년, 서기 400년≫에 고구려의 광개토대왕은 대마도에서 왜적에게 유린당하고 있는 신라분국을 구원하기 위해서 보병과 기병 5만 명을 파견했다. 고구려군은 대마도에 도착하여 남거성을 점거한 후에 다시 신라분국의 수도인 신라성으로 진격해 갔다. 그런데 그 곳에는 왜적들이 가득 차 있었는데 고구려의 관군(官軍)이 진격해 가자 왜적들은 퇴각했다.…"이라는 문장이 된다. 8) 이제 남은 의문은 고구려군이 출병한 곳이 바다를 건너 대마도라면 어찌하여 수군을 파견하지 않고 보기를 파견하였느냐 하는 것이다. 그 이유는 우선 몇 가지를 생각해 보면, 첫째 대마도에 상륙해서 육전(陸戰)을 할 것이기 때문에 수송만 수군이 담당해서 보기병이 파견된 것으로 생각할 수 있다. 둘째 영락6년 병신년에 이미 고구려 수군이 왜열도로 바다를 건너가서 잔국을 토벌한 일이 있기 때문에 이번에도 그것에 준한 작전이라 생각하고 바다를 건넌 상황 등을 기록하지 아니하였다. 등의 이유를 생각할 수 있다.

(2) 여기서는 (2)부분의 문장을 분석해 보기로 한다. 그러기 위해서 그 부분의 문장을 한번 더 해석해 보겠다. "…고구려군이 △△배후를 급히 추격해서 임나가라(任那加羅)의 종발성(從拔城)에 이르니 성(城)이 즉시 귀복(歸服)하였다.…"이라는 요지의 내용이다. 지금부터 여기에 기록된 "…임나가라의 종발성…(…任那加羅從拔城…)", 그 중에서도 특히 "임나가라(任那加羅)"에 대해서 분석해서 이것이 왜열도에 있었다는 사실을 입증하기로 한다. 그것이 입증이 되면 물론 이때의 고구려의 보기 5만 명은 왜열도로 진격해 들어간 사실이 증명이 되는 것이다. 1) 고

구려군이 추격해간 임나와 가라 또는 임나가라는 대마도에 있었다는 것과, 임나는 후기에 규슈의 나라들과 연정을 해서 다스려졌는데 그것을 총칭할 때 역시 임나라 했다는 것 등은 앞에서 충분히 입증을 한 사실이 있다. 2) 종발성(從拔城)도 임나가라의 종발성이라 했기 때문에 임나가라 안에 있는 성인 것만은 틀림없는 사실로 볼 수 있다. 따라서 종발성도 대마도에 있었다고 결론을 내릴 수 있다. 3) 고구려군이 종발성에 이르렀을 때 "…성이 즉시 복종해 왔다.…"고 되어 있는데 이때가 영락 10년 경자년이다. 그런데 이 구절은 태백일사 고구려국본기의 "…영락 10년에 삼가라(三加羅)가 모두 우리에게로 돌아왔다.…"이라는 구절과 완전 일치한다. 광개토대왕 비문의 구절은 "…귀복…(…歸服…)"이고, 태백일사 고구려국본기의 구절은 "…귀아…(…歸我…)"로 되어 있어 다만 "복(服)"자와 "아(我)"자가 다를 뿐 같은 뜻이다. 따라서 태백일사 고구려국본기에서 임나가라(任那加羅)가 대마도에 있었다고 고증을 하고 있으니 영락 10년의 고구려군 보기 5만은 대마도의 왜를 정벌하고 그곳 대마도의 여러 성들을 귀복 또는 귀아시킨 것이 완연하게 입증되는 것이다. 4) 또 그로써 광개토대왕 비문의 위 문장에 기록된 신라는 대마도에 있는 한반도 신라의 식민지분국을 지칭하는 것이고 신라성은 대마도에 있는 그 식민지분국의 성(城)이라는 것이 확고히 입증이 되었다고 할 수 있다. 5) 태백일사의 고구려국본기에서는 처음에 임나가 대마도의 서북쪽에 있었는데 그것이 삼가라로 나뉘어지게 되고 후에는 다시 규슈의 나라들과 연정을 해서 10개국으로 되었는데 3개국은 섬(島)에 있었고 7개국은 규슈의 육지에 있었다고 했으니[62] 이때쯤에는 여기의 신라, 남거성, 신라성, 임나, 종발성 등이 대마도가 아닌 규슈지방의 육지에 있었을 가능성이 더 높다. 광개토대왕은 이때 대마도의 왜적을 격퇴시키고 규슈지방으로 후퇴하는 적을 급히 추적해서 규슈의 종발성을 귀복시켰을 가능성이 더 높다. 또는 처음부터 규슈로 진격해서 그곳의 시라군(始羅郡)의 수도인 신라성을 공격하고 규슈 동부의 왜국쪽으로 후퇴하는 적을 급히 추격하여 종발성을 공

---

62) 앞의 56)의 책과 같음, 任那條.

격해서 다시 고구려로 귀복시킨 것으로 볼 수 있다.

지금까지 광개토대왕 비문에서 가장 문제로 되어 있는 두 곳 즉 신묘년≪영락(永樂)원년(元年), 서기 391년≫과 병신년≪영락 6년, 서기 396년≫의 기록 및 경자년≪영락 10년, 서기 400년≫의 기록을 분석해 보았다. 결론적으로 말해서 이때 고구려군이 정벌한 백잔(百殘), 잔국(殘國), 신라(新羅) 등은 한반도에 있었던 백제(百濟)와 신라(新羅)가 아니고 모두 대마도와 규슈지방에 있었던 한반도 백제와 신라의 식민지분국들이라는 사실을 알게 되었고 또 그것이 입증되었다. 그리고 비석을 건립한 장수왕도 부왕이 먼 국외로 국토를 확장한 그러한 공적을 기리기 위해 비석을 세운 것이기 때문에 그러한 사실이 입증됨으로써 그 숭고한 정신이 비로소 백일 천하에 빛을 발하게 되는 것이라 할 수 있다.

3) 칠지도(七支刀)의 명문(銘文) 문제

현재 일본의 천리시(天理市) 석상신궁(石上神宮)에 보관되어 있다는 칠지도(七支刀)에 관해서 살펴보기로 한다. 나로서는 가장 불합리하다고 생각되는 대목만을 내 나름대로 보완하는 형식으로 간단히 살펴보기로 한다. 주로 이병도씨의 「한국고대사연구(韓國古代史研究)」에 기록된 내용을 중심으로 살펴보기로 하는 것이다.

〈그림 5〉 칠지도의 모양

[명문(銘文)의 전면(前面)]

"泰△四年△月十六日丙午正陽造百練鋼七支刀生(出?)辟百兵宜供供侯王△△△作"

[명문(銘文)의 후면(後面)]

"先世以來未有此刀百濟王世△(子?)奇生聖音故爲倭王旨造傳示後世"

이렇게 기록되어 있다 한다.[63] 이병도씨는 다음과 같이 해독하고 있다.

[전면문(前面文)] ; "태△(泰△) 사년(四年) △월(九月) 십육일(十六日) 병오(丙午) 정양(正陽, 日中)에 백련강철(百鍊鋼鐵)의 칠지도(七支刀)를 만들었다. 이는 나아가 백병(百兵)을 물리칠 수 있는 것이므로 마땅히 후왕(侯王)들에게 공급할만하다. △△△(인명인 듯)가 제작함."

[후면문(後面文)] ; "선세(先世) 이래(以來)로 아직 이 칼이 없었던 바, 백제왕세자(百濟王世子) 기생성음(寄生聖音)이 짐짓(故=일부러) 왜왕 지(旨)를 위하여 만들었으니 후세에 (길이) 전하여 보일지어다."

이라 해석하고 있다.[64]

(1) 나는 칠지도의 명문(銘文)에 관해서 이병도씨가 해독하고 설명한 것을 대부분 찬동한다. 그러나 그 중에서 단 한 곳 즉 후면문(後面文)의 "…기생성음(奇生聖音)…"이라는 부분에 대해서는 잘못 해석되었다는 생각이 들어 여기에 감히 나의 소견을 피력해 보기로 한다. 그 부분에 대해서 우선 이병도씨의 주장부터 살펴본 후에 내 나름대로의 해석을 해보기로 한다.

① 우선 명문(銘文)해석에서 애매한 부분을 여기에 인용해 보면 [후면문(後面文)]의 "…백제왕세자 기생성음(寄生聖音)이 짐짓(故=일부러) 왜왕 지(旨)를 위하여 만들었으니…"라는 대목이다. 여기서도 특히 "…기생성음(寄生聖音)이 짐짓(故=일부러)…(…奇生聖音故爲…)"이라는 구절에서 "…기생성음…(…奇生聖音…)"이

63) 李丙燾 著「韓國古代史研究」(博英社) 第七篇, 第四, p523.

64) 앞의 63)의 책과 같음, p529.

다음과 같이 여러가지로 다르게 해석될 수 있고 또 그러한 경우에 따라서 그 다음의 "…고위…(…故爲…)"라는 구절과 잘 어울리지 못할 경우도 있을 수 있어 그런 것들이 매우 애매하다고 할 수 있다. 즉 예를 들어 보면 (1) 백제왕세자의 이름이 기생성음(奇生聖音)이라 볼 수 있다. (2) 왕세자의 이름은 기생(奇生)이고 성음(聖音)은 그 이름에 따르는 존대어라 볼 수도 있다. 예를 들면 폐하(陛下)나 전하(殿下)와 같은 것으로 볼 수 있다. (3) 기생성음(奇生聖音)에서 기생(奇生)은 이름이고 다만 성음(聖音)은 제왕이나 존귀한 사람의 음성을 높여서 일컫는 단어라고 볼 수도 있다. 예를 들면 옥음(玉音)과 같은 것이라 볼 수 있다. (4) 성음(聖音)을 어떻게 해석하느냐에 따라 기생성음(奇生聖音)이라는 구절과 뒤의 짐짓 왜왕 지(旨)를 위하여(故爲倭王旨)라는 구절이 서로 잘 부합되지 못하는 경우가 생기게 되는 것을 볼 수 있다.

② 이병도씨는 이 대목을 다음과 같이 설명하고 있다. "…기생(奇生)은 확실히 귀수(貴須)·구수(仇首)≪백제의 제6대 왕≫의 가까운 음(音近)인 것으로 보아야 할 것이다. 성음(聖音)도 그 초발성(初發聲)(s와 m)은 「セム」(세무 혹은 셈)로 읽을 수 있는 것이다. 단 나로서 사족(蛇足)을 가(加)한다면 「セシム」「セム」는 왕자에 대한 존칭인 「전하(殿下)」와 같은 백제어(百濟語)로 볼 것이다. 「기생전하(奇生殿下)」란 말이 아닌가 생각된다.…"고 설명하고 있다. 이것은 앞의 (2)와 같이 해석하는 경우인데 이 방법이 앞 구절과 뒤의 구절이 연결되는데 가장 부합이 잘 되지 않는 방법이 아닌가 싶다. 즉 왕세자가 직접 만든 것이 아닐때 전하(殿下)와 고위(故爲) 사이에 술어(述語)가 빠져 있어 매우 불완전한 문장이 된다. 예를 들어보면 "…기생전하(奇生殿下)께서 영(令)을 내리셔서≪하명(下命)하셔서, 말씀(言明)이 계셔서 등≫ 왜왕지를 위해서 만들었다.…"로 되어야 정연한 문장이 될 수 있을 것이다.

(2) 나는 앞의 (3)의 방법을 취해서 성음(聖音)을 기생(奇生)의 "말씀"을 존대해서 쓰인 경우를 택해서 해석하려 하는 것이다. 그렇게 되면 앞의 문장에서 "…기

생성음(奇生聖音)…"은 "…기생(奇生)이 하신 말씀…" 또는 "…기생(奇生)이 말씀 하시다.…"란 뜻으로 해석된다는 것을 알 수 있다. 그러면 내 나름의 칠지도 명문을 해독해 보면,

　　[전면문(前面文)] ; 이병도(李丙燾)씨의 해독법에 따른다.

　　[후면문(後面文)] ; "선세(先世)이래로 아직 이런 칼이 없었던 바 백제왕세자 기생(奇生)께서 말씀(聖音)이 계셔서 특별히 왜왕(倭王) 지(旨)를 위하여 만들었으니 후세(後世)에 길이 전하여라". 이라 해석이 된다.

　　이렇게 해석을 하고 보면 분명해지는 것이 있다. 첫째는 백제왕세자의 말씀≪하명(下命)≫에 의해서 칠지도를 만들어 왜왕 지에게 준 것이 분명해진다. 둘째는 백제왕세자의 말씀을 성음(聖音)이라 하였으니 황제격으로 높인 말이고, 왜왕은 그냥 지(旨)라 하였으니 제후격으로 낮춘 말이다. 따라서 백제는 황제국인 본국이고, 지가 왕으로 있는 왜열도의 그 나라는 종속국으로서 백제의 식민지분국이고 지는 그 분국의 왕이라는 사실이 명백해진다. 또한 기생이란 말은 이름으로 볼 수도 있겠으나 백제왕세자를 높인 말, 예를 들면 전하(殿下)라든지 혹은 직위나 별호를 나타내는 말일 것으로 생각된다.

5. 일본서기의 처리 문제와 일본역사의 재정립에 대한 인식

1) 일본서기의 처리 문제

　　(1) 지금까지 일본서기에 대해서 많은 비판을 가해 왔다. 전반적인 것은 아닐지라도 일본서기의 체계라든가 내용이나 역사적 사실 같은 것이 대부분 거짓말이라는 사실도 지적해서 대체적으로 파악할 수 있게 되었다고 할 수 있을 것이다. 여

기서는 이러한 일본서기를 결국 어떻게 처리해야할 것인가를 생각해 보기로 한다. 그러기 전에 일본의 사학자들이나 그 이외 나라의 사학자들은 대체로 일본서기에 대해서 어떤 견해를 가지고 있는지를 아는 것이 중요할 것이라고 생각되어 먼저 그것을 다소라도 알아보고자 하는 것인데 그러나 다 수렴해 볼 수는 없는 일이기 때문에 그 대체적인 사고의 흐름만이라도 살펴보기로 한다.

① 일본의 사학자들이 보는 일본서기에 대해서 대표적으로 일본의 사학자 가시마(鹿島昇)씨의 견해를 들어본다. "일본(日本)이란 국호는 문무(文武)천황≪서기 697년~707년 재위≫이후에 생긴 것이다. 따라서 그 이전에는 「일본기(日本紀)」라든지 「일본서기(日本書紀)」라든지 하는 실체가 있을 리가 없다. 또 내용으로 봐서도 일본서기가 위사라는 것은 의문의 여지가 없다. 왜냐하면 거기에는 비미호(卑弥呼)에 관해서나 왜오왕(倭五王) 그리고 아매다리사비고(阿每多利思比孤)의 견수사(遺隋使)조차도 기록되어 있지 않기 때문이다. 수서(隋書)에는 규슈의 왜국의 동방에는 진왕조(秦王朝)가 있고 그 동쪽으로는 10수 개의 소국이 있다고 되어 있어 일본서기의 주인공인 대화왕조(大和王朝)란 전혀 창작된 것임을 나타내고 있다.…따라서 성덕태자(聖德太子)도 대화개신(大化改新)도 액전왕(額田王)의 로맨스도 다 백제왕조(百濟王朝)에서 있었던 일이다.…백촌강(白村江) 패전 후에 신라 문무왕(文武王)의 아들인 고시황자(高市皇子)가 대재부(大宰府)에 진주해서 사정관(司政官)으로서 왜국을 다스렸다.…결국 신라 문무왕의 손자 김양림(金良琳)이 왜국에 도래해서 문무(文武)천황이라 일컫고 난파(難波)〈나니와〉에 진주해서 국호를 일본(日本)으로 정했다.…환무(桓武)왕조는 고래의 사서를 분서·개찬해서 「일본서기(日本書紀)」, 「속일본기(續日本記)」, 「신찬성씨록(新撰姓氏録)」 등의 일련의 위조문서를 창작하고 더욱이 백제인들의 가집(歌集)을 주로 하는 만엽집(萬葉集)을 바꾸어 기록해서 역사의 위조를 완성시켰다.…일본서기는 백제왕가를 주(主)로 하고 규슈의 왜국왕가를 종(從)으로 하여 두 왕가를 합성한 가공의 왕조가 대화분지(大和盆地)에 있었다고 하는 세상에서도 희한한 이야기를 엮은 것이다.…

수서(隋書)에 의하면 대화(大和)에 있었던 것은 진왕조(秦王朝)〈이국(伊國)〉이었다.…"[65]고 기록하고 있어 이분이 이 부분에서는 올바른 역사관을 가지고 일본서기의 기록이 위사임을 분명히 하고 있는 사실을 볼 수 있다.

② 한국을 비롯한 일본인 이외의 학자들이 보는 일본서기에 대한 견해는 어떤 것일까? 총괄적인 것을 생각해 본다. 일본사람들은 대략 16세기말경부터 서기 1867년의 명치유신에 이르는 동안 서양의 문물을 일찍 받아들여 신장되는 국력에 바탕을 두고 무력으로 한반도를 침략해서 식민지로 만들려다 보니 그에 앞서서 필요한 것이 합당한 이유나 역사적 당위성 같은 것이었다. 그래서 그런 것에 알맞게 급히 조작해서 꾸며낸 것이 일본서기라는 역사서이다. 거기에 황국사관(皇國史觀)이란 괴상한 논리를 만들어 엉터리 일본서기를 전 국민에게 강제적으로 주입시키고 또 청소년들까지 세뇌시켰다. 따라서 일본서기라는 책은 애초부터 일본역사의 사실을 기록해서 후세에 남기려는 것이 목적이 아니고 한반도를 침략하기 위해서 만들어진 말하자면 한반도 침략의 당위성을 선전하는 선전책자이고, 그것을 꼭 실천하라는 한반도 침략의 장려서이고, 한반도 침략의 지침서이고, 그리고 참략의 유언서로 되는 것이 목적이었다고 할 수 있다. 20세기에 들어서 그 일본서기의 지침대로 일본인들이 실제로 한국을 식민지로 만들었으니 한국인으로서는 이러한 일본서기를 두고 어찌 통탄해 하지 아니할 일이겠는가.

③ 일본서기라는 위서가 처음 언제 어떻게 해서 만들어져서 세상에 나온 것인지 정확히 알 수는 없지만 처음 일본서기를 편찬할 때는 참고로 한 사료(史料)가 많았을 것으로 생각된다. 일본서기의 본주(本注)나 분주(分注) 등에서만 보아도 백제기(百濟記), 백제본기(百濟本記), 백제신찬(百濟新撰) 등이 있고 또 그 많은 일운(一云)과 일서운(一書云), 또는 일서왈(一書曰)이라는 것들이 있는 것을 볼 수 있다. 그 이외에도 왜국의 소왕국들은 대부분 한반도 삼한사국(三韓四國)들의 식민지분국들이었기 때문에 그들이 한반도 본국으로부터 반출해간 사료가 많았을 것이고,

---

65) 鹿島昇 全譯 「桓檀古記」 (新國民社), 序言.

또 백제와 고구려가 멸망할 때 그들 왕족이나 고관들이 왜국으로 망명하면서 가지고 나간 귀중한 사료가 대단히 많았을 것으로 생각할 수 있다. 또 임진왜란 때 일본인들이 약탈해간 사료, 근세에 들어서는 일본이 한국을 식민지로 지배하면서 약탈해간 사료 등은 헤아릴 수 없을 정도로 많을 것이라는 것은 충분히 짐작할 수 있다. 이제 한반도 본국에는 거의 남은 것이 없고 대부분 일본으로 가 있을 것으로 볼 수 있다. 그러나 일본인들은 역사를 급히 변조해서 위사를 만들어 그것을 일본서기에 수록해서 내놓고 보니 그 거짓이 탄로될 수 있는 그러한 사료들을 그냥 둘 수가 없게 되어 그 사료들을 전부 불태워버렸거나 그렇지 않으면 일반인의 손이 미치지 못하는 일본 황실의 깊숙한 곳에 파묻어 버린 것이다. 나는 그곳이 일본 황실이 관리하는 정창원(正倉院)이란 곳이거나 혹은 왕릉 등일 것이라고 보고 있다. 이것이 명치분서이다. 그렇게 되어 홀로 일본서기라는 거짓된 괴물 책자가 일본의 정사서로 자리를 잡게 된 것이다. 언제든지 이 일본서기가 소멸되고 일본이 한반도 민족의 왜열도로의 이민사(移民史)와 왜열도의 개척사, 그들의 식민지분국들의 건설의 역사, 그리고 왜국시대의 역사를 되찾을 때 비로소 일본인들에게서 뿌리 깊은 침략근성이 소멸된 것으로 볼 수가 있을 것이고 한국과 선린의 관계를 가질 의지가 있는 것이라고 볼 수 있을 것이다.

④ 그런데 더 심각한 문제는 위사의 표본인 일본서기의 터무니없이 날조된 기록들을 아직도 많은 일본인들이 신봉하고 있고 또 청소년 학생들의 교과서에 실어서 일본의 2세들에게 그런 사상을 주입시키고 있다는 사실이다. 있지도 않은 대화조정(大和朝廷)이라는 허상을 기내(畿內)에 설정해서 그것이 선사시대부터 그곳에 있었던 것으로 조작해서 일본서기에 기록해 놓고, 그리고는 그 정권이 한반도의 3국을 정복해서 속국으로 만들고 계속해서 조공을 받아왔으며 때로는 그 3국의 왕들을 소집하기도 하고 한반도의 여러 땅들을 정벌해서 백제왕에게 하사하기도 한 것으로 그 일본서기에 기록하고 있다. 일본인들은 그런 새빨간 거짓말을 참된 역사로 믿고 있고 더욱이 그것을 교과서에 실어 청소년들에게 주입시키고 있다. 이

제 그러한 일본서기를 어떤 방식으로든 처리를 해야할 시대가 된 것을 일본인들이 빨리 깨달아야할 것이다.

(2) 그러한 일본서기의 처리문제를 한번 생각해 보기로 한다. 일본서기의 처리 문제에는 두 가지 방법이 있을 수 있다고 본다. 첫째 일본서기를 완전히 폐기시키는 방법이다. 즉 일본서기를 완전히 폐기시키고 올바른 일본의 역사 체계를 세우는 일이다. 사실 가장 바람직한 것은 이 방법이지만 일본인들로서는 선뜻 마음이 내키지 않으리라는 생각도 든다. 그러나 멀지 않는 장래에 그로벌시대가 더 발달하면 국수주의에 집착되어 있는 일본서기쯤 폐기하는 것을 대수롭지 않게 생각할 시대가 올 것으로 생각된다. 둘째 빠른 세월 안에 할 수 있는 것이 재편집하는 방법이다. 이 방법은 일본의 사학자들과 한국의 사학자들이 어떤 형식으로든지 머리를 맞대고 상의를 해야할 일이기 때문에 그 과정상에 복잡한 문제가 생길 수 있을 것이라 생각되는데 우선 이 둘째 방법에 대해서 간단하게 좀 더 생각해 보기로 한다.

① 일본서기를 자세히 보면 재편집이 별로 어렵지 않다는 것을 곧 알 수 있다. 왜냐하면 본래는 한반도의 3한4국이 종주국인 본국이요 왜열도의 나라들이 그 종속국인 식민지분국이었는데 일본서기의 기록은 대부분 당시의 한반도 3한4국과 왜국과의 그런 관계를 역으로 그 위치와 경우 또는 위상 등을 서로 뒤바꿔서 기록해 놓은 것이기 때문에 그런 부분만 다시 뒤바꿔 놓으면 된다는 것이다. 예를 들면 백제가 왜에게 조공을 했다고 기록한 것을 왜가 백제에게 조공을 한 것으로 바꾸면 되고, 신라와 고구려도 그런 식으로 바꾸어 기록하면 생각한 것보다 쉽게 재편집이 이루어질 수 있다는 것이다. 그런 과정은 한·일간에 언제인가 한번은 반드시 넘어야할 고비이고 또 일본인들도 이제 황국사관의 틀에서 어느 정도 벗어나서 자유롭게 되어가고 있고 또 앞의 가지마(鹿島)씨 처럼 진실된 사실에 눈을 뜬 일본의 사학자들이 점점 늘어날 것이기 때문에 일본서기의 재편집은 매우 희망적이라 할 수 있을 것이다.

② 일본의 장래를 위해서도 또 일본민족의 후손들을 위해서도 일본은 하루 바삐 황국사관의 소산물인 일본서기에서 탈피하여 진정한 새로운 역사체계를 만들어야 할 것이다. 그래서 멀지 않아 일본서기에 대체될 일본의 정사서가 나오게 될 것인데 그렇게 되려면 먼저 일본이 대륙과의 관련역사를 바로 새우는 일부터 해야 할 것이고 또 그렇게 하려면 먼저 일본의 황실에서 그들이 가지고 있을 모든 사료를 아낌없이 다 내어놓는 일이 선행되어야 할 것으로 생각 된다. 예를 들면 유적 등의 발굴을 통해서 신천지 왜열도로 이동해간 대륙 한민족(韓民族)들의 이민사(移民史)를 발굴하는 일부터 시작해야할 것이다. 대륙의 여러 한민족(韓民族)부족들이 각가 왜열도로 이동해 가서 규슈지방을 중심으로 인근지역에만도 백여 개의 나라를 세운 과정부터 점검을 해나가야 할 것이다. 그래서 그 길었던 그리고 중국사서들이 그렇게도 명확하게 고증을 하고 있는 왜국시대(倭國時代)의 역사를 먼저 복원을 해서 확립해야 할 것이다. 모든 것이 명백하게 된 지금에 와서 왜(倭)라는 이름이 좋지 않다고 망설일 필요는 없는 것이다. 일본의 고대 역사는 왜국시대가 주축이기 때문이다. 그러나 일본인들은 왜 아직까지도 엉터리로 판명된 일본서기에만 목을 걸고 있는 것일까? 한국침략의 달콤한 환상에서 아직 깨어나지 못한 탓일까? 혹은 20세기 중엽에 중원을 제압했던 환상에서 아직 깨어나지 못한 탓인가? 그런 환상을 하루 빨리 떨쳐버리는 것이 일본의 후세들을 위한 최상의 일이 될 것이다.

2) 만엽집(萬葉集)의 정체

앞에서 만엽집(萬葉集)에 관한 이야기가 나왔기 때문에 여기서 잠시 그것에 대한 것을 간단히 살펴 보기로 한다.

(1) 7~8세기경에 만들어진 것으로 되어 있는 만엽집(萬葉集)〈만요슈〉이라는 일본의 고가집(古歌集)이 있는데 이번에는 그것으로부터 당시의 한·일간의 귀중

한 역사를 캐어내고 있는 한국의 여류사학자가 있어 매우 주목을 끌고 있다. 일본에서 「또 하나의 만엽집(萬葉集)을 읽는 회(會)〈もう一つの萬葉集を讀む會〉」를 이끌고 있는 이영희(李寧熙)씨≪會長≫의 이론에 따르면 만엽집의 대부분의 문장이 한국말≪이두풍(吏讀風)≫로 이루어져 있다[66]는 것이다. 그뿐 아니고 심지어 일본 신대(神代) 인물이나 고대 천황이라고 하는 사람들의 이름들이 대부분 한국말로 되어 있다는 것이다. 때문에 한국말을 모르는 일본학자들이 만엽집을 해독하려해도 잘 해독이 되지 않은 것은 당연한 일이라는 것이다. 따라서 만엽집의 고가(古歌)들은 난해해서 일본 학자들이 해독을 한 것도 무슨 뜻인지 잘 이해를 하지 못하고 또 미해결의 상태로 방치된 것도 많다고 알려져 있다. 그러한 것을 이영희씨가 한국어로 그 고가들의 뜻을 잘 알 수 있게 해독해 냄으로써 지금까지 알려진 것과는 달리 만엽집은 그 내용이 아름다운 시가(詩歌)로만 되어 있는 것이 아니고 많은 부분이 처절하고 피비린내 나는 당시의 왕권 다툼이나 또는 정치세력들의 상호 투쟁사를 표현해놓은 것이거나 혹은 그런 것의 이면사를 기록한 것이라는 사실을 알게된 것이라 한다. 따라서 뜻밖에도 여기서 훼손되지 않은 일본의 일부 진실된 고대 역사를 캐내게 되었다는 것이다. 예를 하나 들어보기로 한다.

만엽집 권제일(卷第一)의 칠(七)에 「액전왕가(額田王歌) 미상(未詳)」이라는 제목의 잡가(雜歌)라는 것이 있다. 그 원문을 보면 "金野乃 美草苅 屋杼禮里之 兎道乃宮子能 借五百礒所念"이라 되어 있다. 이 시가(詩歌)를 종래 일본인들이 해석해 온 것은 "가을 들녘의 억새를 베어 지붕을 이고 여숙(旅宿)한 우치(宇治)〈兎道〉의 도읍에 있는 임시 암자(庵子)〈百礒〉가 생각난다."라 하고 있어[67] 도무지 무슨 뜻인지 알 수가 없다. 이러한 것을 이영희씨는 한국의 고대어로 완벽하게 풀이를 한 것이다. 그 뜻을 보면 "신라(新羅)는 전쟁 준비로 칼을 갈고 있다. 옥죄어≪공격해≫오지 말아야 할 터인데, 우리 임금≪백제왕≫께서는 적의 공격을 막기 위해서 터

---

66) 李寧熙 著 「もう一つの萬葉集」(文藝春秋), "はじめに".

67) 澤瀉久孝 佐伯梅友 共著 「新校萬葉集」(創元社刊) 卷第一 雜歌 七.

≪성(城)을≫를 더욱 여미어야≪경고하게 해야≫ 할 것이다."로 해독[68] 하고 있어 뜻이 잘 통하고 당시의 시대적 상황도 잘 나타내고 있어 이것으로부터 귀중한 역사적 사료를 얻을 수가 있다고 할 수 있다.

(2) **이러한 방식으로 만엽집의 여러 시가의 해독된 결과**를 보면 일본 황국사관 창작자들의 오염된 손이 여기까지는 미치지 아니한 사실을 알 수 있고, 그리고 그것에서 일본 최초의 통일국가 건설과 왕조형성의 시기 등 일본의 참 역사가 완연하게 밝혀지게 될 것이라는 기대가 점증하고 있는 것이 사실이다. 좀 더 욕심을 낸다면 대륙의 한민족(韓民族)들이 일본열도에 이동해가서 정착하게 된 초기의 분포 상황 등이 밝혀져서 지금은 일본의 황국사관 창작자들에 의해서 말소되어버린 일본의 고대 역사를 복원할 수 있었으면 하는 기대를 해보는 것이다.

3) 일본역사의 재정립에 대한 인식

(1) **일본민족의 형성** ; 일본서기는 일본민족이 처음부터 일본열도에서 자생한 민족임을 전제로 하고 있다. 그러나 일본민족은 절대로 일본열도에서 자생한 민족이 아니다. 극소수를 제외한 그들 대부분은 분명히 알타이어족이요, 북방몽골로이드요, 한민족(韓民族)이다. 그렇다면 한반도와 만주에 분포되어 있던 한민족(韓民族)이 여러 차례에 걸쳐 왜열도로 건너가서 왜열도 전역에 확산 분포하게 된 것으로 보는 이외에 달리 어떤 다른 민족이동의 상황은 상상할 수 없다. 다시 말하면 일본민족의 이민사는 거의 전부가 한국으로부터의 이동으로 이루어진 것으로 봐야 할 것이다. 여기에 그런 사실을 입증하는 몇 가지 사례들을 열거해 보기로 한다.

① 중국에서도 가장 오래된 정사서의 하나로 꼽히는 삼국지에서도 알 수 있다. 당시 중국의 가장 북쪽에 위치한 위(魏)나라에 대한 역사를 기록한 위지(魏志)에만

---

68) 李寧熙 著 「もう一つの萬葉集」(文藝春秋), 八, p185.

왜인들의 역사를 기록한 왜인전(倭人傳)이 부재(附載)되어 있다. 그것은 왜국이 위나라와만 교통을 해왔다는 증거가 된다. 그러나 일본열도와 가장 가까운 오(吳)나라의 역사를 기록한 오지(吳志)에는 왜인들에 대한 기록이 없다. 그것은 즉 일본민족이 중국의 남쪽지방의 한민족(漢民族)들이 건너가서 분포된 민족이 아니라는 것을 증명하는 것이다.

② 대부분의 일본민족은 본래 백의민족(白衣民族)이었다. 그것은 그들의 강원신사(橿原神社)를 비롯한 그 많은 신사(神社), 신궁(神宮)의 승려들이 정통복으로 백색 제복을 입고 있는 것에서도 알 수 있다. 그들은 고대로부터 백의(白衣)를 애용해 왔다고 말하고 있다. 따라서 일본민족은 백제(白帝)의 후손이요, 한민족(韓民族)임을 말하는 것이고 또 한반도 삼한사국의 후손임을 말하는 것이다.

③ 일본민족은 그들의 시조가 하늘에서 내려왔다는 천강사상(天降思想)을 가지고 있다. 그것은 본래 천강사상을 가지고 있는 한민족(韓民族)임을 말하는 것이다. 그러한 그들이 다 한반도에서 일본열도로 건너간 사람들이기 때문에 한반도 한민족(韓民族)의 후손들이라 하지 아니할 수 없다.

④ 미확인된 것이지만 전설에서 한가지 예를 들어보기로 한다. 고황산령존(高皇産靈尊)이란 일본인들의 조상신이 있다. 그런데 그 이름에서 고(高)자 다음의 황산(皇産)을 빼면 바로 고령(高靈)이 된다. 이 것은 한반도의 경북 고령(高靈)이란 지명과 일치한다. 그 이름을 새겨보면 "고령(高靈)의 황실에서 태어난 분(尊)"으로 해석이 된다. 다만 "고령황산존(高靈皇産尊)"이 아닌 것은 아마도 당시에 "고(高)라는 성(姓) 다음에 직위명이 들어가느라 그리 되었을 것으로 볼 수도 있다. 그렇게 되면 한국의 경북 고령지방에 옛부터 전해져 내려오는 "일본의 조상은 고령에서 갔다."고 하는 전설과 부합된다고 할 수 있다.

⑤ 일본민족은 곰(熊)토템족이다. 일본열도에도 곰과 관계되는 일들이 많다. 우선 북해도를 중심으로 일본의 동북지방에 많이 분포되어 있는 아이누족은 곰 숭배민족이 확실하고 그 이외의 일본열도 곳곳에도 곰과 관련된 지명을 많이 가지고

있다. 그것은 일본민족이 곰토템민족임을 말하는 것이고 그것은 곧 한민족(韓民族)임을 증명하는 것이고 그 한민족(韓民族)이 한반도에서 간 사람들이기 때문에 고대 한국인의 후예라 할 수 있다.

⑥ 한민족(韓民族)의 상징인 시조의 난생설화(卵生說話)가 일본에는 없는 것 같다. 그것이 사실이라면 일본민족은 은(殷)왕조의 시조 설(契)이나 진(秦)왕조의 시조 대업(大業)의 후손이 아닌 배달민족임을 말하는 것이 된다. 따라서 일본민족은 직접 황제(黃帝)의 후손이라는 사실을 알 수 있다. 그리고 곰에 대한 설화나 지명은 많으면서 난생설화가 없는 것으로 보아 환웅처럼 황제의 서자 25명중의 한사람이 일본민족의 시조가 되었을 것으로 볼 수 있다. 혹은 단군(壇君)의 후손들이 일본열도로 건너가서 일본민족의 시조가 되었을 가능성이 있다. 아마도 이 경우의 가능성이 더 클 것으로 보인다. 따라서 그들의 조상들은 한반도 배달민족의 후손이란 사실을 알 수 있다.

(2) **일본민족은 대부분이 처음부터 한반도에서 건너가서** 일본열도에 분포한 한민족(韓民族)이라 하였다. 그들은 동북아시아대륙에 한민족(韓民族)이 분포되기 시작하면서부터 서서히 바다를 건너 신천지 일본열도에 정착해서 황무지를 개간하기 시작하였을 것인데 그들이 대부분 한반도에서 이동해 갔다는 것이다. 그 중에서도 가장 대대적인 이동이 있었던 때가 한반도의 삼한사국시대라는 것이다. 따라서 이때 한반도의 삼한사국인들이 일본열도 전역에 그들의 크고 작은 식민지분국들을 건설하여 소왕국으로 발전하고 그것이 일본열도에서 왜국(倭國)시대의 시작이 되었던 것이다. 그 왜국시대는 9~10세기경에 이르러서 일본인들이 일본국(日本國)으로 완전독립을 쟁취할 때까지 계속되었다고 할 수 있다. 그런데 일본인들이 이 왜국시대를 부인하는 데서 문제가 생기게 된 것이다. 왜국시대라는 사실을 역사에 노출시키지 않으려고 몸부림을 치다보니 역사를 조작하게 되고 분서사건이 생기게 되고 일본서기라는 위서가 탄생하게 되고 일본인들의 뇌리에서 일본의 진실된 역사가 완전히 실종되어버린 것이다. 일본인들이 제2차 세계대전의 패

망과 더불어 황국사관이 무너지면서 위사인 일본서기를 폐기하는가 했더니 그래도 버리지 않고, 그로 인해 이번에는 많은 일본의 학자들이 위사 콤플렉스에 걸리게 된다. 예를 하나 들어 보면 어떤 일본의 사학자가 사기(史記)는 고대 오리엔트사를 변조해서 중국의 역사로 꾸민 것이라고 주장하고 있다. 결국 사기가 그런 위서인데 일본서기가 위서면 어떠냐 하는 식으로 걸고넘어지려는 심사인 것 같다. 그러나 일본서기는 애초부터 계획적으로 위작(僞作)에 목적을 두고 편찬된 것이고 한국과 중국의 사서들은 역사의 진실을 후세에 남기려 편찬된 것이 다른 점이고 여기에 바로 일본서기를 폐기해야 하는 충분한 당위성이 있는 것이다.

(3) **일본서기로 인한 일본인들의 위사콤플렉스**는 대단히 위험하고 무서운 병인 듯 하다. 이러한 병을 후손들에게 안겨준 선대의 일본인들, 그들의 후손들의 손에 의해서 그들이 꾸며놓은 거짓 기록의 사기행각이 샅샅이 드러날 날이 멀지 않은 것이 사실이다. 하지만 아직까지는 일본인 사학자들이 일본서기의 위사임을 빤히 알면서도 그것을 훨훨 털어 버리지 않고 움켜쥐고 있으면서 여러 가지 궤변을 앞세워 일본민족이 한반도의 삼한사국인들의 후손들이라는 사실을 인정하기를 꺼려하는 것만은 사실로 보인다. 혹은 아마도 그들의 침략적 속성 때문에 그런 사실들을 선뜻 인정을 못하는 것 같다. 혹은 어떤 일본인들은 일본의 천황족을 비롯한 지배층이 한국에서 도래하기는 했어도 한국민족이 아닌 다른 더 북방의 훌륭한 민족으로서 다만 한반도를 경유했을 뿐이라는 궤변을 늘어놓기도 한다. 그런 연장선에서 때로는 일본의 천황가와 지배층이 다음의 민족들이라는 일본인들의 중구난방식 주장이 나오는 것을 볼 수 있다. 그 예를 모아보면, (1) 알타이산 부근의 북방민족이었다. (2) 페르시아 민족이다. (3) 페니키아 민족이다. (4) 공손도(公孫度)의 자손이다. (5) 부여(夫餘)민족이다. (6) 이스라엘 민족이다. (7) 이집트에 힉소스왕조를 건설한 고대 오리엔트의 수메르인들이다. (8) 힛타이트 민족이다. (9) 크메르·베트남 민족이다. (10) 북왜인(北倭人)들이다. (11) 다르시아선(船)을 타고 다니던 고대 오리엔트인들이다. 등등의 주장들이 나오고 있다. 그러면서도 일본의 천황가나

지배층들이 삼한사국인들이라거나 한국민족이라는 사실을 공식으로 시인하는 것을 기피하고 있다. 그 진짜 이유가 무엇인지를 외면으로만 봐서는 마치 그런 것을 완전히 인정하면 언젠가 장차 또 강행해야 할 한반도를 다시 일본의 식민지로 만드는 일에 차질을 가져올 우려가 있기 때문이다라고 생각하고 있는 것 같은데, 실은 그것이 그들의 본심이라는 사실을 한국인들은 깊이 새겨서 그것에 대응해야 할 것이다

(4) **일본서기 이외의 역사서에서 역사를 왜곡한 사례**를 하나만 들어보기로 한다. 「대계 일본의 역사13(大系 日本の歷史13)」[69] '청일전쟁과 전후경영(淸日戰爭と戰後經營)'편에서는 다음과 같이 기록하고 있다. "1894년 6월 6일 청국정부는 조선정부의 요청으로 동학당(東學黨)의 반란진압을 위해 약간의 군대를 조선에 파견한다는 요지의 공문을 일본정부에 전달했다.···정부는 공문을 접수하기 4일 전에 벌써 공사관과 거류민 보호를 위해 출병할 것을 결정하고,···7천명이 넘는 혼성여단에 출동명령이 내려진 것이 통지문이 전달되기 2일 전이었다. ···6월 9일 혼성여단의 선견대가 서울에 도착할 무렵에는 아산에 도착한 **청국군과 조선정부의 협력으로 동학당의 반란은 거의 진압이 되어 있었다.**···더욱이 조선정부의 요청으로 출병한 청국군은 서울에 들어가지 않고 반대로 출병근거가 박약한 7천명의 일본군대가 먼저 서울과 인천에 주둔하게 된 것이다.···"고 기록하고 있다.

여기서 동학당의 반란을 청국군이 진압한 것처럼 기록하고 있는데 이것은 완전 거짓말이다. 청국군이 동학군을 진압했다는 기록은 어디에도 없다. 모두가 일본군이 진압했다고 기록하고 있다. 당시에 천진조약을 빌미로 일본군이 서울과 조선 왕궁을 먼저 점거한 후에 일본은 곧 청일 전쟁을 선포하고, 평양에 집결한 청국군을 공격하여 승리한 일본군이 재빨리 본격적인 토벌군을 편성하여 그때 공주까지 진출한 동학혁명군을 공격하여 전멸시킨 것으로 되어있다. 이러한 역사를 담은 한국의 역사서의 한 기록을 대표적 예로 들어보기로 한다. 「1894년 농민전쟁연구

---

69) 「大系 日本の歷史13」 近代日本の出發(坂野潤治), 日淸戰爭と戰後經營편

4」(한국사연구회)의 '-농민전쟁의 전개과정-'편에서는 다음과 같이 기록하고 있다. "…9월 27일 새로 도임한 이노우에(井上)공사는 **일본 대본영에 농민군(동학당. 동학혁명군)을 소탕할 1개 대대 병력을 요청하였고, 대본영에서는 후비보병 독립 제19대대에게 농민군을 모두 살육하라고 훈령을 내렸다.**…제19대대의 운용계획을 보면 용산에서 서로, 중로, 동로, 세 길로 나누어 각각 전라, 충청도방면으로 군대를 내려 보내.…전봉준은 잔여 세력을 이끌고 여산 심례를 거쳐 전주로 들어갔으며…11월 28일 순창 피로리에서 체포되었다.…"[70]고 기록하고 있다.

일본인들은 일본군이 조선의 동학군을 공격하여 섬멸시킨 사실을 청국군이 한 것처럼 뒤바꿔서 그들의 역사서에 기록하여 만인이 다 아는 근·현대의 역사마저 왜곡 날조하고 있는 것이다. 이러한 예를 보더라도 일본인들의 역사날조의 수법은 과연 달인의 경지라 할 수 있다. 이러한 일본의 역사서들을 어떻게 믿을 수 있단 말인가? 일본역사를 올바르게 재정립하기 위해서 일본인들은 그들의 굴절된 사상부터 세탁한 후에 모든 역사서를 재검토하지 않으면 안 될 것으로 보인다.

(5) 19세기 말엽부터 일본인들은 조선(朝鮮)왕조의 왕궁을 점령한 일을 비롯해서 한일전쟁《동학(東學)전쟁》, 청일(淸日)전쟁, 노일(露日)전쟁, 만주(滿洲)전쟁, 중일(中日)전쟁《지나(支那)전쟁》 등의 침략전쟁을 줄줄이 일으켜서 승리하여 동북아시아대륙의 많은 부분을 식민지나 예속국가로 만들면서 대동아공영권(大東亞共榮圈)이라는 슬로건을 내세웠다. 그러나 그것이 그들이 맹목적인 침략에만 혈안이 되어 있었던 것을 입증하는 것이라 할 수 있다. 그때 만일 그들이 동북아시아 민족분포를 숙지하고 동북아시아 한민족(韓民族)의 재통일의 슬로건을 내세웠더라면 비록 침략전쟁이지만 전쟁에 대한 당위성이 성립되어 어느 정도의 호응도 얻을 수 있는 가능성도 있었을 것으로 생각된다. 그러나 일본인들은 황국사관에 사로잡힌 그들의 교만심에 의해서 세계의 모든 민족으로부터 적으로 몰려서

---

70) 한국사연구회 지음, 「1894년 농민전쟁연구 4」 -농민전쟁의 전개과정-(역사비평사) 제1부, 3, 2) 공주전투와 농민군의 최후, p156.

오직 침략전쟁으로 끝나는 결과가 된 것이라 할 수 있다. 그들이 한민족(韓民族)의 남정(南征)을 내세워 한민족(漢民族)으로부터의 화북지방의 수복이나 동북아시아 한민족(韓民族)의 통합을 목표로 세웠더라면 북위(北魏)에 이어 요(遼), 금(金), 원(元), 청(淸) 등의 국가들처럼 일본민족도 황제(黃帝)의 후손인 중국 외곽의 한민족(韓民族)으로서 다시 중국을 한민족(韓民族)이 지배할 수 있는 계기가 되었을 가능성을 완전 배제할 수는 없었을 것으로 생각된다. 그렇지만 그럴 가능성을 완전히 봉쇄하고 소멸시킨 것이 바로 일본서기라 할 수 있다. 왜냐하면 일본서기는 일본인들이 한민족(韓民族)이라는 사실을 전혀 인정하지 않고 그런 역사를 완전히 배제하고 있기 때문이다. 앞으로 일본인들도 한민족(韓民族)의 실체를 인식함으로써 그 민족의 일원이라는 새로운 자부심에서 일본서기의 폐기나 재편집의 논의가 활발하게 될 것은 물론 이제 왜국시대도 부끄럽게 생각하지 않은 새로운 일본의 역사체계를 수립하게 될 것이라는 기대를 해보는 것이다.

제 11 편
중세 이후의
한민족(韓民族)과 한민족(漢民族)

1. 한민족(漢民族)의 제5차 북벌(北伐)시대

1) 오대 십국(五代十國)

당(唐)왕조의 말년에 이르러 서기 875년, 농민들의 반란인 황소(黃巢)의 난이 일어난다. 난이 관군에 의해 진압은 되었으나 이때부터 지방 절도사들의 권력이 세습으로 이어지면서 당(唐)왕조는 급속히 몰락의 길로 들어선다. 이때 황소의 부하였던 주전충(朱全忠)이 서기 907년에 당왕조의 왕권을 이어받아 후량(後梁)을 건국함으로써 당왕조는 멸망하여 20대 289년의 왕조가 마감되고 이로부터 중원(中原)을 중심으로 황하유역에 오대(五代)라는 다섯 개의 나라가 생기고, 또한 서기 907년 왕건(王建)이 촉(蜀)의 땅에 후촉(後蜀)이라는 나라를 세움으로써 주로 중국의 중남부지방에 계속해서 10개의 나라가 생기게 되어 이것들을 합해서 5대10국(五代十國)이라 이름하고, 다음의 송(宋)왕조가 이들을 통합할 때까지 대개 50여 년간에 걸쳐서 이 15개의 국가가 난립된 혼란기의 시대가 이어진다. 이때는 중국 내에서는 대부분의 한민족(韓民族)이 다 한화되어 한민족(漢民族)과의 민족적 구분은 없어지고 모두가 한민족(漢民族)으로 되었기 때문에 5대10국도 모두 한민족(漢民族)국가들로 간주하는 수밖에 없게 되었다.

2) 북벌(北伐)에 성공한 송왕조(宋王朝)

5대10국시대 이후로 조광윤(趙匡胤)이 건국한 송(宋)나라가 중원의 대부분을 통일하는데 성공함으로써 한민족(漢民族)인 송(宋)왕조의 시대가 열리게 된다. 그러나 중국 북부와 만주일원에서는 거란족(契丹族)의 요(遼)왕조가 이미 왕국을 건설하여 있었고 또 중국의 서북부지역에서는 티베트계 탕구우트족(Tangut族)의 이원호(李元昊)가 서하(西夏)라는 독립왕국을 건설하여 요(遼)나라, 송(宋)나라와 병립하게 되었다. 이러한 상황 속에서 송(宋)왕조가 5대10국을 통합하여 먼저 중원을 통일함으로써 한민족(韓民族)인 당왕조 이후의 혼란기를 극복하고 통일왕조를 건립했기 때문에 이때가 한민족(漢民族)의 제5차 북벌이 되고 또 제9차 동북아시아 민족이동과 재분포의 전환기가 된다고 할 수 있다. 그러나 동북아시아에서의 큰 민족이동이나 재분포를 이루는 상황은 없었다고 볼 수 있다. 다만 이때부터 대체로 북쪽의 한민족(韓民族)과 남쪽의 한민족(漢民族)이 서로 대치하는 시대로 들어서게 되는데 그 대치선이 점차 남쪽으로 내려가는 것을 볼 수 있다. 처음은 한민족(韓民族)인 거란족이 세운 요나라와 티베트족이 세운 서하나라가 서쪽으로는 황하, 그리고 동쪽으로는 장성부근을 경계로 하여 그 북쪽에 위치하고 그 남쪽의 한민족(漢民族)인 송(宋)왕조와 대치하다가 다음에는 북쪽에서 한민족(韓民族)인 금(金)왕조가 나타나서 회산선(淮散線)≪동쪽의 회수(淮水)에서 서쪽의 대산관(大散關)에 이르는 직선≫을 경계로 하여 남쪽의 송왕조와 대치하게 된다. 그 다음으로 한민족(韓民族)인 북쪽의 원(元)왕조가 그 초기에는 장강(長江)을 경계로 하여 남쪽의 송왕조와 대치하다가 곧 남송을 완전히 멸망시키고 전체 중국을 통일하게 된다. 이러한 대치상황을 좀 자세히 살펴보기에 앞서 이들 나라들의 출현을 잠시 살펴보기로 한다.

① 요(遼)시대 ; 서기 916년에 중국 북부 열하(熱河)부근에 있던 거란족(契丹族)의 추장 야율아보기(耶律阿保機)가 세운 왕조이다. 그들은 고조선과 부여의 후예

일 것은 틀림이 없을 것이고 아마도 고구려에서 분파된 부족이거나 혹은 선비족의 후손으로 보이는 한민족(韓民族) 왕조이다. 그들이 발해(渤海)를 멸망시키고 오대(五代) 이후의 중국북부, 만주, 몽고 등의 지역을 지배하면서 한반도의 북부를 자주 침범하여 고려를 괴롭히기도 했다. 그러나 만주에서 일어난 금(金)나라에 의해서 서기 1125년에 멸망된다.

② 송(宋)시대 ; 오대(五代) 후주(後周)로부터 제위를 양여받은 조광윤(趙匡胤)이 난립하여 있던 여러 나라들을 통일하여 5대10국 시대를 마감시키고 서기 960년에 송(宋)왕조를 건립하여 변경(汴京)≪지금의 개봉(開封)≫에 도읍을 정한다. 그는 한민족(漢民族)의 무인 출신이지만 이후에는 문치에 힘써 문화가 크게 발전한다. 만주에서 여진족(女眞族)이 세운 금(金)나라에 의해서 서기 1127년 강남의 임안(臨安)≪지금의 항주(杭州)≫으로 천도를 하게 된다. 천도 이전을 북송(北宋), 이후를 남송(南宋)이라 한다. 둘 다 한민족(漢民族)왕조이다. 서기 1279년 한민족(韓民族)인 몽고민족의 원(元)왕조에 의해서 멸망된다.

③ 서하(西夏)시대 ; 서부 티베트족의 추장 발척사공(拔拓思恭)이 황소의 난 때 당왕조에 공을 세워 감숙성의 오르도스에 중심한 하주(夏州)의 절도사가 된 후 그의 후손 이원호(李元昊)가 서기 1032년에 대하국(大夏國)을 건립하여 독립한다. 그러나 서기 1227년 몽고군에 의해서 멸망한다. 그는 한민족(韓民族)의 왕조이다.

④ 금(金)시대 ; 한민족(韓民族)인 만주의 여진족(女眞族)의 추장 아골타(阿骨打)가 서기 1115년에 만주에서 금국(金國)을 창건하여 북송과 요를 멸망시키고 몽고, 만주, 및 중국의 화북지방 등을 통합하여 세운 나라이다. 도읍을 연경(燕京)≪지금의 북경(北京)≫에 두었다. 서기 1234년 원(元)왕조의 태종(太宗)에 의해서 멸망되어 몽고로 통일된다.

중국에서 5대10국이 소멸되면서 새로이 등장한 요(遼), 송(宋), 서하(西夏), 금(金), 및 초기의 원(元)왕조들이 발흥하여 자리를 잡으면서 이 시대는 주로 북쪽의 한민족(韓民族)과 남쪽의 한민족(漢民族)이 다시 서로 대치하는 시대로 되었다.

2. 한민족(韓民族)과 한민족(漢民族)의 대치시대

1) 요왕조(遼王朝)와 북송왕조(北宋王朝)

(1) 5대(五代)와 10국(十國)의 대부분을 통일한 한민족(漢民族)인 조광윤이 북송(北宋)왕조를 건국하고, 한편 요하 상류부근에 오래도록 웅거해 오다 열하부근으로 세력을 뻗치기 시작한 한민족(韓民族)인 거란족의 요(遼)왕조는 돌궐(突厥)의 고지(故地)들을 회복하여 중국의 화북지방으로의 진출을 시도했다. 그리고 서쪽에는 역시 한민족(韓民族)의 서하(西夏)가 남쪽으로 세력을 뻗치려 하고 있었다. 이러한 상황에서 한민족(漢民族)인 북송은 요, 서하 등의 한민족(韓民族) 나라들과 일진일퇴의 공방전을 거듭하다가 결국 양쪽 간에는 황하 상류를 경계로 하여 국경을 확정하는 강화조약을 맺고 화해를 하게 된다.

① 요(遼)와 송(宋) 사이에 맺어진 강화조약 가운데 몇 가지 중요한 조항들을 보면 다음과 같은 것들이 있다. ⑴ 송과 요는 국교를 열고 의례적인 지위에 있어서는 송은 형이며, 요는 아우로 대접하여 형제의 예를 지킬 것. ⑵ 송은 매년 견(絹) 20만 필, 은(銀) 10만 냥을 요에게 보낼 것. ⑶ 국경에 무역상을 두고 자유무역을 하게 할 것, 등[1] 이 포함되어 있다 한다.

② 송(宋)과 서하(西夏) 사이에도 역시 앞의 것과 비슷한 화의조약을 맺고 있다. ⑴ 서하는 송에 대하여 신하로서의 예를 취할 것. ⑵ 송은 서하에 매년 세사(歲事)로 은 7만 2천 냥, 견(絹)15만 3천 필, 차(茶) 3만 근을 보낸다. ⑶ 양국은 국경지역에 무역장(貿易場)을 설치하고 무역을 행한다. 등이다.

(2) 요(遼)왕조을 건립한 거란족(契丹族)은 어떤 민족인가? 근년에 몽고지역에 있는 거란족의 왕릉에서 거란문자가 발견되었다 한다. 거란족의 언어는 몽고어

---

1) 蔡義順 監修 「大世界史」 7,(도서출판 마당) 宋·元時代, p114.

와 퉁구스어에 많이 닮고 따라서 그 두 언어에 의해서 해독되었다 한다. 그렇다면 그 원형은 역시 알타이어일 것으로 생각된다. 그래서 그것들이 또한 부여문자나 고구려어, 신라의 향찰(鄕札) 또는 백제의 가나(假名) 등과도 맥을 같이할 가능성이 있다.

처음에 중원으로 남하한 선비족(鮮卑族)의 고지(故地)에 분포되어 있다가 점차 확산하여 동부 몽고와 서부 만주지역을 근거지로 요나라를 건국한 거란족이 황하지역까지 진출하였는데 이때 요의 가한(可汗)이 중국 쪽에서는 황제가 된다. 관리들도 중국 쪽에서는 한인(漢人)관리를 두고 몽고와 만주지역은 거란인 관리를 두는 2원화 정책을 썼다고 한다. 그것은 중국의 제도나 문화를 몽고와 만주지역으로 유입시키지 않고 그들 원향 지역의 전통을 지키려 애쓴 때문이라 할 수 있다. 이러한 노력은 이후 한민족(韓民族)으로서 중국대륙으로 진출한 금(金), 원(元), 청(淸) 등이 모두 본받게 된다. 그렇지만 그들의 땅과 문화와 전통은 끝까지 지켜지지 못하고 모두 한민족(漢民族)의 것이 되고 말았다. 그것은 아마도 그 한자문화(漢字文化)의 놀라운 동화력에 의한 것이라 생각된다.

(3) 만주의 심양(瀋陽)에 있는 요녕성(遼寧省)박물관 관리인의 설명에 의하면 근년에 거란인(契丹人) 귀족의 무덤에서 이집트의 것과 비슷한 방법으로 만들어진 미이라가 출토되었다 한다. 그리고 당시의 거란 귀족들 사이에는 그러한 풍습이 있었다는 것을 알게 되었다 한다. 그런데 일본의 한 사학자가 거란인이 본래는 오리엔트인 또는 이집트인이었을 것이라는 주장을 하고 있다. 그리고 또 왜인(倭人)의 시조는 바로 그 거란인이라 하고 또 다음과 같이 주장했다. "…요(遼)의 태조≪야율아보기(耶律阿保機)≫는 장백산(長白山)≪백두산(白頭山)≫에 백의관음(白衣觀音)을 모시고 제사를 지냈는데 원래 장백산은 단군(壇君)의 성지이기 때문에 태조의 뜻은 단군교와 불교를 같이 접합하고 있다.…요(遼)는 스스로 고구려의 후계자로 자처하면서 고려에 대해서 영토 할양을 강요한 일이 있다.…"고 주장하고 있

다.[2] 한편 거란족 탄생의 신화에 다음과 같은 것이 있다. "…옛날에 한 신인(神人)이 백마를 타고…토하(土河)를 따라 동쪽으로 오고…아들 여덟을 낳았다. 후에 자손들이 번성하여 기단(契丹)의 팔부(八部)가 되었다.…"[3]고 한다. 이것들에서 거란족이 스스로를 고구려의 후예라 한 점이나 시조가 백마를 타고 온 이야기 등은 거란족이 백의민족인 한민족(韓民族)임을 가리키는 것임을 알 수 있다.

북사 열전에는 거란인들에 대해서 "…그들의 풍속이 말갈과 같다.…"[4]고 하고 또 구당서 열전의 북적(北狄)에는 역시 거란인들에 대해서 "…선비의 옛 땅에 살고 있고 그 나머지 풍속은 돌궐과 같다.…"[5]고 기록하고 있고 또 신오대사 사이(四夷)에서는 거란인들에 대하여 "…선비의 옛 땅에 살고 있으니 선비의 유민이라 할 수 있다.…"고 하고 있다. 이런 기록들은 거란(契丹)인들이 한민족(韓民族)인 말갈(靺鞨), 돌궐(突厥) 선비(鮮卑) 등과 같은 동북아시아의 한민족(韓民族)임을 나타내는 것이지만 그 중에서도 아마도 선비족과 가장 가까운 종족관계라는 사실을 알 수 있게 하는 것이다. 그리고 거란인들은 서쪽의 정세가 불리하거나 좋지 않을 때는 자주 고려(高麗)에 와서 위탁하곤 했다는 기록들을 여러 곳에서 볼 수 있다. 이런 것들은 다 거란인들이 선비족과 더불어 아마도 고구려의 후손으로 고려와 가까운 동족인 한민족(韓民族)임을 가리키는 것이라 할 수 있다.

2) 금왕조(金王朝)와 남송왕조(南宋王朝)

(1) 금(金)왕조는 어떤 민족인가? 만주북부 흑룡강과 송화강 유역에는 옛부터 고조선의 후손들 중의 한 부족이 오랜 기간 수렵과 유목 혹은 농경 등을 영위하면서 그들의 터전을 지켜왔다. 그리고 그들은 여러 분파과정을 거치거나 재집결과정

---

2) 鹿島曻 著「女王卑弥呼とユダヤ人」(新國民社), 第二章 및 第三章.

3) 박시인(朴時仁) 지음「알타이 神話」(청노루), 第五章 8.

4) 北史 列傳第八十二 契丹國篇.

5) 舊唐書 列傳第一百四十九 下, 北狄, 契丹篇.

을 거쳐 이 시기에는 여진족(女眞族)이라 일컬어지고 있었다. 어떻든 만주족의 복잡한 여러 분파과정 속에서 고구려족과 말갈족을 이어받은 여진족은 주로 만주의 중·동북부지역을 중심으로 많이 분포되어 있었던 것으로 되어 있다. 그런데 그들 중에서도 가장 강력한 세력으로 성장한 생여진(生女眞)이라 일컫는 완안씨(完顔氏)부족의 추장 아골타(阿骨打)는 만주 동북부지방의 모든 여진족들을 통합하고 서쪽의 요나라를 공격하여 영강주(寧江州)를 취한 후에는 다시 발해족(渤海族)과 숙여진(熟女眞)등을 모두 통합하여 서기 1115년에 전체 만주에 대금국(大金國)이라는 통일왕조를 건설하고 추장인 아골타가 초대 황제인 태조(太祖)가 된다. 국호를 금(金)이라 한 것은 그들이 오행상 금(金)에 해당하는 것으로 백제(白帝)의 후손임을 뜻하고 따라서 소호김천씨(少昊金天氏)의 후예임을 나타내기 위한 것이라 할 수 있다.

다음 황제의 태종 때인 서기 1125년에 금군(金軍)은 서쪽으로 진출하여 요왕조를 멸망시키고 다시 남하하여 서기 1126년에는 북송의 수도인 개봉을 점령함으로써 송왕조를 멸망시키고 당시의 송 황제 흠종(欽宗)과 그 황족 그리고 많은 관료들을 금나라로 압송했다. 후에 금왕조는 수도를 연경(燕京)으로 옮기고 화북지방을 별도의 중국식 제도로써 다스리게 된다. 이러한 금(金)나라가 남하한 것은 이미 한민족(韓民族)의 재5차 남정이 시작된 것이라 할 수 있다. 그리고 이때의 남정은 잠시 후에 남하하는 원(元)왕조에 의해서 완성을 보게 된다.

(2) 금(金)나라에 의해서 멸망한 북송의 왕족이 남쪽으로 탈출하여 강남의 항주에서 남송(南宋)을 건설한다. 그 초대 황제인 고종(高宗)은 연호를 건염(建炎)으로 정한다. 이것은 남방민족 염제(炎帝)의 나라를 다시 세운다는 뜻이다. 따라서 연호를 건염(建炎)으로 했다는 것은 그들이 주(周)왕조와 한(漢)왕조의 후예인 한민족(漢民族)임을 뜻하는 것이다. 남송은 금왕조와 강화조약을 체결하는데 그 경계로 동쪽은 회수(淮水)에서 서쪽은 대산관(大散關)을 잇는 회산선(淮散線)을 국경으로 정한다. 이때 맺어진 강화조약 중에서 주요한 항목들을 보면 다음과 같은 것

들이 있다.

① 송(宋)은 금(金)에 대하여 신하의 예를 취할 것.

② 송(宋)은 매년 금(金)왕조에게 은(銀) 25만 냥, 견(絹) 25만 필을 바칠 것, 등이
다. 그들은 회산선에서 서로 대치하면서도 후에 원(元)왕조가 공격해 올 때까지 근
100년 가까이 평화를 유지한다.

(3) 송(宋)왕조시대에 성리학(性理學) 등을 발전시켜 중국 문화의 황금시대라
일컬을 정도로 문화가 발달했다. 금(金)왕조가 지배권을 갖게 되었지만 문화적으
로는 침략을 당하는 꼴이 되어, 그러한 사태를 방지하기 위해서 금왕조의 세종(世
宗)이 온갖 힘을 기울여 그것을 방비한 덕택으로 만주는 청(淸)왕조시대까지도 한
화되지 않은 독특한 문화를 가지고 있었으나 근세에 이르러 결국 완전하게 한화되
고 만다. 오늘날 중국에서 만약에 한민족(韓民族)과 한민족(漢民族)이 과거처럼 서
로 정복의 입장을 떠나서 민주적인 방식으로 서로 독립국가를 이루고 중국내에서
국경선을 갖게 된다면 금왕조와 남송왕조가 가졌던 회산선(淮散線) 또는 남송과
원(元)왕조 초기에 가졌던 장강선(長江線)이 좋은 예가 될 것으로 생각된다. 왜냐
하면 그 선의 북쪽은 본래 한민족(韓民族)이 개척해 온 곳이고 그 남쪽은 한민족
(漢民族)이 개척한 곳이기 때문이다.

이 전환기는 중국에서 당왕조가 멸망하면서 시작되었는데 송왕조가 요왕조와
국경선을 두고 서로 대치하기까지를 북벌의 기간으로 간주할 수 있다. 따라서 이
때가 한민족(漢民族)의 제5차 북벌이 되고 또 동북아시아의 제9차 민족이동과 재
분포의 전환기가 된다고 하였다. 다음에는 한민족(韓民族)인 금왕조에 의해서 송
왕조가 남쪽으로 가서 세운 남송(南宋)이 금왕조와 회산선을 국경선으로 대치가
되는데 이때는 이미 다음 단계인 한민족(韓民族)의 남정이 시작된 시기로 볼 수 있
다. 이번에는 한민족(韓民族)인 원(元)왕조가 남하하여 남송과 장강선을 국경선으
로 대치하다가 결국 원왕조는 남송을 멸망시키고 전체 중국을 통일하면서 남정에
성공한다.

3. 대치시대의 동북아시아 상황

1) 한반도의 상황

(1) **이 시기를 전후하여 한반도에서 크게 일어난 사건들**을 간추려 보면 다음과
같은 것들이 있었음을 볼 수 있다.

① 만주의 중·동부와 연해주 그리고 한반도 북부일원에 고구려의 후예들이 건
국하여 근230년 가까이 해동성국이라 일컬어지고 강성을 자랑하면서 이어져 오던
발해(渤海)가 열하부근에서 일어난 거란족이 세운 요나라의 공격을 받고 서기 926
년 갑자기 멸망하게 되었다.

② 신라는 경애왕(景哀王) 4년≪서기 927년≫에 견훤(甄萱)왕이 이끄는 후백제
군(後百濟軍)의 습격을 받아 천년 사직을 지켜오던 나라가 이미 멸망의 길로 들어
서서 결국 935년에 신라의 마지막 경순왕(敬順王)이 나라를 고려국(高麗國)의 왕
건(王建)왕에게 바침으로써 완전히 멸망한다.

③ 한반도에서는 후삼국(後三國)≪신라 말기에 일어난 후백제(後百濟), 후고구
려(後高句麗) 및 신라(新羅)를 일컬음≫등이 난립하여 있다가 고려의 왕건(王建)이
서기 936년에 후백제를 멸망시키고 후삼국을 완전 통합하여 한반도에서는 신라
이후 다시 통일왕국 고려(高麗)가 탄생한다.

(2) **한반도에서는 천년의 사직을 가졌던 신라**가 조용히 나라를 고려에 바치게
되어 전쟁 같은 것이 없이 왕조가 바뀌었다. 이때 신라가 망한 이유에 대하여 삼국
사기를 편찬한 김부식(金富軾)은 다음과 같이 주장했다. 명심해야 할 일이라 생각
된다. 김부식은 삼국사기 신라본기 말미의 논왈(論日)에서 다음과 같이 기록하고
있다. "…신라는 불법(佛法)을 숭상하여 그 폐해(弊害)를 알지 못하고 마을에는 탑
(塔)과 절(寺)이 즐비하게 늘어서서 평민들이 절로 도망하여 중이 되니 군대와 농

민은 점점 줄어들고 국가는 날로 쇠약하여졌으니 어찌 어지럽지 않고 또한 망하지 아니 하리요…"⁶⁾라는 구절이다. 여기에 당시의 신라가 망해야 하는 충분하고 필연 적인 이유가 잘 표현되어 있다고 하겠다.

2) 만주의 상황

(1) 한반도에서 신라의 경애왕(景哀王)이 후백제왕 견훤(甄萱)의 공격을 받을 무렵 만주에서는 발해(渤海)가 멸망하였다. 즉 대흥안령산맥 남쪽 기슭으로 이동 해 와서 제8차 동북아시아 민족 재분포의 전환기 이전에 이미 그곳에 분포되어 자 리잡고 있었던 것으로 보이는 한민족(韓民族)의 한 부족으로 선비족의 후예로도 보이는 거란족이 건립한 요나라에 의해서 발해는 멸망하게 된 것이다. 그러나 이 때 마침 흑룡강과 송화강 유역에 자리잡고 발해의 지배를 받아온 부여족의 후예 인 여진족(女眞族)의 한 집단이 발해가 없어진 시기에 급성장하여 주위의 모든 여 진족들을 통합한 후에 결국 요나라를 물리치고 만주대륙에 흩어져 있던 여러 고조 선 부족들을 다시 통합하여 금국(金國)을 건립한다. 그리고 그들은 중원으로 진출 해서 요와 북송을 멸망시킨 후에 계속해서 남쪽으로 진격해 회수에서 멈추고 서기 1141년에는 그곳을 경계로 남송과 대치한다. 이때의 대치상황은 북쪽에는 한민족 (韓民族)인 금왕조가, 그리고 남쪽에는 한민족(漢民族)인 남송왕조가 역사상 처음 으로 동은 회수에서 서는 대산관을 잇는 회산선을 따라 국경을 정해서 휴전을 하 고 강화조약을 체결하여 근 백년 간 평화를 유지하게 된다. 그러면서 이 기간에 특 히 남송에서는 나중에 한반도에 큰 영향을 미치는 성리학을 발전시킨다.

(2) 본래 만주에는 최초로 고조선족이 분포하여 고조선의 제1왕조인 단군(壇 君)왕조를 건립한 곳이라는 사실은 잘 알고 있는 일이다. 그러나 그 때에 아마도 황제(黃帝)의 또 다른 자손이 그 부근으로 와서 정착하여 형성된 것으로 보이는 퉁

---

6) 三國史記 新羅本紀第十二 敬順王篇 末尾의 論曰條.

구스족이 만주와 연해주의 북부지역을 중심으로 상당히 넓은 지역으로 확산 분포되어 온 것으로 추정된다. 따라서 고조선족과 퉁구스족은 만주일원은 물론이요 후에 북동부 시베리아 그리고 한반도와 일본열도 등지로 진출해 간 사실도 잘 알고 있는 일이다. 만주에는 오랜 기간 많은 나라들이 흥망성쇠를 거듭해온 곳으로 볼수 있는데, 그 중에서도 비교적 규모가 컸던 나라나 부족들을 열거해 보면, 서부지역에는 오환(烏桓), 흉노(匈奴), 선비(鮮卑), 동돌궐(東突厥), 거란(契丹), 등이 있었고 북부지역에는 북부여(北扶餘), 숙신(肅愼), 읍루(挹婁), 여진(女眞) 등이 있었고, 동부지역에는 동부여(東扶餘), 숙신(肅愼), 옥저(沃沮), 말갈(靺鞨), 발해(渤海) 등이 있었고, 중·남부지역에는 부여(扶餘), 물길(勿吉), 예맥(穢貊), 고구려(高句麗), 발해(渤海) 등이 있었던 것으로 추정된다. 그런데 동북아시아에서도 다른 곳보다는 만주에 규모가 큰 부족이나 나라들이 많이 있었던 것은 아마도 그 땅이 풍요로 웠기 때문이라 생각된다. 그런데 이번에 여진족(女眞族)이 만주를 장악하여 금국을 건립하여 한민족(漢民族)들을 회수(淮水) 남쪽으로 밀어내고 한민족(韓民族)의 고지(故地)인 화북지방을 수복한 것이다.

3) 몽고의 상황

(1) **중국에서 당왕조가 망하고 혼란의 시기에 접어들 때** 요하 상류에서 유목 생활을 해오던 키타이족(Kitai族)의 칸(汗)이 된 야율아보기(耶律阿保機)가 중국의 북부를 포함한 전체 몽고지역을 완전 통합하여 서기 916년에 대거란국(大契丹國)을 건설하게 된다. 그들은 동방으로 진출하여 해동성국이라 일컫던 발해(渤海)를 순식간에 멸망시키고 만주의 중서부를 통합하는데 성공한 후에 국호를 요(遼)로 고치고 나중에 그들의 통치하에 있던 여진족이 세운 금(金)나라에 의해서 멸망할 때까지 200여 년 간 몽고와 만주를 통치했다. 또한 요(遼)왕조 황실의 일족이 일부 거란족을 이끌고 서쪽으로 이동하여 위구르왕국으로 들어가서 정변을 일으켜 왕

위를 탈취한 후 서기 1132년에 그곳에 서요(西遼)를 건설했다.

(2) 근래 내몽고지방에서 발굴된 거란의 왕이나 귀족의 무덤에서 나온 부장품이나 벽화 등으로부터 상당히 높은 그들의 문화수준을 엿볼 수가 있다고 한다. 특히 그들은 독자적인 언어를 가지고 있었기 때문에 문자도 그들의 것을 가지고 있었는데 아마도 신라의 이두와 같은 것이 아니었을까하는 생각이다. 후에 한자(漢字)를 빌어서 알타이말을 표기하게 되었고 나중에는 그것마저 버리고 완전한 한문식 표의문자로써 한국과 같이 음독(音讀)으로 하거나 일본처럼 음독(音讀)과 훈독(訓讀)의 혼독형식으로 하는 한문표기로 바뀌었을 가능성이 있다.

4) 일본의 상황

(1) 만주와 한반도에서 발해와 신라가 멸망할 때 그 많은 유민들이 일본열도로 건너갔을 것은 쉽게 짐작할 수 있는 일이다. 특히 발해는 일본과는 많은 교류를 해 오고 있었다고 하니 발해가 멸망할 때는 더 많은 유민집단들이 일본열도로 건너가서 그곳의 고구려인들과 합류했을 것으로 볼 수 있다. 또한 한반도에서 신라가 멸망한 때도 역시 그 많은 유민집단들이 일본열도로 건너갔을 것이다. 이전에 신라의 문무왕과 그 세력들이 일본으로 건너가서 일본의 통일왕권을 장악한 일이 있었기 때문에 이번에 신라 유민들도 그러한 신라세력권의 지역으로 가서 그들과 신라인들이 합류했을 것도 쉽게 추정할 수 있는 일이다. 특히 이때 신라 화랑(花郎)의 랑도(郎徒)들이 집단으로 일본으로 건너가서 일본에 무인(武人)사회를 구축하기 시작한 것으로 추정이 된다. 그로 인해 나중에는 일본 전역에 이 무인세력들이 팽창해서 12세기 말엽에 이르러 막부(幕府)라는 무인정치가 시작된 것으로 볼 수 있다.

(2) 일본의 막부(幕府)정치와 고려의 무단정치(武斷政治)가 많은 유사점을 기지고 있다. 신라의 화랑도의 일부는 고려로 가고 일부는 일본으로 갔기 때문으로

보이는데 일본의 막부(幕府)는 무사(武士)들이 정권을 잡고 정치를 전횡한 무사집 단을 일컫는 말로 그것은 고려의 도방(都房)을 이어받아 다소 변형된 것이라 할 수 있다. 따라서 형태는 다소 다르나 대체로 고려의 무단정치와 매우 흡사한 점을 볼 수 있다. 다만 고려의 그것이 최씨(崔氏) 일문까지의 짧은 기간에 끝난데 비해 일 본의 그것은 세 가문을 통해 5~6백년의 막부정치가 이어져 왔다. 따라서 한반도 에서는 완성을 이루지 못했던 무인집단의 정치가 일본에 가서는 막부라는 이름으 로 긴 기간 꽃을 피우고 있었다고 할 수 있다.

(3) 동북아시아 제8차 민족이동과 재분포의 전환기 때의 중국사서인 신당서 (新唐書) 등에는 일본인들이 스스로 말하기를 자신들의 초주(初主)≪시조왕(始祖 王)≫인 천어중주(天御中主)에서 신무(神武)천황의 아버지라는 언염존(彦瀲尊)까 지는 무릇 32세(凡32世)라 하였는데[7] 이번의 재9차 전환기의 기록인 중국의 송사 (宋史) 열전에는 일본인들의 기록에 초주인 천어중주에서 언염존까지를 무릇 23 세(凡23世)라 한다고 하고 있으니 어느 쪽이 진실인지 알 수가 없다. 또 송사 열전 에 의하면 "…옹희원년(雍熙元年)≪서기 984년≫ 일본국 승 조연(奝然)이 그의 무 리 56명과 함께 바다를 건너와서 일본국의 책 「직원금(職員今)」과 「왕 연대기 (王年代紀)」 각 1권씩을 바쳤다.…그 왕연대기의 기록에 이르기를 초주의 호(號)는 천어중주(天御中主)이고 다음은 천촌운존(天村雲尊)이라 일컬었으며…언염존(彦 瀲尊)까지 무릇 23세(世)로 모두 축자(筑紫) 일향궁(日向宮)에 도읍이 있었다.…언 염의 제4자(子)가 신무천황인데 축자궁에서 대화주(大和州)의 강원궁(橿原宮)으로 들어가 거처하였다. 그의 즉위 원년인 갑인(甲寅)은 주(周)나라의 희왕(僖王) 때에 해당한다.…"[8]고 기록하고 있다. 여기서 일본의 왕계(王系)에 관한 사실을 기록한 신당서와 송사의 기록에서 서로 다른 점과 불합리한 사실들이 있어 그것을 지적해 보기로 한다.

---

7) 新唐書 列傳第一百四十五 東夷, 日本篇.
8) 宋史 列傳第二百五十 外國七. 日本國篇.

① 신당서에는 일본의 왕계를 자언(自言)이라 하여 일본의 사신이 말한 것을 기록한 것이라 했고 그것을 송사에서는 일본에서 가지고 온 「왕연대기(王年代紀)」라는 책에 기록된 것을 송사에 옮겨서 기록한 것이라 하고 있다. 그렇다면 서기 1060년에 편찬된 신당서에는 「왕연대기(王年代紀)」라는 책이 나타나지 않았고 다만 일본 사신들의 자언에 의해서 왕계를 기록하였기 때문에 그때까지는 그런 「왕연대기」라는 책이 없었다는 것을 알 수가 있고, 서기 1345년에 편찬된 송사에 비로소 「왕연대기」라는 책이 등장하기 때문에 결국 「왕연대기」라는 책은 빨라야 서기 1060년경에서 서기 1345년 사이에 편찬된 것이라는 사실을 알 수 있다. 그리고 그때까지 즉 서기 1345년까지는 위사의 표본인 일본서기라는 책이 세상에 나오지 않았다는 사실을 알 수 있다. 왜냐하면 만약에 그때 일본서기가 있었으면 그것을 중국에 갖다 주었을 터인데 그것이 아직 세상에 나오지 않았기 때문에 일본서기의 전단계 책이라 할 수 있는 왕연대기만을 중국에 바쳤다는 사실이 그것을 증명하고 있는 것이다. 따라서 일본서기나 또는 속일본기의 기록처럼 일본서기가 서기 720년에 완성되어 일본 왕에게 제출되었다는 것은 완전히 거짓이고 허위임이 이것으로서도 분명히 밝혀지게 되는 것이라 할 수 있다.

② 송사에는 왕호(王號)가 「존(尊)」≪어른≫인 시대의 왕명(王名)들을 전부 열거하고 있다. 그런데 그 왕연대기에 기록된 왕명이나 그들의 서열, 순서 등이 일본서기와는 전혀 맞지 않는다. 오직 왕명이 같은 것이 몇 개가 있을 뿐이다. 고사기(古事記)에도 초대를 천지어중주신(天之御中主神)이라 하고 있으나 그 이외의 것은 전혀 다르다. 설령 일본서기가 그 이전에 있었다 해도 송사에서 존호(尊號)의 왕계를 얼거한 왕연대기는 일본서기와는 전혀 서로 다른 사료를 참고로 했거나 서로 상대를 전혀 인석하지 못한 위치에서 책을 만든 것으로 볼 수 있는데, 그렇다면 국가에서 만든 왕연대기가 그 이전에 나와 있었던 일본서기를 전혀 참조하지도 또 인지하지도 못한 것으로 봐서 일본서기라는 책이 서기 720년에 만들어진 것이 아니고, 아무리 거슬러 올라가도 왕연대기가 출현한 서기 1060년≪혹은 서기 1345년

≫경 이전에는 없었던 것이 분명하고 그 이후에 만들어져서 출현한 것임을 여기서도 강력하게 입증되고 있는 것이라 할 수 있다.

③ 송사에서는 신무천황의 즉위 년을 갑인(甲寅)이라 하고 갑인은 주(周)왕조의 희왕(僖王) 때라 기록하고 있다. 그러나 그 무렵에 주나라에는 희왕(僖王)이라는 왕이 없었고 갑인(甲寅)은 주왕조의 혜왕(惠王) 11년으로 서기전 667년에 해당한다.[9] 그렇다면 음이 비슷한 데서 혜왕(惠王)을 희왕(僖王)이라 한 것일까? 혹은 당(唐)왕조의 희종(僖宗)을 가리키는 것이 아닐까? 만약에 그렇다면 일본의 초대왕인 신무천황의 즉위 년은 서기 873년에서 서기 888년 사이에 있었다는 결론이 나오는 것이다. 다만 주(周) 열왕(烈王)의 이름이 희(喜)로 되어 있는데 희왕(僖王)을 열왕(烈王)이라 본다해도 시대적으로 차이가 많이 나서 가름하기가 힘든다. 송사에는 그 이후에도 북송과는 바다를 통해서 일본의 사신들이 자주 내왕한 것으로 기록하고 있고 한반도와는 별다른 교류가 없었던 것으로 봐서 이 시기에 이르러서는 이제 일본인들은 한반도의 식민지분국이란 속박관념에서 완전히 벗어나게 된 것이라 보아야할 것으로 생각된다.

4. 한민족(韓民族)의 제5차 남정(南征)시대

1) 원왕조(元王朝)의 발흥

(1) 한민족(韓民族)의 제5차 남정(南征)의 시기 ; 이 시기의 남정의 시작은 서부만주와 몽고지역의 여러 부족들을 통일한 거란족의 요왕조에서부터 시작된 것

---

9) 申叔舟(外) 著「海東諸國記」(良友堂) 日本歷史, 神武天皇條에서 周의 幽王十一年이 庚午歲라고 한 데서 계산한 것임.

이라 할 수 있다. 그러나 그 요왕조는 만주를 포함한 몽고지역과 중국의 일부 황하 이북의 통일에 성공하는 것으로 그치고 금(金)왕조가 화북지방으로 진격해서 남하하였으나 금왕조도 화남지방까지 이르는 전체 중국을 정복하지 못하였기 때문에 그들의 남정은 결국 그 뒤를 이어 몽고에서 일어나 일본을 제외하고 전체 동북아시아를 정복한 한민족(韓民族) 원(元)왕조에 의해서 완성을 보게 된다. 그러니까 제5차 남정시대의 기간은 요왕조에서 시작하여 금왕조를 거치고 원왕조가 끝나는 시기까지로 된다고 하겠다. 그리고 이 시기가 동북아시아 제10차 민족이동과 재분포의 전환기가 된다. 이 시기에는 동북아시아에서 한민족(韓民族)이나 한민족(漢民族)을 막론하고 민족이동에 있어 그야말로 동아시아 전체에 큰 변화를 가져온 대 전환기였다고 할 수가 있다. 또 중앙아시아와 서남아시아까지 혹은 일부 유럽 국가들에게까지도 커다란 영향이 미친 전환기의 시기였다고 할 수 있다.

(2) 원(元)나라의 남하 ; 13세기 초엽 몽고족의 한 추장 칭기스칸이 흩어져 있던 몽고의 부족들을 통합하여 서기 1206년에 몽고지방에서 대원제국(大元帝國)을 건국한다. 기마전에 능한 그들은 재빠르게 남하해서 서하(西夏)를 멸망시키고 서요(西遼)를 멸망시킨 후에 금왕조도 중국에서 몰아내고 또한 남송을 양자강 이남으로 몰아낸 후 양자강 이북의 중국을 수복하여 통일한다. 서기 1260년에 세조(世祖) 쿠비라이칸≪칭기스칸의 손자≫이 원왕조의 제5대 황제가 되면서 도읍을 연경(燕京)으로 옮기고 이름을 대도(大都)라 고쳤다. 또 이때 원군(元軍)이 남하하여 남송을 멸망시킨다. 이후에 그들은 아마도 세계의 역사상 찾아볼 수 없는 가장 광대한 지역을 지배하고 관할하는 대제국을 건설하게 된 것이다. 그러나 2회에 걸친 일본 열도의 대원정은 두 번 다 태풍에 의해서 실패하고 만다. 이러한 대몽고제국이 이후로는 황실의 내분 등으로 인하여 점차 쇠퇴하기 시작하여 서기 1368년 명(明)나라의 주원장(朱元璋)이 이끄는 한민족(漢民族)군대에 의해서 멸망한다. 그리하여 11대에 걸쳐서 160년 간 동북아사아를 지배해 왔던 원왕조도 중국대륙을 비롯한 동아시아지역에서는 소멸된다. 그러나 중앙아시아를 비롯한 서아시아지역과 서시

베리아 등지의 지역에서는 그들의 후손들이 식민지 지배권을 더 오래도록 유지하여 오고 있었다.

2) 원(元)민족의 혈통

(1) **원(元)민족은 황제(黃帝)의 부족이 몽고고원을 지나** 남쪽으로 남하하는 이동을 계속하고 있을 때 일부 집단들이 이탈하여 그대로 몽고고원에 남아 정착하면서 점차 몽고 전역으로 확산 분포되어 이때에 이르게 된 한민족(韓民族)이다. 즉 그들이 오늘의 몽고족(蒙古族)의 시조가 된 것이다. 그러한 몽고민족들이 이어져온 긴 역사의 과정을 보면 황제(黃帝) 부족이 중원에 이르러 자리를 잡고 황제(黃帝)왕조를 건설하여 오제(五帝)로 이어지는 동안은 몽고부족들도 역시 중국 오제(五帝)왕조의 신하들로서 중국 한민족(韓民族)과 똑같은 한 백성이었다고 할 수 있다. 그리고 그들의 그런 위치는 그 후대의 은(殷)왕조와 진(秦)왕조시대까지 계속되었다고 할 수 있다. 그러나 그들이 역사상에 뚜렷이 나타나기는 중국의 한민족(韓民族)이 이민족인 주(周)왕조의 지배를 받게 되면서부터이다. 한민족(漢民族)인 주왕조는 설립되면서부터 동북아시아 모든 한민족(韓民族)들과는 적대민족이었기 대문에 그때부터 몽고국가들도 결국 중국의 한민족(漢民族)국가들과는 적국으로 되어 내려오면서 한민족(漢民族)들로부터 융(戎), 적(狄) 또는 융적(戎狄) 등으로 불리기 시작하였는데 시대가 지나면서 지역 또는 위치에 따라 혹은 견융(犬戎), 서융(西戎), 북융(北戎), 북적(北狄) 등으로 불리어지면서 항상 북벌의 대상이 되어 왔다. 또 몽고민족들은 몽고의 서쪽이나 북쪽 혹은 동쪽에서 새로이 한민족(韓民族)들이 몽고로 이동해 오면 항상 그들과 융합하여 다시 한민족(韓民族)의 하나의 새로운 분파 민족을 형성해 온 것으로 볼 수 있다. 예를 들면 흉노족(匈奴族), 돌궐족(突厥族), 거란족(契丹族) 등인데 이들은 몽고지역에서 강성한 국가를 건설하여 장기간 중국의 국가들을 위협해 왔다. 몽고족은 순수한 알타이어족이요 북방계

한민족(韓民族)의 중추가 되는 민족이다. 또한 세계의 지식인들로부터 지금까지도 북방몽골로이드의 중추적인 존재로 인식되어 오고 있다.

(2) 원(元)왕조의 말기에 중국 남부에서 홍건적(紅巾賊)이 창궐하게 된다. 후에 결국 그들에게 중국의 지배권을 빼앗긴 원왕조는 다시 막북(漠北)으로 쫓겨나게 되는데 여기서 홍건(紅巾)은 적색의 띠로 이것이 한민족(漢民族)을 상징하는 것임을 쉽게 알 수 있다. 따라서 홍건적 두령인 명(明)왕조를 세운 주원장(朱元璋)은 당연히 적제(赤帝)인 한민족(漢民族)의 후예임을 잘 알 수 있다. 그 홍건적들은 그들의 고지(故地)인 화남지방에서 궐기하는데 성공하여 결국 한민족(韓民族)인 원(元)왕조를 몰아내었다는 사실도 그들이 한민족(漢民族)임을 입증하는 일이 될 것이다. 과거 한(漢)왕조 말기에 황건적(黃巾賊)이 창궐한 일이 있었다. 그때는 적제(赤帝)인 한민족(漢民族)의 지배하에서 오래도록 고통을 받아오던 중국 내부의 황제(黃帝)민족인 한민족(韓民族)이 황제(黃帝)를 상징하는 황색의 건(巾)을 두르고 한왕조를 타도하기 위해서 궐기한 것이었다. 그러나 그때의 황건적들은 한왕조를 몰아내고 한민족(韓民族) 국가를 창건하는데 실패하였지만 원왕조말기의 홍건적은 원왕조를 외몽고로 몰아내고 한민족(漢民族) 국가인 명(明)왕조를 창건하는에 성공한 것이다.

3) 몽고군(蒙古軍)의 전술

(1) 원(元)왕조의 조직과 전술을 먼저 살펴보기로 한다. 우선 서기 1161년에 출생하여 서기 1188년경에 몽고족의 통일사업을 시작해서 서기 1206년에 대원제국(大元帝國)을 건설한 사람이 칭기스칸 칭호를 받은 테무진이란 사람이다. 그가 서하(西夏), 서요(西遼)를 멸망시키고 중앙아시아로 진출해서 그와 그의 후계자들이 서남아시아와 중동지방을 정복하고 서시베리아와 러시아를 거쳐 동북유럽까지 석권하였다. 남쪽으로는 중국 남부는 물론이요 전 동남아시아를 석권하고 동쪽은 연

해주와 한반도의 고려까지를 정복하고 모두 복속시켰다. 이와 같은 일대 선풍으로 말미암아 이 시기는 전 아시아의 대부분의 지역에서 민족이동의 일대 혼란기로 접어들었을 것은 충분히 알 수 있다. 한반도에서는 원군(元軍)이 침입한 초기에 장정들과 말(馬), 군량과 병기 등의 징발이 극심했던 것으로 되어 있다. 그 중에서도 많은 여자들을 징발하여 몽고로 데리고 갔었는데 나중에 그들이 도망쳐서 고향으로 돌아오게 되어 그들에게 환향여(還鄕女)라는 이름이 붙게 된 사건은 역사적으로도 유명하다.

(2) **몽고족들은 어떤 전술을 사용했기 때문에** 상대방을 공격해서 쉽게 정복할 수 있었고 또 어떤 정책을 썼기 때문에 그 지역에서 장기간에 걸친 지배권을 행사할 수 있었는지를 알기 위해서 국가체제와 군의 편제, 그리고 식민지 통치방식 등에 대해서 살펴보기로 한다.

① 몽고는 국내에서 씨족제도를 타파하고 천호제도(千戶制度)를 시행하여 정치적 군사적 기본제도로 삼았다. 즉 주민은 개인 자격으로 십호(十戶)와 백호(百戶), 그리고 천호(千戶)에 소속된다. 천호는 천명의 군인을 말하는 것인데 처음에는 천호까지만 있었고 가장 상위의 지휘자가 천호장(千戶長)이었으나 나중에는 만호(萬戶)가 생기고 만호장(萬戶長)이 가장 상위의 지휘자가 되었다. 그것은 군(軍)의 편제임과 동시에 행정단위도 된다. 전쟁시에는 군대의 조직으로, 식민지에서는 행정상의 제도로써 그대로 통치에 임하게 된다.

② 몽고에서 처음 한 호(戶)에 한 사람씩으로 천호군(千戶群)이 총 95개였다고 하니 군인수가 9만5천명이라는 것을 알 수 있다. 그러나 나중에는 총 20만호(萬戶)까지 되었다고 하니 군인 총수가 20만명까지 되었다는 것을 알 수 있다. 이때 천호장은 군주 직속으로 귀족이 된다. 그리고 그들이 담당한 식민지의 세습적 영주가 되어 식민지를 통치했다.

③ 몽고군이 진출한 지역마다 피지배민족에 따라 그들의 특성에 알맞은 제도를 강구해서 통치해 나갔는데 그것이 이른바 본속법(本俗法)이라는 것이며, 종족이나

부족간에 문제가 생기면 그것을 중재하기 위하여 약회법(約會法)을 만들어 두고 있었다 한다.

④ 신분제도 1위는 몽고인이고 2위는 색목인(色目人)과 몽고계의 서역인인데 이것은 재정적인 이유였다고 한다. 3위가 거란인(契丹人), 여진인(女眞人), 고려인(高麗人), 그리고 소수의 화북인(華北人) 등이다. 그리고 한인(漢人)을 최하위의 계층으로 취급했는데 한화(漢化)된 한민족(韓民族)도 한인(漢人)으로 취급된 것으로 보인다.

⑤ 몽고인들이 지배한 어떤 식민지국가나 영역에서도 반드시 제1위인 몽고인들이 최고 통치권을 갖고 지배하는 일을 철저히 지켜나갔다. 하부조직에서도 주요한 직책은 그들이 갖거나 아니면 우선적으로 제2위 또는 제3위의 종족들에게 담당을 시켰다.

⑥ 그들의 전술은 신무기를 고안하여 사용하는 것이 주를 이루었다. 신속한 기동력을 갖는 기마전술 뿐 아니라 투석기(投石機), 공격용 수레, 철포(鐵砲), 화전(火箭) 등의 신무기를 이미 사용하고 있었다.

⑦ 철저한 초토화작전에 임했다. 전투에 승리한 후에는 포로들을 다음 전장의 화살막이로 죽이고 저항하는 인간들은 전원 몰살하는 수단을 취하였고 구조물은 완전히 파괴해버리는 잔학한 초토화작전을 구사했기 때문에 저항하는 세력이 없었다.

⑧ 초토화 후에 잘 순응하는 주민들에 대해서는 그들의 천호제도에 의해서 군정이나 민정에 임하고 본속법에 의한 행정기구를 설치하여 직접 통치하는 수단을 취했다.

⑨ 몽고인들이 지배한 식민지의 행정제도는 대부분 그곳의 본래의 전통적 행정기구를 이용하는 원칙을 취했다.

4) 몽고군의 침공

칭기스칸이 원(元)왕조를 창건한 이래 그 전성기라 할 수 있는 제5대 황제인 쿠비라이칸≪세조(世祖)≫이 전체 중국을 포함한 동북아시아를 지배하기 시작한 이후 원(元)왕조가 멸망할 때까지의 시기에 그들이 점령지에서 잔학한 행위를 하면서 새로운 식민지를 설정해 가는 과정에서 피침략 국가의 민족들이 대이동을 하게 되었을 것이며 민족 재분포의 일대 전환기를 이루게 되었을 것이다. 이러한 기간에 동북아시아지역의 한민족(韓民族)들에게는 어떤 변화가 있었는지 살펴보기로 한다.

(1) 몽고군의 고려(高麗)침공 ; 몽고군의 침공으로 인해서 한반도에서는 당시의 고려국(高麗國)이 붕괴되거나 고려왕조가 다른 왕조로 교체되거나 하는 일은 없었다. 또는 고려민족이 피난을 하는 등으로 인해서 집단이동이 이루어진 일도 없었던 것으로 볼 수 있다. 다만 고려왕실이 강화도로 천도하여 항쟁하는 동안 국토는 초토화되고 백성들이 대량으로 학살당하는 등의 참혹한 일을 당했을 것은 충분히 짐작할 수 있는 일이다. 또 막대한 인력과 물자의 강제 징발 등은 고려왕조와 원왕조가 강화를 한 이후에도 원왕조가 존속된 기간에는 끊이지 않았을 것도 쉽게 상상할 수 있다. 그보다 앞서 거란군이 북송(北宋)을 공격하려 하는데 배후에서 고려가 북송과 손을 잡고 고구려의 구토를 회복하기 위해서 북진정책을 행사하려함으로 먼저 고려를 침공하게 되었다. 거란의 침공에 시달리던 고려는 그 거란군을 추격하여 한반도로 들어온 몽고군을 환영하여 그들과 협력해서 거란병들을 소탕하면서 몽고와 협정을 체결하지만 이후 몽고의 무리한 요구와 간섭에 시달리게 된다. 결국 견딜 수가 없어서 고려는 몽고에 항전할 것을 결의하고 서기 1232년에 수도를 개성에서 강화도로 옮기게 된다.

그로부터 근 40년 동안 한반도 전역은 몽고군의 난폭한 말발굽아래 처참한 폐허로 변해버린 것이다. 보다 더 아쉽게 생각되는 것은 무지하고 난폭한 몽고군이 신

라의 수도였던 경주를 점령하여 천년의 문화유산을 완전히 파괴해버린 일이다. 그
중에서도 특히 사서(史書), 시(詩), 향가(鄕歌) 등이 없어진 것이 가장 가슴아픈 일
이라 할 것이다. 후세의 기록들에 의해서 추정해 보면 그것들에는 구삼국사(舊三
國史), 신라고기(新羅古記), 삼대목(三代目) 등이 포함되어 있었던 것으로 추정되
고 있다.

(2) **몽고군의 일본원정** ; 몽고군의 일본원정은 2차에 걸쳐서 단행되었는데 두
번 다 모두 태풍으로 실패한다. 그 상황을 잠시 살펴보기로 한다.

① 몽고군의 제1차 일본원정 ; 원왕조의 세조≪쿠빌라이칸≫는 서기 1274년에
몽고군 2만 명과 고려군 1만여 명 등 모두 3만여 명의 병력과 대소 병선(兵船) 900
여 척으로 조직된 여몽원정군(麗蒙遠征軍)을 파견하여 일본을 정벌하려 하였다.
이들은 한반도의 남단에서 출진하였는데 이때의 총사령관은 몽고의 흔도(忻都)이
고 부사령관은 고려의 홍다구(洪茶丘)이며 고려군 사령관은 김방경(金方慶)이었
다. 그들은 대마도와 일기(壹岐)섬을 점령한 후 서기 1274년 10월 9일에 일본 규슈
의 하카타만(博多灣)에 상륙하여 저항하는 일본군을 격퇴하고 하루 동안 내륙으로
진격하였으나 밤이 되어 일본군의 야습이 두려워 일단 함선으로 철수하여 다음날
진격하기로 하였는데 그것이 결정적인 실패의 원인이 되었다. 그 날 밤에 태풍이
와서 여몽원정군의 함선들이 대부분 침몰하였기 때문이다.

② 몽고군의 제2차 일본원정 ; 이번에는 중국의 강남군(江南軍) 10만 명을 합해
서 15만 명의 여원연합군을 편성하여 서기 1281년 6월 또다시 일본 규슈의 하카타
만에 도착하였으나 역시 또 태풍으로 이번에는 상륙도 해보지 못하고 병선의 대부
분이 침몰하게 되어 2차 원정도 실패로 끝났다. 일본에서는 여몽연합군의 일본원
정이 두 번 다 태풍으로 인해서 실패하게 되자 그때부터 태풍을 외침을 물리치는
신풍(神風, 카미카제)이라 일컬어 왔다. 일본이 제2차 세계대전이란 침략전쟁을
일으켜 놓고 패색이 짙어지자 신풍이 불어서 미군(美軍)을 침몰시켜줄 것을 기원
했지만 그런 기적은 일어나지 아니하였다. 하늘이 어찌 침략자를 몰라볼 것인가.

(3) 기타 동북아시아지역의 상황을 간단히 살펴보기로 한다.

① 시베리아에 있어서는 13세기 전반기에 몽고가 원정군을 조직하여 중앙아시아를 거쳐 러시아와 동유럽을 정복한 후에 러시아와 카자흐스탄북부 그리고 서부 시베리아를 묶어서 그곳에 몽고의 식민지국가인 킵챠크칸국을 건설하였다. 그러나 그 후 15세기 후반에 이르러 몽고왕족들이 분열을 일으킨 기회를 이용 킵챠크칸국에서 이탈하여 독립을 하게된 러시아는 카자흐스탄을 자신들에게 복속시키고 그 추장에게 시베리아 정복을 위임하게 된다. 한편 카자흐의 일부와 시베리아는 다시 시베르칸국으로 분리되어 독립하였다가 16세기말에 카자흐 서부의 소위 코자크 기병대에 의해서 시베르칸국도 멸망하게 된다. 시베리아라는 이름도 이 시베르칸국의 시베르라는 이름에서 시작되었다고 한다.

② 신강위구르와 티베트지역도 이 시기에 원왕조에 의해서 정복당한 것은 물론이다. 그러나 몽고가 직접 직할 통치한 것 같지는 않다. 아마도 그들이 같은 한민족(韓民族)이라는 사실을 알고 있었기 때문에 그들에게 자치를 허용한 것으로 볼 수 있다.

③ 북부 카자흐는 지금은 카자흐스탄이라는 독립국가로 되어있다. 본래 그곳은 한민족(韓民族)의 발상지이거나 진화지로 추정되어오고 있는 곳이다. 따라서 분포민족은 순수한 한민족(韓民族)이다. 그리고 그 위치가 중국의 천산북로와 연결되어있어 옛날부터 중국의 크고 작은 영향을 받아왔다. 그러다 13세기경에는 몽고에 의해서 정복당한 후에 몽고민족이 세운 킵챠크칸국에 복속되었다가 그것이 분열되면서 다시 시베르칸국에 복속되어 계속 몽고의 지배를 받아왔다. 16세기 말경에 러시아가 몽고의 식민지국가인 킵챠크칸국에서 독립하여 시베리아에 대한 침략의 손을 뻗치기 시작하면서 카자흐는 다시 또 러시아의 지배를 받기 시작하고 소련의 공산혁명 이후에는 그 연방의 일원으로 들어 있다가 20세기 말엽에 공산주의가 몰락하고 소련연방이 해체되면서 겨우 독립국으로 되었다. 그리고 16세기말부터 코자크 기병대는 시베리아개척의 선구자가 되었지만 시베리아의 모든 영토는

러시아의 것으로 되어버린 이후 지금까지 계속되고 있다.

④ 남부 카자흐라고 하는 지역은 천산산맥 서남쪽의 광대한 지역에 유목민족들이 분포되어 북부카자흐와 같이 러시아연방에서 해제되고 지리적 여건으로 북부카자흐에서 분리독립되어 현재는 여러 독립국가로 이루어져 있다. 그들이 중국의 한(漢)왕조시대에 대완국을 비롯한 서역국가들로서 지금은 많은 회교도들이 유입되어 종교적으로 큰 비중을 차지하고 있는 것 같다. 이러한 카자흐족들은 여러 번의 이민족 침입이 있었고 오랜 동안 이민족의 지배를 받아왔지만 비교적 순수하게 민족성과 전통을 지켜온 곰족이요 한민족(韓民族)이라 할 수 있다.

5. 한민족(漢民族)의 제6차 북벌(北伐)시대

1) 명왕조(明王朝)의 발생

(1) 화남지방의 한민족(漢民族)들이 중국대륙을 다시 지배하기 위하여 기회만 엿보고 있던 차에 때마침 원왕조가 쇠약한 틈을 이용, 한민족(漢民族)의 평민 출신인 주원장(朱元璋)이 거병하여 화남지방을 먼저 통일하고 명(明)왕조를 창건하여 남경(南京)에 도읍을 정하고 제위에 올라 태조가 됨으로써 한민족(漢民族)의 북벌이 성공을 거둔다. 그리고 그 여세를 몰아 원왕조를 사막 너머의 외몽고로 몰아내고 제3대 성조(成祖)에 이르러 도읍을 북경으로 옮긴다. 제14대 신종(神宗) 때 조선에 임진왜란이 일어나자 명(明)나라에서 지원군을 파견하게 된다. 그로 인해 국력이 매우 쇠약해지고 이자성(李自成)이 반란을 일으켜 수도를 점령하자 명왕조의 마지막황제인 의종(毅宗)이 자결함으로써 16대 276년 간의 한민족(漢民族) 명(明)왕조는 소멸하고 중원에는 다시 한민족(韓民族)의 청(淸)왕조가 등장한다.

(2) 명(明)나라의 북벌은 한민족(漢民族)으로서는 제6차 북벌이 되고 동북아시아에서 제11차 민족이동과 재분포의 전환기가 된다. 한민족(漢民族)의 왕조로서는 마지막 북벌이 된다. 이때 한반도에서는 고려왕조가 이씨조선왕조로 바뀌어짐에 따라 많은 혼란을 겪은 것만은 사실이다. 본래 명(明)왕조는 홍건적의 우두머리가 된 주원장이 반원흥한(反元興漢)의 기치를 내어 걸고 중화사상을 부추겨서 멸이흥한(滅夷興漢)을 제1의 목표로 내세워 한민족(漢民族)들이 일단은 한민족(韓民族)들을 중국 밖으로 몰아내고 중국 전역을 정복하는데 성공을 거둔 것이다.

2) 과도기의 한반도와 만주의 상황

(1) 서기 1369년 고려 공민왕(恭愍王) 18년에 원왕조의 말제인 순제는 막북(漠北)으로 철수하고 명(明)나라의 주력군은 아직 북부까지 진격하지 못한 틈을 이용해서 고려에서는 이성계(李成桂) 등으로 북벌군을 편성하여 만주의 요동까지 진출해서 일단 요하(遼河) 이동(以東)의 고구려의 구강토를 수복했으나 보급과 기후 등의 조건으로 곧 철수해버렸다. 그때 이성계장군이 그곳에 붙인 방문(榜文)에 "…모든 요하 동쪽의 우리나라 강토의 백성…(…凡遼河以東本國疆土之民…)"[10]이란 문구가 들어있는 것을 볼 때 당시에는 그 요하 동쪽의 만주 땅은 이미 고려의 강토로 간주되어 기정사실화 되어 있었던 것으로 보인다. 그 후에 명나라의 군대가 북상하여 화북지방을 완전 장악한 뒤에 고려에 대해서 간섭을 해오자 고려에서는 서기1388년 우왕(禑王) 14년에 또 다시 정명군(征明軍)을 편성하여 요동으로 진군하다가 이성계의 군대가 압록강 위화도(威化島)에서 회군(回軍)함으로써 정명의 뜻이 중도에서 좌절되고 또한 고려도 곧 멸망하게 된다.

(2) 이씨조선(李氏朝鮮)시대에 들어서면서부터는 조선(朝鮮)왕조《이씨조선왕조》의 태조인 이성계는 명왕조에 대해서 스스로 신하로 자처하면서 모화사상(慕

---

10) 金俊燁 監修 「大世界史 9」 (도서출판 마당) P194.

華思想)의 극치를 이루게 된다. 그 결과로 훗날 이씨조선왕조의 벼슬아치들이 명
(明)왕조가 그렇게도 받들던 그들의 동족인 송(宋)왕조 때에 만들어진 정주학(程朱
學)을 받아들여 그 성리학(性理學)이라는 것에 몰두함으로써 공리공론으로 사색당
파를 만들어 당파싸움만 하다가 집권층의 비리와 부패, 그리고 백성들에 대한 관
리들의 극에 달한 토색(討索)과 수탈로 결국 국가정의는 사라지고 사회규범은 허
물어지고 피로한 백성들은 무기력해지고 그로써 왕조도 지탱을 하지 못하고 붕괴
되면서 한국민족은 곧 피식민지배민족으로 전락하고 말았다. 이씨조선의 후기에
는 국민의 자주성이 완전히 상실되어 전국민이 특권층의 노예화된 사회가 되고,
말기에는 소수 특권 정치인들이 밤낮으로 모략과 증상으로 당파 싸움에만 몰두하
다가 결국 그런 술수에 능했던 노론당(老論黨)을 시작으로 김문당(金門黨) 민문당
(閔門黨) 등의 가문당(家門黨)들이 등장하여 경쟁적으로 벌인 매관 매직 백성들에
대한 수탈과 학대가 망국의 길을 재촉하였고 오만에 찬 집권층의 무식한 국가관이
나 세계관에 의해서 국가와 국민이 올바른 반항 한번 해보지도 못한 채 국토와 백
성을 고스란히 일본에게 넘겨주고 말았다.

(3) 원왕조가 패퇴하자 몽고인들과 같이 중국으로 진출했던 만주인들이 철
수하여 다시 만주로 유입되는 일이 일어났지만 그들은 아직 한화되지 않은 상태
였다. 명나라 제3대 성조 때 역실합(亦失哈)이 동정군을 이끌고 흑룡강 하류지방
을 공략하고 그곳에 도지휘사사(都指揮使司)로 영녕사(永寧寺)를 두어서 거점지휘
(據点指揮)방식으로 만주를 다스리게 된다. 그러나 실은 그때부터 벌써 훗날 명왕
조를 멸망시킬 여진족들의 단결이 움트기 시작한 것으로 보인다. 그 이전에 서기
1368년에 원왕조가 막북으로 쫓겨가고 서기 1371년에 명나라가 요양정벌군을 편
성하기까지 3년이란 기간은 그야말로 만주가 통치상으로 완전 공백상태였다고 할
수가 있다. 고려에서도 그 기회를 포착하여 요하까지 진출하였지만 곧 실패한 것
은 실로 안타까운 일이 아닐 수 없다.

(4) 앞에서 만주에 최소 3년간의 통치상의 완전 공백상태가 있었다고 하였고

그 기간에 고려군이 요하까지 진출한 사실이 있었다고 하였는데 그때 고려군이 고구려의 구토인 만주를 수복하고 또한 지키는데 성공하지 못한 요인을 분석해 보기로 한다.

① 무력적인 공략이나 전략적 진출을 막론하고 타국이나 타지역에 진출하기 위해서는 그만한 명분과 이념이 있어야 한다. 이성계장군 등이 요하지방을 공략한데 대한 명분은 충분한 것이었다. 그러나 그들에게는 그곳이 우리의 영토라는 확고한 사상적 이념이 없었다. 그것은 이성계의 이소역대(以小逆大)사상과 위화도회군이 증명하고 있다.

② 이성계에게는 고려인과 만주인은 같은 한민족(韓民族)이요, 고조선족의 후손이요. 고구려의 후손이라는 사상적 이념이 없었고 따라서 만주는 절대 이민족에게 넘겨줄 수 없는 우리의 강토라는 이념이 확고하지 못했다. 고려는 처음에 고구려를 수복한다는 이념으로 건국된 나라이지만 이때는 이성계 등의 모화사상 추종자들에 의해서 건국이념은 이미 소멸되고 없었다.

③ 고려에서는 명나라가 만주까지 도달하는데 크게 피로해 있고 시일도 많이 걸린다는 사실 등의 정보에 어두웠다. 당시 고려의 이성계장군은 지피지기(知彼知己)해야 승리한다는 병법도 몰랐던 셈이다. 그러니까 확고한 이념도 없었고 병법도 모르면서 만주를 공략하려 했던 것이다.

④ 고려군은 요하까지 진출했으면서 보급이 안되어서 추위와 배고픔으로 인해 군대가 철수해야만 했다고 하는데 그것은 아마도 이소역대의 사상과 사대주의사상에 빠져있던 무신(武臣) 이성계 등이 요양(遼陽)과 위화도에서 회군한 명분을 세우기 위해 만들어낸 구실로 봐야할 것이다.

⑤ 고려군이 처음에 요하까지 진출하는 기선을 잡았다 해도 후에 명나라 군대가 만주로 진격해 올 때 만주를 지키기 위해서는 어차피 한판의 전쟁으로 승부를 가려야 할 것인데 그러한 적, 지형, 기상과 싸울 대비도 갖추지 않고 군대가 요하까지 진출했단 말인가?

⑥ 만주에서의 3년간의 완전 공백기간과 명왕조가 만주에서 완전한 통치체제를 갖추기 이전의 근 20년에 가까운 준공백상태가 지속되었는데도 고려군이 처음에는 너무 성급하게 서둘었다가 실패하고 뒤에는 아무런 대책도 없이 세월만 보냈다고 할 수 있는데 그것은 고려국이 노쇠해지고 이성계 일파의 사대주의자들과 간신배들이 득세해 있었다는 말이 되는 것이다.

⑦ 명왕조가 모든 준비를 완료하여 서기 1387년에 만주로 진격해 와서 고려의 철령(鐵嶺)이북의 땅을 내놓으라고 하면서 압력을 가해 오니까 그때서야 공요거병(攻遼擧兵)하여 서기1388년에 다시 요양으로 진군하다가 이성계장군이 휘하군대를 위화도에서 회군하여 개경(開京)으로 역 진격시킨 대 반역사건이 일어나게 된다. 이러한 반역군에 의해서 고려가 멸망하고 이성계 자신이 이씨조선왕조를 창건하여 초대 왕이 되는데 그의 배신적인 반역사건으로 고려가 내세웠던 고구려 구강토 수복의 이념은 수포로 돌아가고 이때부터 중국에 대한 사대사상과 모화사상은 이씨왕조를 통해서 한반도를 피폐하게 만들어 국가의 종말을 고하게 했다.

3) 명(明)왕조의 쇠퇴

(1) 조선의 선조(宣祖) 25년에 왜구(倭寇)들에 의한 임진왜란이 일어났을 때 명(明)나라에서는 한반도에 지원군을 파견하여 조선왕조를 돕게 되는데 여기서 그 상황을 간단히 살펴보기로 한다.

① 서기 1592년≪선조(宣祖) 25년≫ 임진년(壬辰年) 봄에 왜군(倭軍)이 바다를 건너 조선으로 침공해 온 임진왜란이 일어난다. 조선왕조에서는 선조가 의주까지 몽진을 하게되고 왜군은 평양성까지 점령한 위급한 상태에서 명나라의 5만 대군이 한반도에 원군으로 출전했다. 이때의 명나라 지원군 총사령관이 이여송(李如松)장군이다. 그보다 앞서 고려왕조로부터 삼중대광(三重大匡)으로 추봉되고 원왕조로부터 농서군공(隴西郡公)에 추봉된 고려국 성주인(星州人)≪성주이씨(星州李

氏)≫ 이장경(李長庚)의 손자 이승경(李承慶)이 중국으로 들어가서 요양성(遼陽省) 참지정사(參知政事)가 되었는데 이후부터 그 후손들이 요영성의 정사를 맡아오다 가 조선에서 임진왜란이 일어나자 그의 6세손인 이여송(李如松)장군이 명나라 원 군의 총사령관이 되고 그의 세 동생, 이여백(李如栢), 이여매(李如梅), 이여오(李如 梧)와 종제인 이여정(李如楨) 등이 그 휘하 사령관이 되어 요양성의 군사 5만 여명 을 이끌고 조국 조선의 수복을 위해 원군으로 오게 된 것이다.

② 임진왜란 당시의 재상이었던 유성룡(柳成龍)이 편찬한 징비록(懲毖錄)에 의 하면 명나라 원군은 곧 평양성을 탈환한 후에 퇴각하는 왜적들을 신속하게 추격하 여 남하해서 송도(松都)까지 빠른 시일에 탈환하고 나아가서 한양(漢陽)근교까지 급히 추격하였다가 벽제역(碧蹄驛) 근처에서 왜군에게 포위당하는 일까지 있었고 한편 심유경(沈惟敬)의 화평공작 등으로 한양성 입성은 다소 지연되기도 하였으나 명나라 원군은 그런 것을 다 극복하고 왜적들을 한반도의 남해안 근처로 퇴각시키 고 전쟁을 승리로 이끌게 된다.[11] 이때 바다에서 이순신(李舜臣)장군의 대첩과 더 불어 육지에서 조국 광복을 위해서 명나라 원군을 이끌고 온 고려인 총사령관 이 여송장군과 그 휘하 고려인 사령관들의 승리로 인해서 왜적을 격퇴시키고 전쟁을 승리로 이끈 것은 사실이다. 명왕조는 한반도 파병과 더불어 국력이 사양길로 접 어들고 얼마 안 가서 이자성(李自成)의 난이 생겨 국력이 극도로 쇠약하게 된 것이 다.

(2) 중국에서는 많은 왕조가 바뀌어도 대개 호족(豪族)들은 건재해서 족벌(族 閥)이나 군벌(軍閥)들의 권력이 자손들에게 상속되어 전해져 내려가는 사실을 볼 수 있다. 그들은 새 왕조에게 재빨리 영합해서 공을 세우고 족벌을 유지해 가는 풍 습은 옛날부터 있어 왔다. 그리고 새 왕조에서도 자신들에게 반항하지 아니하는 족벌들을 반대세력으로 만들 필요가 없기 때문에 그들을 포섭하는 형태를 취해 옴 으로써 족벌이나 군벌들이 근세에 이르기까지 유지되어 온 것이 사실이다. 한민

---

11) 柳成龍 著「懲毖錄」第一卷, 第二卷.(良友堂)[韓國思想大全集23]

족(韓民族)과 한민족(漢民族)은 중국을 지배하기 위해서 남정 북벌을 교대로 하면서 서로 싸우기도 하고 혹은 서로 공생을 하기도 한 역사를 이루며 내려온 지 수천년의 세월이 흘렀다. 그러한 과정의 마지막을 장식하듯 명왕조의 조락(凋落)과 더불어 이제 한민족(漢民族)은 북벌에 의한 중국지배도 왕조로서는 그것으로 영원히 종지부를 찍게 된다.

4) 기타 동북아시아 지역의 상황

(1) **러시아인들의 시베리아 침략** ; 16세기 후반부터 러시아인들의 시베리아에 대한 침략이 시작되었다. 처음에는 탐험대가, 다음에는 장사꾼들이, 그 다음으로는 광산개발 등의 사업가들이 밀려들게 되었다. 러시아인들이 시베리아로 많이 진출함에 따라 러시아 정부에서는 자국민을 보호한다는 명분 아래 군대를 진주시키기 시작했다. 16세기 말경에서 17세기 초엽에 러시아 정부에는 계획적으로 시베리아에 집단으로 러시아인들을 대대적으로 식민 이동을 시키기 시작한다. 따라서 실질적으로는 이때부터 벌써 러시아의 시베리아에 대한 식민지배가 시작된 것이라 볼 수 있다.

(2) **신강위구르와 티베트의 상황** ; 이들 지역은 이번에도 명나라의 침략을 받게 된 것은 예외가 아닐 것이다. 지정학적으로 이 지역은 천산산맥과 히말라야산맥, 곤륜산맥 등의 고령(高嶺)에 둘러 쌓여있는 분지나 고원 등으로 이루어진 곳이어서 서쪽과 남쪽과는 교통이 차단될 수밖에 없고 동쪽과 북쪽은 중국대륙에 접하고 있어 어찌하던 중국의 상황변화에 영향을 받지 아니할 수 없는 형편인데 그 지역 민족들이 그런 영향을 뿌리치기에는 아직도 너무나 미약한 힘을 절감하지 아니할 수 없는 실정인 것이다.

6. 한민족(韓民族)의 제6차 남정(南征)시대

1) 청왕조(淸王朝)의 발생과 흥망

(1) **명(明)왕조의 뒤를 이어 중국을 지배한 것은 만주(滿洲)**에서 금(金)왕조를 이어 다시 일어난 한민족(韓民族)인 여진족(女眞族)이다. 그 여진족의 한 추장이던 누르하치(奴兒哈赤)가 동족들을 규합하고 모든 부족들을 통합하여 서기 1616년 만주의 흥경(興京)에서 후금(後金)이란 나라를 세우고 초대 황제가 된다. 그들이 처음에 국호를 후금(後金)이라 한 것은 과거 금(金)왕조를 이어받는 다는 뜻이다. 이러한 여진족은 고조선족임은 물론이요 부여족의 한 분파임은 여러 번 지적해 왔다. 따라서 여진족은 한국민족과 가장 가까운 혈연관계를 갖는 민족이다.

명왕조 중반 이후에 와서는 만주의 동북부지방은 여진족의 여러 부족들이 할거하고 있으면서 남쪽의 조선국을 형제국으로 섬기고 빈번한 교역도 이루어지고 있었던 것이 사실이다. 그들은 그들의 조상인 금왕조가 멸망한 후에 잃어버린 중원의 땅을 수복하기 위해서 기회만을 노리고 있었다고 볼 수 있다. 그래서 누르하치는 후금국을 창건한 후에는 명왕조에 대해서 7대한(大恨)을 내어 걸고 선전포고를 하게 된다. 이어서 누르하치의 아들 태종이 서기 1636년에 국호를 청(淸)이라 개칭하고 서기 1644년 제3대 세조 때, 명나라에서 반란을 일으켜 명왕조를 멸망시킨 이자성(李自成)을 내어 쫓고 북경(北京)으로 도읍을 옮긴다. 청(淸)왕조가 중국대륙의 정복에 성공한 것은 한민족(韓民族)의 제6차 남정으로 한민족(韓民族)으로서도 마지막 남정이 되고 동북아시아의 제12차 민족이동과 재분포의 전환기가 된다. 청(淸)왕조는 한민족(韓民族)으로서도 중국을 지배하는 마지막 왕조이지만 중국의 역사상 왕조국가로서도 마지막 왕조가 된다.

(2) **이때의 동북아시아에서의 민족이동**은 청왕조의 군인들 기타 남정에 참여

한 인력들이 중국을 통치하기 위해서 중국으로 진출하는 정도의 인력의 이동상황만이 있었을 것으로 생각된다. 반면 명왕조가 멸망하면서 화북지방의 많은 한민족(漢民族)들이 남쪽으로 쫓기어 가는 상황이니 중국의 남부지역에서는 민족이동과 재분포의 커다란 전환기가 되었을 것으로 생각할 수 있다. 특히 남쪽으로 쫓기는 그들을 청군(淸軍)이 일부 동남아시아까지 추격한 것으로 되어있는데 그 이후 한민족(漢民族)들의 저항이 없었던 것으로 보면 많은 명왕조의 왕족이나 귀족들 또는 대부분의 지배층들이 동남아시아의 바다를 건너서 쫓기어 갔기 때문에 다시는 중원으로 오지 못하게 되었을 것이라 생각된다.

청왕조는 초기에 남쪽으로는 대단한 세력을 뻗었지만 북쪽에서 밀려든 러시아인들에 대해서는 잘 대처를 하지 못한 것 같다. 서기 1840년에 서구 침략자들에 의해 아편전쟁이 일어나게 되는데 이 전쟁에서 청왕조가 참패함으로써 국력의 허약함이 외부 세계에 알려지게 되고, 외세에 의해서 굴욕적인 개국(開國)을 하게 되고, 서기 1850년에는 태평천국(太平天國)의 난이 일어나 진압은 하였으나 국력이 극도로 쇠약해진다. 거기에다 한반도에 대한 종주권을 주장하다가 일본과 충돌하여 청일(淸日)전쟁이 일어나서 청왕조가 일본에 참패함으로써 국력이 완전히 쇠진되고 그때부터 일본과 서구열강의 중국침략이 본격화된다. 이때 조선왕조가 일본의 식민지로 되고 대만과 만주도 일본에게 예속되어 갔다. 서기 1911년에는 손문(孫文)이 주도한 신해혁명(辛亥革命)이 성공하여 서기 1912년 초에 중국에 공화(共和)정부가 수립됨으로써 청왕조는 12대 297년 만에 소멸된다. 그것으로써 한민족(韓民族)의 중국지배도 마감이 되었다.

(3) 한민족(漢民族)들은 오래 전부터 수렵민족인 여진족의 기마병들을 무척 두려워했다 한다. 또한 만주(滿洲)라는 이름도 만주족의 추장은 지혜가 많은 문수보살의 화신이란 뜻에서 유래되었다 한다. 이런 것들은 여진족들이 그만한 문화와 자존심을 가졌다는 것을 말해주는 것이다. 그만한 긍지와 패기가 있었기에 중국대륙을 300년 간이나 지배하고 통치해 온 것이라 생각된다. 다만 청(淸)왕조는 바다

와는 먼 북방의 오지 사람들이라 서양에서 배를 타고 밀려드는 신문화와 새로 등장한 신무기들을 인식하지 못했기 때문에 잠자는 사자가 잠자는 돼지로 변해버린 것이다. 또한 북쪽에서 강력한 세력을 구축한 러시아족의 침략으로 인해서 연해주를 포함해서 광대한 시베리아를 모두 러시아에 넘겨주게 된다.

(4) **만주족은 중국의 한민족(漢民族)을 지배하면서도** 한화되지 않으려고 무척 노력해온 것이 사실이다. 그들은 고유문화와 전통을 가지고 있었으며 특히 그들만의 말과 문자가 있었다. 후금시대 태종이 대청(大淸)황제로 즉위할 때 그들 민족을 대표해서 만주어와 몽고어 그리고 한어(漢語)로 추대사를 읽게 했다한다. 그것은 분명히 고유의 만주어가 있었음을 말하는 것이다. 이러한 만주족이 중국대륙의 한민족(漢民族)들을 오랫동안 지배하며 통치는 했지만 지금에 이르러 그 결과만 본다면 그들의 언어를 포함한 모든 고유의 문화가 다 한민족(漢民族)들의 문화에 흡수당하여 흔적도 없이 사라져버렸다. 처음 황제(黃帝)의 민족 일부가 분포된 이래 고조선족, 숙신족, 부여족, 고구려족, 예맥족, 옥저족, 읍루족, 말갈족, 발해족, 여진족, 만주족 등으로 변신하여 오면서도 잘 지켜오던 만주의 영지와 그 문화와 그 민족정신과 기개는 이제 다 사라지고 지금은 오직 한민족(漢民族)이 세운 나라의 백성으로 변모해 있는 것이 오늘의 만주와 그곳 한민족(韓民族)들의 현실이다.

(5) **한때 세계적인 대제국을 건설했던 청(淸)왕조가** 이제 몰락의 마지막 순간까지도 그들의 발상지인 만주를 신성한 땅으로 지키려 한 흔적은 여러 부문에서 감지되고 있다. 그 대표적인 것이 봉금정책(封禁政策)을 펴서 한인(漢人)들의 만주 유입을 금지시킨 일이라 할 수 있다. 그렇지만 청왕조의 몰락과 더불어 그것도 허물어지면서 한인(漢人)들의 대량 유입이 시작되고 지금은 만주에서의 민족 분포상 한인(漢人)들이 절대 다수를 차지한다고 보고 있다. 어떻든 지금은 청왕조를 마지막으로 중국대륙에서의 한민족(韓民族)의 남정은 이제 막을 내리고 왕조가 아닌 한민족(漢民族)들의 북벌시대가 시작된 것이다.

2) 청(淸)왕조의 인접국들과의 관계와 동북아시아 상황

(1) **여진족(女眞族)은 한반도의 민족과는 같은 한민족(韓民族)**이면서 그 중에서도 어떤 부족보다도 가장 가까운 근친관계에 있는 종족이라 할 수 있다. 먼 고조선시대나 부여시대까지 거슬러 올라갈 것도 없이 그들은 한때 고구려의 백성이요 또 발해(渤海)의 백성이었다. 그것은 여진족과 한반도 삼국(三國)민족이 같은 종족임을 말하고 있는 것이라 할 수 있다. 그런 관계 때문에 청왕조는 조선을 항상 형제국의 형님의 나라로 생각하고 화친은 물론이요, 여러 부문에서 행동을 같이 하고자 노력하였고 또한 그만한 협조를 요구해왔던 것도 사실이다. 그러나 조선의 관리들이나 선비들은 숭명(崇明)사상에 눈이 어두워, 고려 성종 때의 거란군에 대한 서희(徐熙)의 계책처럼 청왕조와의 화친을 주장함으로써 현명한 판단을 했던 광해군(光海君)을 왕위를 박탈하여 내어 쫓고 패망해 가는 명왕조를 위해서 원군을 파견하여 청군과 싸움을 한 것은 결국 청군의 한반도 침공을 자초하게 한 것이다. 조선의 위정자들의 그러한 단견과 무식이 그때 벌써 조선국의 쇠망을 가져올 징후로 나타나기 시작한 것임을 깨닫지 못하고 있었다고 할 수 있다.

(2) **한국인들은 고려 말에 만주에 대한 고구려 구강토 수복**의 좋은 기회가 있었음에도 그 계획이 이씨조선의 태조가 된 이성계에 의해서 물거품이 되어버리고 정세는 역전되어 만주에서 강성해진 여진족이 조선의 최대 위협의 존재로 나타나기 시작한 것이다. 그러나 여진족들은 처음에는 조선을 공격하거나 침입할 의도가 전혀 없었던 것으로 보인다. 그렇지만 조선에서는 오히려 그들을 오랑캐로 멸시하고 그들의 명나라 정벌을 비난하면서 뒤에서 명왕조를 지원하기 위해서 원군까지 파견하게 되니 그들은 가만히 있을 수가 없었던 것이다. 결국 서기 1637년 청왕조의 태종이 직접 대군을 이끌고 조선을 침공해 왔다. 즉 병자호란(丙子胡亂)을 자초한 것이다. 이때 조선의 왕실에서는 굴욕적인 일을 크게 당하게 되는데 우선 수십만 명의 조선 장정들이 창나라로 끌려간 것을 비롯하여 많은 인력과 물자의 공출

을 강요당하는 일이 있었지만 일반백성들에 대해서는 몽고침입 때처럼 그렇게 심하게 포악하지는 않았던 것으로 보인다.

(3) **러시아와의 관계에 있어서는 결과적**으로 이 시기에 청왕조가 중·동부 시베리아의 거대한 대륙을 러시아로 넘겨준 꼴이 되었다. 즉 러시아족들이 시베리아로 계속 들어옴에 따라 러시아의 압력이 증가하게 되자 서기 1689년의 네르친스크 조약, 서기 1858년의 아이군조약, 서기 1860년의 북경조약 등을 비롯하여 여러 가지 조약이나 협정을 체결하여 겨우 흑룡강 이남의 만주를 확보하고 연해주를 비롯한 전체 시베리아를 러시아에 넘겨주게 되어 오늘날과 같은 국경선이 생기게 된 것이다.

(4) **신강위구르는 한(漢)왕조의 침공 이후**에도 중국대륙으로부터 7세기에는 당왕조에 의해서, 13세기에는 원왕조에 의해서, 16세기에는 명왕조에 의해서, 그리고 18세기에는 청왕조에 의해서 각각 정복을 당하고 그때마다 중국의 한민족(漢民族)들이 유입되어 왔다. 그러나 위구르족들은 끈질긴 저항으로 한민족화(漢民族化) 되지 아니하였다. 그리고 그들의 취락국가들이 20세기 중엽에 비로소 통일국가를 건설하게 된다. 현재도 중국의 지배하에는 있지만 한민족(韓民族)인 위구르족은 통일 자치국가를 유지하면서 그들의 언어를 포함한 고유문화를 그대로 지켜오고 있다.

(5) **티베트도 신강위구르와 같은 역사적 형태**로 중국 쪽의 침략을 받아왔지만 중국의 종주권에서 벗어나기 위해 영국과 러시아 세력들을 받아들이기도 했으나 청왕조의 군대에 의해서 지배권이 강화되면서 점차 독립성을 더욱 잃게 된다. 그 후에 중국의 공산당정권이 군대를 파견하여 그들과 유격전을 벌이게 되는데 그 전투에서 패퇴하여 티벳트의 통치자「달라이·라마」는 외국으로 망명하고 중국군이 친정을 계속하고 있다.

7. 20세기 동북아시아 한민족(韓民族)의 재분포 상황

1) 만주

중국과 만주는 서구세력의 동진과 러시아세력의 남하, 일본세력의 북상 등으로 그들 세력의 각축장으로 되어 있었으나 나중에는 대부분 일본의 세력권으로 되어 버린다. 그러나 한민족(漢民族)인 손문(孫文)집단은 서기 1911년에 신해혁명(辛亥革命)을 일으켜 북벌에 성공하고 공화정부를 수립한다. 이것이 한민족(漢民族)으로서도 마지막 제7차 북벌이 되고 동북아시아의 민족이동과 재분포의 제13차 대전환기가 된다. 그들은 공화정부를 수립하였으나 러시아세력의 지원을 받는 공산정권에 의해서 대만으로 쫓기어 가고 지금은 한민족(漢民族)의 공산(共産)정부가 전체 중국을 통치하고 있다.

그리고 그들은 만주에서 한민족(韓民族)인 만주족들의 한민족(韓民族)문화의 잔재나 사상을 씻어내기에 여념이 없는 것 같다. 청(淸)왕조가 내세웠던 오족협화도 소멸되고 만주, 신강위구르, 내몽고, 티베트 등의 4족은 소수민족이라는 굴레가 씌워져서 바쁘게 한화되어 가고 있는 현실이다. 그리고 현재는 만주의 주민의 대부분이 한인(漢人)이라 하고 있으나 표면상으로는 그렇지만 내면적으로는 아직도 만주 주민의 대부분은 한민족(韓民族)일 것이라는 것은 누구나 잘 알고 있는 사실이다. 그런데 앞으로 이러한 만주의 한민족(韓民族)이 중국 한민족(漢民族)들의 지배에서 벗어나서 언제 다시 독립을 할 수 있는 것일까가 큰 관심사라 하지 아니할 수 없다.

2) 한국

(1) **청(淸)왕조가 몰락하면서 동아시아**는 일본인들의 침략전쟁에 휩싸이게 된다. 그리고 그것이 제2차 세계대전으로 이어져서 일본이 패망하면서 일본인들의 침략행위는 끝이 났지만 곧 이어서 러시아인들의 침략행위가 뒤를 이어 동북아시아에 다시 한번 큰 회오리바람을 일으키게 된다. 그 이전에 일본인들은 한반도로 침공해오기 시작해서 한일(韓日)전쟁≪동학전쟁(東學戰爭)≫과 청일(淸日)전쟁에 승리하고 또 대륙으로 침공해 들어가서 노일(露日)전쟁, 만주(滿洲)전쟁, 중일(中日)전쟁 등을 모두 승리하여 대부분의 동북아시아를 지배하게 된다.

이때 이씨조선왕조는 무너지고 한반도는 드디어 일본의 식민지배하에 들어가게 된다. 그리고 일본군은 미국을 침공하기 위해서 제2차 세계대전을 일으키게 된다. 결국 일본군의 침략행진이 미국을 비롯한 연합군 앞에서 좌절되기 시작하지만 이런 긴 일본의 침략전쟁의 기간 동안 한반도에서 일어난 전환기의 가장 큰 변동은 역시 일본의 식민지배하에서 수백만 명의 조선인들이 일본인들의 총구(銃口)앞에 강제로 동원되어 일본의 군인, 군속, 징용(徵用), 보국대(報國隊), 정신대(挺身隊), 위안대(慰安隊), 노력동원 등으로 강요되어 일본열도, 만주, 중국, 시베리아, 동남아시아, 남태평양 등의 일본인들의 전쟁터로 끌려가서 총밥이로 되거나 노예생활을 하다가 죽어갔으며 또한 이를 거부하는 수백만 명의 조선인들은 역시 만주, 중국, 연해주, 시베리아 등지로 망명의 길을 떠나야만 했던 것이다. 따라서 한반도에서는 이 시기에 유사이래 최대의 민족 대이동과 재분포의 비참한 전환기를 맞게 되었던 것이다.

(2) **제2차 세계대전에서의 일본의 패망과 더불어** 한국은 일본의 식민지지배에서 벗어나 해방이 되었다고 하나 곧 러시아인들의 침략의 마수에 다시 걸려서 38선이 생기고 곧 이어서 러시아인들의 침략 야욕에 의한 사주와 중국인들의 가세로 한반도에서 6·25전쟁이라는 남북전쟁이 일어나서 수백만 명의 한국인들이 죽어

갔고 삼천리 강산은 초토가 되었다. 다행이 미국의 구원으로 러시아와 중공의 식민 지베에서 벗어났지만 그러나 많은 국민들이 전화(戰禍)와 기아로 시들어 또 죽어갔다. 이 시기에 의도적이었든 아니었든 간에 이렇게 한국인들을 거의 몰살시키려 했던 일본인들과 러시아인들, 그리고 중국인들이 아니던가. 우리 한국인들은 자손만대로 영원히 이 일을 잊어서는 안 될 것이다.

(3) **지금까지의 한국의 역사를 통해서 명백하게 알 수 있는 것**은 한반도는 유라시아대륙의 동쪽 끝에 붙어있는 그러한 지정학적인 위치로 인해서 고래로 서세동점의 법칙에서 동쪽으로 이동해온 즉 동진해온 인간들이 한반도에 와서는 멈추어 서게 된다. 바다로 막혀있어 더 이상 갈 수가 없기 때문이다. 이런 일은 아마도 인류가 처음으로 동북아시아로 이동해 오기 시작한 때부터 있어 왔을 것이다.

예를 들어보면 환웅(桓雄)세력이 온 것도, 기자(箕子)집단이 온 것도, 위만(衛滿)집단이 온 것도, 해모수(解慕漱)집단이 온 것도, 신라인들도, 백제인들도 모두 동진해 온 것이다. 그러나 한국인들은 한반도민족을 단일민족이라 하고 있다. 한국민족이 단일민족이기 위해서는 한반도로 이동해온 이러한 모든 집단들이 한 민족이어야만 한다.

그것은 곧 동북아시아 한민족(韓民族)이 단일민족임을 말하는 것이다. 우리의 조상들은 동북아시아 한민족(韓民族)이 단일민족임을 잘 알고 있었기 때문에 한국민족을 단일민족이라 해 왔던 것이다. 따라서 우리들은 한민족(韓民族)의 조상이라 할 수 있는 황제(黃帝)의 후손들이 역사의 전환기 때마다 동진해서 만주와 연해주 그리고 한반도에 집결해서 정착 분포되어 온 단일민족인 한민족(韓民族)이라 할 수 있다. 그런데 이들 중에서 용감한 사람들이 바다를 건너 일본열도로 가서 정착하고 재분포되어 왔다. 따라서 한반도 민족과 일본열도 민족은 같이 단일민족인 한민족(韓民族)이라는 사실을 일 수 있다. 즉 중국·한민족(韓民族)이 한국·한민족(韓民族)이 되고 한국·한민족(韓民族)의 일부가 일본·한민족(韓民族)이 된 것이다. 따라서 이들 모두의 역사가 곧 한국·한민족(韓國·韓民族)의 역사이다.

3) 몽고

대원(大元)제국의 마지막 황제인 순제(順帝)가 명군(明軍)에게 쫓겨서 서기 1368년에 막북(漠北)으로 철수하면서 원(元)왕조가 멸망한 후에 몽고족들은 몽고고원에서 다시 옛날의 소부족별 유목생활로 돌아간 후 다시는 통일왕국을 이룩하지 못하고 이후에는 명나라와 청나라의 지배를 받으면서 20세기에 들어선다. 몽고족이 다시 국가를 형성하기 시작한 것은 청왕조가 몰락하고 중국에서 신해혁명이 성공을 거둔 시기이다. 그들은 서기 1911년에 몽고지역의 독립을 선언하였으나 서기 1915년에 러시아와 중국 그리고 몽고가 체결한 흡극도(恰克圖)조약에 의해서 내몽고는 중국에 넘겨주고 외몽고만이 독립국의 지위를 인정받게 된다. 그러나 곧 몽고는 러시아의 군대에 의해서 점령된 후 서기 1924년에 몽고인민공화국으로 다시 발족하고 대일(對日)전쟁에 참가하여 제2차 세계대전의 전승국이 된다. 몽고는 그 이후에 소련과는 우호적인 관계를 유지하고 중국과는 소원한 관계에 있었다. 몽고는 본래 한민족(韓民族)만이 분포되어 왔고 한인(漢人)들의 유입을 금해 온 곳으로 아직 그들의 고유문화를 굳건히 지켜오고 있는 것을 볼 수 있다.

4) 시베리아

러시아는 서기 1917년 공산주의 혁명 이후에 소비에트연방을 만들어서 침략의 손길을 더욱 강화하여 동구라파의 대부분을 병합하고 또 중국과 한반도의 북반부를 공산주의국가로 만들어서 러시아에 복속시키는 등으로 인해서 전 세계의 민족이나 국가질서를 혼란시켜 놓았다. 그러나 그러한 침략야욕의 과잉으로 결국 서기 1991년에 그들 내부에서 먼저 공산정권이 붕괴되고 말았다. 그로서 소련의 일부국가들을 해체해서 해방시켰지만 서부중앙아시아의 일부와 시베리아의 병합국가들은 아직도 풀지 않고 있어 러시아는 어려운 식민지 문제와 여러 민족문제를 안고 있다. 그들은 식민지를 다스리기 위해서 국력을 소모한 후에는 자신이 쓰러진다는 서구 열강들이 남긴 교훈을 모르고 있는 것 같다. 시베리아의 대부분의 원주민은 국경이 없던 시대에 분포된 한민족(韓民族)이다. 부족별로는 카자흐족계, 몽고족계, 고조선족계, 퉁구스족계, 또는 만주족계 등이 분포되어 있는 것으로 볼 수 있다. 러시아인들은 그동안에 그곳의 한민족(韓民族)들을 강제이주 시키거나 추방시키거나 해서 분포의 혼란을 가져오게 했을 뿐 아니라 그곳 한민족(韓民族)부족들을 민족의식을 말살시키고 그들을 러시아인화 시키려고 많은 힘을 기울이고 있는 것이 사실이다. 그러나 언제인가는 그들도 러시아연방이란 식민지배에서 벗어나 한민족(韓民族) 독립국가들로 돌아갈 것으로 보고 있는 것이다.

5) 일본

(1) 이 시기는 일본에 있어서는 그야말로 국력의 신장기로 일본인들이 부국강병(富國强兵)의 뜻을 한껏 펼친 시기이다. 아시아에서 가장 먼저 재빨리 서양의 문물을 받아들여 단시일 내에 현대화된 강병을 양성해서 한반도와 만주를 그들의 식민지로 만들고 중국대륙을 지배하려 제2차 세계대전을 유발하게 되고 미국, 영국 등 연합군에 의해서 패망하여 미국의 지배를 받게 된다. 한일(韓日)전쟁에서 또는 청일(淸日)전쟁에서 시작하여 제2차 세계대전까지의 긴 전쟁의 기간에 일본은 한국으로부터 군인, 군속, 징용, 징용병(徵用兵), 보국대, 노무자, 광부, 위안대, 정신대(挺身隊), 학도병, 학도동원 등의 명목으로 또는 인간의 생체실험용으로까지 쓰기 위해 수백만 명의 한국인들을 일본열도와 그들의 전쟁터로 끌고 갔다. 뿐만 아니라 일본의 식민지지배하의 한반도는 더 비참한 상태였다. 한반도 내에서는 일본인들이 한국인의 노인이나 아동까지 총동원하여 진충보국(盡忠報國)활동, 농사물의 무상공출(無償供出)≪농산물 수탈≫, 송탄유(松炭油)자재 채취, 군수공장의 노력동원, 군수물자 수송을 위한 항만·철도건설 등의 강제사역, 아오지(阿吾

地)탄광의 강제사역, 및 기타 헤아릴 수 없는 노동력의 착취와 물자의 수탈을 자행하였으며, 그런 박해를 당하면서 한국인들은 일본인들의 철저한 노예생활을 해왔다.

(2) **여기서 제2차 세계대전의 잘 알려지지 않았던 숨은 진상**을 좀 검토해 보기로 한다. 즉 일본이 제2차 세계대전을 일으킨 것은 전쟁에 이기려고 한 것이 아니라는 것이다. 그때 만약에 미국이나 연합국측의 요구를 받아들여 해외에 나가있는 그들의 침략군 2백만의 중무장한 군인들을 본토로 불러들일 경우 2·26사건 등의 경험으로 봐서 쿠데타가 일어나 국체가 어떻게 된다는 것을 잘 알기 때문에 다만 미국을 이용해서 그들을 해외에서 소모시키려고 전쟁을 일으킨 것이라는 사실이다. 일본의 천황과 위정자들의 그런 뜻을 받들어 내각수반이 된 장군 도죠히데기는 일본군을 몰살시키는 방법으로 미국에 대해서 전쟁을 시작한 것이라는 사실이다. 누구보다도 미국의 힘을 잘 아는 그들이 애초부터 미국에 이기려고 전쟁을 시작한 것은 아니라는 것이다. 혹 초전을 승리하여 협상에 의해서 일본군이 해외 주둔지를 그대로 유지할 가능성을 희구했을 가능성을 배제할 수는 없다. 그래서 그 임무를 멋지게 완수한 도죠히데기를 숭배하고 야수쿠니신사에 모셔놓은 것이다. 즉 그들은 미국을 이용해야 천황제를 유지할 수 있다는 사실을 다 계산했던 것이다. 비대해진 과잉 군비증강, 무기 생산 등도 일시에 멈출 수가 없었기 때문에 전쟁을 이용해서 그런 것을 파괴시키는 목적도 있었을 것이다.

(3) **일본족은 이민족의 침공을 거의 받지 아니한 비교적 순수한 한민족(韓民族)**의 혈통을 간직한 민족이라 할 수 있다. 따라서 그들은 황제(黃帝)의 후예요, 백제(白帝)의 후손인 백의민족이요, 곰족이요, 알타이어족이요, 기마민족이요, 따라서 한민족(韓民族)임이 분명하다. 특히 그 중에서도 한반도의 삼한인과 사국인들이 처음으로 왜열도로 집단 이동해 가서 일본족의 근간을 이루었다고 할 수 있다. 그리고 한반도에서 삼한·사국 시대의 문화를 천이해서 그대로 생활하고 있었다는 사실을 알 수 있다.

(4) 이 시기에 일본인들이 한반도와 만주를 식민지로 만들고 중국의 동부 일
대를 석권하였지만 내세운 구호가 팔굉일우(八紘一宇)니 대동아공영권(大東亞共
榮圈)이니 하는 것들이었다. 이런 것은 남의 나라를 침략하기 위한 변명에 지나지
않는 다는 것은 누구나 다 아는 일이다. 그들의 침략행위는 세계의 전면적인 저항
에 직면하면서 제2차 세계대전을 유발하여 자폭하는 수밖에 없었다. 그러나 이때
일본인들이 동북아시아 한민족(韓民族)의 개념을 인식하고 이민족인 한민족(漢民
族)으로부터 중국 한민족(韓民族)의 구토를 수복하기 위한 것이라는 구호로 포장
을 하여 외쳤더라면 많은 한민족(韓民族)들로부터 호응을 받았을 가능성도 배제할
수 없다.

그러나 당시의 일본인들은 동북아시아 한민족(韓民族)에 대한 역사인식에 무식
했기 때문에 실패하지 안할 수 없었던 것이다. 그렇다면 왜 그렇게 역사 인식이 부
족하게 되었는지를 생각해 볼 때 그것은 그들이 창작한 황국사관과 그 소산물인
일본서기라는 역사서에 의해서 교육받은 일본인들이 자만심에서 동북아시아 역사
인식에 눈이 멀어있었기 때문이라 할 수 있을 것이다.

한국·한민족의
韓國 韓民族의 역사

초판인쇄 2013년 09월 23일 **초판발행** 2013년 09월 30일

지은이 **이 태 수**
펴낸이 **이 혜 숙** 펴낸곳 **신세림출판사**
등록일 **1991년 12월 24일 제2-1298호**

100-015 서울특별시 중구 충무로5가 19-9 부성B/D 702호
전화 **02-2264-1972** 팩스 **02-2264-1973**
E-mail : shinselim72@hanmail.net

정가 **25,000원**

ISBN 979-89-5800-139-2, 93910